가람 이병기 전집 9

일기Ⅳ

가람 이병기 전집

❾

일기 Ⅳ

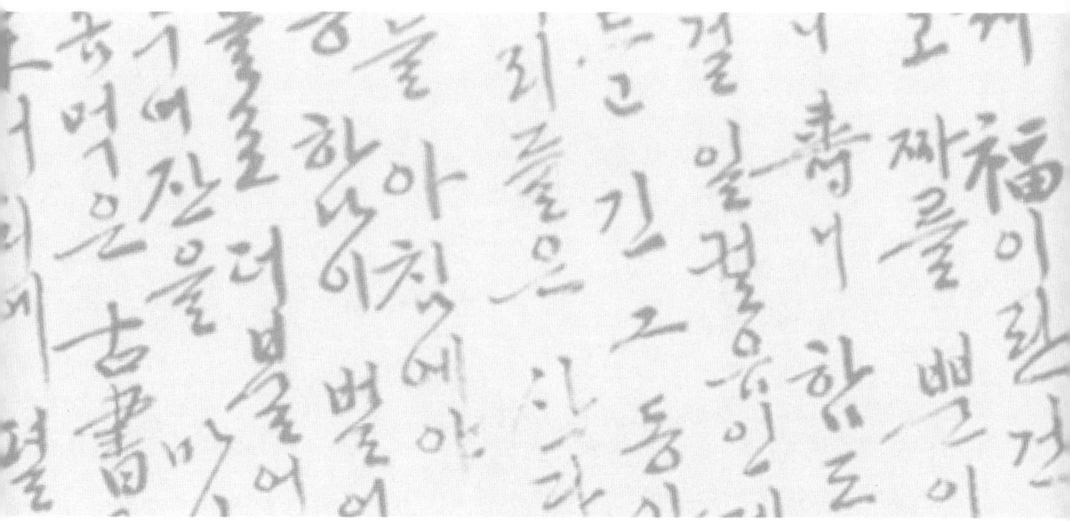

전북대학교
출판문화원

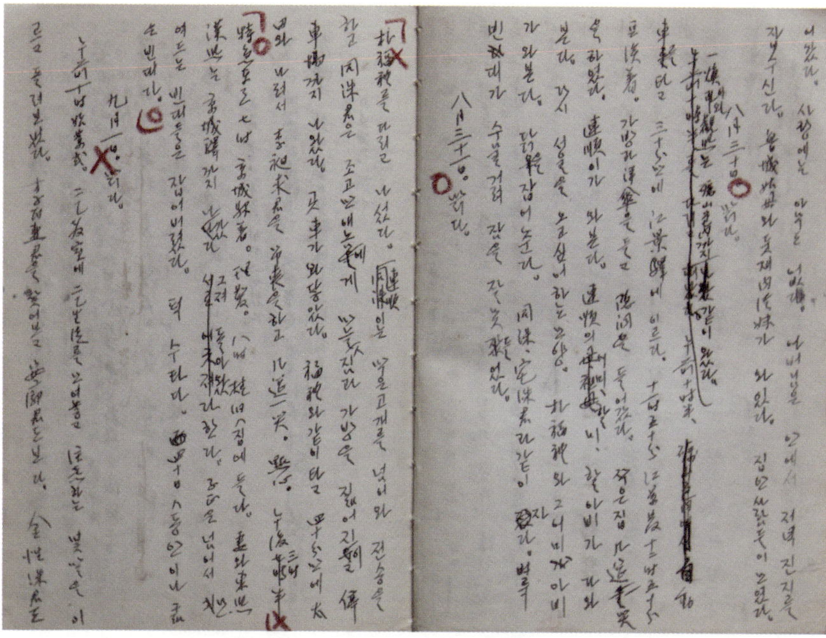

△ 동아일보 주최 조선어학회 후원 호남지역 한글강습 일기(1931년 8월 30일)

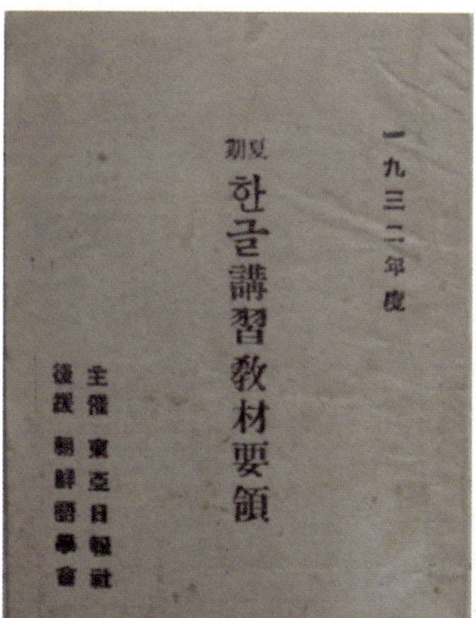

△ 일기 속에 보관한 1932년도 하기 한글강습 교재(동아일보사 주최 조선어학회 후원)

△ 조선어철자법통일안 제정위원들과 함께 화계사에서(둘째 줄 오른쪽 두 번째 가람, 1933년 7월 26일)

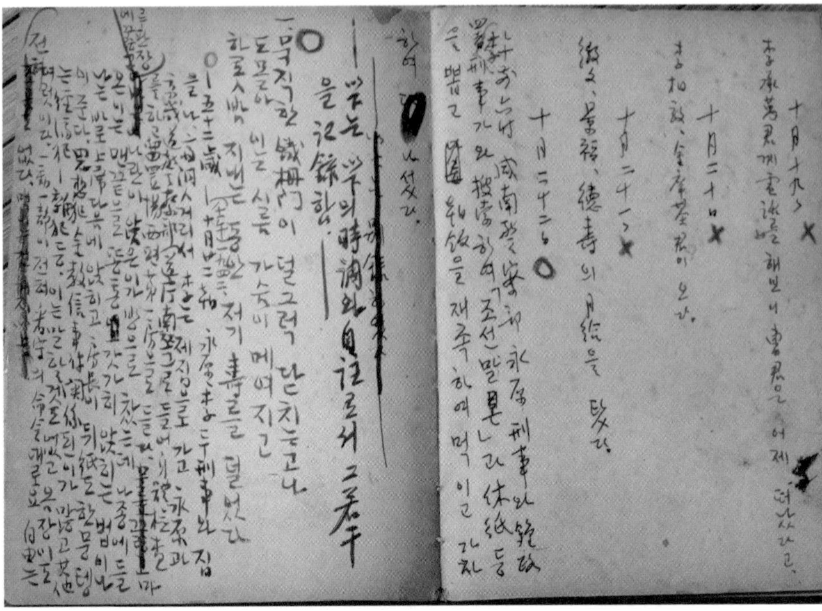

△ 조선어학회 사건으로 검거되던 날 일기(1942년 10월 22일)

△ 옥고를 치른 가람과 조선어학회 회원들(앞줄 왼쪽 두 번째 가람. 1945년 11월 13일)

△ 가람 생가 안채 전경

△ 가람 생가 사랑채의 수우재(守愚齋)와 진수당(鎭壽堂).
가운데 편액 가남(柯南)은 가람의 또 다른 호(號)

△ 가람 생가 사랑채와 승운정(勝雲亭)

일러두기

1. 『가람일기』(신구문화사, 1976)는 원래의 일기를 선별하여 펴냈으나, 이번 전집에는 현재 남아있는 1909년부터 1966년까지의 가람 일기(한문일기 3권, 한글일기 48권) 육필 노트 원고 전체를 유족의 협조로 확보하여 본 전집에 전문을 모두 수록하였다.
2. 가람의 일기 중 유실된 15권과 50권은 『가람문선』(신구문화사, 1966)과 『가람일기』(신구문화사, 1976)에 실려 있는 부분을 수록하였다.
3. 행초서로 쓴 한문일기는 탈초한 원문과 아울러 한글 번역문도 수록하였다.

※한문일기 1, 2, 3권의 탈초는 유화수 교수(호원대학교)와 황재문 교수(서울대학교 규장각한국학연구원)가, 번역은 황재문 교수가 맡아 수고하였음을 밝힌다.

4. 원문 일기의 표기법을 존중하여 수록하되, 띄어쓰기는 가독성을 고려하여 현재의 한글맞춤법과 표준어규정에 따르는 것을 원칙으로 하였다.
5. 국한혼용 일기의 한자어는 가독성을 위하여 '한글漢字' 형태로 표기하였다.(1923. 9. 12. ~ 1926. 6. 10. 한글일기의 한자어는 원문에 한글과 한자가 병기된 것이며, 이후 일기는 한자어로만 쓰인 국한혼용임.)
6. 날짜는 한문으로 쓰여 있으나 한글과 아라비아 숫자로 전부 표기하였다.
7. 원문에 없는 문장부호는 현대 어법에 맞게 붙였다.
8. 조사 '은'과 '는', '을'과 '를'이 뒤바뀌어 쓰인 경우가 많은데, 이 또한 가람의 글쓰기 습관을 나타내주는 징표라고 생각하여 그대로 표기하였다.
9. 가람일기의 권별 자료는 다음 표에 정리하였다.(원본 일기는 한문일기 1~3, 이후 일기 1~48로 표시되어 있으나 본 전집 권번호는 1~51의 일련번호로 표시함.)

가람일기 원본 정리표

구분		권	기간	치수	면수(면)	비고
한문일기		1	1909. 4. 13. ~ 1912. 12. 31.	16×23.5cm	228	
		2	1913. 1. 1. ~ 1915. 3. 24.	16×23.5cm	184	
		3	1915. 3. 25. ~ 1917. 3. 31.	17×24.5cm	134	
한글일기	순한글	4	1919. 8. 12. ~ 1919. 8. 31.	12.5×19cm	126	
		5	1919. 9. 1. ~ 1919. 9. 25.	16×21cm	110	
		6	1919. 9. 27. ~ 1919. 10. 19.	16×20cm	76	
		7	1919. 10. 20. ~ 1919. 12. 6.	14×20cm	70	
		8	1919. 12. 7. ~ 1920. 5. 16.	14×20cm	76	
		9	1920. 5. 17. ~ 1920. 6. 14.	14×20cm	52	
		10	1920. 6. 15. ~ 1920. 7. 19.	14×20cm	58	
		11	1920. 7. 20. ~ 1920. 9. 12.	14×20cm	58	
		12	1920. 9. 13. ~ 1920. 11. 30.	14×20cm	52	
		13	1920. 12. 1. ~ 1921. 2. 9.	13.5×19cm	60	
		14	1921. 2. 10. ~ 1921. 5. 14.	14×20cm	62	
		15	결권(1921. 5. 15. ~ 1921. 12. 31.)			
		16	1922. 1. 1. ~ 1922. 7. 31.	15×20cm	72	
		17	1922. 8. 1. ~ 1922. 12. 31.	16×20cm	86	
		18	1923. 1. 1. ~ 1923. 7. 15.	14.5×20cm	80	
		19	1923. 7. 16. ~ 1923. 9. 11.	15×20cm	98	

한글일기	순한글	20	1923. 9. 12. ~ 1923. 10. 31.	14×19.5cm	90	
		21	1923. 11. 1. ~ 1924. 3. 25.	14×20cm	134	
		22	1924. 3. 26. ~ 1924. 6. 5.	14.5×20cm	78	
		23	1924. 6. 6. ~ 1924. 8. 17.	14×20cm	62	
		24	1924. 8. 18. ~ 1925. 10. 7.	14×20cm	124	
	국한혼용	25	1925. 10. 8. ~ 1926. 6. 30. (1926. 5. 1.부터 국한 혼용)	14×20cm	78	
		26	1926. 7. 1. ~ 1927. 7. 26.	14.5×20cm	106	
		27	1927. 7. 27. ~ 1928. 8. 13.	14.5×20cm	146	
		28	1928. 8. 14. ~ 1929. 7. 19.	14×20cm	82	
		29	1929. 7. 20. ~ 1930. 9. 21.	14×20cm	90	
		30	1930. 9. 22. ~ 1931. 7. 23.	14×20cm	68	
		31	1931. 7. 24. ~ 1931. 8. 27.	13.5×20cm	68	
		32	1931. 8. 28. ~ 1932. 4. 22.	14×20cm	98	
		33	1932. 4. 23. ~ 1933. 1. 22.	14×20cm	122	
		34	1933. 1. 23. ~ 1934. 7. 3.	14×20cm	130	
		35	1934. 7. 4. ~ 1935. 5. 16.	14×20cm	66	
		36	1935. 5. 17. ~ 1937. 2. 3.	14×20cm	130	
		37	1937. 2. 4. ~ 1938. 8. 31.	14×19.5cm	134	
		38	1938. 9. 1. ~ 1939. 12. 31.	14×19.5cm	114	
		39	1940. 1. 1. ~ 1941. 4. 19.	14×19cm	114	
		40	1941. 4. 20. ~ 1942. 4. 30.	14×19cm	94	
		41	1942. 5. 1. ~ 1942. 10. 22.	14×19cm	54	
		42	1943. 9. 12. ~ 1944. 4. 30.	14×19cm	74	
		43	1944. 5. 1. ~ 1946. 8. 31.	12.5×19.5cm	226	
		44	1946. 9. 1. ~ 1948. 3. 25.	15×21.5cm	96	
		45	1948. 3. 26. ~ 1949. 10. 8.	15×21cm	96	
		46	1949. 10. 9. ~ 1950. 10. 5.	14×20cm	95	
		47	1950. 10. 6. ~ 1951. 12. 21.	14×20cm	92	
		48	1951. 12. 22. ~ 1954. 8. 27.	15×21cm	158	
		49	1954. 8. 28. ~ 1957. 10. 5.	15×21.5cm	184	
		50	결권(1958. 2. 7. ~ 1964. 9. 30.)			
		51	1964. 10. 1. ~ 1966. 6. 20.	18.2×25.7cm	187	
			합계		5,072	

차례

일기

32권

1931. 8. 28. ~ 1932. 4. 22.

1931년(단기 4264년)

1931년(단기 4264년)

8월

8월 28일. 오전 4시 일어났다. 동저고리ㅅ바람에 모자帽子만 쓰고 운동화運動靴를 신고 민동식閔東植 군君과 같이 나섰다. 아즉 어둡다. 질컥질컥한 고샅길을 더듬더듬하여 교동리校洞里(구舊 서문西門 밧) 최판옥崔判玉 군君의 집을 찾었다. 벌서 일어나서 물 질는 안악네도 있고 어대서 빨래하는 소리도 나고 달은 서西쪽 말末에 기울고 버레소리는 예서제서 요란하다. 대문 밨에서 어정이고 있노라니 최판옥崔判玉 군君이 자꾸 들오라고 한다. 그 웃방으로 들앉었다. 그 방은 최 군崔君의 부인이 쓰는 방인가 보다. 좁은 방에 농짝도 있고 바느질 그릇도 놓였다. 상이 들온다. 찰밥이 넘우 질었다. 두어 술 뜨다가 말었다. 최 군崔君의 자당慈堂은 알에ㅅ방에서 더 먹으라고 권하며 그 아드님에게도 무에라고 자세자세히 이른다. 강습원講習員 몇 사람은 이 집에서 합숙合宿을 하고 있었고 또는 이 집에 모이기로 한 것이다. 거의 다 모였다. 일행一行 13인十三人이 떠났다. 마을 앞 섬밧우물(서문西門 밧 우물)을 지나, 논틀 좁은 길로 들었다. 먼동은 트고 노을이 일고 달은 점점 빛이 없이 진다. 오전 5시 15분. 어느덧 월출산月出山 기슭에 이르다. 낡은 기아집 한 채가 보인다. 옛날 서원書院ㅅ집이라 한다. 마츰 불을 때는 이, 마당을 쓰는 이, 물을 질는 이— 퍽 부지런한 이가 사는 모양. 산山비탈 애소나무ㅅ사이ㅅ길로 가다 골로 들어 바위ㅅ돌 틈으로 졸졸이는 시내ㅅ물을 끼고 오르다. 길ㅅ가에 놓여 있는 두를바위란 큰 바위를 보았다. 이 바위는 한편 밑이 여자의 생식기生殖器 모양으로 팡겼는데 게다는 남자 생식기生殖器 모양으로 된 돌몽이 하나를 세워 놓았다. 아들 없는 이는 이 바위에 와서 빌어 가지고 아들을 둔다고 한다. 부군당府君堂과 같은 것이다. 동행同行 중中에는 이 바위에 빌어서 난 이도 있다 하며 서로 농담弄談을 하는 이도 있다. 우리 일행 뒤에는 또 양복洋服한 네 사람이 따라온다. 그는 경부警部가 형사刑事들을 인도引導하고 미행微行하러 오는 것이다.

산성별장山城別將에 이르다. 울어보면 과연 바위가 문門턱처럼 되어 있고, 그리로는 물이 넘쳐흐른다. 왼편으로 돌아 올라 넓은 바위 위에 앉었다. 영암靈岩 읍내邑內가 잘 나려다 보인다. 집들이 다닥다닥 붙어 있고 올막졸막한 산들이 얼기설기해 있고 나무들이 깃어 있고 그 넘어로는 덕진德津, 해창海倉의 바다ㅅ물이 번번하고 장흥長興, 영산포榮山浦, 구림鳩林으로 통한 길이 하얀 선線들을 그어 있다. 이 산성山城은 꽤 넓다. 읍내邑內ㅅ사람들이 피난避亂할 만도 한 곧이었다. 그러나 지금은 이 월출산月出山이 일인日人 하전賀田의 소유所有가 되어 이곧에는 벗지나무(앵櫻)를 심어 놨다. 노란한 것이 자래지도 못하였다.

다시 나는 바위를 더위잡고 일행과는 딴 길을 잡아 알로 골짝을 나려다 보며 절벽 위로 오른다. 한 높고 넓은 바위에 지어서니 좌우左右으로는 깊은 골, 앞으로는 기이奇異한 봉들이 보이고, 새로 물ㅅ소리, 새소리, 바람ㅅ소리도 들린다.

나려서 산山몰랑이로 가다가 산비탈ㅅ길로 빗겨 들었다. 허분허분

한 황토 흙이 잔 소나무 사이에 벍어케 들어났는데 금방 메ㅅ도야지 한 마리가 걸어간 자옥이 있다. 어서 좇으면 그놈을 잡겠다고 일행은 새 용기勇氣들을 내어 달어간다. 점점 그 자최는 희미하고 앞에 나서는 건 돌 틈으로 잘잘 흐르는 시내요, 검은 안개는 뭉실뭉실 그 위로서 나려 온다. 일행은 시내ㅅ가, 돌 위에 앉어 차고 온 밥을 내어 손으로 움켜 먹고 굽으려 물들을 마신다. 형사刑事 하나이 가차이 와서 반찬飯饌도 난워주고 황천皇泉(영암읍靈岩邑에서 일인日人 관원管原이 대동폭포수大洞瀑布水로 맨든 술, 주세酒稅 15000원萬五千円, 정종正宗의 극상極上)도 딸어준다. 밥은 역시 진 찰밥이라 목이 막히고 잘 넘어가지 아니한다.

일행은 다시 오르다. 안개ㅅ속으로 들어 왼편 길로만 간다. 시내를 건너서 사뭇 물ㅅ바닥이 된 길로 하여 얼마를 가니 풀은 더욱 욱어졌고 이슬은 비 듯 듯한다. 고개 하나를 넘어서 비소리(비사리, 싸리나무) 밭 속으로 까파른 돌ㅅ길을 걸어가노라니 비소리ㅅ가지는 얼굴을 찌르고 가시넌출은 옷을 찢는다. 나는 한 동무와 같이 맨 앞을 서서 이 길을 개척開拓하였다. 지척이 어댄지 분간할 수는 없으나 구배勾配가 급急하고 비소리가 더 깃었고 바위가 더 많고 기괴奇怪함을 보면 인자는 얼마 남지 않은 줄을 짐작하겠으며 더욱 호기심好奇心과 용기勇氣를 내어 비소리를 헤치고 또는 바위를 안고 돌고 하여 다 오르니 천왕봉天王峯이다. 절정絶頂이다. 해발海拔 809미돌米突. 꽤 넓고 판판한데 여긔저긔 큰 반석盤石도 깔려 있고 다북쑥도 욱어 있다. 일행은 반석盤石에 앉어서 이야기도 하고 시詩도 읊조리고 놀래도 부르고 춤도 추었다. 예 오르기는 오전 7시. 이러케 하여 두어 시간을 보냈다. 어떤 이는 나려가자고 재촉을 하나 안개 걷기를 기다려 보자고 하였다. 안개는 엷어지고 볕이 차차 밝어오며 한 쪼각 두 쪼각 새파란 한울이 보이기를 한다. 일행은 서로 깃버서 뛴다. 금시에 벗어질 듯하다가도 또 엉기고 엉긴다. 그러다가는 어느덧 엷어지는 안개는 볕을 받어 무척 투명透明하고 눈빛 같은 바위와 봉들이 은은히 솟아나며 한편으로부터 살짝이 벗어진다. "보소 저긔가 영암靈岩 읍내邑內가 아닌가" 하고 외치는 소리가 일행 중에서 나자마자 안개는 거의 다 걷었다. 아주 딴 천지天地다. 이상한 바위, 봉오리, 골 들이 수없이 생겨나고 멀리 들이며 산山이며 바다들이 겹겹이 나타나며 그곧마다 산듯한 고운 빛들이 반작반작한다. 동북東北으로 지리산智異山, 무등산無等山, 서남西南으로 유달산儒達山, 한라산漢拏山, 천관산天冠山은 가리치는 손ㅅ고락 끝에 누어있고, 강진康津, 해남海南, 병영兵營 따위는 바로 발 앞에 업듸어 있다. 과연 "천왕봉天王峯에서 장고소리가 나면 월남月南 색시가 봇짐을 싼다."는 말도 그럴 듯하다.

다시 새 길을 잡아 나려섰다. 퍽 까파른 길이다. 돌문 하나를 뚫고 나와 저편 산머리로 올랐다. 빤이 바라보이든 대가 한 시간이나 걸렸다. 쫑긋쫑긋한 바위들이 앞을 막어 있고 그 밑에는 깊숙한 굴이 뚫여있고 굴ㅅ안에는 웅덩이 물이 괴어 있다. 이것이 베틀바위라 한다. 임진왜란壬辰倭亂에 어떤 큰아기가 이리 피난避亂을 와서 베를 짷았다 함으로. 이 바위를 왼편으로 돌아서 조곰 오르고 보니 봉머리에는 온통 바위들이 덮어 있다. 바위로, 바위로 하여 왼편으로 돌아나려 으리으리한 절벽絶壁 위에 간신히 몸을 붙여 조고만 바위ㅅ구녁으로 긔어서 나가면 비로소 한울이 보이는데 이때 만일 알에를 보면 현기眩氣가 나리라 바위ㅅ 모수리에 손을 꼭 붙이고 위만 쳐다보며 빨빨 떨고 긔어오르면 비따짐한 바위가 발을 받어준다. 그제야 "휘유" 하고 허리를 펴고 서서 여남은 걸음을 옮겨가면 수십 인이 앉어 놀 만한 넓은 바위가 있고 그 위에는 군대군대 옴옥하게 크게 작게 구녁이 팡기고 구녁마다 물이 담겨 있는데 그 수효가 아홉이나 된다 하여 예를 구정봉九井峰이라 한다. 이 물이 가므는 때에도 아니 마르고 또는 이곧에 구룡九龍이 있다고 하나 그는 모르겠다. 이 봉은 천왕봉天王峯보다 더 높고(840미돌米突) 더 복잡複雜하고 으늑한 맛이 난다. 이 봉의 알에에는 탑塔같이 포갬포갬 생긴 세 바위가 높이 산山ㅅ등 위에 따로따로 서있는데 그 바위 꼭대기에는 까치 한 마리만 앉었다 날어가도 간댕간댕 움즉인다는 영암靈岩이 얹혀 있다고 이 골의 이름을 이로 하여 일컬었다 한다. 동행중 최판옥崔判玉 군君은 저 바위의 하나는 올라보았다 하며 손을 들어 가리친다.

그 바위 구녁으로 나려와 나는 홀로 앞을 서서 그 산山몰랑이로 얼마를 오다가 봉을 안고 옳은 편으로 돌았다. 비소리밭을 지나서는 컴컴한 덤불 속이다. 겨우 덤불 속을 벗어나니 고개 하나가 나서고 길이 두 갈래로 난위어 있다. 나는 고개를 넘어서지 않고 고개몰랑이ㅅ길로 올라 높이 바위에 앉어서 뒤에 오는 동행들을 기다렸다. 물ㅅ소리, 새소리 하나 아니 들리고 다만 풋좃맴이 한 놈이 옆에서 요란스럽게 울고 있다. 최판옥崔判玉 군君은 이 길로 오더니 앞이 막혔다고 돌아서 온다. 나는 고개를 나려오다 동행에게 바느실을 얻어 찢어진 속것 가랑이를 꿰어매고 또 봉을 안고 덤불 속으로 뚫고 나가니 또 산山몰랑이 비소리밭이 나선다. 볕은 뜨겁게 나려쪼이고 비소리밭에서는 훈김이 훅훅 치오르다. 뫼를 다닥다닥 써 있는 군왕지지君王之地라는 대를 빗겨놓고 줄곳 산山몰랑이로만 돌아나린다. 좀 잘크막이진 재 하나를 지나 다시 산山비탈로 돌아 고개를 넘어서니 산山머리에는 바위가 뾰족뾰족하고 골이 많이 지고 경사傾斜가 급한데 잡목雜木과 대숲이 깃어 있고 갓가이 물ㅅ소리도 졸졸거린다. 나는 퍽 빼쳤다(피곤하였다). 기갈飢渴이 심하였다. 허든허든한 다리를 억지로 끌고 한 모롱이를 돌아드니 맑은 물이 흐른다. 마시고 싶은 대로 물을 마시고 어정어정 걸어 바위 위에 지어 있는 상견성上見性이란 암자庵子를 올라 또 물 한 그릇을 청하여 마시고 그냥 마루 위에 씨러져 누웠었다. 경부警部와 형사刑事들도 예 와서 누어있다. 암자庵子 앞에는 묵은 느틔무ㅅ사이에 '천만암학千萬岩壑 용쟁호투龍爭虎鬪'라고 새긴 큰 바위가 서 있어 이곧의 풍경風景을 자랑하는 듯하다. 하나 풍경風景도 상견성上見性도 나는 다 모르고 다만 눈을 감고 이 한 괴로움만 꿈을 꾸고 있었다.

오후 2시. 동행의 재촉을 받아 고달핀 몸을 다시 추수리어 산태난 돌ㅅ길로 종종 걸음을 치며 나려오다 도선국사道詵國師의 비석碑石도 보고 미륵전彌勒殿도 보고 콸콸 흐르는 골물에 목욕沐浴도 하고 도갑사道岬寺 대웅전大雄殿으로 들어 점심을 먹었다. 동행 박찬호朴燦鎬 군君은 이 도갑리道岬里에 산다. 이번 강습원講習員으로서 어제부터 이 점심 준비를 한 것이다. 점심 뒤에는 일행과 같이 누어서 잠 한잠을 자고 났다. 박찬호朴燦鎬 군君이 주지住持보고 말하여 도선국사道詵國師의 유물遺物이라는 옥등玉燈과 탁좌卓座도 보고 도선국사道詵國師와 수미왕사守眉王師의 진영眞影도 보고 한편의 버려둔 옛 탑塔도 보고 큰 석조石槽도 보고 해탈문解脫門 좌우左右칸에 문수보살文殊菩薩이 타고 있는 사자獅子와 보현보살普賢菩薩이 타고 있는 코키리 따위의 목조각木雕刻도 보았다. 이 조각雕刻은 범품凡品이 아닌 듯하다. 그저 이러케 함부로 버려둠은 앗가운 일이다. 이 절은 한때 거찰巨刹이었지만 지금 와서는 퍽 소조하다. 앞뒤에 새파라케 서 있는 동백나무와 콸콸 흐르는 물만은 여전히 한 모양을 전하고 있는 것 같다.

오후 5시 해탈문解脫門을 벗어났다. 큰 내ㅅ물을 따라 산골짝 길로 나와서는 산모롱이를 돌아 밭틀 논틀로 오다 구림鳩林서 오는 큰 길로 나섰다. 최판옥崔判玉 군君, 유혁柳赫 군君과 길ㅅ가 일인日人 집에 들어 수박을 두어 덩이 작판하고 어스름한 저녁에야 여관으로 돌아왔다. 박찬호朴燦鎬 군君은 구림鳩林서 소주燒酒 한 병을 받어 가지고 와서 권한다. 저녁은 못 먹었다.

오날은 오후 문예강화文藝講話는 못하고 8시—11시의 한글 강의講義만은 하였다. 다 맞히고는 다과회茶菓會가 있었고 또 몇 사람이 섭섭하다고 여관 앞 청요리淸料理 집에서 음식飮食을 사 준다. 임보환林普桓 군君의 편지를 보다.

8월 29일. 맑고 또 구름 끼다. 황천皇泉 한 병甁, 진소眞梳 네 첩帖을 사 가지고 오전 9시 반에 떠나다. 최판옥崔判玉, 한동석韓銅錫, 유혁柳赫 군君과 여러 청년(이번 강습을 받은 이들)이 자동차 옆에 와서 전송을 한다. 영산포榮山浦까지 육십 리를 한 시간 만에 왔다. 한 40분 기다려 기차汽車를 탔다. 나주羅州 지나 송정리松亭里에 이르다. 넘우나 완행緩行하는 차車다. 다시 나려서 급행차急行車를 기다리다 진도珍島로 피서避暑 갔다 광주光州를 단여온다는 이규종李奎鍾 군君을 맞났다. 같이 오는 차에 올라 이야기도 하고 무등산無等山 수박도 얻어먹고 오후 3시三時 나는 이리역裡里驛에서 나렸다. 바로 병석秉錫 군君을 찾었다 못 보고 임보환林普桓 군君을 찾어 그 시조회원時調會員들을 맞나보고 시조사時調史 강화講話를 한 시간쯤 하고 그들의 시조창時調唱(평平, 엇, 말)을 듯고 나섰다. 임보환 군은 전송을 나온다. 6시 반 흑포도黑葡萄 3근을 사가지고 자동차를 타고 오다가 삼률산三栗山 근처에서 빵크를 하여 한 30분 지체遲滯, 7시 반에야 신막新幕 와서 나리다. 철희喆熙를 시겨 가방을 들리고 황천皇泉과 양산洋傘은 내가 들고 참실골 우리집으로 들어갔다. 사랑에는 아무도 없다. 아버님은 안에서 저녁 진지를 잡수신다. 노성 고모魯城姑母와 둣재 내종매內從妹가 와있다. 집안사람들이 모였다.

8월 30일. 맑다. 일환一煥이와 관희觀熙는 여산읍내礪山邑內까지 같이 왔다. 오전 10시 반, 자동차를 타고 30분만에 강경역江景驛에 이르다. 11시 50분 강경江景 발發 12시 50분 두계豆溪 착着. 가방과 양산洋傘을 들고 은동隱洞을 들어갔다. 작은집 궤연일곡几筵一哭을 하였다. 연순連順이가 와 본다. 연순連順의 어미, 할미, 할아비가 다 와 본다. 다시 서울을 오고 싶어 하는 모양. 박복례朴福禮와 그 어미 아비가 와 본다. 닭을 잡어준다. 동수同洙, 택수宅洙 군君과 같이 자다. 벼룩 빈대가 수물거려 잠을 잘 못 들었다.

8월 31일. 맑다. 박복례朴福禮를 다리고 나섯다. 연순連順이는 막은고개를 넘어와 전송을 하고 동수同洙 군君은 조고만 애놈에게 마늘ㅅ짐과 가방을 짊어 지이고 정거장까지 나왔다. 곳 차가 와 닿았다. 복례福禮와 같이 타고 40분 만에 대전太田 와 나려서 이창구李昶求 군君을 조상吊喪을 하고 궤연일곡几筵一哭. 점심點心. 오후 3시 반. 특급차特急車로 7시七時 경성역京城驛 착着. 이발理髮. 8시八時 계동桂洞ㅅ집에 들다. 처妻와 동희東熙, 한희漢熙는 경성역京城驛까지 나갔다 그저 돌아왔다 한다. 자정은 넘어서 모여드는 빈대들은 잡어버렸다. 퍽 수타다. 40일四十日ㅅ동안이나 굶은 빈대다.

9월

9월 1일. 맑다. 오전 10시 시업식始業式. 2을二乙 교실教室에 2을二乙 생도生徒를 모여놓고 주의注意하는 몇 말을 이르고 돌려보냈다. 이병도李丙燾 군君을 찾어보고 안확安廓 군君도 보다. 김성수金性洙 군君도 찾어보고 김동복金同福도 보다. 종자從姉, 김낙순金洛淳 부인婦人이 와 자다. 한충韓冲 군君이 오다.

9월 2일. 맑다. 구름 끼다. 비 오다. 동희東熙 생일生日(칠월 이십 일). 오전 8시 10분 상학上學 40분四十分 교수教授 오후 1시 하학下學.

이천규李天珪, 이희균李羲均, 이원영李元榮 군君이 오다. 밤ㅅ비.

9월 3일. 비. 김응수金應洙 군君과 하 박사河博士 군君을 찾어보다.

9월 4일. 구름 끼다 맑었다. 이하용李河用 군君을 찾어보다. 문명로文明魯 군君, 양연덕梁連德 군君, 이진형李璡亨 군君이 찾어오다. 애류崖溜가 왔다. 같이 석반夕飯.

9월 5일. 맑다. 오전 11시 신환영창新桓永昌 군을 다리고 경성운동장京城運動場을 가섰다. 각 중등학교中等學校, 보통학교普通學校, 소학교小學校, 일반관람객一般觀覽客이 가득하게 모였다. 정말체조丁抹體操 구경. 정말인丁抹人 남녀男女 수십 인이 그 선생 닐스 뿍의 지휘指揮를 받어 서로 번갈어 나와 체조體操를 한다. 그 발육發育된 체격體格이며 숙련熟練된 기술技術이며 통일統一된 정신精神은 참 놀랍다. 오후午後 3시三時 파罷.

최학송崔鶴松 군君이 오다. 석반夕飯.

9월 6일. 맑다. 여러 날 못 적었든 일기日記를 적었다. 매헌梅軒이 찾어오다.

9월 7일. 맑다. 오날부터는 50십분五十分 수업授業으로 오전午前 8시八時 20분二十分에 비롯하여 오후午後 3시三時에 맞히다. 일본日本 벽해군碧海郡서 최일순崔日順이란 청년靑年이 문예文藝에 대한 편지를 하였다. 최일순崔日順, 여수麗水 노석정盧錫正, 목포木浦 김응순金應淳, 영암靈岩 최판옥崔判玉, 한동석韓銅錫, 횡성군橫城郡 충시忠時 군君께 편지하다. 병륙秉陸이에게 약과, 산자, 강정 부치의 소포小包와 편지를 보냈다. 경희京熙가 마루에서 나려저 앞니ㅅ발과 입술이 돌몽이 위에 부드쳐 입술이 구녁이 나게 상하였다. 홍제병원洪濟病院에 가서 꿰어 매었다. 돌아와서 앓브다고 운다. 매헌梅軒이 오다. 같이 석반夕飯을 먹었다.

9월 8일. 맑다. 경희京熙는 오날도 홍제병원洪濟病院에 단여왔다. 여름ㅅ동안에도 면종面腫과 경종頸腫과 두드러기로 달포를 고생하였다 한다.

9월 9일. 맑다. 경희京熙는 오날도 홍제병원洪濟病院에 단여왔다. 상처傷處는 차차 아물어졋다. 그러나 숭터는 좀 지겠다.

9월 10일. 맑다. 저녁은 퍽 훈증하다. 시흥詩興에 겨워 12시十二時에야 자다. 목포木浦 김응순金應淳 군君께서 편지가 오다.

9월 11일. 오후午後 비. 직원회職員會—수학여행건修學旅行件 토의討議.

9월 12일. 맑다. 오후午後 3시三時 조선어학회朝鮮語學會를 가서 순회巡廻 강습보고회講習報告會에 참여參與하다. 파罷하고 나서는 명월관明月館 본점本店에서 동아일보사東亞日報社 초대招待의 석찬夕餐을 받었다. 광동서림光東書林에서 『수성절목守城節目』을 가조다. 정충시鄭忠時 군君의 편지를 보다. 새로 세 시에 자다. 작시作詩.

9월 13일. 맑고 무덥다. 매헌梅軒의 얼신네께서 오셔 고서古書를 보다. 노석老石 어른도 오셨다. 김성수金性洙 군君을 찾었다 못 보고 이병도李丙燾 군君을 찾어보다. 매헌梅軒을 가보고 김병룡金秉龍 군君을 맞나고 매헌梅軒과 같이 나서 뻐쓰를 타고 악박골 가서 영천수靈泉水를 마시고 애류崖溜를 찾었다 못 보고 돌아오다. 박경소朴敬沼 책사冊肆에 가서 『패문운부佩文韻府』 한 질帙, 『학생백과사전學生白科辭典』 한 부部를 가조다. 『패문佩文』은 23원二十三円, 『사전辭典』은 2원二円. 문일평文一平 군君이 오다. 이야기하다 석반夕飯. 김환수金煥洙가 오다. 한남서림翰南書林에서는 『연암집燕岩集』을 3원三円에 가조다. 조순祖舜 씨를 찾어뵈고 장남계張南溪도 맞나보다. 임병철林炳哲 군君이 와서 월출산月出山 시조時調와 중서력中西曆 환산표換算表를 가져가다.

9월 14일. 맑다. 오후午後는 구름 끼고 무더웠다. 저녁 먹고 진고개로 나서 문광당文光堂, 대판옥大阪屋, 일한서점日韓書店, 군서당群書堂, 면강당勉强堂을 들어가 보았다. 『정강자규집正岡子規集』 한 책冊을 사가지고 오다.

9월 15일. 맑다 흐리고 퍽 무덥다. 교단敎壇에 서서 땀을 흘렸다. 부여수학여행扶餘修學旅行 일정日程을 꾸미다. 여러 책冊을 보고 그 등지等地의 고적古蹟을 조사調査하였다. 최일순崔日順 군君의 편지가 오다.

9월 16일. 맑다 흐리다. 어스스하다. 좀 감기感氣ㅅ긔운이 있다.

9월 17일. 맑다. 연순連順이 옷을 싸 부치고 김동수金同洙 군君에게 편지하였다. 김용창金容昌이가 제동공보濟洞公普 제4학년第四學年에 전입학轉入學하는데 8원八円을 주었다.

9월 18일. 맑다. 조운曺雲 군君과 김형모金衡模 군君(나주금조羅州金組)에게 편지하였다. 「산해풍경山海風景」과 「산수정회山水情懷」와의 시조작時調作을 동아일보사東亞日報社에 보냈다. 여수麗水 정삼영鄭三榮 군君(여수군청麗水郡廳)이 시조時調를 가르쳐 달리고 편지하였다. 감기感氣ㅅ긔운이 그저 있다. 좀 불쾌하다. 하태흥河泰興 군君이 웨 아니 오냐고 전화電話를 한다.

9월 19일. 흐리다 맑었다. 새벽에 처妻가 『동아일보東亞日報』 호외号外 한 장을 주어다 준다. 봉천奉天서 작昨 18일 오후 10시부터 일·중日中 양군兩軍이 격전激戰 중中이라고. 그 원인原因은 중국병中國兵이 만철선滿鐵線을 습격襲擊한 까닭으로 일본日本 수비대守備隊가 곳 응전應戰 포격砲擊하얐다고. 이발理髮. 하 박사河博士를 찾어보고 병구秉矩 집을 들여다보다.

9월 20일. 맑다. 여수麗水 정재완鄭在浣 군君 김홍식金鴻植 군君, 정삼영鄭三榮 군君께 편지하다. 학교學校 당직當直. 종일. 학교에서 「조선어문법朝鮮語文法」 원고原稿를 썼다. 논산論山 주동국周東國 군君이 백저白苧 한 필과 편지를 보냈다. 곳 답장答狀.

9월 21일. 맑다. 와룡동臥龍洞 박일병朴一秉 군君을 찾어보고 10원十円을 주었다. 일전日前부터 전화電話를 하고 맛나자 한다. 신경병神經病으로 병석病席에 누워서 눈은 뜨고도 잘못 본다 한다. 다만 입은 여전하여 곳잘 떠든다. 문일평文一平 군君이 오다.

9월 22일. 맑다. 애류崖溜를 맞나보다. 찬燦 군君이 오다. 석반夕飯.

9월 23일. 맑다. 동아일보東亞日報 지난 20일 것부텀 청請해 보고 여산 본제礪山本第로 보냈다. 그동안 동아일보東亞日報 판매부販賣部로 두어 번이나 전화電話하여도 보내준다고만 하다. 병륙秉陸의 편지를 보니 그 신문新聞을 곳 사 보내라 하였다. 오날은 그 판매부販賣部에 행랑영감行廊令監을 보내어 말하였다. 오날 것까지의 네 부部를 병륙秉陸

이에게 보냈다. 하 박사河博士 군君을 찾어보고 김용창金容昌 집을 들여다보고 김영완金永完 군君을 맞나보다.

9월 24일. 맑다. 하 박사河博士 군君과 같이 취운정翠雲亭 뒤로 하여 숙청문 肅淸門을 나서 성북동城北洞 청룡암靑龍庵에 가서 뒤ㅅ정자亭子에서 점심奌心을 시겨 먹고 하로를 보냈다. 매헌梅軒이 오다.

9월 25일. 흐리고 이따금 바람이 되우 불어 몬지를 말어 날린다. 직원회職員會. 종자從姊와 같이 청진동淸進洞 병원病院에 가서 누의를 보다. 좀 낫다. 하나 다리가 쑤시는 병病은 여전하다. 태아胎兒는 복중腹中에서 잘 논다 한다.

9월 26일. 맑다. 음력陰曆 8월八月 15일十五日. 한가위 날. 송편, 토란ㅅ국, 해쌀밥을 먹었다. 문일평文一平 군君이 오다. 같이 석반夕飯.

9월 27일. 맑다. 덥다. 종일 집에 있었다. 「조선어문법朝鮮語文法」 초고草藁를 썼다. 황병인黃炳仁 군君이 오다.

9월 28일. 흐리다 비 오다. 저녁을 책冊을 보다가 곳 쓸어져 잤다. 조용해趙龍海 군君에게 편지를 하였다. 밤에는 제법 찬 긔운이 돈다.

9월 29일. 흐리고 선선한 바람이 불고 이따금 비가 뿌리다 마다 한다. 퍽 음산하다. 처妻가 안ㅅ방 전등소제電燈掃除를 하다 병病을 내어 아니 켜진다. 영감令監을 학교學校 숙직실宿直室에 보내어 종로전기회사출장소鍾路電氣會社出張所로 전화電話하여 와 곧혔다.

9월 30일. 흐리다 맑다, 비도 뿌리다 마다 하였다. 오후午後 8시八時 경성역京城驛에 나가서 9시九時 5분五分 발發 부산행釜山行 열차列車로 일행一行 120명百二十名 3학년생三學年生과 안호준安鎬俊 군君, 정지용鄭芝溶 군君과 같이 떠나다. 차車는 한 칸 반을 준다. 애들의 떠나는 소리에 잠 한잠 못 잤다. 안安, 정鄭 양군兩君은 잘도 잔다.

10월

10월 1일. 오전午前 5시五時 20분二十分 대구 착大邱着. 일동一同은 나려서 달성공원達城公園을 가 보다. 신사神社로 참배參拜하러 오는 일인日人 남녀男女가 퍽 많다. 먼동이 환하며 햇살이 퍼진다. 다시 대구역大邱驛으로 오다. 왕복往復 40분四十分은 걸린다. 아츰 벤또를 먹고 7시七時 10분十分 발發 경주행慶州行 경편차輕便車를 탔다. 이 역驛에서 서방緒方 일교사日敎師가 참가參加 동행同行. 9시九時 57분五十七分 경주慶州 착着. 10시十時 7분七分 울산행蔚山行 차車로 떠나 10시十時 45분四十五分 불국사역佛國寺驛 착着. 불국사역佛國寺驛을 가서 점심奌心, 구경. 오후午後 1시一時 발發 토함산吐含山을 넘어 석굴암石窟庵을 보고 일동一同 촬영撮影하고 돌아오니 3시三時. 괘릉掛陵은 아니 가보고 청운교靑雲橋, 백운교白雲橋에 지어서서 갑甲·을乙 양반兩班이 각각各各 촬영撮影하고 다시 불국사역佛國寺驛에 와서 기다려 15시十五時 45분四十五分 발發 6시六時 21분二十一分 경주慶州 착着. 안동여관安東旅館에 들었다. 군청郡廳 최남주崔南柱 군君과 부호富豪 배기달裵基達 군君이 찾어왔다. 배裵, 최崔 양군兩君이 씨름 구경을 가자고 하여 안 군安君과 나와 나섰다. 정 군鄭君은 저녁을 먹고 그 자리에 쓸어진 채 코를 득득 곤다. 우리는 시가市街로 나와 자동차自動車를 타고 알천閼川(아리내)을 건너 씨름판으로 가다. 알천閼川은 물이 불었다. 작년昨年 와 볼 때에는 이러치 아녔다. 자동차自動車는 물ㅅ속으로 몰아간다. 오늘은 마주막 결승決勝하는 날이라 사람이 퍽 많이 모였다. 사람도 작년보다는 몇 곱절이나 되겠다. 우리는 배 군裵君의 뒤를 따라 그 틈을 비집고 씨름판으로 들어앉었다. 씨름은 아무나 자원自願하는 이면 나와 하게 한다. 씨름을 감독監督하는 이, 경비警備하는 이며 순사巡査들은 장내場內에 서 있으며 구경ㅅ군들은 그 주위周圍에로 겹겹이 앉은 이, 선 이 성곽城廓을 일워 가지고 자꾸 밀어드는데 끼어 죽는다는 둥, 눌려 죽는다는 둥, 퍽 소란騷亂도 하다. 경비警備와 순사巡査는 회추리, 막대기, 삼ㅅ줄을 가지고 사뭇 치며 때리며 또는 긴 간질대 끝에 솜뭉치를 달고 게다 이따금 중유重油를 적셔 불을 켜들고 서서 있다가 그 불뭉치를 내두르기도 하여 그 소란騷亂한 무리를 내몰고 내몰고 한다. 하나 그 소란騷亂만은 끊일 적이 없다. 나는 한참 그 틈에 끼어 오도 가도 못하고 땀을 무척 흘렸다. 12시十二時나 되어서 돌아왔다. 달은 밝게 빛인다.

10월 2일. 8시八時 봉황대鳳凰臺, 서봉총瑞鳳塚, 금관총金冠塚을 보고 박물관博物館을 보고 최남주崔南柱 군君을 앞에 세고 나서 분황사芬皇寺, 황룡사皇龍寺, 안압지雁鴨池, 석빙고石氷庫, 첨성대瞻星臺, 계림鷄林, 재매정財買井로 하여 오릉五陵 숲속에 가서 점심點心 먹고 포석정鮑石亭, 무열왕릉武烈王陵, 서악서원西岳書院, 김태각간릉金太角干陵을 보고 서천교西川橋를 건너서 여관에 드니 5시. 석반夕飯. 7시 36분 경주慶州 발發. 여관 주인과 최남주崔南柱 군君이 와 전송餞送. 주인主人은 배와 능금 한 꾸러미를 준다. 차중車中에서 일행一行이 잠들을 잤다.

10월 3일. 오전午前 7시七時 경성역京城驛 착着. 집에 들어 조반朝飯을 먹고 자다 이하용李河用 군君의 편지가 와서 깨었다. 이하용李河用 군君을 가보고 학교를 좀 들여다보았다. 운동장에는 마츰 연초전매국煙草專賣局 여자직공女子職工 운동대회運動大會가 있어 인산인해人山人海가 되었다. 김철金鐵 군君의 전화를 받고 돌아와서 여수麗水한글회會 기념증품記念贈品 은배銀盃를 받었다. 점심點心 먹고 잠을 잤다. 낮을 흐리고 무덥다.

10월 4일. 맑다. 무덥다. 진고개를 갔다. 책사冊肆들은 오날은 휴업休業하여 문門을 닫었다. 매헌梅軒을 찾었다 못 보다. 오후午後 3시三時 이병도李丙燾 군君과 같이 경성대학京城大學에 가서 조선활자인쇄자료전관朝鮮活字印刷資料展觀을 가 보았다. 경희京熙가 생과실生果實을 넘우 먹고 탈이 났다. 먹는 대로 토吐하고 신열身熱이 나고 갈증渴症이 나아 물만 자꾸 찾는다.

10월 5일. 흐리고 무덥다. 경희京熙가 홍제병원洪濟病院에 갔다 오다. 여전히 토吐하고 갈증渴症이 나는 모양.

10월 6일. 맑다. 무덥다. 교실에서도 뒤ㅅ문을 열어 놓고 교수敎授를 하였다. 이하용李河用 군君이 또 편지를 하였다. 하학下學하고 오는 길에 이 군李君을 찾었다. 경희京熙는 아즉도 아니 낫는다.

10월 7일. 오전午前 3시경三時頃 취우驟雨. 종일 흐리고 무덥다. 동아일보사東亞日報社에 있는 김우평金佑枰 군君의 전화電話를 받었다. 오후午後 조퇴早退. 이하용李河用 군君을 찾어보다. 여수麗水한글회會 여러분에게 기념품紀念品(은배銀盃)을 받었다는 편지를 써 보내다. 하 박사河博士를 찾었다가 못 보다. 저녁은 더 무덥다.

10월 8일. 맑다. 서풍西風. 차다. 어머님이 지난밤부터 옳은편 가슴밑이 절리고 오한惡寒, 신열身熱도 난다고 하시며 누우셨다. 하학下學후後 나와서 이승호李丞浩 군君을 찾어보고 쌍금탕雙金湯 두 첩貼을 지어다 인삼人蔘 3냥중三兩重을 더하여 다려들였다. 동아일보東亞日報 호외号外가 오다. 일본日本 비행기飛行機가 장학량張學良 응징膺懲의 주의서注意書를 금주錦州 상공上空에서 살포撒布하고 또한 폭격爆擊을 개시開始하였다고.

10월 9일. 맑다. 차다. 어머님은 좀 나으시다. 동희東熙가 흑석리黑石里로 원족遠足을 간다고 첫새벽부터 일어나서 들렌다. 행랑영감行廊令監과 같이 가게 하여 잘 단여왔다. 직원회職員會.

10월 10일. 맑다. 오후午後 조선어학회를 단여서 매헌梅軒을 찾어보고 진고개 대판옥大阪屋에 가서 『개관구주예술사槪觀歐洲藝術史』 한 책册을 사가지고 종로鐘路 네거리로 오다 모자帽子 하나를 사 쓰다(2원二円). 하 박사河博士를 찾어보고 영어英語를 또 계속하다.

10월 11일. 맑다. 매헌梅軒을 다리고 취운정翠雲亭으로 하여 창덕궁昌德宮과 성균관成均館 뒤를 돌아 보성고보普成高普에 가서 김낙순金洛淳 군君을 찾었다 못 맞나보고 약사사藥師寺를 나가 노석老石 어른과 현도인玄道人(홍남표洪南杓)을 찾어보고 정릉貞陵 앞 산山등으로 하여 시내를 건느고 또 고개를 넘어서 신흥사新興寺 이봉천李奉天 집으로 들어 점심点心을 시겨 먹다. 오후午後 다섯 시時나 되니 돌아오다.

10월 12일. 맑다. 따뜻하다. 3갑三甲, 3을三乙 조선어문법朝鮮語文法 시간時間에 들어서며 불쾌不快를 늣겼다. 3갑三甲 교실教室에는 오후午後 점심点心 후後 첫 시간時間이다. 밥들을 먹고 그 밥틔를 예다제다 흩어놓고, 또는 쓸에받기통을 그 뚜에를 벗겨 논 채로 치지도 않고 교탁教卓 위엔 물을 쏟아 흔건하고 휴지休紙쪼각이 희끗희끗 깔려 있으며 3을三乙에는 서로 소곤거리기나 하고 물어보아야 대답도 못하고 그리고도 여전히 부주의不注意, 무관심無關心하는 태도다. 한바탕 야단을 하고 나서 새 교재教材를 가르쳐 주었다.

10월 13일. 맑다. 대구大邱 조용해趙龍海 군君의 편지를 보다.

10월 14일. 맑다. 저녁에 해쌀밥을 먹다. 새 맛이 난다. 하 박사河博士 군君을 찾어보고 영어英語를 또 배웠다. 그리고 그의 쓴 원고原稿 한 뭉치를 보아달라고 하여 가조다.

10월 15일. 맑다.

10월 16일. 흐리다. 비 오다. 서화전람회書畵展覽會를 구경하였다. 오전午前 첫 시간時間은 놀게 되어서 장발張勃 군君과 같이 갔었다. 아즉 개관開館도 아녔다. 우리 학교學校 강당講堂에서 하는 것이라 특청特請을 하여 들어갔다. 출품出品도 작년昨年보다 적다. 퍽 공소空踈하여 보인다.

10월 17일. 흐리다. 애류崖溜를 찾어가보고 이야기하다 같이 나서 장지영張志暎 군君을 찾었다 못 맞나고 김극배金克培 군君을 찾었다 못 맞나고 허는 흥화문興化門 앞에로 오다. 양건식梁建植 군君을 맞나 어느 음식점飮食店에 들어 좀 요긔를 하고 휘문학교徽文學校 대강당大講堂으로 와서 서화전람회書画展覽會를 보고 중앙고보中央高普 운동장運動場으로 가서 소년야구전少年野球戰를 보랴고 계동桂洞 로터리까지 오다 벌서 파罷하여 나오는 걸 보고 나는 집으로 왔다. 저녁에 하 박사河博士 군君을 찾어보고 그 원고原稿를 돌려주었다.

10월 18일. 흐리다. 오후午後 세 시時나 하여 나섰다. 일본인日本人 신사神社놀이 얼사둥둥이는 지나갔다. 구경 나갔든 군중群衆은 몰려가고 몰려온다. 몬지는 눈코를 뜰 수 없이 나른다. 나는 종로鍾路까지 나갔다가 수당壽堂도 맞나고 매헌梅軒도 맞나고 백화白樺도 맞났다. 돌아오다 한남서림翰南書林에 들어가 주인主人 백두용白斗鏞의 호의好意를 얻어 그 내부內部의 쌓은 서적書籍들을 조사調査하여 보았다. 글씨를 잘 쓴 『남화경南華經』(5책五册 1질一秩)도 보고 『조선야담집野談集』 여섯 책册을 사 오다. 6원六円을 달라는 것을 5원五円에 절가折價하였다.

10월 19일. 맑다. 단화短靴 한 커리를 새로 맞후어 가조다. 2원二円

70전七十錢. 하학下學하고 나오다 또 한남서림韓南書林에 가서 그『남화경南華經』을 펼쳐 보고『계서잡록溪西雜錄』한 책冊을 사 오랴다가 갑을 넘우 달라 하여 말었다. 백두용白斗鏞은 책冊값은 다른 책冊장사보다도 몇 곱절이나 더 받으려 한다. 그 두텁데 두텁은 얼굴, 띙띙한 몸ㅅ둥이, 굼뜬 말, 늘인 동작動作은 대번 보아도 그 성격性格의 어떠함을 알겠다.

10월 20일. 맑다 흐리다. 동아일보사東亞日報社에서 편지가 오다. 김창현金昌鉉 군君의 편지가 오다.

10월 21일. 맑다.『방허명집주남화경方虛名輯注南華經』[1] 사본寫本 5책五冊 1질一秩과『계서잡록溪西雜錄』한 권과를 백두용白斗鏞 서포書鋪에서 8원八円에 사 오다. 숙직宿直.

10월 22일. 맑다. 장발張勃 군君과 같이 경성도서관京城圖書館으로 판화전람회板画展覽會 구경을 갔다.

10월 23일. 맑다. 박경랑 서포朴敬浪書鋪로 하여 매헌梅軒을 찾었다 못 맞나고 진고개를 둘러오다.

10월 24일. 맑다. 처妻가 도배를 하다가 밟고 섰든 책상冊床이 자빠져서 낙상落傷을 하였다. 오후午後 네 시時 동아일보사東亞日報社에 가서 한글좌담회座談會에 참여參與하였다. 석반夕飯을 먹고 7시七時에나 파罷하여 오다. 하 박사河博士를 맞나보고 이야기하고 이윽하여서 집에 들다.

10월 25일. 비. 오후午後는 맑다 흐리다 하고 바람이 불다. 이병도李

---

1 원서명은『남화진경방주(南華眞經旁註)』. 서울대학교 규장각에 〈가람古 181.1-G994n-v. 1-5〉로 원문을 볼 수 있다.

丙燾 군君과 같이 고공전람회高工展覽會를 갔다 오다. 처妻의 약藥(가미사물탕加味四物湯) 세 첩貼을 지어오다.

10월 26일. 눈ㅅ발이 흩날리다. 애류崖溜와 안확安廓 군君이 오고 이병도李丙燾 군君이 오다. 저녁에 매헌梅軒이 그 행랑行廊어멈에게 짐치, 깍드기, 볶음장 따위를 들리어 다리고 왔다. 학교에선 임시시험臨時試驗을 보다.

10월 27일. 음산. 찬燦 군君이 오다. 한글문헌文獻에 대하여 원고原稿를 쓰다. 조선일보사朝鮮日報社에서 한글기념記念(10월 29일)을 하겠다고 조르는 것이다. 세 시간時間쯤 잤다.

10월 28일. 음산. 흐리다. 『신동광新東光』 잡지雜誌를 보내 주었다. 잡지 치고 속이 엉성하다. 외국外國 사정事情, 문예文藝, 경제經濟 따위의 기사記事가 거의 그 전부全部를 차지하였다. 그도 어느 것을 고대로 번역한 것 같다. 마른 나무에 물이 날 수 없다. 공부工夫들을 하여야 할 것 아닌가.

10월 29일. 맑다. 한글기념記念날이다. 세종대왕世宗大王 정음반포正音頒布 485주년四百八十五週年인 이 날이다. 오후午後 5시五時 반半 명월관明月館 본점本店(돈의동敦義洞)으로 갔다. 6시六時에 기념식記念式을 하였다. 정음正音 서문序文 낭독朗讀, 한글 역사歷史말. 축사祝辭, 만세삼창萬歲三唱으로 폐회閉會. 석반夕飯. 애류崖溜하고 매헌梅軒을 찾어보고 오다 종로鐘路 남南편 어느 음식점飮食店을 거쳐 오다.

10월 30일. 맑다. 찬燦 군君과 문일평文一平 군君이 왔다. 저녁을 같이 먹다.

10월 31일. 맑다. 장남계張南溪를 가보고 어머니 자실 약藥 세 첩貼을 지어오다. (청양탕淸養湯)

11월

11월 1일. 맑다. 병륙秉陸이에게 편지하였다.

11월 2일. 맑다. 박용철朴龍喆 군君이 『문예월간文藝月刊』 창간호創刊号 한 권卷을 주며 원고原稿를 써 달라고 한다. 곳불이 들었다. 총강탕蔥薑湯을 하여 먹었다.

11월 3일. 맑다.

11월 4일. 맑다. 애류崖溜를 맞났다.

11월 5일. 흐리다. 밤ㅅ비. 직원회職員會. 휘문徽文 창립創立 25주년二十五週年 기념식記念式 절차節次에 대한 의논議論.

11월 6일. 비.

11월 7일. 맑다. 휘문徽文 창립創立 25주년二十五週年 기념식記念式 겸 10년十年 근속勤續한 일곱 선생先生(서상란徐相鸞, 김도태金道泰, 이일李一, 신원영창新垣永昌, 이치규李治奎, 유길상劉吉相, 김건영金健榮)의 표창식表彰式을 하였다. 오후午後 1시一時. 그리고 점심臭心 양식洋食. 생도生徒들에게는 양洋떡 한 개씩을 주었다. 생도生徒 작품作品의 서화전람회書畵展覽會도 있었다.

11월 8일. 맑다. 학예부 주최學藝部主催 음악대회音樂大會 겸 3막三幕을 하였다. 오후午後 6시六時 반半 부터 10시十時 반半 까지 휘문대강당徽文大講堂에서. 나는 오후午後 네 시부터 등교登校하였다.

11월 9일. 맑다.

11월 10일. 맑다.

11월 11일. 흐리다 맑다 하였다. 하 박사河博士를 가 보다.

11월 12일. 맑다.

11월 13일. 맑다.

11월 14일. 흐리다. 저녁에 비 오다. 학교서 나오다 장남계張南溪를 보고 약藥 두 첩을 지어 오다. 곳불이 들어 십여 일 되도록 아니 나간다. 오날은 더하다. 머리가 띄하고 코가 찡찡하다. 사지四肢도 뇌곤한 것 같으며 신기神氣도 좋지 못하다. 저녁에 약藥을 연복連服하였다.

『휘문徽文』 제9호第九号 원고原稿를 선정選定하여 한성도서漢城圖書 김진호金鎭浩 군君에게 맡겼다. 『신생新生』 원고原稿를 썼다.

11월 15일. 비.

11월 16일. 맑다. 3병三丙 교실敎室에 들어갔다가 퍽 불쾌不快한 꼴을 보았다. 넘우나 건방진 말을 한다. 화를 내어 나무래었다.

매헌梅軒 집에서 시케, 깍드기를 보내 주었다. 저녁에 가 보았다. 저녁 연긔는 안개에 섞이어 있어 거리를 지날 때에는 눈이 좀 아프다. 초생初生달은 흐릿하게 떠 있다. 사람들은 무리를 지어 몰려오고 몰려간다. 겨을 생각은 조곰도 아니 난다.

11월 17일. 맑다. 소구섭蘇亀燮이가 오다.

11월 18일. 맑다. 칩다. 성기효成耆孝가 오다.

11월 19일. 맑다. 칩다. 밤에 눈이 좀 오다. 숙직宿直.

11월 20일. 맑다.

11월 21일. 맑다. 문명로文明魯 군君이 오다. 송재운宋在雲 군君이 오다. 한성도서주식회사漢城圖書株式會社를 가 보다. 『휘문徽文』 잡지雜誌 인쇄印刷를 감독監督했다.

11월 22일. 맑다. 눅다. 이병도李丙燾 군君과 같이 등총린藤塚鄰[2] 교

2 등총린(藤塚鄰/후지쓰카 지카시, 1879~1948) 일본의 한학자. 경성제국대학 법문

수敎授를 찾어가 보고 금촌병今村鞆[3]을 맞나고 또 금서룡今西龍[4] 박사博士를 찾어보다.

11월 23일. 흐리다. 눅다. 임실任實 조 형趙兄의 편지를 받어보다. 『휘문徽文』 잡지雜誌 준을 보았다. 한성도서漢成圖書를 가 보고 한남서림翰南書林, 광동서림光東書林을 가 보다. 김환수金煥洙 군君이 오다. 떡을 하였다. 매헌梅軒께며 하 박사河博士께 능금, 배, 감과 떡과를 보냈다.

11월 24일. 맑다. 눅다. 머리가 띄한 것이 종일 불쾌不快하다. 오날 다섯 시간 교수敎授를 하는대 억지로 참고 하였다.

11월 25일. 흐리고 밤에 비 오다. 문일평文一平 군君이 와서 놀다 갔다.

11월 26일. 흐리다. 좀 칩다.

11월 27일. 맑다. 문명로文明魯 군君이 오다.

11월 28일. 맑다. 동관 앞에 가서 사진寫眞을 박였다. 그리고 진고개를 돌아 여러 책사册肆를 들어보고 오다. 하 박사河博士를 가 보다.

11월 29일. 흐리다. 임실任實 조 형趙兄에게 편지를 붙이다. 매헌梅軒이 오다. 이상돈李相敦 군君이 오다.

11월 30일. 맑다. 좀 칩다. 매헌梅軒 집에 가서 저녁을 먹었다. 술을 좀 먹었더니 머리가 아프다. 돌아오다 병구秉矩 집을 들여다 보았다.

학부 교수. 청조의 경학에 밝아 고증학적으로서의 경학을 재평가했다. 조선시대 김정희(金正喜)와 청조의 완원(阮元) 및 옹방강(翁方綱)의 학문적 맥락도 추적했다.

3 금촌병(今村鞆/이마무라 도모, 1870~1943) 일본 경찰 관료 출신으로 대만에서 순사를 하다가 경찰 간부로 조선에 건너왔고 합방 이전 통감부 시절부터 조선의 민정 풍속을 조사하는데 앞장섰다. 1914년 『조선풍속집』을 간행하였으며, 당시 '조선민족학계의 장로'로 불리던 인물이다.

4 금서룡(今西龍/이마니시 류, 1875~1932) 일본의 한국사 학자, 경성제국대학 법문학부 교수. 총독부 고적조사 위원, 조선사편수회 위원, 한국사 강의, 조선고사 등을 연구하면서 한국사 왜곡에 앞장섰다.

12월

12월 1일. 맑다. 한성도서주식회사漢城圖書株式會社에서 『휘문徽文』 잡지雜誌 3책三册을 가졌다. 저녁에 곳 학교에 가서 그 절차節次를 차리어 총독부總督府에 납본納本을 시겼다.

12월 2일. 맑다. 칩다. 저녁을 막 먹고 나니 순사巡査가 와서 종로鐘路 경찰서警察署 고등계高等係로 전화電話를 하라고 한다. 곳 학교로 가서 전화電話를 했다. 어제 납본納本한 『휘문徽文』 잡지雜誌 제9호第九号 삭제削除된 대문을 알려준다. 알리는 대로 소사小使 이몽린李夢麟을 시겨 적었다. 다 적은 뒤에는 그걸 가지고 한성도서주식회사漢城圖書株式會社로 가서 일러주었다. 하 박사河博士 군君과 하태흥河泰興 군君을 찾어보다. 열 시나 되어서 돌아오다. 무슨 일로 하여 그랬는가 하고 어머님은 잠도 아니 지무시고 기다리시다가 옆에ㅅ방에서 뛰어 나오신다. 처妻의 말을 들으면 동희東熙는 아버지가 순사巡査에게 붙잡혀 가서 두드려 맞지나 안는가 하고 제 아우들을 다리고 걱정을 하다가 잠이 들었다 한다.

12월 3일. 맑다. 칩다. 오전午前 10시十時 반半 총독부總督府를 갔다. 하태흥河泰興 군君이 그 앞 정원庭園에 나와서 기다리고 있다. 그를 앞세고 들어가 승강기昇降機를 타고 올라 삼층 위에서 나렸다. 도서과圖書課를 찾어 김지연金志淵 군君을 맞났다. 김지연金志淵 군君의 소개紹介로 그 주임主任을 보고 『휘문徽文』 잡지雜誌 삭제削除된 부분部分을 얻어 보고 조히에 적어 가지고 나왔다. 한성도서주식회사漢城圖書株式會社에 들어가 그 삭제削除된 곧을 일일히 일러주었다. 오후午後에는 머리가 좀 아프다.

12월 4일. 맑다. 『휘문徽文』 잡지雜誌 2책二冊(삭제削除한 것)을 총독부總督府에 납본納本시겼다. 방과 후放課後 직원회職員會 — 제2학기第二學期 시험 급 성적발표試驗及成績發表에 대하여.

12월 5일. 맑다. 또 김지연金志淵 군君에게 전화電話하였다. 『휘문徽文』 잡지雜誌는 검열檢閱 통과通過. 찬燦 군君이 오다. 저녁을 같이 먹다. 하 박사河博士를 찾어보다. 병륙秉陸이 편지 보다.

12월 6일. 흐리다. 저녁에 비. 김영룡金永龍 씨氏 집에서 그의 둣재 아들 혼인婚姻 잔치 음식飮食을 먹었다.

12월 7일. 비. 잡지雜誌 『휘문徽文』 팔백 책八百冊이 한성도서주식회사漢城圖書株式會社에서 오다. 곳 난워 주다.

12월 8일. 비. 저녁에 임병철林炳哲 군君이 오다. 빌어간 삭윤표朔閏表를 가조다. 문예연구文藝研究, 야담野談, 희곡戲曲, 소설小說에 대하여 이야기. 자미스러웠다.

12월 9일. 비.

12월 10일. 흐리다.

12월 11일. 흐리다. 이태준李泰俊 군君이 저녁에 찾어오다. 『천태사교의天台四敎儀』, 『금강경삼가해金剛經三家解』를 내보이고 문예文藝에 대한 이야기를 하다. 『신생新生』 원고지原稿紙 한 축軸을 주고 가며 신년호新年号 투고投稿를 청請한다.

12월 12일. 놉새ㅅ바람. 퍽 칩다. 오후午後 방과 후放課後 직원회職員會. 제2학기第二學期 조행고사操行考査. 네 시 반에 돌아오는데 바람 끝이 얼굴을 스쳐가며 살을 에는 것 같다. 온몸을 웅숭커리고 종종걸음을 쳐오다.

12월 13일. 퍽 칩다. 첫 치위다. 새벽에 영하零下 12도十二度 6분六

分. 이병도李丙燾 군君 집에 놀러갔다 문일평文一平, 현상윤玄相允 군君을 맞나보다. 『신생新生』 원고原稿를 썼다. 병륙秉陸이에게 편지 붙이다.

12월 14일. 칩다. 그러나 어제 그적긔같이는 아니 칩다. 좀 풀리는 모양이다. 제3학기第三學期 시험試驗 시작.

12월 15일. 흐리다.

12월 16일. 맑다. 장응진張膺振 선생先生이 『고등조선어독본高等朝鮮語讀本』 원고原稿를 가지고 와서 문의問議를 한다.

12월 17일. 맑다. 어머님께서 누님과 같이 시골을 가신다. 오후午後 10시十時 반半 목포행木浦行 차車로. 나는 처妻와 같이 경성역京城驛에 나갔다. 차車ㅅ간에 들어가서 자리를 잡어들이고 나와 플래트폼에 섰었다. 차車는 떠나간다. 어떤 이는 달음질하여 차車를 좇아가며 어떤 이들은 서로 힌 수건手巾을 내흔든다. 나는 돌아섰다. 여학생 셋이 급급히 달어드며 차車를 잡으려다가 역장驛長의 손에 붙들리고 만다. 그 중의 한 사람은 하관이 빤 듯한 길죽한 얼굴에 눈초리가 샐죽하여 가지고 "앗차 이 일을 어찌할가. 차표車票는 여긔 있는데…." 하고 가장 흥분이 되어 말한다. 전송餞送하러 나온 이들은 나와 같이 출구出口를 향하여 나오다. 또 한 육십이나 되어 뵈는 여인이 보퉁이 하나를 들고 어릿어릿하며 층층다리를 나려온다. 우리는 안국동安國洞 와서 전차電車에 나려 걸었다. 행인行人은 드믈고 달빛은 밝다. 별궁別宮에서는 다듬이 소리가 난다. 집에 드니 경희京熙, 동희東熙, 한희漢熙가 다 깨어 가지고 기다리다가 퍽 반가워도 한다. 매헌梅軒이 왔었다.

12월 18일. 맑다. 동아일보사東亞日報社에서 물은 문단 전개 방법文壇展開方法을 간단히 써 보내다. 이웃집 이일李一 군君 부인夫人이 별세

別世. 임병철林炳哲 군君을 찾어보다.

12월 19일. 맑다. 집에서 잡곡雜穀 한 가마니를 보냈다. 학교서는 시험試驗을 다 보고 오후午後 세 시 종업식終業式을 하였다.

12월 20일. 맑다. 따뜻하다. 오전午前 8시八時 천주교당天主教堂에 가서 이일李一 군君 부인夫人 영결식永訣式을 보고 자동차自動車로 광희문光熙門을 나서 살고지다리로 하여 중곡리中谷里에 가서는 차車를 버리고 걸어서 천주교天主教 공동묘지共同墓地에 갔다. 장례葬禮를 보고는 들 하나, 내 하나를 건너, 고개를 넘어 전농리典農里, 청량리淸凉里로서 왔다. 병륙秉陸이에게 편지 붙이다. 학교에서 일을 하였다.

12월 21일. 맑다. 병륙秉陸이의 편지를 보다. 학교에서 일을 하였다. 저물어서야 집에 들다.

12월 22일. 맑다. 학교에서 성적조사成績調査 급及 기입記入을 다 맞혔다. 저녁에 장응진張膺振 선생先生이 오다. 『고등조선어독본원고高等朝鮮語讀本原稿』에 대한 문의問議, 또는 세간담화世間談話.

12월 23일. 맑다. 동지冬至. 따듯하다. 봄날 같다. 직원회職員會 — 성적고사成績考査. 장남계張南溪를 가 보고 처妻가 먹을 약藥(보양탕保養湯) 10첩十貼(3원三円 50전五十錢) 지어오다. 신체수약身體瘦弱, 구역嘔逆, 두현증頭眩症이 있다.

12월 24일. 흐리다. 오후午後 1시一時에 학교를 가서 성적발표成績發表를 했다. 온 생도生徒는 십여 명쯤. 웃는 생도生徒도 있고 우는 생도生徒도 있다. 김환수金煥洙가 오다.

12월 25일. 맑다. 이능화李能和 씨를 찾어보고는 진고개를 갔었다. 다른 때보다 왕래往來하는 사람이 더 많다. 울긋불긋한 조히로 싼 꾸러미들을 하나씩 둘씩 손에 들고 이 상점商店, 저 상점商店에서 나온다.

그 틈에는 간간間間 조선인도 끼었다. 그리고 모다들 깃버하는 얼굴이다. 나같이 혼자서 어슬렁어슬렁 걸어가는 이도 없지 않지마는 대개는 그 가족家族들을 더불고 나온 이들이다. 이 쓸쓸한 서울에서도 진고개만은 번화하다. 크리쓰마쓰ㅅ날 같다 — 하는 생각이 난다. 나는 몇몇 책사冊肆를 거쳐서 군서당羣書堂으로 들어갔다. 한편에서 여자들과 남자와의 웃는 소리가 야단스럽게 난다. 낡은 책冊 한 권을 빼어들고 한 폐지를 펼치자마자 또 그 웃음소리가 난다. 그 한 폐지도 못 다 보는 동안에 그 웃음소리는 여남 번도 더 났다. 좀 이상하여 그 웃음소리 나는 편으로 다가서서 보니 라디오소리를 들으며 주인主人 마누라 같은 중년中年이나 된 여자와 또 그보다 젊어 뵈는 여자와 그 앞에 서 있는 젊은 남자가 그러케 웃는다. 고개를 숙이고 눈들은 까막까막하며 손님들이야 들오는지 나가는지 책冊을 사든지 안 사든지 무관심이다. 나는 돌아서 나오다. 오다 다른 책사冊肆에서 일본日本『소년문학집少年文學集』, 『개천용지개집芥川龍之介集』, 『길전현삼랑吉田絃三郎, 등삼성길집藤森成吉集』[5]을 사 오다.

12월 26일. 흐리다. 음산하다. 종일 집에 있었다. 애오랏 김金서방이 왔다 갔다. 『소년문학집少年文學集』과 『개천용지개집芥川龍之介集』을 뒤적뒤적 펼쳐보다. 꽤 자미滋味있다. 마츰 빨래를 한다. 창窓 밖에서 나는 박망이 소리가 고막鼓膜을 뚫는 것 같다. 그 소리를 피해서 안ㅅ방으로 책冊을 들고 갔다. 개천芥川의 「부父」를 읽다가 웃음이 나와 못 참었더니 처妻는 재봉裁縫을 하다 기웃이 어깨넘어로 들이다보

5 『현대일본문학전집』(개조사(改造社), 1920년대) 63권 중 제47편 『吉田絃二郎集, 藤森成吉集』으로 보임.

며 무엇이 그리 웃으우냐고 묫는다. 또 한 대문을 펼쳐 놓고 막 보는데 옆에서 노든 어린놈이 느닷없이 대들어 짓밟고 왔다갔다한다. 다시 하는 수 없이 건너방으로 왔다. 듯기 싫은 박망이 소리는 여전히 난다. 책冊은 보아도 마음이 잡히지 않는다. 도서관圖書館으로나 갈까. 어느 친구親舊 집에나 찾어갈까 — 하다 말었다.

12월 27일. 흐리다. 저녁부터 비가 온다. 매헌梅軒이 오다. 저녁 밥상을 대해 있다가 다시 겸상을 하여 매헌梅軒과 같이 먹었다. 그리고 능금도 사다 먹었다. 『청구야담靑邱野談』을 펼쳐보고 매헌梅軒의 야담野談도 들었다. 창窓 밖에 비ㅅ소리는 한 모양이다. 어느덧 8시八時. 매헌梅軒은 우산雨傘을 빌어 들고 갔다. 바람도 불고 비도 그치지 않는다. 원고原稿를 내놓고 무얼 써보려 해도 되지 않는다. 신문新聞도 보고 책冊도 보고 하다 새로 한 시나 되었다. 비바람 소리는 더욱 요란하다. 뒤 첨아서는 무엇이 떨어지는지 툭툭 한다.

12월 28일. 비. 아츰을 먹고 나니 10시十時다. 원고지原稿紙를 내 놓고 한 두어 줄 쓰노라니 문밖에서 누가 와 찾는다. 원고지原稿紙를 걷어 치고 맞어들였다. 양복洋服한 청년靑年. 나는 속으로 어느 잡지雜誌 기자記者, 신문新聞 기자記者나 아닌가. 또 성가스러운 일이 생기나 — 하고 요를 밀어 주며 "편히 앉으시오." 하였더니, 그는 명함名啣 한 장을 내주며 "저는 이런 이올시다. — 조선일보朝鮮日報 기자記者 신영우申榮雨"라 하며 신년호新年号에 한글 운동運動에 대하여 쓰겠다고 문제問題를 하나씩 하나씩 끄내어 질문質問을 하고 대답하는 족족 원고지原稿紙에 적는다. 한 30분三十分은 걸렸다. 내가 대답은 해 놓고도 그 답안答案이 어떠케 되었는지는 모르겠다. 그는 또 다른 원고지原稿紙를 내보며 어느 여학교 선생의 주소住所를 물으나 나의 알 배는 아니다.

대단히 밭븐 양이다. "갈 대가 많아 더 말슴을 못 듯겠습니다." 하고 일어섰다. 나는 그 뒤에 또 원고지原稿紙를 내놓았으나 써지지 않는다. 다시 집어치고는 두계斗溪 집으로 마슬을 갔다가 저녁때야 돌아오다. 책册이나 보려고 막 펼치고 있으니까 또 누가 와 찾는다. 나가 보니 익산益山 변일섭邊日燮 군君. 그적게도 와 찾다가 못 찾고 말고 오날야 번지番地를 똑똑이 알고 왔다 한다. 같이 저녁을 먹고 군君의 소청에 응하여 지어둔 시조時調 몇 수首를 내보였다. 눈을 까막까막하며 계면조界面調 음성音聲으로 거북스럽게도 읽는다. 그중 어떤 수首에는 특별한 홍미興味를 늣기면서 재독再讀 3독三讀 4독四讀하고 수첩手帖을 끄내어 적는다. 다른 책册들도 내보이고 잡담雜談도 하다 또 어느 친구親舊의 만찬晩餐을 받으러 간다고 갔다.

12월 29일. 맑다. 매헌梅軒을 찾었다 못 맞나고, 뻐쓰를 타고 독립문獨立門 안에 가서 나려 현저동峴底洞 애류崖溜를 찾었다 못 보고, 다시 뻐쓰를 타고 동소문東小門 안에까지 가서 안등유건安藤幽乾[6] 군君을 찾었다 못 보고 찬燦 군君을 찾었다 못 보고 돌아왔다. 매헌梅軒이 저녁에 왔다. 같이 하 박사河博士를 찾어가 고담회古談會을 했다. 하河 군君은 임시서기臨時書記 노릇을 하고 매헌梅軒과 나와는 강화講話.

12월 30일. 맑다. 오전午前 아홉 시부터 등교登校. 당직堂直, 숙직宿直. 조선일보朝鮮日報 기자記者 신영우申榮雨 씨氏가 와서 학생 맹휴盟休, 월사금 감하月謝金減下, 노예교육 반대奴隷教育反對, 맹휴방지책盟休防止策 등等에 대하여 의견意見을 뭇는데 간단히 대답하였다. — 맹

6 원래 초고로 전해오던 '백호독서기(白湖讀書記, 조선 후기 문신 학자인 윤휴의 독서기록)'를 황의돈·홍승균이 일본인 안등유건(安藤幽乾)의 도움을 받아 정리, 1935년에 간행한 적이 있음.

休盟休는 현대사조現代思潮에 따라 나는 것과 또는 그 학교 당국자當局者의 불찰不察로 하여 나는 것, 월사금月謝金 감하減下는 학교의 현상現狀 유지維持로서는 할 수 없는 일, 노예교육奴隷教育 반대反對는 말을 아니 한다고, 맹휴방지책盟休防止策은 학교에서의 불찰不察로만 생긴 것이면 반성反省하여 제지制止할 수 있는 것. 이광재李銧宰라는 정신병자精神病者가 와서 10전十錢 구걸求乞.

12월 31일. 흐리다, 눈이 오다. 이병도 군李丙燾君 찾어보다. 저녁 먹고 진고개로 산보散步를 하였다. 백화원百花園에서 운용매雲龍梅 한 분盆을 가조다.

1932년(단기 4265년)

1932년(단기 4265년) 임신壬申

1월

1월 1일. 흐리다. 신원영창新垣永昌 군君의 집에서 초대招待를 받었다. 연하장年賀狀이 오십여 장五十餘張 오다. 이정희李政熙 군君이 오다.

1월 2일. 흐리다. 이상호李相湖 군君이 오다. 「시조時調는 혁신革新하자」하는 논문論文을 쓰다.

1월 3일. 맑다. 애류崖溜가 오다. 같이 석반夕飯. 임병철林炳哲 군君이 오다. 매화梅花가 핀다.

1월 4일. 맑다. 이병도 군李丙燾君을 찾어보다.

1월 5일. 맑다. 박재륜朴載崙, 이천규李天珪, 이원영李元榮 군君이 찾어오다. 논문論文 원고原稿는 다 끝냈다.

1월 6일. 맑다 흐리다. 봄날같이 따뜻하다. 학교를 갔다 오다.

1월 7일. 눈. 오전午前 7시七時 40분四十分 발發로 동희東熙를 다리고 떠나다. 처妻는 경성역京城驛까지 나왔다. 오후午後 1시一時 두계豆溪 착着. 어느 여관旅館에 들어 떡국을 사 먹고 짐을 맡기고 동희東熙와 은동隱洞으로 들어가 자다.

1월 8일. 맑다. 저녁때는 눈이 오다. 아츰은 그 건너 김건수金建洙 군君 집에서 먹고 떠났다. 동수同洙 군君은 두계역豆溪驛까지 나왔다. 맡긴 짐을 찾어가지고 오전午前 9시九時 발發 동同 10시十時 논산 착論山着. 곳 자동차自動車로 여산礪山 와서 나려 동희東熙를 뒤에 세고 독담불 주막酒幕을 지나 새ㅅ길로 하여 들어오다가 인희仁熙, 창환昌煥이를 맞나 짐을 들려 가지고 집으로 들어왔다.

1월 9일. 눈. 동희東熙를 모새ㅅ골 종조부從祖父님을 가뵈다.

1월 10일. 맑다. 봄날 같다. 중부仲父님 회갑回甲날. 아츰붙어 중부댁仲父宅에 나려가 있었다. 수연운壽筵韻을 따라 한시漢詩를 짓고 쓰고 하였다. 오전午前 11시十一時 헌수獻壽를 하였다. 촬영撮影. 내빈접대來賓接待. 섬두리 아자씨며 아주머니며 그 따님도 맞나보고 그 부탁付托도 받었다. 저녁에는 손들이 윗사랑으로 밀려들어 나는 병륙秉陸이와 동희東熙, 관희觀熙와 안 건너방에서 잤다.

1월 11일. 맑다. 동희東熙 다리고 떠나다. 병륙秉陸이, 공진이는 여산자동차부礪山自動車部까지 왔었다. 동희東熙가 자동차自動車를 먼저 올라탔다가 갑작이 나린다고 나려져서 코뿌리께를 좀 스쳐 피가 나온다. 코를 막고 피를 닦고 같이 타고 떠났다. 어떠케 요란하게 흔드는지 현기증眩氣症이 난다. 동희東熙는 구역嘔逆을 한다. 강경 역전江景驛前에서 나렸다. 짐은 수하물手苛物로 붙이고 오전午前 11시十一時 50분五十分 발發로 떠나다. 차車ㅅ속에서 장현식張鉉植 군君, 김하석金荷石 군君을 맞나서 담화談話하다가 대전[7]역太田驛에 나려 장 군張君에게 끌려 대전역太田驛 식당食堂으로 들어가 점심點心을 먹다. 또 수당壽堂을 맞났다. 오후午後 3시三時 반半 특급特急으로 떠나다. 장 군張君, 김 군

7 이전까지 써온 '태전太田'이라는 지명은 이후 일상적인 명칭 '대전太田'으로 표기한다.

金君과 같이. 오후午後 7시七時 경성역京城驛 착着. 처妻가 나왔다. 짐은 경성역京城驛 구내構內 인부人夫 제20호第二十号 김종순金鍾順에게 부탁付托하고 우리는 전차電車 타고 왔다. 경희京熙는 그동안 옻은 다리 오금장이 위에 가래돗이 서서 고통苦痛한다. 짐도 들어왔다.

1월 12일. 맑다. 학교를 가서 다섯 시간 수업授業. 집에 편지하였다.

1월 13일. 맑다. 임병철 군林炳哲君을 찾어보았다.

1월 14일. 맑다. 경희京熙가 퍽 보챈다.

1월 15일. 맑다. 경희京熙가 퍽 보챈다.

1월 16일. 맑다. 경희京熙는 홍제병원洪濟病院에 가서 파종破腫하고 피를 많이 쏟았다. 장발張勃 군君과 진고개를 가다. 저녁에 애류崖溜, 두계斗溪를 따라 효자동孝子洞까지 갔다 새로 한 점点에 돌아오다.

1월 17일. 맑다. 종일終日 집에 있었다. 수당壽堂이 오다.

1월 18일. 눈. 아츰에 임병철林炳哲 군君에게 「시조時調는 혁신革新하자」의 원고原稿를 주었다.

1월 19일. 맑다. 하 박사河博士를 찾어보다.

1월 20일. 맑다. 하 박사河博士과 이병도李丙燾 군君을 청請하여 저녁을 먹다.

1월 21일. 맑다. 문일평 군文一平君이 오다.

1월 22일. 맑다. 직원회職員會 — 졸업식卒業式 급及 입학생入學生 모집일자募集日字. 매헌梅軒을 찾어보고 시계時計를 곧혀 달라고 맡겼다.

1월 23일. 맑다. 진고개를 가서 『서도대전書道大全』 3책三册과 『내쇼날 독본讀本』 제2권第二卷과를 사 오다. 하 박사河博士를 찾어보다. 동아일보東亞日報에 「시조時調는 혁신革新하자」가 난다.

1월 24일. 맑다. 홍벽초洪碧初와 허헌許憲 씨를 찾어보다. 진고개를 가다.

1월 25일. 맑다.

1월 26일. 맑다.

1월 27일. 맑다. 오전午前 10시十時 반半 창경원昌慶苑 스켇대회大會를 하다. — 직원생도 일동職員生徒一同. 오후午後 1시一時에 파하여 나는 장발張勃 군君과 같이 박물관博物館으로 들어가 고화古畵를 보다 나와서 진고개를 둘러오다.

1월 28일. 맑다. 누님이 오다. 어제ㅅ밤에 시골서 왔다고. 숙직宿直인데 김건영金健榮 군君께 대신해 달라고 하였다. 감기感氣로 좀 신기神氣가 좋지 못하다.

1월 29일. 흐리다. 음산하다. 매헌梅軒을 보고 시계時計를 찾다.

1월 30일. 맑다. 한남서림翰南書林을 갔다 오다. 『교성서敎聖序』와 추사秋史 『필첩筆帖』을 가지고 장발張勃 군君과 같이 육상궁毓祥宮[8] 앞, 향정호조向井虎助의 집에 가서 그 장서藏書인 『성교서聖敎序』와 대조對照하여 보다. 내 것과는 다르다. 그건 쪼각쪼각 오려 붙인 것인데 첩수帖首, 첩말帖末에 예당禮堂(추사秋史)의 글씨로 해설解說이 있다. '미단본未斷本', '일자불결一字不缺', '송원탁宋原拓'이라고. 그리고 또 둘이 있는대 하나는 이상본以上本과 꼭 같은 것이고 하나는 좀 다르다. 또 기타 여러 가지 서첩書帖을 보았으나 그중 『성교서聖敎序』 두 본本이 제일第一 좋다. 저녁에 하 박사河博士ㅅ 집을 갔었다. 종로도서관鐘路圖書館에서 『해동악부海東樂府』를 얻어 오다.

---

8 사적 제149호 서울 육상궁(毓祥宮). 서울 종로구 창의문로 소재. 영조의 생모이며 숙종의 후궁인 숙빈 최씨의 신위를 모신 사사당이다.

1월 31일. 맑다. 진고개를 갔었다. 한남서림翰南書林에서 『해동악부海東樂府』 제3권第三券을 사 오다.

2월

2월 1일. 비.

2월 2일. 비. 조趙 형兄의 편지를 받어보다. 중앙일보사中央日報社에서 인조견人造絹 옷감 한 벌을 보내 주었다. 매헌梅軒ㅅ집에 가리 한 짝과 정육正肉 네 근斤을 사 보내다.

2월 3일. 흐리다. 이가양조장李家釀造場에서 방문주方文酒 한 병甁을 보내 주었다. 하 박사河博士를 가보다. 매헌梅軒이 양과자洋菓子 한 갑과 놀이개ㅅ감 하나 사다 아이들을 주고 갔다.

2월 4일. 흐리다.

2월 5일. 맑다. 음 신미陰辛未 12월 29일. ─ 곳 섣달 그믐. 입춘立春. 유원혁柳元赫 씨가 밀감蜜柑 한 궤, 과자菓子 한 갑을 보냈다.

2월 6일. 맑다. 임신壬申 정월正月 1일. 오전午前 첫 시간은 한 시간 뒤에 하였다. 우하 선생又荷先生이 학교에 오다.

2월 7일. 맑다. 이능화李能和 씨, 정금해鄭金海, 김동복金同福을 가 보다. 매헌梅軒을 가 보다.

2월 8일. 흐리다. 매헌梅軒이 오다.

2월 9일. 흐리다. 눈.

2월 10일. 맑다. 오후午後 대강당大講堂에서 재학생이 졸업생송별회卒業生送別會를 하고 저녁 7시七時부터는 또 극劇을 하는데 가 보다. 숙직宿直. 김건영金健榮 군君과 교장校長도 오다.

2월 11일. 맑다 흐리다 하다. 문명로文明魯 군君과 신광영申侊永 군君이 오다. 신 군申君은 『현대시現代詩 연구研究』를 빌려 가다. 이상호李相湖 군君이 오다. 『소설연구小說研究』를 읽어 보다. 꽤 복잡複雜하다.

2월 12일. 눈. 눈이 와도 땅에 떨어지자마자 녹아 버린다. 찬 군燦君과 문일평文一平 군君이 오다. 한담閒談.

2월 13일. 맑다. 명월관 본점明月館本店에서 학교 직원일동職員一同 석찬夕餐. 하 박사河博士를 찾어보다.

2월 14일. 맑다. 수당壽堂이 오다.

2월 15일. 맑다. 밤부터 풍설風雪 시작. 아츰에 책冊 거간ㅅ군이 『월인석보月印釋譜』 제이第二, 『훈민정음서문訓民正音序文』 합권合卷 1책一冊, 제21第二十一 각各 1책一冊 — 도합都合 3책三冊을 가지고 와, 제2第二는 70七十 원円, 제21第二十一은 20원二十円을 달라고. 통 20원二十円을 받으라 했다. 싸 가지고 갔다.

2월 16일. 풍설風雪. 영하零下 10도十度.

2월 17일. 풍風. 무척 칩다.

2월 18일. 맑다. 매헌梅軒이 또 동희東熙의 놀이개ㅅ감을 사 가지고 오다.

2월 19일. 맑다. 좀 눅었다. 저녁때 흐리고 밤에 눈이 오다. 누님이 오다. 새로 한 시까지 이야기하다.

2월 20일. 맑다. 따뜻하다. 눈은 쌓여 있다. 볕 바른 대는 녹는다. 학교에서는 유도검도대회柔道劍道大會를 열었다. 40분四十分 교수教授. 오후午後 한 시에 맞히고 한 시 반부터 — 대회大會다. 나는 점심點心을 먹으러 집으로 나오다. 계동桂洞 어구에 들어서자 내 앞에는 십육칠 세 되어 뵈는 여학생 셋이 간다. 중앙中央학교 생도生徒들은 떼를 지어 오며 이 여학생들을 보고 "떠었다" 소리를 친다. 한 여학생은 "어떠케 가나" 하고 길ㅅ가로 빗겨 선다. 중앙中央학교 생도生徒들은 와 — 소리를 지르고 우 — 몰려온다. 그 중에는 "사랑 사랑 내 사랑…" 놀애를 부르는 놈에 "못 가게 잡어라" 하는 놈에 손을 벌리는 놈에 또는 무에라고 주어대는 놈과 여학생의 모자帽子를 만지는 놈도 있다. 여학생들은 고개를 숙이고 간신히 그 속을 뚫고 나갔다. 뒤에 또 두어 생도生徒가 오며 "퍽으나 좋아한다."고 놀린다. 여학생은 그들을 다 지내 놓고 "내가 좋아서 웃는 줄 안다. 공부 잘하는 생도生徒는 그러지 안는다. 저것들은 작난이나 치는 것들이라." 하며 웃고 떠들고 간다.

2월 21일. 맑다. 저녁때는 흐리다. 『개천용지개집芥川龍之介集』을 보다. 한징韓澄, 양건식梁建植 군君이 오다. 시사時事, 인물평人物評 — 잡담雜談.

2월 22일. 아츰 눈. 이발소理髮所를 가다. 와 기다리는 이가 두엇이나 된다. 하나는 임병철林柄哲 군君. 그동안 밭버서 못 와 뵈었다 하고 김동인金東仁 대 염상섭廉相涉 군君의 논쟁論爭 문제問題를 말한다. 또 한 사람은 어대서 본 듯은 해도 누군가 모르겠다. 임 군林君과는 잘 아는 모양이다. 임 군林君의 말끝에 간간間間 곁달어 말도 한다. 화제話題는 문예작품文藝作品, 학생 풍기風氣에까지 옮아가는 동안에 우리도 이발理髮하게 되었다. 누군가 모르든 이가 먼첨 이발理髮을 하고 나간다. 간 뒤에 말들 하는 것을 들으니 그는 어느 예배당禮拜堂 목사牧師님이다. 그제야 생각이 난다. — 어느 해 겨울 그 예배당禮拜堂에서 한글 강습講習할 때 보든 일이. 나는 임 군林君보다 먼저 나오다. 낡은 책사冊肆로 돌아단이다가 『현대일본문학전집現代日本文學全集』 몇 권을 사다.

전등電燈ㅅ불이 들온 뒤에야 집에 돌아오니 동희東熙, 한희漢熙, 경희京熙는 과자菓子나 사오는 줄 알고 건너방으로 몰려와 책冊끄러미를 끌러 보고 나의 이발理髮한 것을 보고 이상하게도 녀긴다. 경희京熙는 나의 머리 한 가닥을 만져 보기까지 하며 알 수도 없는 말로 제 혼자 지절댄다. 이발理髮을 하고 나면 상쾌爽快하다. 더구나 이번에는 한 달포나 되어 한 것이다. 오날 작문作文 시간에 궤간순시机間巡視를 하다가도 어느 생도生徒에게 이발理髮 권고勸告를 당한 일도 있다. 오날사 지갑에 좀 들온 돈이 그 이발소理髮所로부터 나가기를 시작한다. 경희京熙가 "사과, 사과." 하고 떼를 쓴다. 막을 장사가 없다. 또 지갑을 열었다.

2월 23일. 눈. 진고개 책사冊肆들을 가보다.

2월 24일. 맑다. 집에서 편지가 오다. 병룡秉龍이게 답장答狀. 학교서 나오다 애류崖溜를 맞나 같이 두계斗溪를 찾어보고 담소談笑하다. 담소談笑하다 자정子正에야 파罷하다.

2월 25일. 눈. 숙직宿直. 하학下學 후後 장발 군張勃君에게 끌리어 한림翰林, 문광서림文光書林에 가서 허연객許煙客의 산수화山水畵, 유수운柳峀雲의 묵죽墨竹, 신혜원申蕙園의 풍속인물화風俗人物畵, 성교첩聖教帖 등等을 보다. 성교첩聖教帖만 빼 놓고는 장 군張君이 다 샀다. 눈을 무릅쓰고 돌아와 저녁밥을 맞히고 학교로 가다. 고빈허자高濱虛子의 『조선朝鮮』[9]을 읽어보다. 이태준李泰俊 군君이 찾어와서 이야기로 반 시간은 허비. 백관수白寬洙 군君이 새로 잡지雜誌 하나를 경영經營하는데 문예文藝는 이 군李君더러 맡어 달라 한다고. 원고原稿를 청請한다. 새 행랑行廊이 들오다. 어멈과 그 아들 둘.

9 식민지 조선을 그린 일본인 작가 최초의 소설.

2월 26일. 눈. 직원회職員會 — 졸업식 준비卒業式準備, 제3학기第三學期 시험성적고사試驗成績考查 급及 발표發表, 교내校內 풍기숙청風氣肅淸.

2월 27일. 맑다.

2월 28일. 맑다. 진고개를 가서 책사册肆들을 둘러보다. 「삼매희三昧喜」(시조時調 9수九首)를 짓다.

2월 29일. 맑다.

3월

3월 1일. 맑다. 오후午後 5시五時. 민규식 별장閔奎植別莊(삼청동三清洞 전前 태화관太華官)에 가서 저녁을 먹다. 직원 일동職員一同과 이사 일동理事一同과 같이 — 상무이사 취임常務理事就任의 피로披露.

3월 2일. 맑다. 따듯하다. 직원회職員會 — 졸업생 성적사정卒業生成績查定.

3월 3일. 맑고 따듯하다. 아츰에 창문窓門을 열어놔도 칩잖다. 하학후下學後 집에 드니 한 청년靑年이 찾다가 저녁에 또 오겠다 하고 갔다 한다. 비는 온다. 행랑 장덕겸行廊 張德兼(오날사 왔다)을 더불고 말하는 차, 그 청년靑年이 찾어왔다. 덕겸德兼과 하는 말은 중단中斷을 하고 청년靑年의 말을 들었다. — 나이 이십팔, 조선朝鮮 일본日本 방랑생활放浪生活, 고학苦學, 일전日前 순사 시험 응시巡查試驗應試, 군핍窘乏. 결론結論은 걸전乞錢이다. 주머니를 떨어 50전五十戔을 끄내다. 누님이 도야지 다리를 사 가지고 오다.

3월 4일. 맑다. 음陰 정월正月 28일二十八日. 나의 생일生日. 내일來日 졸업식卒業式 준비準備로 하여 오전午前만 네 시간 수업授業. 오후午後 6시六時 매헌梅軒과 하 박사 형제河博士兄弟와 석반夕飯. 담화談話.

3월 5일. 맑다. 오전午前 10시十時 졸업식卒業式. 내빈來賓은 많지 못하다. 정지용鄭芝溶 군君을 다리고 박경랑朴敬浪 집에 가서 빗을 갚고 『가묘비첩家廟碑帖』을 정 군鄭君께 흥성興成하여 주다. 저녁에 하 박사河博士 집에 가다. 신기神氣가 불쾌不快.

3월 6일. 맑다. 백매白梅, 홍매紅梅를 전근剪根, 전지剪枝를 하여 분盆에 곧혀 심다. 취운정翠雲亭에 산보散步. 체호프 『서간집書簡集』을 읽어 보다.

3월 7일. 맑다. 횡성橫城 정충시鄭忠時 군君에게 엽서葉書. 순천順天 송광사松光寺 손영환孫永桓 군君의 외간상 부고外艱喪訃告가 오다. 최태응崔泰應이 기차 할인권汽車割引券 보내 달라는 편지가 오다. 교실教室에는 난로暖爐들을 다 치어버렸다. 아주 따뜻한 봄이다. 표충瓢蟲 한 마리가 교정校庭에서 긔어나온다. 전나무 밑에는 풀닢이 제법 자랐다.

3월 8일. 맑다. 1, 2, 3, 4년 조어시험문제朝語試驗問題를 뽑았다. 저녁에 매헌梅軒을 찾어보고 10시十時쯤 하여 돌아오다. 우미관優美館, 조선극장朝鮮劇場에서 마츰들 쏟아져 나온다. 남학생, 여학생, 부랑자浮浪子. 송죽원松竹園 앞에는 기생妓生을 가득 실은 자동차自動車가 와 정지停止한다. 새 중절모자中折帽子를 쓴 5, 6五六 청년青年이 서로 붙들고 주정을 하고 교동校洞 골목으로 휩쓸며 온다. "明日ハ四方八方ニ分カレルンダヨ. 君ハ南ニ私ハ北ニ. テッカンシヨ"[10] 하고 연해 고

10 술주정꾼들의 외치는 소리. "내일은 사방팔방으로 헤어지겠지. 그대는 남으로, 나는

함을 지른다. 만판 자유自由다. 그들 세상世上이다. 이때는 경관警官도 퍽 침묵沈黙을 지킨다. 혹 한두 사람 오고 가든 이도 그들을 피하여 길ㅅ가으로 살짝살짝 지내간다.

3월 9일. 맑다. 퍽 따뜻하다. 오후午後 조퇴早退. 불교사佛敎社에 가다. 이승천李承天을 맞나고 한용운韓龍雲을 보다. 『원각경圓覺經』, 『금강경언해金剛經諺解』 인출금印出金 일부壹部 신청申請. 담화談話. 한韓씨 소장所藏한 『법화경法華經』, 『능엄경楞嚴經』, 『미타경언해彌陀經諺解』를 보다. 그는 간경도감판刊經都監板, 또는 그 후 중판重板인데 그 중 『능엄경楞嚴經』 두 권만은 활자판活字板 곳 『남명南明』, 『금강삼가해金剛三家解』 언해판諺解板과 꼭 같은 판板이라고 설명說明해 주었더니, 새 지식知識 하나를 더 얻었다고 깃버한다.

썩 청명淸明하고 따뜻한 날이다. 따뜻한 볕이 골수骨髓에까지 수며드는 것 같다. 거리마다 번잡繁雜하다. 물 뿌리는 자동차自動車가 나단인다. 어느 사람의 얼굴에든지 활기活氣와 깃븐 빛을 띄었다. 사람의 물ㅅ결이 움즉인다. 자동차自動車, 전차電車, 마차馬車, 하물차荷物車, 비행기飛行機, 또는 어대서 나무쪽, 쇠쪽을 두드리는 소리 퍽 소란騷亂하다. 오후午後 4시四時쯤. 불교사佛敎社에서 편지가 오다. ―『원각경언해圓覺經諺解』를 인출印出하겠다고.

경희京熙가 저녁밥을 먹고 나서 "사과, 사과." 하고 떼를 쓴다. 한 번 떼를 쓰기 시작하면 그냥은 그치지 안는다. 암만 달래도 안 듯는다. 우정 엄포를 하고 볼기짝을 두어 번 후렸더니 더욱더 소리를 지르고 울며 "사과, 사과." 찾는다. 울거나 말거나 내버려 두었더니 그제는 대어들어

북으로. 뎃카(鉄火, 다랑어회로 만든 요리)로 먹읍시다.

내 어깨를 치며 떼를 친다. 건너방으로 건너오니까 또 좇아와서 치며 "사과, 사과." 찾는다. 문제問題는 사과를 사다주고야 해결解決되었다.

3월 10일. 비. 오전午前 11시十一時 일본日本 육군陸軍 기념일記念日이라고 시가전市街戰 흉내를 내는데 비행기飛行機 셋 척이 떠돌며 종종種種 연화煙花를 내려 폭탄爆彈 투하投下의 모양이며 총독부總督府, 삼월오복상점三越吳服商店에서는 고사포高射砲, 대포大砲 또는 기관총機關銃 놓는 소리. 퍽 소란騷亂도 하다. 비는 부슬부슬 나린다. 학교ㅅ동산에 올라서 바라보았다. 여자고보高普, 일고一高, 재동공보齋洞公普들의 이층 창문턱 위에도 무수한 대가리를 내밀었다. 공중空中에서는 하얀 비라, 파랑 비라, 붉엉 비라가 펄펄 날은다. 생도生徒들은 앞뒤 운동장運動場으로 뛰어단인다. 김동수金同洙 군君이 오다. 저녁에 누구를 찾어보고 온다고 나갔다. 임병철林炳哲 군君이 오다. 동아일보사東亞日報社에서 원고료原稿料 10원十円을 보냈다. 이러케 한다면 나도 매문생활賣文生活이나 해 볼가. 담소談笑. 『단편소설연구短篇小說硏究』를 빌려 주다.

3월 11일. 비. 밤에는 비가 줄줄 나린다. 개나리꽃이 피었다. 아지랑이가 끼었다.

3월 12일. 비. 오후午後는 칩다. 바람 분다. 밤에는 눈이 오다. 정충시鄭忠時의 편지를 보다. 오후午後 2시二時 집에 돌아오다. 점심點心. 동수同洙 군君과 담화談話. 조선어학회朝鮮語學會도, 하 박사河博士게도 못 가다. 8시八時 40분四十分 동수同洙 군君이 떠나다. 행랑行廊ㅅ사람시겨 경성역京城驛까지 짐을 들어다 주다.

3월 13일. 눈. 눈이 제법 쌔었다. 볕이 나며 금시에 녹어버린다. 간간間間 구름ㅅ덩이 떠돌며 눈ㅅ발이 흩날린다. 바람도 아니 그친다. 다시 겨을날 같다. 한성도서주식회사漢城圖書株式會社를 가서 『문예독본文藝讀本』 한 권을 사, 병룡秉龍이에게 보내다. 서적書籍도 퍽 빈약貧弱하다. 세네 번채 와서 겨우 이 책冊을 골랐다. 책사冊肆는 퍽 쓸쓸하다. 30분三十分ㅅ동안에 한 사람도 안 온다.

진고개를 가다. 책사冊肆들을 더듬어 보았다. 사려든 책冊은 없다. 공일空日인 까닭에 책사冊肆마다 사람이 들어찼다. 그중 대판옥大板屋이 더하다. 간신히 비집고 들고 나고 한다.

3월 14일. 눈ㅅ발이 흩날리다. 영하 2도零下二度. 머리 띵한이 앓브다. 오후午後 아홉 시부터 자다. 3학기三學期, 시험試驗 시작.

3월 15일. 눈. 더 칩다. 매헌梅軒, 하 박사河博士, 김영운金永運 군君을 찾어보다. 김 군金君은 김포金浦(김포군청金浦郡廳 재무주임財務主任)로 이사移舍 가노라고 짐을 매는데 감독監督을 하고 있다.

저녁을 먹고 나니, 좀 곤한 듯하다. 건너방으로 건너와 따뜻한 알에ㅅ목에 두러누워 잠이 들었다.

갑작이 두 눈이 번쩍 뜨인다. 한 40분四十分ㅅ동안이나 잤다. 전등電燈은 흐릿한 것 같고 이웃집 유성긔ㅅ소리는 구슲븨 들리고 유리창 밝엔 퍽 컴컴하여졌다.

나는 두루막이만 입고 모자帽子도 아니 쓰고 고무신을 끌고 이병도李丙燾 군君ㅅ집으로 마슬을 갔다. 구름ㅅ사이로 한울과 별은 새촘하게 보이고 바람끝은 날카롭게 차다.

이 군李君은 안에서 나온다. 어느 때든지 찾어가면 그가 사랑에 있는 때보다도 안에서 나오는 적이 많다. 겉문을 열어재키며 "그동안 여러 날 못 보았소." 한다. 깔아 노았든 이부자리를 한쪽으로 걷어치며 그리 앉으라 한다. 요마적 유행성독감流行性毒感으로 자기自己며 자기自己

큰아들, 작은아들이 모조리 앓고 낫다는 말, 『현종실록顯宗實錄』과 『휘종기사徽宗記事』를 보았다는 말, 요마적 소문 들은 말을 한다. 나도 간간間間 한두 마디 거달어 서로 주거니 받거니 하였다. 창문窓門 밖에선 눈보라 치는 소리가 덜크덕덜크덕 요란도 하다.

벌서 밤이 깊었다. 이 군李君은 피곤한지 졸음이 오는지 이불에 비겨 잠자코 있다. 나는 일어섰다.

눈이 제법 왔다. 마당, 지붕, 길ㅅ바닥 — 모다 하야타. 바람도 그치고 밤은 고요하다. 하얀한 아름다운 눈 위에는 나의 발자옥 뿐이다. 집에는 대문이 열린 채로 있다. 안대문도 —. 나는 변소便所를 좀 거쳐서, 하얀한 아름다운 눈 위로 하여 내 방에 돌아와, 체호프의 「목적牧笛」을 읽어보고 새로 한 시나 해서 잤다.

3월 16일. 맑다. 칩다. 전보다 좀 늦게 일어났다. 세수洗手. 조반朝飯. 학교를 가랴고 보니 구두가 없었다. 마루 위, 마루 밑, 뒷마루 — 다 찾어 보아도 없다. 집안ㅅ사람들이 소동이 났다. 어제ㅅ저녁에 내가 마슬 간 뒤에도 있었다는 동, 복례福禮는 나물을 사러 나갔다오고 한희漢熙는 뒷간에 갔었다는 동, 처妻는 방에서 바느질을 하고 있었다는 동, 경희京熙는 거지도독(도적盜賊을 도독으로 발음發音)이 가져갔다는 동. 아무커나 도적을 맞은 건 틀림없다. 저녁에 이병도李丙燾 군君이 내방來訪.

3월 17일. 맑다. 집에서 메주 한 가마니가 오다.

시험답안試驗答案을 꼲다가 저녁에 하 박사河博士 군君을 찾어보다. 시사時事, 인물人物, 고담古談, 풍속風俗, 인정人情을 말하다. 11시十一時 귀가歸家. 거리에 사람은 드믈고 달빛은 좋다. 멀리 소방대 자동차消防隊自動車ㅅ소리가 들린다. 어대서 화재火災가 났는가.

3월 18일. 맑다. 흐리다, 밤엔 비, 눈.

3월 19일. 맑다. 시험試驗은 끝내다. 오후午後 3시三時 교정校庭에서 제3학기 종업식第三學期終業式을 하다. 병륙秉陸의 편지가 오다.

3월 20일. 맑다. 동희東熙 다리고 파탕巴湯에 가서 목욕沐浴. 이발理髮. 오후午後 진고개 문광당文光堂에서 『세계단편소설대계世界短篇小說大系』 불란서편佛蘭西篇(上), 아미리가편亞米利加篇, 북구남구편北歐南歐篇 — 3책三冊, 또 다른 대서 노서아편露西亞篇(下), 영길리편英吉利篇(下) 두 권을 사다. 전자前者는 매책每冊 80전八十錢, 후자後者는 1원一円.

3월 21일. 맑다. 박재륜朴載崙 군君, 이천규李天珪 군君을 찾다. 동경東京 있는 이희균李羲均 군君의 주소住所를 알었다. 이희균李羲均 군君에게 편지 붙이다. 학교 가서 성적成績 조사調查. 종형수從兄嫂 별세 전보別世電報가 오다. 저녁에 누님이 오다.

3월 22일. 맑다. 학교 가서 일을 하다 신원영창新垣永昌 군君이 자기自己의 집이 조용하니 좋다고 가자 하여 게서 점심點心, 다과茶菓를 먹고 성적 계산成績計算을 하다. 이재훈李載壎 군君의 세貰든 방, 정원庭園도 보다. 과연 조용한 곧이다. 뒤에는 산山, 앞엔 골목, 좌우左右엔 인가人家들. 그 인가隣家에서나 무슨 소리가 들릴까. 거리에서의 차마車馬ㅅ소리, 애들 소리는 들리지 않는다. 워낙 원동苑洞은 조고마한 한 산곡山谷이다. 별계別界다.

3월 23일. 맑다. 성적 기입成績記入. 장부 정리帳簿整理.

3월 24일. 맑다. 오전午前 10시十時 직원회職員會. 성적 사정成績查定. 오후午後 4시四時 귀가歸家.

3월 25일. 맑다 흐리다 하였다.

학교에 가다. 오후午後 1시一時 성적발표成績發表.

최보배崔寶倍 군君을 맞나다. 그 동생同生을 입학入學시기려고 학교에 왔다. 벌서 남의 처妻와 모母가 되었다. 10시十時 취침就寢. 악몽噩夢, 구몽懼夢. 복통腹痛. 일어났다. 변소便所를 갔다오다. 독서讀書 한 시간. 와가리 소리가 들린다. 행랑行廊방 계집애가 운다. 기적汽笛소리, 조곰 있다가는 소방대 자동차消防隊自動車 소리가 요란하게 난다. 나서 보니 달빛은 어슴프러 하고 화광火光은 보이지 아니한다. 돌우 들어와 잤다. 새로 네 시.

3월 26일. 토우土雨. 바람. 흐리다. 학교에 가서 조어朝語 검정시험檢定試驗 문제問題를 내다.

관훈동寬勳洞 골목으로 하여 고서포古書鋪들을 더듬어, 진고개까지 갔다. 사나운 바람이 불어오며 몬지를 휘몰아 뿌린다. 눈도 뜰 수 없다. 한 손으로 입을 가리고 바람을 등지고 돌쳐 선 때가 많다. 『동아일보東亞日報』 호외号外가 왔다. — 오날 오전午前 네 시, 강기정岡崎町에 대화大火, 인부人夫 등等 6명六名이 소사燒死, 경룡장의사京龍葬儀社를 전소全燒, 손해損害 총액總額이 16000원萬六千円. 정운경鄭雲諲 군君이 정인황鄭寅晃 군君을 다리고 오다.

밤에 비가 온다. 순하게 오는 비는 아니다. 간간間間 창窓 틈으로 뿌려들기도 하다, 뚝 그치기도 하다, 다시 와르르 쏟아지기도 하다, 좔좔 죽죽 퍼 붓기도 한다.

책册을 보다가 두어 페지 넘기고는 말었다. 다시 보려고 해도 보기가 싫다. 그러면 잠이 온다커나, 무슨 골똘한 생각을 하는 일이 있다커나 또는 무슨 재미스러운 일이 있다커나 하여 그런 것도 아니다.

비는 여전히 좔좔 죽죽.

옆의 방으로 건너갔다. 어린아이들과 처妻는 고히고히 자고 있다. 고히 자고 있는 그 얼굴들은 퍽 행복幸福스러워 보인다. 그중에도 굵은 줄음, 가는 줄음이 잡혀가는 처妻의 얼굴이 더욱 그러타. 그 단순單純한 마음, 아이들과 같이 아무 걱정도 없는 마음, 항상 평화平和로운 마음이 곳 그 얼굴에 나타나 보인다. 한데 "나는 웨 이럴까." 하고 내 방으로 돌우 돌아와 우둑헌이 책상册床머리의 조고마한 좌종坐鐘만 바라보고 앉었을 뿐.

자정子正이 지냈다.

비는 여전히 좔좔 죽죽.

3월 27일. 맑다 흐리다 바람 불다 하였다. 오전午前 9시九時 등교登校. 10시十時 직원회職員會. 오후午後 1시一時 신입학시험생新入學試驗生 소집召集, 수험번호受驗番号 수여授與. 하 박사河博士를 찾어보고 김병룡金秉龍 군君도 찾어보다.

3월 28일. 흐리다 눈이 오다. 바람이 굉장하게 분다. 마당, 지붕, 기타, 뫼들이 하야타. 제법 쌔였다. 오전午前 9시九時 시험생試驗生들을 운동장運動場에서 정렬整列하여 주의注意를 시기고 각 교실各教室로 다리고 들어가 시험試驗을 보이다. 나는 5조五組, 3갑 교실三甲教室, 총總 898명八百九十八名 내內 638명六百三十八名이 출석出席. 오날은 선발選拔 제1회 검정시험第一回檢定試驗, 제1조 급지 10조第一組及至十組의 신체검사身體檢查.

숙직宿直. 신문新聞, 서신書信이 오다. 관훈동寬勳洞 도화비밀결사桃花秘密結社 — 신흥회新興會. 그 사업事業은 묘령妙齡 미인美人들을 유인誘引하여 일야一夜 2원二円, 5원五円에 강제매음强制賣淫. 『로서아삼인집露西亞三人集』을 보다. 한 페지를 못다 보아, 전화電話가 온다. 아무 선생先生이 있느냐고. 또 한 줄쯤 보아, 또 전화電話다. 전과 꼭 같은 말이다. 조금 있다 또 전화電話, 또 전화電話, 또 전화電話다. 사뭇 전화 교환수電話交換手다. 밤 11시十一時 12시十二時까지 ―. 전등電燈을 끄고 잠을 자다. 바람ㅅ소린가 덜크럭덜크럭한다. 도적이 와서 문 여는 소리나 아닌가도 하였다. 깬 잠이 다시는 아니 온다.

3월 29일. 맑고 바람 분다. 얼음이 언다. 제2회 시험第二回試驗. 12조 내지 18조十二組乃至十八組, 검정조檢定組의 신체검사身體檢查. 구술시험口述試驗. 오전午前에는 시험감독試驗監督, 오후午後에는 구술시험口述試驗을 보았다. 성적기입成績記入, 조사調查. 석반夕飯. 직원회職員會. 250여二百五十餘 명名 선발選拔. 10시十時 파罷. 이희균李羲均 군君의 편지를 받어보다.

3월 30일. 맑다. 그래도 칩다. 10시十時 시험합격자 발표試驗合格者發表. 신입생 일동新入生一同을 대강당大講堂에 모아 놓고 교장校長, 교무주임敎務主任이 훈화訓話, 주의注意.

문일평文一平 군君, 안확安廓 군君이 오다.

3월 31일. 맑다. 안등유건安藤幽乾, 이찬李燦 군君을 찾었다 못 보고 장현식張鉉植 군君을 보고 신태악辛泰嶽 군君을 맞나고 담화談話하다가 나서 삼월회당三越會堂에 가서 점심點心.

밤에 매헌梅軒을 가 보다.

4월

4월 1일. 따뜻하다. 장발 군張勃君을 찾어갔다. 여러 가지 그림책을 내보여준다. 점심點心을 해 준다. 고기가 퍽 연軟하다. 자기自己의 아우가 인천仁川서 오는 길에 사 가지고 온 것인데 인천仁川서도 일인日人들이 먹는 고기라 한다. 돌아올 제 경무대景武臺를 지내다. 길ㅅ가에 화포画布를 세고 신무문神武門을 그리는 화가画家와 밥통과 옷을 벗어 한편에 놓고 공을 사 가지고 편을 갈러서 축구蹴球하는 거지애들을 발을 멈추고 서서 보다. 파도波濤ㅅ소리와 같은 송뢰松籟를 듯다 왔다.

이하용李河用 군君이 오다.

4월 2일. 따뜻하고 바람이 분다. 하 박사河博士를 찾어가 더불고 나섰다. 진고개 책사冊肆들을 거쳐서 동대문東大門ㅅ게까지 걸어가, 전차電車를 타고 경마장競馬場 근처近處에서 나려, 탑골로 찾어가다. 문용호 군文龍浩君을 역방歷訪하고, 탑골 알에ㅅ절 남南편 승방僧房에 들었다. 점심點心을 시겨 먹다. 담화談話. 오후午後 4시四時 동소문東小門으로 하여 귀가歸家.

4월 3일. 퍽 따뜻하다. 밤ㅅ비. 이병도李丙燾 군君을 찾어보다.

애류崖溜가 오다.

4월 4일. 제법 무덥다. 위통을 벗고 냉수마찰冷水摩擦를 해도 칩지 않다.

10시十時 직원회職員會 — 사무분담事務分擔. 나는 1병주임一丙主任. 학예부장學藝部長 사면辭免.

찬 군燦君이 오다. 같이 석반夕飯. 담화談話.

4월 5일. 비. 악몽噩夢. 오전午前 5시五時에 깨었다. 독서讀書. 6시六時에 날이 샌다. 까치소리가 난다. 경희京熙가 깨어 과자菓子 달라고 칭얼거린다.

9시九時 등교登校. 10시十時 시업식始業式. 비가 옴으로 대강당大講

堂에서 하였다.

오정午正에 돌아와 집에서 점심點心. 안동 별궁安洞別宮 옆에 가 이발理髮. 관훈동寬勳洞 책사冊肆들을 거쳐서 김영완金永完 군君을 좀 들여다보고 왔다.

4월 6일. 맑다. 서풍西風. 화로火爐 옆에 앉었기가 싫지 않을 만큼 제법 소랭하다. 첫날 다섯 시간 교수教授. 진고개를 걸어갔다 걸어왔다. 몸이 피곤疲困함을 늣겼다. 하 박사河博士를 가보고 영어 일과英語日課와 담화談話를 하고 나니 쾌快하다.

4월 7일. 진고개를 갔다오다. 매헌梅軒을 찾어보고 오다. 또 교동校洞 골목에서 정지용鄭芝溶 군君을 맞나 끌리어 그 집에 들어가 술을 먹고 이야기하다, 9시九時에 귀가歸家. 정 군鄭君은 수일數日 전前에 자기自己의 누의 혼인婚姻에 갔다가 오날사 와 목욕장沐浴場에서 돌아오는 길이었다. 서풍西風.

4월 8일. 오날도 서풍西風이 분다. 밤에는 좀 무디운 듯 하다. 매헌梅軒한테 갔었다.

4학년四學年 단이는 이종호李鍾浩가 와 운다. 여관旅館에서는 식비食費에, 학교에선 월사금月謝金에 졸리어 공부工夫를 못하겠다고. 그러케 넘우 감상적感傷的이 되어서는 못 쓴다고 일러 보냈다. 집에 편지를 하다.

4월 9일. 음산하다. 가랑비가 오다. 유도장柔道場에서 3년 보결생三年補缺生 체격검사體格檢查을 보다. 오후午後 2시二時 직원회職員會.

4월 10일. 쾌청快晴. 온난溫暖. 애류崖溜가 오다. 김기덕金基悳 군君이 오다. 박재륜朴載崙, 이천규李天珪, 이원영李元榮 군君이 오다. 누님이 오다. 어제ㅅ밤에 상경上京하였다고.

진고개 책사冊肆를 갔다 오다. 강병현康炳賢 군君이 왔다, 자기自己 아들이 휘문徽文 1학년一學年에 들었는데 어제까지에 입학수속入學手續을 하여야 할 것을 오날까진 줄 알고 학교에 갔더니 아니 받는다고. 나는 바루 그를 다리고 학교를 가보니 당직 선생當直先生뿐이다. 다시 교장校長ㅅ집으로 가서, 그 이유理由를 말하고 내가 맡었다.

4월 11일. 종일終日 담曇. 머리가 띄하다. 1학년 신입생一學年新入生들을 갑·을·병·정甲乙丙丁 네 조組로 난워 나는 병조丙組를 더불고 교실教室에 들어가 여러 가지 주의注意를 시켰다. 동아일보사東亞日報社 조사부調査部에 답장答狀를 써 보냈다. — 나의 이력履歷과 현재現在 상황狀況. 사진寫眞만은 없어서 못 주었다.

황병석黃炳碩 황병인黃炳仁 군君께 조장弔狀을 써 보냈다.

4월 12일. 맑다 흐리다 하였다. 장발張勃 군君과 같이 한남서림翰南書林에 갔었다. 『순화각법첩淳化閣法帖』은 그 임자가 없어 못 보았다. 혜원蕙園 신윤복申潤福 풍속화風俗畵 26폭二十六幅 사진寫眞을 얻었다.

4월 13일. 흐리다. 하 박사河博士를 찾어보고 최삼열崔三悅 군君도 맞났다.

4월 14일. 비. 이하용李河用 군君이 오다. 매헌梅軒이 오다.

동경東京서 이희균李羲均 군君이 『세계단편소설대계世界短篇小說大系』— 노서아 상편露西亞上篇, 영길리 상편英吉利上篇 2책二冊을 사 보냈다.

4월 15일. 맑다. 직원회職員會. 취농翠儂 오철호 군吳徹浩君이 오다. 반갑다. 만류挽留하다. 매헌梅軒이 오다. 그 자당慈堂 병세病勢가 위중危重하여 회춘回春은 못할 듯하다고 걱정한다. 100원百円을 변통變通하여 주다. 송재운宋在雲 군君이 오다. 일본문단日本文壇을 말하였다.

4월 16일. 맑다. 서풍西風은 좀 불어도 다수운 날이다. 오후午後 1시一時 하학下學. 귀가歸家. 점심點心. 좀 피곤疲困하여 잤다.

진고개를 가다. 거리거리로 오고 가는 사람 — 남녀男女학생, 신사紳士, 숙녀淑女, 상인商人, 노동자勞働者, 촌村에서 온 구경ㅅ군, 아기 없은 어멈, 남루襤褸한 거지. 큰 물ㅅ결을 일어 굴실굴실 움즉이고 있다. 마치 바람이 그치지 않은 바다와 같다. 거긔서 들리는 무수한 음향音響은 파도波濤 그것의 소리를 상상想像할 만도 하다. 퍽 분잡紛雜, 소란騷亂도 하다. 몇몇 군대를 책사冊肆를 들이다보고 어슬렁어슬렁 돌아오다.

4월 17일. 다숩다 — 는 것보다도 무덥다. 김병룡金秉龍 군君의 집에 가서 취농翠儂 오 군吳君을 찾어보고 같이 나서 현저동峴底洞 애류崖溜를 찾었다 못 보고 뻐쓰를 타고 동소문東小門 안에 가 나려 김낙순 군金洛淳君을 보다. 추사秋史글씨, 불경佛經 고본古本도 보고 점심點心도 먹고 이야기하다. 창덕궁昌德宮 뒤로 하여 오다. 저녁을 먹고는 또 김병룡金秉龍 군君의 집으로 갔었다. 매헌梅軒 자당慈堂이 하오下午 2시二時 별세別世하였다는 말을 들었다. 다시 집으로 돌아와 부의금賻儀金 10원十円 하나를 변통變通해 가지고 매헌梅軒을 가 보았다.

밤에 비가 온다. 오후午後 12시二時부터 줄줄 쏟아진다.

4월 18일. 서풍西風.

4월 19일. 서풍西風. 구름이 떠돌고 소랭蕭冷하다. 하학 후下學後 매헌梅軒을 가 보고 애류崖溜와 유년수柳年秀 군君을 맞나 같이 나왔다. 청진동淸進洞 어구를 들어가다. 길 우右편 벽壁 밑에 육칠 세쯤 된 아이 — 게집애, 사내 — 십여 명이 빽 둘러서서 무엇을 서로 짖거리고 있다. 들여다보니 누런 조히ㅅ장 위에 귀앙이 한 마리가 죽어 뉘었다. 목아지에는 기드란 상처가 났는데 지나가든 자동차自動車에서 상했다 하며 누런 조히ㅅ장은 어느 아이가 갖다가 깔어준 것이라 한다. 김병룡金秉龍 군君의 집에 가서 오 군吳君 취농翠儂도 맞나고 양 군梁君 백화白樺도 맞나, 놀다 오후午後 10시十時에야 돌아오다.

동경東京 이희균李羲均 군君의 편지를 보다.

4월 20일. 맑다. 따뜻하다. 애류崖溜, 유년수柳年秀 군君과 같이 매헌梅軒을 가 보다.

4월 21일. 맑고 따뜻하다. 저녁에 매헌梅軒을 가 보다. 장사葬事를 지나고 아즉 돌아오지 아니 하였다. 애류崖溜도 왔다. 같이 기다리어 반우返虞를 보았다. 들어앉어 이야기도 하다 10시十時 반半에 돌아오다. 이은상李殷相 군君이 자기自己 시조집時調集『노산시조집鷺山時調集』을 보내 주었다. 진고개에서『세계단편소설대계世界短篇小說大系』독오편獨墺篇을 사 오다.

4월 22일. 종일終日 흐리고 이따금 비가 좀 오다마다 하였다. 밤에 송재운宋在雲 군君이 오다.

한성도서주식회사漢城圖書株式會社에서『이은상 시조집李殷相時調集』의 찬사讚辭를 써 보내 달라는 편지가 왔다.

일기

33권

1932. 4. 23. ~ 1933. 1. 22.

1932년(단기 4265년)

4월

4월 23일. 바람 불고 구름 끼었다. 정지용鄭芝溶 군君과 같이 나서 관철동貫鐵洞 박기명朴基鳴 집을 거쳐 진고개를 지나 삼월식당三越食堂에서 점심點心을 먹고 한강漢江까지 갔었다. 조병희趙炳喜가 오다.

4월 24일. 맑다. 오후午後엔 바람 불고 구름 끼고 소랭랭蕭冷하다. 찬군燦君을 찾어갔다 못 맛나고 돌아오다, 창경원昌慶苑 앞에서 기다리어 동희東熙, 한희漢熙, 경희京熙, 복례福禮를 다리고 동물원動物園으로 들어갔다. 사람이 퍽 많다. 동물動物들은 구경할 수가 없다. 동희東熙, 한희漢熙는 사람 틈을 비집고 들어가 곳잘 본다. 경희京熙만은 자미滋味가 적은가 자꾸 집으로 가자고 한다. 빵, 과자菓子, 빠나나도 사 주었다. 한데 일기日氣조차 끄므름하고 바람은 몬지를 말어온다. 벗지꽃도 번화하든 못하다. 퍽 우울하게 보인다. 한 시간 반도 못 다 되어서 나왔다.

문일평文一平 군君이 오다. 같이 저녁을 먹으며 이야기 하다. 병희炳喜가 떠났다.

4월 25일. 맑다. 좀 바람이 불다. 진고개를 가 보다. 책사冊肆마다 개선사改選社 출판出鈑 염매품廉賣品이 나와 싸였다. 나의 소용所用되는 것만은 없다.

4월 26일. 맑다.

4월 27일. 수요일水曜日. 오날은 논다. 정국신사靖國神社 제일祭日이라고.

오철호吳徹浩 군君이 와서 같이 매헌梅軒께로 가서 여러 시간 놀았다. 김상기金庠基 군君도 찾어보다. 오 군吳君과 같이 진고개도 갔다. 종일終日 음산하다. 구름 끼고 바람 불고 비ㅅ방울도 한두 낱 떨어지다 만다. 김동수金同洙 군君의 엽서葉書를 보았다. 답장答狀도 하고 머슴 옷도 보내 주었다.

4월 28일. 맑다. 저녁에 오철호吳徹浩 군君 김병룡金秉龍 군君을 찾어가 보았다.

4월 29일. 오후午後에는 좀 흐리다. 훈덥다. 박재륜朴載崙 군君, 송재운宋在雲 군君이 오다. 문예시담文藝時談. 이발理髮.

이창수李昌洙 군君이 명함名銜만 두고 갔다. 벌서 두 번채다.

4월 30일. 흐리다 좀 볕이 난 때도 있다. 그리고 따뜻하다. 오전午前 8시八時 학교 운동장運動場에서 직원職員 생도生徒 일동一同 회집會集. 1년一年은 우이동牛耳洞, 2년二年은 진관사津寬寺, 3년三年은 북한산성北漢山城, 4년四年 5년五年은 백련사白蓮寺로 원족遠足을 가다. 나도 백련사白蓮寺로 — 서대문西大門 턱, 독립문獨立門, 무악毋岳재, 화장장火葬場 뒤로 나서 백련동白蓮洞으로 하여 산비탈ㅅ길, 고개 넘어 백련산白蓮山 중터리 백련사白蓮寺(정토사淨土寺)에 이르러 약사전藥師殿 앞뜰에 생도生徒들을 세우고 독립문獨立門, 안현鞍峴, 정토사淨土寺의 고적古蹟을 말하고 해산解散. 이 절은 전경前景 — 조고마한 산이며 들이며 그 건너 한강漢江이 바라보이는 것이 좋다. 도화桃花, 이화梨花, 앵화櫻花들이 듬성듬성 피어 있고 뒤에는 송림松林. 야野한 듯해도 청정淸淨한 맛이 있고 노露한 듯해도 은벽隱僻한 곧이다. 점심點心을 시겨 먹다. 한편 좁은 방으로 좌정을 하였다. 음식飮食 솜씨는 좋지 못하다. 두어 시간 지난 뒤 — 오후午後 1시一時 출발出發. 연희궁延禧宮터, 연전 송림延專松林, 보희원寶禧園을 지나 의소원懿昭園 앞에 와서 휴게休憩. 해산解散.

5월

5월 1일. 맑다. 덥다. 동희東熙는 '어린이날' 축하회祝賀會에 가서 오후午後 두 시 반에야 왔다. 조반早飯을 먹고 가서 그때까지 배고픈 줄도 모르는 모양. 행렬를 지어 온 시가市街를 돌았다.

김병룡金秉龍 군君한테 갔더니 오철호吳徹浩 군君은 연희궁延禧宮을 나갔다. 저녁때 애류崖溜가 오고 취농翠儂도 오다. 같이 석반夕飯. 같이 나섰다. 매헌梅軒한테를 가다. 매헌梅軒은 외출外出했다. 한 시간 반만에야 돌아온다. 또 같이 나섰다. 애류崖溜가 앞장을 섰다. 대관원大觀園에서 맥주麥酒 몇 병甁을 기울렸다. 자정子正에야 종로鐘路에서 서로 난위었다.

5월 2일. 맑다. 덥다. 아주 녀름이다. 숙직宿直. 숙직실宿直室 목욕탕沐浴湯에서 목욕沐浴을 하였다. 독탕獨湯을 하고 나니 퍽 깨끗하고 좋다. 장응진張膺震 선생先生이 놀러 왔다. 새로 온 신문新聞들을 뒤적뒤적하면서 이야기를 했다. 신광영申侊永 군君이 찾어오다. 장張은 가고 신申은 멈읏멈읏하며 무슨 청請할 말이 있다고 허두를 내더니 또 수십 원 돈을 꿔어 달라, 자기自己의 퇴직금退職金은 상금尙今 보내 주지 않는다, 자기自己의 아우 하나가 동경東京 가 있으며 긴급緊急한 일이 생졌다 한다. 딱한 사정事情이다. 그나 내나 ―. 변통變通을 못해 주는 나의 사정事情은 말할 수도 없다. 딴 이야기만 하다 신申도 갔다. 밤은 깊고 고요하다. 두견杜鵑이는 운다. 곳 학교 후원에서 솟적, 솟적, 솟적.

5월 3일. 맑다. 덥다. 저녁때 진고개를 돌아오다.

매헌梅軒이 『충무공忠武公 전서全書』를 빌어 갔다.

5월 4일. 비. 여러 시간 연하여 왔다. 감우甘雨다. 쾌우快雨다. 하학下學 후에도 한 시간 이상을 학교에서 더 있게 되었다. 비는 그치지 않는다. 줄줄 좔좔 나린다. 생도生徒들도 교실敎室, 복도複道에서 기다리고 있다. 성급性急한 생도生徒는 그냥 노박이 하고 가는 이도 있다. 학교 판매점販賣店에서는 우산雨傘이 동이 난다. 우산雨傘, 양산洋傘을 가지고 오는 머슴애, 게집애들이 교문校門으로 끈하게 들어선다. 생도生徒들도 거의 다 돌아가고 교원실敎員室에는 소제掃除하는 소사小使와 나만 남어 있다. 소사小使의 주선으로 어느 우산雨傘 한 개를 얻어 들고야 나도 집으로 돌아왔다. 송재운宋在雲 군君이 찾어오다.

5월 5일. 비. 이병도李丙燾 군君을 보다.

송재운宋在雲 군君, 박재륜朴載崙 군君이 오다. 같이 석반夕飯. 송 군宋君은 명조明朝에 광주光州로 간다고.

5월 6일. 비는 그치고 날은 흐리다. 조선인쇄주식회사(고전간행회)에서 『삼국사기』 9책九册 1질壹帙을 가조다. 이는 경주慶州 옥산서원玉山書院에 있든 고본古本을 얻어 가지고 이른바 고전간행회에서 영인影印한 것이다. 가액價額은 20원貳十円(월부月賦 5원五円).

5월 7일. 맑다. 흐리다. 밤에는 비. 퍽 음산하다. 하학下學 후 집에 돌아와 방안에 앉어서도 한기寒氣를 좀 늣겼다. 책册도 보기 싫고 외출外出도 하기 싫다.

5월 8일. 구름이 벗어지고 따뜻한 볕이 났다. 산파産婆 한신광韓晨光을 가 보고 이문당以文堂, 취진당聚珍堂을 거쳐 돌아오다 두계斗溪를 찾어보았다. 장지영張志暎 군君이 명함을 두고 갔다. 임병철林炳哲 군君이 오다. 단편소설 이야기. 김영운金永運 군君이 오다.

5월 9일. 맑다. 오후午後 4시四時. 박술음朴術音 군君과 같이 청량사淸凉寺를 가다. 이종완李鍾完만 와 있고 다른 선생先生들은 아즉 하나도 아니 왔다. 한데 이 집 저 집마다 손님들이 들어차 있다. 혹은 기생妓生, 여학생을 다리고 잔盞을 잡는다. 젊은 승僧들은 젊은 사내들과 시시덕어린다. 속취 분분. 나는 박 군朴君과 그 뒤ㅅ산으로 오르다. 백사白沙 청송靑松. 높은 봉 위에 서서 그 알에 삼림森林과 평야와 또는 원산遠山들을 바라보았다. 파도波濤ㅅ소리 같은 송뢰松籟가 들린다. 백사白沙 위에 앉었다. 담화談話도 하였다. 송충松蟲들이 긔어든다. 홍군록의紅裙綠衣도 찾어온다. 또한 유희장遊戲場이 되고 만다. 우리는 나려오다. 다른 축들은 가고 선생先生들이 모여 박독판을 벌린 이, 한담을 하는 이, 술상을 대해 앉은 이에, 그저 정원庭園으로 배회徘徊만 하는 이도 있다. 그리다 저녁상이 들와 갈비도 뜯고 산채山菜도 씹었다. 8시八時 반半 귀가歸家.

5월 10일. 맑다. 오후午後 5시五時 배화여자고보培花女子高普 강당講堂에서 문일평文一平 군君의 맞아들 혼례婚禮를 보다. 강당講堂은 삼층 위인데 찌가 낮고 좁고 길기만 하다. 좀 어둡다. 굴 속 같다. 좌左편에는 여자석席, 우右편에는 남자석. 남자보다 여자가 더 많이 모였다. 그 중에는 구경하러 온 어멈, 안잠자기도 많다. 신랑新郎 신부新婦가 들어오며부터 그들은 더 소란騷亂하다. 주례主禮하는 이는 이 학교장長인 서양西洋 부인婦人. 피아노 타는 이도 양녀洋女인데, 회색灰色 저고리,

치마를 입었다. 세장細長 우아優雅. 뚱뚱한 그 교장校長 부인婦人과는 자미滋味스러운 대조對照다. 내 옆엔 이중화李重華 군, 양건식梁建植 군이 앉었다. 식이 끝나자 우리는 나왔다. 사직공원으로 가서 바위에 앉어 담화하다. 다방茶坊ㅅ골로 와서 어느 음식점飮食店을 찾어들다.

5월 11일. 흐리다. 종일終日 흐리다. 개선군凱旋軍이 오는데 출영出迎하라는 통첩通牒이 있다. 오전午前만 수업授業. 그 몬지ㅅ속으로 2열二列 종대縱隊를 지어 용산龍山 연병장練兵場 앞에까지 나갔다. 가서도 퍽 기다리었다. 기병騎兵, 포병砲兵, 보병步兵 — 이 순서順序로 지나간다. 맞음편에 서 있는 소학교 아이들은 붉엉기旗ㅅ발을 흔들며 뛰고 소리를 지른다. 마상馬上에 있는 군인軍人들도 같이 손을 내두르며 소리를 친다. 군인軍人은 소아小兒와 같다는 개천芥川[1]의 말 고대로 보이는 것이다. 오후午後 3시三時 해산解散. 밤에는 비가 오다.

5월 12일. 맑다. 하학下學 후 한남서림翰南書林으로 가서 무당 열두거리의 그림을 빌어 오다. 일전日前에 산 것과 대조對照를 하고 다른 점點만은 초抄하였다.

김운선金雲善 군君이 오다. 어제야 출옥出獄이 되었다고. 상상想像한 바보다는 퍽 건강健强하여졌다. 처妻는 몰라본다. 예서 간 지가 벌서 5년五年. 동희東熙가 여섯 살 때, 한희가 두 살 때요 경희京熙는 낳기 전이다. 만류挽留하여 석반夕飯을 같이 하다.

경희京熙가 건너방에 와서 잔다. 고집이 세고 욕심이 많다. 한번 욕심내는 건 긔어히 하고야 만다. 때려도, 엄포를 해도, 또는 달래 보아도 할 수 없다. 의적意的이다. 동희東熙는 정적情的이다. 형제兄弟 성질性

---

1 개천용지개(芥川龍之介/아쿠타가와 류노스케, 1892~1927). 일본의 소설가.

質이 다르다. 동희東熙는 네 살 적에 어미를 떨어져 와서 잔 일이 없다. 여닯 살 되든 작년에야 비로소 건너방에 와서 자기를 하였다.

5월 13일. 맑다. 오후午後 하학下學 후 이승규李昇圭 군君과 이광종李光鍾 선생先生과 같이 조선일보사朝鮮日報社에 가서 애류崖溜를 다리고 안정사安靜寺를 나갔다. 장지영張志暎 군君은 벌서 와 있다. 조한교원회朝漢教員會 출석出席 10인十人. 저녁을 시겨 먹고 담화談話하다 10시十時에 돌아오다. 황희돈黃羲敦 군君에게 노석老石 김확金鑊 어른이 어제ㅅ저녁에 별세別世하였다는 말을 들었다.

5월 14일. 맑다. 학교 가서 두 시간만 하고 나와 동소문東小門 외外 돈암리敦岩里를 갔었다. 동구洞口에 이르자 상구차喪柩車가 떠나가고 언덕 머리에서는 소복素服한 부인婦人들이 서서 운다. 나는 김낙준金洛俊 부인婦人 앞으로 가서 조상弔喪을 하고 부의금賻儀金 5원五円을 주고 바루 돌아서 무악毋岳재 넘어 홍제원洪濟院 화장장火葬場으로 좇아갔더니 벌서 화장火葬이 되었다. 보성고보普成高普, 교무원教務院에서 온 이들은 돌아가고 상제喪制들과 그 친족親族 두엇만 휴게실休憩室에 남어 있다. 나는 상제喪制들을 보고 김병룡金秉龍 군君과 같이 오다 김 군金君 집에서 점심點心 먹고 놀았다. 박재륜朴載崙 군君이 오다. 시詩에 대하여 이야기하다.

5월 15일. 맑다. 무덥다. 집에 송삼松蔘 30편三十片 1근一斤을 집에 사 보내다. 4원四円 50전五十錢. 병륙秉陸이에게 편지하다. 장지영張志暎 군君이 오다. 이야기, 이야기 하다 『동야집사東野輯史』 첫 권券(전全)을 빌어 갔다.

5월 16일. 무덥다. 오후午後 하학下學한 뒤, 생도生徒들과 같이 조선극장朝鮮劇場에 가서 아불리가亞佛利加 맹수 수렵 활동사진을 보았다.

눈이 앓브다.

호외號外가 오다. 견양犬養 수상首相이 해군장교海軍將校에게 사격射擊을 당하여 장서長逝하였다고. 장남계張南溪가 와 편지를 써 달라 한다. 망건網巾을 새로 짓는다고.

5월 17일. 무덥다. 어제 오날 더위는 삼복三伏 중中과 같다. 경성측후소에는 이십칠 년만에 또 있는 괴상한 기후氣候라고 한다.

김용익金容益이가 왔다. 무슨 기술技術을 배우겠다, 또는 구직求職을 하겠다고.

5월 18일. 비. 좀 서늘하다. 밤에도 줄곳 비가 왔다.

5월 19일. 비가 좀 멎었다. 한울은 여전히 흐렸다. 임시 시험. 다섯 시간이나 감독監督. 진고개를 갔다. 이발理髮.

5월 20일. 비. 흐리다. 병륙秉陸이 편지가 오다.

5월 21일. 흐리고 바람 분다. — 남풍南風. 『연암집燕巖集』 한 질帙을 사다. 박영철朴榮喆이가 출판出版한 것.

장작 한 마차馬車를 사들이다(12원十二円). 시믈아홉 다발.

오후午後 4시四時 반半 돈암리敦岩里 가서 김낙준金洛俊 부인婦人을 좀 찾어보고 그 뒤 고개 둘을 넘어서 탑골 승방僧房으로 갔다. 4시四時 40분四十分. 느틔나무 밑에서는 젊은 남녀男女가 함께 추천鞦韆을 한다. 사내는 양복洋服장이 계집은 그 근처近處에서 술파는 것인 듯하다. 아이들이 모여든다. 또 양복洋服장이 하나 온다. 빨래 이고 가든 노파老婆들도 지나다 서서 보며 빙그레 웃는다. 바람은 분다. 구름이 모여들고 비가 금시에 쏟아질 듯. 벌서 5시五時 20분二十分. 약속約束한 시간이 20분二十分이나 지나도 조선어학회朝鮮語學會에서는 한 사람도 아니 온다. 오날 여긔 몯거지를 작파作罷하였나. 그러면 다시 통지通知

가 있어야 할 것 아닌가. 혹은 이 사람들이 다른 대로 아니 갔나 하고 기다리다가 나는 돌아와 버렸다.

5월 22일. 맑다. 바람이 살랑살랑 분다. 오전午前 9시九時 하 박사河博士 군君을 찾어 같이 나서 또 매헌梅軒을 찾어 더불고 전차電車로 왕십리往十里 정거장停車場까지 가서는 한 30분三十分 동안 기다리어 궤도차軌道車를 타고 독도纛島에서 나리다. 강江에 이르러 나루ㅅ배 하나를 잡어타고 거슬러 오른다. 좌左편 언덕을 따라 얕은 대로만 오른다. 바람은 부나 물ㅅ결은 심하지 않다. 배는 점점 우右편으로 옮겨간다. 이곧이 심청강深青江. 사공沙工은 말한다 — 서대문西大門 밧 성경학교聖經學校 학생 하나이 어제 예서 헤엄을 치다 빠져 죽었다… 하며 물에 빠진 사람을 건지든 이야기를 한다. — 물에 빠진 사람을 건지자면 그 사람을 한 손으로 잡어가지고 물속에다 좀 당거두었다가 내노야 하지 만일 그대로 건지랴 하면 그가 자꾸 잡어단이는 바람에 자긔조차 빠져 죽기가 쉽다고. 이곧은 위엔 얕고 갑작이 깊어졌다. 검푸른 물ㅅ결이 퍽 급急하다. 격激하다. 무시무시하다. 어쩌자고 이런 대로 뛰어 들었든고. 배는 그 건너 모래ㅅ밭으로 가 닿는다. 하얀 그 모래. 운모雲母, 석영石英은 반작어린다. 참아 밟기도 앗갑다. 사공沙工을 앞세고 그 위 조고마한 산으로 올랐다. 수음樹陰이 짙고 고옥古屋이 두어 채 있다. 한 채는 단청丹青한 기아집, 충렬화주당忠烈化主堂. 사람이 죽으면 그 귀신鬼神을 잡어다 가두는 곧 — 귀신鬼神 감옥監獄. 문門을 열고 들어가니 이李, 김金, 박朴… 무슨 생生, 무슨 생生의 화상畵像이 4벽四壁에 겹겹이 걸리고 상자, 궤짝, 동고리들이 구석구석에 쌓여 있는데 이건 그 죽은 사람의 입든 옷을 담어둔 것이라 한다. 그리고 한편에는 군관軍冠 군복軍服한 신장神將의 화상畵像도 걸렸고 홍립紅笠,

흑립黑笠, 종鐘, 소고小鼓, 장고杖鼓도 있고 다상茶床과 제기祭器도 있다. 무당이 와 굿하는 구경을 했으면 좋겠다. 문門을 다시 닫었다. 산머리 소로小路로 하여 봉은사奉恩寺을 갔었다. 중들은 아니 보이고 설토화雪吐花만 뜰에 피어 있고 꾀꼴이 소리가 앞뒤 수림樹林에서 날 뿐이다. 우리는 한 냉冷방으로 들어 앉었다. 퍽 음산하다. 불어드는 바람끝이 싫다. 하 군河君이 외는 '청풍좌우지淸風左右至 객의이경추客意已驚秋'[2]라는 두시杜詩 그대로다. 담화談話. 점심點心. 오후午後 4시四時에 떠나다. 강江에 다다르니 마츰 배 한 척이 와 다며 양복洋服장이 남자 5, 6인과 여자 하나이 나린다. 알고 보니 서항석徐恒錫, 이은상李殷相 군君의 축이다. 그들은 그 모래밭에서 순라잡기를 하며 희희낙락喜喜樂樂. 우리는 배에 오르다. 바람도 더 불고 물ㅅ결도 더하다. 배는 좀 논다. 물방울이 뛰어오른다. 독도纛島에 와서 포푸라 숲속으로 거닐다. 살곶이다리로 해서 왔다.

5월 23일. 맑다. 바람이 분다. 좀 쌀쌀하다. 문일평文一平 군君이 오다. 신라新羅 향가鄕歌에 대하여 문의問議.

『풍요속선風謠續選』, 『순오지旬五志』를 사다. 이기인李起仁, 김동춘金東春 군君의 편지가 오다.

박재륜朴載崙 군君이 오다. 그 시집詩集 초고草稿를 보았다. 좋은 것도 있다.

5월 24일. 오후午後는 덥다. 밤엔 비. 박술음朴術音 군君과 같이 진고개를 갔다. 여러 책사册肆를 보았다. 하나 별것이 없다.

---

2 "시원하고 맑은 바람 좌우에서 불어와/손님은 벌써 가을인가 하고 놀라네." 두보의 시「하일이공견방(夏日李公見訪)」의 한 구절.

5월 25일. 비. 바람. 이기인李起仁 군君에게 답장答狀.

5월 26일.(음陰 4월 21일 정해丁亥) 맑다. 바람이 살랑살랑 분다. 구름은 둥둥 떠돈다. 하학下學 후 문우회文友會 도서실圖書室로 제9회第九回 육상대운동회陸上大運動會 기록계記錄係의 할 일을 감독監督하러 갔었다. 그 계원係員들이 해 가지고 온 기사記事며 만화漫画를 뒤적어려 보든 차에 봉례鳳禮와 한희漢熙가 찾어왔다. 해산解產할 기미가 있다 한다. 남어지 일은 김도태金道泰 군君에게 맡기고 나는 나왔다. 계동桂洞 궁宮에 가서 산파產婆 한신광韓晨光을 찾었다. 그는 조선저축은행朝鮮貯蓄銀行에 가 있다. 재동齋洞 정미소精米所에 들어가, 백미白米 한 가마니를 보내 달라 하고 전화電話를 빌어 본국本局 四五八0 번番으로 걸었다. 마츰 한신광韓晨光이 있다. 지급至急히 와 달라 하고는 집으로 돌아왔다. 처妻는 장지문 턱을 두 손으로 잡고 앉어서 고통苦痛한다. 힘을 연신 쓴다. 고통苦痛은 점점 더한다. 신음呻吟. 산파產婆만 고대고대. 실변하기는 오후午後 두 시부터라 한다. 다시 봉례鳳禮를 산파產婆의 집으로 보냈다. 얼마 아녀서 산파產婆가 왔다. 나는 처妻의 의지依支가 되어 조력助力했다. 할 수만 있으면 내가 대신이라도 하고 싶다. 한데 나도 힘이 적쟎게 들기는 했다. 산모產母와 산파產婆와 나와 세 사람 힘이 함께 최고조最高調로 쓰일 때, 애는 나왔다. 한 남자다. 오후午後 4시四時 37분三十七分. 병륙秉陸이에게 편지하였다.

5월 27일. 운동회運動會 준비準備. 40분四十分 수업授業으로 오전午前에만 하다.

오후午後 3시三時, 조선일보사朝鮮日報社에 가서 애류崖溜를 맞나보고 나와서 제면소 류영모柳永模 군君을 찾어보고 4시四時, 조선일보사朝鮮日報社 앞에서 조운曺雲 군君, 서해曙海 최학송崔鶴松 군君을 맞나,

같이 청량사淸凉寺를 나가다. 동대문 옆 정류장에서 또 서항석徐恒錫 군君, 박만서朴萬緖 군君을 맞나, 동행同行. 김억金億 군君, 윤교중尹敎重 군君은 먼저 와 있다. 나는 조운曺雲 군君과 청량사淸凉寺 뒤ㅅ산으로 올라, 이야기를 하였다. 벌서 5시五時가 지냇다. 날은 맑고 바람은 산들산들한 서풍西風. 이은상李殷相, 문일평文一平, 국기열鞠基烈, 이하윤異河潤, 최상덕崔相悳, 피천득皮千得, 함병업咸秉業, 설의식薛義植, 최의순崔義順 군君이 모였다. 한듸 정자亭子에 앉어 담소談笑를 하다가 해가 지며 바람 끝이 넘우 선선하여 다시 자리를 방으로 옮겻다. 저녁상과 술주전자가 들온다. 주가酒家와 부주가不酒家가 서로 난위었다. 김억金億 군君이 일어서서 오날은 이은상李殷相 군君 『노산시조집鷺山時調集』 출판기념出版記念을 하자는 뜻으로 간단한 개회사開會辭를 한다. 그리고 각각各各 돌아가며 제 이름을 부르며 일어서서 인사를 하였다. 나는 주가酒家 축으로 들어 과음過飮을 했다. 저녁밥은 한술도 못 떴다. 게서 파罷해서 집으로 어떠케 찾아왔는지 모른다.

5월 28일. 맑다. 바람은 산들산들. 칩도 덥도 않은 이날, 제9회第九回 육상대운동회陸上大運動會.

오전午前 9시九時 — 오후午後 5시五時. 나는 기록계記錄係, 보도報道로 맡었다. 대성황. 관중觀衆이 수만數萬 명名. 최후最後에 가장행렬假裝行列이 재미스럽다.

나는 실상 무리한 일을 했다. 아츰부터 머리가 띵하고 사지四肢가 늘은하여 신열身熱이 생겼다. 곳 온돌 위에 편히 누었으면 좋겠다. 운동회運動會를 맞히고는 집으로 돌아와버렸다. 명월관明月館 본점本店에서 하는 만찬회晩餐會에도 못 갔다. 한데 새로 난 아기는 오날 아츰부터 울어울어 울음을 아니 그친다. 신열身熱도 높다. 난 뒤에 24시간

二四時間 곳 어제 저녁때까지는 아무것도 아니 먹이고 어제ㅅ밤에야 백비탕白沸湯 물을 좀 먹이고 배안 똥도 세 번이나 누고 — 하였는데 그것에 체滯했나? 혹은 오날 몇 번 행랑行廊어멈의 젖을 얻어먹은 것에 체滯했나? 혹은 감기感氣가 들었나? 나는 누어서 잠을 좀 자려도 그 울음소리에 잘 수가 없다. 홍제병원洪濟病院 유홍종劉洪鍾 군君을 청請해 뵈았다. 오후午後 9시九時. 체온體溫이 39도度 6분分. 체滯한 것이란다. 약藥을 갖다가 썼다. 해도 여전히 운다. 밤새도록 운다.

5월 29일. 맑다. 종일終日 집에 있다. 갓난이가 간간間間 운다. 신열身熱도 한 대종이다. 약藥을 또 갖다 먹이다. 오후午後 세 시부터 울음도 그치고 잠도 자더니 다시 열한 시부터 울기를 시작했다. 처妻는 안고 앉었다. 얼굴이 부었다. 나도 한잠 못 잤다.

5월 30일. 맑고 바람 불고 저녁때엔 구름 끼었다. 갓난이는 아츰때까지 울음을 아니 그친다. 의사醫師를 또 불렀다. 유홍종劉洪鍾 군君이 와서 진찰診察하였다. 신열身熱은 여전如前하다고. 약藥을 또 갖다 먹이다. 신기神氣가 좋지 못하다. 학교에 가서 네 시간 교수하는데 괴롭다. 오후午後 두 시에 돌아오다. 3시三時 반半엔 이은상李殷相 군君, 조운曺雲 군君과의 약속을 지키기 위하여 종로 네거리 화신상회 앞으로 갔었다. 조운曺雲 군君은 정각正刻에 오고 이李는 아니 보인다. 둘이 한 30분三十分 기다리다가 다시 다른 곧으로나 가려고 덕흥서림德興書林 앞에 이르러 최학송崔鶴松 군君을 맞나서 조선극장朝鮮劇場으로 들어가 「철벽鐵壁의 남아男兒」란 영화映畵 시사試寫를 보았다. 은상殷相 군君은 예 와 있다.

갓난이는 낮에는 곳잘 잠을 자더니 저녁부터 또 운다. 신열身熱도 있다.

5월 31일. 맑다. 서풍西風. 하학下學 후 바루 장발張勃 군君, 김도태金道泰 군君, 이규종李奎鐘 군君과 생도生徒 수십數十 명名과 같이 경복궁景福宮 뒤 조선미술전람회를 들어가 보았다. 작년昨年보다 양화洋畵는 더 많고 사군자화四君子畵는 적다. 그리고 미술품美術品이 몇 가지 더하다. 조운曺雲 군君, 최학송崔鶴松 군君을 맞나, 같이 체부동體府洞 118一一八 최 군崔君 집으로 갔었다. 저녁을 먹었다. 양건식梁建植 군君, 이승만李承萬 군君도 왔다. 11시十一時까지 놀았다.

갓난이는 울고 보채든 덜 해도 체온體溫은 41도度. 홍종 군洪鍾君이 와 보고 배꼽도 싳고 마음을 놓을 수 없다고. 수건手巾에 냉수冷水를 적셔 머리를 식혀주었다. 연일連日一. 김용익金容益 군君 시겨 부청府廳에 출생出生 신고申告을 하였다. 이름은 '종희宗熙'.

6월

6월 1일. 맑다. 서풍西風. 종희宗熙는 우지 않는다. 잠도 잘 잔다. 홍종 군洪鍾君이 와 보았다. 또 배꼽을 싳어 주었다. 체온體溫은 39도度.

6월 2일. 맑다. 김용익 군君이 아츰에 떠나갔다.

아버님 하서下書를 받어보았다. 종희宗熙의 이름을 중희重熙라 하여 지어 보내셨다. 나도 첨엔 중희重熙로 지었다가 종희宗熙라고 한 것이다. 종희宗熙가 의미意味로나 성향聲響으로나 중희重熙보다 낫다. 종희宗熙는 훨썩 낫은 모양이다. 젖 잘 먹고 잠 잘 잔다.

오후午後 5시五時 명월관明月館 본점本店에 가서 최상덕崔相悳 독견獨鵑의 결혼식結婚式을 보았다. 박희도朴熙道 주례主禮. 내객來客도 남자, 여자 꽤 많다. 식式을 맞히고는 연회宴會도 있었다. 박주례朴主禮 지명指名으로 축사祝辭들을 한다. 자미滋味스러웠다.

6월 3일. 맑다. 무척 덥다. 오후午後 5시五時 반半 조운曺雲 군君이 오다. 유홍종劉洪鍾 군君이 오다. 종희宗熙는 체온體溫이 39도度 4분分. 이 밖엔 이상異狀이 없다. 최학송崔鶴松 군君이 오다. 유劉는 진찰診察만 하고 갔다. 조曺와 최崔와 같이 담화談話, 석반夕飯. 조운曺雲 군君이 『가곡원류歌曲源流』, 『청구영언靑丘永言』, 『해동가요海東歌謠』를 빌어 갔다.

6월 4일. 맑다. 무덥다. 하 박사河博士 군君이 빌어 갔든 『계서잡록溪西雜錄』 한 권을 가조다. 양화탕養和湯 네 첩貼을 장남계張南溪한테 지어오다. 처妻가 먹을 것.

6월 5일. 종일終日 구름 끼고 무덥다. 유홍종劉洪鍾 군君이 와서 종희宗熙를 보았다. 체온體溫이 37도度. 이제야 평복平復. 매헌梅軒을 찾어보고 진고개로 돌아오다.

6월 6일. 맑다. 저녁에 체부동體府洞 최학송崔鶴松 군君과 조운曺雲 군君을 찾어보았다. 양건식梁建植 군君, 이승만李承萬 군君도 왔다. 종희宗熙는 새벽부터 두어 시간ㅅ 동안을 연해 울었다. 배꼽 싸맨 베쪽이 벗어져 촉랭觸冷이 된 모양. 저녁때부터는 신열身熱가 더하다.

6월 7일. 흐리다 맑었다. 종희宗熙는 새벽에 또 울었다. 신열身熱도 감減하지 않었다. 양화탕養和湯 5첩五貼 또 지오다.

6월 8일. 단오端午. 흐리다 맑었다.

6월 9일. 비ㅅ방울이 듯는다.

6월 10일. 무덥다. 한글 원고原稿 「한힌샘 스승님」 시조時調 7수七首를 보내 주다.

6월 11일. 무덥다. 조선어학회朝鮮語學會를 갔었다. 신명균申明均 군君의 'ㆆ'에 대한 강화講話를 듯다.

6월 12일. 비. 오후午後부터 오는 비다. 조운曺雲 군君을 찾아 보고 같이 나서 사직社稷골 뒤ㅅ재를 넘어 현저동峴底洞 애류崖溜를 찾다. 없다. 돌우 넘어오다. 사직공원社稷公園 옆에는 새 양옥洋屋집들이 여러 채 들어섰다. 간간間間 조선식朝鮮式으로 지은 집도 있다. 등넌출로 차양遮陽을 한 높은 다락에 탕건 쓰고 긴 담배ㅅ대를 물고 앉으신 양반兩班 한 분이 우리를 나려다 본다. 우리 뒤에 오든 늙수그러한 부인婦人네ㅅ가운대서는 그를 보고 지상선地上仙이라 하며 예는 일본日本 사람 집들은 많이 지어 놓았어도 문패門牌를 보면 조선朝鮮 사람이라고 한다. 한데 그 집들의 한옆에는 옴막살이도 많다. 현수懸殊한 대조對照다. 배고파 우는 소리와 유성기留聲器, 피아노ㅅ소리.

6월 13일. 비. 밤에도 비.

6월 14일. 비. 멎었다. 급주임회級主任會. 매헌梅軒을 찾어보다. 맥고모자麥藁帽子를 샀다(80전).

6월 15일. 흐리다. 아즉 우기雨氣가 있다.

6월 16일. 맑다. 병륙秉陸의 편지며 호적 등본戶籍謄本도 받어보다. 아버님께 상서上書. 저녁에 장인丈人이 오셨다. 『사계전집沙溪全集』을 재인再印 발행發行하는데 그 지방地方 주재소駐在所 순사巡査에게 발견發見이 되어 신고申告을 해야 한다고. 조운曺雲 군君이 오다.

6월 17일. 맑다. 휘문徽文 운동장運動場에서 하는 휘문徽文 대對 경신儆新의 축구蹴球 시회試會을 보다. 경신은 참패慘敗을 당했다. 애류崖溜와 두계斗溪가 오다.

6월 18일. 맑다. 총장실總長室에서 총장總長 생일生日 오찬午餐(음력

陰曆 5월 15일). 오후午後 3시三時 두계斗溪와 같이 경성대학京城大學 강당講堂에 가서 정만조鄭萬朝의 「조선문학朝鮮文學의 구폐捄弊」와 소창진평小倉進平[3]의 「북도北道 방언方言 어미語尾의 둥과 메」의 강연講演을 들었다. 게서 애류崖溜와 홍종인洪鍾仁 군君도 맞났다. 같이 장현식張鉉植 군君을 찾었다 못 맞나고, 또 장현철張鉉哲 군君을 찾었으나 그도 없다. 그 정원庭園엔 화초花草며 괴석恠石이며 지당池塘을 곳잘 치장하였다. 그리고 그 뒤에 좀 높은 언덕 위엔 조고마한 정자亭子 하나를 지어 노았다. 지헌止軒이라는 현판懸板이 걸렸다. 우리는 정원에서 거닐다가 이 정자亭子로 올라 왔다. 뒤에는 창경원昌慶苑 숲, 앞으로는 북한산北漢山ㅅ줄기들이 이중二重, 삼중三重으로 에둘러 있다. 그 수림樹林이며 성루城壘며 성균관成均館 일대一帶의 가옥家屋들이 한눈에 다 모여 든다. 번요한 듯해도 조용하며 들어난 듯해도 유수幽邃한 맛이 있다. 마츰 저녁 빛이 힘없이 빛어 들고 산빛이며 수림은 더 좋다. 그중에도 창경원昌慶苑 옆 밤나무 꽃 덤불이 더욱 좋다. 밤꽃 향기는 은은히 흘러오고 서늘한 바람은 움즉인다. 애류崖溜가 돈을 끄내어 이 집 아이를 불러 맥주麥酒 두어 병甁을 사 오게 하다. 한 순배巡盃 하자, 또 박찬희朴讚熙 군君이 오다. 두계斗溪가 또 돈을 내어 맥주麥酒 10여十餘 병甁을 가조다. 해는 넘어갔다. 달이 돋아난다. 애류崖溜는 놀애를 부른다. 돌아와 보니 장인丈人은 저녁차車에 떠나셨다.

---

3 소창진평(小倉進平/오쿠라 신페이, 1882~1944) 일본인 언어학자. 한국어 학자. 1911년 내한하여 총독부 편수관으로 근무하면서 한국어를 연구하기 시작하였다. 1926년 경성제국대학 교수로 취임. 한국어의 역사와 계통에 관심을 두고 한국어를 연구하기 시작하여 한국어 관련 문헌 자료를 수집·정리하는 한편 문헌 및 방언 자료를 통해 한국어의 특질과 그 역사를 밝히고자 하였으며 특히 향가 해독과 방언 연구에 심혈을 기울여 기초를 닦았다.

6월 19일. 맑다. 매헌梅軒, 조운曺雲 군君이 저녁에 와 놀다.

6월 20일. 흐리다. 밤엔 비.

6월 21일. 비가 좀 오다. 이발理髮. 낡은 책사册肆를 둘레 보다.『동국씨족고東國氏族攷』한 질帙을 사 오다.

6월 22일. 흐리다. 밤에 좀 비가 오다. 집에 도미道味 좌반佐飯과 수어秀魚 어란魚卵를 사 보내다.

6월 23일. 흐리다. 밤ㅅ비. 조운曺雲 군君을 찾어보다. 최학송崔鶴松 군君은 어느 병원病院에 입원入院했다.

6월 24일. 맑다. 직원회職員會.

6월 25일. 맑다.

6월 26일. 맑다. 두계斗溪를 찾어보다.

숙자호宿字號 이마패二馬牌를 샀다.

6월 27일. 맑다. 무덥다. 두통頭痛. 숙직宿直인데 유길상劉吉相 군君이 대신하게 하였다.

6월 28일. 맑다. 송재운宋在雲 군君의 편지를 받어보다. 부안扶安 줄포茁浦 파산리巴山里에 있다 하였다.

이창구李昶求 군君이 오다. 저녁에 매헌梅軒을 찾어보다.

6월 29일. 맑다. 무덥다. 수도水道가 병이 났다. 점심때부텀 물이 아니 나온다. 하학下學 후 집에 돌아오니 옆방에 있는 학생 시겨 수도국水道局에 전화電話를 했다고 처妻는 태연泰然할 뿐이다. 저믈어도 곧히러 오는 이는 없다. 저녁 먹을 때야 돌아오는 학생의 말에는 시간이 지나서 전화電話를 못했다 한다. 그럴 리가 없겠다 하고 나는 나섰다. 종로鐘路 수도국水道局 출장소出張所를 찾어갔다. 곳 탑塔골공원公園 옆이다. 침침한 사무실事務室에 노동복勞動服한 조선인朝鮮人 둘만 앉어 있다. 퍽 친절親切하다. 다른 관서官署나 회사會社와는 같지 않다. 요마적 경성부京城府 의옥 사건疑獄事件[4] — 수도사건水道事件을 들은지라, 친절親切한 이 두 노동자勞動者를 볼 때에 이상한 생각도 난다…….

6월 30일. 맑다. 덥다. 수도水道를 와 곧혔다. 이능화李能和 어른을 가 뵈았다.

7월

7월 1일. 맑다. 조회朝會. 체조體操. 휴지休止. 40분四十分 수업授業.

체부동體府洞으로 조운曺雲 군君을 찾어 갔더니 모다 인사동仁寺洞 삼수의원三手醫院으로 갔다 한다. 삼수의원三手醫院으로 찾으니 최학송崔鶴松 군君 가족家族이 다 병상病床에 누어있다. 백일해로 앓든 그 유아乳兒는 차도差度가 있으나 학송 군鶴松君은 한 모양인데 수일數日 후 의전병원醫專病院으로 입원入院하여 복부腹部 수술手術을 하겠다고. 조 군曺君은 단성사團成社에 구경 가고 양백화梁白華와 이승만李承萬 부처夫妻가 와 있다.

7월 2일. 맑다. 진고개를 가다. 『하일수석집夏日漱石集』 한 책冊을 사다. 누가 보든 것. 붉은 선線, 푸른 선線을 간간間間 그어놓았다. 맨 끝장에는 아모의 장서藏書라는 도장圖章도 직혀 있다. 매우 정성精誠스러운 이가 가졌든 책冊인 듯하다. 하나 붉은 선線, 푸른 선線 그어논 것은

4 조선 총독부 의옥 사건: 1927년 조선총독부 4대 총독으로 부임한 야마나시 한조가 경성 미곡 거래소 설립을 허가해주는 대가로 뇌물을 받았다가 발각된 사건.

나의 시각視覺을 좀 착란錯亂케 한다.

7월 3일. 맑다. 무덥다. 매헌梅軒이 오다. 점심點心을 먹고 놀다가 저녁때야 같이 나서 최학송崔鶴松 군君 문병問病을 하였다. 두계 군斗溪君을 보다. 『해동악부海東樂府』 제1권第一券 사본寫本을 찾어오다. 이창수李昌洙 군君이 또 왔다. 못 맞났다.

7월 4일. 무덥다. 『해동악부海東樂府』 준을 보았다.

7월 5일. 비. 종일 시름없이 오는 비.

7월 6일. 바람 한 점 없이 끓이더니 밤에 천동天動, 벽력, 폭우暴雨, 전광電光이 무섭게도 야단이다. 전등電燈은 꺼지고 집은 샌다. 새로 두 시까지 잠을 못 일웠다. 또 이웃집에서는 곡성哭聲이 난다. 누가 죽었는지 모르겠다.

7월 7일. 맑다. 깨끗하다. 거리로 걸어가기가 좋다. 의전 병원으로 최학송 군 문병을 갔다. 이층 위 최 군崔君 있는 방房을 찾으니 면회面會 사절謝絶. 마츰 조 군曺君이 그 방房에서 나온다. 나오다 서창西窓 밑 벤취에 걸어앉어 조 군曺君과 이야기를 하다. 최崔는 어제 복부腹部 수술手術을 하고 상금尙今 혼수昏睡 중이라 한다. 또 양복洋服한 청년青年과 녹색綠色 치마 입은 여자가 문병問病을 온다. 또한 면회面會는 못한다. 또 이익상李益相 군君이 온다. 그들도 나와 같이 앉었다. 녹색綠色 치마는 녹색綠色 수건手巾을 펼쳤다 움켰다 하며 빛어 드는 석양을 피하여 맞은편에 서서 양복洋服한 청년青年과 농담을 한다. 이李와 조曺도 참가參加하여 일종一種 희극喜劇을 연출演出한다. 잇다금 지나가는 의사醫師며 간호부看護婦는 이상한 눈을 하여 본다. 무론 이 극劇은 무대舞臺가 병원病院인이 만큼 의사醫師며 간호부看護婦를 띄어 놀 수 없다. 딴은 그 이상한 눈을 한 그들이 이 희극喜劇을 일우게 한 것이다.

그들에는 관운장關雲長, 미륵彌勒, 양洋코, 장승長丞, 두루미, 호마胡馬, 양귀비楊貴妃도 다 있다. 퍽 자미滋味스럽다. 하나 나는 먼저 퇴장退場했다.

7월 8일. 맑다. 직원회職員會. 조행사정操行査定.

7월 9일. 맑다. 퍽 덥다. 오후午後, 의전병원醫專病院을 가보니 학송鶴松 최 군崔君은 없다. 문직門直이에게 들으니 오날 오후午後 두 시, 이 세상世上을 떠났다 한다. 체부동體府洞 고故 최학송崔鶴松 군君 집으로 찾어갔다. 조운曺雲 군君의 손을 잡고 울다.

7월 10일. 비. 고故 최학송崔鶴松 군君 호상소護喪所에 가서 온종일終日을 보내다.

7월 11일. 비는 멎고 구름 끼고 서풍西風이 분다. 오날부터 제1학기第一學期 시험試驗 시작. 오후午後 두 시, 정지용鄭芝溶 군君과 같이 체부동體府洞 학송鶴松 군君의 집에 갔었다. 온 이가 많다. 네 시 발인發靷. 영구차靈柩車 뒤에 따라가는 자동차自動車가 20여二十餘 대臺. 다섯 시 동소문東小門 밧 미아리 공동 묘지에 도착到着. 하관下棺. 봉분封墳. 7시七時에 돌아오다. 나는 현철玄哲, 방인근方仁根, 박종화朴鍾和 군君과 같이 자동차自動車를 탔었다. 박종화朴鍾和 군君과는 처음 지면知面했다. 나는 성균관成均館 앞에서 나려 찬 군燦君을 찾었다. 전 군烇君도 있다. 그 자당慈堂의 회갑回甲 날이다. 저녁을 먹다.

7월 12일. 맑다. 조운曺雲 군君을 찾어보았다.

7월 13일. 무덥다. 정충시鄭忠時 군君 편지를 받어 보다.

7월 14일. 무덥다. 음력陰曆 6월六月 11일十一日. 어머님 생신生辰. 병륙秉陸의 편지가 오다.

7월 15일. 무척 덥다. 이희균李羲均, 이천규李天珪, 이원영李元榮, 박재륜朴載崙 군君이 찾어오다.

7월 16일. 소낙비. 오후午後 2시二時 종업식終業式. 조운曺雲 군君을 찾어보다. 종로경찰서鐘路警察署에서 신분身分 조사調査를 하여 갔다.

7월 17일. 폭우暴雨. 집이 샌다. 송재운宋在雲, 정충시鄭忠時 군君에게 답장答狀.

7월 18일. 간간間間 폭우暴雨. 마치 우박雨雹 쏟어지는 것 같다. 송구한 생각이 난다. 종일終日 성적成績 계산計算, 기입記入. 영어英語 학과표學科表가 늦게야 되어서 일이 더 밀리었다.

7월 19일. 비가 멎었다가 저녁부터 또 온다. 직원회職員會 성적成績 사정査定.

7월 20일. 비가 좀 오다. 오후午後 1시一時 성적成績 발표發表.

7월 21일. 흐렸다 맑었다 한다. 구두 한 커리를 샀다. 박술음朴術音 군君과 같이 동아식당東亞食堂에서 점심點心을 먹고 진고개 서사書肆를 가 보았다. 종로도서관鍾路圖書館에 『해동악부海東樂府』를 돌려보냈다. 집웅에 올라 새는 대를 곧혔다.

7월 22일. 맑다. 매헌梅軒이 오다. 두계斗溪를 보다. 『공사견문公私見聞』을 읽다.

7월 23일. 맑다. 처妻가 병病이 났다. 인삼人蔘 1원一円어치를 사오다.

7월 24일. 맑다. 조운曺雲, 양백화梁白華, 이승만李承萬 군君이 찾어오다. 밤 열두 시까지 담화談話.

7월 25일. 맑다. 진고개를 갔었다. 이능화李能和 씨가 찾어오다. 김영완金永完 군君이 오다.

7월 26일. 맑다. 한남서림翰南書林에서 『소대풍요昭代風謠』, 『풍요삼선風謠三選』을 사 오다. 조운曺雲 군君을 가 보다.

7월 27일. 맑다. 『박소촌화樸素村話』를 읽다.

7월 28일. 맑다. 중복中伏. 애류崖溜를 찾어보고 같이 나와서 청진식당淸進食堂에서 육肉개장 국을 먹다. 이창수李昌洙 군君이 찾어오다.

7월 29일. 맑다. 무척 덥다. 종일終日 집에 있었다. 고창 조 형趙兄에게 편지를 보냈다. 이병도李丙燾 군君이 오다. 같이 『낙하생고洛下生稿』를 보았다.

7월 30일. 맑고 퍽 덥다. 조운曺雲 군君을 찾어갔더니 벌서 28일 저녁에 떠나갔다. 중학동中學洞 이가양조장李家釀造場에 가서 약주藥酒 한 병과 소주燒酒 한 병甁을 가조라고 일렀다. 진고개를 단여오다. 책사冊肆에는 별로 볼만한 책冊이 새로 나오지 아녔다.

매헌梅軒이 찾어오다. 과자菓子 한 각, 참외 마흔 개를 가조다. 꿔어간 100원百円도 가조다. 수박 한 개를 사다가 같이 먹었다. 하 박사河博士 군君을 가 보다. 송도松都 인삼차人蔘茶 한 각을 갖다 주었다. 김철중金鐵中 군君이 한글 강습講習 노비路費 15원十五円을 가조다.

7월 31일. 퍽 덥다. 학교로 하여 김영완金永完 군君을 찾어보다.

8월

8월 1일. 오전午前 5시五時 기침起寢. 동희東熙, 한희漢熙를 다리고 경성역京城驛에 이르니 여섯 시. 처妻도 전송餞送을 나왔다. 7시七時 40분四十分에 떠나다. 한강漢江 인도교人道橋는 안개ㅅ속에 묻혀 아니 보인다. 점심點心때 대전太田 도착到着. 호남선湖南線 차車를 갈어타다. 퍽 덥다. 오후午後 한 시 40분四十分 강경역江景驛에서 나려 수하물을 찾어가지고 곳 강경江景 시가市街로 걸어 들어가 여산礪山 가는 자동차自動車에 오르다. 세 시나 되어 여산礪山을 왔다. 문희文熙, 관희觀熙가 나왔다. 아버지가 뇌후종기腦後腫氣로 의원醫院에 오셨다가 면사무소面事務所에 게시다고 하여 애들만 자동차自動車로 보내고 나는 나려서 아버님을 가 뵈았다. 망화정望華亭에서 바돌을 두신다. 천호산 넘어에서는 구름이 일고 울에ㅅ소리가 야단이다. 바람은 몬지를 말어간다. 나는 먼저 일어나오다. 비가 지나간다.

8월 2일. 저녁때에 비가 좀 뿌리다 만다. 동희東熙, 한희漢熙를 다리고 모새ㅅ골을 가서 종조할아버지를 뵙고 일곱 분상墳上에 가서 할아버님 뫼를 보다. 무척 덥다. 승운정勝雲亭에 가만이 앉었어도 땀이 흐른다.

8월 3일. 저녁때부터 비가 온다. 동남풍東南風이 분다. 할머님 기제忌祭를 지내다. 밤새도록 풍우風雨가 요란하다. 어머님께서 좀 불편不便하시다.

8월 4일. 비와 바람은 한 모양으로 계속繼續한다. 마른 논, 밭에 물이 괴었다. 내ㅅ물이 불었다. 백답白畓에는 메물을 갈을가, 모를 심을가 하는 의논議論이 분운하다. 한데 메물 가는 보담은 모를 심는 것이 낫다는 주장主張이 승勝하다.

나는 동저구리ㅅ바람에 발을 벗고 우산雨傘을 들고, 가방은 유지油紙로 싸서 공진公眞이게 들리고 그 폭풍우暴風雨를 무릅쓰고 여산리礪山里까지 걸어 나와, 오후午後 10시十時 반半 자동차自動車로서 강경역江景驛에 이르러, 11시十一時 52분五十二分 발發, 대전太田서 나리다. 인력거人力車 잡어타고 동아일보사東亞日報社 지국장支局長 방두환方斗

煥 군君이 경영經營하는 근화여관槿華旅館으로 찾어들다. 방 군方君도 보고 지국支局 총무總務 이석목李錫穆 군君도 보다. 비는 오후午後 5시五時에 좀 멎었다.

8월 5일. 비가 개었다. 대동리大東里를 가서 차덕삼車德三을 찾었다. 질컥질컥한 고삿길, 요 골목 조 골목으로 돌아단이다가 한 노파老婆를 맞나, 그가 가리쳐주는 집으로 들어가니 차車는 두어 달 전에 집세貰를 못 내어 그 옆의 새말로 떠나갔다고 젊은 안악네가 방에 서서 말한다. 나는 더 좀 자세仔細히 알어보려고 그 안악네를 문門밖으로 나와 달라 하였더니 그는 들어와 달라고 한다. 나는 들어가 마루끝에 걸어앉어 이기분李其芬의 소식消息을 물어보았다. 기분其芬이가 지금 바리바위에서 산다고 하며 그 번지番地만은 잘 모른다 한다. 나는 다시 새말 송宋 교관敎官 집으로 찾어갔다. 게는 노동자勞動者 합숙소合宿所처럼 되었다. 여러 노동자勞動者가 안팟채에 들어 사는 모양. 차車를 물으니 모른다 하며 안채로 들어가 차車가 성 가진 이를 찾더니 차車는 출타出他했다 하고 차車의 마누라가 더불고 나온다. 기분其芬이 주소住所를 물으니 바리바위 배약국裵藥局을 찾어가면 안다 한다. 나는 다시 근화여관槿華旅館 앞을 지나, 대전교太田橋를 건너 배약국裵藥局을 찾었다. 배裵는 노인老人. 기분其芬이 일을 물으니 처음에는 어물어물한다. 찾는 이유理由를 말하매 그제야 자기自己 처妻 질부라 하며 그 행실行實과 요마적 와서 자주 싸우며 서로 갈리느니 마느니 한다고. 나는 배 노인裵老人 마누라를 앞세고 기분其芬이를 찾어갔다. 바루 그 뒤ㅅ골목으로 들어가니 한 옴막집이 나선다. 노파老婆가 들어가더니 기분其芬이가 나온다. 허술한 옷에 얼굴도 파리했다. 그 방으로 같이들 들어갔었다. 노파老婆는 돌아서 갔다. 그동안 북간도北間島로 살러 갔다가 살

수 없어 곳 나오고 작년昨年 겨울에는 딸을 낳고 올 정월正月엔 장질부사腸窒扶斯ㅅ병을 앓고 났다고 하면서 기분其芬이는 갓난이를 안고 앉어 젖을 먹인다. 제 남편은 참외를 팔러 나갔다. 고기나 사 먹으라고 돈 좀 주고 나왔다. 오후午後 네 시, 제일공보교第一公普校로 가서 한글 강습講習을 시작하였다. 회원會員은 30명三十名. 작년昨年보담은 성황盛況이란다. 작년昨年엔 7명七名. 세 시간ㅅ동안을 하다.

이창구李昶求 군君을 찾어보다. 저녁을 먹다.

8월 6일. 소낙비가 지내갔다. 바람이 산들산들 분다. 대전太田 제사공장을 가 구경하다. 이석목李錫穆 군君과 같이 뻐쓰를 타고 갔다. 사무실事務室에서 들어가 보니 휘문徽文 제2회第二回 졸업생卒業生 최정현崔綎鉉 군君이 있다. 군君의 안내案內로 기숙사寄宿舍, 병실病室, 공장工場을 돌아단이며 자세仔細히 보고 그 설명說明을 들었다. 여자 직공이 600명六百名. 대개는 십육, 칠 세의 처녀處女들이다. 일급日給은 20전으로 50전까지요. 먹여 주고 의복衣服 침구寢具는 자기自己가 작만한다고. 신영순申榮順(연순連順)이를 불러 보았다. 소낙비가 다 지낸 뒤에 나섰다.

오후午後 4시四時부터 7시七時까지는 강습講習. 계동桂洞 본제本第에 편지를 붙이다.

저녁부텀 제법 서늘하다. 생량生凉한 것 같다. 문門을 닫고 홋입울을 덮고 잤다.

8월 7일. 맑다. 바리바위를 가다. 기분其芬이는 마슬을 갔다. 배약국裵藥局을 들어가 서로 성명姓名을 알렸다. 대전太田 춘일정春日町 삼정목三丁目 67六七 배담裵淡. 기분其芬이의 남편은 신창호申昌鎬. 산동 신가요 양반兩班이라 한다. 그리고 위인이 퍽 진실眞實하다고. 다시 기분其芬이 집을 갔다. 없다. 옆의 방 아이를 시겨 찾어오라 해도 어대 간 줄을 모른다. 동구洞口로 나오노라니 아기를 안고 배약국裵藥局으로 들어간다. 다시 가서 제 집으로 들었다. 작별作別하고 떠나오다.

오다가 동아일보東亜日報 지국支局을 찾어보다. 김갑순金甲淳의 토지土地에 지은 집이다. 그 부근附近에 또 벽돌집들을 많이 짓는다. 그도 김갑순金甲淳의 경영經營. 그는 춘일정春日町에 이십만 평坪을 가졌다. 대전太田은 김갑순金甲淳의 대전太田이라는 표어標語까지 생겨있다.

본정本町 이정목二丁目 38三八 이창구 군李昶求君을 찾다. 마츰 어대 가고 사곽문斜廓門을 닫혔다. 문門밖에서 주저躊躇하다가 그 안에서 나와 인사를 하고 사곽문斜廓門을 열어 준다. 다시 들어갔다. 용익容益이 누의가 손목에 난 종기腫氣를 곧히러 와 있다. 더불고 이야기를 하는 차 창구昶求 군君이 들어온다. 점심點心. 용익의 큰아들이 아츰부터 서체暑滯로 토사吐瀉 복통腹痛을 한다. 퍽 불안不安하다.

오날은 일요일日曜日이라고 오후午後 세 시부터 네 시간ㅅ동안을 하였다. 강습講習은 맞히다.

저녁을 먹은 뒤에 대전교太田橋를 건너 춘일정春日町으로 산보散步를 갔다. 또 배약국裵藥局을 찾어 보고 신창호申昌鎬를 불러다 보다. 서울로 와 살겠다 의향意向을 들어보다. 돌아오다. 신창호申昌鎬는 대전교太田橋까지 전송餞送을 나온다. 달은 밝다.

편지를 써 처妻에게 보내다.

강습원 한태익 군韓泰益君이 강습원을 대표代表하여 기념품紀念品을 가지고 와서 열한 시까지 담화談話를 했다.

8월 8일. (입추立秋, 칠석七夕) 맑다. 오전午前 8시八時. 목포행木浦行을 타고 떠나다. 이석목李錫穆, 한태익韓泰益 군君 기타 오륙 명의 강습원

이 전송餞送을 나왔다. 지국장支局長 방두환方斗煥 군君은 그때까지 기침起寢을 아녔다.

오전午前 9시九時. 두계역豆溪驛에 나려 은동隱洞을 들어갔다. 다 무고. 장인丈人, 장모丈母와 동수同洙, 택수宅洙, 건수建洙 군君도 다 맞나보다. 점심은 별찬別餐으로 밀국수를 하였다. 동수同洙 군君이 『국조선현필첩國朝先賢筆帖』 세 권과 『추사간첩秋史簡帖』 (이상以上 다 진적眞蹟)을 찾어준다. 12시十二時 51분五十一分 다시 차車를 탔다. 동수同洙 군君은 두계역豆溪驛까지 나왔다.

차車 속은 무척 덥다. 온몸에 땀이 흐른다. 김제金堤로 나려가며 벼들은 잘못 되었다. 요전 그 비에야 이종移種한 것도 있다. 노란하다. 언제 자라서 먹을가 막연漠然하다.

오후午後 5시五時. 송정리역松汀里驛에서 나리다. 애놈에게 가방을 들리고 동아일보사東亞日報社 지국支局을 찾어갔다. 욱구락부旭俱樂部 앞이다. 신간회新幹會, 형평사衡平社 무엇 무엇의 간판看板이 퍽 붙었다. 청년青年 하나이 나와 지국장支局長 있는 대로 찾어가라고 한다. 다시 시가市街를 돌아 남南으로 뚫인 신작로新作路로 가다. 유치원幼稚園 옆집으로 드니 병자病者같이 깡마른 이와 뚱뚱한 이가 넓은 대청에서 바둑을 둔다. 마른 이가 일어서 영접迎接하는데 그가 곳 지국장支局長이요, 뚱뚱한 이는 이곧에서 철공장鐵工場을 경영經營하는 이성방李成芳 군君. 강습講習 허가許可가 아니 나왔다. 이야기를 했다. 또 한 청년青年이 자전거自轉車를 타고 들온다. 그는 기자記者 김성렬金星烈 군君. 저녁에 청년青年들이 모여든다. 공업학교工業學校에 있는 김동일金東馹, 크게 상업商業을 한다는 양영일梁永日, 소촌素村 양반兩班 부호富豪의 자제子弟라는 박해경朴海景.

집은 시원하다. 동東에는 무등산無等山, 서남西南에는 금성산錦城山이 멀리 보일 뿐인 펀펀한 들 가운대다. 이 근처近處 어떤 촌부자村富者가 이 집을 짓고 얼마 아녀서 망亡하여 비어두었든 것을 내가 오자 여관旅館도 변변한 것이 없는 곧이라, 이 집을 얻어가지고 밥은 어느 음식점飮食店에서 날러다 먹고 지내게 하자는 것이다. 저녁상床이 온다. 음식飮食은 맛득하다. 이곧은 농업農業, 상업지商業地다. 그럼으로 이곧에 사는 사람은 농부農夫가 아니면 장사. 한유閑遊하는 이는 없다고. 전등電燈ㅅ불이 들온다. 벌레들이 수없이 모여든다. 그 싸고도는 벌레때문에 전등電燈ㅅ빛이 흐릿하다. 잇다금 청靑개구리도 마루 위에 한 마리 두 마리 뛰어 오른다. 이곧은 채소菜蔬가 명산名產. 목포木浦 지국支局 임흥수林興洙 군君의 편지를 보다. 강습회講習會를 목포木浦서도 하겠다고 와 달라는 것. 나는 못 가겠다는 답장答狀을 했다.

8월 9일. 맑다. 김성렬金星烈 군君이 광주光州 군청郡廳을 갔다 왔다. 여산礪山으로 강사講師 신분身分을 물은 것이 아즉 회답回答이 아니 왔다는 핑게로 허가許可를 아니 내준다. 또 주재소駐在所에 가서 강연講演 형식形式으로 허가許可를 해 달라고 했으나 그도 거절拒絶. 또 몇몇이 모여 좌담座談처럼 하자고 하나 그도 나종에 문제門題가 될가 — 하여 못했다.

오후午後 5시五時 20분二十分에 떠나다. 김성렬金星烈 군君이 전송餞送을 나오다. 동 40분四十分에 나주羅州 착着. 애놈에게 가방을 들리고 금남금융조합소錦南金融組合所 김형모金衡模 군君의 주택住宅(대정정大正町 246二四六)을 찾어들다.

김 군金君은 마츰 집에 있다. 반가워한다. 아까 송정리松汀里에서 나주羅州 금조金組로 전화電話를 걸었다가 실수失手를 했다는 말과 한훤

寒暄을 말하고 옷을 끄르고 냉수冷水를 청請해 마시다. 예는 그전 남문밖. 백정白丁, 야장冶匠, 피장皮匠이들이 사든 곧. 김 군金君의 집은 조고마한 초가草家. 터전田은 넓지 못하나, 한편에는 총죽叢竹이 있고, 개울이 돌고, 또 한편에는 못이 있고 못 위에는 사정射亭(영취정映翠亭)과 고목古木이 있고 과원과 전답이 있고, 그 건너는 송산松山이 있다. 산정야취山情野趣가 진진津津하다.

새 옷을 갈어 입고는 김 군金君과 같이 나섰다. 남문南門터라는 대를 지나, 본정本町으로 들어 협동상회協同商會에 있는 지국장支局長 양장주梁長柱 군君을 찾었다. 목욕沐浴을 갔다. 우리는 반도탕島湯에서 목욕沐浴. 돌아오다 또 찾었다. 또 없다.

평상平床을 마당에 놓고 초생初生ㅅ달을 바라보며 석반夕飯, 담화談話. 양장주梁長柱 군君을 찾어보았다. 예는 강습講習 허가許可가 나왔다 — 는 것을 송정리松汀里 지국支局으로 알려 달라고 했다.

달은 넘어가고 구름이 끼었다. 바람은 한 점도 없다. 평상平床에 모여 앉어 고담古談을 했다. 하나 김 군金君 매妹씨가 이질痢疾로 신음呻吟하여 불안不安하다. 10시十時 싸이렌이 운다. 경찰서警察署에서 울리는 것인데 시민市民더러 취침就寢하라고.

여산礪山, 계동桂洞, 송정리松汀里 지국支局에 편지를 발송發送.

8월 10일. 맑다. 조운曺雲 군君에게 편지를 하다. 이발理髮. 양장주梁長柱 군君을 보다.

사정射亭에 가다. 한량과 기생妓生들이 활을 쏜다. 그 옆 논에서는 뙤약볕에 땀을 흘리며 김매는 농부農夫들, 보통학교普通學校 운동장運動場에서는 분주히 축구蹴球하는 학생들이 있다. 나는 그 건너 송산松山으로 오르다. 사방四方이 다 잘 바라다 보인다. 과연 나주羅州는 한 분지盆地처럼 되었다. 여긔ㅅ사람들은 서울과 같이 생겼다 하나 서울처럼 웅대雄大하거나 사면四面 산들이 높든 않다. 다만 뒤에 있는 금성산錦城山이 높고 앞에나 좌우左右로는 잔산잔록殘山殘麓이 구릉丘陵과 같이 에둘러 있을 뿐이다. 그리고 교외郊外에는 유명有名한 나주평야羅州平野요 평야平野에는 황룡강黃龍江 하류下流, 영산강榮山江 상류上流가 흐르고 그 유역流域에는 논과 밭. 상원桑園, 과수원果樹園이 많다. 그러하여 배와 고치가 명산名產. 멀리 보이는 무등산無等山은 금성산錦城山과 상대相對로 한 안산案山이 되어 있다. 읍내邑內의 형식形式도 평탄平坦한 것이 아니라 우뻑지뻑하다. 이건 서울의 지형地形과 비슷하다.

나주羅州는 워낙 큰 골로서 아즉 부호富豪가 많고 고풍古風이 남어 완매頑昧한 점이 있으나 상점商店으로는 협동상회協同商會가 제일第一 크고 목욕탕沐浴湯, 이발소理髮所 같은 것도 제법 완비完備되었는데, 이것들이 모다 조선인朝鮮人의 경영經營.

다시 사정射亭으로 오다. 김형모金衡模 군君과 양장주梁長柱 군君이 찾어오다. 목포木浦 지국支局에서 또 편지 두 장이 온 것을 가졌다. 더불고 돌아와 평상平床에 앉어 담화談話.

목포木浦 지국支局 임흥수林興洙 군君께 답장答狀. 김 군金君과 같이 정거장停車場에 산보散步.

8월 11일. 맑다. 『등십랑의 연藤十郎の戀』을 읽어보다. 사정射亭에 가서 활 쏘는 것도 보다.

오후午後 4시四時, 김형모金衡模 군君과 같이 나섰다. 협동상회協同商會에 갔더니 양장주梁長柱 군君은 갑작이 일이 생겨 광주光州를 가야 하겠다고. 새매기를 거쳐 학교 앞을 지나, 금성산錦城山ㅅ골짝이로 시내ㅅ물을 거슬러 오르다. 좌우左右에는 송림松林, 죽림竹林, 인가人家.

으늑한 골이다. 논틀 밭틀로 하여 산비탈ㅅ길로 오르다. 수림樹林은 더욱 깊다. 산옴태기에 기아 집 두어 채가 서 있다. 이것이 다보사多寶寺. 산이 둘러 있고 앞으로만 조곰 내다 보인다. 퍽 유적幽寂하다. 고적孤寂하다. 주지住持는 김금담金錦潭. 자기 말따나 무식無識해 보인다. 나는 중노인. 보통학교普通學校 졸업卒業한 아들이 있다. 한편 방에 복습復習을 한다. 무슨 고적古蹟이 있느냐고 물은즉 실영 위에 얹어 두었든『법화경法華經』한 질帙을 내다 보인다. 순천順天 송광사판松廣寺板 가경연간嘉慶年間 간刊한 것. 명부冥府며 대웅전大雄殿을 보여 준다. 대웅전大雄殿 뒤에는 기다란 궤ㅅ짝이 있다. 그 속에는 괘불掛佛이 있는데 요전 기우제祈雨祭 지낼 때 내걸었더니 큰 비가 왔다고, 자랑삼어 말한다.

해는 저믈었다. 서늘한 기운이 돈다. 나려오다, 맑은 석간수石澗水에서 목욕沐浴을 했다. 길을 달리 들어 대학루待鶴樓, 정렬사비旌烈祠碑를 보고 금성교錦城橋로 건너, 돌아오니 마츰 저녁 밥이 되었다. 보통普通학교 선생들이 찾어왔다. 김련효金鍊孝 군君을 맞나보다. 이정희李政熙 군君과 동기同期에 휘문徽文 졸업卒業을 했다 한다. 수박 먹고 담화談話.

8월 12일. 꿈을 꾼 것 같으나 무슨 꿈인가 생각은 아니 난다. 눈을 떠보니 아즉도 밝지 않다. 잠은 다시 안 온다. 옆에 자는 김 군金君이 갑작이 돌아누우며 손을 쥐고 나를 껴안는다. 미안未安한 생각이 난다. 비듥이 같이 신부부新夫婦가 사는 가정家庭에 내가 쐬악이 되어 있다. 여섯 시 싸이렌이 운다. 어서들 일어나라고. 과연 이곧의 경찰警察은 찰찰察察도 하다. 아뜰도 하다.

조운曺雲 군君의 편지를 보다. 운 군雲君과 고창 조 형趙兄에게 편지하였다.

영광보통학교 교원敎員 유성용柳星龍 군君을 맞나다. 강습講習에 온 모양. 『중앙공론中央公論』 8월호八月號를 읽어 보다. 벽소설壁小說[5]이 있다. 「조회朝會」라는 것이 그중 낫다. 프로레타리아의 냄새를 피우려 하지 않고도 그 의식意識은 명료明瞭하다.

저녁에 김 군金君과 같이 산보散步. 그 앞 논ㅅ두둑으로 하여 정거장停車場 옆을 지나, 들 가운대로 나서다. 강물이 흐른다. 긴 다리가 놓였다. 넙은여(廣灘), 나주교羅州橋다. 이 다리는 나무로 놓았는데 나무와 나무와의 사이를 한 치(1촌一寸) 가량씩 떼었다. 그래서 일인日人들이 게다를 신고는 이 다리로는 못 단인다. 게다ㅅ굽이 그 틈마다 꼭꼭 끼이는 까닭으로. 이러한 김 군金君의 설명說明을 들으며 다리 위로 거닐었다. 넓은 들, 넓은 열, 긴 다리. 달은 밝게 빛이고 미미한 바람은 움즉인다. 방축나무 숲이며 원근遠近의 산들은 침묵沈黙과 신비神秘를 지키고, 잔잔한 물ㅅ결은 반작어리고, 잇다금 예서제서 고기들은 뛰어 오른다. 발을 멈추고 잠자코 서서 나는 이상한 늣김을 얻었다. 이 늣김을 말하고 싶지는 않다. 다시 신작로新作路로 들어 철도鐵道를 넘어서 동밨으로, 남산南山 옆으로, 나羅송대(숭대崇大) 집터란 대를 돌아오다. 김 군金君의 매妹씨가 밤에 뒷간에 갔다 와, 깜을 쳤다. 의사醫師를 불러다 캄풀 주사注射를 놓고 집안 사람들이 뜬 눈으로 샜다.

8월 13일. 동북풍東北風이 불더니 자고 아츰 안개가 가득 끼었다. 안개가 벗어지며 불볕이 나려 쪼인다. 무척 덥다. 잡지雜誌, 소설小說를 보다. 오후午後 3시三時, 김주金珠 군君과 같이 유치원幼稚園을 찾어가다. 양장주梁長柱 군君을 맞났다. 그는 나를 찾아오든 길. 유치원幼稚園ㅅ집

5 벽소설(壁小說)이란 그 명칭과 같이 대자보처럼 벽보로 읽혀지거나 혹은 출판물에 실리기도 하는 소설.

은 그다지 크지 않으나 운동장運動場은 퍽 넓다. 이 집에서 노동 야학夜學도 십여 년 해 오다가 당국當局의 명령命令으로 폐쇄를 당했다 한다.

오후午後 3시三時 반半 개강開講. 강습원講習員은 50여 명. 40분四十分씩 세 시간. 여자도 6, 7명 왔다.

오후午後 8시八時 반半 부터 10시十時 반半 까지 또 개강開講. 이는 보통普通학교 교원教員들을 위하여. 청강자聽講者 한 30명. 오날부터 3일간三日間, 예서 교원教員 강습회講習會를 하는데 한글 강습講習에도 참가參加.

나오다, 양장주梁長柱 군君, 최남구崔南九(흥농주식회사興農柱式會社) 군君에게 끌리어 청요리淸料理집에 들어가다. 맥주麥酒 몇 잔을 마시다. 새로 한 시에 돌아오다. 문태성文泰成(군속郡屬), 이창신李昌信 군君(나주군羅州郡 봉황면鳳凰面 유곡리柳谷里)이 와 본다.

8월 14일. 아츰 나잘엔 무덥고 점심때부터는 서풍西風 불고 빗낮도 듯는다. 양장주梁長柱 군君이 오다. 김형모金衡模 군君의 매妹씨가 앓어 퍽 불안하다. 북문정北門町 216二一六, 경주여관慶州旅館으로 옮기다. 점심點心은 벤또. 오후午後 세 시부터 강연講演. 보통普通학교 교원教員들은 오날 안으로 강습講習을 끝내 달라고 하여 이 시간에는 합동合同해서 했다. 김갑순金甲淳 군君을 맞났다. 양장주梁長柱, 최남구崔南九 군君과 같이 그 옆의 남산공원南山公園을 올라보고 경주여관慶州旅館으로 왔다. 밨앗방에는 방마다 손들이 들어찼다. 나는 안으로 들이어 '내실內室 타인他人 물입勿入'이라고 써 붙인 그 옆방을 치어 주며 게서 자라고 한다. 이 여관旅館 주인主人은 경주慶州 기생妓生 물림 최남전崔南田. 나이 한 삼십 되어 보이는 처세處世에 노련老練한 여자, 용모容貌는 보통普通, 언어言語는 경주慶州 사토리에 애교愛嬌이 있다. 그 부하部下에는 은

진恩津 송 씨宋氏라는 이십 남짓한 납신대는 여자, 중늙은이 되는 벙어리 여자, 기생조합妓生組合에 단이는 두 소녀少女, 심부림하는 한 애놈이 있다. 집안은 청결淸潔, 정돈整頓치 못하다. 다만 이러한 것들로서 손들을 끄는 모양. 저녁을 먹다. 음식飮食도 맛득찮다. 밥을 남겼더니 은송恩宋이 웃으며 이 집에 들온 제 다섯 달만에 밥 남기는 손님은 첨 보겠다고 한다. 다시 유치원幼稚園에 가서 강연講演. 보통普通학교 교원敎員들만이 모였다. 8시八時 — 10시十時 반半에 맞혔다. 유치원幼稚園 운동장運動場에 나섰다. 마츰 서늘한 바람은 불고 달빛이 좋다. 양장주 군梁長柱君이 조선朝鮮서 제일 좋은 시가 무엇이냐고 하나 나는 대답치 안했다. 양 군梁君도 시흥에 늣긴 듯. 침음沈吟할 뿐이다.

양장주梁長柱, 최남구崔南九, 김연효金鍊孝 군君과 같이 또 여관旅館으로 오다. '내실內室 타인他人 물입勿入'이라는 방에는 주인主人 여자와 같이 김형모金衡模 군君 집에서 보든 얼굴이 우둘우둘한 의사醫師가 앉었고 그 앞마루에는 늙은 상투장이가 담배ㅅ대를 물고 앉어있다. 의사醫師는 호남의원湖南醫院 하는 김명순金明淳(김갑순金甲淳 군君의 아우). 이는 십여 년 전에 이곧에서 공의公醫로 있다가 의원醫院를 내고 약藥값은 고가高價, 돈을 많이 벌고 여자도 좋아하며, 논도 작만하였으려니와, 집을 여긔저긔 사 두고 세貰를 놓고 축첩도 한다는데 이 여관旅館도 딴은 그의 소유所有다. 그리하여 유명한 의사醫師이며 폭리暴利 호색好色한다는 평評을 듯는다. 양 군梁君은 그를 보고 농을 한다. 나도 다시 주인主人의 인도引導로 밨앗방을 돌아 한 으늑한 뒷방으로 들었다. 양 군梁君은 미리 준비準備시겼든 수박, 맥주麥酒를 가조라 하고 최崔, 김金도 불러 들였다. 주인主人도 와서 권주勸酒를 하다가 나가고 그 대신 은송恩宋을 들여 보냈다. 은송恩宋은 전주全州 여자로 광주光州

제사공장製絲工場에 단이다 나왔다 한다. 자정子正이 지냈다. 양梁, 최崔, 김金은 돌아가고 은송恩宋은 방을 치고 모긔장을 쳐 주고 멈웃멈웃한다. 나는 모긔장에 누워서 송宋더러 이야기나 하라고 한즉 송宋은 문턱에 걸어앉어 다만 빛어드는 달빛만 하염없이 바라다보고 있다. 그러자 발자옥 소리가 나더니 안마루에 앉었든 늙은 상투장이 밧대문 옆으로 나와 서서 추파秋波를 던지는 모양. 나는 어느덧 잠이 들었다. 한잠을 자고 나니 소변小便이 마렵다. 구두를 찾으니 없다. 김형모金衡模 군君 집에 있을 때, 밤이면 구두를 꼭 방에다 들여 노며 예는 아편阿片장이 많아서 도적을 잘 맞난다고 하든 일이 생각난다. 아마 도적을 맞난 것이 아닌가 하고, 그저 맨발로 나갔다가 들왔다. 잠이 잘 아니 온다. 송宋도 아니 보인다. 아까, 송宋더러 구두를 간직하라 하였더니 아무 염녀없다고 하는 것이며, 이 집 주인主人과 그 의사醫師며, 송宋과 상투장이를 상상想像하고 가지가지 인정人情 세태世態를 연상聯想하다 다시 잠이 들어 악몽惡夢만 꾸었다.

8월 15일. 엇득 새벽에 일어났다. 북벽을 쳐다보니 벽장문이 닫혔다. 열고 본즉 구두가 거긔에 있다.

아츰 먹고 곳 김형모金衡模 군君을 가보다. 그 매妹씨는 그 모양. 김군金君과 같이 나섰다. 나는 동사정東射亭을 찾어가다. 동대문 안이다. 성城 자최가 좀 남어 있다. 배 형상形狀으로 못을 파고 그 한가운대에 타원형으로 축대築臺를 하고 대臺 위에 정자를 지었다. 인덕정仁德亭이란 현판懸板이 있다. 주위周圍에는 고목古木이 둘러 서 있고 뒤에는 거의 다 논을 맨들고 앞에는 못이 그냥 남었는데, 홍련紅蓮이 가득 들어섰으며 연蓮꽃이 군대군대 피어 맑은 향내가 피어난다. 이 연蓮못은 남사정南射亭 못과 같이 복잡한 맛은 없으나 그것과 다른 것이 돌이어 자미滋味스럽다. 사정射亭도 남사정南射亭과 다르다. 남사정南射亭은 요마적 새로 조고마하게 지은 것인데 위에는 왜기아를 이었다. 창연한 그 고목古木과 유아幽雅한 그 지당池塘 사이에 조화調和가 되지 않지만, 이 사정射亭은 예ㅅ기아집 고대로 남어있고 대청 한 가운대에는 정방형正方形의 조고마한 방 하나를 들였다. 방 안을 들여다보니 전통箭筒과 활들은 한 구석에 세워 두고 한 젊은이가 누워서 잠을 잔다. 나는 마루에 올라, 옷을 끄르고 난간欄干에 기대 앉어 남산南山과 나숭대羅崇大의 집터와 시가市街를 바라보았다. 바람도 한 점 없고 무척 더운 날이지만, 예는 퍽 서늘도 하다. 졸음이 온다. 한가로운 꿈을 꿔었다. 또 한 노인老人이 왔다. 자리를 펴 주며 인사를 청한다. 그는 최 모崔某라 하는 이곧의 부로父老다. 이곧의 고적古蹟에 대하여 물었다. 단편斷片의 전설傳說, 야담野談. 그 이상은 모른다. 방에서 자든 젊은이도 일어나서 가더니 또 와서 활을 쏜다. 쏘고는 화살을 주어다 또 쏘고 쏜다. 5발五發 5불중五不中. 나는 또 졸음이 온다. 오포午砲가 운다. 퍽 서늘도 하다. 떠나고 싶지 않다. 하나, 다시 여관旅館으로 가야 하겠다. 나숭대羅崇大 집터라는 들 하나를 건너서 경주여관慶州旅館으로 갔었다. 최남구崔南九 군君이 오다. 또 벤또를 주문注文해다 먹다. 오후午後 세 시, 유치원幼稚園으로 가, 강연講演. 다섯 시에 맟히다. 여자 강습원講習員 박영민朴榮敏 군君은 작년昨年 목포木浦서 강습講習을 받은 이다. 목포노동야학교木浦勞動夜學校의 선생先生으로 무슨 사건事件에 검거檢擧되어 여러 달 옥중獄中에서 고생하다 달포 전에 나왔다 하며, 오날 저녁을 대접待接하겠다고 말하고 또 여러 강습원講習員들도 수박이나 먹고 작별作別하자는 것을 다 거절拒絶하고 나섰다. 김형모金衡模 군君이 내 옷 빨래를 해 가지고 왔다. 김 군金君을 시겨 여관旅館에 가서 가

방을 갖다 달라 하고 나는 바루 김 군金君 집을 찾어보고 떠나다. 김 군金君의 내외內外며, 최남구崔南九, 양장주梁長柱, 유성룡柳星龍 군君(영광공보靈光公普 교원教員)이 정거장停車場까지 나왔다. 나주羅州ㅅ발 두 개, 단선團扇 열 개를 양장주梁長柱 군君이 준다. 강습원講習員들이 보내는 것이라고.

오후午後 5시五時 40분四十分, 나주羅州를 떠났다. 유성룡柳星龍 군君은 동행. 학교鶴橋역에서 나려, 함평咸平 읍내까지는 기동차汽動車로, 게서는 자동차自動車로 갔다. 날은 저믈고 서늘바람이 난다. 송림松林, 죽림竹林, 전답田畓 사이로, 들도 건느고 산도 돌고 골로도 빠지고 하여 영광靈光 읍내邑內에 이르니 전등電燈이 켜졌다. 발, 부채는 자동차부에 맡기고 가방만 가지고 구름 다리(도동리道東里) 조운曺雲 군君 집으로 찾어가다.

조 군曺君은 나를 보고 반겨 나온다. 조 군曺君의 자당慈堂이며 부인夫人에게 인사를 하고 홍재泓載, 청재淸載도 보고 나나도 보고 남궁현南宮炫 군君도 맞나보고 옷을 끄르고 이야기를 하다, 저녁을 먹고 평상平床을 정원庭園에 내놓고 남궁현南宮炫 군君과 정회情懷를 말했다. 위계후魏啓厚 군君, 조희충曺喜忠 군君, 조규현曺圭鉉 군君, 배철중裵哲仲 군君 ― 나 왔다는 말을 듯고 찾어들 왔다. 한훤寒暄, 담화談話. 수박, 팽계烹鷄, 소주燒酒. 밤이 늦었다.

운 군雲君의 서재書齋에서 운 군雲君과 같이 잤다.

8월 16일. 퍽 덥다. 구름이 몰리고 소낙비가 올 듯하다. 민어회民魚膾를 했다. 맛있다. 위계후魏啓厚 군君, 조희충曺喜忠 군君, 조규현曺圭鉉 군君이 오다. 점심點心을 같이 먹고 운 군雲君과 같이 나와 자동차自動車를 타다. 운 군雲君의 부인夫人이며 위魏며 두 조 군曺君도 게까지 전송전餞送을 나왔다. 조병모曺秉謨 군君도 정읍井邑까지 간다고 동행同行. 오후午後 두 시.

오후午後 세 시 반, 고창高敞 읍내邑內이 이르다. 이 연로沿路에도 평원 광야平原廣野는 없다. 개다 산ㅅ골. 산도 그다지 큰 산은 없다. 다만 멀리 바라보이는 장산壯山 봉오리에는 검은 구름이 싸돌고 방금 소낙비가 쏟아진다.

우리는 군수郡守 관사官舍 옆에서 나리다. 자동차自動車 소리가 나자 관사官舍에서 하인下人이 달아와 가방과 짐을 들어다 준다. 대문 앞에 이르니 누님이 나와 섰다. 운 군雲君은 사랑斜廊으로 들어 보내고 나는 누님과 같이 안으로 들어갔다. 병국炳國이 안애도 와 있다. 병국炳國이 조모祖母는 본병本病으로 누어서 신음呻吟한다. 조곰 있다가 조 형趙兄도 돌아온다. 관사官舍는 조선朝鮮 집에다 왜기아를 이었다. 꽤 넓다. 터전田도 꽤 많다. 채소菜蔬 같은 건 아니 사겠다. 사랑斜廊 앞에는 제법 볼만한 정원庭園이 있다. 과수果樹, 화초花草가 많다. 그중 큰 석류石榴나무며, 벽오동碧梧桐, 오죽 따위는 좀 기이奇異한 늣김을 나게 한다.

병국炳國이 조부祖父는 양로원養老院에서 저녁에야 돌아온다. 퍽 반가워하신다. 다른 손들도 많다. 그들은 양로원養老院으로 다 자러 갔다.

8월 17일. 비 오다. 조 형趙兄은 출근出勤하고 운 군雲君과 나는 빗소리를 들으며 정원庭園의 화초花草를 바라보고 앉었을 뿐. 조 생원趙生員 어른이 나와서 이야기를 하여 좀 파적破寂이 되었다.

비는 멎는다. 운 군雲君과 같이 동아일보사東亞日報社 지국장支局長 오동균吳東均 군君을 가 보다. 오 군君은 퍽 친절親切하다. 신오위장申五衛將의 가사歌詞를 알어보았더니 고수면古水面 평지리平支里 구장區長 박헌옥朴憲玉의 집에 그 전부全部가 있다 하며 그걸 잘 안다는 그 종형從兄 의균毅均 군君을 불러 온다. 의균毅均 군君은 진실眞實한 이다. 사십까지 학자學者 노릇을 했으며 한때 신오위장申五衛將의 가사歌詞를 연구硏究하다 말았다 한다. 점심點心을 준다. 청요리淸料理에 술에 포식飽食.

두 오 군吳君과 같이 나서 고창성高敞城 안을 한 바퀴 돌았다. 성벽城壁은 고대로 남았다. 근년近年까지 군아郡衙 관사官舍는 그 안에 있고 민가民家들은 성城 밖에 있었다고. 지금은 울창鬱蒼한 송림松林 속에 와가瓦家 몇 채가 남었으나 거의 다 문어져가고 한갓 구락부俱樂部로 사용使用할 뿐인데 무사한인無事閑人들이 모여 논인장단論人長短이나 낮잠을 자거나 활을 쏘거나 할 뿐이다. 성城 안은 조고마한 산ㅅ속. 조고마한 산ㅅ줄기가 요리조리 뻗어나고 골마다 골이 으늑하고 게다가 나무숲이 깊다. 한 별장別莊이나 절간 같다. 이곧은 장래將來 공원公園으로 할 계획計劃도 있다 한다. 전前 군수郡守 김상호金相鎬가 맨들었다는 신작로新作路와 모양정牟陽亭 터를 밟어 보고 고창高敞 읍내邑內를 굽어보고 이삼만李三晩 글씨라는 공북루拱北樓 풍화루豊和樓도 쳐다보고 나려오다, 신오위장申五衛將이 사든 집 ― 들충나무, 홍현문虹峴門, 벽오동碧梧桐, 수각水閣, 내사內舍들을 들여다보았다. 지금은 경찰서警察署와 그 관사官舍가 되었다. 하나 얼마큼 그 모양 남어 있어 우리의 마음을 그다지 섭섭지는 않게 한다. 그것으로도 저으기 그의 마음을 알겠다. 곳 예술적藝術的 표현表現을 볼 수 있다.

의균毅均 군君은 자기自己 집으로 가고 우리는 군수郡守 관사官舍 로 돌아오다. 변일섭邊日燮 군君이 찾어오다.

저녁은 변 군邊君의 집에서 차렸다. 운 군雲君과 조 형趙兄과 우산雨傘를 받고 진 길로 내 하나를 건너, 밭가운대ㅅ집으로 들어갔다. 문門

에는 큰 살구나무 한 주株가 서 있다. 채전菜田도 넓다. 채전菜田 옆에는 큰 주초柱礎ㅅ돌 한 개를 빼놓았다. 이는 모양우기牟陽右基, 그 때 쓰든 것이라고. 마루에 올라 앉어, 맥주麥酒를 먹고, 다음에는 저녁상床이 나와, 두어 술 뜨다 말다. 참 소박素朴, 고진古眞한 집이다. 음식飮食맛보다는 인정人情맛이 더 낫다. 어떠케라도 친구親舊 대접待接하려는 것이 그것이다. 변 군邊君은 그동안 보통학교 교원敎員으로 단이다 은급까지 받게 되고 조 형趙兄의 주선周旋으로 지금은 교화敎化 주사主事라는 이름으로 고창高敞 군청郡廳에 와 있다. 아들도 벌서 4형제四兄弟를 두었는데 큰 아들은 고보高普 5년五年, 둣재, 셋재도 상당相當한 교육敎育을 시기는 중이다. 우리는 저녁상床을 물리고 담소談笑를 했다. 조 형趙兄의 경험담經驗談 ― 어느 교원敎員의 골계담滑稽談에는 하마터면 요절할 번했다. 또 수박, 맥주麥酒를 내왔다. 자정子正에야 돌아왔다.

8월 18일. 맑다. 덥다. 운 군雲君과 나섰다. 김영린金永璘(김영록金永琭)을 찾어보고 고창고보高敞高普를 돌아보고 군청郡廳에 가서 변 군邊君을 찾어보고 조 형趙兄은 일이 있다 하여 변, 운 양군兩君과 같이 약국藥局 변복연邊復淵 군君을 찾어보고 선현先賢 필적筆蹟 십여 권을 뒤적여보다, 졸음이 와서 괴로웠었다. 이 선현先賢 필적筆蹟은 장성長城 변邊씨 문중에 전래傳來하든 것인데 그 자손子孫 한 사람이 누구에게 18원十八円 받고 팔어먹은 것을 변邊씨 문중門中에서 나서 경찰서警察署에 고소告訴하여 20원二十円 주고 찾었다는데 이 지방地方에서는 다시없는 큰 보물寶物로 알고 더욱이 변邊씨 문중에서는 막중막대莫重莫大하게 간직하는 것이다. 내 생각 같으면 그중 골라서 한 권쯤 맨들었으면 좋겠다. 넘우 잡박雜駁, 중첩, 착란함으로 보는 이로 하여 권태倦

怠, 염증厭症을 나게 한다. 간신히 다 보고 나니 수박을 사다 준다. 보담도 수박 맛이 좋다.

돌아오다 우편소郵便所에서 엽서葉書를 써 계동桂洞으로 보내고 10원十円을 잔돈으로 바꾸었다.

오후午後 2시二時 조 형趙兄이 빠스 한 대臺를 불러, 운 군雲君, 조 형趙兄, 변 군邊君, 박호병朴好秉(추당秋堂, 화가畵家), 조 형趙兄의 종제從弟와의 일행이 선운사禪雲寺 구경을 가다. 오산면五山面을 지나, 아산면雅山面에 이르러 선운사禪雲寺로 가는 새ㅅ길로 들어 좀 가다, 다리 하나를 맞났다. 방금 그 다리를 수선修繕하노라고 두어 군대를 뜯어 놓고 일ㅅ군들은 점심點心 먹으러 들어갔다. 겨우 십오 리 왔다. 아즉도 삼십리ㅅ길. 하는 수 없이 돌아섰다. 다시 군수郡守 관사官舍 옆으로, 사가리四街里 가는 길로 올라가다, 시정詩亭 있는 주막酒幕께서 지로指路하는 애 하나를 앞세고 내를 건너, 골로 들어 조고마한 고개를 넘어, 송림松林 속으로 들어가니 감나무, 콩밭, 두어 모옥茅屋이 있다. 다시 송림松林 속으로 올라가면 반등산登山 중턱이 나선다. 추당秋堂 노인老人과 지로指路하는 애는 벌서 가서 세수洗手를 하고 바람을 들이고 섰다. 앞에 선 변 군邊君이 "반등半登 반등산半登山"이라 부르니 뒤에 오든 운 군雲君이 "무등無登 무등산無等山"이었다 하고 짝을 채운다. 반등산登山은 옛날 방등산方等山. 『고려사高麗史』 삼국속악三國俗樂에 「방등산곡方等山曲」이라는 것이 곳 이 산에서 일어난 일이다. 「정읍사井邑詞」, 「선운산곡禪雲山曲」과 같이 백제百濟 시대時代의 것인데 다만 「정읍사井邑詞」만 『악학궤범樂學軌範』에 전傳해 있고 「방등산方等山」, 「선운산禪雲山」의 가사歌詞는 실전失傳되었다. 한데 그 사실事實을 보면 어느 것이든지 여자가 그 남편을 못 보고 그립어한 것 곳 「정읍사井

邑詞」의 사실事實과 서로 비슷하다. 그래서 「정읍사井邑詞」 하나만으로 그것을 대신하여 남겼을 뿐인가? 어째든 「방등산方等山」, 「선운산禪雲山」의 가사歌詞도 얻어보았으면 좋겠다.

이곧에도 좀 높즉한 석축石築이 있고 그 위에나 양편으로는 감나무가 여러 주株 들어섰고 한가운대에는 이층 와가瓦家가 옷독하게 남어 있어 위층은 비고 알에ㅅ층은 막어 방을 들이고 큰 부처님 세 분을 모셨다. 머리는 천장에 꽉 닿고 몸ㅅ동이는 방안을 차지했다. 퍽 깝깝하다. 답답하다. 뒤에는 준급峻急한 산인데 수림樹林이 욱어졌고 그 속으로서는 맑은 샘물이 졸졸 흘러 나린다. 예는 『동국여지승람東國輿地勝覽』에도 적힌 상원사上院寺다. 다 없어지고 지금 남은 것은 그때 문루門樓나 종각鐘閣인 듯하다. 주초柱礎ㅅ돌, 기아쪽들은 발끝에 많이 채인다. 유적幽寂, 정결淨潔한 조고마한 골이다. 무론 큰 절은 지을 수 없는 골이다.

우리는 졸졸 이는 샘물을 찾어가, 세수洗手, 세족洗足도 하고 자리를 내다 그 앞 석축石築 위, 나무 그늘에 펴게 하고 모여 앉어, 가지고 온 맥주麥酒, 수박을 먹으며 한화를 했다. 주지는 호박나물을 볶아 오고 차茶를 다려 오고 조 형趙兄을 보고 군수郡守 영감令監을 찾으며 저를 도아 달라고 한다. 나는 추당 노인秋堂老人의 미신迷信 이야기를 듯다 염증厭症이 나서 다른 화두話頭를 끄내어 담론談論을 했다. 하나 추당秋堂의 굳은 머리는 마츰내 미신迷信 그것으로만 돌아가고 만다. 조 형趙兄, 운 군雲君, 변 군邊君은 곤한 잠이 들었다. 날은 저믈었다. 자는 이들을 일어켜 돌아오다. 오르기보다 나리기는 쉽다. 다시 신작로新作路로 나서 군수郡守 관사官舍 로 들다. 왕복往復 이십 리 가량. 밤에 김영린金永璘 군君, 양정희楊定熙 군君, 변일섭邊日燮 군君이 오다. 조 형趙兄의 일가一家라는 늙은이들이 모여들었다. 우리는 마루에 누었다가 안에서 모긔장 하나를 내보내어 방으로 들어갔다. 모긔가 퍽 많은 곧이다. 모긔장 없이는 잘 수가 없다.

8월 19일. 맑다 구름 끼었다 했다. 오전午前 7시七時 반半 군수郡守 관사官舍에서 고창高敞 자동차부自動車部 자동차自動車를 불러 조 형趙兄과 같이 타고 떠나다. 다시 자동차부自動車部로 와서 20분二十分이나 지체遲滯되었다. 양정희楊定熙 군君은 이 차에 떠나기로 하더니 상금尙今 아니 온다. 운 군雲君을 작별作別하다. 흥덕興德에 이르니 뒤에서 뻐쓰가 좇아온다. 양정희楊定熙 군君은 그 차車에 탔다. 정읍井邑까지 가는 일인日人 하나이 차표車票 사 두고 늦게 와 야단을 쳐서 다시 뻐쓰 한 대臺를 더 보낸 것이라 한다. 우리가 탄 자동차自動車는 만원滿員이 되었다. 두 대臺가 정읍井邑까지 갈 필요가 없다 하여 우리들은 양 군楊君이 탄 뻐쓰로 옮았다. 더 편타. 고창高敞 성내면星內面에 이르러 조 형趙兄은 나렸다. 8시八時 40분四十分, 정읍역井邑驛 착着. 양 군楊君과 통사정通事情 이야기를 했다. 줄포茁浦서 오는 뻐쓰에는 순사巡査들이 십여 명 청년靑年을 포승捕繩 지어 가지고 나린다. 아마 저것이 요새 신문新聞에 보도報道되는 줄포경찰서茁浦警察署 사건事件인가 보다. 청년靑年에는 십오륙 세 또는 사십여 세 되어 보이는 이도 있다. 다, 변변하게 생겼다. 대합실待合室 걸상에 걸어앉어 다 각기 엽서葉書들을 쓴다. 벙글벙글 웃는 이도 있다. 9시九時 52분五十二分, 양 군楊君과 같이 북행차北行車에 오르다. 11시十一時 12분十二分, 이리裡里에서 나는 나리다. 11시十一時 40분四十分, 수밀도水蜜桃 21개箇 사 가지고 자동차自動車 타고 최현옥崔玄玉 씨와 동행同行. 12시十二時 반半, 신막新幕 와서 나리다. 동희東熙, 한희漢熙, 관희觀熙는 나 오는 것을 보고 앞내ㅅ가에까지 달아온다.

오후午後 5시경五時頃, 비가 온다. 밤에야 그친다.

8월 20일. 맑다. 동희東熙, 한희漢熙 다리고 오전午前 10시十時 반半, 여산礪山서 자동차自動車로 떠나다. 11시十一時 50분五十分 대전행太田行 차車에 오르다. 두계역豆溪驛에 이르니 동수 군同洙君과 빙모聘母께서 나와 본다. 마늘, 박아지 한 꾸러미를 준다. 오후午後 1시一時 20분二十分, 대전太田 착着. 나오니 이기분李其芬이가 와 기다린다. 마늘 꾸러미는 줄 하나를 사 다시 묶어 수하물手荷物로 붙이고 한 음식점飮食店을 찾어가 국밥을 사 먹었다. 그리고 기분其芬이와 이야기를 하고 다시 정거장停車場에 나온즉 신창호申昌鎬가 와 본다. 기분其芬이는 어대로 갔다. 창호昌鎬 시겨 급행권急行券 두 장을 사 가지고 3시三時 15분十五分 풀랫트폼으로 들어갔다. 차車가 들온다. 승객乘客이 간間마다 가득 찼다. 겨우 한 자리를 얻어 동희東熙, 한희漢熙를 앉히고 밨을 내다보니 기분其芬이가 수밀도水蜜桃 한 꾸러미를 사 들고 나를 찾는다. 내가 소리쳤다. 기분其芬이는 차車 속에까지 들와 작별作別을 한다. 15분十五分이 지나, 차車는 떠나다. 영등포永登浦 못 밎어서 형사刑事가 와 조사調査를 한다. 승객乘客 가운데, 학생 또는 수상殊常한 이를. 나도 그중에 참여參與되었다. 신분증명서身分證明書를 내뵈니 가 버린다. 내가 탄 칸에는 조선인朝鮮人은 우리 부자父子뿐. 옆에 앉은 일인日人에게 농을 당했다. 중요重要한 인물人物이기에 조사調査를 한다고. 7시七時에 경성역京城驛 착着, 풀랫트폼에 처妻가 경희京熙를 다리고 나와 섰다. 경희京熙는 반가워서 운다. 나와서, 수하물手荷物를 찾어가지고, 전차電車로 안국동安國洞까지 오다. 복례福禮가 나왔다.

8월 21일. 맑다 흐리다 하였다. 종일終日 집에 있었다. 누님이 오다. 정충시鄭忠時 군君이 왔다 곳 갔다.

8월 22일. 맑다 흐리다 하였다. 학교에 가서 월급月給을 타오다.

8월 23일. 구름 끼고 서늘하다. 처서處暑. 생량生凉했다. 처妻가 항문병肛門病을 곤히러 의전병원醫專病院을 가는데 나도 같이 갔었다. 수술手術을 해야 하겠다고 한다. 나오다, 총독부 박물관博物館과 경회루慶會樓를 가 보았다. 적적寂寂하다. 다만 풀 매는 인부人夫가 한두 사람 있을 뿐. 중학동中學洞 이가양조장李家釀造場을 거쳐 김영관金永琯 의원醫院에 가서 고故 최서해崔曙海 가족家族 구조금 10원十円을 내 주고 수송동壽松洞 하 박사河博士 군君을 찾어보고 돌아오다. 오후午後 다섯 시 다시 수송동壽松洞을 가서 하 박사河博士 군君과 그 집 하인下人과 같이 남대문南大門 안 시장市場에 가, 묵은 수탉을 두 마리 샀다. 매헌梅軒을 찾어보고 끌려가서 연광정練光亭이라는 냉면冷麵집에서 냉면冷麵을 먹다. 새로 난 냉면冷麵집이라는데 잘 해준다 한다. 순 평양식純平壤式이라 해도 경성화京城化한 것이다. 박경소朴敬昭 집에서 『사원속편辭源續編』 한 책冊을 가조다.

조 형趙兄, 김형모金衡模, 양장주梁長柱 군君, 오동균吳東均 군君, 병륙秉陸, 오영吳英, 이석목李錫穆 군君, 변일섭邊日燮 군君에게 엽서葉書를 했다.

8월 24일. 비 오다. 오후午後에는 멎다. 『추사간첩秋史簡帖』을 읽어보다. 이병도李丙燾 군君을 찾어보고 사공환司空桓, 홍순철洪淳喆 군君을 맞나보다.

8월 25일. 맑다. 퍽 덥다. 오전午前 9시九時, 이병도李丙燾 군君과 같이 삼월三越 5층에 가서 희서진본전람회稀書珍本展覽會를 보다. 그 중 볼 만한 건 소창 박사小倉博士 소장所藏 『월인석보月印釋譜』 제13第十三, 제14第十四인데 원판본原板本인 듯하고, 등총린藤塚鄰 소장所藏

원판元板 흑구본黑口本『서경집주書經集註』, 경원景元 원정본元貞本『논어주소경해論語註疏經解』다. 김윤경金允經, 홍순혁洪淳赫 군君을 맞나, 다 같이 경성제대京城帝大에 가서 풍속風俗 참고參考 재료材料와 도서관圖書館을 보다. 도서圖書는 현재現在 35만三十五萬 책册.

한남서림翰南書林에 가서 『동사보유東史補遺』(4권四券 4책四册)를 사오다(10원十円).

밤에도 무척 무덥다. 조운曺雲 군君에게 편지하다.

8월 26일. 비. 종일終日 음침. 무덥다. 조운曺雲 군君이 광주도립병원光州道立病院에서 편지를 보냈다. 곳 답장答狀.

8월 27일. 비. 오후午後에는 개었다. 무덥다. 광동서림光東書林, 한남서림翰南書林으로 하여 삼월三越 5층에 가서 희서진본전람회稀書珍本展覽會를 보고 돌아오다, 박래여관舶來旅館 정충시 군鄭忠時君을 찾었다 못 보고 익선동益善洞 이능화李能和 씨를 찾어보고 『악장가사樂章歌詞』 얻어보기를 말했다.

8월 28일. 맑다. 이병도李丙燾 군君과 진고개를 갔다. 연광정練光亭와서 점심點心 먹고 박경소朴敬昭 집을 단여, 광동서림光東書林으로 하여 오다. 은동隱洞 외생外甥의 엽서葉書를 보다. 정충시鄭忠時 군君이 오다. 담화談話, 석반夕飯.

8월 29일. 구름 끼고 무덥다. 매헌梅軒, 하 박사河博士를 청請해 저녁을 먹다.

밤에 비 오기 시작. 집이 샌다.

8월 30일. 종일終日 큰 비. 유창진兪昌鎭 군君이 오다. 학교 보결생補缺生 여부與否를 문의問議.

8월 31일. 비는 개었으나, 흐리다. 무덥다. 오전午前 10시十時, 직원회職員會. 오후午後에 집웅에 올라서 기아ㅅ장을 곧혀놓았다.

9월

9월 1일. 흐리다. 오전午前 10시十時, 제2학기第二學期 개학식開學式.

9월 2일. 흐리고 무덥다. 조운曺雲 군君의 편지를 받어보다. 40분四十分 수업授業. 당주동唐珠洞으로 이사移舍한 매헌梅軒 집을 찾어보다. 종희宗熙 백百날이다.

9월 3일. 흐리고 무덥다. 오정午正에 이능화李能和 어른을 가뵈다. 이은상李殷相 군君을 맞나, 같이 집으로 와서 점심點心을 같이 먹고 한담閑談. 한남서림翰南書林를 갔다 오다. 애류崖溜가 왔다 한다. 나주羅州 김형모金衡模 군君 편지를 보다.

9월 4일. 맑다 흐리고, 비도 좀 뿌렸다. 두계斗溪 군君을 찾어보고 오후午後에는 진고개로 산보散步. 퍽 심심도 하다. 책사冊肆들은 다 임시휴업臨時休業.

9월 5일. 맑다. 오후午後 4시四時 20분二十分 이능화李能和 어른을 가뵈다. 이왕직李王職 장서藏書 『악장가사樂章歌詞』를 여러 해 전부터 얻어 보려 했으나 계제階梯가 없었다. 이 근자近者 이능화李能和 어른이 이왕직李王職 편찬과編纂課(『고종실록高宗實錄』) 촉탁으로 단이기에 여러 번 부탁하였다. 하나 절대絶對로 빌려주지는 않는다고 한다. 두 달 전에 조운曺雲 군君이 최남선崔南善 일람각一覽閣에 찾어갔었을 때, 차람借覽 중인 『악장가사樂章歌詞』를 보았다 하든 말까지 해도 그는 총독부總督府나 대학大學에서 빌어간 것이라고 할 뿐. 한데 오날은 이능화

李能和 어른이 차람증서借覽證書를 써 놓고 가지고 오겠다 하더니 오후午後 네 시, 사퇴仕退 시간이 되자 다시 금궤金櫃ㅅ속에 넣었다 한다. 화가 난다. 이왕 베껴둔 것을 주면 이능화李能和 어른이 준準을 보아 주겠다 한다.

저녁에 온 『동아일보東亞日報』를 보니 김낙순金洛淳 군君이 내간상內艱喪을 당했다. 찾어가 보았다. 구린내 나는 문 앞 언덕에 차일遮日 하나를 쳐 놓고 앉었다. 조객弔客은 나밖에 없다. 점점 어두어지며 모긔들은 날어든다. 걸인乞人이 와 자고 가겠다고 떼를 쓴다. 나는 부의賻儀 3원三円. 떠나, 동소문 안에 드니 초생初生달은 진다.

새로 두 시에야 잠이 온다. 게다가 동희東熙이 체滯했나, 복통腹痛, 설사泄瀉를 하여 더욱 심란心亂하다.

9월 6일. 맑다. 오전午前 7시七時 반半, 이능화李能和 어른을 가보고 베껴두었든 『악장가사樂章歌詞』를 주었다. 동희東熙는 학교를 아니 보내고 집에서 조섭시겼다.

9월 7일. 맑다. 한남서림翰南書林에 가서 『동사절요東史節要』를 사 오다. 이능화李能和 어른의 전화電話를 받고 창경원昌慶苑으로 들어가, 이능화李能和 어른을 맞나보다. 『악장가사樂章歌詞』 베낀 것을 준準했다고 준다.

오후午後 4시四時, 이병도李丙燾 군君과 같이 팔판동八判洞 황희돈黃羲敦 군君을 찾어가, 고서古書 — 남송판南宋板 『초당시전草堂詩箋』(두시杜詩) 낙질落帙, 고려판高麗板 『이상국집李相國集』, 이태조李太祖 4년四年 판板 『대명률大明律』, 초판初板 『두시언해杜詩諺解』 낙질落帙을 얻어 보고 술도 먹고 『두시언해杜詩諺解』 한 책冊(16권十六卷, 17권十七卷)을 빌려 가지고 돌아왔다.

9월 8일. 맑다. 이병도李丙燾 군君을 보고 김영완金永完 군君을 보고 『근재집謹齋集』 한 질帙을 가조다.

9월 9일. 맑다.

9월 10일. 맑다. 오후午後 한 시, 훈련원訓練院 터에 가서 만몽박람회滿蒙博覽會를 구경하였다. 조선朝鮮 13도관十三道館과 연連하여 만몽물산滿蒙物產과 풍토재료風土材料와 전시습득물戰時拾得物 약간若干을 진열陳列해 놓고 또는 연기관演技館, 여흥장餘興場 몇 군대가 있을 뿐. 퍽 쓸쓸하다. 관람觀覽 오는 이도 영성零星하다. 과연 보잘 것도 없다.

안정사安定寺에 갔었다. 조한교원회朝漢教員會. 장지영張志暎 군君과 애류崖溜도 왔다. 담화談話. 석반夕飯.

9월 11일. 맑다. 김동복金同福 어른을 가 보았다.

9월 12일. 맑다. 오날부터는 50분五十分 수업授業.

장인丈人의 하서下書를 받고 곳 답장을 했다. 행랑行廊 장덕만張德滿이가 나갔다. 대전太田 신창호申昌鎬(이기분李其芬 남편)에게 엽서葉書를 했다.

9월 13일. 맑다. 장인께서 오셨다. 『사계전집沙溪全集』 재간再刊 수속상手續上 층절層折이 또 있다.

9월 14일. 맑다. 무덥다. 오전午前 11시十一時, 총독부總督府에 가서 김지연金志淵 군君을 보고 『사계전집沙溪全集』에 대한 일을 알어보았다. 장인丈人은 오산烏山으로 가셨다.

오후午後 6시六時, 명월관明月館 본점本店(동아일보사東亞日報社에서 한글 강습講習 시기러 갔든 이를 초대招待하는 것)으로 가려 나서니 이병도李丙燾 군君이 저녁을 같이 먹자고 사람을 보냈다. 이 군李君 집에서 석반夕飯, 담화談話하다. 10시十時에야 돌아오다. 누님이 토란을 사 가지고 왔다. 옆집에서 송편을 해서 보냈다. 막 자려고 누었는데 애류崖溜가 함상훈咸尙勳 군君을 다리고 와서 찾는다. 맞어들여 이야기도 하고 술도 먹고 새로 1시一時에야 잤다.

9월 15일.(음력陰曆 8월 15일) 맑다. 무덥다. 오후午後 4시四時, 이화전문梨花專門학교 강당講堂에서 김상기金庠基 군君과 정화숙鄭和淑 양孃과의 결혼식結婚式을 보았다. 식式은 간단簡單히 끝내고 교정校庭 잔듸밭 위에 걸상을 벌여놓고 그리들 모여 앉어 축사祝辭, 다과茶菓가 있다.

9월 16일. 맑다. 직원회職員會.

9월 17일. 맑다. 체부동體府洞 고故 서해曙海 군君 집에 가서 조운曺雲 군君을 찾어보다. 오날 아츰에 왔다고 전화電話를 했다. 대판옥大阪屋에 가서 『대동야승大東野乘』 낙질落帙(四, 五, 六, 七, 八, 九, 十, 十一, 十二, 十三)을 가조라고 말했다.

9월 18일. 맑다. 장인丈人이 오셨다. 조운曺雲 군君을 가보다. 밤에 신창호申昌鎬 이기분李其芬이가 그 딸 복희福姬를 안고 올라왔다.

9월 19일. 맑다. 뒤ㅅ간 한 간을 새로 맨들다. 장인丈人께서 감독監督하셨다.

9월 20일. 맑다. 경희京熙 종두種痘을 시기다.

9월 21일. 맑다. 박태원朴台源 군君이 찾어오다. 춘천고보春川高普 제5학년第五學年에 단이는데 신병身病이 있어 치료治療하러 왔으며 시조에 대하여 말을 듯고저 하여 왔다 한다. 문예文藝 급及 시조時調의 이야기를 했다.

9월 22일. 맑다. 조운曺雲 군君을 가보다. 그 자당慈堂이 와 있다. 한남서림翰南書林에 들렀다. 낙질落帙된 『죽계지竹溪志』 두 권을 사 오다.

9월 23일. 흐리다. 비. 병륙秉陸의 편지를 보다. 뒷간을 다 끝냈다. 하 박사河博士 군君이 오다. 같이 나서 취운정翠雲亭, 응봉鷹峯, 숭삼동崇三洞으로 산보散步. 비를 맞났다.

9월 24일. 흐리다 맑다 하였다. 조운曺雲 군君을 찾어보다. 김억 군金億君의 편지를 보다.

9월 25일. 맑다. 조운曺雲 군君을 찾어보다. 문門을 바르다. 신명균申明均 군君이 오다.

9월 26일. 맑다 흐리다, 밤에 비. 조운曺雲 군君을 보고, 고故 최학송崔鶴松 군君의 가족家族을 보고 작별作別하였다. 내일來日 오전午前 10시十時, 회령會寧으로 간다고 한다. 운 군雲君에게서 『가곡원류歌曲源流』, 『청구영언靑丘永言』, 『해동가요海東歌謠』를 찾어오다. 정충시鄭忠時 군君의 편지를 보다.

9월 27일. 비. 폭우暴雨. 저녁에 장인丈人을 모시고 김지연金志淵 군君을 찾어보다. 매헌梅軒이 오다. 조운曺雲 군君, 최문국崔文國 군君이 오다. 고창高敞 조 형趙兄에게 편지를 하다.

9월 28일. 맑다. 오전午前 7시七時, 장인丈人께서 떠나가셨다. 김억金億 군君이 찾어오다.

9월 29일. 맑다. 조운曺雲 군君이 오다. 같이 자다. 곽기호郭驥浩 군君의 편지를 보다. 곳 답장答狀. 시조時調에 대한 문의問議. 신동아사新東亞社에서 엽서葉書를 보냈다. 우리 사회에 주는 말을 써 달라고.

9월 30일. 오후午後 1시경一時頃 폭우暴雨, 우박雨雹. 우박雨雹은 밤만하다.

병륙秉陸이 편지를 보다. 아버지께서 오날 오신다고. 오후午後 7시七時 동희東熙, 한희漢熙, 경희京熙를 다리고 경성역京城驛에 나갔었다.

아버지께서는 안 오신다. 또 10시十時에 나갔으나 또 안 오신다. 집에 돌아와 보니, 기동차汽動車로서 오셔 진지를 잡수신다. 김억金億 군君이 찾어오다. 조운曺雲 군君과 같이 모여 앉어 담소談笑를 했다. 신생사新生社에 시조時調 3수三首를 보내주다.

10월

10월 1일. 맑다. 이병도李丙燾 군君, 조운曺雲 군君과 같이 동아일보사東亞日報社 3층三層에 가서 조선고서화朝鮮古書畵 진장품珍藏品 전람회展覽會를 구경하다. 게서 문일평文一平, 이찬李燦, 김은호金殷鎬, 이한복李漢福 군君을 맞나다.

김용익金容益 군君이 오다. 박용철朴龍喆 군君이 조운曺雲 군君을 맞나, 따러왔다.

10월 2일. 아츰 비. 대동여관大東旅館에 가서 조운曺雲 군君을 맞나, 같이 뻐스를 잡아 타고 현저동峴底洞 애류崖溜를 찾어 보고 애류崖溜와도 같이 나서 선바위를 올라 보고, 요긔하고 문일평文一平 군君을 찾어보고 이중화李重華 군君도 맞나고 또 같이들 나서 산보散步를 하다 서로 헤졌다.

10월 3일. 새벽 비. 둔암서원遯岩書院서 장인丈人 하서下書와 환전표換錢票가 오다.

10월 4일. 맑다. 대동여관大東旅館에 가서 조운曺雲, 현철玄哲, 최문국崔文國 군君을 보고 현철玄哲, 조운曺雲 군君과 같이 와서 저녁을 먹다. 운 군雲君은 오날 밤차車에 떠난다고 작별作別을 한다. 고창高敞 조 형趙兄의 편지를 보다.

10월 5일. 맑다. 고창高敞서 신오위장申五衛將 저, 『춘향가春香歌』 남창男唱, 동창童唱 두 책冊이 오다. 약봉지 같은 종이에 벗겼다. 글씨가 퍽 용렬하다. 『여창춘향가女唱春香歌』, 『심청가沈淸歌』, 『박타령』, 『토끼타령』, 『적벽가赤壁歌』, 『변강쇠타령』 따위는 오지도 아녔다. 이 두 책冊을 벗기고 보내면 또 계속繼續해 보낸다는 것이다.

둔암서원遯岩書院으로 답상서答上書를 보냈다,

10월 6일. 맑다. 오후午後만 상학上學. 1학년一學年 일동一同에게 개성開城 수학여행에 대한 주의注意를 했다.

10월 7일. 오전午前 2시二時 기침起寢. 3시三時 10분 출出. 아즉 컴컴하다. 안국동安國洞 네거리에서 4, 5인四五人 학도學徒를 맞나, 같이 중학동中學洞, 황토黃土마루, 경성부京城府 옆, 숭례문으로 하여 경성역京城驛에 이르니 3시三時 50분五十分. 한 50분五十分이나 기다려도 안 오는 학도學徒가 많다. 단체권團體券을 사고 나니 벌서 5시五時. 기차汽車는 곳 떠나려고 별(鈴)을 울린다. 달음질을 쳐 올랐다. 학도學徒는 1학년一學年 이백오십이 명, 교원敎員은 3인. 완행차緩行車다. 금촌今村을 지나서야 해가 빩앟게 떠오른다. 6시六時 40분四十分. 7시七時 55분 개성착開城着. 하차下車하든 길로 자남산子男山으로 올라, 숭양서원崧陽書院을 지나, 선죽교善竹橋를 보고 성균관成均館 옆으로 하여 비들기형재를 넘어 한 십 리나 가, 서사정逝斯亭에서 점심點心 먹고, 11시十一時에 떠나, 깊숙한 골로만 들어가다. 조고마한 고개를 넘어, 점점 깊은 산ㅅ골, 험궂은 돌ㅅ길, 침침한 숲속으로 들어간다. 수레ㅅ자최와 쇠똥 무더기도 있고 간간間間 나무닢을 쓸어간 마당과 비인 초막草幕도 있다. 가는 족족 물ㅅ소리는 졸졸거린다. 과실果實과 단풍丹楓을 꺾어든 여자들이 삼삼오오三三五五 나려온다. 갑작이 울에ㅅ소리가 들리며 비가 쏟어진다. 비ㅅ소리는 요란도 하고 비ㅅ방울은 굵기도 하다. 사뭇 노박이를 하고 또한 높은 고개에 올랐다. 산성山城의 벽壁이 좀 남았고 성문이 있다. 이는 천마산성天磨山城의 남문南門. 이 문에서 잠간 쉬어, 서리서리 나려가는데 비는 한 모양이다. 좌우左右 고봉高峰, 암岩, 림林에 풍경風景이 좋으나 눈을 돌려 볼 념도 나지 않는다. 길은 미끄럽고 험하여 조심조심 발을 띄어 놓았다. 모옥茅屋이 몇 채 보인다. 퍽 반갑다. 어떤 이는 박연朴淵을 다 왔다고 부르짖는다. 다리 하나를 건너가니 높이 바위 위에 솟아 있는 집은 곳 대흥사大興寺다. 우右로 꺾여 시냇물을 딸어가면서 무수한 조고마한 폭포瀑布들을 보고 듣고 하며 좁고도 깊은 으늑하고 컴컴한 골로만 나려간다. 옷은 흠뻑 젖었다. 폭우暴雨가 온다. 온 몸ㅅ동이 위에서도 폭포瀑布가 생긴다. 오후午後 2시, 관음사觀音寺 도착到着. 1갑一甲만 예서, 1을一乙, 병丙, 정丁 3급三級은 그 알에 산성여관山城旅館에서 자게 했다. 벌서 어둡다. 밤과 같다. 그리고 물ㅅ소리, 울에ㅅ소리, 비ㅅ소리뿐. 방에 들어 옷을 벗어 말리고, 소주燒酒 한 상床을 청請하여 마시고, 장발張勃 군君과 이재훈李載壎 군君과 같이 성거관聖居關(북문北門) 옆으로 올라 박연朴淵과 도암島岩을 굽어 보고 성거궐문聖居闕門으로 나서 범사정泛槎亭에 서서 폭포瀑布를 보고 또 그 밑으로 나려가서 보다가 돌아와, 장 군張君은 관음사觀音寺로 보내고 나는 재훈載壎 군君과 같이 잤다. 재훈載壎은 밤에 두 번이나 토吐했다.

10월 8일. 오전午前 6시六時 기침起寢. 상긔 비가 오는 소린가 하고 나가 보니 그 밑의 물ㅅ소리다. 열구름은 벗어지고 별들은 초랑초랑하다. 상쾌爽快 상쾌爽快. 주인主人에게 숙식비宿食費은 회계會計해 주고 학도學徒들을 다리고 폭포瀑布를 가 보았다. 더 좋다. 더 굉장하다. 이는 비가 온 까닭이다. 범사정泛槎亭으로 하여 다시 그 밑의 고모담姑姆潭ㅅ가로 가서 모래밭에 거닐기도 하고 낭선군朗善君의 필적筆蹟 '飛流直下三千尺 疑是銀河落九天'을 새긴 바위도 올라 보고, 학도學徒들과 같이 촬영撮影도 하다. 8시八時 반半에야 떠나오다. 가든 길로 오다가, 서사정逝斯亭 못 밎어 고개 하나를 넘어, 한 임금林檎밭을 지나, 다시 비둘기형재로 하여 성균관成均館 뒤로, 채하동彩霞洞 앞으로, 만월대滿月臺에 와서 점심點心을 먹고 한 50분五十分 쉬어 오후午後 2시 반에 떠나, 개성역開城驛에 이르다. 비가 온다. 장張과 이李와 나는 간이식당簡易食堂에서 점심點心. 단체권團體券를 사 가지고 들어가, 한 30분三十分이나 기다리다. 양정학교養正學校 1학년一學年도 와 있다. 장지영張志暎 군君을 맞났다. 4시四時 8분 승차乘車. 7시七時에야 경성역京城驛 착着. 일행은 역전驛前에서 해산解散. 장張과 이李와 나는 어느 식당食堂에 들어가 석반夕飯.

10월 9일. 맑다가 오후午後 소우小雨. 김옥두金玉斗 군君이 찾어오다.

10월 10일. 맑다. 개성開城 수학여행비修學旅行費 계산서計算書를 학교 회계에게 내 주고 세음細音을 밝혔다. 장발張勃 군君과 같이 삼월三越 5층五層에 가서 완당阮堂 유묵 유품遺墨遺品 전람회展覽會를 보았다. 「계산무진谿山無盡」 액額과 「석노가石砮歌」와 「세한도歲寒圖」가 그 중 절품絶品이겠다.

10월 11일. 교내농구대회校內籠球大會임으로 35분三十五分 수업授業. 일즉 나왔다. 맑다.

10월 12일. 맑다.

10월 13일. 맑다. 아버지께서 밤 10시十時 반半 차車에 떠나시다. 누님과 나는 경성역京城驛에까지 나갔다. 함은 넘우 크다고 그냥 들고 들어가지 못하게 하여 귀중품貴重品으로 하여 부치는데 1원一円 35 三十五 전이나 들었다. 1원一円은 누님에게 꿔었다.

10월 14일. 맑다. 직원회職員會.

10월 15일. 맑다. 봉래각蓬萊閣에 가서 저녁을 먹다. 정계섭鄭啓燮 군君이 여러번 찾어 왔다 한다.

10월 16일. 흐리다 맑다 하였다. 오전午前 8시八時 40분四十分. 용산역龍山驛에서 하 박사河博士 형제兄弟와 같이 장항長項 가는 차車를 타고 떠나, 안양역安養驛에서 나렸다. 만안교萬安橋를 지나, 삼막사三幕寺를 찾어 가는데 길을 잘못 들어 삼성산三聖山 뒤로 돌아, 망월암望月菴으로 하여, 그 뒤 고개로 올라, 그 남南쪽 높은 봉에서 서울과 한강漢江과 인천仁川ㅅ바다와, 시흥ㅅ들 들을 바라보고 바위에 앉아, 점심點心도 먹고 이야기도 하다. 그 알에로 나려서 칠성각七星閣, 산신당山神堂, 삼막사三幕寺, 망해루望海樓도 보고 다시 그 남南쪽으로 고개 하나를 넘어 염불암念佛菴에 와서 그 앞 정자亭子에 앉아, 그 뒤 층암절벽의 풍림楓林을 보다. 마츰 석양夕陽이 빛여 퍽 좋다. 오후午後 4시四時 37분三十七分 기동차汽動車로 오는데 탄 이가 넘우 많아, 용산龍山까지 꼭 서 왔다.

10월 17일. 오전午前에 비 오다. 정계섭鄭啓燮 군君이 오다. 같이 점심點心을 먹다. 『누판고鏤板考』를 벗겨 달라고 하였다. 위선 10원十円을 주었다. 같이 나서 종로鍾路에 가서 백지白紙 여달 권을 사 주다. 매헌梅軒을 찾어보다.

저녁에 고창高敞 조 형趙兄이 왔다.

10월 18일. 맑다. 저녁에 청진동淸進洞 중흥여관中興旅館에 가서 조 형趙兄을 보고, 같이 나서 하 박사河博士 군君을 찾어 보고 이야기하다 새로 한 시에 돌아왔다.

10월 19일. 맑다. 저녁에 비 오다.

10월 20일. 저녁에 비 오다. 새벽에 조 형趙兄을 찾어보다. 아버지 하서下書를 받어 보다. 관제官製 ⚓인印 2혈二穴 연탄煉炭 1200개千二百個를 들였다. 삼국상회三國商會로부터. 중흥여관中興旅館에 사람을 보냈더니 조 형趙兄이 없다고.

10월 21일. 자다가 놀내어 깨었다. 비ㅅ소리가 야단이다. 우두둑 뚝뚝, 우두둑 뚝뚝. 마치 콩알이나 도토리가 수없이 한꺼번에 떨어지는 듯하다. 그리고 울에는 우루룽 딱딱, 번개ㅅ불은 번쩍번쩍한다. 전등電燈은 깜박깜박 꺼지려 한다. 창문窓門 구녁으로는 우박 두어 개가 튀어 들온다. 나는 일어나 앉었다. 퍽 송구스럽다. 한 시간이나 지내서 비는 멎고 날이 샌다.

또 중흥여관中興旅館으로 사람을 보내 보았다. 조 형趙兄이 오다. 같이 아츰을 먹고 나는 학교로 가다. 이발理髮.

하 박사河博士 형제兄弟가 오다. 조 형趙兄은 소격동昭格洞 뉘 집으로 초대招待 받어 갔다.

폭풍우暴風雨가 여러 번 지냈다. 저녁에 조 형趙兄과 같이 김동복金同福 어른과 김성수金性洙 군君을 가보고 이야기하다 이슥하여서 돌아오다.

10월 22일. 아츰에 조 형趙兄은 떠나갔다. 진고개를 갔다 오다. 날은 맑었다.

10월 23일. 맑다. 아버지께 상서上書를 했다.

이능화李能和어른, 애류崖溜, 신상우申翔雨 군君이 오다. 조 형趙兄의 부탁한 것을 삼월三越에서 사 보내다.

10월 24일. 맑다. 칩다. 저녁은 명월관明月館 본점本店에서 먹다. 이상준李尙俊 군君이 안기영安基永과 작곡作曲에 대한 소송訴訟을 하여 화해和解를 하고 500원五百円을 얻었다. 그래서 초대招待한 것.

정구충鄭求忠 군君을 찾어보다.

원산독학협회元山獨學協會 김동욱金東郁 군君의 편지가 오다. 답장答狀.

10월 25일. 맑다.

10월 26일. 맑다.

10월 27일. 맑다.

10월 28일. 맑다. 임병철林炳哲 군君이 찾어 밤이 이슥하도록 담화談話.

10월 29일. 맑다. 한글기념記念날. 오후午後 다섯 시 반 명월관明月館 본점本店으로 가다. 회비 1원一円, 모인 이는 한 50명五十名. 기념식記念式을 하다. 나는 한글운동사運動史에 대하여 말하다. 석반夕飯. 그리고 파罷하다.

10월 30일. 맑다. 매헌梅軒이 저녁에 오다.

10월 31일. 맑다. 고창高敞 조 형趙兄에게 『춘향전春香傳』 동창童唱 남창男唱 두 책册을 반환返還하다.

11월

11월 1일. 맑다. 조 형趙兄의 편지 보다.

11월 2일. 맑다. 서상란徐相鸞 선생先生과 같이 정방鄭鎊의 집에 가서 술을 먹다. 정방鄭鎊의 생일生日. 내가 담임擔任한 1병一丙 생도生徒. 이강 공李堈公의 셋재 아들 정운석鄭雲石 소생所生. 공公의 자녀子女가 13인. 공公의 성姓을 따라, 이 모李某라 할 것 같으면 각각各各 그 앞으로 재산財產을 분배分配해야 하겠으므로 재산財產을 절약節約하기 위하여 이러케 해논 것이다.

11월 3일. 맑다. 명치절이라 하여 논다. 집에서 『송강가사松江歌辭』를 벗기다가 하 박사河博士 형제兄弟가 와 찾기에 따라 나섰다. 산보散步 — 돈화문 앞으로 하여, 대화정大和町, 조계사曹溪寺, 회상전會祥殿을 보고 장충단奬忠壇으로 가서 박문사博文寺, 백운루白雲樓를 보다. 박문사博文寺 '춘무산春畝山' 뒤에도 회상전會祥殿과 같이 어느 궁전宮殿을 옮겨다 세웠다. 참배하는 일인日人 남녀男女가 연락부절連絡不絕.

11월 4일. 흐리다. 비낯도 뿌리다. 남풍南風이 불고. 담 넘어 느틔나무, 참나무닢이 우수수 떨어져 날린다. 낭하廊下에도 한 닢 두 닢 흩어져 있다. 교실敎室에는 새로 난로煖爐가 놓였다. 벌서 으스스한 생각이 난다. 감기感氣ㅅ긔운이 좀 있다. 오날은 여섯 시간 교수敎授. 원순元淳이에게 점심點心도 말했더니 잊고 아니 불러 준다. 오후午後 네 시 하학下學. 소제掃除 감독監督하고 나오면 저믄다. 집에 돌아와, 닭얄 두 개를 먹으니까 든든하다.

11월 5일. 토요土曜. 숙직宿直. 맑다가 밤에 비바람 친다.

11월 6일. 흐리다 맑았다.

11월 7일. 칩다. 얼음이 제법 얼다. 수도水道ㅅ물이 얼어서 아니 나온다. 저녁 일곱 시, 동아일보사東亞日報社 대강당大講堂에서 신명균申明均, 최현배崔鉉培, 이희승李熙昇 대 박승빈朴勝彬, 백남규白南奎, 정규창

丁奎昶의 한글 쌍서雙書 문제問題 토론討論를 듯고 10시十時 반半에 돌아오다. 신 군申君은 태도態度와 설명說明이 좀 부족不足했다.

11월 8일. 맑다. 좀 풀리다. 영광靈光 조운曺雲 군君의 편지며 『고산집孤山集』(6별집六別集)을 받았다.

찬 군燦君과 권 군君 애류崖溜가 오다. 같이 저녁을 먹고 동아일보사東亞日報社를 갔었다. 오날 저녁에는 겹바침, ㅎ바침에 대한 토론討論을 들었다. 박승빈朴勝彬 편의 학설學說이 좀 답답하다. 11시十一時에 돌아오다.

11월 9일. 맑다. 저녁에 또 동아일보사東亞日報社 대강당大講堂에 가다. 어미語尾 문제問題 기타其他 질문質問. 박승빈朴勝彬이 퍽 몰린다. 퍽 허무하다. 그럴 줄은 몰랐다. 청중聽衆은 날마다 많았으니 오날은 더욱 많다. 오후午後 12시二時에야 폐회閉會.

11월 10일. 맑다. 아버님 하서下書를 받어 보다. 매헌梅軒이 오다.

11월 11일. 맑다. 오후午後에는 비가 좀 오다. 매헌梅軒ㅅ집에서 저녁을 먹다. 애류崖溜, 정인섭鄭寅燮, 이극로李克魯, 김선기金善基, 이갑李鉀, 이용기李龍基들이 모였다.

11월 12일. 맑다. 문일평文一平, 이중화李重華 군君이 오다.

11월 13일. 맑다. 서리가 허옇게 오다. 오전午前 7시七時, 신창호申昌鎬, 복례福禮, 동희東熙, 유길상劉吉相, 김건영金健榮 군君의 일행과 같이 동막東幕으로 가, 배추를 뽑아 실리고 천천이 걸어 오후午後 4시경四時頃에야 돌아오다. 정계섭 군鄭啓燮君이 『누판고鏤板考』 3책三冊 한 질帙을 다 벗겨 가지고 왔다. 또 10원十円을 주다.

11월 14일. 맑다. 조운曺雲 군君에게 『노계집蘆溪集』 가사편歌辭篇 1책一冊을 우편郵便으로 보내 주다. 편지도 하였다.

11월 15일. 음산하다. 비도 좀 오다. 『한글』 원고原稿 —「한글의 경과經過」를 적었다. 요전 한글 기념식記念式에 강연講演한 것.

11월 16일. 맑다. 오후午後 5시五時 반半 행촌동杏村洞 146—四六-1一, 최현배崔鉉培 군君 집에 가서 저녁을 먹다. 한징韓澄, 이용기李龍基, 이윤재李允宰 군君과 같이 달을 보며 사직社稷골로 하여 돌아오다.

11월 17일. 맑다. 고창高敞 조 형趙兄에게 편지하다.

11월 18일. 맑다. 야우夜雨. 총독부總督府 학무국장學務局長의 편지가 오다. 나의 지은 「낙화암落花岩을 찾는 길에」라는 기행문紀行文과 「가을」이라는 시조를 고등보통학교용高等普通學校用 『중등교육中等教育 조선어 급 한문독본朝鮮語及漢文讀本』을 새로 편찬編纂하는데 넣겠다고. 고창高敞 변일섭邊日燮 군君의 편지가 오다. 이병도李丙燾 군君을 보다. 교내校內 토론대회討論論大會를 보다. 퍽 문란紊亂하다.

11월 19일. 맑다. 야우夜雨. 저녁 일곱 시, 하 박사河博士 형제兄弟에게 끌려 정동貞洞 예배당에 가서 영어웅변대회英語雄辯大會를 보다. 사람은 퍽 모였다. 앉을 자리가 없어, 늦게 온 이들은 모다 뒤에 서서 있다. 그중에는 영어英語를 모르는 이도 적지 않은 모양. 열 시에 돌아오다.

11월 20일. 맑다. 『송강가사松江歌辭』를 다 벗겼다. 이병도李丙燾 군君을 찾어보다.

11월 21일. 맑다. 봉화奉化 사는 이상제李喪制 용후用厚라는 이 이퇴계李退溪 선생先生의 진묵첩眞墨帖을 가지왔다. 박기명朴基鳴 집에서 내게로 소개紹介한 모양. 아츰을 먹다 말고, 이병도李丙燾 군君을 찾어보고 그리 소개紹介해 주었다. 고창고보高敞高普 정인승鄭寅承 씨氏가 찾어오다.

11월 22일. 맑다. 변일섭邊日燮 군君에게 편지하다.

11월 23일. 맑다.

11월 24일. 맑다.

11월 25일. 비. 조운曺雲 군君의 편지를 보고 답장答狀. 『휘문徽文』 잡지雜誌 10호十號 전부全部 발행發行 금지禁止.

11월 26일. 맑다. 임시臨時 직원회職員會. 『휘문徽文』 잡지雜誌 금지사건禁止事件 경과經過에 대한 교장校長의 보고報告.

11월 27일. 맑다. 퍽 따뜻하다. 매헌梅軒을 찾어 더불고 애류崖溜를 찾어, 같이 나서 영도사永渡寺 대원장大圓場에 가 박한영朴漢永 스님을 찾으니 문門 안에 들어갔다고. 우리는 맹현우孟玄愚 집에 밥을 시겨 먹고 황혼에 돌아오다가 석전石顚을 맞나 바루 작별作別하였다.

밤에는 제법 춥다. 덧문을 닫고 자는데 간간間間 비 오는 소리가 꿈ㅅ결에 들린다.

11월 28일. 서북풍西北風. 차다. 산ㅅ머리에는 눈이 하얗다. 애류崖溜에게서 얻어온 『물명고物名考』(유희柳僖의 저著)를 옆방에 든 송서방宋書房 시겨 벗기다. 은동隐洞 동수同洙 군君에게 편지를 하다. 복례福禮 모母에게 복례福禮가 아니 간다고 말해달라고.

11월 29일. 맑다. 대판옥大阪屋에서 『대동야승大東野乘』 四, 五, 六, 八, 九, 十, 十一, 十二, 十三 도합 9책九册을 가조다.

11월 30일. 맑다.

12월

12월 1일. 맑다. 낙원동樂園洞 원주양조주식회사原州醸造株式會社에 가서 위계후魏啓厚 군君을 기다리다 못 맞나고 돌아왔다. 권상로權相老 퇴경退耕이 찾어왔다. 가사 책歌詞冊들을 내보였다.

12월 2일. 맑다. 숙직宿直. 직원회職員會. 제2학기第二學期 시험試驗 일자日字 작정作定.

12월 3일. 흐리다 비. 진고개를 갔다. 광동서림光東書林을 들렀다. 옛날 소설책小說冊 9종九種을 1원一円에 사다.

12월 4일. 맑다. 온 종일終日 집에 있었다. 동경東京 부산방富山房에도 1933년 일기첩日記帖 한 권을 보냈다. 조운曺雲 군君의 편지를 보다. 진고개 화초花草장이가 천엽千葉 백매白梅 한 분盆과 수선화水仙花 한 분盆을 가조다. 매화梅花는 1원一円 80전八十錢, 수선화水仙花는 30전三十錢. 이중건李重乾 군君이 찾어 와, 『두시언해杜詩諺解』 원본原本 한 권을 빌려 갔다. 조운曺雲 군君이 『노계집蘆溪集』을 보냈다.

12월 5일. 맑다. 좀 차다. 오후午後에는 음랭陰冷.

12월 6일. 음랭陰冷. 서북풍西北風. 원산독학협회元山獨學協會 김동욱金東郁 군君께 조한강의朝漢講義 원고原稿 8매八枚를 써 보내다.

12월 7일. 맑다. 서북풍西北風. 영하零下 1도一度. 얼음 얼다. 감기感氣가 들었다. 코가 찍찍하다. 퍽 불쾌不快하다. 처妻가 좌빈左鬢에 종기腫氣가 나서 수일數日 되어도 낫지 않고 더 붓기만 한다. 오한, 두통頭痛까지 한다. 안국동安國洞 오 박사吳博士 병원病院에 가서 수술手術하고 파종破腫하였다. 3원三円 40전四十錢이 들었다.

조운曺雲 군君에게 『죽계지竹溪志』 제1권第一卷과 『해동악부海東樂府』 전질全帙 3책三册과를 우편郵便으로 보냈다. 편지도 하였다.

12월 8일. 맑다. 종희宗熙가 촉랭觸冷하여 감기感氣가 들었다. 기침을 자주 한다. 어젯저녁 처妻가 병원病院에 간 사이, 떼가 나서 우는 것을 복례福禮가 달랜다고 업고 밖에로 나가 단였다 한다. 집에서 잡곡雜穀 한 가마니가 왔다.

12월 9일. 맑다. 좀 풀린 것 같다. 병륙秉陸이 편지가 오다. 어머님께서 미령하시다고. 곳 답장答狀. 퍽 초미하다.

저녁에 매헌梅軒이 찾어왔다. 김추사金秋史 예서隷書「매화옥梅花屋」현판懸板을 새겨다 준다. 인수引首는 "기생수득도매화幾生修得到梅花"[6]의 구句를 매화梅花 두 자字만 빼고 매화병梅花甁에 넣어 새기고 양兩쪽 축軸은 수선화水仙花 문의를 단청丹靑으로 놓았고 낙관落款은 김정희金正喜, 완당阮堂 ― 둘을 새기고 '매화옥梅花屋'은 양각陽刻을 하였다. 각법刻法이 여간 정교精巧한 것이 아니다.

12월 10일. 맑다. 안개 끼다. 푹하다. 직원회職員會. 제2학기第二學期 조행 사정操行査定.

12월 11일. 비. 눈. 이능화李能和 어른이 오셔『악장가사樂章歌詞』벗긴 걸 가져가셨다.

12월 12일. 눈보라가 몹시 친다. 졸한猝寒. 영하零下 10도十度. 북창문北窓門에서 찬바람이 어찌나 들오든지 머리를 내어 놓고 잘 수가 없다. 그러타고 입울을 뒤집어쓰고 있으면 또 갑갑해서 견댈 수가 없다. 수선화水仙花가 얼을까 하여 머리맡에 두고 털목돌이를 둘러 주었다.

12월 13일. 맑다. 병풍屛風을 내어 북창문北窓門을 가려 쳤다. 그리고 그 앞에 홍매紅梅, 백매白梅, 수선화水仙花 화분花盆을 벌여 놓았다. 홍매紅梅는 거진 봉지가 벌어지고 백매白梅는 볼록볼록해진다. 프로벨의

6 "사람이 몇 생이나 닦아야 매화에 이를 수 있겠는가." 송나라 사방득(謝枋得)의 칠언절구 중 한 구절.

『접약자接約者 성聖 쥬리안 물어物語』를 읽어 보았다.

12월 14일. 맑다. 제2학기第二學期 시험試驗 시작. National 제2독본第二讀本을 끝냈다.

12월 15일. 맑다. 저녁에 이중건李重乾 군君이 『두시언해杜詩諺解』 원본原本을 가조 왔다. 경희京熙가 항문肛門이 가렵다고 운다. 일우一宇 할머니가 와 보고 날이 치우면 애들은 그 병病이 생긴다고. 더운 물로 씻어주니 낫었다.

12월 16일. 맑다. 양백화梁白華가 찾어오다. 이극로李克魯 군君이 찾어와, 개성開城 가자는 말을 한다. 스틔븐스의 『마아크하임』을 읽다. 불교사佛敎社에서 『원각경圓覺經』, 『육조해금강경강해六祖解金剛經講解』를 가조다.

12월 17일. 맑다. 동아일보사東亞日報社에서 편지가 왔다. 문사文士 좌담회座談會를 하자고.

12월 18일. 흐리다. 진고개를 가 보다. 세말歲末이라고 퍽 야단이다. 아주 딴 세상 같다. 매헌梅軒을 찾어보다. 병륙秉陸이 편지를 받어보다. 어머님 환후가 점점 평복되어 가신다고. 그리고 일환一煥의 혼일婚日이 오는 25일二十五日이라고.

12월 19일. 비. 병륙秉陸이에게 답장答狀.

홍매紅梅가 만발滿發. 청향淸香이 복복馥馥. 감긔에 막혔든 코가 이 향기香氣 때문에 열린다. 그리고 코가 매운 것 같다.

12월 20일. 맑다. 오후午後 3시三時 제2학기第二學期 방학식放學式. 나는 정지용鄭芝溶 군君과 같이 동아일보사東亞日報社 이층에 가서 문사文士 좌담회座談會를 보았다. 수십 명 모였다. 여자로는 최의순崔義順과 김일엽金一葉. 일엽一葉은 빩안한 저고리를 입고 왔다. 이광수李光洙

군君이 사회司會 하다가 가 버리고 최의순崔義順, 이은상李殷相 군君도 가 버린다. 화제話題는 1932년과 1933년의 조선문단 개관朝鮮文壇概觀 — 신시新詩, 시조時調, 소설小說, 희곡戲曲. 다과茶菓와 빵 두 쪽으로 저녁을 의고 열두 시까지 떠든다. 나는 정 군鄭君과 같이 나와 버렸다.

12월 21일. 맑다. 하 박사河博士을 청하여 저녁을 먹다.

12월 22일. 맑다. 동지冬至. 종일終日 성적 고사成績考查.

12월 23일. 맑다. 직원회職員會. 제2학기第二學期 성적사정成績查定. 불교사佛教社 한용운韓龍雲에게 『원각경圓覺經』, 『육조해금강경六祖解金剛經』 가격價格 30원三十円을 보내 주었다.

고창高敞 조 형趙兄의 편지를 보았다. 누님 편지도 —.

행랑行廊 신창호申昌鎬가 생북어生北魚 장사를 한다. 생북어生北魚를 저녁이면 수도水道 옆 판장板墻에 걸어두고 물을 끼얹혀 얼군다. 배가 불룩불룩 모다 알이 밴 것 같다. 처妻가 그걸 보고 다섯 마리를 들여놓았다. 잡아가지고 본즉 그러치 않다. 말을 들으니 권연卷烟 물추리로 바람을 불어 그 배ㅅ속에 넣고 또 물을 부어 넣어 꽁꽁 얼군 것이라 한다. 그래서 사람을 속인다고.

12월 24일. 맑다. 오후午後 1시一時 성적 발표成績發表. 석전石顚 박한영朴漢永 스님이 찾어왔다고. 이발理髮.

명월관明月館 본점本店에서 석반夕飯. 학교로서 먹이는 것.

12월 25일. 흐리다. 동남풍東南風. 체부동體府洞 가서 권상로權相老 퇴경退耕을 찾으니 없다. 매헌梅軒을 찾어보고 돌아오다, 불교사佛教社를 들레니 한용운韓龍雲은 아니 들왔다. 오후午後 세 시, 수표교 조선어학회朝鮮語學會를 가서 개성開城서 여는 철자법위원회綴字法委員會 준비회準備會에 참여參與했다. 저녁에 다시 권퇴경權退耕을 찾었는데 오날 아츰에 서대문西大門 밖으로 3일三日 동안 치성致誠을 들이러 나갔다 한다.

12월 26일. 맑다. 따듯하다. 불교사佛教社를 가서 한용운韓龍雲을 맞나보고 하 박사河博士는 찾었다가 못 맞나 보았다. 고창高敞 조 형趙兄에게서 신오위장申五衛將 노래책 『심청전沈淸傳』, 『횡부가橫負歌』, 『오섬가烏蟾歌』, 『성조가成造歌』, 『적벽가赤壁歌』이 왔다. 곳 답장答狀. 영광靈光 조운曺雲 군君에게 편지하다.

12월 27일. 흐리다. 푹하다. 봄날 같다. 장지영張志暎 군君이 오고, 이하윤異河潤 군君이 오고, 정원순鄭元淳 군君이 오다. 밤에는 이병도李丙燾 군君이 오다.

12월 28일. 비. 불교사佛教社를 가서 한용운韓龍雲을 보고 『원각경圓覺經』, 『금강경언해金剛經諺解』 한 질帙을 구하여 이병도李丙燾 군君을 주다. 하 박사河博士를 찾어보고 수당壽堂 이석현李石峴 씨를 맞나 보다. 이하윤異河潤 군君의 편지며 정계섭鄭啓燮 군君의 편지가 오다.

12월 29일. 비. 종일終日 흐리다. 수당壽堂이 오다.

12월 30일. 맑다. 새벽에 권퇴경權退耕에게 가서 『속악가사俗樂歌詞』를 얻어 오다. 이병도李丙燾 군君과 같이 나서 문일평文一平 군君을 찾어보고 또 같이 나서 죽첨정竹添町 이중화李重華 동운東芸 집을 찾었다가 못 맞났다.

12월 31일. 맑다. 갑작이 칩다.

1933년(단기 4266년)

1933년(단기 4266년) 계유癸酉

1월

1월 1일. 흐리다. 음산하다. 학교에 가보니 연하장年賀狀이 육십여六十餘 장張 왔다. 천연동天然洞 김병기金炳基 군君의 편지가 왔다. 김병기金炳基 군君이 찾아왔다. 두어 시간 담화談話. 문일평文一平 군君이 오다.

1월 2일. 맑다. 오전午前 9시九時 5분五分 경성역京城驛에서 장지영張志暎과 같이 떠나 개성開城을 갔었다. 고려청년회관高麗靑年會館, 한글 철자법위원회綴字法委員會에 출석出席. 점심點心 휴게休憩 때, 애류崖溜, 열운洌雲과 같이 자남산子男山 관덕정觀德亭에 올라보다. 오후午後 6시六時 반半, 조일여관朝日旅館 15호실十五號室에 열운洌雲과 같이 들다. 김형배金亨培 선생先生이 찾아왔다. 담소談笑. 12시二時에 자다.

1월 3일. 맑다. 점심點心 때, 열운洌雲하고 야다리를 가 보았다.

1월 4일. 맑다. 점심點心 때 열운洌雲, 애류崖溜, 김영건金永建과 같이 시장市場을 가 구경하고 경덕궁景德宮을 가 보았다. 철자법위원회綴字法委員會는 오후午後 5시五時 폐회閉會. 지난 12월 26일부터 오날까지 10일간間. 회원會員은 18명. — 애류崖溜, 열운洌雲, 신명균申明均, 이극로李克魯, 최현배崔鉉培, 정열모鄭烈模, 박현식朴顯植, 이만규李萬珪, 정인섭鄭寅燮, 이택李鐸, 이갑李鉀, 이상춘李常春, 김선기金善基, 이희승李熙昇, 김윤경金允經, 이세정李世楨, 이윤재李允宰. 오후午後 5시五時 반半, 고청高青 이사장理事長 황중현黃中顯씨의 초대招待를 받어 대성관大成館을 가다. 밥이 늦어 시간이 퍽 밭었다. 급히 인력거人力車(조일여관朝日旅館 주인主人이 주는 것)를 타고 나와, 7시七時 14분十四分 차車로 돌아오다. 집에는 아홉 시 반에 왔었다.

1월 5일. 맑다. 열운洌雲, 애류崖溜가 찾어오다. 조선문흥회朝鮮文興會 발기發起를 의논議論하다. 천연동天然洞 김병기金炳基 군君 편지가 오다 — 6원六円을 보내 주다. 일환一煥이 편지를 보다. 김영룡金永龍 군君이 오다.

1월 6일. 맑다 흐리다. 소설小雪. 칩지는 않다. 새벽에 죽첨정竹添町 이중화李重華, 체부동體府洞 권상로權相老를 찾었다. 동운東芸은 못 맞났다. 저녁때 동운東芸이 왔다. 김영룡金永龍 군君도 오다. 같이 석반夕飯. 열운洌雲이 또 왔다.

1월 7일. 눈. 두계斗溪를 보다. 정지용鄭芝溶, 이하윤異河潤 군君이 오다. 오후午後 1시一時 직원회職員會. 애류崖溜가 오다.

1월 8일. 맑다. 『속악가사俗樂歌詞』의 준準을 보다. 정초正初의 행사行事와 관습慣習을 조사調査하다. 동운東芸이 오다.

1월 9일. 흐리다. 오전午前 10시十時 개학식開學式. 오후午後 1시一時 10분 — 40분四十分, 방송국放送局에서 정초正初의 행사行事와 관습慣習에 대하여 방송放送을 하였다. 병륙秉陸이 편지를 보다. 어머님 병病환이 미류彌留하시다고. 저녁에 『속악가사俗樂歌詞』와 줄친 백지白紙를 가지고 가서 매헌梅軒을 보고 벗겨 달라고 맡겼다. 열운洌雲이 명함을 두고 갔다. 정계섭鄭啓燮 군君의 편지가 오다.

1월 10일. 새벽에 권상로權相老를 찾어보다. 병조秉曺가 오다. 오후午後 0시零時 30분三十分에 방송국放送局에 가다. 두계斗溪를 보다. 저녁에 정계섭鄭啓燮 씨가 와서 하곡霞谷의 『양명초陽明抄』 9책九冊을 차거借去. 『고금소총古今笑叢』을 벗겨 오다. 2원二円을 주다. 병조秉曺는 장단長湍을 갔다.

맑다. 저녁때는 흐리고 비도 오다.

1월 11일. 비 오다, 개고 맑었다. 저녁때부터 퍽 치워진다. 애류崖溜가 오다. 오후午後 0시零時 30분三十分에 방송국放送局을 가서 이야기를 맞혔다. 돈 10원十円을 준다. 오후午後 6시六時 종로鐘路 백합원百合園에서 조선문흥회朝鮮文興會 창립총회創立總會를 하였다. 발기인發起人 이중화李重華, 권덕규權悳奎, 장지영張志暎, 김교신金敎臣, 방영태方榮泰, 권상로權相老, 김극배金克培, 최선익崔善益. 이 중 최선익崔善益, 이중화李重華 두 사람만 결석缺席. 본회本會는 조선문화朝鮮文化의 연구硏究와 진흥振興을 목적目的하고 사업事業은 문헌文獻 수집蒐集, 도서圖書 출판出版, 강습회講習會 개최開催, 잡지雜誌 발행發行 등等. 이 사무事務를 집행執行키 위하여 간사幹事 3인三人을 두는데 권덕규權悳奎, 장지영張志暎 나도 그 1인一人. 종로서鐘路署 고등계高等係 형사刑事가 왔다. 회의會議는 이상以上과 같이 간단簡單히 맞히고 석반夕飯. 9시九時에 파罷하다.

1월 12일. 맑다. 영하零下 18도十八度. 하 박사河博士를 찾어보다.

1월 13일. 맑다. 병조秉曺가 왔다. 남원우南遠祐, 김기승金基昇, 오동균吳東均, 박로갑朴魯甲, 최주하崔澍夏, 김진용金振瑢, 김영준金永準, 정충시鄭忠時, 임보환林普桓, 김동춘金東春, 이철희李喆熙, 정인승鄭寅承, 송주용宋舟用, 김철수金鐵洙 군君에게 연하장年賀狀 답장答狀을 하였다.

1월 14일. 맑다. 개벽사開闢社에서 「정초正初의 행사行事와 관습慣習」을 써 달라고 원고지原稿紙를 보냈다.

1월 15일. 맑다. 병조秉曺가 떠나갔다. 집에 편지와 과실果實, 과자菓子, 해의海衣 등等을 보냈다.

김상기 군金庠基君이 오다. 복례福禮가 대병大病. 신열身熱, 두통頭痛. 장남계張南溪한테 가서 청소탕淸消湯 3첩三貼을 지어다 먹이다.

1월 16일. 흐리다. 영하零下 7도七度. 중앙일보사中央日報社를 가서 장지영張志暎 군君을 맞나, 수송유치원壽松幼稚園 하든 집을 가 보다. 매헌梅軒이 오다. 이은상李殷相 군君이 원고지原稿紙와 편지를 보냈다. 신가정新家庭에 써 달라고.

1월 17일. 맑다.

1월 18일. 맑다.

수송유치원壽松幼稚園에 갔다가 하 박사河博士를 찾어보다. 이중화李重華 씨가 찾어오다.

1월 19일. 맑다. 아츰에 이능화李能和 선생先生을 찾어보다. 『속악가사俗樂歌詞』 초抄한 것을 이중화李重華 동운東芸을 주었다 한다. 매헌梅軒을 찾어보고 조선문흥회朝鮮文興會(수송유치원壽松幼稚園 집)를 가 보다. 애류崖溜를 맞나, 같이 나오다. 목돌이를 학교에 두고 와서 동희東熙 시겨 가조랐더니 옆에 끼고 오다가 중로中路에서 빠쳐버렸다.

1월 20일. 맑다. 새벽에 서대문 밧 죽첨정竹添町 동운東芸을 가 찾어보고 『속악가사俗樂歌詞』 초본抄本을 찾어다가 권퇴경權退耕이 벗긴 『속악가사俗樂歌詞』와 대준對準하여 교정校正하다. 문흥회文興會에 가다. 이발理髮.

1월 21일. 맑다. 문흥회文興會에 가다. 두계斗溪 집에서 저녁을 먹다.

김병기金炳基 군君이 하인下人을 보냈다. 10원十円 차금借金. 신오위장申五衛將 가사歌辭 벗기는 대 3원三円, 『속악가사俗樂歌詞』 벗기는 대 3원三円을 주다.

1월 22일. 맑다. 황희돈黃羲敦 군君 집을 찾어가, 『두시언해杜詩諺解』를 환완還完하고, 문흥회文興會에 가, 『속악가사俗樂歌詞』 한 권卷을 애류崖溜를 주었다. 저녁에 매헌梅軒을 찾어보다.

일기

34권

1933. 1. 23. ~ 1934. 7. 3.

1933년(단기 4266년)

1월

1월 23일. 맑다. 춥다. 박기홍朴基鴻 집에 가서, 『송육십명가사宋六十名家詞』 값을 청장淸帳. 정지용鄭芝溶 군君과 같이 정구충鄭求忠 박사博士 집에 가서 조상弔喪. 정금해鄭金海 어른이 지난 21일(음 12월 26일) 오후 8시 영면永眠. 문흥회文興會를 들레다. 장지영張志暎 군君만 와 있다.

1월 24일. 맑다. 춥다. 매헌梅軒 집에 정육正肉 세 근斤, 갈비 한 짝을 보내다. 매헌梅軒 집에서 과자菓子 두 각을 가조다.

1월 25일. 맑다. 춥다. 하 박사河博士를 가 보다. 문흥회文興會를 가보다. 조운曺雲 군君의 편지를 보다.

1월 26일. 맑다. 계유癸酉 정월正月 1일, 영하零下 18도十八度.

1월 27일. 맑다. 박로갑朴魯甲 군君의 편지를 보다. 『신가정新家庭』에 「봄날 산보散步」의 원고原稿를 써 보내다. 오후 8시 경성역京城驛에 가서 옥천沃川으로 운구運柩해 가는 정건영鄭建永, 정구충鄭求忠 군君을 전송餞送.

1월 28일. 맑다. 좀 치위가 풀린 듯하다. 오전 9시 40분, 창경원昌慶苑 련못에 가서 스케트 대회大會를 보다. 12시 반 맞히고 나는 장발張勃

군君과 같이 박물관博物館에 들어가 고화古畵며, 기구器具, 토속물土俗物을 보았다. 종희宗熙가 어제부터 신열身熱이 높고 보챈다. 홍제의원洪濟醫院에 가서 감기섭체感氣攝滯로 진단診斷을 받고 약藥을 가조다. 박달준朴達雋 군君이 『추사간첩秋史簡帖』 한 권을 가졌다. 4원四円을 주다. 찬 군燦君이 세배歲拜를 왔다. 임보환林普桓 군君의 편지가 오다.

1월 29일. 맑다. 퍽 풀리다. 이능화李能和 어른을 가 뵈다. 문흥회文興會를 가서 애류崖溜를 맞나 보고 매헌梅軒을 찾어 보고 수당壽堂을 찾었다 못 맞나보다. 김옥두金玉斗 군君이 오다. 김기중金琪中씨를 가 뵈다. 이극로李克魯 군君이 오다. 임병철林炳哲 군君을 보다. 이은상李殷相 군君이 『명엽지해冥葉志諧』를 보냈다.

1월 30일. 맑다. 임보환林普桓 군君을 삼성여관三成旅館에 가 보다. 문흥회文興會를 가 보다. 애류崖溜, 동운東芸이 집에 찾어왔더라고 한다. 저녁을 먹고 나니 퍽 곤困하다.

1월 31일. 맑다. 문흥회文興會을 가서 애류崖溜, 열운洌雲을 맞나다.

2월

2월 1일. 맑다. 장적 400四百 가비, 관제官製 ⓔ인印 2혈연탄二穴煉炭 600개六百箇를 드리다.

2월 2일. 맑다. 집에 편지를 부쳤다.

2월 3일. 맑다.

2월 4일. 입춘立春. 음陰 정월正月 10일十日. 맑다. 문흥회文興會에 가서 애류崖溜와 같이 단성사團成社를 가서 태평양폭격대太平洋爆擊隊의 영화映畵를 보다. 비행기飛行機 180百八十 대臺, 비행선飛行船 3척三隻. 자유自由롭게 오르고 나리고 돌아단이며 군함軍艦을 폭격爆擊하는 광경光景. 이는 미국米國 해군海軍의 대연습大演習하는 것을 실사實寫함이라 한다. 명월관明月館에서 원란회苑蘭會 주최主催 척사대회擲柶大會가 있어 참여參與했다.

2월 5일. 일요일日曜日. 맑다. 따뜻하다. 오후 2시 경성역京城驛에 나갔다. 1학년一學年 병조丙組 생도生徒를 다리고 도만군渡滿軍 송별送別를 하라고 하여서. 각各 사회단체社會團體, 요리料理집, 기생권번妓生券番 또는 구경ㅅ군. 퍽도 왔다. 플라트폼에 빈 곧이 없다. 우리는 맨 나종에 가서 맨 뒤에 서서 군인軍人의 얼굴도 못 보고 왔다. 『완당간독阮堂簡牘』(책력冊曆에 발러 논 것)을 뜯고 자정子正에야 자다.

2월 6일. 맑다. 오후 두 시쯤 해서 깨었다. 번열煩熱이 나고 사지四肢가 노곤勞困하다. 아츰 먹고 학교에 가서도 신열身熱 두통頭痛. 여간 괴로운 것이 아니다. 하학下學 후後. 장남계張南溪를 찾었더니 없다. 오다 어느 약방藥房에서 쌍패산 두 첩貼을 지어다 다려 먹었다. 사지四肢 노곤勞困한 증세는 덜하나 번열煩熱이 나서 밤새도록 이불을 감고 이리 둥글 저리 둥글 하였다.

2월 7일. 눈. 종일終日 눈 오다. 오날 학교에 가서 다섯 시간 교수敎授. 어제보다는 좀 나은 듯하나 몸이 거북하다. 장남계張南溪에게 청화탕 두 첩貼을 지어다 먹었다. 독감毒感에 걸린 것이다. 미한微寒 발열發熱, 두통頭痛, 지절통, 비색鼻塞, 후두喉頭 조갈燥渴, 해수咳嗽. 밤에는 또 번열煩熱이 나서 잠을 잘 못 잤다.

2월 8일. 맑다. 밤엔 또 잠을 잘 못 자다. 비색鼻塞. 두통頭痛. 번열煩熱. 이병도李丙燾 군君 집에서 석식夕食.

2월 9일. 음陰 계유癸酉 정월正月 15일十五日. 맑다. 매헌梅軒이 오다. 백하白下 글씨, 추사秋史 글씨를 한 장張씩 주었다.

2월 10일. 맑다. 재학생在學生 일동一同이 졸업생卒業生 송별회送別會를 했다. 수업授業은 오전만. 나는 오후로 나오다.

2월 11일. 맑다. 문흥회文興會를 가 보다. 집에서 편지가 오다.

2월 12일. 맑다. 은동隱洞서 편지가 오다. 저녁에 하태흥河泰興 군君을 찾어보다. 김병기金炳基 군君이 또 상주尙州에서 편지를 하였다. — 돈을 보내 달라고.

2월 13일. 흐리다. 밤에 눈. 밤에 이창구李昶求 군君이 왔다 갔다.

2월 14일. 맑다. 임보환 군林普桓君 오다.

2월 15일. 맑다. 문흥회文興會를 가 보다.

2월 16일. 맑다.

2월 17일. 흐리다. 퍽 녹인다. 원산조선독학협회元山朝鮮獨學協會에 조선어朝鮮語 원고原稿를 써 보내다.

2월 18일. 맑다. 새벽에 소격동昭格洞 13번지十三番地를 가서 김지연金志淵 군君을 찾어보고 『사계전서沙溪全書』 출판出版 허가장許可狀 2매二枚를 추심推尋하고 재간再刊에 대하여 묵허默許한다는 말도 들었다. 은동隱洞서 편지가 오다. 곳 답장答狀. 허가장許可狀 2매二枚 동봉.

2월 19일. 맑다. 문흥회文興會를 가다. 장지영張志暎 군君이 화신상회和信商會 식당食堂에서 점심點心을 준다. 애류崖溜과 같이 매헌梅軒을 찾어보고 나는 애류崖溜의 집에까지 가서 저녁밥을 먹고 『광재물보廣才物譜』 전질全帙 4책四册을 얻어 오다. 방편자方便子[1] 『물명고物名考』

---

1 방편자(方便子)는 조선 후기 실학자이며 한글 음운학자인 유희(柳僖)의 호.

는 환완還完하다.

2월 20일. 흐리다. 빗낮도 듯는다. 이발理髮. 이순명李淳命 군君을 찾어보다.

2월 21일. 눈. 5촌五寸이나 쌓였다.

2월 22일. 맑다. 이병도李丙燾 군君, 매헌梅軒, 애류崖溜를 청請하여 저녁을 같이 먹었다.

2월 23일. 맑다 흐리다. 밤에는 눈이 오다. 김병기金炳基 군君이 찾어 오다. 매헌梅軒이 『속악가사俗樂歌詞』를 다 써 가지고 오다. 조운曺雲, 이창구李昶求, 고창高敞 조 형趙兄에게 편지하다. 신오위장申五衛將 가사歌辭 책册도 다 보냈다.

2월 24일. 맑다. 바람 분다. 차다. 문흥회文興會를 가 보았다.

2월 25일. 맑다. 퍽 칩다. 북풍北風. 은동隱洞 편지를 하다.

2월 26일. 맑다. 꽤 칩다. 권퇴경權退耕을 찾어보다. 병석病席에 누웠다. 『속악가사俗樂歌詞』를 환완還完했다. 담화談話 30분. 나와서 진고개 대판옥大阪屋에 가, 책册값 5원五円을 주다. 박경소朴敬昭 집, 백두용白斗鏞 집을 거쳐 문흥회文興會에 갔었다. 애류崖溜를 맞나, 따라 나섰다. 종로鐘路에서 오일영吳一英 군君을 맞나, 같이 민순자閔淳子 집으로 갔다. 저녁에야 돌아왔다.

2월 27일. 흐리다. 눈이 좀 오다.

2월 28일. 맑다. 하학下學 후後 직원회職員會 — 제3학기第三學期 시험 일자試驗日字 작정作定. 교동校洞 우하又荷 댁宅에 가서 석찬夕餐을 받다. 정지용鄭芝溶 군君 부친父親의 회갑回甲인데 이 집을 빌리어 대접을 하는 것이다.

3월

3월 1일. 맑다. 개벽사開闢社의 원고原稿를 써 보내다. 「연산주燕山主의 일대一代」.

3월 2일. 맑다.

3월 3일. 흐리다. 졸업식卒業式 준비準備로 오전만 수업授業. 대소제大掃除를 시기다. 문흥회文興會를 가다. 양백화梁白華, 애류崖溜, 유년수柳年秀 군君을 맞나, 같이 산보散步를 하였다. 또 문일평文一平 군君을 맞나보았다.

3월 4일. 맑다. 오후 10시 제11회第十一回 졸업식卒業式 거행. 졸업생卒業生은 99명九十九名.

3월 5일. 맑다. 임병철林炳哲 군君이 오다.

3월 6일. 맑다. 영하零下 11도十一度. 문흥회文興會를 갔었다.

3월 7일. 맑다. 신동아사新東亞社에서 원고료原稿料를 보내 준다.

3월 8일. 아츰에 눈이 좀 뿌린다. 맑다.

3월 9일. 맑다. 숙직宿直. 『앙엽집盎葉集』을 김병조金秉曺가 가조다.

3월 10일. 맑다. 직원회職員會, 조행操行 사정查定.

3월 11일. 맑다. 신동아新東亞에 원고原稿를 써 보내다. 김동수 군金同洙君이 김포金浦서 왔다.

3월 12일. 맑다. 매헌梅軒, 애류崖溜가 오다. 같이 저녁을 먹다.

3월 13일. 맑다. 제3학기第三學期 시험試驗을 보다. 오날부터 시작. 『앙엽집盎葉集』을 돌려보내다.

3월 14일. 흐리다. 김환수金煥洙 군君이 와 본다.

3월 15일. 흐리다. 밤엔 비가 오다. 김영완金永完 책사冊肆로 하여 문홍회文興會를 가 보다. 집에서 병륙秉陸이 편지가 왔다. 어머님께서 지난 겨울부터 근력이 엄엄하신데다가 수일數日 전에는 또 감기感氣에 걸리어 한전寒戰, 두통頭痛, 지절통肢節痛, 해수咳嗽로 고통苦痛하신다고. 퍽 송구悚懼하다. 장남계張南溪한테 가서 약방문藥方文 청해탕淸解湯을 얻어 곳 편지에 넣어 보냈다.

3월 16일. 흐리다. 비. 눈.

3월 17일. 흐리다. 맑다. 박경소朴敬昭 책사冊肆며 문홍회文興會를 가 보다.

3월 18일. 새벽에 눈이 오다. 흐리다 맑다 한다. 서풍西風이 분다. 제3학기第三學期 시험試驗을 다 맞히고 오후 3시 종업식終業式을 하였다. 유낙준兪洛濬 군君이 찾어오다. 유년수柳年秀 군君이 오다.

3월 19일. 맑다. 송신용宋申用 군君이 오다. 같이 나서 가다 또 유년수柳年秀 군君을 맞나, 이용문李容文 문방제구文房諸具 방매소放賣所를 가 보았다. 양건식梁建植 군君이 오다.

3월 20일. 맑다.

3월 21일. 맑다. 박노갑朴魯甲 군君이 찾어오다. 동경東京서 나온 지가 얼마 안 된다고. 영문학英文學 급及 조선문단朝鮮文壇, 극계劇界 이야기를 한다. 괄목상대刮目相對다.

3월 22일. 창평昌平 이한기李漢基 군君께 편지를 하다. 문홍회文興會를 가보다.

3월 23일. 맑다. 오후 11시 직원회職員會. 학년學年 성적成績 사정査定. 이발理髮. 동희東熙 3학년三學年 교과서敎科書를 이문당以文堂에서 사 주다. 해동표구소海東表具所에서 현재玄齋, 원당阮堂, 백하白下 필첩筆帖을 찾어오다. 장첩비裝帖費 6원六円.

3월 24일. 흐리다. 매헌梅軒을 찾었다. 못 맞났다. 매헌梅軒이 저녁에 오다. 10원十円을 주었다.

3월 25일. 흐리다. 오전 11시 학교에서 성적成績 발표發表. 장발張勃 군君과 같이 해동표구소海東表具所, 한남서림翰南書林을 가 보다. 창주蒼舟 이하용李河用 군君이 어제 오전 5시에 폐염肺炎으로 별세別世했다고 부고訃告가 오다. 누님이 앓는다고 5원五円을 꿔어 갔다.

3월 26일. 흐리다 비 오다. 매헌梅軒이 벗긴 『속악가사俗樂歌詞』와 장첩裝帖한 『완당간첩阮堂簡帖』을 가지고 매헌梅軒을 찾어가, 같이 위창댁葦滄宅을 찾어가, 책冊 제목題目 글씨를 받었다. 비에 막히어 다섯 시간이나 있었었다.

창주蒼舟 조상弔喪을 하다.

3월 27일. 흐리다. 직원회職員會. 신입학시험新入學試驗 사무事務 분담分擔. 오후 1시 신입학新入學 응모자應募者 소집, 수험번호受驗番號 표票 수여授與. 수험번호受驗番號를 가지고 찾어오는 이가 8, 9인八九人.

3월 28일. 흐리다 맑다. 신입학 제5조第五組 시험試驗 감독監督. 체격검사體格檢查의 시력視力을 맡어 보다.

3월 29일. 맑다. 시험試驗 감독監督. 시력視力 검사檢查. 성적成績 사정査定. 오후 9시에 돌아오다.

3월 30일. 맑다. 오전 10시 합격자合格者를 발표發表. 대강당大講堂에 신입생新入生과 그 부형父兄을 모여 놓고 교장校長이 훈화訓話. 매헌梅軒을 찾었다 못 맞나고 문흥회文興會를 가서 애류崖溜를 맞나보고 수표교水標橋 교육협회教育協會 내 조선어사전편찬회朝鮮語辭典編纂會를 가서 한징韓澄 군君을 맞나보고 돈 3원三円을 매헌梅軒에게 전傳해 달라 하고, 호암湖岩과 교섭交涉한 일을 알려 주다.

3월 31일. 흐리다 맑다. 오전 7시 40분에 떠나다. 경성역京城驛에서 이상붕李相鵬, 유낙준兪洛濬 군君, 백용희白庸熙 씨를 맞나 동행同行. 유낙준兪洛濬 군君과 같이 강경역江景驛에서 나리다. 오후 2시. 여산礪山 가는 자동차自動車는 우리가 탈 겨를도 없이 그냥 떠나간다. 무슨 까닭에 단이는지 알 수 없다. 탄 이도 없이 떠나갔다 한다. 낭패다. 그저 걸어서 가자니 짐이 있어 할 수 없다. 짐은 역驛 앞의 어느 상점商店에 맡겨 두고 강경江景 시내市內로 산보散步. 어물점魚物店들을 찾어보다. 어물魚物값도 서울보다 헐치 못하다. 새우젓 배에도 올라보다. 배마다 큰 독을 칠, 팔 개個씩 두고 그 독마다 새우젓이 가득 찼다. 한 독에 4, 50원四五十円을 받는다 한다. 5시 5분, 짐을 찾어 또 차車를 타고 이리裡里 와서 나리다. 역驛 앞의 자동차부自動車部로 달어간 즉 만원滿員 되었다 하고 떠나버린다. 강경역江景驛에서 미리 김환수金煥洙 군君 시겨 전화電話해 둔 것도 소용이 없다. 또 낭패浪敗다. 한데 마츰 금마면金馬面까지 간다는 사람이 셋이 있어 또 한 대臺를 낸다. 우리도 그 자동차自動車에 올라, 금마면金馬面까지 와서는 여산礪山 오는 자동차自動車에 바꾸어 탔다. 장정록張正祿 군君을 맞났다. 7시, 신막新幕에서 나리다. 집에 드니 아버지는 역驛터 발매하는 대 가 계시고 어머니는 병환病患이 나으시고 고창高敞 누의도 와 있다.

4월

4월 1일. 맑다. 중부仲父 댁宅, 종조부 댁從祖父宅을 가 뵈다. 병풍屛風의 장오원張吾園 승업承業의 그림을 도려냈다. 아버님께서 오시다.

누님도 오날 떠나려다가 만다.

4월 2일. 맑다. 오후 8시 반, 신막新幕에서 누님과 병래秉萊는 자동차自動車로 전주全州를 향向하여 떠나고 나는 관희觀熙와 같이 여산礪山 자동차부自動車部까지 와서 배, 능금을 사, 돌려보내고 10시 반 출발出發. 11시 24분, 강경역江景驛에서 북행北行 차車를 타고 대전太田 와 나려 대합실에서 백용희白庸熙 씨를 맞나, 오후 2시 특급차特急車로 같이 경성역京城驛까지 왔다. 5시, 집에는 김동수金同洙, 김건수金建洙 군君이 와 있다.

4월 3일. 흐리다. 밤에 비 오다. 문흥회文興會로 하여 하 박사河博士 군君을 찾어보다. 동수同洙 군君과 같이 가서 도배할 조희를 사 오다. 백용희白庸熙 씨가 찾어오다.

4월 4일. 맑다. 직원회職員會. 학급學級 담임擔任 작정作定. 동수同洙 군君이 안방 도배를 하다. 문흥회文興會로 하여 매헌梅軒을 찾어보다. 게서 저녁을 먹었다. 백용희白庸熙씨를 찾어보았다. 정계섭鄭啓燮씨가 빌려간 『왕양명집王陽明集』(정하곡鄭霞谷 수정본修正本) 9책九册을 가조다.

4월 5일. 맑다. 동수同洙 군君이 건너방 도배를 하다. 섬서성陝西省 수리국水利局 조용원趙鏞元 군君 편지가 오다.

4월 6일. 비 오다.

4월 7일. 비 오다. 매헌梅軒 집에 가서 저녁을 먹다.

4월 8일. 비 개고 맑다. 홍매紅梅 백매白梅를 앞마당 녚에 지종地種을 하였다. 이재훈李載壎 군君이 오다.

4월 9일. 흐리다. 당직當直, 숙직宿直. 『광재물보廣才物譜』준準을 보다.

4월 10일. 맑다. 서해 부인曙海夫人이 학교로 찾어오다. 하학下學 후後 체부동體府洞 이승만李承萬 군君 집에 가서 서해 부인曙海夫人을 찾어 보고 조운曺雲 군君에게 가는 책册(『속악가사俗樂歌詞』)과 편지를 부치다.

4월 11일. 맑다. 중등교육中等教育『조선어朝鮮語 급及 한문독본漢文讀本』권1卷一이 새로 나왔다. 그 전ㅅ것보다는 그 체제體制며 내용內容이 퍽 달러졌다. 인제야 조선朝鮮말답게 되었다. 아즉도 철자법綴字法이라든지 어느 문구文句라든지는 수정修訂해야 할 곧이 많다.

4월 12일. 맑다. 숙직宿直.

4월 13일. 흐리다. 음산하다. 월탄月灘 박종화朴鍾和 군君의 집을 찾었다. 정지용鄭芝溶 군君, 양건식梁建植 군君, 이승만李承萬 군君, 애류崖溜와 같이. 어제가 그 아버지 회갑回甲이라고 한 상床씩 준다. 이은상李殷相 군君, 현진건玄鎭健 군君, 이용우李用雨 군君을 맞나, 오래 붙잡혀 앉었었다.

4월 14일. 맑다.

4월 15일. 맑다. 오후 3시 문흥회文興會로 가서 애류崖溜, 김극배金克培, 장지영張志暎 군君과 같이 탑塔골 승방僧房에 가다. 중로中路에서 문영호文泳鎬 군君을 찾고 승방僧房에 이르니 한문漢文 선생先生님들이 많이 와 있다. 새로 나온『조선어독본朝鮮語讀本』에 대하여 감상感想들을 말하고 저녁을 시겨 먹다. 회비會費는 1원一円. 돌아오다 유년수柳年秀 군君을 맞나 애류崖溜와 같이 어느 음식점飮食店을 들어가 11시에 돌아오다.

4월 16일. 맑다. 찬 군燦君이 오다. 황희돈黃羲敦 군君을 찾어『두시언해杜詩諺解』한 권卷을 빌려 오다.

4월 17일. 맑다. 문흥회文興會를 가 보다.

4월 18일. 맑다. 문흥회文興會에 가다. 이병도李丙燾 집에서 다전多田교수教授를 맞나, 이 군李君과 같이 사직동社稷洞 백모가白某家에 가서 장혼張混[2] 문집文集『이이엄집而已广集』을 보다. 그 옆의 문일평文一平 군君도 찾어보았다. 김호중金昊中, 이상돈李相敦 군君의 편지를 보다.

4월 19일. 맑다. 송신용宋申用 군君과 문흥회文興會에 가다. 김억金億 군君과 장지영張志暎 군君도 맞나다. 애류崖溜, 안서岸曙와 같이 산보.

4월 20일. 맑다. 훈듯하다. 하 박사河博士를 찾어가 못 맞나고 매헌梅軒도 못 맞나다. 이발. 임보환林普桓 군君의 편지가 오다.

4월 21일. 맑다, 흐리다 한다. 직원회職員會. 여러 가지 의논이 있었다.

4월 22일. 맑다, 흐리다 한다. 문흥회文興會 가서 애류崖溜를 맞나 보다. 한성도서漢城圖書에 가서 『시조유취時調類聚』, 『훈민정음訓民正音』 영인본影印本을 사가지고 『조선어문법朝鮮語文法』 초고草稿 한 벌과 함께 싸아, 섬서성陝西省 서안시西安市 수리국水利局 왕준성王俊誠 방方 조호원趙鎬元 군君에게 보내 주다. 그리고 답장答狀도 하다.

4월 23일. 맑다. 오전 11시 경성역京城驛에 가서 23분 서행차西行車로 수색水色까지 가, 나리다. 동행同行은 십여 인. 애류崖溜, 열운洌雲, 이윤재李允宰, 김윤경金允經, 김선기金善基와 기외其外 최봉조崔鳳祚, 윤석중尹石重, 황黃애시덕의 '산에 물에' 축도 참가參加. 안양리安養里를 지나 고개 하나를 넘어 숫돌봉 밑, 주시경周時經 선생先生의 묻엄에 참배. 백련사白蓮寺 밑, 송림松林에서 점심點心. 백련사白蓮寺는 마츰 종로鐘路 사는 어떤 이의 재齋가 들어 차일遮日를 치고 관현管絃을 갖후고 빩안 가사袈裟를 멘 중들이 오락가락하고 다수多數한 구경ㅅ군이 몰리고 한다. 우리도 좀 선보다가 화장장火葬場 옆으로 나서 뻐스를 타

2 장혼(張混)(1759~1828) 조선 후기 문인. 자는 원일(元一), 호는 이이엄(而已广). 이이엄 활자라는 목활자를 만들었으며 이것으로 수많은 편저들을 인쇄했으며 위항 시인들의 시문집을 간행했다.

고 돌아오다.

4월 24일. 맑다 흐리다 한다. 은동隱洞서 편지가 오다. 종로지점鐘路紙店에 가서 노노지紙를 알어보고 은동隱洞 편지 답장答狀을 하다. 임보환林普桓, 이상돈李相敦 군君에게도 답장答狀. 문흥회文興會도 들렀다.

4월 25일. 맑다. 고故 이중화李重華 군君 문상問喪. 부의賻儀 1원壹円.

4월 26일. 맑다. 고故 이중화李重華 군君 영결식永訣式에 가 보다. 하 박사河博士, 매헌梅軒과 같이 선바위에 올라 놀다. 애류崖溜를 찾어보다. 대관원大觀園에서 저녁을 먹다.

4월 27일. 맑다. 문흥회文興會에 가보다.

4월 28일. 맑다.

4월 29일. 맑다. 문흥회文興會에 가보다.

4월 30일. 맑다. 무덥다. 아주 여름날이다. 다전정지多田正知 군君[3]이 이병도李丙燾 군君과 같이 찾어오다. 『한양가漢陽歌』의 어려운 어구語句와 시조時調 종류種類에 대하여 말하였다. 새로 한 시까지 담화談話. 나의 시조時調에 대한 초고草稿를 빌려 주다.

5월

5월 1일. 맑다. 무덥다. 여름날 이상以上이다. 오후 네 시時, 이병도李丙燾 군君과 같이 문흥회文興會를 가서 애류崖溜, 권병훈權秉勳 씨氏, 열

3 다전정지(多田正知/다다 마사모토, 1893~?) 1929년부터 1935년까지 경성제국대학 예과 교수로 재직, 조선한문학·조선문학 등을 연구하였음.

운洌雲 군君과 같이 청량사淸凉寺를 나가다. 저녁을 시겨 먹고 권權 씨의 설문說文 연구담硏究談을 듣다. 오후 10시에 돌아오다.

5월 2일. 비. 똘물이 불어 나간다. 매헌梅軒이 오철호吳徹浩 군君과 같이 오다. 오 군吳君과 같이 자다. 가평군加平郡 내면內面서 전동춘全東春 군君이 더덕 다섯 꼬장이를 보냈다. 엽서葉書도 오다.

5월 3일. 맑다. 쌀쌀하다. 문흥회文興會 가서 애류崖溜, 취농翠儂을 맞나, 같이 집으로 와 저녁을 먹다. 둔암서원遯岩書院서 편지가 오다. 또 노노지紙를 사 보내라고.

5월 4일. 맑다. 직원회職員會.

5월 5일. 맑다.

5월 6일. 맑다. 오전 8시 발發 북한산성北漢山城으로 원족遠足을 가다. 직원職員 생도生徒 일동一同. 동소문東小門, 청암사靑岩寺 앞, 보국문輔國門(아문)으로 하여 나는 갔다. 다른 이들은 길을 잘못 들어 대성문大成門으로 오노라고 한 시간 반이나 늦었다. 태고사太古寺에서 두어 시간 쉬고 점심點心 먹고 돌우 대남문大南門으로 나서 세검정에서 해산解散. 집에 드니 오후 6시.

5월 7일. 맑다. 문흥회文興會에 가다. 애류崖溜, 동운東芸 이중화李重華 군君을 맞나 같이 집으로 와 점심點心을 먹다. 조운曺雲 군君이 편지와 굴비 두 두름을 보냈다.

5월 8일. 맑다. 대동여관大東旅館에 가서 김형모金衡模 군君을 찾어보다. 폐병肺病 치료治療하러 왔다.

5월 9일. 맑다.

5월 10일. 맑다. 문흥회文興會로 하여 김형모金衡模 군君을 찾어보다.

5월 11일. 맑다. 문흥회文興會에서 송명진宋明鎭 군君을 맞나보다.

5월 12일. 맑다. 문흥회文興會, 김형모金衡模 군君을 가 보다. 오철호吳徹浩 군君과 같이 저녁에 김병룡金秉龍 군君을 찾어보다.

5월 13일. 맑다. 무덥다. 문흥회文興會에 가 보다. 애류崖溜가 오날에야 나와 있다. 그동안 원기元氣가 없어 앓었다 한다. 오후 세 시, 손가장孫哥場 천향원天香園 별장別莊에 가서 원란회苑蘭會 저녁을 먹고 9시에 돌아오다. 김영운金永運 군君이 와 자다.

5월 14일. 비. 권퇴경權退耕이 찾어오다. 가요책歌謠冊들을 내보이고 담화談話도 하다. 고창高敞서 누님 편지가 오다.

5월 15일. 비는 갰다. 고창高敞 조 형趙兄께며 영광靈光 조운曺雲 군君께 편지하다.

5월 16일. 흐리다. 오후에는 맑었다. 문흥회文興會에 가다. 오철호吳徹浩 군君과 같이 오다.

5월 17일. 무덥다. 직원회職員會. 문흥회文興會에 가다. 센키뷔취의 「어둠에 반작이는 빛」을 번역하였다.

5월 18일. 오후 네 시時부터 비가 오다. 문흥회文興會에 갔다가 비에 막여 두어 시간이나 있었다. 애류崖溜, 백화白華, 취농翠儂과 같이. 섬서성陝西省 서안시西安市 왕준성王俊誠에게서 편지며 서화탑본書畵搨本 3폭三幅이 오다.

5월 19일. 흐리다.

5월 20일. 맑다. 문흥회文興會에 가다. 「조선어강화朝鮮語講話」를 쓰다.

5월 21일. 맑다. 서풍西風이 분다. 소랭하다. 문흥회文興會에 가다. 애류崖溜와 같이 열운洌雲을 찾어 못 맞나다. 애류崖溜 집으로 가 떡을 사다 점심點心을 하였다. 김병룡金秉龍 군君을 찾어 오철호吳徹浩 군君과 같이 권퇴경權退耕을 찾어, 못 맞나고 한충韓冲 군君을 찾어 더불고 하경덕河敬德 군君을 찾었다.

5월 22일. 맑다.

5월 23일. 맑다.

5월 24일. 맑다. 임시臨時 시험試驗 시작. 문흥회文興會에 가다. 오철호吳徹浩 군君과 같이 영도사永導寺에 가서 박한영朴漢永 스님을 찾어보다.

5월 25일. 맑다. 문흥회文興會에 가다. 오철호吳徹浩 군君과 작별作別. 화평花坪 유 형柳兄이 오다.

5월 26일. 맑다. 종희宗熙의 첫 돌.

5월 27일. 맑다. 유 형柳兄이 떠나다.

5월 28일. 흐리다. 좀 비가 오다. 열운洌雲을 찾어 보고 문흥회文興會로 오다. 맹주천孟柱天 군君을 맞나, 같이 산보散步도 하다.

5월 29일. 맑다. 매헌梅軒, 두계斗溪가 저녁에 와 놀다.

5월 30일. 맑다. 병륙秉陸이에게 편지하다. 김영수金永洙 군君의 편지를 보다. 설면자雪綿子를 사다 — 5원五円. 임시시험臨時試驗은 끝나다.

5월 31일. 비. 새벽에 오고 점심때 오다. 병륙秉陸이 편지를 보다.

6월

6월 1일. 맑다.

6월 2일. 맑다. 김영수金永洙 군君께 편지하다.

6월 3일. 비가 좀 오다 만다.

6월 4일. 맑다. 덥다. 휘문徽文 제10회第十回 육상대운동회陸上大運動會. 오전 8시 반 — 오후 4시 반. 명월관明月館 본점本店에서 석반夕飯.

6월 5일. 맑다. 덥다. 문흥회文興會에 가다. 이종우李鍾禹 군君을 맞나다.

6월 6일. 맑다. 김영운金永運 군君의 편지가 오다. 곳 답장答狀. 오필용吳弼鎔을 알어보아 달라는 것. 화평花坪 유 형柳兄에게 편지를 하다.

6월 7일. 맑다. 하정荷亭 노인老人 생일生日이라고 점심點心을 준다. 단성사團成社에 가서 사자獅子 매매賣買의 영화映畵를 보았다. 보잘것 없다.

6월 8일. 맑다. 서풍西風. 조석朝夕으로는 제법 서늘하다. 문흥회文興會에 가다. 장시학張視學이 오다.

6월 9일. 맑다. 이발理髮. 『중등교육中等教育 조선어朝鮮語 급及 한문漢文』 권2卷二의 원고原稿를 보다. 오락誤落이 많다.

6월 10일. 맑다. 오후 네 시 애류崖溜와 같이 조선어학회朝鮮語學會에 가다. 최현배崔鉉培 군君의 동사動詞의 시김씨, 입음씨에 대한 연구研究 발표發表가 있었다. 매헌梅軒이며 맹주천孟柱天 군君을 찾어보다.

6월 11일. 구름이 좀 끼었다. 오전 8시, 경성역京城驛에 나가다. 매헌梅軒과 애류崖溜는 먼저 와 있다. 한 20분 지나, 맹주천孟柱天 군君도 왔다. 40분 봉천행奉天行 차車에 오르다. 한 30분도 못다 걸려 능곡陵谷에서 나리게 되었다. 정거장停車場을 나서 철둑을 넘어 그 서西편 논 가운대로 뚫인 신작로新作路로 행주幸洲 외리外里 곳 강江ㅅ가로 갔다. 보뿌라 나무 밑 풀섭에 두룩막이를 벗어 놓고 쪼고리고 앉어서 밀물과 그 물 따라 오르는 배와 또는 매어 논 배들과 그 건너 들과 산山도 바라다 보았다. 다시 오든 길로 방툭을 넘어 한 주막酒幕에서 웅어회膾를 시겨 술을 마시다. 술 파는 이는 30三十쯤 된 수수하게 생긴 여자. 맹 군孟君이 여러 잔소리를 해 그를 퍽 웃긴다. 좀 있다 그의 사내도 돌아왔다. 방에 들어가 우는 아기를 안고 있다. 부엌 바닥으로는 빙아리가 뱅뱅 돌아단이고 대들보 위에선 제비가 집을 지어놓고 들고 나고 한다.

그 마을 가운대로 들어 조고마한 산山등처기를 넘어 서향西向판인 골짝이 보리밭 사이로 행주서원杏洲書院, 기공사紀功祠를 찾어 참배參拜하고 또 밤나무, 상수리가 서 있는 산전山田머리, 산山날등으로 오르다. 애소나무들이 새순이 나고 송충이도 붙어 있다. 개화산과 허가바위, 들과 강江, 강안江岸의 일자형一字形으로 기다라게 섰는 보뿌라숲, 위알에 벌여선 황첩黃帖, 백첩白帖 — 이런 풍경風景들에 눈을 끌리며 쉬엄쉬엄 걸었다. 자성子城터, 승군봉을 지나, 덕양산德陽山 승전비勝戰碑선 봉오리에 오르다. 비문碑文은 박락剝落되고 조각조각 이지러진다. 혹은 누가 일부러 깨트린 것도 같다. 풀 속에 빗다짐하게 서서 그대로 두면 오래 지탱 못할 것 같다. 그 동북東北편 좀 판판한 곧, 소나무 그늘에 앉어 그 앞들 — 마츰 모내는 논이며 강고산江高山, 매화진梅花陣이며, 오고 가는 기차汽車들을 바라보고 뒤 골짝이서 굴어오는 법국이 소리도 듯고 맹 군의 푸짐한 강담講談도 듯다. 도도록하게 남어 있는 토성土城을 타고 상수리, 밤나무, 혹은 다래덩굴, 츩덩굴 사이로 나려 행주幸洲 내촌內村(지금只今은 고양군高陽郡 지도면知道面 내리內里)에 이르러 우물을 떠 마시고 외밭에 아주카리를 심는 늙은이를 맞나 그 집으로 들어가, 점심點心을 시겨 먹었다. 오후 2시. 그 앞들 가운대로 나서 논두둑으로 굽을굽을 돌아 장구메로 나서 철둑만 따라간 즉 능곡역陵谷驛. 한 시간이나 걸렸다. 차표車票를 사 가지고 푸라트폼에 남행차南行車 들어서니 삼각산三角山, 북한산 쪽 한울은 구름이 컴컴하고 울에가 우룽룽. 바람은 몬지를 부여케 말어 뿌리고 지난다. 모자를 꼭 쥐고 돌아섰다. 내 옆에 선 일녀日女는 빩안 속옷까지 펄렁펄렁 하얀 허벅지가 들어난다. 저편 고삿길로는 검정 치마 입은 여女학생이 한 손에 양산洋傘을 들고 줄달음질을 쳐 오고 그 뒤에 소복한 부인이 따라온다. 벌서 4시 50분. 기차汽車는 십여 분十餘分 연착延着. 금시에 소낙비가 몰아올 듯. 마음은 더 조급해진다. 차車에 오른 뒤에야 마음이 놓인다. 수색水色을 지낼 때엔 한참 쏟아지다 신촌新村 와서는 멎기 시작한다. 역驛마다 오르는 이는 그 젖은 옷들을 벗어 주무른다. 불쾌不快한 공기, 냄새가 차車 안에 가득 찼다. 유리창琉璃窓에 맺힌 물ㅅ방울들은 진주眞珠처럼 빛난다. 경성역京城驛에 나리니 이슬비만 나린다.

저녁에 두계斗溪, 자산自山이 왔다. 자산自山은 시조時調를 지었다고 왼다.

6월 12일. 흐리다. 소우小雨. 숙직宿直은 김건영金健榮 군君에게 맡기고 일즉 나오다. 노성魯城서 내종매內從妹가 왔다.

6월 13일. 맑다. 방공防空 연습演習으로 하여 초저녁부터 소등消燈.

6월 14일. 맑다. 조선극장朝鮮劇場에 가서 맹수猛獸 쟁투爭鬪의 영화映畵 「마루가」의 시사試寫를 가 보다. 요전 단성사團成社에서 하든 것보다는 낫다. 열대熱帶의 풍경風景, 맹수猛獸, 독사毒蛇의 생활生活, 그 생금生擒하는 광경光景이 더러 무리無理가 없는 건 아니다. 가톨닉청년사靑年社에서 원고료原稿料 10원十円을 보냈다. 박기명朴基鳴 집에 가서 『중국고대연구中國古代硏究』며 『마씨문통馬氏文通』을 사 오다. 저녁엔 소낙비.

6월 15일. 맑다. 용산龍山 연병장練兵場에 학교 일동一同이 나가서 방공연습防空演習을 구경하다. 나는 박술음朴術音 군君과 같이 돌아오다.

정자옥丁子屋에서 점심點心 먹다. 여산礪山 편지가 오다. 이상돈李相敦 군君께 편지 답장答狀.

6월 16일. 소낙비.

6월 17일. 맑다.

6월 18일. 맑다. 효자동孝子洞 52五二 윤교순尹敎舜을 찾아보고 이남도李南度가 맡겨 두었다는 공주公州 갑동甲洞 선롱先隴에 대한 서류書類를 추심推尋해 보다. 자기自己의 선친先親이 또 다른 변호사辯護士에게 맡겨 둔 바 — 그 간 여러 번 추심推尋했으나 얻지 못 하였다 하며 또 추심推尋해 볼 터이니 일주간 여유를 주어 달라고 한다. 『가톨닉청년靑年』의 원고原稿를 쓰다.

6월 19일. 맑다. 문흥회文興會에 가다.

6월 20일. 맑다.

6월 21일. 맑다.

6월 22일. 퍽 무덥다. 흐리다. 이상돈李相敦 군君의 편지를 보다. 문흥회文興會에 가다.

6월 23일. 맑다. 이상돈李相敦 군君에게 편지와 5원五円 환전표換錢票을 보내다. 직원회職員會.

6월 24일. 흐리다. 고창高敞서 누님 편지가 왔다. 문흥회文興會를 가다. 안흥상점安興商店에 가서 원삼円衫값을 알어보아 누님에게 답장答狀. 한징韓澄 군君이 오다.

6월 25일. 흐리다. 이병도李丙燾 군君을 보다. 저녁부터 비가 오다. 또 바람이 친다. 비바람 소리에 잠이 덧든다. 비ㅅ물이 창문窓門턱을 넘처 든다.

6월 26일. 비는 그치고 흐리다. 이병석李秉錫 군君의 편지를 보다.

6월 27일. 비. 밤에는 더 많이 오다.

6월 28일. 비. 애류崖溜, 백화白華가 오다.

6월 29일. 비. 오후엔 그치다. 이상돈李相敦 군君 편지가 오다. 동경東京서 6월 27일에 부친 것. 세 책册만 빼어서는 아니 판다고 전부全部 10책十册을 사 보낸다고.

6월 30일. 흐리고 무덥다. 문흥회文興會를 가다. 신석우申錫雨, 장지영張志暎 군君을 맞나다. 신 군申君의 "통으로 말린다."는 이야기가 퍽 웃읍다. 이발理髮.

밤에 폭우暴雨. 경부선京釜線 대구大邱 지천枝川 간間 선로線路 파손破損 기차汽車 불통不通의 호외號外가 오다.

7월

7월 1일. 비. 안ㅅ방 천장이 샌다. 낙동강洛東江 본 제방堤防이 결궤缺潰되어 김해金海 가락면駕洛面이 침몰沉沒한다는 호외號外가 오다. 이상돈李相敦 군君께 10원十円을 보내 주다. 밤에도 비.

7월 2일. 비. 종일 이슬비. 두계斗溪 군君을 보다.

7월 3일. 오전에 흐리고 이슬비 나리다. 동경東京 암송당岩松堂에서 이상돈李相敦 군君이 사 보낸 『대동야승大東野乘』 10책十册(1권一卷 내지乃至 10권十卷)이 오다. 집웅에 올라가서 기아ㅅ장을 때우다. 안흥상점安興商店에 가서 어머님 수의壽衣ㅅ감 — 법단, 모본단과 아버님 수의壽衣ㅅ감 — 북포 두 필을 바꾸다.

7월 4일. 맑다. 고창高敞 누님께서 편지며 환전換錢 26원二十六円이 오다. 원삼円衫, 면모, 악수를 통 15원十五円에 맞후다. 집에며 이리裡里 병양秉錫 군君에게 편지하다.

7월 5일. 맑다. 방과 후放課後 직원회職員會 조행操行 사정査定. 안흥상점安興商店에 가서 원삼円衫 등等을 찾어다 고창高敞으로 보내다.

7월 6일. 맑다. 조운曺雲 군君의 편지가 오다. 강습講習을 해 달라고. 곳 답장答狀.

『대동야승大東野乘』 三, 四, 七 권卷은 채우고 그 남어지는 김도태金道泰 군君을 주다. 문흥회文興會에 가다. 『신동아新東亞』, 『신가정新家庭』이 오다.

7월 7일. 흐리다. 무덥다. 신동아사新東亞社에서 원고료原稿料를 보냈다.

7월 8일. 맑다. 하태흥河泰興 군君이 오다.

7월 9일. 맑다. 오전 9시 10분 부산행차釜山行車로 처妻와 한희漢熙, 경희京熙, 종희宗熙가 떠났다. 나는 동희東熙와 복례福禮와 같이 경성역京城驛에까지 나갔었다. 이 달이 계유癸酉 윤閏5월. 윤달에 어머님 수의壽衣를 해 두는 것이 좋다고 하여, 처妻가 여산礪山 본제本第로 가는 것이다.

고창高敞 누님 편지를 보다. 또 진법단 몇 자를 떠 보내라고. 그 답장答狀과 소포小包를 보내다.

7월 10일. 맑다. 시험試驗 시작. 동희東熙가 운다. 집에 가고 싶어서. 밤엔 서늘하다.

7월 11일. 맑다. 바람이 좀 분다. 이상돈李相敦 군君의 편지를 보다. 곳 답장答狀. 병륙秉陸이 편지를 보다. 그날 처妻의 일행이 무사히 도착到着하였다고.

7월 12일. 맑다 흐리다 하였다. 이희균李羲均, 이천규李天珪, 이원영李元榮 군君이 찾어오다. 김화진金龢鎭 군君이 『삼한습유三韓拾遺』를 가지고 왔다.

7월 13일. 흐리다. 이슬비가 좀 나리다. 초복初伏. 그다지 덥지는 않다. 여수麗水서 정삼영鄭三榮 군君이 편지를 했다. 『시조유취時調類聚』를 대금인환代金引換으로 보내게 해 달라고. 김화진金龢鎭 군君이 오다. 『삼한습유三韓拾遺』를 벗겨 달라고 백지白紙 두 권을 사 주었다.

7월 14일. 흐리다. 퍽 무덥다. 대예大豫 다전정지多田正知가 리본 시트론[4] 한 상자箱子를 보냈다.

7월 15일. 흐리다. 오후 2시 종업식終業式. 오후 10시 반 차車에 동희東熙를 정환晶煥이와 함께 여산礪山 본제本第로 보내다. 병륙秉陸이며 처妻에게 편지하다. 이한기李漢基 군君이 귀향歸鄕하겠다고 와서 본다.

7월 16일. 오전엔 흐리다. 금시에 비가 쏟아질 듯하다 만다. 누님과 같이 종로鐘路 최 모의 상점商店에 가서 작은 아버님 내외분內外分 수의壽衣ㅅ감을 뜨다. 진고개에 가서 어느 고서점古書店에서 『마씨문통馬氏文通』과 『북새기략北塞記略』 등等을 사 오다. 저녁에 하 박사河博士가 찾어오다.

7월 17일. 맑다. 무척 덥다. 성적成績 고사考査. 몸에서 땀이 흐른다. 오전에 학교 갔다가 오정午正에 나오다. 매헌梅軒이 오다.

7월 18일. 맑다. 무척 덥다. 성적成績 고사考査.

7월 19일. 맑다. 오전 10시 직원회職員會 — 성적成績 고사考査. 집에

4 '리본 시트론'은 1915년부터 판매한 일본의 레모네이드 탄산음료이며, 현 삿포로 맥주음료임.

서 편지가 오다. 동희東熙의 통신부通信簿가 오다. 수신修身, 일어日語, 산술算術, 체조體操의 점수點數가 좋지 못하다.

7월 20일. 맑다. 오전 10시 성적成績 발표. 문흥회文興會에 가다.

7월 21일. 맑다. 매헌梅軒이 하 박사河博士를 더불고 와서 미륵암彌勒庵을 나가자 한다. 미륵암彌勒庵에서 저녁을 먹었다.

7월 22일. 흐리다. 수도水道ㅅ바닥을 새로 수선修繕하다. 일ㅅ군 하나 더불고 반나잘이나 걸렸다. 오후부터 비가 온다. 소낙비다. 세멘트 발러 논 것이 비에 팡긴다. 비와 겨루며 여러 번을 곧혔다. 밤에도 간간間間 비가 온다.

7월 23일. 비. 음陰 6월 1일. 중복中伏. 이발理髮. 임병철林炳哲 군君이 찾어오다.

7월 24일. 맑다 흐리다 하다. 하 박사河博士 군君과 황학정黃鶴亭에 가서 놀았다. 건란建蘭 한 분盆을 사다. 십칠엽十七葉, 일경오화一莖五花. 청향淸香 만실滿室. 그리고 새순이 또 여섯이나 나온다.

7월 25일. 맑다. 오전 8시, 조선어학회朝鮮語學會(수표교 교육협회관水標橋敎育協會館)에 가니 한 사람도 없다. 30분 지나서야 김선기金善基, 최현배崔鉉培 군君이 온다. 또 30분을 지나도 회원會員이 다 오든 않었다. 조선어철자법통일안朝鮮語綴字法統一案 토의회討議會는 갑작이 처소處所를 변경變更하여 동소문 밧 화계사華溪寺로 가기로 한다고. 나는 진고개로 하여 문흥회文興會를 거쳐 집으로 왔다. 여산礪山ㅅ집에 편지를 써보냈다. 이상돈李相敦 군君에게도 답장答狀. 오후 5시 옷 보퉁이를 들고 수표교 교육협회관水標橋敎育協會館으로 가서 자동차自動車를 타고 화계사華溪寺(고양군高陽郡 숭인면崇仁面 수유리水踰里)로 갔다. 무넘이 동네서 삼마장三馬場이다. 조고마한 산山골짜기, 제법 숲도 시내도 바위도 있는 심수深邃하고도 유아幽雅한 곧이다. 집들도 깨끗하고 간간間間 수각水閣도 있는데 기생妓生ㅅ집, 요리料理ㅅ집이 법당法堂 옆에 있는 것만은 웃으운 일이다. 기생妓生의 노래ㅅ소리, 장고ㅅ소리가 그 염불念佛 소리, 목탁木鐸 소리와 섞여 일종一種 이상한 교향交響이 들릴 때, 대자비大慈悲하신 부처님은 어떠케 녀길는지 모르되 나는 불쾌不快한 늣김이 날 뿐이다. 동행同行은 최현배崔鉉培, 김선기金善基, 이윤재李允宰, 정인섭鄭寅燮, 이희승李熙昇, 이탁李鐸, 김윤경金允經. 화계사華溪寺 입구入口에 있는 유태화 가劉泰和家 태화원泰和園 이층二層 집에서 합숙. 저녁엔 그 절 위 수각水閣에 가서 고담회古談會를 하다.

7월 26일. 맑다. 오전엔 한담閑談. 오후에 신명균申明均, 정열모鄭烈模, 이세정李世楨 군君이 오다. 그 절 위 조고마한 폭포수瀑布水에 가서 목욕沐浴. 3시 — 6시는 회會를 하다. 향덕원香德院이라고 써 붙인 그 이층二層 루樓 위에서.

7월 27일. 흐리다. 애류崖溜가 오다. 오후에는 비가 오다. 이강래李康來 군君도 오다. 토의회討議會는 8시간間을 하되 오전 오후로 갈러서 하기로 하다. 저녁에 영산방詠山房(수각水閣)에 가서 두 게집애가 「죽지사竹枝詞」를 배우는 걸 들었다.

7월 28일. 오전에 흐리다. 애류崖溜는 새벽 갔다. 이갑李鉀 군君이 오다. 오후부터 큰비가 오기 시작. 앞내가 퍽 불었다. 이층二層 위에는 문門 안에 마츰 놀러온 상인商人 한 축(10여 인十餘人에 기생妓生은 둘)이 있다. 장고ㅅ소리, 놀애ㅅ소리, 비ㅅ소리, 시내ㅅ소리에 우리는 서로 하는 말ㅅ소리도 아니 들린다. 그 위ㅅ절 마루방으로 가서 회會를 하다. 밤에도 비. 폭우暴雨다.

7월 29일. 비. 오후엔 좀 개였다. 이층二層에서 노든 이는 모다 발섭을 하고 떠났다. 오날은 오후엔 좀 일즉 폐회閉會하고 일동一同이 그 시냇물을 따라 그 위 좁은 골 송림松林 속으로 올라 삼성암三聖庵(홍승억洪承億 심제액心齊額)을 찾어보았다. 이 암자庵子 뒤엔 세 봉오리가 우뚝 솟았는데 그 중앙中央에의 건 석가봉釋迦峯, 그 좌左엔 관음봉觀音峯, 우右엔 미륵봉彌勒峯이라 한다. 삼성三聖이란 이름도 이걸 의미意味한 것이다. 좌우左右로는 맑고 찬 샘물이 흐르고 숲은 잔뜩 깃었다. 썩 한적閑寂한 곧이다. 남승男僧이 셋 있다. 둘은 노인老人, 하난 청년靑年. 그 알에ㅅ절에서 다달이 쌀 한 말씩 갖다 먹는다 한다. 우리는 그 좌左편 칠성각七星閣 뒤의 약수藥水를 마시고는 돌아오다. 사방공사沙防工事를 하여 놓은 그 우右편 산山ㅅ봉오리로 올라, 풍경風景을 바라보다. — 조고마한 봉과 골짜기며 골짜기마다 다복다복 깃은 나무숲이며 그 앞으로 열리는 푸른 들과 번번한 물이며, 반쯤 구름에 가려 있는 먼 산山들. 그중에도 사방공사沙防工事의 가느란 곡선曲線들을 그어 놓은 조고마한 오몰조몰한 산山기슭, 산山ㅅ줄기들이 더욱이 아름답게 묘하게 보인다. 또 밤에도 비가 오다.

7월 30일. 맑다. 이상춘李常春 군君이 오다. 계동桂洞ㅅ집에서 윤석희尹錫姬 편지가 오다. 28일. 밤ㅅ비에 집이 새어 다락이 흙물 버무리가 되고 기타其他 손해損害가 많다고 곳 돌아오라고.

7월 31일. 맑다. 오후에 소낙비 세 줄금이 지냈다. 뇌성雷聲 벽력霹靂. 대웅전大雄殿 앞에서 일동一同 촬영撮影. 오후 6시 나는 이갑李鉀, 이세정李世楨 군君과 같이 떠나다. 무넘이로 하여 창동역倉洞驛으로 갔다. 10리十里나 걸었다. 길은 좋다. 한 시간ㅅ동안 기다려 차車를 타고 청량리역淸凉里驛에서 나리다. 전차電車를 타고 오다. 이갑李鉀 군君과 종로鐘路 네거리에서 나려 화신식당和信食堂에 들어갔다. 9시 반이다. 양식洋食 하나를 청請했다. 한편에선 식탁食卓을 친다. 우리 둘만이다. 집에 드니 누님이 왔다. 집은 좀 새였으나 손해損害는 그다지 없다.

8월

8월 1일. 맑다. 김상기金庠基 군君이 왔다. 오후엔 소낙비가 지났다. 고창高敞 누님 편지를 보다. 난초蘭草는 또 일경오화一莖五花가 피어지는 놈도 있다.

8월 2일. 새벽에 집웅에 올라가 기아ㅅ장을 때우다. 오후엔 비가 오다. 체부동體府洞 누님이 와 잤다.

8월 3일. 비. 종일終日 비. 오후 9시 반에 비를 무릅쓰고 어머님과 처妻와 동희東熙, 한희漢熙, 경희京熙, 종희宗熙, 순희順熙가 왔다. 경성역京城驛에서 정지용鄭芝溶 군君을 맞나, 자동차自動車를 주선周旋해 주어 타고 가회동嘉會洞까지 와 내렸다고. 각 지방各地方엔 폭풍우暴風雨의 손해損害가 다대多大하다는 호외號外가 연첩 온다.

8월 4일. 흐리다. 이병도李丙燾 군君을 찾어보다.

8월 5일. 흐리다 맑다 한다. 노성魯城 내종매內從妹가 오전 9시 차車에 떠나다. 매헌梅軒이 오다. 저녁에 다전정지多田正知 군君이 찾어오다. 가사歌詞에 대한 몇 가지 질문質問에 대답해 주었다.

8월 6일. 흐리다가 맑다. 다전多田 군君을 찾어보다. 「산유화가山有花歌」 일절一節를 주다. 학교에 가다. 유길상劉吉相 군君이 등사謄寫해 논『관서악부關西樂府』,『호남악부湖南樂府』를 가조다. 병국炳國이가 왔다. 강습講習을 내일來日부터 한다고.

8월 7일. 흐리다. 고창高敞 누님께 편지하다. 임보환林普桓 군君께 편지하다. 병륙秉陸이에게 엽서葉書.

8월 8일. 입추立秋. 흐리다 소우小雨. 김천고보金泉高普, 정열모鄭烈模 군君께 편지하다. 김화진金龢鎭 군君이 오다. 송신용宋申用 군君이 오다. 숭인동崇仁洞 고학당苦學堂에 가서 이중화李重華 씨를 맞나고 정계섭鄭啓燮 군君을 찾어보고 같이 와, 백지白紙를 두 권을 사 주고 『해동문헌총목록海東文獻總目錄』를 등사謄寫케 하다.

8월 9일. 흐리다 맑다. 김건영金健榮 군君이 오다. 매헌梅軒과 김병룡金秉龍 군君을 찾어보다. 병국炳國이가 와 본다.

8월 10일. 맑다 흐리다. 임보환林普桓 군君의 엽서葉書를 보다. 하 박사河博士와 진고개를 갔다. 백양관白楊館에서 점심點心 먹고 우미관優美館 활동사진을 보다. 활동사진活動寫眞은 시시하다. 김화진金龢鎭 군君이 오다. 『삼한습유三韓拾遺』를 다 등사謄寫해 가조다. 6원六円을 주었다. 난초蘭草 꽃이 핀다. 향기香氣가 퍽 유혹誘惑케 한다. 소우小雨.

8월 11일. 소우小雨. 장발張勃 군君이 오다. 『가톨릭청년靑年』 제3호第三号를 보다. 『두시언해杜詩諺解』 9九, 10十 권卷을 그 활자본活字本과 대준對準을 해 보다. 병국炳國이가 와 저녁을 먹고 10시 반 목포행木浦行 차車로 떠났다.

8월 12일. 말복末伏. 흐리다 맑다. 임보환林普桓 군君의 편지며 시조時調 창법唱法 설명서說明書를 보다. 유년수柳年秀 군君이 오다.

8월 13일. 비. 『두시언해杜詩諺解』 9九, 10十 권卷의 대준對準을 맞히다. 대청소大淸掃.

8월 14일. 소낙비. 김선기金善基 군君이 화계사華溪寺서 박인 사진寫

眞을 가지고 오다. 고서古書들을 내보이고 담화談話를 했다. 동아일보東亞日報 기자記者 고형곤高亨坤 군君이 찾어오다. 『신동아新東亞』 10월호號에 「삼국무협전三國武俠傳」을 써 달라고. 정열모鄭烈模 군君 편지가 오다.

8월 15일. 소낙비. 황희돈黃羲敦 군君을 찾다. 시골 갔다고. 『두시언해杜詩諺解』를 환완還完. 이발理髮. 김영완金永完 군君을 찾어 본다. 학교도 가 보다. 고창高敞 조 형趙兄 편지가 오다. 김화진金龢鎭 군君이 김병업金秉業 씨氏와 같이 오다.

8월 16일. 맑고 서늘하다가 흐리고 무덥다. 다전정지多田正知, 찬 군燦君을 찾어 보고 찬 군燦君과 같이 장현식張鉉植 군君을 찾어 보고 점심點心도 먹고 담소談笑. 김낙순金洛淳 군君을 찾어보고 저녁을 먹다.

8월 17일. 비. 오후엔 흐리고 무덥다. 두계斗溪 집에서 김상기金庠基을 맞나다. 조선역사朝鮮歷史에 대하여 담론談論.

8월 18일. 소우小雨. 장지영張志暎 군君을 찾어보고 애류崖溜를 찾어보다. 문흥회文興會는 정지停止하겠다고 최선익崔善益 군君이 말했다 한다. 가랑비를 맞으며 돌아오다.

8월 19일. 비. 김성수金性洙 군君을 찾었다 못 맞나 보다. 학교에 가서 장발張勃 군君과 정지용鄭芝溶 군君을 맞나 보다. 오후 한 시에 문흥회文興會에 가다. 장지영張志暎 군君만 와 있다. 애류崖溜는 와 단여갔다고 한다. 비가 줄줄 쏟아진다. 두어 시간 담화談話하다가 돌아오다. 정계섭鄭啓燮 군君이 『해동문헌총목록海東文獻總目錄』을 다 벗겨 가지고 왔다. 이병도李丙燾 군君에게 가지고 가서 뵈었더니 아니 벗기겠다고. 정鄭과 같이 저녁을 먹다. 4원四円을 또 주었다. 『삼한귀감三韓龜鑑』을 또 벗겨 달라고 맡겼다.

8월 20일. 종일終日 비. 집이 또 샜다. 『가톨릭청년靑年』의 원고原稿를 쓰다.

8월 21일. 비가 좀 오다. 김화진金龢鎭 군君이 오다. 김병업金炳業 씨가 오다.

8월 22일. 맑다. 한남서림翰南書林을 가 보다. 『기문총화記聞叢話』 두 권을 사다. — 3원三円. 저녁에 매헌梅軒을 찾어보고 같이 나서 하 박사河博士를 찾어보았다. 정열모鄭烈模 군君, 조趙 군수郡守 형兄, 신명균申明均, 임보환林普桓 군君께 편지하다.

8월 23일. 맑다. 문선옥文選屋에서 『조선명신록朝鮮名臣錄』을 사 오다. 자세仔細히 조사調査해 본즉 중간中間 두어 장은 딴 것이다. 이상돈李相敦 군君 편지가 오다.

8월 24일. 맑다. 새벽에 집웅에 올라, 기앗장을 때우다. 진고개 문광당文光堂에서 가서 『조선명신록朝鮮名臣錄』 제1권第一卷을 사다가 오착誤錯된 장을 채우다.

8월 25일. 구름 끼다. 문광당文光堂에 가서 『조선어사전朝鮮語辭典』을 바꾸어 오다. 바꾸어 온 것은 그 편찬編纂의 경과經過 급及 해제解題가 부록附錄되어 있다. 조운曺雲 군君의 편지를 보다.

8월 26일. 흐리다. 비가 좀 오다. 퍽 무덥다. 애류崖溜를 찾어보다. 소주燒酒를 과음하다. 밤에 복통腹痛. 설사泄瀉.

8월 27일. 종일終日 비. 구미口味가 없고 두통頭痛이 좀 난다. 병륙秉陸의 편지가 오다.

8월 28일. 흐리다 맑다. 변일섭邊日燮 군君이 오다. 조운曺雲, 이상돈李相敦 군께 답장答狀.

8월 29일. 맑다. 하 박사河博士의 이사移舍한 계동桂洞ㅅ집을 찾어보다. 종로鐘路 광창지점廣昌紙店과 한남서림翰南書林을 가 보다.

8월 30일. 소낙비. 효자동 52五二 윤교순尹敎舜을 가 보고 이남도李南度가 맡겨 둔 갑동甲洞 산판山坂 소송訴訟 서류書類를 추심推尋하였더니 남도南度의 영수증이 있어야 주겠다 한다. 돌아와 학교에 가 보니 남도南度의 편지며 영수증이 와 있다. 신창호申昌鎬 시겨 두 번이나 찾으러 보냈더니 출타出他 부재不在. 김병업金炳業 씨, 김화진金龢鎭 군君이 오다. 병업炳業 씨가 『가곡원류歌曲源流』를 가져갔다. 다전정지多田正知 군君이 『졸고천백拙藁千百』을 가조다. 변일섭邊日燮 군君이 오다. 같이 숭이동崇二洞 찬 군燦君을 찾었다 맞나지 못 하다. 변 군邊君과 저녁을 먹다. 퍽 무덥다. 체증滯症이 있어 신기神氣가 낫브다.

8월 31일. 학교에 가 출석부出席簿 정리整理. 직원회職員會. 김선기金善基 군君이 오다. 갑동甲洞 산판山坂 소송訴訟 서류書類를 찾어다 여산礪山 본제本第로 서류書留하여 보내다.

9월

9월 1일. 맑다. 오전 10시 시업식始業式.

9월 2일. 비. 오날부터 수업授業 시작. 내주來周 토요일土曜日까지는 40분 수업授業을 함.

9월 3일. 종일終日 비. 아츰에 황희돈黃羲敦 군君을 찾어 보고 『두시언해杜詩諺解』 세 권을 얻고 『누판고鏤板考』를 찾어오다. 광동서관光東書館과 박경소朴敬昭 서사書肆와 광창지점廣昌紙店과 화신상회和信商會 와 회동서관滙東書館을 찾어보다. 양호필羊毫筆 둘, 당묵唐墨 한 장,

백지白紙 다섯 권, 붓꽂이 한 개를 사 오다.

9월 4일. 비. 『졸고천백拙藁千百』을 벗기기 시작.

9월 5일. 흐리다. 하 박사河博士를 가 보다. 새로 이사移舍 온 계동桂洞ㅅ집으로, 매헌梅軒이 오다.

9월 6일. 맑다.

9월 7일. 맑다.

9월 8일. 맑다. 좀 무덥다. 두계斗溪를 보다. 이탁李鐸 군君의 편지를 보다.

9월 9일. 흐리다. 좀 무덥다. 임병철林炳哲 군君을 보다. 이창수李昌洙 군君이 오다.

9월 10일. 맑다. 「삼국무협전三國武俠傳」을 쓰다. 『신동아新東亞』의 원고原稿. 정계섭鄭啓燮 군君이 『삼한귀감三韓龜鑑』을 벗겨가지고 왔다. 2원二円을 주다.

9월 11일. 맑다. 무척 덥다. 학교로 다전정지多田正知 군君이 찾어오다. 한 시간 동안 내 교수敎授하는 것을 참관參觀한다. 같이 창덕궁昌德宮에 들어가 양궁椋宮으로 하여 창경원昌慶苑으로 가 도서관圖書館 사무실事務室에서 『속악가사俗樂歌詞』와 『해동악장海東樂章』(『가곡원류歌曲源流』)를 보다. 다시 창덕궁昌德宮의 금호문金虎門으로 나와서 아악부雅樂部에 가서 함화진咸和鎭 군君과 가곡歌曲에 대한 문답問答이 있었다.

9월 12일. 비. 종일終日 오다. 밤에도 쏟어진다. 안방 천장이 또 새다.

9월 13일. 비는 그치고 흐리다. 이발理髮. 집웅에 올라가 기아ㅅ장을 때우다. 윤지병尹芝炳 군君이 오다. 고대古代 무용舞踊에 대하여 조사調査해 달라고. 김화진金龢鎭 군君이 오다. 백지白紙 28二十八 장張과 『해동이적海東異蹟』을 맡어 갔다.

9월 14일. 맑다. 하 박사河博士를 가 보다.

9월 15일. 맑다. 직원회職員會, 수학여행修學旅行의 지방地方과 일자日字를 작정作定. 이극로李克魯 군君을 찾아갔다가 못 보다. 정계섭鄭啓燮 군君을 보다.

9월 16일. 맑다. 무덥다. 매헌梅軒이 오다. 같이 하 박사河博士를 가 보다.

9월 17일. 맑다. 광동서관光東書館에 『진연의궤進宴儀軌』(임인壬寅, 4권四卷 1질一帙)를 가조다.

9월 18일. 맑다. 동풍東風. 숙직宿直

9월 19일. 동풍東風. 비. 두계斗溪를 보다.

9월 20일. 맑다. 다동茶洞 하규일河奎一 씨를 찾아갔다 못 보다. 이병도李丙燾 군君과 함께 김성수金性洙 군君 집 조상弔喪을 갔다. 그 양부養父 상喪.

9월 21일. 맑다. 찬 군燦君을 찾아보다. 어제 그 처상妻喪을 당했다. 목촌木村이에게 엽서葉書를 보내다. 『대동금석서大東金石書』, 『고려사절요高麗史節要』의 예약豫約을 해약解約.

9월 22일. 맑다. 성북동城北洞 미륵당彌勒堂에 가다. 조한교원회朝漢教員會. 장지영張志暎 군君은 왔다 가고 이승규李昇圭, 황희돈黃羲敦, 김승렬金承烈, 김극배金克培 군君이 모였다. 찬燦 군君을 찾아보다.

9월 23일. 맑다. 광창지점廣昌紙店의 외상조外上条를 다 주고 양사養士골 가서 정계섭鄭啓燮 군君을 보고 신태악辛泰嶽 군君을 보다. 조선인쇄주식회사朝鮮印刷株式會社 적기참보赤崎參輔에게 『대동금석서大東金石書』, 『고려사절요高麗史節要』의 해약解約을 통지通知하다.

9월 24일. 맑다. 병구秉矩를 찾아보고 그 뉘와 같이 장금화張錦花를 찾어보고 가무歌舞에 대하여 물어보았다. 장금화張錦花는 한 오십五十 되었다. 광무光武 때에 진연도감進宴都監을 두어 번 치르고 첩지帖紙와 옥관자玉貫子도 받었다고. 제가 추는 춤은 여덟 가지 — 무산향舞山香, 춘앵무春鶯舞, 무고舞鼓, 포구락抛毬樂, 쌍검무雙劍舞, 향령무響鈴舞, 승무僧舞, 사선무四仙舞. 열세 살부터 서울 와 있다 하면서도 아즉도 평양平壤 사토리가 남어 있다. 저녁에는 병구秉矩 모母와 같이 공평동公平洞 127一二七 황종순黃鍾淳을 가 보고 다시 후기後期를 두고 왔다. 경성역京城驛에 나가서 김성수金性洙 군君 형제兄弟를 보다. 오날 출상出喪. 장성長城 백양사白羊寺로 간다고. 이인영李仁榮 군君에게 편지하였다.

9월 25일. 맑다 흐리다 하였다. 방송부放送部에 「가요歌謠와 가을」의 원고原稿를 보내다.

9월 26일. 맑다 흐리다. 오후 5시 이상준李尙俊 군君과 같이 다동茶洞 조선권번朝鮮券番에 가 하규일河圭一 씨를 보다. 시조時調와 노래에 대하여 물어보았다. 남창男唱, 여창女唱의 엽葉과 결闋. 이인영李仁榮 군君의 편지를 보다.

9월 27일. 맑다. 정악전습소正樂傳習所를 갔더니 거긔 세 들어 사는 이가 죽었다 하여 수요회水曜會는 못하게 되었다. 수창동需昌洞에 가서 매헌梅軒과 김병룡金秉龍 군君과 오철호吳徹浩 군君을 맞나 보았다. 감기感氣가 들었다.

9월 28일. 맑다. 매헌梅軒과 취농翠儂이 왔다. 같이 저녁을 먹다. 오후 7시 반부터 8시까지 방송국放送局 제3방송실第三放送室에서 「가요歌謠와 가을」을 이야기하였다.

9월 29일. 새벽에 비 오고 저녁때 비 오다. 임시臨時 시험試驗. 정계섭鄭啓燮을 찾어보고 장지영張志暎 군君의 부탁하는 일을 말했더니 소료所料가 적다고 작파作罷하였다. 이인영李仁榮 군君에게 서류書留 편지를 보내다. 제3방송실第三放送室에서 어제와 같이 또 방송放送.

9월 30일. 흐리다. 오날은 방송放送을 맞히다. 다전 군多田君을 찾었다 못 맞나다. 황종순黃鍾淳을 찾었더니 아니 본다. 정구충鄭求忠 박사博士를 가 보고 김용익金容益의 일을 상의相議하다.

10월

10월 1일. 맑다. 황종순黃鐘淳을 찾었더니 또 아니 본다. 가무홀歌舞笏을 아니 뵈어 주려 함이다. 매헌梅軒과 취농翠儂과 애류崖溜와 같이 무악毋岳재로 하여 홍제원洪濟院을 거쳐 홍지문弘智門으로 들어 소림사小林寺에서 밥을 시겨 먹고 오다.

10월 2일. 맑다. 하 박사河博士를 가 보다. 정계섭鄭啓燮을 가 보고 서역書役을 맡기다.

10월 3일. 흐리다. 이인영李仁榮 군君이 편지며 사 보낸 『가곡보감歌曲寶鑑』을 보다.

10월 4일. 맑다. 추석秋夕. 이상돈李相敦 군君의 편지를 보다. 오후 9시 40분, 경성역京城驛에 가다. 생도生徒들은 거의 다 와 섰다. 장발張勃 군君, 정지용鄭芝溶 군君도 오다. 좀 있으니 이재훈李載壎, 김동형金東瀅 군君도 오다. 10시에 나는 차표車票를 사다. 다른 선생先生과 생도生徒는 정거장停車場 안으로 들어갔다. 10시 반 목포행木浦行 차車에 타다. 생도生徒는 2학년二學年 갑甲 을乙 병丙 합合 192百九十二 명名, 직원職員은 4인四人. 나는 밤새도록 한잠 못 자다.

10월 5일. 흐리다. 오전 5시 37분三十七分 논산論山 착着. 관촉사灌燭寺 미륵彌勒 구경을 가다. 관촉사灌燭寺에서 가지고 간 아츰밥들을 먹고 7시 반, 떠나다. 백제百濟 왕릉王陵에서 잠간暫間 쉬고 듬은듬은 떨어지는 비ㅅ방울을 맞으며 부여扶餘 읍내邑內를 들어갔다. 생도生徒들은 금성錦城, 남선南鮮, 부양扶陽, 대흥大興, 소화昭和 ― 다섯 여관旅館에 난우어 넣고 직원職員도 각각 그 여관旅館에 하나씩 가 있게 하였다. 나는 금성여관錦城旅館. 비는 줄줄 나린다. 군청郡廳에서 홍사준洪思俊 군君이 찾어왔다. 휘문徽文 졸업생卒業生 홍순룡洪淳龍 군君이 찾어왔다. 그는 지금 홍산鴻山 주재소駐在所에서 재근在勤하는 순사巡査. 마츰 부여扶餘 경찰서장警察署長이 전근轉勤 되어 전별차餞別次로 와 있다. 우리는 저녁에 부양여관扶陽旅館에서 그의 초대招待를 받었다. 그리고 나는 금성여관錦城旅館에서 그와 같이 잤다.

10월 6일. 비. 여관旅館 주인主人들을 불러 식비食費를 난워주고 오전 8시에 떠나다. 평제탑平濟塔, 진열관陳列館, 부소산扶蘇山, 유인원비劉仁願碑, 창고적倉庫跡, 영월대迎月坮, 송월대送月坮, 사자루泗沘樓, 백화정百花亭, 낙화암落花岩, 고란사皐蘭寺를 보고 낙화암 밑에서 사진寫眞을 박히고 게서 곳 배를 탔다. 배는 목선 세 척. 내가 탄 배는 위에는 판창, 좌우左右에는 유리창琉璃窓이 있어 비 와도 걱정은 없다. 때는 10시 반. 백마강白馬江 물이 불어서 배는 잘 간다. 부산浮山, 규암窺岩을 지나다. 비는 부슬부슬 나린다. 기러기 떼는 앞뒤에서 날은다. 오후 3시, 강경江景이에 닿았다. 비는 줄줄 나린다. 아무도 아니 나왔다. 일행은 그 진흙길에 푹푹 빠지며 좀 방황彷徨하였다. 정거장停車場 옆의 조일여관朝日旅館으로 가 물은즉 백홍기白洪基가 말해 둔 여관旅館이라 하며 오날 비가 옴으로 오실 줄은 몰랐다고 한다. 110百十 명名은 이 여관

旅館에 넣고 다른 선생先生들은 다 이곧에 있으라 하고 나는 남어지 생도生徒들을 다리고 그 안 시가市街로 들어가 김형선여관金炯善旅館을 찾었다. 김형선金炯善을 보고 여러 가지 말을 일르고 또 조일여관朝日旅館으로 오다. 선생先生들이 청요리淸料理를 먹자고 하여 다시 그 시내市內로 들어갔다. 저녁은 동화루同和樓에서 맞히고 김형선여관金炯善旅館을 둘러보고 식비食費을 주고 조일여관朝日旅館으로 왔다. 이 여관旅館에서는 섭섭하다고 술 한 상을 낸다. 오후 11시 51분五十一分 경성행京城行 차車에 타다. 직원職員, 생도生徒는 모다 쓸어져 잔다.

10월 7일. 오전 8시 경성역京城驛 착着. 비는 갓 개고 볕은 따뜻하게 난다. 정거장停車場에서 해산解散.

10월 8일. 흐리다. 두계斗溪 집에서 자산自山, 다전多田을 맞나다. 김상기金庠基 군君을 찾어보다. 저녁에 김성수金性洙 군君을 찾어보다. 밤 12시나 돌아오다. 달은 명랑明朗하다.

10월 9일. 맑다.

10월 10일. 맑다. 매헌梅軒 집에 가 취농翠儂도 맞나다. 같이 와 잤다. 신동아사新東亞社에서 원고료原稿料 7원七円, 가톨릭청년사靑年社에서 10원十円을 보냈다.

10월 11일. 맑다. 매헌梅軒 집에서 취농翠儂과 같이 저녁을 먹다. 김창현金昌鉉 군君께 편지하다.

10월 12일. 맑다. 동경東京 이상돈李相敦 군君, 홍산鴻山 홍순룡洪淳龍 군君, 부여扶餘 홍사준洪思俊 군君께 편지를 하다.

10월 13일. 맑다.

10월 14일. 맑다. 이병도李丙燾 군君 집에서 다전정지多田正知 군君를 맞나다. 조운曺雲 군君에게 편지하다.

10월 15일. 맑다. 오전 9시, 경성역京城驛에 나가다. 임리林里 김金ㅅ집이 떠나갔다. 궁정동宮井洞 1ㅡ, 함화진咸和鎭 군君을 찾어보고 수창동需昌洞 김병룡金秉龍 군君을 찾어보다. 취농翠儂이 오다. 같이 하 박사河博士 군君을 가보다.

10월 16일. 맑다. 조운曺雲 군君의 답장答狀을 보다.

10월 17일. 맑다. 아츰에 다전多田 군君을 찾었다 못 맞나다. 유길상劉吉相 군君의 초대招待를 받었다. 그 큰아들 혼인婚姻을 어제 지냈다.

10월 18일. 흐리다. 음산하다.

10월 19일. 흐리다. 음산하다. 아악부雅樂部를 가서 『국연정재창사초록國讌呈才唱詞抄錄』을 벗기다. 『진찬의궤進饌儀軌』나 『진연의궤進宴儀軌』에는 순한문純漢文으로 된 창사唱詞만 실리고 우리말로 된 노래는 「진언상잡고眞諺相雜故 부록附錄」이라 하여 경풍도慶豊圖, 만수무萬壽舞, 사선무四仙舞, 무애무無碍舞에 있는 노래 따위는 실리지 안했다. 이걸 알려고 기생妓生어미를 여러 번 찾어보고 이왕 진연進宴을 치룬 늙은 기생妓生도 찾어보고 늙은 악공樂工을 찾다. 괄대도 받고 악사樂師를 찾어보고 간절懇切히 청請도 하였든 것이다.

『졸고천백拙藁千百』을 다 벗겼다.

10월 20일. 맑다. 조운曺雲 군君이 오다.

10월 21일. 맑다. 아악부雅樂部를 가서 또 『국연정재창사초록國讌呈才唱詞抄錄』을 얻어보다. 한남서림韓南書林에 가서 『정해진찬의궤丁亥進饌儀軌』를 보고 정재呈才 몇 개를 초抄하고 『심청전沈淸傳』, 『홍길동전洪吉童傳』, 『홍보전興甫傳』 등等 몇 책册을 사 오다. 『졸고천백拙藁千百』을 다 벗기다.

10월 22일. 아츰부터 저녁까지 비가 오다. 장지영張志暎 군君을 찾어

보고 애류崖溜도 찾어보고 『낙하생고洛下生藁』, 『소화시평小華詩評』, 『물명고物名考』를 빌려 오다.

10월 23일. 맑다. 칩다. 조운曺雲 군君이 해주海州로 떠나가며 엽서葉書을 했다.

10월 24일. 맑다.

10월 25일. 맑다.

10월 26일. 맑다. 조운曺雲 군君 편지가 오다. 곳 답장答狀.

10월 27일. 맑다.

10월 28일. 흐리다. 이능화李能和 씨를 가 뵈다. 『해동악장海東樂章』을 얻어 오다.

10월 29일. 맑다. 진고개를 가서 여러 책사冊肆를 둘러 보았다. 『잠영보簪纓譜』 세 권을 사 오다. 저녁에 명월관明月館 본점本店에서 한글기념식記念式을 하였다. 이번에는 축사祝辭를 하는 이가 많았다.

10월 30일. 맑다. 양백화梁白華 군君이 오다. 월탄月灘 집에서 문인회文人會를 한다고.

10월 31일. 흐리다. 인희仁熙, 봉희鳳熙가 오다. 여산공보礪山公普 제6학년第六學年이 수학여행修學旅行을 왔다. 김대복金大福, 정창용鄭昌龍이 오다.

11월

11월 1일. 종일 비. 인희仁熙, 봉희鳳熙가 저녁차車로 떠났다. 정계섭鄭啓燮 씨가 오다.

11월 2일. 맑다. 저녁에 월탄月灘 박종화朴鍾和 군君 집에서 문인회文人會를 하다. 방인근方仁根, 김동인金東仁, 김동환金東煥, 김억金億, 유지영柳志永, 양건식梁建植, 이승만李承萬, 월탄月灘.

11월 3일. 맑다. 물이 얼다. 정계섭鄭啓燮 씨를 가 보고 오후에는 장지영張志暎 군君 찾어갔다 못 맞나고 경성역京城驛을 가 보니 3시 25분에 온다든 조운曺雲 군君은 아니 온다.

저녁에 임병철林炳哲 군君이 오다. 문예文藝의 이야기를 하다가 임林군君이 습작習作한 단편소설短篇小說 한 편篇을 청독聽讀하고 평評했다. 조운曺雲 군君이 왔다. 11시나 되었다. 자려고 새 방으로 요를 내려갔다. 어머님께서 무슨 말슴을 하시는데 나는 잠ㅅ고대로만 들었었다.

11월 4일(계유癸酉 9월 17일). 잠ㅅ결에 들은즉 어머님께서 "동희東熙야." 부르신다. 또 "동희東熙야." 부르신다. 두 번채 부르시는 소리는 좀 이상스러웠다. 깜짝 놀래어 나아가 본즉 내의內衣만 입으신 채 입울, 요를 다 버리고 무슨 번열증煩熱症이 나신 것 같이 누우셨다.

"자정子正까지 두통頭痛이 나, 잠 한잠 못 자고 자정子正 뒤에야 조꼼 잤다."

"네가 아까 책冊을 가지러 왔을 때, 머리가 아프다 해도 모르더라."

"나를 좀 일으켜라. 다리를 움즉일 수가 없다."

하신다. 어머님을 일으켜 허리를 잡고 있으니 토사吐瀉를 시작하신다. 곳 처妻를 불러들이다. 어머님은 어룰하신 말슴으로,

"내가 모르게 오좀을 누었다. 이러고는 늙은이가 죽는 것이다. 너를 볶아 먹으려고 그런다. 병륙秉陸이, 병륙秉陸이. 시골을 나려가자."

하시고 또 토吐하신다. 영신환靈神丸 다섯 개를 깨틀어 넣어 들였다. 조곰 있다가 또 토吐하시고 헛소리를 하신다. 또 생강즙生薑汁에 영신

환靈神丸을 떠 넣어 들였다. 또 토吐하신다. 때는 오전 1시. 처妻더러 어머님 옆에 떠나지 말라 하고 어멈 시켜 불을 더 때라 하고 나는 의사醫師를 부르러 나섰다. 홍제병원洪濟病院에 갔더니 유홍종劉洪鍾은 관격關格되어 앓는다 하고 경원당약방慶元堂藥房에 갔더니 장남계張南溪는 그 별가別家에 가 잔다 하고 이병우李炳宇 군君을 찾었더니 개성開城을 갔다 한다. 돌아와 본즉 벌서 의식意識을 잃으시고 담성痰聲이 끓는 숨ㅅ결에 간간間間 토吐하시고 혹은 숨ㅅ결이 막히기도 하고 가는 숨을 쉬기도 하신다. 또 의사醫師를 부르러 나섰다. 임명재병원任明宰病院에 갔더니 시외市外 왕진往診을 갔다 하고 오박사병원吳博士病院에 갔더니 외출外出을 하였다 한다. 비는 온다. 다시 홍제병원洪濟病院을 가서 애걸복걸哀乞伏乞하였더니 곳 오겠다 하며 먼저 가라고. 나는 먼저 왔다. 퍽 기다렸다. 다시 사람을 보냈다. 오전 8시다. 유홍종劉洪鍾이가 왔다. 진찰診察. 뇌출혈腦出血(중풍中風). 주사注射. 관장灌腸. 아무 효력效力이 없다. 조운曺雲 군君을 시겨 집에 전보電報 — 모친母親 병세病勢 위급危急. 9시. 날은 맑다. 담성痰聲이 끓다 버큼만 토吐하고 숨이 끝이신다. 다시 집에 전보電報. 운 군雲君과 창호昌鎬를 시겨 시상판屍床板을 사다가 수세를 걷우어 모셨다. 몇 군대 부고訃告를 써 보냈다. 운 군雲君은 홍제병원洪濟病院, 경성부청京城府廳, 경성역京城驛, 중앙장의사中央葬儀社에 보내어 운구運柩할 일을 교섭交涉케 하였다. 오후부터는 조상弔喪이 온다. 나는 허리가 몹시 아프다. 오후 9시 반 아버님, 병륙秉陸, 병룡秉龍 두 아우, 종자從姊, 듯재 제수弟嫂가 왔다. 김낙중金洛重 부인婦人이 왔다.

11월 5일. 맑다. 조객弔客이 오다. 의지를 사다가 가염습假殮襲을 하였다. 추기醜氣가 좀 돈다. 종희宗熙가 앓는다. 아주 무기無氣하다. 간간間間 토사吐瀉. 저녁에 다리고 여러 의원醫院에 갔으나 의사醫師는 하나도 못 맞났다. 영구靈柩 자동차自動車는 중앙장의사中央葬儀社ㅅ것을 맞췄다. 여산礪山 신막新幕까지 가기로 하고 결가决價 60원六十円. 안흥상점安興商店 주인主人을 불러 포목布木 등等을 떠 오고 배오개장에서 과실果實을 사 오다. 아버님께서는 동희東熙를 다리시고 밤 10시 반 차車로 떠나셨다. 저녁엔 비가 좀 온다.

11월 6일. 맑다. 북풍北風이 불어 꽤 칩다. 오전 6시에 병륙秉陸, 병룡秉龍 두 아우와 같이 영구차靈柩車에 어머님 관棺을 모시고 짐을 실고 떠나다. 조객弔客들이 와 전송餞送한다. 집은 운 군雲君과 낙중洛重 부인婦人께 맡기다. 처妻와 종희宗熙, 한희漢熙, 경희京熙며 종자從姊, 제수弟嫂의 일행은 오전 9시 10분 차車로 떠나게 하였다. 영구차靈柩車는 사뭇 경부선京釜線을 따라 달아난다. 소정리小井里 가서 좀 쉬었다. 운전수運轉手와 조수助手에게 술 사 먹으라고 돈 1원壹円을 주었다. 예서 철도鐵道와 갈리어 산山으로 20리二十里를 들어가 차령車嶺고개를 넘어 공주公州를 지나, 노성魯城 땅에 이르러 좀 빵크가 났다. 다시 곧혀 가지고 논산論山 와서 점심點心을 먹이고 오후 2시 15분에 여산礪山 새술막에 다달았다. 친척親戚와 동내洞內 사람들이 상여喪輿를 꿔며 놓고 있다. 관棺을 옮겨 모시고 짐을 끄내고 영구靈柩 자동차自動車는 돌려 보내다. 돈 삼 원円을 운전수運轉手에게 주었다. 나는 힌 등을 타고 상여喪輿 뒤를 따라 집에 들었다. 아버님과 처妻의 일행도 무사無事히 왔다. 노성魯城 왕전리旺田里 뉘가 왔다. 조객弔客들이 온다. 강경江景에서 또 홍성興成을 해 오다. 조석朝夕을 같이 하는 이가 수백數百 명名.

11월 7일. 맑다. 생송生松으로 관棺을 째운다. 날은 따뜻하다. 운 군雲君과 고창高敞 조 형趙兄에게 무사無事 반구返柩의 전보電報를 쳤다.

왕전리旺田里 김 서방金書房이 왔다.

11월 8일. 입동立冬. 맑다. 관棺에 생칠을 칠하다. 네 번이나. 오후 세 시 개염改殮. 입관入棺. 성복成服. 날은 따뜻하다. 운 군雲君의 편지가 오다.

11월 9일. 맑다. 내구內舅, 외구外舅가 오셨다. 종희宗熙가 또 무짐치 줄거리에 체滯했다. 여산礪山 공의公醫에게 가 뵈고 약藥을 썼다. 아버님께서는 찬물내기 뒷산山에 올라가셔 산역山役을 감독監督하시다 촉랭觸冷하시어 몸살이 나셨다. 오한惡寒. 번열煩熱. 중통重痛. 불환금정기산不換金正氣散과 패독산敗毒散을 썼다.

11월 10일. 계유癸酉 9월 23일. 맑고 따뜻하다. 오전 10시 발인發靷. 찬물내기 뒷산山 기설旣設 묘지墓地에, 장례葬禮를 모시다. 오후 1시 하관下棺. 4시에 반혼제返魂祭. 화평花坪 유 형柳兄이 오다. 회장會葬 온 이가 삼백여 명. 고창高敞 조 형趙兄과 누님이 오다. 저녁에 초우제初虞祭.

11월 11일. 맑다. 아츰에 재우제再虞祭. 조 형趙兄과 누님과 세 아우와 가치 산山에 올라 성묘省墓. 아버님께서는 평복平復되시다. 외구外舅께서는 떠나셨다. 운 군雲君의 편지가 오다. 운 군雲君에게 편지를 붙이다.

11월 12일. 맑다. 아츰에 삼우제三虞祭. 내구內舅께서 떠나시다. 성묘省墓. 왕전리旺田里 김 서방金書房이며 화평花坪 유 형柳兄도 떠나다. 경희京熙도 평복平復되었다.

11월 13일. 맑다. 조 형趙兄과 누님도 떠나다. 성묘省墓. 작은어머님을 가 뵈다. 대부大父 댁宅에서 술을 준다.

11월 14일. 맑다. 성묘省墓. 작은어머님 댁宅에서 점심點心을 먹다.

11월 15일. 새벽에 비가 좀 오다 말고 맑었다. 오전 8시 동희東熙, 한희漢熙, 경희京熙를 다리고 자동차自動車로 여산礪山을 떠나다. 30분만에 강경江景 착着. 김건수金建洙 군君을 맞나다. 11시 26분차車 발發 — 12시 55분 대전太田 착着. 회덕여관懷德旅館에서 점심點心. 이발理髮. 오후 4시 57분차車 발發. 8시 55분 경성京城 착着. 운 군雲君, 창호昌鎬, 복례福禮가 와 기다리고 있다. 집에 드니 매헌梅軒이 와 있다. 김동수 군金同洙君에게 엽서葉書를 붙였다.

11월 16일. 맑다. 여산礪山 편지를 하다. 정계섭鄭啓燮 씨가 오다. 찬 군燦君과 이병도李丙燾 군君이 오다. 안흥상점安興商店 포목布木 값을 갚아 주다.

11월 17일. 맑다. 운 군雲君에게 전보電報가 왔다. 그 처남妻男 노준魯俊이 목포木浦에서 죽었다고 곳 오라고. 김주金珠 군君이 오다. 양건식梁建植 군君과 김화진金龢鎭 군君과 매헌梅軒이 오다. 홍제의원洪濟醫院 약가藥價를 치루다. 운 군雲君과 백화白華와 같이 저녁 먹다. 운 군雲君이 밤 10시 반 차車로 영광을 향向하여 떠나다. 경성역京城驛에까지 나가 보다. 운 군雲君 자당慈堂에게 방문주方文酒 한 병甁을 보내다. 다전정지多田正知 군君이 과자菓子 한 상자箱子를 보냈다.

11월 18일. 맑다. 오전 8시 반에 학교에 가서 두 시간 수업授業. 오장환吳章煥, 김두수金斗銖, 한종석韓鍾錫이가 오다. 김병업金炳業 씨가 오다. 조운曺雲 군君에게 엽서葉書며 소포小包(저고리, 고의)를 보내다.

11월 19일. 맑다. 저녁때 흐리다. 저녁에 비. 김연익金然翊 씨, 이능화李能和 씨, 정구철鄭求哲 군君, 이병도李丙燾 군君, 다전정지多田正知 군君, 황희돈黃羲敦 군君, 이상준李尙俊 군君, 한징韓澄 군君, 한홍韓洪 군君, 정진태鄭鎭泰 군君이 오다.

김연익金然翊 씨는 『소화시평小華詩評』을 다 벗겨 왔다.

11월 20일. 비가 좀 오다. 밤 8시 55분차車에 처妻와 종희宗熙가 온다. 동희東熙, 한희漢熙, 경희京熙, 복예福禮, 창호昌鎬를 다리고 경성역京城驛에 나갔다. 나는 입장권入場券을 사 가지고 들어가 기다렸다. 한 10분 동안. 창호昌鎬에게 짐은 맡기고 우리는 전차電車로 돌아왔다.

11월 21일. 소낙비. 동희東熙가 앓는다. 열熱이 높고 헛소리를 한다. 홍제의원에 가 보이고 약藥을 먹였다. 정계섭鄭啓燮 씨며 장지영張志暎 군君이 오다.

11월 22일. 맑다. 운 군雲君의 편지를 보았다. 조용해趙龍海 군君 편지며 1원壹円 상체相替가 왔다.

11월 23일. 맑다. 동희東熙가 오한惡寒 번열煩熱. 유홍종劉洪鍾을 다려다 보이다. 체온體溫은 39도三九度 5분五分 오후 2시 반. 체온계體溫計를 얻어다 밤새도록 두 시간 걸러 검온檢溫해 보았다. 10시 반에 37도三七度로 나려 12시 반부턴 36도三六度 34분三四分로 계속繼續하였다. 무슨 중병重病이나 아닌가 퍽 염려念慮된다. 유년수柳年秀 군君, 김영완金永完 군君, 이광종李光鍾 씨氏, 애류崖溜가 오다. 정구철鄭求哲 군君, 김병룡金秉龍 군君이 오다. 매헌梅軒이 도각刀刻 해형수선화蟹形水仙花며 백사기분白砂器盆을 사 가지고 왔다.

11월 24일. 맑다. 동희東熙는 열熱이 식었다. 유홍종劉洪鍾 군君이 단여갔다. 김규창金奎昌 씨가 오다. 동희東熙가 저녁에 녹두죽綠豆粥을 좀 과식하고 열熱이 올라 38도三十八度 45분四五分.

11월 25일. 맑다. 동희東熙는 오전 7시에 열熱이 40도四十度 1분一分. 처妻를 홍제의원에 보냈다. 동희東熙는 대변大便을 보고 나서 열熱이 3분三分쯤 감減했다. 금계납金鷄納을 먹였다. 오후에는 38도三十八度 급지及至 37도三十七度로 계속타가 12시에는 35도三十五度 6분六分. 매헌梅軒이 수선화분을 또 가지고 왔다. 같이 하 박사河博士를 찾어보다.

11월 26일. 맑다. 동희東熙는 체온體溫이 오전 6시엔 35도三十五度 5분五分, 9시엔 36도三十六度 1분一分, 오후 3시엔 36도三十六度 1분一分. 금계납金鷄納은 오날도 먹였다. 그리고 아즉 우유牛乳와 눌은밥만 먹이다. 족숙族叔 신信 씨와 족형族兄 병로秉魯 씨가 오다. 김승렬金承烈 군君이 오고 이중건李重乾 군君, 신명균申明均 군君이 오다. 한남서림翰南書林 김동규金同圭 군君이 오다.

11월 27일. 맑다. 동희東熙는 낫었다. 저녁에 김승렬金承烈 군君이 와서『완당간첩阮堂簡帖』을 모摹하여 갔다. 다전정지多田正知 군君이 오다.

11월 28일. 맑다. 이갑李鉀 군君이 찾어오다. 그 형兄 탁 군鐸君이『원각경언해圓覺經諺解』를 사 달라고. 병륙秉陸에게 편지를 하다.

11월 29일. 맑다. 저녁에 김병룡金秉龍 군君을 가 보고 27원二十七円을 주고『원각경언해圓覺經諺解』를 동아일보사東亞日報社 이갑李鉀 군君에게 보내 달라고 하였다. 매헌梅軒도 찾어 보았다.

11월 30일. 맑다. 대전太田 이창구李昶求 군君의 편지가 왔다. 부의賻儀 2원二円. 조용해趙龍海 군君, 조운曺雲 군君, 이창구李昶求 군君에게 편지를 하다. 김동규金同圭 군君이 오다. 이병도李丙燾 군君 문일평文一平 군君을 보다.

12월

12월 1일. 맑다. 김동수金同洙 군君에게 엽서葉書. 복례福禮가 간다는 기별.

12월 2일. 맑다. 영태상회英泰商會에서 함흥탄咸興炭 반半 둔屯을 들여 오다. 아악부雅樂部에 가서 하규일河圭一 씨와 함화진咸和鎭 군君을 보고 『원부사怨夫詞』를 벗겨 오다. 저녁에 이상붕李相鵬, 박동근朴東根 군君이 찾어왔다. 이상돈李相敦 군君의 편지가 오다.

12월 3일. 비. 저녁에 연산 임리林里 산다는 김영수金永洙라는 청년青年이 찾어오다. 김창호金昌鎬 군君의 당질堂姪인데 창현昌鉉 군君이 찾어가 뵈랐다고.

12월 4일. 맑다. 오전 9시 10분 차車로 박복례朴福禮가 떠나갔다. 제어미가 오라고 하여 보냈다. 15원十五円을 주다. 다전정지多田正知 군君이 찾어오다. 같이 이병도李丙燾 군君을 가 보다. 다전多田 군君이 『청운잡총青韻雜叢』 6책六册과 「청구영언青丘永言과 가곡원류歌曲源流」라는 논문論文을 보아 달라고 가조 오다. 논문論文은 산전성오山田省吾[5] 회갑기념回甲紀念 논문論文에 낸다고.

12월 5일. 맑다. 김영용金永龍 군君의 편지가 오다.

12월 6일. 맑다.

12월 7일. 맑다. 이극로李克魯 군君이 찾어오다.

12월 8일. 맑다. 저녁에 하 박사河博士를 가 보다.

12월 9일. 비가 좀 오다. 아악부雅樂部를 가서 또 『원부사怨夫詞』를 벗겨 오다. 오후 직원회職員會 조행操行 사정查定. 저녁에 다전정지多田正知 군君을 가 보다. 「청구영언青丘永言과 가곡원류歌曲源流」 논문論文에 대하여 의논.

12월 10일. 흐리다. 음산하다. 한남서림翰南書林에 가 보다. 『장인걸

5 산전성오(山田省吾): 「조선교육제도사」(『조선사강좌』 조선사학회, 1923)를 썼음.

전張仁傑傳』과 『홍비부興比賦』과 두 책册을 가조다. 이하윤異河潤 군君이 역시집譯詩集『실향失香의 화원花園』을 보냈다.

12월 11일. 맑다. 서북풍西北風이 좀 분다. 차다. 오후엔 일즉 학교서 나와, 사랑방 석탄石炭 아구니를 결었다. 행랑行廊아범 시겨 결었든 것이 불이 잘 안 들인다. 뜯고 본즉 석탄石炭아구니 위치位置가 높았다. 그 밑을 더 파고 좀 낫읏하게 하여 불ㅅ길이 치올라가게 하고 석탄石炭 타우는 데는 좁읏하게 하였다. 그리고 흙으로 잘 발르고 석탄石炭을 지펴 본즉 곳잘 불이 들인다. 불은 오르기를 좋아하고 물은 나리기를 좋아한다. 이 이치理致를 밀워 이러케 하여 본 것이다.

12월 12일. 맑다. 칩다. 매화분梅花盆을 방에 들여 놓다.

12월 13일. 맑다.

12월 14일. 맑다. 제2학기第二學期 시험試驗 시始.

12월 15일. 흐리다. 다전정지多田正知 군君이 찾어오다. 이병도李丙燾 군君과 같이 나서 무교탕武橋湯을 가 먹다. 영광 조운曺雲 군君이『악장가사樂章歌詞』며『죽계지竹溪誌』를 보내고 편지를 하였다.

12월 16일. 눈이 오다. 처음 오는 눈. 숭삼동崇三洞 28二十八 번지番地로 김병업金炳業 씨를 찾어갔다. 좀 곤란困難하였다. 다시 명륜학원明倫學院으로 찾었더니 그 아들만 있다. 밤은 어둡다. 김여랑金汝朗 씨가 와 잤다.

12월 17일. 맑다. 이창수李昌洙 군君이 와 본다. 김병업金炳業 씨가 오다. 김영완金永完, 백두용白斗鏞 책사册肆를 가 보다. 이창구李昶求 군君이 왔다.

12월 18일. 흐리다. 우박이 오다. 저녁에 매헌梅軒을 찾어보다.

12월 19일. 맑다. 시험試驗을 끝내고 종업식終業式을 하였다. 김연상

金然相 씨를 가 보다. 괘종이 병났다. 매헌梅軒 댁으로 수선修繕하러 보냈다.

12월 20일. 흐리다. 여랑汝朗 씨가 또 와 잤다.

12월 21일. 맑다. 성적成績 고사考査.

12월 22일. 맑다. 동지冬至. 조운曺雲 군君에게 편지며 신오위장본申五衛將本 가사집歌詞集 4책四册, 율곡신가栗谷新歌 1책一册을 보냈다. 여랑汝朗 씨가 떠났다. 직원회職員會.

12월 23일. 맑다. 성적成績 발표發表. 직원회職員會. 한남서림翰南書林, 광동서관光東書館에 갔다. 『청구풍아青丘風雅』와 『동시군영총집東詩羣英叢集』을 가조다. 김병업金炳業 씨가 오다. 인쇄지印刷紙 4백四百장張을 사 주다. 정계섭鄭啓燮 씨가 오다. 괘종掛鍾을 수선修繕해 왔다.

12월 24일. 흐리다. 두계斗溪와 같이 등총린藤塚鄰을 찾어보다. 이상붕李相鵬 군君이 오다. 진고개를 가 보다. 퍽 분잡紛雜하다. 김승렬金承烈 군君을 맞나서 같이 서사書肆, 고물상점古物商店을 찾어보았다. 매헌梅軒ㅅ집에 정육正肉 3근三斤을 사 보냈다.

12월 25일. 맑다. 따듯하다. 광동서관光東書館을 가 보다. 『진연의궤進宴儀軌』 값을 주었다. 수창동需昌洞 가서 매헌梅軒을 찾어 못 맞났다. 저녁에 매헌梅軒이 왔다. 송신용宋申用 군君이 왔다. 이능화李能和 씨가 오셨다.

12월 26일. 맑다. 정구충鄭求忠 박사博士가 왔다.

12월 27일. 흐리다. 오전 9시 10분 차車로 동희東熙, 경희京熙를 다리고 떠나 오후 6시에 여산礪山 도착到着. 자동차부自動車部 앞에 병륙秉陸이와 관희觀熙가 기다리고 있다. 가랑비가 나린다. 짐은 수레에 실리고 어두운 길을 걸었다. 집에 들어 아버님 뵈옵고 궤연에 곡哭하다. 아버님께서는 감기感氣와 밤 뒤보시는 증症으로 얼굴이 수척하셨다.

12월 28일. 비가 종일 온다. 작은아버지, 어머님과 누님을 가 뵈다. 누님은 단독丹毒으로 고생했다더니 아즉도 원기元氣가 회복回復치 못하였다.

12월 29일. 흐리다 맑었다. 원촌原村 이제태李濟泰 군君이 문상問喪을 왔다.

12월 30일. 눈이 온다. 질명質明에 졸곡卒哭하다. 줄포茁浦 김길중金佶中 군君이 와 자다. 장목재 당숙堂叔이 오셨다.

12월 31일. 맑다. 성묘. 모새ㅅ골 종조부從祖父님을 가 뵈다. 통골 대부大父 댁宅에 가서 한 상床을 받었다. 오날 그 따님 혼인婚姻.

눈이 밤에 많이 왔다.

1934년(단기 4267년)

1934년(단기 4267년)

1월

1월 1일. 흐리다 맑다 하였다. 오전 10시 여산礪山서 자동차自動車를 타고 논산으로 오다. 경희京熙 종희宗熙와 같이. 병륙秉陸이와 관희觀熙는 자동차부 앞까지 와 전송餞送한다. 11시 반 차車로 오후 1시에 대전太田을 왔다. 동희東熙, 경희京熙는 대합실에 있으라 하고 나는 시가市街 가서 『오가전집五歌全集』 한 권을 구하고 본정本町 이창구李昶求 군君을 찾었다. 이 군李君은 출타出他하였다. 그 부인夫人만 보고 나오다 빙모聘母을 길에서 맞나 뵈었다. 이 군李君 집에 와 계시다가 그 근처近處 뉘 집에 갔다 오는 길이다. 오후 8시 55분에 경성역京城驛 도착到着. 처妻와 한희漢熙가 나왔다. 책상冊床머리에는 연하장年賀狀이 와 쌓였다.

1월 2일. 맑다. 매헌梅軒을 찾어보다. 김병업金炳業 씨와 김연상金然相 씨가 책冊을 벗겨 왔다.

1월 3일. 맑다. 김연상金然相 씨가 오다. 방송국放送局 이하윤異河潤 군君에게 원고原稿를 써 보내다.

1월 4일. 흐리다. 김영용金永龍 군君이 오다.

1월 5일. 맑다. 이병도李丙燾 군君, 안확安廓 군君과 같이 다전정지多田正知 군君의 집을 가서 저녁을 먹었다. 나는 먼저 나와 방송국放送

局으로 가서 오후 6시 25분부터 30분 동안 「정초正初 행사行事와 갑술년甲戌年」이란 제목題目으로 먼저 이태조李太祖 3년三年 갑술甲戌 한양漢陽 천도遷都에 대하여 말을 하였다. 처음 교섭交涉하기는 이걸 사흘ㅅ동안 해 달라고 하여 나는 그렇게 준비準備하고 한 것이다. 그런데 방송放送을 맞히고 나온즉 사무원事務員이 칠기漆器 담배함 한 개를 내다 주며 고맙다고 한다.

1월 6일. 맑다.

1월 7일. 맑다. 김영용金永龍 군君이 오다. 직원회職員會. 매헌梅軒이 오다.

1월 8일. 맑다. 오전 10시 시업식始業式. 집에 편지를 하였다.

1월 9일. 흐리다. 밤이 눈이 와 쌓였다. 오날부터 수업授業.

1월 10일. 흐리다. 저녁때 좀 맑다. 다전정지多田正知 군君이 백합화百合花 뿌리를 가지고 왔다. 가사집歌詞集 등사謄寫한 것과 『서포만필西浦漫筆』을 주었다.

1월 11일. 맑다. 퍽 칩다. 영하零下 18도十八度. 평양平壤 이인영李仁榮 군君에게 편지하다.

1월 12일. 맑다. 퍽 칩다. 해주海州 남산南山 외外 교세요양원校世療養院에서 김형모金衡模 군君이 별세別世했다고 부고訃告가 오다.

1월 13일. 맑다. 조운曺雲 군君이 경성역京城驛을 지나며 편지를 하였다.

1월 14일. 맑다. 이병도李丙燾 군君과 같이 등총린藤塚鄰을 가 보고 경대도서열람京大圖書閱覽에 보증인保證人 날장捺章을 얻다. 장지영張志暎 군君, 애류崖溜, 매헌梅軒을 찾어보다. 한홍韓洪 군君에게 시계時計를 곧혀 달라고 맡겼다. 오문호吳文浩 군君이 찾어오다.

1월 15일. 흐리다. 좀 풀렸다.

1월 16일. 맑다.

1월 17일. 맑다.

1월 18일. 맑다. 이인영李仁榮 군君이 편지와 『가곡보감歌曲寶鑑』을 보냈다. 조운曺雲 군君의 편지를 보다. 백용희白庸熙 씨氏가 찾아왔다. 조운曺雲 군君에게 답장答狀. 집에 엽서葉書하다.

1월 19일. 맑다.

1월 20일. 맑다. 창경원昌慶苑에서 휘문徽文의 빙상대회氷上大會가 있었다. 서북풍西北風이 불고 무척 칩다. 『고려사절요高麗史節要』며 『해동제국기海東諸國記』며 『군문등록軍門謄錄』이며 『대동금석서大東金石書』를 사다.

1월 21일. 맑다. 두계斗溪를 보다. 매헌梅軒이 오다.

1월 22일. 맑다. 다전정지多田正知 군君이 오다.

1월 23일. 맑다. 퍽 칩다.

1월 24일. 맑다. 퍽 칩다. 이발理髮. 함흥탄咸興炭 반半 돈噸을 들여오다.

1월 25일. 맑다. 애류崖溜가 오다.

1월 26일. 맑다. 숙직宿直.

1월 27일. 맑다. 좀 치위가 풀렸다. 서방서야緖方犀治[6]와 같이 다전정지多田正知 군君을 가보다. 『청운잡총靑韻襍叢』를 갖다 주다.

1월 28일. 맑다. 두계斗溪와 다전多田 군君이 오다. 이상돈李相敦 군

6 서방서야(緖方犀治): 경기도 인천남공립상업학교 교유(教諭, 일제강점기에 정식 자격을 가진 중등학교 교원을 이르던 말).

君의 엽서葉書가 오다.

1월 29일. 맑다. 하학 후下學後 임시臨時 직원회職員會. 이상돈李相敦 군君에게 답장答狀.

1월 30일. 맑다. 아악부雅樂部에 가 보다. 『악서정해樂書正解』를 보다.

1월 31일. 맑고 퍽 풀렸다. 집에서 찹쌀 한 가마니를 보냈다. 병륙秉陸이에게 편지하다. 저녁에 매헌梅軒을 가 보다.

2월

2월 1일. 흐리다. 눈이 온다. 진눈까비가 온다. 다전多田 군君이 두계斗溪와 같이 왔다. 아악부雅樂部에서 수집蒐集한 가집歌集을 가지고. 『조선금석총람朝鮮金石總覽』을 대판옥大阪屋에서 가졌다. 이 책册이 수년數年 전前에는 더러 책사册肆에 있더니 요마적 와서 퍽 귀貴하다. 작년昨年부터 부탁하여 두었든 것을 오날에야 얻었다. 값도 그 전의 배倍다.

2월 2일. 눈. 종일終日 눈.

2월 3일. 맑다. 수선화水仙花가 만발滿發하다. 양건식梁建植 군君이 오다. 김치당金耻堂이 오다. 집에 짐 열다섯 토를 사 보내다.

2월 4일. 맑다. 박한영朴漢永 석전石顚 스님이 오다. 매헌梅軒을 가 보다. 두계斗溪 군君 집에서 다전多田 군君, 육당六堂, 황석우黃錫禹 군君을 맞나다. 같이 저녁을 먹다. 거리로 산보散步를 나갔다.

2월 5일. 맑다. 병륙秉陸의 편지가 오다. 김승렬金承烈 군君을 찾어갔다 못 맞났다.

2월 6일. 맑다. 임시臨時 시험試驗을 보다. 다전多田 군君이 오다. 송신용宋申用 군君이 오다. 누님이 오날 아츰에 왓다.

2월 7일. 맑다. 집에 편지를 보내다. 조운曺雲 군君에게 편지를 하다.

2월 8일. 맑다. 애류崖溜가 오다. 같이 저녁을 먹었다.

2월 9일. 맑다. 곳불이 들었다. 머리가 띄 — 하고 귀에는 귀또리 소리가 난다. 송신용宋申用 군君이 오다. 『이원기로계첩梨園耆老稧帖』을 사다. 첫장張에는 처용무도處容舞圖가 있다.

2월 10일. 맑다. 봄맛이 난다. 얼음을 녹인다. 시험試驗 종終. 저녁에 또 김승렬金承烈 군君을 찾어갔다 못 맞났다.

2월 11일. 맑다. 따뜻하다. 학교에 나갔다가 김희진金喜鎭 군君을 찾어 보고 수은동授恩洞 이동백李東白을 찾었다. 객실客室이 없다고 창성여관昌成旅館으로 가자 하여 창성여관昌成旅館으로 갔었다. 게는 평양平壤서 광대廣大 소리를 배우러 온 이금룡李金龍 군君이 있다. 한 삼십여三十餘 년年 된 청년靑年. 이왕 군서기郡書記로 단이든 이. 그 아우들은 보통학교普通學校 훈도訓導로 단인다 한다. 우연偶然히 이것에 발심發心이 되어 매일每日 1원壹円 각수角數를 소비消費하며 배운다 한다. 이동백李東白은 매일每日 2차二次씩 이 여관旅館으로 단이며 가르쳐 준다 한다. 광대廣大 소리와 광대廣大에 대하여 여러 가지를 물어 보았다.

2월 12일. 맑다. 매헌梅軒 집에 정육正肉 다섯 근斤 왜감倭柑 한 궤를 사 보내고 치당耻堂에게 방문주方文酒 한 병을 보내다.

2월 13일. 제석除夕. 흐리다. 눈이 오다.

2월 14일.(음陰 갑술甲戌 정월正月) 원일元日 맑다. 이창수李昌洙 군君이 오다. 이승호李丞浩 군君이 오다.

2월 15일. 맑다. 한징韓澄 군君이 오고 현철玄哲 군君이 오고 정계섭

鄭啓燮, 황석우黃錫禹 군君이 오다.

2월 16일. 맑다. 학교에서 재학생在學生이 졸업생卒業生 송별회送別會를 열었다. 이병도李丙燾 군君의 집에서 설상을 받었다. 찬 군燦君이 왔다.

2월 17일. 흐리다. 비가 좀 오다. 김원근金瑗根 씨氏를 가 보고 김영완金永完 군君을 보고 『송강집松江集』을 얻어오다. 이능화李能和 씨氏, 김상기金庠基 군君, 양건식梁建植 군君, 이승만李承萬 군君이 오다. 김병룡金秉龍 군君이 오다. 김병룡金秉龍 군君의 집에 가서 설상을 받다. 저녁에 명륜학원明倫學院에 가서 김승렬金承烈 군君을 보고 『계녀서戒女書』를 얻어오다.

2월 18일. 맑다. 아츰은 한충韓冲 군君 집에 가서 먹었다. 게서 정인보鄭寅普, 김병룡金秉龍 군君도 맞났다. 하 박사河博士를 찾어보다.

2월 19일. 맑다. 치당恥堂이 책冊을 벗겨 가지고 왔다.

2월 20일. 흐리다. 매헌梅軒이 오다.

2월 21일. 흐리다. 밤에는 비가 좀 오다. 방과放課 후後 종로경찰서鐘路警察署에 갔다. 사법형사실司法刑事室에서 오라고 하여. 수년數年 전前 재학생在學生 김우경金宇慶이 정신병자精神病者냐 아니냐 하는 것이다. 아니라고 하였다. 다전정지多田正知 군君이 왔다.

2월 22일. 맑다.

2월 23일. 맑다. 광동서관光東書館에서 『상촌집象村集』을 보다.

2월 24일. 맑다. 애류崖溜와 매헌梅軒이 왔다. 이발理髮. 명월관明月館 본점本店에서 석반夕飯을 먹었다. 원란회苑蘭會에서 한 것이다.

2월 25일. 맑다. 두계斗溪를 보다. 제주濟州 이창하李昌厦 군君을 맞나다.

2월 26일. 맑다. 병륙秉陸이 편지를 보다.

2월 27일. 맑다. 이상돈李相敦 군君의 편지를 보다.

2월 28일. 갑술甲戌 정월正月 보름. 흐리다. 눈이 와 쌓인다. 하 박사河博士가 오다.

3월

3월 1일. 맑다. 다전정지多田正知 군君과 두계斗溪가 오다.

3월 2일. 맑다. 오전만 수업授業. 대소제大掃除를 시기다.

3월 3일. 맑다. 오전 11시 제12회第十二回 졸업식卒業式 거행擧行. 백삼 명 졸업卒業. 광동서관光東書館, 한남서림翰南書林을 단여오다. 밤에 눈이 왔다. 저녁에 두계斗溪를 보다.

3월 4일. 맑다. 시천교당侍天敎堂에 가서 『용담유사龍潭遺詞』 신구新舊 두 책冊과 『성일학과聖日學課』를 얻어 오다.

3월 5일. 맑다 흐리다 한다. 김영관金永琯 군君이 오다. 아악부雅樂部에 가 보다.

3월 6일. 맑다.

3월 7일. 맑다.

3월 8일. 맑다. 찬 군燦君이 오다. 전주全州 청수정淸水町 이종림李鍾林 군君이 그 조카를 다리고 와 3학년三學年 입학入學을 시겨 달라고 한다.

3월 9일. 맑다. 직원회職員會. 조행操行 사정査定.

3월 10일. 맑다. 두계斗溪를 보다.

3월 11일. 흐리다. 바람이 분다. 밤에는 비. 영관永琯 군君은 떠났다. 나는 서계동西界洞 34-27을 찾어가 유정렬劉貞烈을 맞나 보았다. 이창수李昌洙 군, 김영완金永完 씨氏가 오다. 유정렬劉貞烈이 와서 『청구야담靑邱野談』 벗길 걸 두 권 가져갔다. 황희돈黃羲敦 군君 문병을 하였다. 임병철林炳哲 군君이 오다.

3월 12일. 비. 산山에는 눈. 김낙중金洛重 부인婦人이 왔다. 짐과 능금을 사 가지고.

3월 13일. 날이 칩다. 눈이 온다. 정월正月 28일. 내 생일生日이라고 누님이 능금을 사 가지고 왔다. 유정렬劉貞烈이 『청구야담靑丘野談』 두 권을 돌오 가조다.

3월 14일. 칩다. 바람이 분다.

3월 15일. 북풍北風이 불고 눈ㅅ발이 날린다. 『동아일보東亞日報』에 호해号解를 써 보냇다.

3월 16일. 맑다.

3월 17일. 맑다. 시험試驗 종終. 종업식終業式 거행擧行.

3월 18일. 맑다.

3월 19일. 흐리다.

3월 20일. 흐리고 눅다. 밤에 비가 오다가 풍설風雪이 갑작이 친다. 김환수金煥洙 군君이 오다.

3월 21일. 서북풍西北風. 눈이 잦어 있다.

3월 22일. 맑다. 제3학기第三學期 급及 학년學年 성적成績 고사考査 직원회職員會.

3월 23일. 맑다. 눅다. 학적부, 통신부通信簿 기입記入을 다 맞히다. 다전정지多田正知 군君이 오다. 두계斗溪와 같이 나서 이상협李相協 군

君을 찾어 보고 또 같이 나서 아서원雅敍園으로 가다. 이등한당伊藤韓堂[7] 군君이 오다. 이상협李相協 군君이 한 턱을 낸다. 오후 9시나 하여 파罷하다. 그리고 진고개로 산보散步하였다. 소낙비가 지냈다. 잠을 잘 못 잤다.

3월 24일. 맑다. 오후 10시 성적成績 발표發表. 한희漢熙가 재동공보齋洞公普 입학시험入學試驗을 보았다. 아버님 하서下書를 받어 보았다. 낙제생落第生 김동희金東熙, 문홍두文洪斗가 와서 해거를 한다. 백용희白庸熙 씨氏, 문명로文明魯 군君, 송신용宋申用 군君, 이상붕李相鵬 군君, 김병룡金秉龍 군君이 오다. 장지영張志暎 군君을 찾어보다. 이천규李天珪 군君이 오다. 이상돈李相敦 군君, 조운曺雲 군君, 김영수金永洙 군君에게 편지를 하다.

3월 25일. 맑다. 직원회職員會. 오후 1시 신입학新入學 지원자志願者를 소집召集하여 시험試驗에 대한 주의注意를 말하였다. 이창구李昶求 군君이 경복京福이를 다리고 왔다.

3월 26일. 맑다. 입학入學 시험試驗. 제5조第五組를 맡어 보다. 응시자應試者 팔백여 명. 체격體格 검사檢査의 흉위胸圍를 맡어 보다.

3월 27일. 맑다 흐리다 한다. 시험試驗. 체격검사體格檢査. 직원회職員會. 성적成績 사정査定. 이백이십 명 합격合格. 오후 10시에 귀가歸家.

3월 28일. 맑다. 신입학新入學 합격자合格者 발표發表.

---

7 이등한당(伊藤韓堂): 1888년생. 일본 후쿠오카 출생. 1905년에 조선에 와서 조선어를 배우고 1910년 진남포신문사 언문부록편집주임(諺文附錄編輯主任)으로 일했다. 조선일보, 경성일보를 거쳐서 1921년부터 1924년까지 매일신보 편집부장을 지내고 퇴사하였다. 1924년에 경성조선어연구회를 조직하고 1926년에 조선사상통신사를 창립하였다.

3월 29일. 맑다. 수당壽堂 이석현李石峴 씨氏가 와 종일終日 놀았다. 매헌梅軒, 두계斗溪가 오다.

3월 30일. 맑다. 매헌梅軒과 같이 덕수궁德壽宮을 들어가 보다. 경성부청京城府廳에 아버님의 거주계居住届를 하였다. 집에 편지하다.

3월 31일. 맑다. 하 박사河博士 군君과 같이 창의문彰義門 밧 삼청동三淸洞를 가 구경하다.

김연익金然翊 씨氏를 찾어보고 책冊 사료寫料 7원七円을 전하다. 밤에는 비가 온다. 매헌梅軒, 오철호吳徹浩 군君, 송명진宋明鎭 군君이 오다.

4월

4월 1일. 맑다. 직원회職員會. 사무事務 분담分擔 — 나는 1정조一丁組를 맡다.

4월 2일. 맑다. 오후 10시 입학식入學式. 우하又荷를 가 보다. 김영완 군金永完君도 보다. 저녁에 매헌梅軒한테 갔었다.

4월 3일. 맑다 흐리다. 바람이 분다. 오후 1시. 고운顧雲 김용진金容鎭 씨를 찾어보다. 난蘭과 매梅와의 기르는 법을 들었다. 진고개를 돌아오다. 난蘭을 곤혀 심었다. 썩은 뿌리는 끊어버리고. 이천규李天珪 군君이 오다.

4월 4일. 맑다.

4월 5일. 맑다. 뒤쥐를 집에 보내다. 편지를 병륙秉陸이에게 하였다.

4월 6일. 맑다.

4월 7일. 맑다. 오후 5시 식도원食道園에 가서 신가정新家庭, 신동아

新東亞에서 주는 저녁을 먹다.

4월 8일. 맑다. 밤에는 바람 불고 비 오다.

4월 9일. 비가 오다. 오후에는 개었다. 최현배崔鉉培 군君이 『중등中等조선말본』을 보내 주었다. 신입新入학생 입학식入學式. 이원영李元榮 군君이 오다.

4월 10일. 비. 이상돈李相敦 군君의 편지를 보다.

4월 11일. 맑다. 고창高敞 김영수金永洙 군君 편지가 오다.

4월 12일. 맑다. 중앙일보사中央日報社에서 「단장斷章」 원고原稿를 써 달라고 편지가 왔다.

4월 13일. 맑다. 김영수金永洙 군君께 답장答狀.

4월 14일. 맑다.

4월 15일. 맑다. 찬 군燦君을 찾어가, 또 중앙고보中央高普 선생先生들을 맞나 함께 산보散步를 나섰다. 장충단奬忠壇으로 부여티고개로 넘어 이태원梨泰園을 돌아, 용산龍山으로 하여 돌아왔다. 사뭇 이십 리는 걸었다. 다전정지多田正知 군君 집에 저녁을 먹다.

4월 16일. 맑다.

4월 17일. 맑다.

4월 18일. 맑다. 하 박사河博士를 찾어가 보다.

4월 19일. 맑다. 매헌梅軒을 찾어가 보다.

4월 20일. 맑다. 방송국放送局에 가, 「봄의 가요歌謠」에 대하여 말하였다. 오후 7시 반 ― 8시.

4월 21일. 맑다. 오후 7시 방송국放送局에 가다. 「봄의 가요歌謠」를 끝내다.

김병업金炳業 씨가 왔다. 『협률대성協律大成』을 벗겨 달라고.

4월 22일. 맑다. 당직當直 숙직宿直. 신입생新入生 서류書類 정리整理, 성명姓名 수첩手帖 기입記入. 매헌梅軒께 돈 3원을 보내다.

4월 23일. 비.

4월 24일. 맑다. 직원회職員會.

4월 25일. 맑다. 다전정지多田正知 군君이 오다. 두계斗溪와 함께 나섰다. 취원翠園에서 두계斗溪가 저녁을 사 준다. **4월 26일.** 맑다. 병륙秉陸의 편지가 오다. 오후 5시 매헌梅軒 집에 가서 저녁을 먹다.

4월 27일. 맑다. 덥다. 여름날 같다. 대학大學 예과豫科에서 10주년十週年 기념記念으로 조선문교朝鮮文敎에 당當한 것을 진열陳列한다고 서당書堂 교육敎育의 쓰이든, 또는 참고參考 소용所用인 서책書册 9종九種을 차거借去.

현저동峴底洞 가서 애류崖溜를 보다. 『소당풍속시嘯堂風俗詩』, 『화사花史』를 가조다. 빙모聘母께서 오셨다. 이창구李昶求 군君과 함께. 하 박사河博士와 산보散步. 남산南山 노인정老人亭으로. 전부全部 일인日人의 주택住宅인 대화정大和町, 마츰 앵화櫻花가 만발滿發한 — 그 속으로 들어가면 맨 막바지, 조고마한 골짜기에 조선朝鮮 기아집 몇 채가 소슬蕭瑟하게 서 있다. 사모정亭, 육모정亭, 수각水閣 또는 누가 살림하는 집. 육모정亭과 수각水閣은 수선修繕을 하다가 중지中止 중中. 고목古木진향香나무 두어 주株와 노송老松 몇 주株는 그래도 옛 생각을 나게 한다.

4월 28일. 맑다. 경성京城 부청府廳에 가서 거주居住 등본謄本을 내다. 호적계戶籍係 주임主任 윤상직尹相稷 군君을 찾어 보고야 즉시卽時 내게 되었다. 호적부戶籍簿를 보니 영희英熙가 그대로 있고 경희京熙는 적히지도 아녔다. 경성京城 우편국郵便局에 서류書留하여 병륙秉陸이게 부쳤다. 진고개로 산보散步. 금강당金剛堂에서 『내슈날독본讀本』 제

3第三 산기정山崎貞 저著를 사다. 김응수金應洙 군君이 오다. 『청구야담靑丘野談』 사본寫本을 가지고 김치당金耻堂을 찾어갔다. 치당耻堂은 출타出他하고 그 손녀孫女들만 있다. 사본寫本은 두고 왔다.

4월 29일. 비. 종일 오다. 이상돈李相敦 군君에게 편지하다. 중앙일보中央日報에 「단장斷章」 원고原稿를 써 보내다. 두계斗溪를 보고 『연경재집硏經齋集』을 보다. 정종正宗 때 사람 성해응成海應의 저著. 홍박독실弘博篤實한 학자學者. 조선학朝鮮學에 당한 재료材料가 퍽 많다.

4월 30일. 구름 끼고 간간間間 볕 나다. 오전 8시 반 1, 2, 3년 생도生徒와 함께 우이동牛耳洞 원족遠足을 갔다. 앵화櫻花는 다 지지 아녔다. 길은 질어도 몬지가 아니 일어 좋았다. 오후 5시 귀가歸家.

5월

5월 1일. 흐리다. 퍽 음산하다. 두계斗溪허고 종로도서관鐘路圖書館에 가서 성달영成達永 군君을 찾어보고 『영남악부嶺南樂府』며 『연조귀감椽曹龜鑑』을 보았다. 오날은 휴업休業. 휘문徽文 창립創立 기념일記念日.

5월 2일. 맑다.

5월 3일. 맑다. 임시臨時 시험試驗.

5월 4일. 맑다. 이병도李丙燾 군君과 함께 청량리淸凉里 대예大豫 10주년十週年 기념記念 여행旅行 전람展覽, 조선문교사전람회朝鮮文敎史展覽會를 가 보다. 나오다가 이 군李君이 맥주麥酒를 사 준다.

5월 5일. 맑다. 오후 네 시, 이병도李丙燾 군君과 다전정지多田正知 군君과 함께 명월관明月館에 가서 이상준李尙俊 군君의 정악연주회正樂演

奏會를 보다. 남녀창男女唱 합 15엽十五葉 1결一闋로 여창女唱은 기생妓生 4인四人이 부르고 남창男唱은 하규일河圭一 씨, 또는 두어 노인老人과 이상준李尙俊 군君이 불렀다. 이걸 옛날에는 '배반'이라고 하였다. 이걸 치르고 나면 가객歌客으로서 행세行世하게 되었다 한다. 내객來客은 근近 100명百名. 휘문徽文, 보성普成 양兩 고보高普의 직원職員은 거의 전부全部 출석出席. 연주演奏가 끝나고는 석찬夕餐이 있고 그 담에는 기생妓生의 춘앵전春鶯囀, 연화대무蓮花臺舞. 검무劍舞가 있었다.

연주演奏 — 하규일河圭一, 이상준李尙俊, 태기선太基善, 최상욱崔相旭, 조선권번朝券番鮮 기생妓生 김수정金水晶, 오류색吳柳色, 신화선申花仙, 이월색李月色. 악공樂工 — 현금玄琴 김윤덕金潤德, 양금洋琴 민완계閔完桂, 세필률細觱篥 박성호朴聖浩, 적笛 김계선金桂善, 해금奚琴, 장고杖鼓.

5월 6일. 맑다. 오후 황희돈黃羲敦 군君을 찾어보고 창의문彰義門 밧 소림사小林寺도 나가, 조선어학회원朝鮮語學會員들과 함께 저녁을 시겨 먹고 놀았다. 신명균申明均 군君과 돌아오다가 김선기金善基 군君을 맞나 집으로 왔다. 선기善基 군君에게『정음집설正音集說』을 빌려 주었다. 그리고『정음도해正音圖解』의 서역書役도 부탁하여 주었다.

5월 7일. 맑다. 저녁은 퍽 무덥고 흐렸다. 오후 네 시. 이병도李丙燾 군君과 함께 플라타누 다점茶店에 가서 진단학회 발기發起 급及 총회總會에 참여參與.

5월 8일. 비가 종일終日 온다. 공평동公平洞 29二九에 가서 송만갑宋萬甲을 찾어보다. 이동백李東白도 맞나 보다. 판소리에 대하여 몇몇 가지 조사調查. 주인主人도 기생妓生으로 광대소리를 배운 이. 한 사십 갓가이 보인다. 와 노는 이들도 그 류類다. 넘우나 교양敎養이 부족不足하여 점잔한 대우待遇는 받기가 어렵다. 과연 창피스러운 일이 많다. 내가 조사調査하는 것 이해理解 못하고 간간間間 야비野卑한 말을 한다.

5월 9일. 종일終日 비.

5월 10일. 맑다.

5월 11일. 맑다.

5월 12일. 맑다. 오후 두 시에 탑골승방僧房에 나가다. 원란회苑蘭會로서 저녁을 시겨 먹인다.

5월 13일. 맑다. 이춘세李春世 씨가 오셨다.

5월 14일. 맑다. 애류崖溜를 찾어가 보다. 듯든 말보다는 낫다. 신색神色이 퍽 못하다. 문일평文一平 군君을 보다. 저녁을 사 준다.

5월 15일. 맑다.

5월 16일. 맑다. 이극수李克魯, 이윤재李允宰 군君이 오다. 김낙순金洛淳 군君이 오다. 다전多田 군君이 오다. 저녁에 김치당金恥堂을 찾어 보고 하 박사河博士를 보다.

5월 17일. 맑다. 밤에는 비가 오다. 김병업金炳業 씨가 『협률대성協律大成』을 벗겨 가지고 왔다. 대학도서관大學圖書館 특별열람권特別閱覽券을 얻다.

5월 18일. 흐리고 저녁때 비 오다. 김병업金炳業 씨가 왔다. 돈 4원四円을 변통變通해 주다. 오후 7시부터 수송동 조선연무관朝鮮硏武館에 한글 강화講話.

5월 19일. 흐리다. 퍽 무덥다. 대학도서관大學圖書館에 가다. 이원영李元榮 군君을 맞났다. 『자암집自庵集』을 보다. 이병도李丙燾 군君을 맞나 가지고 조선朝鮮 불교전적佛敎典籍 전람회展覽會를 보다. 오후 7시부터 한글 강화講話.

5월 20일. 종일終日 비. 오후 6시 백합원百合園에서 조선연무관朝鮮研武館의 초대招待를 받었다.

5월 21일. 맑다.『협률대성協律大成』준準을 보았다.

5월 22일. 맑다.『협률대성協律大成』준準을 보았다. 김낙순金洛淳 군君이『능엄경언해楞嚴經諺解』한 권卷을 보내 준다.

5월 23일. 맑다. 김화진金龢鎭 군君이 오다.『협률대성協律大成』준準을 보았다.

5월 24일. 맑다. 김병업金炳業 씨가 오다.『협률대성協律大成』을 반송返送하다. 문일평文一平 군君이 오다. 가치 나섰다. 대동상업학교大東商業學校 뒤로, 중앙고보中央高普 뒤로 가서 달을 보며 거닐었다. 두견이 소리가 들린다. 집에 반찬 한 갑을 사 보냈다.

5월 25일. 맑다. 총독부總督府 시학視學 경기도京畿道 시학視學이 학교에 와 종일終日 보고 비평批評까지 한다. 오후 6시 반에야 귀가歸家.

5월 26일. 맑다. 경대도서관京大圖書館에 가서『진찬의궤進饌儀軌』를 보다. 숙종, 영조 조英祖朝의 것. 이건 귀중품貴重品이라고 일주일一週日 전前에 열람閱覽 허가원許可願을 하였든 것이다.『불우헌집不憂軒集』을 보다. 다시 학교로 와서 운동기록運動記錄을 보았다.

5월 27일. 맑다. 오전 8시 — 오후 4시까지 학교 운동장運動場에서 육상운동대회陸上運動大會를 하였다. 바람이 슬슬 분다. 도서관圖書館에서 기록계記錄係 일을 보았다. 오후 6시 명월관明月館에서 석반夕飯을 먹인다.

5월 28일. 맑다. 하 박사河博士와 함께 매헌梅軒을 찾어보고 더불고 덕수궁德壽宮을 들어가 보았다. 목단牧丹꽃은 지고 함박꽃이 피어 있다. 송진우宋鎭禹, 백관수白寬洙 군君을 맞났다. 그들도 산보散步를 나온 모양. 무교탕반武橋湯飯으로 점심點心. 오후 6시, 식도원食道園에 가서 기생妓生의 무용舞踊을 보다. 오날은 한성권번漢城券番에서 한다. 춘앵전春鶯囀(1인一人). 장생보연지무長生寶宴之舞(5인五人이나 인원人員 불일정不一定), 검기무劍器舞(5인五人), 사고무四鼓舞(4인四人). 한 시간쯤 걸린다. 대개 줄이고 간단간단히 하는 것이다. 조운曺雲 군君이 금강산金剛山을 간다고 그 자당慈堂을 모시고 왔다. 공영여관共榮旅館에 가 보다.

5월 29일. 맑다. 오후 6시 식도원食道園에서 기생妓生의 무용舞踊을 보다. 장생보연지무長生寶宴之舞(5인五人). 경풍도慶豊圖(8인八人 — 8도八道를 의미意味), 고구려무高句麗舞(4인四人 남천익藍天翼, 주립朱笠), 최화무催花舞(5인五人), 오날은 조선권번朝鮮券番에서 한다. 어제보다 낫다. 박수 갈채拍手喝采도 받는다.

5월 30일. 맑다.

5월 31일. 맑다. 진고개를 가 몇 책사冊肆에 들레보았다.

6월

6월 1일. 맑다. 저녁에 아버님, 작은아버님께서 오셨다.

6월 2일. 비 오다. 조운曺雲 군君과 그 자당慈堂이 찾어왔다. 저녁을 가치 먹었다. 밤차에 떠나간다고.

6월 3일. 흐리고 비 온다. 재동정미소齋洞精米所 위층에 가서 종일終日 서적書籍 조사調査를 하였다. 이건 민형식閔衡植 씨가 김재수金在洙에게 2천 원二千円에 잡혔든 것을 물러다 학교에 기부하는 것이다. 작은아버님은 평양平壤을 가시고 아버님은 동희를 다리고 우이동牛耳洞 선대先代 산소山所 성묘를 가셨다.

6월 4일. 흐리고 비 좀 오다. 이상돈李相敦 군君의 편지를 보다.

6월 5일. 맑다. 대학도서관大學圖書館에 가 보다.

6월 6일. 흐리고 비 좀 오다. 아버님은 성북동城北洞 김진산金珍山 집에 가 지무시고 작은아버님은 개성開城과 평양平壤을 구경하시고 오셨다.

6월 7일. 맑다. 대학도서관大學圖書館에 가서 『임하필기林下筆記』 여섯 권을 얻어 오다. 매헌梅軒이 저녁에 오다. 바나나를 사가지고. 누님이 바당이 갔다가 왔다.

6월 8일. 맑다. 종희宗熙가 홍역紅疫을 한다.

6월 9일. 맑다. 난은 새순이 여섯 개 돋는다. 그중 하나는 꽃필 놈이다.

6월 10일. 맑다. 오후 9시 10분 차車로 아버님, 작은아버님은 떠나시다. 누님과 경성역京城驛에 나갔었다.

6월 11일. 흐리다. 경대도서관京大圖書館에 가다. 비가 저녁에 온다. 조운曺雲 군君의 편지 보다.

6월 12일. 맑다. 조운曺雲 군君이 오다. 오후 3시 미아리 서해曙海 묘墓에 나가 보다. 문사文士 일동一同이 기념비紀念碑를 세운다.

6월 13일. 맑다. 양백화梁白華가 오다.

6월 14일. 맑다. 운 군雲君과 함께 매헌梅軒을 찾어보다.

6월 15일. 맑다.

6월 16일. 흐리다. 대학도서관大學圖書館에 가 보다.

6월 17일. 맑다. 운 군雲君과 함께 진고개로 산보散步.

6월 18일. 흐리다 맑다. 매헌梅軒이 「매화옥진완梅花屋珍玩」이라는 도장圖章을 삭여 가지고 왔다.

6월 19일. 흐리다 맑다. 매헌梅軒이 오다. 운 군雲君이 밤차車로 떠났다. 그 형兄의 별세別世 전보電報를 받고.

6월 20일. 비 오다.

6월 21일. 흐리다. 비.

6월 22일. 비. 대학도서관大學圖書館에 『임하필기林下筆記』를 갖다 주다.

6월 23일. 흐리다. 박노갑朴魯甲 군君이 오다. 정음正音 사본寫本을 가조다.

6월 24일. 비는 오다 멎었다. 매헌梅軒과 같이 동아일보사東亞日報社에 가다. 명작名作 고서화古書畵 전람회展覽會를 보다. 증곡曾谷을 맞나다. 미륵당彌勒堂에 나가서 밥을 시겨 먹다.

6월 25일. 비. 매헌梅軒을 찾어보다.

6월 26일. 비. 임보환林普桓, 이상돈李相敦 군君에게 답장答狀.

6월 27일. 흐리다. 조운曺雲 군君의 편지가 오다.

6월 28일. 비.

6월 29일. 흐리다 비. 직원회職員會. 『해동가요海東歌謠』, 『관서악부關西樂府』를 조운曺雲 군君에게 보내다. 치당耻堂을 가 보다.

6월 30일. 흐리다.

7월

7월 1일. 흐리다. 매헌梅軒이 왔다. 하 박사河博士를 가 보다. 미륵당彌勒堂에 나가, 밥을 먹다.

7월 2일. 흐리다. 시간 40분 단축短縮 교수敎授. 다전정지多田正知 군君에게 『청구야담靑邱野談』 19十九 책을 반환返還.

7월 3일. 흐리다. 김현장金顯章, 김도태金道泰 군君과 함께 신설리新設里 학부형學父兄 장기선張基善 집에 가서 음식상飮食床을 받고 보전普專 신축新築을 구경하고 그 앞 내에서 목욕沐浴하고 청량리淸凉里 최천식崔天植 군君을 찾어보고 음식飮食집으로 들어 놀다가 11시에 돌아오다.

일기

35권

1934. 7. 4. ~ 1935. 5. 16.

1934년(단기 4267년)

7월

7월 4일. 흐리다. 난초蘭艸 꽃이 피기 시작한다. 오날은 한 송이. 종희宗熙 백일해 약百日咳藥을 사 오다. 정지용鄭芝溶 군君이 시용試用해 보고 신효神效하다고. 손세영孫世榮 한약漢藥 2원二円어치.

7월 5일. 흐리다. 집에 편지하다. 이재철李載喆 군君이 『청구야담靑邱野談』과 『소당풍속시嘯堂風俗詩』와 백호白湖 『화사花史』를 다 벗겨 가조다.

7월 6일. 흐리다 맑다 한다. 난초蘭草 꽃이 만발滿發. 일경오타一莖五朶.

7월 7일. 맑다. 덥다 — 최고最高 89도度. 하 박사河博士 경덕敬德 군君, 두계斗溪 이병도李丙燾 군君, 매헌梅軒 한충韓冲 군君을 청請하여 완란회玩蘭會를 하다. 오후 11시에 파罷하다.

7월 8일. 흐리다 맑다 한다. 진고개 삽곡상점澁谷商店에 가서 적수이赤水飴[1] 삼십 전어치를 사 오다. 종희宗熙의 백일해가 아니 낫는다. 적수이赤水飴가 이 병病에 좋다고 한다.

---

1 일본인 삽곡(澁谷 / 시부야) 商店에서 파는 붉은 물엿 종류의 식품.

7월 9일. 흐리다 맑다 한다. 조운曺雲 군君의 편지를 보다. 한글강습講習 순회 순巡回順을 바꾸어 달라고 김철중金鐵中 군君에게 전화電話하고 답장答狀을 하여 운 군雲君에게 보내다.

7월 10일. 흐리다 맑다 한다. 두계斗溪 집에서 다전정지多田正知 군君을 맞나 보다.

7월 11일. 비. 종희宗熙를 홍성초洪性初 군君에게 보이고 한약漢藥 5첩五貼을 지어 오다. 난초蘭草 꽃은 다 진다.

7월 12일. 소낙비. 두계斗溪 집으로 이윤재李允宰 군君이 찾어왔다. 『한글』 원고原稿 떼쓰러. 학기學期 시험試驗 시작.

7월 13일. 흐리고 무덥다. 송신용宋申用 군君이 오다. 종희宗熙 해수咳嗽는 차감差減이 없다. 「말과 글」이란 것을 써 색책塞責하다. 하 박사河博士를 찾어보다.

7월 14일. 흐리고 무덥다. 김병룡金秉龍 군君이 소체용消滯用 환약丸藥 100개百箇를 가조다. 해마다 이때엔 이렇게 지구知舊에게 나누어 준다.

7월 15일. 흐리다. 병우秉雨, 병순秉舜이 찾어왔다. 춘사春史를 보다. 교과敎課 원고原稿에 대하여 평했다. 저녁에 조윤제趙潤濟 군君이 찾어오다. 밤ㅅ비가 온다.

7월 16일. 흐리다. 이태준李泰俊 군君의 창작집創作集『달밤』 한 책冊을 보내 준다. 저녁에 임병철林炳哲 군君이 와 놀다.

7월 17일. 흐리다 좀 맑었다. 빌려온 책冊을 가지고 애류崖溜를 찾어가 보았다. 저녁을 먹다. 장지영張志暎 군君을 보다. 그도 병病으로 불건不健. 백합百合 꽃이 핀다. 빛갈이며 향기香氣가 다 고아高雅하다.

7월 18일. 흐리다. 서늘하다. 초복初伏. 병륙秉陸의 편지를 보다. 시험

試驗 종終.

7월 19일. 흐리다. 조운曺雲 군君의 편지를 보다. 빌려간 『해동가요海東歌謠』며 『관서악부關西樂府』도 보냈다.

7월 20일. 흐리고 비가 좀 온다. 오전 10시 방학식放學式.

7월 21일. 흐리다. 직원회職員會 제1학기第一學期 성적成績 고사考查.

7월 22일. 흐리다. 학적부學籍簿며 통신부通信簿를 다 정리整理하다. 오날부터 좀 한가閑暇하다.

7월 23일. 오전은 비, 오후는 맑다. 매헌梅軒과 가치 새문안 예배당에서 하 박사河博士 경덕 군敬德君과 유은봉柳銀奉 양과의 혼례식婚禮式을 보고 국일관國一館에서 그 연회宴會를 보았다. 또 그 집에 돌아와서 석반夕飯도 하였다. 김철중金鐵中 군君을 찾어보다. 동희東熙가 오한惡寒, 번열煩熱을 한다.

7월 24일. 밤에 비가 온다. 경희京熙가 또 오한惡漢, 번열煩熱을 한다. 금계납金鷄納을 먹이다.

7월 25일. 비. 경희京熙는 났었다. 매헌梅軒이 오다. 석반夕飯을 가치 먹다. 이철희李喆熙, 조운曺雲, 병륙秉陸에게 편지를 하다.

7월 26일. 비.

7월 27일. 비. 병륙秉陸의 편지를 보다. 소득세所得稅 신고서申告書를 해 보내다.

7월 28일. 맑다 흐리다 비가 좀 오다. 김상기金庠基 군君, 이인영李仁榮 군君이 오다.

7월 29일. 비가 좀 오다. 이리裡里 병석 군秉錫君이 오다. 한남서림翰南書林에 가 보다. 『중앙中央』 잡지雜誌에 「장마」 시조를 투고投稿.

7월 30일. 비. 아악부雅樂部에 가서 함화진咸和鎭 군君과 담화談話.

점심點心을 사 준다. 두계斗溪게서 『연경재전집研經齋全集』 별집別集을 빌어 보다. 학교에서 『가돌릭 청년青年』, 『신가정新家庭』 8월호號을 가조다.

7월 31일. 비. 학교에 가다.

8월

8월 1일. 비. 소득세所得稅 신고서申告書가 착오錯誤가 있음으로 오날 다시 써 보냈다. 하태흥 군河泰興君이 와 상의相議하였다.

8월 2일. 비. 『청구야담青丘野談』 19책十九册을 매어왔다.

8월 3일. 비. 처妻가 화신상회和信商會 구매권를 유실遺失하였다. 15원十五円에서 3원三円만 쓴 것이다. 오후 3시 반, 화신상회和信商會를 가다가 길에서 빠친 모양. 이 사실事實을 화신상회和信商會에 즉시卽時 통지通知하였다. 김화진金龢鎭 군君이 오다. 부억채 기아를 때웠다. 이인영李仁榮 군君이 오다.

8월 4일. 흐리다. 학교에 가보다. 누님이 오다.

8월 5일. 맑다. 오전 9시 10분 경성역京城驛을 떠나다. 빙모聘母와 합구合口 일동一同. 오후 2시 반 두계豆溪서 빙모聘母께서는 나리시다. 동수 군同洙君이 나왔다. 3시 반 강경江景에 이르다. 차車ㅅ속에서 정창용鄭昌容 군君을 맛나 가치 나리다. 일환一煥이가 나왔다. 정거장停車場 앞에까지 물 지나간 자최가 보인다. 집들을 수선한다. 허나 듯든 말보다는 덜하다. 5시 자동차自動車로 여산礪山을 오다. 자동차부自動車部 앞에서 나려 걸었다. 집에 드니 저믄다. 모새ㅅ골 종조모從祖母 영연에 가 곡哭하다.

8월 6일. 쾌청快晴. 달포 만에 처음 보는 한울이다. 구름은 거의 다 걷히고 유리같이 새파란하다. 작은어머니를 가 뵈다. 대뜰 물에 목욕沐浴.

8월 7일. 맑다. 할아버지 산소山所. 어머니 산소山所에 성묘省墓. 북당北堂골 물에 목욕沐浴.

8월 8일. 흐리고 무덥다. 밤에 비 좀 오다. 고조고高祖考 기제忌祭.

8월 9일. 흐리고 서풍西風이 분다. 비가 온다. 소진철蘇鎭哲 군君이 서적목록書籍目錄을 가지고 와 보인다. 그중 『해동어海東語』 2권二卷이 있다. 그 내용內容이 어떤지 보고 싶다. 밤새도록 폭풍우暴風雨.

8월 10일. 폭풍우暴風雨. 저녁때 좀 멎는다. 음陰 7월 1일.

8월 11일. 비. 조비祖妣 기제忌祭. 임리林里 김金ㅅ집과 제수弟嫂가 오다.

8월 12일. 비. 김낙준金洛俊, 김동수金同洙 군君에게 엽서를 하다.

8월 13일. 비. 고창高敞 누님과 병철秉徹이가 오다. 『의례문해疑禮問解』를 보다.

8월 14일. 비. 음陰 7월 5일. 오후 5시 어머니 소상小祥을 지내다.

8월 15일. 비. 간간間間 멎는다. 『유원총보類苑叢宝』를 보다.

8월 16일. 비는 그쳤다. 칠석七夕.

8월 17일. 맑다. 고창高敞 누님이 떠났다. 말복末伏. 북풍北風이 좀 분다. 허나 무덥다.

8월 18일. 맑다. 우리 일행은 여산礪山서 자동차自動車로 하여 11시 26분 강경발江景發 차車에 올랐다. 김동수金同洙 군君이 마늘 한 포대布帒을 가지고 두계역豆溪驛에 나왔다 가치 타고 대전太田까지 갔었다. 어느 음식점飮食店을 찾어 점심點心 두 상床을 시겨 먹다. 김환수金煥洙 군君도 맞나보다. 오후 4시 55분 차車로 떠나 8시 55분 경성역京城驛에 나리다. 신창호申昌鎬가 나왔다 짐을 찾노라고 한 시간이나 지체遲滯되었다. 10시 반에야 계동桂洞 본제本第에 내착來着. 누님이 와 있다.

8월 19일. 맑다. 밤에는 소낙비가 지냈다.

8월 20일. 맑다. 학교를 갔었다. 종로경찰서鐘路警察署 회계계會計係에 가서 유실遺失하였든 화신상회和信商會 구매권을 찾었다. 누가 습득拾得하여 맡겼든 것이다. 사금謝金 오십 전을 주었다. 이병도 군李丙燾君을 찾어보다.

8월 21일. 흐리다. 교장校長 이윤주李潤柱 선생先生이 퇴임하고 이병규李炳奎 선생先生이 그 후임後任이 되었다 한다. 학교서 여러 선생先生을 맞나보다. 밤에 매헌梅軒을 찾어보다.

8월 22일. 비 온다. 한남서림翰南書林에 가서 책册값 5원五円을 주다. 김영완金永完을 맞나 보다. 집에 편지 하다.

8월 23일. 종일終日 비. 원고原稿를 쓰려고 하나 생각이 돌지 않는다. 그리고 염증厭症만 난다. 『중앙中央』 잡지雜誌가 왔다. 김오남金午男 시조時調가 많이 늘었다.

8월 24일. 맑고 밤비. 김환수金煥洙 군君이 돈 10원十円을 보냈다.

8월 25일. 맑다. 『진단震檀』 원고原稿 「시조時調의 발생發生과 가곡歌曲과의 구분區分」을 쓰기 시작하다.

8월 26일. 맑다. 문일평文一平 군君이 오다. 가치 창의문彰義門 밖에 산보散步 나가 우승규禹昇圭 군君 집에서 저녁을 먹다.

8월 27일. 맑다.

8월 28일. 비.

8월 29일. 맑다. 이상돈李相敦 군君의 편지가 오다. 찬 군燦君, 장현삼張鉉參 군君이 오다.

8월 30일. 맑다. 아악부雅樂部에 가 보다.

8월 31일. 맑다. 직원회職員會. 신구교장新舊校長 교대. 신新 교장校長은 이병규李炳奎. 『신동아新東亞』가 오다.

9월

9월 1일. 맑다. 오전 9시 개학식開學式. 숙직宿直. 『난계유고蘭溪遺藁』며 『심우당집枕雨堂集』을 보다. 명월관明月館 본점本店에서 구舊 교장校長 송별회送別會. 오후 9시에 나는 오다.

9월 2일. 맑다. 『진단震檀』 원고原稿는 탈고脫稿.

9월 3일. 맑다. 한남서림翰南書林를 가 보다.

9월 4일. 흐리다. 밤엔 비. 대학도서관大學圖書館에 가 보다. 이인영李仁榮 군君, 송신용宋申用 군君을 맞나다. 이인영李仁榮 군君 집에 들렜다.

9월 5일. 비. 아악부雅樂部를 가 보다. 이희균李曦均, 이천규李天珪, 이원영李元榮, 박재륜朴載崙 군君이 찾어오다.

9월 6일. 맑다. 박기명朴基鳴 책사册肆며 매헌梅軒을 가 보다. 이범준李範埈과 김근수金槿洙 외숙外叔이 왔다. 김근수金槿洙 외숙外叔은 차비車費 2원二円을 가져갔다. 이범준李範埈 군은 공덕리孔德里 134-11에 거주居住. 이창구李昶求 군君이 오다. 황병인黃炳仁 군君이 오다. 옥잠화玉簪花 한 줄기가 빼어나 여러 송이가 돋아난다. 담아淡雅하다. 향기

香氣도 맑다. 난초蘭艸에서는 또 세 줄기가 솟아나고 꽃봉지가 여럿이다. 잎새에 있는 황백黃白 점臭의 난슬蘭蝨을 마늘물로 씻어 주다.

9월 7일. 맑다.

9월 8일. 맑다. 경대도서관京代圖書館에 갔다. 집에서 보리를 한 가마니 보냈다.

9월 9일. 맑다. 김낙순金洛淳 군君이 오다. 「경복궁景福宮 중건重建과 민원民怨」을 쓰다. 하 박사河博士가 오다.

9월 10일. 맑다. 이철희李喆熙 군君 편지가 오다. 다전정지多田正知 군君이 오다.

9월 11일. 맑다. 이상돈李相敦, 이철희李喆熙 군君에게 편지하다.

9월 12일. 맑다. 병륙秉陸에게 편지하다. 난蘭은 삼경三莖에 이경二莖 각各 육화六花, 일경一莖은 오화五花. 피기 시작한다. 청향만실淸香滿室.

9월 13일. 비 온다. 경성운동장京城運動場 수영장水泳場에 하교下校 후後 김동형金東瀅, 박술음朴術音 군君과 같이 나가 보다. 저녁은 대연관大連館에서 먹다. 『동야휘집東野彙輯』 제15第十五, 16十六권卷 1책一冊을 정계섭鄭啓燮 씨에게 보내 주다. 김화진金龢鎭 군君이 오다.

9월 14일. 맑다.

9월 15일. 맑다. 김용진金容鎭 영운穎雲 집에 가, 난초蘭草를 보고 또 백화원百花園에 가 보다. 바야흐로 준하란駿河蘭 한 떨기가 피어 방향芳香이 복욱馥郁하다. 신동아사新東亞社를 가서 이은상李殷相, 최승만崔承萬 군君을 보다. 신진新進 작가作家 몇을 소개紹介하다.

9월 16일. 맑다. 매헌梅軒과 함께 애류崖溜를 찾어보다. 소주燒酒를 주어 퍽 취醉하다. 황혼黃昏에 돌아오다. 오철호吳徹浩 군君에게 답장答狀.

9월 17일. 맑고 흐리다. 저녁에 김성수金性洙 군君을 찾어보다. 김병로金炳魯, 송진우宋鎭禹, 그 사돈査頓 고동高東도 맞나다. 마츰 술상床이 벌여 있다. 밤이 이윽하여 나는 먼저 일어섰다. 오날 학교서는 고교소좌高橋小佐의 군사軍事 강화講話가 있었다.

9월 18일. 맑다. 학교서는 한강漢江ㅅ가로 실탄사격實彈射擊 견학見學을 가다. 나는 인도교人道橋에 산보散步를 하다. 이극로李克魯 군君을 맞나 보다. 조선어학회朝鮮語學會에 조선어학語學 서적書籍 몇 가지를 적어 보내다. 이천규李天珪 군君을 찾어보다.

9월 19일. 종일終日 담曇. 한징韓澄, 한충韓沖 군君 형제兄弟를 청請하여 난화蘭花를 보이고 석반夕飯을 먹다.

9월 20일. 종일終日 담曇. 중앙일보사中央日報社에 「추석秋夕」 원고原稿를 보내다.

9월 21일. 흐리다. 퍽 음산하다. 대판大阪 지방地方은 태풍颱風이 지나가 인명人命 사상死傷, 가옥家屋 도훼倒毁의 재해가 막대하다고 호외號外가 연첩 온다. 서상란徐相鸞 군君이 난화蘭花를 보러 왔다. 술을 대작對酌하다. 난화蘭花는 만개滿開.

9월 22일. 흐리다. 볕이 좀 났다. 문광당文光堂에서 정축년丁丑年 『진찬의궤進饌儀軌』 2책册, 한남서림翰南書林서는 원판元板 『문시진경文始眞經』 2책册, 『송목관집松穆館集』·『경신록언해敬信錄諺解』·『천지팔양경天地八陽經』·『목면보木綿譜』·『중주십일가시선中州十一家詩選』·『구황촬요救荒撮要』·『주역참동계周易參同契』·『한객건연韓客巾衍』·『금가琴歌』 각各 1책一册을 사 오다. 이발理髮. 난화蘭花는 지는 놈도 있다. 야마도식물원植物園서 엽서葉書가 오다.

9월 23일. 흐리고 맑다. 저녁에 비가 온다. 가배절嘉俳節.

9월 24일. 흐리다. 매헌梅軒과 정자옥丁字屋[2], 삼월三越[3], 평전平田[4], 문광당文光堂을 가 보다. 문일평文一平 군君이 오다. 현철玄哲 군君이 왔다 한다.

9월 25일. 흐리다 맑고 좀 무덥다.

9월 26일. 맑다. 야마도식물원植物園에 3원三円 60전六十錢 진체저금振替貯金[5]을 보내고 복주한란福州寒蘭, 대만풍세란臺灣豊歲蘭, 사란絲蘭, 일경구화一莖九花를 주문注文하다.

9월 27일. 맑다. 월말月末 시험試驗. 삼월三越서 건란建蘭 한 분盆을 3원三円 50전五十錢에 사 오다. 수선水仙도 2구二球. 저녁에 매헌梅軒이 오다. 하 박사河博士를 찾어가 놀다.

9월 28일. 흐리다. 저녁에 비 오다.

9월 29일. 비. 김창연金昌淵 군君이 오다. 고녀高女 전용專用 조선어朝鮮語 교과서敎科書 재료材料를 수집蒐集하여 달라고. 이원영李元榮 군君이 이희균李曦均 군君의 단편短篇 「우정友情에 대하여」를 가조다. 「한양가漢陽歌」를 교정校正.

9월 30일. 비. 전주全州 이수영李壽榮 씨氏가 아츰에 찾어왔다. 조반朝飯과 1원一円을 주다. 정계섭鄭啓燮 씨氏가 오다.

---

2 정자옥(丁字屋): 조지아백화점. 1904년 남대문통에서 시작 1921년 백화점으로 개업. 조선 최대 면적 보유한 백화점으로 1930년대 전시 체제 상품, 배급망에 중요 역할을 하였음.

3 삼월(三越): 미쓰코시백화점. 우리나라 최초의 백화점으로 일본 에쓰이 재벌 소유. 일본 최대의 백화점으로 경성에 진출. 경성 최고의 백화점으로 자리 잡음. 현재 명동 신세계 백화점 본점.

4 평전(平田): 히라다백화점. 1904년 히라다상점에서 출발. 1926년 히라다백화점으로 변경. 경성의 백화점에서 가장 규모가 작은 백화점으로 주요 염가의 상품 취급.

5 우편대체 저금.

10월

10월 1일. 흐리고 음산하다. 하경덕河敬德 군君 형제兄弟가 오다. 매헌梅軒이 오다. 하 군河君이 산보散步를 가자고 한다. 넷이 동행同行. 돈암리敦岩里서는 뻐스를 나려 것다. 약사사藥師寺, 청암사淸岩寺, 천향원별장天香園別莊, 정릉貞陵을 보고 신흥사新興寺로 오다. 밥을 시겨준다. 찬 바람이 분다. 문門을 닫고 앉어 고담古談을 하다. 성城 안에 드니 전등電燈이 밝었다.

10월 2일. 음산하다. 저녁에 옥천동玉川洞 장지영張志暎 군君을 가보고 『동야휘집東野彙輯』 제8권第八卷 등사지謄寫紙를 주고 7원七円 20전二十錢을 찾다. 경성역京城驛에 가다. 호수돈여고好壽敦女高, 강기순康基舜을 맞나 보다. 박연산성여관朴淵山城旅館에 수학여행修學旅行 준비準備 여부를 회답回答해 달라고 부탁하다.

10월 3일. 맑다. 정충시鄭忠時 군君의 조장弔狀을 받어 보다. 다전多田 군君이 오다. 집에 편지하다.

10월 4일. 맑다. 개성開城과 박연朴淵에 대하여 1학년一學年에게 말하였다. 여비금旅費金을 맡었다.

10월 5일. 맑다. 오전 6시 40분 경성역京城驛에 가니 생도生徒 4, 5인쯤 와 있다. 50분이나 더 기다려 차표車票를 사다. 1학년생一學年生 234, 직원職員 7인 — 이 일행이 8시 40분 발發로 11시나 되어서 개성역開城驛에 가 나리다. 즉시卽時 걸어서 자남산子男山, 숭양서원崧陽書院, 선죽교善竹橋로 하여 서사정逝斯亭에서 점심點心 먹고 머으너잇재, 남문南門 대흥사大興寺로 지나, 관음사觀音寺, 산성여관山城旅館에 당하다. 오후 4시 반. 발바닥이 부릍었다. 성거관聖居關을 나서 박연폭포朴

淵瀑布를 보고 사진寫眞을 박었다. 멀위 다래를 사 먹었다. 산성여관山城旅館에서 자다.

10월 6일. 맑다. 오전 8시 반 발發. 오후 2시 반 만월대滿月臺 착着. 자유해산自由解散. 개성농원開城農園에서 임금林檎을 사다. 1관一貫에 1원一円 25전二十五錢. 서양종西洋種인데 퍽 달고 연하다. 5시 40분 차車에 타다. 완행緩行이다. 8시 40분이나 되어서 경성역京城驛에 와 나리다.

10월 7일. 맑다. 종일終日 집에 있었다. 이희균 군李羲均君의 편지를 받다.

10월 8일. 맑다. 진고개 가서 난초蘭艸 화분花盆 네 개를 사 오다. 야마도식물원植物園에서 편지가 오다. 주문注文한 난초蘭艸를 보냈다고.

10월 9일. 맑다 흐리다. 오후 네 시, 조선극장朝鮮劇場에 가서 「세계世界의 집웅을 간다」, 「폭격비행대爆擊飛行隊」를 보다. 전자前者는 서장西藏과 인도印度의 종교宗敎, 풍속風俗이오 후자後者는 일본日本 비행대飛行隊의 폭격爆擊하는 모양이다. 영화映畵로서는 변변치 못하다.

10월 10일. 맑고 흐리고 하다. 직원회職員會 — 수학여행修學旅行 보고報告.

10월 11일. 맑다.

10월 12일. 맑다. 야마도식물원植物園에 엽서葉書를 하다.

10월 13일. 맑다. 병륙秉陸이 편지를 보다.

10월 14일. 비. 집에 편지하다.

10월 15일. 맑다. 대전太田 정갑수丁甲秀 군君의 편지가 오다. 김영근金永近 군君이 오다.

10월 16일. 맑다. 야마도식물원植物園서 보낸 4종四種 난蘭 — 복주한란福州寒蘭, 일경구화一莖九花, 풍세란豐歲蘭, 사란絲蘭 등等이 도착到着. 즉시卽時 끌러 등분登盆하다.

10월 17일. 맑다. 건란建蘭을 나누어 매헌梅軒에게 주다. 매헌梅軒과 가치 취향원翠香園에 가 보다. 매화梅花가 퍽 많다. 분홍粉紅과 백白 一 두 분盆을 사다. 2원二円. 조운曺雲 군君의 편지가 오다. 답장答狀. 밤에 비.

10월 18일. 맑다. 직원회職員會. 이극로李克魯 군君이 오다. 정충시鄭忠時, 변일섭邊日燮, 정갑수丁甲秀 군君에게 편지하다.

10월 19일. 맑다. 이발理髮. 다전정지多田正知 군君을 맞나 보다. 두계斗溪를 보다.

10월 20일. 맑다. 아악부雅樂部를 가 보다. 함화진咸和鎭 군君을 못 맞나다. 홍매화紅梅花를 등분登盆. 오후 10시 반 목포행木浦行 차車로 떠나다. 처妻와 경희京熙, 종희宗熙, 앵림이와 함께.

10월 21일. 오전 5시 1분 두계역豆溪驛에서 나리다. 아즉 어둡다. 겨우 길바닥은 분간하겠다. 차중車中에서 은동隱洞으로 근친 간다는 한 여자를 맞나 동행同行하게 되었다. 차차 밝어진다. 골안개가 허여케 보인다. 은동隱洞에 이르러 대문大門짝을 두들겼다. 김택수金宅洙 군君이 나와 본다. 다시 뒤로 돌아들어 빙모聘母를 보고 동수同洙 군君도 보고 조반朝飯도 먹었다. 김영운金永運 군君을 보다. 설암舌癌으로 죽게 되었다. 참아 볼 수가 없다. 감과 밤을 주며 먹으라 한다. 김달수金達洙 군君을 보다. 그 선친先親 영연에 곡哭하다. 김영관金永琯 군君을 보다. 내종매內從妹를 다리고 우리 일행은 오후 두시 차車에 떠나서 강경江景이로 왔다. 한 시간 반이나 기다려 여산礪山 오는 자동차自動車에 올랐다. 집에 드니 7시가 넘었다. 달은 낮같이 밝다.

10월 22일. 맑다. 석창포石菖蒲와 건란建蘭을 등분登盆. 누의와 용창

容昌이가 오다. 윤석범尹錫範 군君 오다.

10월 23일. 흐리다. 밤에 비. 고창高敞 누님과 병철秉徹이가 오다.

10월 24일. 맑다. 조 형趙兄과 이리裡里 병석 군秉錫君이 오다. 송정식宋廷植 군君이 오다. 화평花坪 유 형柳兄과 맹석孟錫이가 오다. 기타其他 여러 손님들이 왔다. 음陰 9월 16일. 상강霜降. 밤을 새우다.

10월 25일. 맑다. 오전 5시 어머님 대상大祥을 지내다. 성묘省墓. 모샛골 종조할아버지를 가 뵈었다. 조 형趙兄, 유 형柳兄, 맹석孟錫, 용창容昌이가 떠났다.

10월 26일. 맑다. 오전 4시 기침起寢. 독적골 권덕보權德甫의 셋잿딸 경례敬禮를 다리고 윤석범尹錫範 군君과 내종매內從妹와 우리 일행이 8시에 집을 떠나 자동차自動車로 강경江景역에 이르니 10시쯤 되었다. 11시 26분 대전행太田行 차車에 오르다. 석범錫範 군君은 논산論山, 내종매內從妹는 두계豆溪서 나리다. 김동수金同洙 군君이 마늘을 가지고 나왔다. 오후 1시 대전太田서 나리다. 이창구李昶求 군君을 맞나, 그 집으로 들어가 점심點心을 먹다. 5시 55분 북행차北行車에 다시 올라, 8시 55분 경성역京城驛에서 나리다. 동희東熙, 한희漢熙가 나왔다. 창호昌鎬도 나왔다. 9시 반 집에 드다.

10월 27일. 맑다. 학교에 가보다. 매헌梅軒이 오다. 하 박사河博士를 가 보다. 황석우黃錫禹 군君이 오다.

10월 28일. 맑다. 김상기金庠基 군君이 오다. 오철호吳徹浩 군君이 와 잤다. 두계斗溪가 오다.

조운曺雲 군君이 오다. 개성開城을 단겨 온다고 한다.

10월 29일. 맑다. 야마도식물원植物園으로 방향란芳香蘭을 또 주문注文하다. 소심란素心蘭, 자한란紫寒蘭, 소란小蘭 — 3원三円 50전五十錢.

조선어학서적전람회朝鮮語學書籍展覽會에 가 보다.

10월 30일. 맑다. 중앙일보사中央日報社 학예부學藝部 주최主催의 강연講演을 해 달라고 이태준李泰俊 군君이 청請한다. 김용복金容復이가 오다. 운 군雲君이 오다. 한징韓澄 군君이 오다.

10월 31일. 맑다 흐리다 하다. 매헌梅軒이 오다. 가정家庭 방문訪問. 하경열河慶烈 씨氏 편지를 보다.

11월

11월 1일. 비. 서풍西風이 분다. 집에 편지하다. 가정방문家庭訪問. 김유경金維卿 편지가 오다.

11월 2일. 흐리다 맑다. 하 박사河博士가 저녁에 오다. 명월관明月館 본점本店에서 교장校長 피로연披露宴이 있었다.

11월 3일. 맑다. 가정방문家庭訪問, 장현식張鉉植 군君과 찬 군燦君이 찾어오다. 매헌梅軒이 오다. 오철호吳徹浩 군君이 떠나다. 병두秉斗가 오다.

11월 4일. 맑다. 운 군雲君과 함께 현저동峴底洞 애류崖溜를 찾어보다. 한남서림翰南書林에서 『대동운부군옥大東韻府羣玉』 한 질帙을 사오다. 40원四十円. 걸상 두 개를 사 오다. 2원二円.

11월 5일. 흐리다. 가정家庭 방문訪問.

11월 6일. 흐리고 비. 임시臨時 시험試驗을 보다. 야마도식물원植物園에서 주문注文한 난蘭이 오다. 저녁에 분盆을 사러 갔다. 비가 줄줄 쏟아진다. 종로鐘路 삼정목三丁目 어느 옹긔점에서 청분靑盆을 샀다. 뻐스를 타고 왔다. 등분登盆. 조운曺雲 군君이 오후 10시 50분 차車에 떠나다.

11월 7일. 맑다 흐리다 하고 서북풍西北風이 분다. 칩다. 마당에 물이 언다. 이천규李天珪 군君이 오다.

11월 8일. 맑다. 서북풍西北風. 어제보다는 덜 칩다. 야마도식물원植物園에서 편지가 오다. 오후 8시 기독청년회基督青年會 체육관體育館에 가서 농구籠球 시합試合을 보다.

11월 9일. 맑다. 가정방문家庭訪問. 매헌梅軒을 찾어보다. 야마도식물원, 이희균李曦均 군君에게 편지하다.

11월 10일. 맑다. 조선관朝鮮館에서 교장校長 환영회歡迎會를 하다.

11월 11일. 맑다. 문門을 바르다. 1갑一甲 김기수金琦洙, 황호주黃鎬珠가 오다. 이원영李元榮 군君이 오다.

11월 12일. 흐리다. 하경열河慶烈 씨氏, 김유경金維卿 군君에게 답장答狀.

11월 13일. 흐리다. 가정방문家庭訪問.

11월 14일. 맑다. 가정방문家庭訪問.

11월 15일. 맑다. 가정방문家庭訪問. 내자동內資洞 93, 누님 집을 찾어보다. 열세 간 반에 2050원二千五十円. 그다지 좋지도 못한 집이다. 권온權溫, 권명상權命相을 맞나다. 매헌梅軒을 찾어보다.

11월 16일. 맑다. 가정방문家庭訪問. 『난蘭과 만년청萬年青의 배양培養』을 사다.

11월 17일. 맑다 흐리고 퍽 눅었다. 밤에는 비가 오다. 저녁때 야마도식물원植物園서 사 온 난蘭들을 고쳐 심다.

11월 18일. 비 오고 흐리다. 당직堂直. 목욕沐浴. 바람도 분다.

11월 19일. 흐리다. 최남열崔南烈 편지가 오다. 「시조時調의 발생發生과 가곡歌曲과의 구분區分」의 준準을 보다.

11월 20일. 흐리다. 고창高敞 조 형趙兄의 편지가 오다.

11월 21일. 맑다. 난초蘭草를 볕을 쬐었다.

11월 22일. 맑다.

11월 23일. 맑다. 『서금보西琴譜』와 『현금보玄琴譜』를 사다. 따뜻하다.

11월 24일. 맑다. 따뜻하다. 섭씨攝氏 10도十度. 아악부雅樂部를 가다. 응봉鷹峯에서 모래를 파 오다.

11월 25일. 맑고 흐리고 눅다. 삼월三越서 사 온 건란建蘭을 고쳐 심다. 응봉鷹峯서 파 온 화강석花崗石의 풍화風化된 놈과 뒤 언덕 적갈색赤褐色 모래를 섞어 쓰다. 안 부뚜막과 석탄石炭 아구니를 고치다. 하 박사河博士가 오다.

11월 26일. 흐리고 비 오다. 곳불이 들었다. 머리가 아프다. 수선화水仙花 한 송이가 핀다.

11월 27일. 서풍西風. 맑다. 치워진다. 섭씨攝氏 2도二度. 이택규李澤珪 군君의 편지가 오다. 돈 1원壹円을 보내 주다.

11월 28일. 맑다. 직원회職員會 오후 7시 파罷. 수도수水道水, 응봉사鷹峯砂, 뒤 언덕 모래의 산성酸性을 시험試驗해 보다.

11월 29일. 흐리다. 밤에 눈이 오다. 리토마스 시험지試驗紙를 본즉 수도수水道水도 좀 산성酸性이 있고 응봉사鷹峯砂 뒤 언덕 모래는 좀 더 있는 것 같다.

11월 30일. 맑다. 칩다.

12월

12월 1일. 맑다.

12월 2일. 흐리다. 눈ㅅ발이 흩날린다. 저녁때는 볕도 좀 났다. 곳불이 심하다. 코가 찡찡하고 머리가 아프다. 매헌梅軒에게 가 보다.

12월 3일. 맑다. 영하零下 2도二度. 이극로李克魯 군君이 오다. 냉수목욕冷水沐浴을 하다. 용익容益 군君이 저녁에 오다.

12월 4일. 맑다. 한난계寒暖計를 사 오다. 안방 온도溫度는 섭씨攝氏 15도十五度, 건너방은 12도十二度다.

12월 5일. 맑다. 송신용宋申用 군君이 『일동장유가日東壯遊歌』를 가지고 오다. 매헌梅軒이 오다. 그 초권初卷만을 매헌梅軒더러 벗겨달라고 맡겼다.

12월 6일. 맑다. 누님이 오다. 오날 저녁차車에 종형從兄이 온다고. 기침이 더 심하여 얼굴이 붓었다고. 동희東熙, 한희漢熙를 경성역京城驛에 보내다. 오후 7시 25분 착着으로 왔다.

12월 7일. 맑다. 누님과 종형從兄이 오다. 세부란스병원病院에 가 보게 하였다. 매헌梅軒을 가 보다.

12월 8일. 맑다. 직원회職員會 오후 6시 파罷. 동희東熙를 다리고 종형從兄을 가 보다. 세부란스병원病院에 가 진찰診察하고, 엑스광선光線을 대고 본즉 심장心臟이 좀 붓고 기관지염으로 한쪽 폐肺가 어떤 듯하나 그다지 중증重症은 아니라 한다.

12월 9일. 맑다. 소제청결掃除淸潔, 난蘭의 비료肥料 제작製作. 조 형趙兄에 편지하다.

12월 10일. 맑다. 두계斗溪가 오다. 『진단학보震檀學報』 제1권第一卷

이 나왔다.

12월 11일. 맑고 흐리다. 학기말學期末 시험試驗을 보다.

12월 12일. 흐리다. 내자동內資洞 종자從姉 종형從兄을 가 보다. 해수咳嗽는 좀 덜하고 얼굴의 부기도 나렸다. 매헌梅軒을 보다.

12월 13일. 흐리다. 오날 새벽 세 시에 중앙고보中央高普 본관本館이 불나서 다 탔다. 가 위문慰問하다. 애류崖溜를 맛나다. 가치 김성수金性洙 군君을 찾어보고 와서 저녁을 먹다. 두계斗溪가 오다.

12월 14일. 흐리다 맑다. 매헌梅軒이 밤에 오다. 이학인李學仁 군君이 오다. 『조선문단朝鮮文壇』을 계속繼續하겠다고.

12월 15일. 흐리다 맑다 한다. 시험試驗은 끝내다. 하 박사河博士를 찾어가 보다.

12월 16일. 흐리고 음산하다. 섭씨攝氏 8도八度.

12월 17일. 비가 오다.

12월 18일. 맑다. 숙직宿直

12월 19일. 맑다. 정인황鄭寅晃 군君이 학교로 찾어왔다. 서상란徐相鸞, 윤병섭尹丙燮 군君과 함께 정鄭의 초대招待를 받었다.

12월 20일. 맑다. 밤에 경성역京城驛을 나가 보다. 다전정지多田正知 군君을 못 맞나다. 10시 차車에 아니 떠나나 부다.

12월 21일. 흐리다. 비 오다.

12월 22일. 비. 오후 직원회職員會 성적成績 사정査定.

12월 23일. 맑다. 두계斗溪를 찾어보다. 밤에 눈이 좀 오다. 종형從兄을 보고 매헌梅軒를 찾어 보화루寶華樓에 가서 저녁을 먹다.

12월 24일. 맑다. 학교에 가서 대소제大掃除 감독監督. 성적成績 발표發表.

12월 25일. 맑다. 조선일보사朝鮮日報社 학예부學藝部의 원고原稿 「시조時調 기원起源과 그 형태形態」에 대하여 쓰다.

12월 26일. 흐리다. 원고原稿를 쓰다. 이인영李仁榮 군君이 오다. 『금석총람金石總覽』 상권上卷을 차거借去.

12월 27일. 맑다. 좀 흐리다. 이영인李榮仁 군君이 자작自作 시조時調를 가지고 와서 평評을 청請한다. 형식形式에만 채우어 놓은 것이다. 하나 그 소질素質은 있어 보인다. 앞으로 각고刻苦한 노력努力만 쌓으면 진취進就할 것 같다. 봉래정蓬萊町을 돌아보다. 내자동內資洞 종자從姉와 종형從兄을 가 보다. 오후 10시 50분 차車에 종형從兄과 동희東熙와 함께 시골길을 떠나다. 종자從姉와 권명상權命相과 권온權溫 군이 경성역京城驛까지 나왔다.

12월 28일. 오전 5시 반 강경역江景驛에 나리니 아즉 어둡다. 인력거人力車를 잡아타고 가 강호여관江湖旅館에 들다. 조반朝飯. 10시 자동차自動車로 여산礪山에 이르다. 집에 드니 다 무고. 마단 아자씨가 오다.

12월 29일. 오전은 명랑明朗. 오후 음陰. 아직 봄날이다. 뜰엉의 풀닢이 파랗다. 생양동生陽洞 정숙鄭叔이 오다. 대부大父가 술을 준다.

12월 30일. 흐리고 밤엔 비 온다. 아버지께서 감기感氣로 미령彌寧.

12월 31일. 종일終日 비.

1935년(단기 4268년)

1935년(단기 4268년) 을해乙亥

1월

1월 1일. 오전 4시 담제禫祭. 맑다. 따뜻하다. 증조고曾祖考 산소山所, 어머님 산소山所에 오르다. 계룡산鷄龍山 위엔 눈이 하얗게 쌓였다. 바람 한 점 없고 퍽 청랑淸朗하다. 산山 이끼를 걷어 가지고 오다. 석창포石菖蒲, 건란建蘭, 왜감倭柑, 치자분梔子盆들을 볕에 내놓다. 마단 아자씨가 떠나다.

1월 2일. 맑다. 오전 11시 자동차自動車로 함열역咸悅驛 와서 12시 45분 차車를 타다. 대전太田서 3시 32분 차車를 갈어 타고 서울을 오니 7시 25분. 경희京熙, 한희漢熙, 처妻가 나왔다.

1월 3일. 음산하다. 눈ㅅ발이 흩날리다. 연하장年賀狀이 많이 왔다.

1월 4일. 맑다. 내자동內資洞 누님을 가 보다. 매헌梅軒을 보다. 사란분絲蘭盆을 옮겨 놓다가 자빠트려 새로 나오는 세 줄기에 그 하나를 부러트렸다. 그 속을 까고 보니 꽃 두 숭이가 맺혔다. 앗갑다. 맡어보아도 아무 향취香臭도 아니 난다. 밤에 매헌梅軒과 함께 하 박사河博士를 찾어 보다.

1월 5일. 맑다. 두계斗溪를 보다.

1월 6일. 흐리다. 누다. 소한小寒. 직원회職員會. 계란系蘭 한 줄기에 한 숭이가 핀다. 방향芳香이 만실滿室. 수선水仙은 감향甘香. 매화梅花는 청향淸香. 한남서림翰南書林에 가다.

1월 7일. 흐리다. 김재수金在洙 군君을 찾었다 못 보았다. 집에 일력日曆과 수첩繡帖을 보내다. 삼층三層 장롱欌籠을 46원四十六円에 사 오다. 중앙일보사中央日報社의 이태준李泰俊 군君을 찾어보다. 누님이 떡을 사 가지고 왔다. 처妻의 생일生日이라고. 음陰 12월 3일.

1월 8일. 맑다. 시업식始業式. 이승규李昇圭 군君과 함께 오세창吳世昌 씨氏를 찾어보다. 저녁에 매헌梅軒을 가보다.

1월 9일. 흐리다.

1월 10일. 흐리다. 매헌梅軒이 오다. 두계斗溪를 보다.

1월 11일. 흐리다. 아악부雅樂部를 가보다.

1월 12일. 맑다. 사란絲蘭이 또 한 숭어리가 벌어졌다. 이발理髮. 탑塔골 승방僧房에 나가다. 김도태金道泰 군君이 그 자부子婦 본댁으로 하는 초대招待. 정지용鄭芝溶 군君과 함께 걸어오다. 바람도 없고 달은 밝다.

1월 13일. 맑다 흐리다. 복주한란福州寒蘭이 세 줄기가 자라, 피기 시작한다. 사란絲蘭보담은 담한 향기香氣.

1월 14일. 흐리다 눈 비. 눈ㅅ발이 슬멍슬멍 나리다, 땅에 부드치면 곳 녹는다. 종일終日 이 모양으로 오는 눈. 한란寒蘭이 또 두어 숭어리 벌어진다.

1월 15일. 맑다. 바람이 좀 분다. 칩다. 북악산北岳山, 인왕산仁旺山에는 눈이 쌓였다. 녹지 않는다.

1월 16일. 맑다. 밤에 이원영李元榮 군君이 오다.

1월 17일. 맑다. 하 박사河博士를 가 보다.

1월 18일. 맑다. 이창구李昶求 군君의 편지가 오다.

1월 19일. 맑다. 황희돈黃羲敦 군君을 가 보다. 『용비어천가龍飛御天歌』 초권初卷(제1第一, 제2第二 합合)을 구해 놓았다. 정음자체正音字體나 한자체漢字體(조송운체趙松雲體)로든지 지질紙質과 그 각법刻法으로든지 보아 그 원판본原板本임을 알겠다. 저녁에 명월관明月館 본점本店에서 서상란徐相鸞 군君의 송별회送別會를 하였다. 10시에 돌아오다.

1월 20일. 흐리다. 학교 당직當直. 숙직宿直만은 김건영金健榮 군君에게 맡기다. 『송강집松江集』을 보다. 쌀아기눈이 오다.

1월 21일. 맑다. 대한大寒. 서북풍西北風이 몹시 분다. 무척 칩다. 직원회職員會 — 입학入學 시험試驗 일자日字.

1월 22일. 맑다. 실내室內 온도溫度, 섭씨攝氏 4도四度. 한란寒蘭 두 줄기에 각각 세 숭어리가 피었다. 황희돈黃羲敦 군君 집에 가서 『용비어천가龍飛御天歌』 초권初卷, 2권二卷 합合 1책一册을 20원二十円에 사오다. 첫머리에는 서문序文(5장五張 가량)과 전문箋文의 1장一張 반과 원문原文 첫 장張의 반쪽이 떠러졌고 2권二卷 끝의 5장五張 가량이 떠러졌다. 그리고 뒤 껍질 안쪽에는 만력萬曆 13, 4년十三四年이라는 책력册曆 조히쪽이 부해 있으나 이는 지색紙色이 그 밑의 것과 다름으로 보아도 훨씬 그 나종에 부친 것임을 알겠다. 어떤 이는 이걸 보고 만력萬曆 때 간행刊行된 것이 아닌가 하나 이런 것만으로는 그리 믿을 수 없다. 속을 펼치고 보면 조히ㅅ빛도 그다지 바래지 않고 지질紙質도 그다지 상하지 않았다. 그러나 누렇고 낡어진 품이며 서법書法, 각법刻法의 치성致誠한 품이 분명分明한 원판본原板本이다.

1월 23일. 맑다. 해형수선蟹形水仙 한 분盆을 매헌梅軒이 보냈다. 꽃줄기가 넷, 꽃봉오리가 벌어진다.

1월 24일. 맑다. 김병룡金秉龍 군, 오문호吳文浩 군君이 찾아오다.

1월 25일. 맑다. 김용순金用淳 군君이 오다. 문은종文殷鍾 군君이 오다.

1월 26일. 맑다. 애류崖溜가 오다. 함께 장지영張志暎 군君을 찾아보다. 저녁을 먹다.

1월 27일. 맑다. 종일終日 집에 있었다.

1월 28일. 흐리다. 싸락눈이 오고 굵은 눈이 온다. 오후 5시 백합원百合園에서 고故 소월素月 김정식金廷湜 군君의 추도회追悼會를 여는데 참석參席하다. 모인 이가 사십여 명. 추도사追悼辭를 하다.

1월 29일. 맑다 흐리다 한다. 직원회職員會. 저녁에 손영환孫永桓, 이학인李學仁 군君이 오다.

1월 30일. 흐리다. 학교에서 소방消防 연습練習을 하다. 숙직宿直을 김건영金健榮 군君에게 맡기다. 집에 편지하다.

1월 31일. 맑다. 창경원昌慶苑에 가서 수상운동대회水上運動大會를 하다. 오전 11시에 끝나다. 정지용鄭芝溶 군君과 함께 교동校洞 우하又荷를 가 보다. 오후에는 매헌梅軒을 가 보다. 저녁에 매헌梅軒이 오다. 정 박사鄭博士 구충 군求忠君을 찾다.

2월

2월 1일. 맑다. 하 박사河博士 군君을 찾아보다. 매헌梅軒이 준 해형수선蟹形水仙이 벌어진다.

2월 2일. 흐리다. 퍽 눅인다. 집웅에 올라가 기앗장을 때우다. 밤에 눈이 온다. 제법 쌓였다. 이윤주李潤柱 씨氏를 찾아보다.

2월 3일. 맑다. 퍽 눅다. 눈얼음이 사뭇 녹는다. 제석除夕.

2월 4일. 맑다. 을해乙亥 원단元旦. 이인영李仁榮 군君이 오다.

2월 5일. 맑다.

2월 6일. 맑다.

2월 7일. 맑다. 임시臨時 시험試驗 시작. 매헌梅軒이 오다.

2월 8일. 맑다. 매헌梅軒 집에 가다. 『예술藝術』 잡지雜誌를 받다.

2월 9일. 맑다. 하 박사河博士 형제兄弟를 찾어보다. 이상돈李相敦 군君의 편지를 보다.

2월 10일. 맑다. 찬 군燦君, 병규炳奎, 장발張勃, 조윤제趙潤濟 군君을 찾어보다.

2월 11일. 맑다. 서풍西風. 좀 칩다. 서상란徐相鸞 군君을 찾어보다. 청량사淸凉寺에 나가 저녁을 사 먹다. 이광종李光鍾, 이승규李昇圭, 김극배金克培, 장지영張志暎 군君과 함께.

2월 12일. 맑다. 『시원詩苑』을 받어 보다.

2월 13일. 맑다. 임시臨時 시험試驗 종終.

2월 14일. 맑다 흐리고 밤에 비, 눈이 오다. 두계斗溪를 보다.

2월 15일. 맑다. 눈얼음을 녹인다. 솜덩이 같은 구름짱이 둥둥 떠돈다. 해는 따뜻하다. 온전히 봄임을 늣겼다.

2월 16일. 맑다. 고창산업조합高敞産業組合에 있는 전진국全鎭國 군君이 찾어오다. 박술음朴術音 군君과 진고개를 가보다. 정지용鄭芝溶 군君을 찾어보다. 이상돈李相敦 군君에게 편지하다. 저녁에 김규창金奎昌씨를 가보다.

2월 17일. 맑다. 애류崖溜를 가 보다.

2월 18일. 맑다. 우하又荷 댁宅의 초대招待를 받다. 그의 수연壽筵 남어지. 정지용鄭芝溶 군君과 가치 문예강연회文藝講演會를 가보다. 구인회九人會 주최主催. 100여百餘 인人 청강聽講.

2월 19일. 맑다.

2월 20일. 맑다. 조운曺雲 군君에게 편지를 하다.

2월 21일. 맑다. 병륙秉陸의 편지가 오다. 하 박사河博士를 보다.

2월 22일. 맑다. 직원회職員會 — 졸업식卒業式 준비準備.

2월 23일. 맑다. 오후 3시 수표교정水標橋町 42, 교육협회관敎育協會館에서 어학회語學會 임시총회臨時總會가 있었다. 박朴 씨氏의 한글 반대反對 운동運動에 대한 토의討議와 회칙會則 개정改定 문제問題 등等으로 회會. 6시에 파罷하다.

2월 24일. 맑다. 치당恥堂과 김상기金庠基 군君을 가 보다.

2월 25일. 맑다. 직원회職員會. — 5년五年 성적成績 고사考査. 하 박사河博士가 오다.

2월 26일. 맑다. 조운曺雲 군君이 서울에 오다. 『청구영언靑丘永言』, 『가곡원류歌曲源流』, 『토끼타령打令』, 불갑산란佛甲山蘭 6조六條를 그 조카 시겨 보내 준다. 오후 5시 난蘭은 등분登盆.

2월 27일. 맑다. 또 흐리다. 숙직宿直. 목욕沐浴. 운 군雲君이 집에 왔다 한다.

2월 28일. 비. 오후에 맑다.

3월

3월 1일. 맑다. 졸업식卒業式 준비準備로 오전만 수업授業. 공회당公

會堂 조정원曺貞爰 지명학池命鶴 혼례식장婚禮式場에 가다. 운 군雲君을 맞나다. 문명로文明魯 군君과 함께 갔었다.

3월 2일. 맑다. 저녁때부터는 비. 오전 11시 졸업식卒業式 거행擧行. 오후 3시 반 도서실圖書室에서 사은회謝恩會가 있었다. 오후 7시 명월관明月館 본점本店서 석찬夕餐.

3월 3일. 맑다. 생일生日이라고 이병도李丙燾, 하경덕河慶德, 한충韓冲 군君과 함께 조반朝飯, 오후 한 군韓君과 궤도차軌道車를 타고 전곶箭串 가 나려, 삼전도三田渡 한이비汗伊碑를 가보고 다시 송파강松坡江, 새냇강江을 건너 풍설風雪을 무릅쓰고 독도纛島 유원지遊園地까지 와서 궤도차軌道車로 오다. 운 군雲君이 와 유숙留宿.

3월 4일. 흐리다 맑다. 서풍西風. 칩다. 오철호吳徹浩 군君이 오다.

3월 5일. 맑다. 서풍西風. 칩다. 불갑산란佛甲山蘭은 일경일화一莖一花인데 오경五莖 오화五花가 핀다. 이것을 오란筽蘭이라 이름 지었다. 오筽는 오산筽山의 오筽만 따온 것이고 오산筽山은 영광靈光 고호古號. 지금도 그 읍내邑內에 오산筽山이 있다.

3월 6일. 맑다. 임시臨時 직원회職員會. — 생도동맹生徒同盟 예방豫防 토의討議.

3월 7일. 맑다 흐리다. 대동상업학교大東商業學校 김명진金鳴鎭이란 자가 조선어朝鮮語에 대하여 와 묻는다. 그 내면內面에는 악의가 있다. 박승빈朴勝彬의 사람이다.

3월 8일. 비. 오란筽蘭이 만개滿開. 화엽花葉은 연화형蓮花形 일자미一字眉이고 청색靑色 적심赤心이다.

3월 9일. 흐리고 바람 불다. 시험試驗 시작. 오란筽蘭 꽃의 향긔가 움즉인다. 사란絲蘭과 같으나 좀 담淡하다.

3월 10일. 맑다. 운 군雲君과 함께 종로鐘路에 나가 시가모의전市街模擬戰을 구경하다. 다시 돌아와 오란향箕蘭香을 맡었다. 운 군雲君과 매헌梅軒을 가 찾어 무교탕반武橋湯飯으로 점심點心하고 창의문彰義門을 나서 백석실白石室을 찾어 보고 그 뒤로 올라 성벽城壁을 넘어 삼청동三清洞, 취운정翠雲亭으로 돌아오다. 오철호 군吳徹浩君이 떠나다.

3월 11일. 맑다. 오후 10시 운 군雲君이 떠나다. 조 형趙兄에게 편지를 하다. 운 군雲君이 난蘭을 보낸다고.

3월 12일. 흐리고 세우細雨. 직원회職員會 — 4년四年 성적조행成績操行 급及 3년三年 이하以下 조행사정操行査定.

3월 13일. 맑다. 하 박사河博士 형제兄弟를 가 보다.

3월 14일. 맑다.

3월 15일. 흐리다. 바람 분다. 직원회職員會 — 입학생 시험試驗에 대한 일.

3월 16일. 맑다. 신입학생新入學生 시험試驗. 지원자志願者 934. 석반夕飯은 학교서. 고창高敞 조 형趙兄의 편지가 오다.

3월 17일. 맑다. 입학入學 시험試驗. 오후 구술口述 시험試驗. 석반夕飯 후後 직원회職員會. 성적成績 사정查定. 합격자合格者 153인. 구술口述 시험試驗 보든 이와 교무계教務係, 서무계庶務係 직원職員들과는 뜬눈으로 온 밤을 새웠다. 그리고 합격자合格者의 출신出身 학교에 통지서通知書를 써 발송發送하다.

3월 18일. 맑다. 오후 9시에야 집에 돌아오다. 오날은 쉬었다. 장둑대 엽의 복숭아 나무에 운용매雲龍梅의 접을 붙였다.

3월 19일. 흐리고 소우小雨. 두계 군斗溪君을 보다.

3월 20일. 맑다.

3월 21일. 맑다. 성적成績 고사考査. 유길상 군劉吉相君이 와서 도아준다.

3월 22일. 맑다. 아버님 하서下書를 보다. 관희觀熙 전학轉學을 하겠다고.

3월 23일. 흐리다. 직원회職員會 — 성적사정成績査定.

3월 24일. 맑다. 칭익稱翼 씨가 오다. 따러가서 정재定宰 씨를 보다. 정구충鄭求忠 군君을 가보다. 매헌梅軒을 찾어보다. 하 박사河博士를 가보다. 백용희白庸熙 씨를 찾다.

3월 25일. 맑다. 아버님께 상서上書.

3월 26일. 맑다. 하 박사河博士와 애류崖溜와 가치 매헌梅軒 집에서 저녁을 먹다.

3월 27일. 학교에 가다. 동아일보사東亞日報社와 매일신보사每日申報社에 정지용鄭芝溶 군君과 함께 가다. 이인영李仁榮 군君이 찾어오다. 유길상劉吉相 군君과 가치 탑塔골 승방僧房에 가 석반夕飯.

3월 28일. 흐리다 맑다. 매헌梅軒과 가치 신설리新設里 화초花草 집들을 찾어보다. 돌아오다가 백화원百花園에서 조선식朝鮮式 매화梅花 한주株를 사 오다. 7, 8년七八年 생生이다. 묘妙하게 되었다. 뒤안에 심어두다. 문일평文一平 군君이 오다.

3월 29일. 맑다. 김영룡金永龍 군君을 찾어보다. 오날이 그 따님 갑희甲喜 군君의 혼일婚日인데 신랑新郎 될 고재성高在成 군君이 동경東京서 안 나와서 혼일婚日은 연기延期하였다 한다. 백용희白庸熙 씨를 맞나 영도사永導寺 석전石顚을 가치 찾었다. 놀다가 해를 지웠다.

3월 30일. 맑다. 매헌梅軒과 가치 애류崖溜를 찾다. 애류崖溜는 그 근처近處로 이사移舍하였다.

3월 31일. 맑다. 직원회職員會. 1갑一甲 담임擔任. 민규식閔奎植 군君을 찾어보다. 정재定宰 씨도 맞나다. 저녁에 하 박사河博士를 보다.

4월

4월 1일. 맑다. 시업식始業式. 입학식入學式. 뒤안의 매화梅花가 웃는다. 건란建蘭은 움들이 난다.

4월 2일. 맑다. 찬 군燦君을 찾다. 홍제리弘濟里 화장장火葬場에서 아니 왔다. 봉 군鳳君이 지난 31일 별세別世. 이발理髮.

4월 3일. 맑다. 가족家族을 다리고 창경원昌慶苑에 가다. 나는 먼저 나왔다. 점심點心 뒤에 매헌梅軒을 찾어보고 그 형제兄弟와 함께 삼월三越 뒤 묘목시苗木市에 가보다.

4월 4일. 맑다. 찬 군燦君을 찾다.

4월 5일. 맑다. 낙준洛俊 군君이 앓는다. 밥을 못 먹는다.

4월 6일. 맑다. 병륙秉陸의 편지를 보다. 소격동昭格洞 김영룡金永龍 군君을 찾어보다. 갑희甲喜 군君 혼일婚日 택일擇日 상의相議.

4월 7일. 맑다. 오후 10시 반 1학년一學年 일동一同을 다리고 여의도汝矣島 비행장飛行場에 가다. 종일終日 서서 몬지를 마시다. 오후 2시에 돌아오다.

4월 8일. 맑다. 매헌梅軒이 오다.

4월 9일. 흐리다 비가 온다. 뒤안 매화梅花도 생기生氣가 더 난다.

4월 10일. 흐리다. 아버님 편지를 받어 보다. 태성면台城面 논 사자는 일. 18000평一萬八千坪 매평每坪 50전五十錢. 부족액不足額 3000三千

원円은 식산은행殖産銀行에서 차금借金. 10년十年 기한期限으로 년부年賦 500五百 원円 납입納入. 곳 답答 상서上書.

4월 11일. 맑다.

4월 12일. 맑다.

4월 13일. 맑다. 이상돈李相敦 군君에게 편지 답장答狀.

4월 14일. 비. 종일終日 비. 아츰에 매헌梅軒에게 가, 밥을 먹다. 그리고 저녁때야 우산雨傘을 얻어가지고 돌아왔다. 병륙秉陸에게 편지 하다.

4월 15일. 흐리다. 노성魯城 윤석범尹錫範, 윤석현尹錫鉉 군君이 오다.

4월 16일. 맑다.

4월 17일. 맑다. 낙준洛俊 군君이 공주公州ㅅ길을 떠나다. 조 형趙兄의 편지를 보다.

4월 18일. 맑다. 병륙秉陸의 편지가 오다. 강경江景 식산은행殖産銀行 지점支店 차금借金 2500二千五百 원円을 하겠다고. 영룡永龍 군君이 오다.

4월 19일. 맑다. 조 형趙兄에게 답장答狀.

4월 20일. 오후 세시, 동아일보사東亞日報社 이층二層에서 김갑희金甲喜 군君과 고재성高在成 군君의 결혼식結婚式을 하는데 가보다. 동同 5시 반 명월관明月館 연석宴席에도 가다. 또 직원職員 송별회送別會가 있다. 동관同館에서 동同 10시까지 놀았다.

4월 21일. 맑다. 약간若干 바람이 분다.

4월 22일. 맑다 흐린다. 음산하다. 종자從姉의 편지가 오다. 문일평文一平 군君이 오다. 『김창강집金滄江集』 한 책冊을 빌어갔다.

4월 23일. 맑다.

4월 24일. 맑다.

4월 25일. 좀 흐리다 더웠다.

4월 26일. 좀 흐리고 서풍西風이 분다. 오전 8시 반 삼선평三仙坪 집합集合. 학교 일동一同이 우이동牛耳洞 원족遠足. 오후 6시 김병룡金秉龍 군君이 오다.

4월 27일. 새벽부터 큰 비가 오다. 오정午正때는 개었다. 원동苑洞 이기용李淇溶이란 이가 찾아왔다. 그 아들과 김병룡金秉龍 군君의 딸과의 의혼議婚 일. 건너방 천정天井이 새었다. 기아 열 장을 사다 때웠다.

4월 28일. 맑다. 매헌梅軒, 정기용鄭機用, 박송朴松, 김화진金龢鎭, 조윤제趙潤濟 군君이 오다. 조운曺雲 군君이 영광 굴비 세 두름을 보냈다. 저녁에 대동여관大東旅館으로 운 군雲君을 찾아갔다 못 맞나다.

4월 29일. 맑다. 당직. 전화電話를 받으니 부안扶安 조 형趙兄이 왔다 한다. 오후 6시 김건영金健榮 군君과 교대交代하고 나왔다. 운 군雲君이 오다.

4월 30일. 흐리다. 운 군雲君과 가치 춘일여관春日旅館으로 가서 조형趙兄을 찾어 못 맞났다. 매헌梅軒을 찾어보다. 좀 음산하다. 용창容昌이가 오다.

5월

5월 1일. 맑다. 운 군雲君과 가치 성북리城北里 기운옥寄雲屋 현철玄哲 군君을 찾어보다. 한참 동안 위아래로 헤매다가 구장區長 집에서 물어 가지고 미륵당彌勒堂 밑에서 찾었다. 점심點心도 먹고 한담閑談도 하다 저물녁에 돌아오다. 조 형趙兄을 찾어 못 보다. 학교 창립일創立日 휴休.

5월 2일. 맑다. 낙준洛俊 군君의 편지가 오다. 조 형趙兄을 찾어가 또 못 보다. 저녁에 조 형趙兄이 오다.

5월 3일. 맑다. 운雲 군君이 밤차車에 떠나다. 용창容昌이도 떠나다. 낙준洛俊 군君에게 답장答狀. 병륙秉陸이 편지가 오다. 즉시卽時 답장答狀.

5월 4일. 흐리다. 조 형趙兄이 밤차車에 떠나다.

5월 5일. 흐리다. 애류崖溜가 오다. 김용식金龍植 군君과 함께 창의문彰義門 밖으로 산보散步 가다.

5월 6일. 흐리다. 문일평文一平, 장지태張之兌 군君이 오다. 끌려 나가다. 필운동弼雲洞까지 가다.

5월 7일. 흐리다 맑다. 이태준李泰俊, 이갑李鉀, 이학인李學仁 군君이 오다. 태준泰俊 군君은 시조時調에 대하여 문의問議.

5월 8일. 흐리다 맑다 한다. 여산礪山 면장面長에게 인감증명印鑑證明 내주라는 전보電報가 왔다. 즉 회답回答.

5월 9일. 아츰에는 비가 좀 오다. 개었다. 맑다. 이창구李昶求 군君이 오다. 황금정黃金町 9, 일이여관一二旅館을 찾어보다. 관희觀熙가 왔다. 강경식산지점江景殖產支店으로 차금영수증借金領收證을 써 보내다.

5월 10일. 흐리다. 관희觀熙가 떠나다.

5월 11일. 비가 온다 — 저녁때부터. 강경식산지점江景殖產支店서 병륙秉陸이가 편지하였다. 3500參千五百 원円 차금영수증借金領收證을 또 써 보내라고. 즉시 답장.

5월 12일. 비 오다. 안질眼疾이 났다. 눈꼽이 끼고 눈ㅅ가이 간질간질

가렵다.

5월 13일. 흐리다. 비가 좀 오다.

5월 14일. 흐리다 맑다. 로-도 안약眼藥을 써도 안질眼疾은 아니 낫는다.

5월 15일. 흐리다 맑다. 용익容益의 편지가 의주義州서 오다. 은동隱洞 장인에게 상서上書.

5월 16일. 흐리다 맑다. 병륙秉陸의 편지를 보다. 강경 식산지점江景殖産支店에서 영수증領收證을 받어 주고 돈을 찾어 태성台城 논 값을 다 치루었다고.

매화梅花 한 주株에는 아즉도 싹이 트지 않는다. 사다 심언 제가 벌서 한 달 20일. 그래도 죽지는 않았다. 끝만 좀 마르고 싱싱하다. 잡어매었든 것을 다 풀러 주었다.

일기

36권

1935. 5. 17. ~ 1937. 2. 3.

1935년(단기 4268년)

5월

5월 17일. 흐리다가 저녁엔 비. 눈꼽이 자뜩 낀다. 로-도 안약眼藥을 넣고 초저녁부터 자다.

5월 18일. 맑다. 난초蘭草들에게 물을 품어 주다. 분무기噴霧器가 병이 났나 잘 나오지 않는다. 건란建蘭 한 분에는 꽃 한줄기가 솟았다. 일곱 송이가 맺혔다. 그리고 새순들은 곱게도 자라난다. 두계斗溪가 오다.

5월 19일. 맑다. 매헌梅軒이 오다. 두계斗溪와 함께 안정사安靜寺 안흥관安興館에 나가다. 진단학회震檀學會 총회總會다. 더 온 이는 김윤경金允經, 손진태孫晋泰, 조윤제趙潤濟다. 다만 한담과 석반.

5월 20일. 맑다.

5월 21일. 맑다. 남대문南大門 소학교小學校에 가서 부의원府議員을 투표投票하다. 두 시간이나 걸렸다.

5월 22일. 맑다. 시학관視學官, 시학위원視學委員 등이 학교에 오다.

5월 23일. 맑다. 건란建蘭 꽃이 두 송이 벌어졌다.

5월 24일. 맑다. 덥다. 정지용鄭芝溶 군君과 가치 단성사團成社를 갔다 오다가 김용진金容鎭 씨氏며 민형식閔衡植 씨氏를 찾어보다. 건란建蘭 꽃이 또 두 송이 벌어졌다.

5월 25일. 맑다. 덥다. 양화관浪花館에 가서 「벵갈 창기병槍騎兵」의 영화映畵를 보다.

5월 26일. 종일終日 비. 권명상權命相 군君이 찾아오다. 안질眼疾은 낫었다.

5월 27일. 오후午後에는 개었다. 정지용鄭芝溶 군君이 와서 난향蘭香을 들었다.

5월 28일. 맑다. 건란建蘭 꽃은 만개滿開. 칠타七朶. 장발張勃, 남원우南遠祐 군君과 함께 진고개에 가서 여러 책사册肆를 찾어보았다. 『개자원화전介子園畵傳』을 청구請求하다. 『정목 분재와 고산초목庭木盆栽と高山草木』한 책册을 사다.

5월 29일. 맑다. 권명상權命相 군君이 내자동內資洞 누님 집을 월세로 주었다고 30원三十円 영수증을 받으러 왔다. 돈을 받고 날인捺印해 주었다.

5월 30일. 맑다. 민형식閔衡植씨가 전화電話를 하였다. 방과 후放課後 정지용鄭芝溶 군君과 가보았다. 화초재배花草栽培에 대한 말. 저녁밥을 준다.

6월

6월 1일. 맑다. 이발理髮. 운동기록을 준비準備.

6월 2일. 맑다. 제12회第十二回 육상운동대회陸上運動大會 오전午前 9시九時 — 오후午後 5시五時 반半. 명월관 본점明月館本店에서 석찬夕餐을 준다.

6월 3일. 비. 집에서『중앙中央』원고原稿를 쓰다.

6월 4일. 맑다.

6월 5일. 맑다.

6월 6일. 맑다. 종자從姉에게 편지하다. 내자동內資洞집 전당典當의 이자利子나 원금元金을 독촉督促하는 엽서葉書가 왔다는 것을. 권명상權命相 군君을 찾어보다.

6월 7일. 맑다. 학교에는 연구교수研究教授가 있다. 각各 중등학교中等學校 교원教員들이 팔십여 명 모였다. 박종화朴鍾和 군君을 정자옥丁子屋에서 맞나 삼중상점三中商店에까지 가다. 차茶를 마시러.

6월 8일. 오후午後 2시二時 박종화朴鍾和 군君이 주식酒食을 준비準備하여 김현장金顯璋, 유길상劉吉相, 정지용鄭芝溶, 김억金億 군君과 함께 동대문東大門 밖에서 궤도차軌道車를 타고 독도纛島 가서 배를 타다. 먹고 마시고 떠들고 웃고 혹은 누어 잔다. 압구정狎鷗亭, 무숫막, 두뭇개, 동작銅雀, 노량鷺梁, 용산龍山, 마포麻浦를 지나 현석玄石에 올라 보고 다시 밤섬으로 가서 늙은 은행銀杏나무를 찾어보고 다시 마포麻浦로 올라 전차電車로 왔다.

6월 9일. 구름 끼다 맑다가 비도 오다. 김치당金耻堂, 김상기金庠基, 임병철林炳哲, 오희병吳熙秉 군君이 찾어오다. 화신양복부和信洋服部 문순도文順道 군君이 여름 양복洋服 한 벌을 가조다. 24원二十四円 50전五十錢.

6월 10일. 맑다. 시時의 기념記念날. 오후午後 2시二時로부터 30분三十分 동안「조선朝鮮의 시각時刻과 시계時計」에 대하여 방송放送을 하다. 좌종坐鐘 한 개를 받었다. 우하又荷를 가보다. 그 하인下人 하나를 다리고 창경원昌慶苑으로 가니 식물관植物館 주임主任이 출타出他하였다고 꽃은 아니 판다. 다시 장충단奬忠壇 옆 백화원百花園으로 가서 백합百合, 석곡石斛 각各 한 분盆을 사서 보내고 또 석곡石斛 한 포기를 사 들고 오다. 꽤 비싸다. 1원一円 50전五十錢. 난과蘭科. 꽃 두 송이 피고 향기香氣도 좋다. 이인영李仁榮 군君이 오다. 오날 두 번채라 한다. 함께 한남서림翰南書林에 가다. 『사성통해四聲通解』 초권初券 한 책册(원본原本)을 7원七円, 『개자원화전芥子園畵傳』 5첩五帖, 『십죽재화보十竹齋畵譜』 2첩二帖 영모편翎毛篇을 7원七円에 가조다.

6월 11일. 맑다.

6월 12일. 맑다. 우하又荷를 가보다. 누님 편지를 보다. 장남계張南溪를 가보다.

6월 13일. 맑다. 중앙고보中央高普 정구장庭球場에 가서 보다. 휘문徽文 대 경신儆新 20二十 대 8八로 휘문徽文 승勝.

6월 14일. 맑다. 이상돈李相敦 군君 편지가 오다. 『개자원화전芥子園畵傳』과 『십죽재화보十竹齋畵譜』를 장발張勃 군君에게 주다.

6월 15일. 맑다. 오반午飯은 학교에서 교주校主 생일生日이라고 준다. 애류崖溜를 가 보다. 권명화權命和 군君을 찾었다 못 맛낫다. 전주全州 청수정淸水町서 누의 편지가 오다.

6월 16일. 비. 김상진金翔鎭 군君에게 편지하다. 신명학원新明學院 노래를 지어 보내다.

6월 17일. 맑다. 장남계張南溪가 오다. 처妻를 진맥診脈하고 조화탕調和湯이라는 화제和劑를 내다.

6월 18일. 맑다.

6월 19일. 맑다. 진고개에 가다. 대판옥大阪屋에서 『대동야승大東野乘』 제11十一 책을 바꾸어 오다.

6월 20일. 맑다. 약간若干 동남풍東南風. 문일평文一平 군君이 오다. 저녁에 하 박사河博士를 가 보다.

6월 21일. 흐리고 맑다. 이상돈李相敦, 노재갑盧在甲, 병옥秉玉, 병륙秉陸, 낙준洛俊 군君에게 편지하다. 권명상權命相 군君이 오다.

6월 22일. 맑다.

6월 23일. 맑다. 청량리淸凉里 대예도장大豫道場에 가서 보다. 오전午前 8시八時 유 검도선수柔劍道選手와 이규현李圭鉉, 김현장金顯璋 군君과 함께. 검도劍道 시합만은 오정午正에 끝났다. 교장校長과 이헌구李軒求 군君도 왔다. 점심点心은 이헌구李軒求 군君 집에서 준다. 주식酒食에 배를 불리고 교장校長, 김金, 이헌구李軒求, 이승규李昇圭 군君과 가치 나서 이재훈李載壎 군君을 찾었다 못 보고 그 북北편 숲속으로 들어 약수藥水도 마시고 보전학교普專學校도 들어가보고 저믈어서야 돌아왔다.

6월 24일. 맑다.

6월 25일. 맑다. 매헌梅軒을 저녁에 가 보다.

6월 26일. 맑다. 가정방문家庭訪問. 원동苑洞 계동桂洞. 하 박사河博士를 가 보다.

6월 27일. 맑다. 소격동昭格洞, 안국동安國洞, 팔판동八判洞, 청진동淸進洞 가정방문家庭訪問.

6월 28일. 간간間間, 취우驟雨. 직원회職員會. 병륙秉陸의 편지 보다.

6월 29일. 흐리고 소우小雨. 오후午後 6시六時 정지용鄭芝溶 군君과 가치 명치정明治町 보리다방茶房에 가다. 김동인金東仁 군君의 단편소설短篇小說 『감자』 출판出版의 축하회祝賀會가 있다. 문인文人 사십여 명이 모였다. 11시十一時나 하여 돌아오다.

6월 30일. 흐리다. 낙준洛俊 군君의 편지를 보다.

7월

7월 1일. 맑다. 2년二年 1조一組 차도車燾가 체조體操시간에 너머저 뇌빈혈腦貧血이 되었다. 인력거人力車에 태워 정구충 의원鄭求忠醫院에 가다. 모른다 하여 다시 김동익金東益 내과內科에 가서 치료治療. 오날부터 40분四十分 수업授業. 서하동棲下洞, 운창동雲昌洞 가정방문家庭訪問.

7월 2일. 맑고 밤에 비. 교우회校友會 간사회幹事會가 있다. 회會를 마치고 박종화朴鐘和 군君에게 끌려 그 집으로 갔다. 정지용鄭芝溶 군君도 가치. 맥주麥酒, 석반夕飯.

7월 3일. 취우驟雨. 익선益善, 인사仁寺, 적선동積善洞 가정방문家庭訪問.

7월 4일. 흐리다 맑다 하다. 종로鐘路, 예지동禮智洞 가정방문家庭訪問.

7월 5일. 흐리다 맑다 하다. 김영완金永完 책사冊肆에 가보다.

7월 6일. 김영완金永完 씨가 30원三十円을 꿔어가다. 오후午後 4시四時, 청량사淸凉寺에 가다. 휘문교우徽文校友 간사회幹事會가 있다. 한 삼십 명 모였다. 석반夕飯. 박종화朴鍾和 군君과 먼저 나서 오다.

7월 7일. 맑다. 매헌梅軒과 함께 애류崖溜를 찾다. 셋이 관철동貫鐵洞으로 와서 어느 음식점飮食店에서 점심点心. 김병업金炳業 씨氏, 김학묵金學默 군君이 오다.

7월 8일. 맑다. 1학기말고사一學期末考查 시始.

7월 9일. 무덥다. 하 박사河博士가 오다.

7월 10일. 비 오다. 조병준趙炳俊 군君이 오다. 김용익金容益이가 와 자다.

7월 11일. 비. 오다 만다 한다. 서상천徐相天 군君이 보영루宝英樓에서 맥주麥酒를 사 준다.

7월 12일. 비오다 그치고 흐리다 맑다. 시험試驗 종終. 이인영李仁榮 군君 편지가 오다. 하 박사河博士가 오다.

7월 13일. 가랑비가 간간間間 나린다. 정 박사鄭博士 의원醫院에 두류逗留하는 김용익金容益을 불러다 보고 거긔 다시 있으라고 권고勸告. 내자동內資洞 누님한테 가다. 어제 아츰에 왔다. 외약쪽 아금니 밑이 곪아 그 쪽 볼이 부었고 두통頭痛 안현眼眩이 심甚하다. 퍽 무덥다. 올해로는 처음. 밤엔 폭풍우暴風雨. 종희宗熙가 체증滯症으로 신열身熱이 삼십구 도. 김병룡金秉龍 군君이 환약丸藥 50개五十介를 보냈다.

7월 14일. 비. 오후午後엔 그친다. 김낙중金洛重, 이인영李仁榮 군君에게 엽서葉書. 김병룡金秉龍 군君을 가보다.

7월 15일. 흐리다 맑다. 김현장金顯璋과 가치 홍파동紅把洞 가서 박술음朴術音 군君을 찾어 조상弔喪을 하다. 지난 13일十三日 그 외간상外艱喪을 당當했다. 누님을 찾어보니 낫었다.

7월 16일. 맑다. 누님이 오다. 비위가 느긋거린다. 단침이 치오른다. 인삼人參을 좀 다려 먹었다. 종희宗熙는 낫었다. 김병업金炳業씨가 『고금가곡古今歌曲』을 가조다. 하 박사河博士를 가 보다.

7월 17일. 맑다. 고-고리 작作 「다라스 푸리파」를 읽어보다. 벌서 100년百年 전에 이런 작가作家의 작품作品을 읽을 수 있어 오든 그들은 오늘날 소설小說들을 그리 새로운 것이라지 않겠다. 허황한 단편적斷片的 고담이나 들어오든 우리로는 또한 놀라지 않을 수 없다.

7월 18일. 동북풍東北風이 분다. 서늘도 하다. 오후午後 다섯 시쯤은 바람은 그치고 구름이 모여들고 갑작이 무덥다. 빗방울 뚝뚝 떨어진다. 직원회職員會 — 성적사정成績査定. 서너 시간 걸린다. 조운曺雲 군君의 편지가 오다. 휴가休暇 되면 오라고.

7월 19일. 동북풍東北風. 대소제 시키고 수업授業은 않다.

7월 20일. 흐리고 밤에 비. 휴업식休業式. 우하 댁又荷宅에 가다.

7월 21일. 종일終日 큰 비. 박종화朴鍾和 군君이 오다.

7월 22일. 흐리고 가랑비. 부안扶安서 전보電報 — 조 형趙兄이 자친상慈親喪을 오날 아츰에 당했다고. 이학인李學仁 군君이 오고 이상돈李相敦 군君 편지가 왔다. 밤엔 폭우暴雨. 떠나려다가 중지中止.

7월 23일. 비. 한강漢江 증수增水 30척三十尺. 골방 천장이 새다. 기아를 사다 때우다. 조운曺雲, 상돈相敦 군君에게 답장答狀. 오후午後 10시十時 15분十五分 차車에 동희東熙 다리고 떠나다.

7월 24일. 맑다. 새벽에 강경江景서 나려 여관旅館에 들다. 명두 놀리는 것을 보다. 한 오십 되는 게집이 독기纛旗 같은 것을 달어놓고 "게집애야. 게집애야." 부르니 게서 '회회회획.' 소리가 낫다. 그리고 자문자답自問自答한다. 좀 더 자세仔細히 보려다가 떠날 시간이 되어 자동차自動車에 올랐다. 11시十一時 여산礪山 착着. 아버지께서는 공주公州 가시고 병륙秉陸이는 부안扶安 갔다.

7월 25일. 맑다. 병륙秉陸도 오고 저녁에 아버지께서도 오셨다.

7월 26일. 맑다. 8시八時 반半 자동차自動車로 금마면金馬面까지 가다. 현炫 군君을 맞나서 함께 이제태李濟泰 군君을 찾다. 정현창鄭顯昌 씨氏 형제, 병관秉寬, 소진호蘇鎭浩 군君도 오다. 제태濟泰 군君도 작반作伴. 이은영李殷永 군君을 찾고 신작로新作路로 나서 오금산五金山 머리를 지나다 영구차靈柩車를 맞나, 조 형趙兄의 형제兄弟와 병국炳國 형제兄弟를 보고 정석한鄭碩漢도 보고 우리는 지럼길로 들어 탑정리塔亭

里 탑도 보고 절에서 쉬고 구 서원舊書院 뒤로 하여 송림松林 속으로 장항동獐項洞 감나무 밑에 이르러 양정희楊定熙, 백씨佰氏도 맞나고 송宋씨 집에 점심臬心 시켜 먹고 그 뒤 산상山上에 올라 회장會葬. 송정식宋廷植 군君도 보다. 다 저믈어서야 양정희楊定熙 군君 일행과 나려오다 수석水石에 목욕沐浴. 백씨佰氏가 닭을 쌈고 술을 가 졌다. 죽청 간竹靑侃 씨氏댁에서 자다.

7월 27일. 맑다. 양정희楊定熙 군君을 따러 기산箕山 밑 양 군楊君 집에 가 점심臬心. 어제 밤부터 닭을 쌈고 기다렸다 한다. 저녁에 제태濟泰 군君에게서 자다.

7월 28일. 맑다. 정류소停留所에 가니 벌서 5분五分 전에 출발出發. 금마공보金馬公普의 현 군炫君을 찾다. 그 아우 환 군煥君도 와 있다. 환 군煥君을 다리고 왕궁탑王宮塔과 쌍인석雙人石을 가 보고 한정리寒井里 찬샘도 보고 현 군炫君집에서 점심臬心. 정류소停留所에서 소병관蘇秉寬 군君을 맞나 보고 오후午後 3시三時 반半 자동차自動車 발發. 이리裡里서 신태인新泰仁, 신태인新泰仁서 부안扶安 오니 오후午後 9시九時. 군수郡守 관사官舍에 들다.

7월 29일. 맑다. 영광靈光 운 군雲君에게서 전화電話가 두 번이나 오다. 내소사來蘇寺 주지住持 도명철都明喆, 실상사實相寺 임응련林應連을 보다. 교화주사敎化主事 김정기金正基 군君과 노휴재老休齋에 가 보다.

7월 30일. 맑다. 오전午前 8시八時 발發. 신태인新泰仁서 장성長城, 장성長城서 사창社倉, 마치재, 겟재를 넘어 영광읍 남南 홍교반虹橋畔 운 군雲君 집에 들다. 위계후魏啓厚, 조희충曺喜忠 군君이 와 본다.

7월 31일. 퍽 무덥다. 구름 낌. 위 군魏君이 오다. 문은종文殷鐘 군君 집도 찾고 고 김형모故金衡模 군君 집도 찾고 위 군魏君 집에서 석반夕

飯. 문은종文殷鐘 형제兄弟가 와 본다.

8월

8월 1일. 맑다. 조병한曺秉漢 군君 집에서 고서화古書畵를 보다.

8월 2일. 맑다. 조병모曺秉謨 군君이 오다. 운 군雲君 숙모상叔母喪. 오후午後 9시九時 — 11시十一時, 금조金組 상층上層에서 조선당쟁사화朝鮮黨爭史話를 하다. 위 군魏君이 맥주麥酒를 가지고 오다. 밤 깊도록 담화.

8월 3일. 맑다. 조희충曺喜忠 군君과 불갑사佛甲寺에 가다. 자동차自動車로 맹자정孟子亭이까지 가서 게서는 걸었다. 임진란壬辰亂에 포로捕虜로 잡혀 갔든 강항姜沆의 자손子孫들이 산다는 이른바 강가촌姜哥村들을 지내어 조고마한 고개도 넘고 불갑사佛甲寺에 이르러 점심臭心. 주지住持 김영윤金永允 호號 설호雪醐. 딸물을 사 먹다. 오후午後에 나서 가다 송림松林 속에서 난초蘭草도 보고 비자, 동백冬柏도 보고 증지암證智庵 터에서 쉬고 해불암海佛庵에 오르다. 주지住持는 송정리松亭里 가고 피서避暑 온 조규봉曺圭奉, 주세경周世京, 이 소년李少年 들이 있다. 마츰 구름이 벗어지고 낙조落照가 되는데 공교히 석만도石蔓島에 가리어 그 마즈막은 아니 보인다. 칠산七山, 안마鞍馬 또는 낙월도落月島, 그 서남西南의 제도諸島 — 모두 조은 전망展望이다.

8월 4일. 맑다. 응향대應響臺에 올라 보다. 희충喜忠, 규봉圭奉과 함께 나서 불갑사佛甲寺 앞 주막酒幕에서 점심臭心. 설호雪醐가 와서 이야기를 한다. 오후午後에 떠나오다. 수리조합水利組合 방죽물이 말렀다. 그 바닥으로 걸어 내남리內南里에 이르다. 조희성曺喜成 군君 처장妻

葬. 그 형兄이 시비를 하여 하든 일을 중지中止하고 다시 다른 땅을 잡어 쓴다. 위 군魏君, 병모秉謨 군君도 왔다. 오후午後 8시八時에 흩어지다. 뒤 입에선가 이런 고시古詩를 읊는 소리가 난다.

空手來空手去, 世上事如浮雲.
成孤墳客初散, 山寂寂月黃昏.[1]

초생初生달은 서천西天에 비껴있다.

8월 5일.

次小山山房韻(차소산산방운)

田陌縱橫小逕開, 溪山如畫絶塵埃.
古松三四亭亭立, 時有淸風與月來.[2]

---

1 빈손으로 왔다가 빈손으로 떠나니
세상사 뜬구름과 같구나.
외루운 무덤 만들고 객이 처음 흩어지니
산은 고요하고 달은 황혼이네.

2 **소산산방의 시에 차운하다**

밭두렁 종횡으로 뻗은 곳에 작은 길 열렸는데,
시냇물 품은 산은 그림 같아 속세의 티끌이 없네.
늙은 소나무 서너 그루 우뚝하게 서 있고
때로 맑은 바람은 달과 함께 다가오네.

구름 끼고 바람이 좀 분다. 병모秉謨 군君 집에서 조반朝飯. 그 모친母親 생일生日. 희성喜成 군君을 찾어보다. 오후午後에 병모秉謨 군君이 자동차自動車 한 대를 내어 자기自己 별장別莊 소산산방小山山房 일운一云 적서암積書庵(소산小山은 그 아버지 찬승燦承의 호號)을 나가다. 위魏, 운雲, 희충喜忠 군君, 기외其外 수인數人도 함께, 찬합饌盒 한 상자箱子, 소주燒酒 세 병甁, 북 한 개를 실고 갔다. 송정리松亭里 가는 신작로新作路로 십 리쯤 되는 수리조합水利組合 방죽 위다. 뒤엔 산, 앞엔 시내, 옆에는 노송老松 3, 4주三四株가 서 있다. 광대를 그 근처近處에서 찾었더니 출타出他하였다 한다. 노래 혹은 고담古談, 석반夕飯. 목욕沐浴. 10시十時에 걸어오다.

8월 6일. 맑다. 이발理髮. 병륙秉陸, 조 형趙兄, 경희京熙에게 엽서葉書. 위魏, 희충喜忠 군君이 오다. 희성喜成 군君 집에서 저녁밥. 오후午後엔 무척 무덥다. 무장茂長 송산松山 성씨成氏 집에서 노인老人 급병急病이 있다는 전화電話가 왔다고 병모秉謨 군君은 내일來日 동행同行을 못하겠다는 기별이 있다. 병모秉謨 군君이 동행同行하겠다고 하여 이러케 여러 날 묵게 된 것이 거품과 같다. 그가 미안未安하다는 것보다도 나는 더 답답하다.

8월 7일. 맑다. 8시八時 발發. 가방은 노함풍魯咸豊 편에 서울로 부치고 보 하나를 사 의복衣服만 싸 가지고 운雲, 희충喜忠 군君과 법성포法聖浦 가서는 신명희申明熺 군君을 찾았더니 신 군申君이 또 따러나선다. 무장茂長까지는 자동차自動車로, 무장茂長서는 걸었다. 송산松山 앞에 이르러 자전거自轉車 타고 오는 김남두金南斗 군君을 맞나 동행同行. 안자安子(안지)머리장터에서 점심. 예는 장날이다. 김 군金君은 장 보러 왔다. 우리 점심奌心, 술, 참외를 사 주고 또 따러나선다. 산山ㅅ골짜기로 들어 써나무거리를 지나, 좀 준급峻急한 고개를 넘어 용문암龍門岩으로 들다. 큰 바위 밑으로 구먹이 뚫여 시원도 하다. 행인行人들이 누어 쉰다. 용문암龍門岩이 있든 곳이라 한다. 그 뒤 바위틈에선 이 암자庵子에 있든 중이 먹을 만한 양식糧食이 나오든 것을 어느 욕심 많은 중이 그 틈을 더 크게 뚫은 뒤로 아니 나왔다는 전설傳說도 있다. 여내 암곡岩谷으로 퍽 심수深邃하고 앞으로는 뾰족한 봉들이 솟았다. 나려오다 좌左편 석벽石壁을 안고 돌며 검단선사黔丹禪師가 조성造成했다는 미륵석상彌勒石像과 용문암龍門岩서 옮겨왔다는 암자庵子와 도솔천내원兜率天內院(속명俗名 상도솔上兜率)과 망월대望月臺와 도솔암兜率庵(하도솔下兜率)을 보고 진흥굴眞興窟을 지나 침침한 숲 속으로 시내를 따러 나리다 동운암東雲庵에 들다. 백파대사비白坡大師碑와 선운사禪雲寺 만세루萬歲樓를 보고, 그 위 맑은 물에 목욕沐浴. 서병규徐丙圭 노인老人을 맞나다. 풍수風水장이로 명당明堂을 잡으러 온 모양이다. 주지住持는 호명湖溟, 참당사懺堂寺의 십이옥불十二玉佛을 말한다. 인도印度서 와 죽도竹島 착着.

8월 8일. 입추立秋. 맑다. 장연강長淵江 침향沈香을 호명湖溟스님에게 얻어 가지고 『선운사적禪雲寺蹟』 책冊, 탁의卓衣, 서적書籍을 보고 장연강長淵江을 맨발로 건너다. 김남두金南斗 군君과 작별作別. 산山기슭 벼룻길로 돌아, 질마재서 참외를 사 먹고 쉬고 살막서 종ㅅ대를 보며 갯바닥으로 3, 4三四 마장을 걸어 어선漁船 한 척隻을 잡어 타고 곰소(웅연熊淵)로 건느다. 벌서 30리三十里. 우물을 찾어 개흙을 씻고 까치샘 뒷고개를 넘어 내소사來蘇寺로 들다. 마치 소쿠릿 속 같은 산山ㅅ골짜기다. 그리고 건국乾局이다. 겨우 식수食水밖에 없다. 집은 대개 퇴락頹落하였다. 주지住持 도명철都明喆은 법당法堂과 종鐘을 자랑한다. 종鐘은 본대 청림사靑林寺 종鐘인데 그 절이 폐廢한 뒤 땅 속에 묻혔다가 어느 때 토민土民에게 발굴發掘되어 성황사城隍寺로 가 있다가 이리 온 것이라고. 추사秋史 글씨인「적향선원積香禪院」이 가장 눈에 뜨인다. 꿀물차茶를 준다. 점심을 시켜 먹고 지로指路하는 한대삼韓大三이라는 12세十二歲 동승童僧을 앞에 세고 원바윗재를 넘어 직소直沼(직연直淵)폭포瀑布, 남여藍輿등, 매봉재로 하여 실상사實相寺는 비껴 놓고 구배가 급한 대를 올라, 저믈 때에 월명암月明庵을 당하다. 그 뒤 쌍선봉雙仙峯을 바라보며 낙조대落照臺(망월대望月臺)에 올라 보다. 낙조落照는 벌서 지내고 또는 구름이 첩첩疊疊히 가려 있다. 다만 오몰조몰한 여러 섬들과 망망茫茫한 바다의 풍경風景. 一 태고太古, 二 월명月明, 三 운문雲門이라 하나 월명月明이 그 으뜸이나 아닌가 한다. 돌이켜 보면 뾰족뾰족한 봉들이 마치 연蓮꽃 모양이다. 장광長廣 70리七十里인 이 변산邊山이 마치 물 위에 떠 있는 연蓮꽃과 같다.

8월 9일. 비. 부슬부슬 나리는 비. 봉래선원蓬萊禪院에서 선객禪客과 담화. 오후午後 1시一時 발發. 한대삼韓大三을 앞세고 줄아리(줄가리)등 10리十里를 나려 말마, 사자獅子목에서 대삼大三과 작별作別. 그리고 줄곳 물ㅅ줄기를 따라 백천百川내를 건너 노적리露積里 주막酒幕에 당하다. 유상각에 걸어앉어 술을 부르다. 비는 한 모양. 술과 참외를 가조고 한 오십 된 주인主人은 정읍井邑 사람으로 예 와 산다 하며 시조時調를 부르고 술을 권한다. 한동안 주고받고 노래가 어울리다가 다시 떠나 우슬牛膝재를 넘어 큰 다리에 이르다. 50리는 왔다. 기다려 자동차自動車를 잡어 타고 부안읍扶安邑으로 드니 날은 저믈었다. 나만 군수郡守 관사官舍로 들고 신申과 두 조 군曺君은 호남여관湖南旅館에 들다. 신 군申君은 8시八時 40분四十分에 떠나다.

8월 10일. 맑다. 김정기金正基 군君을 앞 세고 두 조 군曺君과 함께 나서 매창梅窓의 묘墓와 읍내邑內의 한뼘길, 내아內衙 은행銀杏나무, 혜천惠泉, 사정射亭, 서림정西林亭, 망매루望梅樓, 성황사城隍寺의 서림공원西林公園을 올라 보다. 하서면장下西面長 이중학李重學, 동진면東津面 서기書記 신석정辛夕汀(辛錫正)을 맞나보다. 저녁에 달은 밝다. 이중학李重學 군君이 고창高敞 집에서 음식飮食을 내고 또 자동차自動車 한 대를 내어 맥주麥酒와 안주按酒를 싣고 두 조 군曺君과 신석정辛夕汀과 김정기金正基 군君 부자父子와 안인수安仁秀 군君과 함께 대항리大項里 해수욕장海水浴場에 가다. 휴게실休憩室 한 간을 얻어 들다. 앞으로는 비안도飛雁島, 송장섬이 아몰아몰 하고 파도波濤가 밀치락달치락 하얀 모래언덕을 삼켰다 놓았다 한다. 오전午前 세 시까지 천막天幕 밑에서 맥주麥酒를 마시며 이중학李重學 군君과 이야기 이야기. 모긔 때문에 뜬 눈으로 밤을 새우다.

8월 11일. 맑다. 지지포知止浦를 지나 마포馬浦에서 계섬월桂蟾月이라는 기생妓生를 실고 가다. 이 기생妓生은 경성京城 대동권번大同券番에 단이다가 송병직宋秉直, 김금동金今東을 거쳐 비송비김非宋非金의 아홉 살 먹은 딸 하나 더불고 아편阿片침을 맞다가 예 와 떨어져 있으나 부안扶安 토기土妓로는 이 하나뿐이고 노래도 명창名唱이라 한다. 또 중간中間에서 한 이십사오 세의 밉잔은 여자女子를 태우고 격포格浦 앞에 가서 나리다. 섬월蟾月이를 다리고 맥주麥酒와 수박을 들고 채석강彩石岡 바위 언덕 밑으로 찾어가다. 첩첩疊疊히 쌓인 수식암水蝕岩이 수십 리 바닷가로 무수無數한 굴곡屈曲을 이루어 둘러 있다. 바위는 혹은 순흑純黑, 혹 오색五色으로 기기괴괴奇奇怪怪한 형상形狀도 되고 또는 그 단편斷片이 형형색색形形色色으로 되어 이리저리 굴고 있다. 그리고 끝없는 바다의 새파란 물결은 넘실거리고 있다. 섬월蟾月은 노래를 한다. 육자六字박이는 더욱 잘한다. 이 바다의 풍경風景에도 손색遜色이 없을 만한 고운 소리다. 희충喜忠 군君은 못 먹든 술도 마시게 된다. 다시 남南쪽으로 거닐어 보다가 돌우 북北쪽 언덕으로 와 채석彩石도 굽어보고 자동차自動車를 타고 섬월蟾月이 집에서 소주燒酒에 퍽 취하다. 이중학李重學 군君은 큰 다리에서 나리다. 나는 두 조 군曺君과 군수郡守 관사官舍에 들다. 병철秉徹이가 집에 갔다 왔다. 신석정辛夕汀 군君이 음식飮食 한 상床을 차려왔다. 자정子正이 지내서 자다. 밤에 소우小雨. 소주燒酒에 퍽 복개다. 석정夕汀 군君의 양주洋酒에는 보기만 하였다.

8월 12일. 맑다. 오전午前 10시十時 발發. 신태인역新泰仁驛에서 운雲, 희충喜忠 두 군君과 작별作別. 이리裡里 와서 임보환林普桓 군君, 병석秉錫 군君을 찾어보고 금마면金馬面서는 병섭秉燮 군君을 맞나 신막新幕까지 동행同行. 밤엔 비.

8월 13일. 비. 오후午後에 그치다. 서모 집에서 뉘의 이야기를 들었다. ― 게집애나 기르고 양자養子나 하여 살기는 싫다고.

8월 14일. 맑다. 8시八時 반半 발發. 강경역江景驛에서 즉시卽時 차車를 맞나 오정午正 전前에 대전太田 오다. 역전驛前에 점심을 사 먹고 이창구李昶求 군君을 찾다. 정희政熙 군君을 맞나 동행同行. 3시三時 반半 차車로 떠나다. 7시七時 반半 경성역京城驛 착着. 출구出口에 나서자 안해, 한희漢熙, 경희京熙, 종희宗熙, 경례慶禮를 맞나 함께 들오다. 건란建蘭 큰 분盆에 꽃줄기 하나, 자한란紫寒蘭이란 것에도 하나가 난다.

8월 15일. 맑다. 김병룡金秉龍 군君을 찾어 위문慰問하다. 한 사흘 전에 처상妻喪을 당하였다. 부의 3원三円. 적선동 169一六九 김주金珠 군君을 찾다 못 보고 매헌梅軒을 찾아보고 놀다 함께 와서 저녁을 먹다. 김욕중金浴重 군君이 오다. 비ㅅ발이 좀 뿌리다.

8월 16일. 맑다. 오전午前 7시七時 설렁탕을 사 먹고 미아리를 나가다. 한징韓澄 군君과 동행同行. 김병룡金秉龍 군君 처장妻葬을 보다. 매헌梅軒도 맞나다. 산신제山神祭 지내고 소주燒酒를 준다. 한 잔 반쯤에 종일終日 거북하다. 돌아와 병룡秉龍 군君 집에서 점심.

8월 17일. 맑다. 정충시鄭忠時 군君을 찾어보다. 권태희權泰禧 군君 집에 있다. 적선동 169一六九 — 김주金珠 군君을 찾어보다. 화신상회和信商會에 가서 포도주葡萄酒 한 병, 왜비누 한 다스, 양약洋藥 세 근斤 — 통 6원六円 어치를 사서 노함풍魯咸豊에게 주다. 저녁에 김주金珠, 함풍咸豊이 오다. 밥을 먹이다. 이규현李圭鉉 군君이 어제 처상妻喪을 당하다. 가 보다.

8월 18일. 맑다. 이규현李圭鉉 군君을 가 보다. 병륙秉陸에게 엽서葉書. 김낙중金洛重 군君이 단여갔다. 김병룡金秉龍 군君 집에 있다.

8월 19일. 비가 좀 뿌리다 만다. 학교에 가다. 유劉, 김金 양군兩君만 있다. 논산論山 있는 병우秉雨 고모姑母가 찾어오다. 엽서葉書를 하다 — 영광 조병모曺秉謨, 조희성曺喜成, 무장茂長 김남두金南斗, 부안扶安 조 형趙兄, 김정기金正基, 신석정辛夕汀, 이중학李重學 군君에게. 조운曺雲 군君에게 홍교운虹橋韻을 써 보내다.

虹橋之畔小溪山, 桑葉荳花田陌間.

樂與老農談且笑, 不關世事自爲閒.[3]

8월 20일. 비. 두계斗溪를 가보다. 두계斗溪가 바지락(맛 종류種類의 조개)을 보냈다. 『금마지金馬志』를 읽어보다. 생청生淸 장사가 오다. 생청生淸 4근四斤을 들여놓다. 정충시鄭忠時 군君을 찾다.

8월 21일. 간간間間 비. 학교에 가다. 이윤주李潤柱 선생先生을 맞나다.

8월 22일. 간간間間 비. 장마다. 하경덕河敬德 군君을 찾어보다. 두 손에 흙을 바르고 있다. 이사 온 새집을 수리修理한다. 천정天井과 벽壁이 새고 뒤안 물은 나갈 대가 없어 괴었다. 좀 어수선하게 되었다. 찬 군燦君을 찾었더니 시골 갔다 한다.

8월 23일. 비가 좀 오다 그치다. 「해산유기海山遊記」를 쓰다.

8월 24일. 맑다. 운 군雲君에게 엽서葉書하다. 부안읍扶安邑 신석정辛夕汀 군君의 편지가 오다.

8월 25일. 맑다. 매헌梅軒이 종일終日 놀다. 부안扶安 하서면下西面 청호晴湖 이중학李重學 군君의 엽서葉書 보다.

---

3 홍교반(虹橋畔) 주위엔 작은 시내와 산이요,
밭 두렁 사이엔 뽕잎과 콩꽃이라.
즐거이 늙은 농부와 담소하노라니
세상일 관계치 않고 절로 한가해지네.

* 홍교반(虹橋畔)은 조운의 집. 홍교(虹橋)는 조운의 고향 전남 영광 도동리에 있는 다리. 전남문화재자료 190호. 불우헌(不憂軒) 정극인(1401~1481)이 불교를 배척한 공로를 기념하기 위해 그가 죽은 후 16년이 되던 1497년(연산군 3년)에 세웠다는 다리. 정극인은 서울에서 태어나 5살 때에 그의 관량인 이곳으로 내려와 이곳에서 향시에 합격하고, 28세때까지 산 것으로 알려져 있다. 조운은 이곳 홍교 위 느티나무 아래에서 태어났다고 한다.

8월 26일. 맑다. 이상돈李相敦 군君의 엽서葉書를 보다. 밤에 비가 좀 오다.

8월 27일. 맑다. 「해산유기海山遊記」를 끝내다. 난초蘭艸가 꽃이 핀다.

8월 28일. 맑다. 찬 군燦君이 오다. 집에서 편지가 오다.

8월 29일. 맑다. 한낮은 무척 덥다. 김성수金性洙 군君을 찾어보다. 찬 군燦君을 보다. 하 박사河博士 군君을 찾다. 오철호吳徹浩 군君이 오다.

8월 30일. 맑다. 취농翠儂 오 군吳君을 찾어보고 김병룡金秉龍 군君과도 가치 매헌梅軒을 찾고 또 매헌梅軒과 같이 버티고개 약수를 찾어갔다. 점심点心을 먹고 돌아오다. 오吳, 한韓 양군兩君과는 애류崖溜를 찾고 저녁을 먹다. 건란建蘭 한 분을 우하 댁又荷宅에 보내다.

8월 31일. 맑다. 정충시鄭忠時 군君을 찾다. 김상기金庠基 군君이 오다. 매헌梅軒, 애류崖溜, 취농翠儂, 김병룡金秉龍 군君이 오다. 저녁을 가치 하였다.

9월

9월 1일. 맑다. 직원회職員會, 우하又荷 선생先生을 가 보았다. 서도書道, 점심点心. 임병철林炳喆 군君을 보다. 논산論山 김영례金永禮 군君이 와 기숙寄宿. 경성여자사범학교京城女子師範學校 1년생一年生.

9월 2일. 맑다. 오후午後 잠간暫間 취우驟雨. 개학開學. 이희균李曦均, 이천규李天珪, 이원영李元榮 군君이 오다. 가치 석반夕飯. 「해산유기海山遊記」 원고原稿를 『동아일보東亞日報』에 주었다. 조희충曺喜忠, 위계후魏啓厚 군君에게 엽서葉書. 무장茂長 김남두金南斗 군君의 편지를 보다.

9월 3일. 맑다. 김병룡金秉龍 군君을 가 보다. 저녁에 내자동內資洞 九三 누님을 가 보다. 10시十時 50분五十分 차車에 떠나다. 처妻와 함께 경성역京城驛에 까지 가 보다. 종형從兄 병病이 위중危重하다고 전보電報가 왔다.

9월 4일. 맑다. 문일평文一平 군君이 오다. 『동아일보東亞日報』 학예란學藝欄에 「해산유기海山遊記」가 실리기 시작. 문 군文君과 함께 저녁 먹고 김병룡金秉龍 군君집에 가서 오철호吳徹浩 군君, 한충韓冲 군君을 맞나보다.

9월 5일. 무덥다.

9월 6일. 비 오다. 간간間間 폭우暴雨. 종형從兄의 부음訃音 전보電報를 받었다. 나보다 한 살 위 금년今年 사십육四十六이고 생일生日도 하로 앞서 정월正月 27일二十七日이다. 퍽 근농절검勤農節儉하였으나 형세形勢도 이루지 못하고 말었다.

9월 7일. 무덥다. 충주忠州 이병옥李秉玉 군君이 오다. 문학청년文學青年. 김두수金斗銖 군君이 오다. 취농翠儂이 떠나다. 김낙중金洛重 군君이 와 자다. 밤에도 무덥다.

9월 8일. 맑다 비도 왔다. 책冊을 정리整理하여 놓고 천장 비 샌 구녁을 막고 기앗장을 갈어 끼었다. 무척 무덥다. 밤새도록.

9월 9일. 맑다. 바람이 분다. 오날부터는 제 시간대로 교수教授. 무덥다. 방과 후放課後에 직원회職員會. 수학여행修學旅行에 대하여.

9월 10일. 맑다. 우미관優美館에서 조선교육朝鮮教育 영화映畵를 보다. 정지용鄭芝溶 군君과 가치. 김효수金孝洙가 내간상內艱喪을 당當하였다고 부고訃告를 하였다. 조전吊電.

9월 11일. 맑다. 무덥다. 박종화朴鍾和 군君의 편지를 보다.

9월 12일. 흐리다 서풍西風도 좀 불었다. 저녁에 비. 박종화朴鍾和 군君 집에 가다. 양건식梁建植, 이승만李承萬. 조용만趙容萬, 이용우李用雨, 현진건玄鎭健 군君과 가치 담소를 하였다. 주인主人은 성묘 갔다 늦게야 돌아왔다. 음주飮酒. 잡담. 나는 10시十時 쯤 하여 먼저 일어섰다.

9월 13일. 차다. 섭씨 14도. 권명화權命和 군君을 맞나다. 우하又荷를 가 뵈다.

9월 14일. 맑다. 홍분紅盆 건란建蘭과 우하又荷의 보세란報歲蘭를 고쳐 심었다.

9월 15일. 맑다. 자한란紫寒蘭이 핀다.

9월 16일. 맑다. 「해산유기海山遊記」는 끝났다.

9월 17일. 맑다. 김남두金南斗 군君을 가보다. 삼천리사三千里社에 「산山ㅅ비」를 보내다.

9월 18일. 맑다. 「온돌야화溫堗夜話」를 쓰다. 『신가정新家庭』에 「매창梅窓 묘墓에서」를 보내다.

9월 19일. 맑다. 감기感氣 긔운이 있다.

9월 20일. 맑다. 덥다. 자한란紫寒蘭꽃의 방향芳香이 피어난다.

9월 21일. 맑다. 오후午後 두 시 경성운동장京城運動場에 가서 조선체육회朝鮮體育會 후원後援 약전藥專 주최主催의 전선정구대회全鮮庭球大會의 시합을 보다. 휘문徽文도 출전出戰하여 4조四組에서 3조三組는 우승優勝. 진고개 책사册肆를 가보다. 저녁에 임병철林炳哲 군君이 오다. 동아일보사에서 10원十円을 보내준다. 이병도李丙燾 군君이 와 놀다.

9월 22일. 맑다. 매헌梅軒에게 가다. 가치 나서 삼월三越, 평전平田, 정자옥丁子屋을 가보다. 증천增天에서 점심点心. 청진동淸進洞 고소사

高召史를 찾어보다. 병구秉矩의 말은 내지 않으랴가 하게 되었다. 무상無常한 인생人生이 그러하다고 할 뿐이다. 김병룡金秉龍 군君이 오다. 매헌梅軒도 오다. 자한란紫寒蘭은 향긔가 복욱馥郁하다. 김억金億 군君이 오다.

9월 23일. 맑다. 『석주집石洲集』을 보다.

9월 24일. 맑다. 오후午後 6시六時 25분五分 「추분秋分과 8월 행사行事」의 방송放送을 하다.

9월 25일. 흐리고 서풍西風. 유인갑柳寅甲 군君에게 엽서葉書하다.

9월 26일. 취우驟雨. 직원회職員會.

9월 27일. 맑다. 일직日直. 정갑수丁甲秀 군君의 편지가 오다. 답장答狀.

9월 28일. 맑다. 기독교청년회관基督教青年會館 농구籠球 구장球場에 가서 보다. 휘문徽文 대 중동中東 결승전決勝戰에 휘문徽文이 졌다. 두계斗溪가 『송강가사松江歌辭』 책冊을 빌려준다.

9월 29일. 맑다. 이태원梨泰院 공동묘지共同墓地에 나갔다. 영희 묘英熙墓는 알 수 없다. 두무깨 승방僧房에서 점심. 처妻와 애들은 『신가정新家庭』 주최主催의 습율대회拾栗大會에 갔다.

9월 30일. 맑다. 김용식金龍植 군君과 밤에 요긔를 하다. 국세조사표國勢調査表를 써 주다.

10월

10월 1일. 흐리다. 종희宗熙가 복통腹痛, 설사泄瀉, 혈분血糞을 한다. 학교에 갔다 와서 종일終日 『송강가사松江歌辭』 고정考訂. 자한란紫寒蘭

꽃이 세 송이. 향기香氣가 퍽 좋다.

10월 2일. 비. 임시시험. 『송강가사松江歌辭』 고정考訂.

10월 3일. 맑다. 저녁에 취우驟雨. 정지용鄭芝溶 군君과 가치 동아일보사에 가서 청전靑田, 청정靑汀 소품전람회小品展覽會를 보다. 일본日本 화풍畫風이다. 동양화東洋畵로서 그러잔코는 될 수 없을가. 이극로李克魯 군君과 청정靑汀 이여성李如星을 맞나보다. 임시시험은 끝났다.

10월 4일. 맑다.

10월 5일. 비가 좀 오다. 구두를 맞추다. 6원六円 내內에 선금先金 5원五円을 주었다.

10월 6일. 맑다. 종일終日 「송강가사 연구松江歌辭硏究」의 원고原稿를 쓰다. 이상돈李相敦 군君 편지가 오다.

10월 7일. 맑다. 1년생一年生 전체全體에 대하여 수학여행修學旅行의 주의注意할 것을 말하였다. 동복을 계림양복점鷄林洋服店에 맞추다(34원三十四円). 『연감류함淵鑑類函』 한 질帙을 사다. 영광靈光서 내일來日 김가진金佳辰 양孃과 송창문宋昌文과의 결혼식結婚式이 있다고 청첩請牒이 오다. 축전祝電을 하였다.

10월 8일. 맑다. 오전午前 4시四時 기침起寢. 6시六時 경성역 발京城驛發. 1학년생一學年生 백구십 명 직원職員 5인. 7시七時 40분四十分 개성開城 착着. 자남산子男山, 선죽교善竹橋로 하여 서사정逝斯亭에서 점심. 10시十時. 한 시간쯤 쉬고는 남문南門, 대흥사大興寺, 관음사觀音寺 지나, 박연폭포朴淵瀑布 보고 촬영撮影하고 100명百名씩 나누어 화성華城, 산성山城 두 여관旅館에 자다.

10월 9일. 맑다 흐리다 한다. 7시七時 발發 오후午後 1시一時 만월대 착着. 자유해산自由解散. 4시四時 42분四十二分 개성 발開城發. 6시六

時 10분十分 경성京城 착着. 1조一組의 김영주金榮周가 허기虛氣가 되어 보행步行을 못한다. 자동차自動車로서 제 집에 보내주었다.

10월 10일. 맑다. 아악부雅樂部에 가다. 함화진咸和鎭 군君이 『증보가곡원류增補歌曲原流』를 교정校正하여 달라 하고 준다. 화신상점和信商店을 가다.

10월 11일. 월탄月灘을 매일신보사每日申報社에서 맞나, 이승만李承萬, 현진건玄鎭健, 양건식梁建植, 조용만趙容萬 군君과 가치 나섰다. 달은 밝다. 애류崖溜, 횡보橫步를 가 찾고 태서관太西館으로 갔다. 밤ㅅ비.

10월 12일. 맑다. 7시七時 40분四十分 차車 발發 오후午後 2시二時 강경江景 착着. 군대연습軍隊練習 때문에 네 시에 올 자동차自動車가 다섯 시 반에야 왔다. 여섯 시나 하여 여산礪山 착着. 명희明熙를 맞나 짐을 들리고 샛길로 오다. 신작로新作路엔 군마軍馬 때문에 단일 수가 없다. 작은댁에 먼저 들어 종형從兄 영연에 곡哭을 하다. 외구外舅께서 와 게신다.

10월 13일. 맑다. 어머님, 할아버님 산소山所에 가 보다.

10월 14일. 흐리다. 오전午前 두 시 행사行祀. 서모庶母 생일生日 아츰은 서모庶母댁에서 먹다. 모새ㅅ골 종조부從祖父를 가 뵈다.

10월 15일. 맑다. 장인丈人과 함께 떠나 강경역江景驛에서 차車를 타다. 오전午前 9시九時 45분五分. 김유현金裕鉉 군君을 맞나다. 장인丈人은 두계豆溪서 나리시다. 대전太田 와서는 오전午前 12시十二時 26분 발發 특급特急을 타고 3시三時 20분二十分에 경성역京城驛 착着.

10월 16일. 오후午後에 비가 좀 오다.

10월 17일. 맑고 바람이 분다. 매헌梅軒이 오다. 가치 용산龍山까지 가다.

10월 18일. 맑다. 자한란紫寒蘭 꽃은 지금에야 시든다.

10월 19일. 맑다. 오철호吳徹浩 군君이 오다. 김영례金永禮 군君이 창성동昌成洞으로 옮아갔다.

10월 20일. 맑다.

10월 21일. 맑다. 경성대학京城大學에 가다. 장지태張之兌 군君을 보고 『경민편警民編』을 얻어보다.

10월 22일. 맑다. 건란建蘭 홍분紅盆에서 꽃줄기 하나 솟는다.

10월 23일. 맑다. 애류崖溜, 호암湖岩, 두계斗溪가 오다.

10월 24일. 맑다.

10월 25일. 맑다. 직원회職員會.

10월 26일. 맑다.

10월 27일. 맑다. 누님이 오다. 일전日前에 시골서 왔다고.

10월 28일. 맑다. 오후午後 4시四時 반半 명월관明月館에 가서 '한글날' 기념회記念會를 하다. 100여百餘 명名 회집會集.

10월 29일. 맑다. 현철玄哲 군君이 오다. 김병제金炳濟 군君이 오다. 김金은 『용비어천가龍飛御天歌』, 『훈몽자회訓蒙字會』를 빌려갔다. 배재학교培材學校서 전람展覽을 하겠다고.

10월 30일. 맑다. 저녁에 일즉 잤다. 몸이 곤困하다.

10월 31일. 맑다. 정인섭鄭寅燮 군君의 편지를 보다. 조선시가朝鮮詩歌를 영역英譯하여 외국外國에 소개紹介하겠다고 시조時調 몇 수首를 보내달라고.

11월

11월 1일. 맑다. 두계斗溪와 가치 총독부박물관總督府博物館, 배재培材학교, 총독부도서관總督府圖書館을 가보다.

11월 2일. 흐리고 밤에 비. 애류崖溜을 찾어, 함께 양정학교養正學校 서봉훈徐鳳勳 군君을 찾다.

11월 3일. 비. 당직當直. 『송강집松江集』을 보다.

11월 4일. 흐리다. 시험 시작.

11월 5일. 맑다. 중국인中國人 상점商店에서 수선화水仙花 네 뿌리를 사 오다. 밤에 서리 할아비가 지나간다.

11월 6일. 맑다. 좀 칩다. 매헌梅軒이 오다. 김병제金炳濟 군君이 빌려 간 책冊을 가조다. 김종남金鍾南 군君이 오다. 두계斗溪가 오다.

11월 7일. 흐리다. 음산하다. 성대城大에 가서 장지태張之兌 군君을 보다. 이인영李仁榮 군君 도 보다. 화신和信에서 털 내복內服 상하上下 한 벌을 사 오다. 난초蘭草를 방에 들여놓다. 호암湖岩이 오다. 이왕직李王職 아악부雅樂部 이습회肄習會를 가 보다.

11월 8일. 맑다. 대학大學에 가다. 장지태張之兌, 이인영李仁榮, 방종현方鍾鉉 군君과 가치 성북동城北洞 이병도李丙燾 군君 이사移舍한 집을 찾다. 입동立冬.

11월 9일. 맑다. 방종현方鍾鉉 군君이 오다. 언해서諺解書 류類를 뵈어주다. 밤에 우박이 오다.

11월 10일. 흐리다 맑다 한다. 수선화水仙花 두 덩이를 해형蟹形을 맨들어 물에 담그다.

11월 11일. 맑다. 차다. 영하零下 2도二度. 해형수선蟹形水仙 하나를 조병준趙炳俊 군君에게 주다. 정지용鄭芝溶 군君과 희락관喜樂館에 가다.

11월 12일. 맑다.

11월 13일. 맑다 흐리다. 이헌구李軒求 군君의 일본日本 시찰담視察談을 듯다.

11월 14일. 흐리다. 비. 오후午後 7시七時 30분三十分 — 8시八時 「시가詩歌에 나타난 낙엽落葉」 방송放送. 휘문徽文 숙직실宿直室에서 김현장金顯璋, 김도봉金道奉, 윤병섭尹丙燮, 이상준李尙俊 군君을 맞나 놀다.

11월 15일. 흐리다. 백채白菜 2백二百 통을 사다.

11월 16일. 음산하다. 물이 얼다. 문門구녁을 바르다.

11월 17일. 맑다. 매헌梅軒한테 가다. 한 군韓君 형제兄弟와 기외其外 수인數人과 가치 동소문東小門 밖으로 나서 성벽城壁을 돌아 자지동紫芝洞으로 나려 형제주점兄弟酒店에서 점심. 신당리新堂里, 야현冶峴으로 하여 오다. 저녁에 현철玄哲 군君이 오다.

11월 18일. 맑다.

11월 19일. 맑다. 직원회職員會.

11월 20일. 맑다. 정갑수丁甲秀 군君 편지가 오다.

11월 21일. 맑다. 가정방문家庭訪問. 김병룡金秉龍 군君 집에서 석반夕飯. 동경東京 고향사故鄉社에서 편지 오다.

11월 22일. 맑다. 『정지용시집鄭芝溶詩集』이 출판出版되다. 장발張勃, 이재훈李載壎, 정규창丁圭昶 군君과 함께 정 군鄭君을 청請하여 열빈루悅賓樓에서 축연祝宴을 하였다.

11월 23일. 흐리고 눅다.

11월 24일. 맑다. 하 박사河博士와 함께 산보散步 가다. 진고개 종로

鍾路.

11월 25일. 맑다. 가정방문家庭訪問.

11월 26일. 맑다. 가정방문家庭訪問.

11월 27일. 맑다. 김건수金建洙 군君이 오다.

11월 28일. 맑다. 매헌梅軒을 찾어보다. 안상철安相哲 군君과 가치.

11월 29일. 맑다. 난초蘭草꽃이 핀다. 적분赤盆의 건란建蘭.

11월 30일. 비. 백매白梅 한 주株를 사 오다. 수선水仙도 두 덩이. 예술사藝術社서 편지가 오다.

12월

12월 1일. 비. 조욱환曺旭煥 군君과 대예大豫 신구현申龜鉉 군君이 오다. 조선문학朝鮮文學을 배우겠다고.

12월 2일. 맑다. 직원회職員會.

12월 3일. 흐리다. 안상철安相哲, 매헌梅軒이 오다. 눈발을 뿌리다.

12월 4일. 흐리다. 가정방문家庭訪問. 이발理髮.

12월 5일. 흐리다. 독감毒感으로 종희宗熙가 앓더니 처妻가 앓고 경희京熙가 앓는다. 열熱이 39도三十九度.

12월 6일. 흐리다 맑다. 만주국滿洲國 간도間島 용정龍井 천주당天主堂 경종사警鐘社서 편지가 오다. 『경종警鐘』이란 소년 잡지少年雜誌에 투고投稿하여 달라고.

12월 7일. 흐리다. 비 오다. 경대京大에 가서 장지태張之兌 군君, 방종현方鍾鉉 군君을 보다. 『훈몽자회訓蒙字會』를 경대京大ㅅ 것과 광문회光

文會 판본板本과 대조對照하여 보다. 서로 틀리는 곳이 많다. 애류崖溜, 일석逸石(변영태卞榮泰)이 오다. 정갑수丁甲秀, 예술사藝術社, 고향사故鄕社, 경종사警鍾社에 편지를 하다.

12월 8일. 갰다. 서풍西風. 이상준李尙俊 군君과 함께 나섰다. 원정元町, 마포麻浦에 가서 가정방문家庭訪問하고 토정土亭, 서강西江으로 하여 와우산臥牛山을 돌아 서상란徐相鸞 군君을 찾다. 집도 구경하고 산보散步도 하고 담화도 하고 놀다가 밤에 돌아오다.

12월 9일. 칩다. 영하零下 10도十度. 직원회職員會. 김건수金建洙 군君이 가다. 어젯밤에 좀 충고忠告하였다.

12월 10일. 맑다. 영하零下 13도十三度. 정갑수丁甲秀 편지가 오다. 조운曺雲 군君에게 편지하다.

12월 11일. 맑다. 영하零下 13도十三度. 동경東京 이희균李曦均 군君에게 엽서葉書하다.

12월 12일. 맑다. 영하零下 15도十五度.

12월 13일. 맑다. 좀 눅었다. 매헌梅軒을 찾어보다.

12월 14일. 맑다. 김현장金顯璋 군君 집에 가서 저녁을 먹다. 동경東京서 『고향집』 잡지雜誌가 오다.

12월 15일. 맑다. 방종현方鍾鉉 군君이 오다. 장현식張鉉植 군君을 찾어보다. 자정子正에야 돌아오다. 여산礪山서 콩을 보냈다.

12월 16일. 흐리다. 시험試驗 종終.

12월 17일. 흐리다. 눈이 오다.

12월 18일. 맑다.

12월 19일. 맑다.

12월 20일. 맑다. 하 박사 군河博士君을 가 보다.

12월 21일. 맑다. 직원회職員會. 성적고사成績考査. 이상돈李相敦 군君 편지를 보고 답장答狀.

12월 22일. 맑다. 매헌梅軒한테 가다. 그 형제兄弟와 기외其外 몇 친구親舊와 가치 진고개로 산보散步를 가다.

12월 23일. 맑다. 오전午前 수업授業. 오후午後엔 대소제大掃除. 우하노인又荷老人을 가보다. 은송隱松도 와 있다.

12월 24일. 맑다. 오전午前 10시十時 방학식放學式. 저녁에 명월관明月館에 가다. 교우校友와의 망년회忘年會가 있다. 김영례金永禮 군君이 오다.

12월 25일. 맑다. 따뜻하다. 새 방에 석탄石炭을 넣고 자리를 옮겨 보았다. 외풍外風이 많아서 있을 수 없다.

12월 26일. 정지용鄭芝溶 군君과 가치 박종화朴鍾和 군君을 찾어보다. 이승만李承萬 군君도 맞나다.

12월 27일. 흐리다. 이천규李天珪 군君이 오다.

12월 28일. 흐리다. 매헌梅軒을 가보다. 가치 진고개에 가다. 김영례金永禮, 김갑희金甲姬 군君이 오다.

12월 29일. 맑다. 김병룡金秉龍 군君을 가보다.

12월 30일. 맑다. 혹한酷寒. 오전午前 11시十一時 식도원食道園에 가다. 이능화李能和 선생先生이 와 있다. 애류崖溜, 매헌梅軒 형제兄弟들이며 여러 친구親舊들이 모여든다. 오후午後 한 시 경 김병룡金秉龍 군君과 장숙자張淑子 양孃과의 결혼식結婚式이 있다. 나는 축사祝辭를 하였다. 오날 오전午前 9시九時 민영휘閔泳徽 교주校主가 작고作故. 학교 일동一同이 가서 조상弔喪.

12월 31일. 맑다. 학교에 가다. 생도生徒들에게 통지서를 써 보내다.

1936년(단기 4269년)

1936년(단기 4269년)

1월

1월 1일. 오전午前 9시九時 등교登校. 도소주屠蘇酒, 런치. 연하장年賀狀이 와 쌔였다. 목포木浦 윤상무尹相武, 양평楊平 유래완柳來琬의 편지가 오다. 즉시卽時 답장答狀. 『신가정新家庭』 신년호新年号가 왔다. 종일終日 흐리다.

1월 2일. 학교에 가다. 지용芝溶 군君과 함께 우하 노인又荷老人을 가보다. 성복成服. 김병룡金秉龍 군君을 찾고 매헌梅軒을 찾다. 백화白華도 맞났다. 맑었다. 달도 밝다.

1월 3일. 맑고 차다. 매헌梅軒이 오다. 이난타李蘭坨(기琦) 노인老人을 찾었더니 병석病席에 누었다 한다. 위창葦滄 오세창吳世昌 선생先生을 찾어보다. 최경창崔慶昌 고죽孤竹의 시첩詩帖을 내 보인다. 비단보로 싸고 갑匣을 하여 넣었다. 그 속에는 홍랑洪娘과의 이별시가離別詩歌 등이 써 있다. 우리말로 된 노래 한 수首가 있다. 저녁에 신구현申龜鉉 군君이 오다. 시조時調 습작習作 몇 수首를 평評하다. 낙중洛重 군君이 와 자다.

1월 4일. 오전午前 10시十時 등교登校, 죽동竹洞 민가閔家에 가다. 오정午正에 다시 학교로 오다. 애류崖溜를 맞나다. 지용芝溶 군君 집으로 가치 가다. 술을 준다. 중앙中央학교로 가다. 그 숙직실宿直室에서 한기악韓基岳, 찬燦, 현상윤玄相允 군君을 맞나다. 현玄이 청요리淸料理 맥주麥酒 등을 낸다. 김병룡金秉龍 군君을 보다. 맑고 좀 눅었다.

1월 5일. 등교登校. 죽동궁竹洞宮에 가다. 김상기金庠基 군君과 성북동城北洞 가서 두계斗溪를 보다. 맑다.

1월 6일. 오전午前 7시七時 등교登校. 민 교주閔校主 영구靈柩 자동차自動車가 교정校庭에 와 영결식永訣式을 행行한다. 11시十一時 반半 출발出發 춘천春川 장학리獐鶴里로 간다. 박술음朴術音 군君과 부민식당府民食堂에 가서 런치를 먹다. 매헌梅軒을 보다. 중앙中央학교 숙직실宿直室에 가 놀다. 찬燦, 송운엽宋雲燁, 한기악韓基岳 군君이 있다. 맑다.

1월 7일. 눈. 오후午後 5시五時 등교登校. 교동校洞 우하 댁又荷宅에 가다. 광동서관光東書館 김영완金永完을 가보다. 조한익趙漢翊 군君을 맞나다. 김억金億 군君이 오다.『고금소총古今笑叢』을 빌려갔다.

1월 8일. 맑다. 10시十時 개학식開學式. 정지용鄭芝溶 군君을 찾다. 박용철朴龍喆 군君도 와 있다. 석식夕食.

1월 9일. 맑고 칩다. 동희東熙가 구토嘔吐 두통頭痛.

1월 10일. 맑다. 낙중洛重 군君과 누님이 오다. 동경東京 채태성蔡台星, 이연수李璉洙, 부안扶安 신석정辛夕汀에게 연하年賀 답장答狀.

1월 11일. 맑다. 밤눈. 민 교주閔校主 집에서 학교에 13만 원十三萬円을 기부寄附. 김도태金道泰 군君과 동아東亞, 조선朝鮮, 매일每日등 신문사新聞社에 가다. 매헌梅軒 집에서 자정子正까지 놀다. 제사祭祀밥을 준다.

1월 12일. 맑다. 당직. 승경여관昇京旅館에 가서 창해滄海 최 군崔君의 형제兄弟를 보다. 목욕沐浴.

1월 13일. 맑다. 창해滄海와 가치 의전醫專에 가다. 문은종文殷鍾 군君을 맞나다. 창해滄海와 가치 석반夕飯.

1월 14일. 맑다.

1월 15일. 맑다. 자정子正 강풍强風. 숙직宿直. 영하零下 16도十六度. 대예생大豫生 신구현申龜鉉. 이명선李明善, 조영구趙英九 군君이 오다.

1월 16일. 맑다. 영하零下 18도十八度. 창해滄海를 찾었다. 방에 놓은 수선화水仙花가 얼었다. 실내 온도室內溫度가 영하零下 2도二度.

1월 17일. 맑다. 영하零下 20도二十度. 낙중洛重 군君과 누님이 와 자다. 창해滄海와 함께 매헌梅軒을 가 보다.

1월 18일. 맑다. 영하零下 18도十八度. 신구현申龜鉉, 조영구趙英九, 이명선李明善 군君이 오다. 문학 담화. 매헌梅軒이 오다. 오후午後 9시九時 권명상權命相 군君 집에 가서 자동차自動車로 경성역京城驛에 가다. 10시十時 50분五十分 목포행木浦行 차車로 누님이 떠나다.

1월 19일. 맑다. 창해滄海를 두 번이나 찾어갔다 못 맞나다.

1월 20일. 흐리다. 오후午後 6시六時 창해滄海를 가보다. 밤 열시 5분五分 차車로 떠난다 한다. 백매白梅가 만발. 사란糸蘭 3타三朶 발發.

1월 21일. 맑다. 칩다. 병륙秉陸에게서 편지가 오다.

1월 22일. 맑다. 정지용鄭芝溶, 이태준李泰俊, 노천명盧天命 군君과 석반夕飯. 문화文話. 매화梅花, 난화蘭花는 방향芳香 복욱馥郁.

1월 23일. 맑다. 밤에 하 박사河博士를 가 보다.

1월 24일. 흐리다. 우하又荷를 가 뵈다. 밤눈. 구력舊曆 11월十一月 1일一日.

1월 25일. 맑다. 김현장金顯璋 군君 집 설상을 받다. 찬 군燦君이 오다.

1월 26일. 맑다. 매헌梅軒, 위창葦滄, 상현尙玄을 찾다. 저녁에 낙중洛

重 군君을 가보다. 찬 군燦君 부처夫妻가 밤에 놀러 오다.

1월 27일. 맑고 따뜻하다. 오전午前 9시九時 창경원昌慶苑에 가서 빙상운동대회氷上運動大會. 월탄月灘 집에서 설상을 받다. 태서관太西館까지 가다. 밤이 깊어 먼저 오다. 이용병李用丙, 이승만李承萬, 양백화梁白華, 조용만趙容萬 군君도 동참同參. 김환수金煥洙 군君이 오다. 정원순鄭元淳 군君이 『세계문학전집世界文學全集』, 『몬테크리스토 백伯』 2책二冊을 차거借去.

1월 28일. 맑다. 나량奈良서 방봉랑龐鳳娘의 편지가 오다. 답장答狀. 한세영韓世英 군君에게도 답장答狀. 김영룡金永龍 군君이 오다.

1월 29일. 맑다. 유래완柳來琬 군君에게 편지며 『한글철자요람綴字要覽』도 보내다. 문은종文殷鍾, 신창범辛昌範 군君이 오다.

1월 30일. 맑다. 영하零下 18도十八度. 매헌梅軒이 오다.

1월 31일. 맑다 칩다. 이두종李斗鍾 군君을 찾어보다. 김환수金煥洙 군君이 떠나다.

2월

2월 1일. 맑다. 오후午後 5시五時 반半. 지용芝溶 군君과 가치 성북동城北洞 음벽정飮碧亭에 가다. 직원일동職員一同이 모여 놀다. 11시十一時 반半 귀歸.

2월 2일. 맑다. 김주金珠 군君이 오다. 조운曺雲 군君이 대하大鰕 가루를 보냈다. 하 박사河博士를 가 보다.

2월 3일. 담曇. 밤눈이 다섯 치나 오다. 종일終日 불쾌不快.

2월 4일. 맑다.

2월 5일. 맑다. 시험試驗 시始. 입춘立春과 화훼花卉의 방송放送을 하다. 신구현申龜鉉, 조영구趙英九, 이명선李明善 군君이 오다.

2월 6일. 맑다.

2월 7일. 맑다. 밤 눈. 이원영李元榮, 이천규李天圭 군君이 오다.

2월 8일. 맑다. 낙중洛重 군君, 영예永禮 군君이 오다.

2월 9일. 맑다. 변일석卞逸石이 오다. 단가短歌의 작자作者 고정考訂.

2월 10일. 맑다. 시험試驗 종終. 일직日直, 「송강가사松江歌詞의 연구研究 기일其一」 원고原稿를 끝내다. 이발理髮. 두계斗溪를 가보다. 봉랑鳳娘의 편지가 오다.

2월 11일. 맑다. 우하又荷를 가 뵈다. 지용芝溶과 가치.

2월 12일. 맑다. 매헌梅軒을 가보다. 제사祭祀밥을 먹다. 날이 따뜻해졌다.

2월 13일. 맑다.

2월 14일. 맑다. 졸업생송별회卒業生送別會가 있다. 이천규李天珪 군君을 가보다. 봉랑鳳娘에게 답장答狀.

2월 15일. 맑다. 따뜻하다. 밤엔 싸락눈.

2월 16일. 맑다. 오후午後에 박종화朴種和, 박용철朴龍喆, 정지용鄭芝溶 군君이 오다. 가치 탑골 승방僧房에 가다. 석반夕飯. 산보散步. 돌아오다 다점茶店에 들다. 밤비.

2월 17일. 눈이 뭉실뭉실 나린다.

2월 18일. 맑다. 좀 칩다.

2월 19일. 맑다.

2월 20일. 맑다. 구舊 1월一月 28일二十八日. 한충韓冲 군君 형제兄弟,

김병룡金秉龍, 하경덕河慶德 군君을 청請하여 석반夕飯.

2월 21일. 맑다. 이재훈李載薰 군君과 진고개에 가다. 은동隱洞서 편지가 오다. 지난 16일. 화재火災 전가全家 소실燒失.

2월 22일. 흐리다. 월탄月灘 군君이 오다. 끌려 나가 중화정中華亭 석반夕飯. 밤 눈. 은동隱洞 김동수金同洙 군君에 20원二十円 보내다.

2월 23일. 흐리다 맑다. 밤 눈.

2월 24일. 맑다. 곳불이 들다.

2월 25일. 맑다. 병옥秉玉, 정희政熙, 상돈相敦, 병관秉寬에게 편지하다.

2월 26일. 맑다. 곳불이 더하다.

2월 27일. 흐리다. 신열身熱, 두통頭痛, 권태倦怠. 청해탕淸解湯 두 첩을 지어다 먹다. 조운曺雲 군君 편지가 오다.

2월 28일. 맑다. 좀 낫다. 유래완柳來琬 군君의 편지가 오다.

2월 29일. 맑다. 대소제大掃除. 경대도서관京大圖書館에 가다.

3월

3월 1일. 맑다. 우하 장又荷丈이 전화電話로 부른다. 찬 군燦君이 오다. 청조사靑鳥社에 「난초蘭草」를 보내다.

3월 2일. 맑다. 오전午前 11시十一時 제14회第十四回 졸업식卒業式 거행擧行. 오후午後엔 교우회총회校友會總會, 사은회謝恩會가 있다. 7시七時엔 명월관明月館 본점本店서 석반夕飯. 조병희趙炳熙가 오다.

3월 3일. 맑다.

3월 4일. 맑다. 낙제생落第生 고사考査, 우하又荷를 가 뵈다. 유길상劉吉相 군君과 가치 석반夕飯.

3월 5일. 맑다. 일직日直. 정갑수丁甲秀, 이종하李鍾河 군君의 편지가 오다. 김주金珠를 불러 보다. 정 군丁君에게 답장答狀.

3월 6일. 맑다. 직원회職員會. 상돈相敦 군君의 편지가 오다.

3월 7일. 맑다. 장발張勃, 공진형孔鎭衡 군君이 오다. 오원화吾園畵와 추사서秋史書를 보이다. 병륙秉陸의 편지가 오다.

3월 8일. 담曇. 풍설風雪. 누하동樓下洞 하태홍河泰興 군君을 가보다. 우하又荷를 뵈다. 병륙秉陸, 관희觀熙가 오다.

3월 9일. 맑다. 시험試驗 시始. 신구현申龜鉉 군君의 편지며 3인三人의 사진寫眞이 오다.

3월 10일. 맑다.

3월 11일. 맑다. 매헌梅軒이 오다.

3월 12일. 종일終日 우雨. 직원회職員會 성적고사成績考査 조행操行 사정査定.

3월 13일. 담曇. 방종현方鍾鉉 군君이 오다. 시험試驗 종終.

3월 14일. 맑다. 이상돈李相敦 군君 편지가 오다.

3월 15일. 오전午前 11시十一時 등교登校. 직원회職員會. 신입생新入生 시험사무試驗事務 협의協議. 김환수金煥洙가 오다.

3월 16일. 맑다. 오전午前 8시八時 등교登校. 수험자受驗者 1400여千四百餘 명名. 산算, 일日, 체격검體格檢.

3월 17일. 담曇. 산算, 일日, 체격검體格檢, 구술시험口述試驗, 밤을 새우다.

3월 18일. 맑다. 오전午前 11시十一時에야 돌아오다. 오후午後에 우

하又荷를 가 뵈다. 오전午前 10시十時 합격자合格者 발표發表. 관희觀熙 입학入學

3월 19일. 담曇. 김환수金煥洙가 가다.

3월 20일. 담曇. 오전午前 7시七時 45분四十五分 차車로 병륙秉陸이가 떠나다. 낙중洛重 군君이 오다.

3월 21일. 담曇. 종일終日 성적成績 고사考査. 이창구李昶求 군君이 오다.

3월 22일. 맑다. 종일終日 성적成績 고사考査. 정갑수丁甲秀 군君, 이창구李昶求 군君이 오다. 정 군丁君이 큰 잉어鯉魚 두 마리를 사오다. 봉랑鳳娘의 편지가 오다.

3월 23일. 맑다. 직원회職員會. 성적成績 발표發表. 봉랑鳳娘과 상돈相敦 군君에게 편지 답장答狀.

3월 24일. 맑다. 대소제大掃除.

3월 25일. 맑다. 오전午前 9시九時 반半 종업식終業式. 통신부通信簿 발송發送, 학적부學籍簿 정리整理.

3월 26일. 맑다. 매헌梅軒과 가치 창경원昌慶苑에 가서 온실식물溫室植物을 보다.

3월 27일. 흐리다 맑다. 장현식張鉉植 군君을 맛나다. 우하又荷을 가 뵈다. 은송隱松(이윤주李潤柱)을 맛나다. 삼월三越에 가보다. 한기악韓基岳 조모상祖母喪을 가 뭇다.

3월 28일. 흐리다 맑다. 학교에 가보다. 서실書室 정리整理.

3월 29일. 맑다. 천곡泉谷(두계斗溪)이 오다.

3월 30일. 맑다. 매헌梅軒과 가치 애류崖溜를 찾다. 가치 나와서 점심.

3월 31일. 맑다. 직원회職員會. 신학년도新學年度 사무事務 분담分擔.

4월

4월 1일. 맑다. 오전午前 10시十時. 삼월三越 뒤 식목시植木市에 가다. 우하又荷을 가 뵈다. 하 박사河博士 군君이 오다.

4월 2일. 종일終日 우雨. 수업授業 시始. 산山에는 눈이 쌓였다. 병륙秉陸의 편지가 오다.

4월 3일. 담曇 소우小雨. 오정午正에 세교리細橋里 서상란徐相鸞 군君을 찾다. 유길상劉吉相, 김도태金道泰, 이윤주李潤柱, 이상준李尙俊, 윤병섭尹丙燮 군君과 동반同伴. 담화談話. 음주飮酒. 오후午後 10시十時에 돌아오다. 대원여관大員旅館의 신영철辛泳哲 군君을 찾다.

4월 4일. 맑다. 삼중오계三中五階의 난만전람회蘭萬展覽會를 가보다. 장현직張鉉稙을 찾다. 저녁에 매헌梅軒 형제兄弟와 함께 또 난만회蘭萬會를 가보고 상해上海서 수입輸入했다는 백화한란白花寒蘭 한 분盆을 사 오다. 10조十條 2원二円. 애류崖溜가 『용비어천가龍飛御天歌』를 가조다.

4월 5일. 맑다. 진고개를 가서 화분花盆을 사다. 백화한란白花寒蘭과 소란小蘭을 개식改植. 정갑수丁甲秀 편지가 오다.

4월 6일. 비.

4월 7일. 흐리다. 매헌梅軒이 오다.

4월 8일. 비. 야마도식물원植物園에 십육나한十六羅漢, 철골소심鐵骨素心을 주문注文. 7원七円 60전六十錢.

4월 9일. 오전午前은 흐리고 오후午後엔 맑다. 일직日直.

4월 10일. 맑다. 오후午後 3시三時 15분十五分 새 이야기 방송放送. 박종화朴鍾和 군君이 그 형兄의 집으로 초대招待. 이승만李承萬, 조용만趙

容萬, 김현장金顯璋, 유길상劉吉相과 함께.

4월 11일. 담曇. 직원회職員會. 장발張勃, 이재훈李載薰, 이헌구李軒求, 정지용鄭芝溶, 정규창丁奎昶 군君과 대관원大觀園에서 맥주회麥酒會.

4월 12일. 맑다. 오전午前 7시七時 45분五分 차車로 처妻와 종희宗熙가 여산礪山을 향向하여 떠나다. 관희觀熙, 동희東熙, 한희漢熙, 경희京熙, 경례敬禮와 함께 경성역京城驛 까지 나가다. 진고개서 화분花盆과 대 몇 개를 사 오다. 포도葡萄 자장을 맨들다. 오란箕蘭을 개식改植. 김영례金永禮가 짐을 가지고 오다.

4월 13일. 맑다. 우하又荷를 가 뵈다. 구룡충九龍蟲 이십오 마리를 사 오다. 2원二円.

4월 14일. 비. 이태준李泰俊 군君이 저녁에 오다. 황진이黃眞伊 소설小說을 짓겠다고 그 사적事蹟과 전고典故에 대하여 문의問議.

4월 15일. 맑다. 동아일보東亞日報 국채순鞠埰淳 군君이 오다. 초등교육확장初等教育擴張 증세增稅에 대한 의견意見을 뭇는다.

4월 16일. 맑다. 장질부사腸窒扶斯 예방주사豫防注射를 맞다.

4월 17일. 흐리다 맑다. 좀 열熱이 난다.

4월 18일. 흐리다. 교우회校友會 간사회幹事會. 병륙秉陸의 편지가 오다.

4월 19일. 흐리고 비가 좀 오다. 봉랑鳳娘의 편지가 오다. 정원순 군鄭元淳君이 『몬테크리스도 백伯』 2책二冊을 가조다.

4월 20일. 흐리다 맑다. 야마도식물원植物園에 독촉督促 편지를 하다. 행랑行廊방 사람이 나가다.

4월 21일. 맑다 흐리다. 훈훈하다. 야마도식물원植物園서 십육나한十六羅漢 3조三條 1주一株와 철골소심鐵骨素心 3조三條 각各 3주三株를 가조다. 등분登盆. 백화원百花園서 서향瑞香 1주一株, 라이라크(조선朝

鮮서 정향丁香이라 하는 것) 1주一株를 사 오다. 서향瑞香 꽃은 향기香氣가 준열峻烈하다.

4월 22일. 비가 좀 오다. 맑다. 철골소심鐵骨素心 한 분盆과 백국白菊과 설토화雪吐花를 매헌梅軒께 보내다.

4월 23일. 맑다. 여산礪山서 편지가 오다.

4월 24일. 흐리다. 밤 비. 장질부사腸窒扶斯 예방주사豫防注射 제2회분第二回分을 맞다.

4월 25일. 쾌청快晴. 박길룡朴吉龍 군君을 찾어보다. 행랑방行廊房 증축계획은 중지中止. 오후午後 7시七時, 관희觀熙, 동희東熙, 경희京熙, 한희漢熙, 경례敬禮와 함께 경성역京城驛에 나가다. 처妻와 종희宗熙가 오다.

4월 26일. 맑다. 목수木手을 불러 보았다. 우하又荷을 가 뵈다.

4월 27일. 비.

4월 28일. 맑다. 행랑방行廊房 역사役事를 비롯하다.

4월 29일. 맑다. 가역家役 감독.

4월 30일. 맑다. 조운曺雲 군君이 오다. 저녁에 작반作伴하여 백화白華(양건식楊建植) 내간상內艱喪을 가 뭇다.

5월

5월 1일. 맑다. 가역家役을 다 끝내다.

5월 2일. 맑다. 내량奈良[4]서 김혜영金惠英의 편지가 오다. 시조時調에

4 일본 도시 '나라'

대한 문의問議. 임시臨時 시험試驗.

5월 3일. 맑다. 조운曺雲, 정지용鄭芝溶 군君과 함께 박종화 군朴鍾和君을 찾다. 한강漢江으로 나가 배를 타다. 밤 이슥하여 돌아오다.

5월 4일. 흐리다. 좀 비. 시험試驗 시始. 신구현申龜鉉 군君에게 편지하다.

5월 5일. 흐리다 맑다. 우이동牛耳洞 원족遠足. 운 군雲君과 함께 매헌梅軒을 가보다.

5월 6일. 맑다. 운 군雲君이 오전午前 7시七時 40분四十分 차車에 출발出發. 이상돈李相敦 군君 편지가 오다. 매헌梅軒이 오다.

5월 7일. 맑다. 임시臨時 직원회職員會. 구현龜鉉 군君 편지가 오다. 명희明熙, 창환昌煥이가 수학여행修學旅行을 오다. 이환李煥이 오다.

5월 8일. 맑다. 김혜영金惠英에게 답장答狀. 신구현申龜鉉 군君이 오다.

5월 9일. 맑다. 직원회職員會. 교장校長 이병규 선생李炳奎先生 외간상外艱喪에 대한 조문 건弔問件. 우하又荷를 가 뵈다. 추사秋史 서간書簡 1첩一帖과 철적도인鐵笛道人(조희룡趙熙龍) 서첩書帖으로 보인다. 대연관大連館에서 신구현申龜鉉, 이명선李明善, 조영구趙英九, 차낙훈車洛勳 군君이 석반夕飯을 대접.

5월 10일. 흐리다 맑었다. 매헌梅軒, 김용식金龍植, 하경덕河敬德 군君과 가치 불암사佛岩寺을 가서 점심点心을 시겨 먹고 오후午後 9시九時 반半 귀歸. 불암사佛岩寺는 청량리淸凉里서 30리. 종매從妹가 와 자다.

5월 11일. 맑다.

5월 12일. 맑다. 저녁은 무덥다.

5월 13일. 맑다. 우하又荷를 가 뵈다.

5월 14일. 맑다.

5월 15일. 맑다. 우하又荷를 가 뵈다. 김혜영金惠英 편지가 오다.

5월 16일. 맑다. 직원회職員會. 우하又荷를 가 뵈다. 신구현申龜鉉, 이명선李明善, 조영구趙英九 군君이 오다. 조선문학朝鮮文學에 대한 이야기.

5월 17일. 맑다. 오전午前 9시九時 김용식金龍植, 동희東熙, 관희觀熙와 함께 삼청동三清洞 수영장水泳場 옆에 가, 신구현申龜鉉, 이명선李明善을 대동하여 숙청문肅清門으로 나서 성벽城壁을 안고 돌아 오르다 산등성이를 타고 얼마쯤 북北으로 가다. 북한산北漢山 골짜기로 나리다. 문주봉文珠峯 아래ㅅ계곡溪谷에 자리를 정하다. 큰 바위 서리에 조고마한 폭포瀑布도 있다. 목욕沐浴. 취반炊飯. — 또한 자미滋味다. 회로엔 신영리新營里, 장의사莊義寺. 연융대鍊戎臺, 세검정洗劍亭, 창의문彰義門으로 오다. 오후午後 5시五時. 처妻와 낙준洛俊과 종매從妹는 중앙일보사中央日報社 주최主催 가정물인회家庭物人會에 참가參加하여 수원水原을 갔다. 정갑수丁甲秀, 이상돈李相敦, 김혜영金惠英 군君에게 답장答狀.

5월 18일. 흐리다. 밤 비. 종매從妹가 앓다.

5월 19일. 비. 조운 군曺雲君께 편지 하다. 하 박사河博士를 가보다.

5월 20일. 맑다. 우하又荷을 가 뵈다. 교장校長 집에 가 문상問喪.

5월 21일. 소우小雨. 아악부雅樂部 함화진咸和鎭 군君을 가보다.

5월 22일. 흐리다. 송신영宋申永 군君이 오다. 『경민편언해警民編諺解』를 사다. 병륙秉陸의 편지를 보다.

5월 23일. 맑다. 오후午後 1시一時 김도태金道泰 군君과 함께 황금정黃金町 종점終点에 가서 유전양행有田洋行 연예演藝를 보다. 너무 지루하다. 사람, 해구海狗, 상象, 원숭이, 양羊 등이 연예演藝하는 중 해구海

狗가 가장 인끼를 끈다. 그러나 세 시간 이상 묵좌默坐하기는 답답하다.

5월 24일. 맑다. 하 박사河博士가 오다. 함께 매헌梅軒을 찾고 경복궁景福宮 뒤 선전鮮展을 가보다. 좀 쓸쓸하다.

5월 25일. 담曇, 소만小滿.

5월 26일. 흐리다 맑다.

5월 27일. 맑다. 김혜영金惠英에게 답장答狀. 운 군雲君 엽서葉書가 오다. 『중앙中央』이 오다. 병륙秉陸의 편지를 보고 이병우李炳宇 군君 집에 가서 유근수柳近洙를 불러 보다.

5월 28일. 맑다. 중간고사. 「운雲」 방송放送, 오후午後 3시三時 15분十五分.

5월 29일. 맑다. 「경산사찰기京山四刹記」를 쓰다.

5월 30일. 맑다.

5월 31일. 맑다. 김병룡金秉龍 군君을 가 보다. 낙중洛重 군君이 오다. 장충단공원奬忠壇公園에 산보散步.

6월

6월 1일. 난초蘭草에 발을 사다 쳐 주다. 걸음을 주다. 적분赤盆 건란建蘭은 새순이 여달, 화경花莖이 둘, 흑분黑盆 건란建蘭은 새순이 일곱. 신죽소심新竹素心은 신아新芽가 아홉, 십육나한十六羅漢은 셋, 철골소심鐵骨素心은 둘, 일경구화一莖九花는 하나가 솟는다.

6월 2일. 종일終日 담曇. 고사考査 종終. 이재훈 군李載薰君허고 진고개 책사冊肆에 가다. 구열문백소분龜裂紋白小盆 2개二箇를 사다.

6월 3일. 종일終日 담曇. 소우小雨. 우하又荷를 가 뵈다.

6월 4일. 맑다. 우하又荷를 가 뵈다. 낙중洛重 군君이 오다. 구열문백소분亀裂紋白小盆 2개二箇를 또 사다.

6월 5일. 맑다. 진고개를 가다. 황색분黃色盆 1개一箇를 사 오다. 오란箕蘭을 이식移植. 백화한란白花寒蘭은 구열문분龜裂紋盆에 이식移植.

6월 6일. 맑다. 방과 후放課後, 운동기록運動記錄 감독監督. 오후午後 3시三時나 되어 집으로 오다. 좀 피곤疲困하여 누었더니 이종완李鍾完 군君이 와서 교동校洞서 오라 한다고. 우하又荷를 가 뵈다.

6월 7일. 맑다. 오전午前 8시八時 — 오후午後 4시四時의 제13회第十三回 대운동회大運動會. 우하又荷를 가 뵈다. 김형배金亨培 오일영吳一英 군君이 와 있다. 명월관明月館 본점本店서 석찬夕餐.

6월 8일. 종일終日 흐리다. 정원모鄭元謨 군君이 오다. 종희宗熙가 한전寒戰, 하악下顎을 자꾸 까불고 한다. 홍제병원洪濟病院에 보내어 진찰診察하다. 체滯했다고 관장灌腸. 복주한란福州寒蘭, 사란糸蘭을 구열홍분龜裂紅盆에 이식移植.

6월 9일. 맑다. 종희宗熙의 좌左편 볼이 부었다. 좌左편 상악아上顎牙가 충치蟲齒. 홍제병원洪濟病院에 보내다.

6월 10일. 맑다. 시時의 기념紀念.

6월 11일. 맑다. 방과 후放課後 불전佛專, 보고普高 정구장庭球場 정구출전庭球出戰 감독監督.

6월 12일. 맑다. 우하又荷를 가 뵈다.

6월 13일. 맑다. 우하又荷를 가 뵈다. 오후午後 5시五時 신흥사新興寺 전前 요리料理 집에서 진단학회震檀學會 총회總會. 이병도李丙燾, 김두헌金斗憲, 정학모鄭鶴謨, 조윤제趙潤濟, 손진태孫晋泰와 여余. 석반夕飯

하고 음벽정飮碧亭에 가서 또 맥주麥酒. 새로 두 시에 와 자다.

6월 14일. 흐리다. 세우細雨. 매헌梅軒이 와 나섰다. 또 하 박사河博士를 끌었다. 창신동昌信洞 가서 안상철安相哲 군君을 찾고 탑골 승방僧房에 가다. 오반午飯. 누가 치성致誠 들이노라고 퍽 소란騷亂스럽다.

6월 15일. 흐리다 맑다. 산보散步.

6월 16일. 맑다. 부안扶安 신석정辛夕汀이 매창梅窓 묘墓 사진寫眞을 보냈다.

6월 17일. 맑다. 직원회職員會. 이상돈李相敦 군君 편지가 오다.

6월 18일. 우하又荷를 가 뵈다. 흐리다. 혜영惠英 편지가 오다. 곳 답장答狀. 퍽 비관悲觀을 한다. 척정斥正.

6월 19일. 담曇. 일식관측日蝕觀測. 숙직宿直. 우雨.

6월 20일. 우하又荷를 가 뵈다. 저녁에 제일극장第一劇場에 가보다. 난화蘭花가 핀다.

6월 21일. 맑다. 동희東熙, 한희漢熙, 경희京熙 다리고 삼청동三淸洞 산곡山谷으로 대은암大隱岩을 찾으러 갔다. 숙청문肅淸門 아래, 서西편 골로 들어, 그 남南편 고개로 넘어 골짜기로 니려오다. 대은암大隱岩은 발견發見치 못하였다.

6월 22일. 흐리다 맑다 한다.

6월 23일. 흐리고 가랑비 오고 맑다. 3년생三年生 다리고 백련사白蓮寺 원족遠足. 무학재 넘어 화장장火葬場 옆으로 갔다. 백련사白蓮寺에는 인도 소리를 연습練習하는 학인學人이 많다. 그 스님은 이만월李滿月, 육십구 세인 노인老人이다. 불러 보고 인도引導 소리를 시겨도 보고 그 설법說法도 들었다. 무식無識은 하나 사령辭令은 좋다. 점심点心을 시겨먹고 연희궁延禧宮, 신촌新村으로 오다가 수송垂松도 보고 이전학교梨專學校 앞에서 해산解散하였다. 나는 김현장金顯璋, 윤병섭尹丙燮 군君과 가치 세교리細橋里 서상란徐相鸞 군君을 찾어보다. 그 앞 송정松亭도 가보고 주점酒店에 들어 취醉하여 나는 윤尹과 다시 서徐의 집으로 와 누어 잠이 들었다. 김金이 와서 깬다. 벌서 오후午後 9시九時가 지냈다. 기동차汽動車 끊였다. 김金과 가치 서대문西大門까지 와서 전차電車를 타다. 집에 드니 자정子正.

6월 24일. 맑다. 두통. 신기神氣가 좋지 못하다.

6월 25일. 맑다. 「시가詩歌에 나타난 여름의 풍경風景」 방송放送. 오후午後 8시八時 30분三十分.

6월 26일. 맑다. 우하又荷를 가 뵈다. 김혜영金惠英 편지가 오다. 즉시卽時 답장答狀.

6월 27일. 맑다. 흐리다. 저녁 비. 오후午後 연전학교延專學校를 가다. 옥전광웅玉田光雄[5], 이규현李圭鉉 군君과 동반同伴. 유도대회柔道大會에 휘문徽文 출전出戰. 넷재 제수弟嫂가 오다. 그 친정親庭 계모상繼母喪을 당하였다. 5년생五年生 김주훈金胄勳 군君이 오다. 시詩에 대한 문의問議.

6월 28일. 비. 우하又荷를 가 뵈다.

6월 29일. 맑다. 저녁 10시十時 50분五十分 차車에 제수弟嫂가 떠나다.

6월 30일. 맑다. 우하又荷를 가 뵈다.

7월

5 옥전광웅(玉田光雄): 당시 경성 덕수상업학교 교사.

7월 1일. 흐리다. 소우小雨. 아츰에 부안 조 형趙兄이 오다. 김혜영金惠英 편지가 오다.

7월 2일. 맑다. 이상돈李相敦, 김내용金乃用, 신석정辛夕汀에게 편지하다. 신명균申明均, 이중건李重乾 군君이 오다.

7월 3일. 맑다. 오후午後 5시五時, 고하정故荷亭 추도회追悼會. 회會가 파한 뒤, 나는 박종화朴鍾和 군君 형제兄弟, 애류崖溜, 주재정朱宰晶 군君과 나섰다. 간일옥艮一屋, 명월관明月館 지점支店을 가서 자정子正에 돌아오다.

7월 4일. 맑다. 오후午後 4시四時 신흥사新興寺 전前 음식점飮食店에 가다. 춘원春園『인생人生의 향기香氣』출판出版 축하회祝賀會가 있다. 모인 이가 팔십여 명. 김억 군金億君의 사회司會로 지명指名하여 축사祝辭를 나도 하였다. 9시九時에 파하였다. 박종화朴鍾和, 정지용鄭芝溶, 이승만李承萬, 이정호李正鎬, 김진섭金晋燮, 최영주崔泳柱와 가치 영보永保빠-에 들어 맥주麥酒를 좀 기울렸다.

7월 5일. 종일終日 동풍東風. 맑다. 매헌梅軒을 가보다. 징澄, 충冲 군君을 다리고 광진廣津을 가다. 그 뒤 아차산峨嵯山 습진지성習陣址城을 넘어 대명암大明庵으로. 또 암석岩石으로 된 산山을 넘어 대성암大聖庵에 이르다. 안계眼界가 넓다. 하얀 모랫벌, 파란 강江물이 나려다 보인다. 강江 건너는 백제百濟 고도지古都址며 남한산성南漢山城이다. 경성京城 부근附近의 절로는 이만큼 통활通闊한 곳이 없겠다. 뒤엔 암굴岩窟이고 굴窟에는 맑은 샘. 그 우에는 공양미供養米가 나려왔다는 구멍이 있다. 신라新羅 의상義湘이가 개산開山하고 예 있을 적의 일이라고 한다. 요마적 경찰서警察署서 밥을 팔지 못하게 함으로 불공佛供을 아니 하면 점심点心을 지어줄 수 없다고 하여 그 말대로 하여 밥을 먹었다. 올 길에는 다시 그 암석岩石으로 된 산山을 넘어 영화사永華寺를 지나, 용마산龍馬山 모진毛陳에서 기동차汽動車로 오다. 신명균申明均 군君이 오다.

7월 6일. 맑다. 우하又荷를 가 뵈다. 그 부인夫人 제사祭祀라고 밤참을 준다. 신명균申明均 군君이 오다. 『시조전집時調全集』을 발간發刊하겠다고. 그 명칭名稱부터 불가不可타 하였다.

7월 7일. 맑다. 가정방문家庭訪問

7월 8일. 맑다. 학기말學期末 시험 시작. 고창高敞 김영수金永洙 군君 편지가 오다.

7월 9일. 맑다. 진주晋州서 김혜영金惠英 편지가 오다. 이상돈李相敦 편지가 오다.

7월 10일. 맑다. 김혜영金惠英께 답장答狀.

7월 11일. 맑다. 오후午後 6시六時 영도사永導寺 이우식李愚植 가家에서 조선어학회朝鮮語學會 위로회慰勞會가 있었다. 애류崖溜, 신명균申明均, 이극로李克魯, 최현배崔鉉培, 이상춘李常春, 이윤재李允宰, 정인승鄭寅承, 송병기宋秉璣, 이희승李熙昇.

7월 12일. 맑다. 찬燦, 영靈 두 군君이 오다. 매헌梅軒이 오다. 따러 나섰다. 또 안상철安相哲 군君을 찾어 탑골승방僧房에 가서 점심点心.

7월 13일. 맑다. 시험 끝나다.

7월 14일. 막다. 우하又荷를 가 뵈다. 이상돈李相敦 군君의 편지가 오다.

7월 15일. 맑다. 저녁에 방봉랑龐鳳娘 군君이 오다. 문학담.

7월 16일. 흐리다. 김용익金容益 군君이 오다. 김갑희金甲姬 군君이 와 시골로 떠나가겠다고. 오후午後에는 맑다. 직원회職員會.

7월 18일. 맑다. 직원회職員會. 이상돈李相敦 군君께 답장答狀.

7월 19일. 맑다. 김용식金龍植, 하경덕河慶德, 한충韓冲 군君과 가치 진관사津寬寺에 가서 그 뒤 송림松林. 시냇가에서 밥을 지어 먹고 목욕沐浴도 하고 그 뒤 계곡溪谷으로 하여 비봉碑峯도 오르고 승가사僧伽寺로 하여 창의문彰義門을 넘어 오다. 오후午後 10시十時.

7월 20일. 맑다. 오전午前 9시九時 종업식終業式. 저녁에 매헌梅軒이 오고 오장환吳章煥 군君이 오다.

7월 21일. 맑고 저녁때 소낙비. 오전午前 7시七時 40분四十分 차車로 관희觀熙, 동희東熙가 시골길을 뜨다. 박술음朴術音 군君과 가치 정자옥丁子屋에서 점심点心. 진고개 서점書店을 가보다. 봉랑鳳娘이 오다.

7월 22일. 비. 저녁에 봉랑鳳娘이 오다.

7월 23일. 맑다 비. 봉랑鳳娘이 병病으로 못 온다고 그 아우 시겨 기별. 이상돈李相敦 군君에게 편지하다.

7월 24일. 비 오다 개다. 하 박사河博士를 가 보다. 「여행旅行의 취미趣味」 방송放送.

7월 25일. 비. 수채 구녕을 고치다. 향가鄕歌 조사調査. 봉랑鳳娘이 청량음료淸凉飮料 두 병을 사 보냈다.

7월 26일. 비가 개다. 집웅이 새다. 고치다.

7월 27일. 맑다. 김상기金庠基 군君이 오다. 우하又荷를 가 뵈다. 학교도 가보다.

7월 28일. 밤 비. 『삼천리三千里』 원고原稿 「시조작법時調作法」을 쓰다.

7월 29일. 비. 「시조작법時調作法」을 쓰다. 임병철林炳哲 군君이 오다. 『중앙中央』, 『조광朝光』에 시조時調를 보내다.

7월 30일. 담曇. 우雨. 『삼천리三千里』 원고原稿 끝내다.

7월 31일. 맑다. 김용식金龍植과 산보散步. 매헌梅軒을 찾어 더불고 종로鐘路, 진고개, 다점茶店에 들다. 이정희李政熙 군君이 오다. 김용익金容益이 떠나다.

8월

8월 1일. 담曇. 소우小雨. 가곡 작가歌曲作家 조사調査.

8월 2일. 폭풍暴風. 오전午前 7시七時 하경덕河慶德 군君과 가치 청량리역淸涼里驛을 가다. 매헌梅軒, 안상철安相哲, 박윤영朴潤榮을 맞나 동행同行. 의정부역議政府驛서 한 시간이나 김용식金龍植 군君을 기다리다가 나섰다. 완보緩步도 하고 비도 맞고 회룡사回龍寺에 이르다. 허술하고 다만 그 앞의 수석水石은 좋다. 주지승住持僧 수자竪子는 금강산金剛山을 가고 공양주만 있으며 밥을 하여 줄 수 없다 한다. 마츰 망월사望月寺서 와 있는 연은蓮隱 노장老長으로 지로指路를 시기고 우리는 떠났다. 그 뒤 계곡溪谷으로 가다. 태조太祖의 기도굴祈禱窟, 무학無學의 있든 굴窟이라는 걸 바라보고 산山등성이 오르다. 윤영潤榮 군君은 그 비둔肥鈍한 몸으로 촌보寸步가 어려운데 연은蓮隱은 훌훌 나는 듯하다. 한 육십밖에 안 된 줄 알고 물으니 칠십팔 세다. 한 고개를 넘었다. 십 리쯤에 망월사望月寺가 나선다. 도장道場이다. 도봉道峯 중턱에 동학洞壑이 유아幽雅하고 안계眼界도 좋다. 훌륭한 자못 산 맛이 깊다. 우리는 점심点心을 시겨먹고 또 나서 도봉道峯의 허리를 횡단橫斷하여 5리五里를 오다. 관음봉觀音峯, 탑암塔岩을 아래로 바라보며 만장봉萬丈峯 아래 석굴石窟을 찾다. 김병룡金秉龍 군君이 발견코 돈을 들여 방을 놓았다. 주인主人 강신종姜信鐘은 자고 가라고 만류挽留한다. 그 옆의 천축사天竺寺로 하여 나려오다. 목욕沐浴도 하고 조정암趙靜庵 서원書院 터, 조심암趙心庵(두순斗淳) 별장別莊 침수정枕漱亭을 보다. 이 계곡溪谷의 수석水石은 퍽 좋은데 침수정枕漱亭은 그 중 기절奇絶한 곳이다. 담潭도 있고 폭포瀑布도 있고, 기암절벽奇岩絶壁도 있다. 담潭에는 배를 띄었고 정자亭子에는 술상을 벌여 놓고 가무歌舞를 한다. 과연 노는 사람이 끊이지 않겠다. 누원樓院, 쌍雙갈무니로 창동倉東서 차車를 타고 오다. 집에 드니 오후午後 8시八時.

8월 3일. 비. 매헌梅軒이 오다. 하 박사河博士가 오다. 「송강가사松江歌辭의 연구研究 기이其二」 원고原稿를 쓰기 시작하다.

8월 4일. 비. 정충시鄭忠時 군君께 편지하다.

8월 5일. 아츰 소우小雨. 맑다. 조 형趙兄에게 편지하다.

8월 6일. 비. 맑다. 하 박사河博士와 산보散步. 삼청동 대은암大隱岩을 찾다 못하였다.

8월 7일. 비.

8월 8일. 비 오다 맑었다. 이상돈李相敦 군君이 와 자다.

8월 9일. 비 오다 맑다. 이상돈李相敦 군君이 그 아버지 보러 해주海州에 가다. 하 박사河博士가 오다.

8월 10일. 비.

8월 11일. 비.

8월 12일. 이병도李丙燾 군君이 오다.

8월 13일. 맑다. 이병도李丙燾 군君을 찾다. 김명순金明淳, 홍순혁洪淳赫, 방종현方鍾鉉, 장지태張之兌 군君이 오다.

8월 14일. 비. 김용창金容昌이가 오다. 김혜영金惠英 편지를 보다.

8월 15일. 맑다. 하 박사河博士, 홍순혁洪淳赫, 방종현方鍾鉉 군君이 오다. 홍 군洪君이 『함경도연해도咸鏡道沿海圖』를 빌어갔다. 하 군河君과 남산南山으로 산보散步.

8월 16일. 맑다. 조병국趙炳國이게 편지하여 수재水災 여부與否를 물었다.

8월 17일. 맑다. 오전午前 7시七時 45분四十五分에 떠나다. 차車 중에서 나동찬羅東燦 군君을 맞나다. 여객旅客 사무事務. 이등실二等室로 가서 담화을 하였다. 차車에 대한 새 지식知識을 많이 얻었다. 대전太田서 나려 대합실待合室에서 김영근金永近 군君을 맞나다. 경복京馥이도 맞나다. 다시 차車를 타고 강경江景이 가서는 세 시간 이상을 지체遲滯하여 자동차自動車를 타고 오후午後 6시六時 쯤 하여 여산礪山을 도착到着.

8월 18일. 맑다. 아츰 저녁으로는 차다. 조비祖妣 기제忌祭.

8월 19일. 맑다. 조부모祖父母와 어머니 산소山所에 성묘省墓. 사곡沙谷 종조부從祖父를 가 뵈다.

8월 20일. 비를 맞고 떠나다. 12시十二時 50분五十分 강경江景 발發. 오후午後 7시七時 20분二十分에 경성역京城驛에 이르니 동희東熙 4남매四男妹가 나왔다. 비는 개다. 매헌梅軒이 오다.

8월 21일. 맑다. 등교登校. 우하又荷를 가 보다.

8월 22일. 맑다 흐리다 한다. 애류崖溜를 가 보고 함께 나와 점심点心. 박종목朴鍾穆 군君 집을 찾어 월탄月灘도 맞나다. 놀다가 오후午後 9시九時에 오다.

8월 23일. 흐리다. 김용식金龍植, 하경덕河慶德, 한충韓冲 군君과 동희東熙와 가치 경무대景武臺 뒤 성벽城壁을 안고 돌다 북악北岳에 오르고 그 성벽城壁을 넘어 산山등성이를 타고 북北으로 북北으로 가다 그

동東편 골짜기로 나려 약수암藥水岩 부근附近 계석溪石에서 점심点心을 지어 먹고 목욕沐浴도 하였다. 하늘은 점점 흐린다. 2, 3 마장도 못 와서 비를 맞났다. 약사사藥師寺에 들어 두어 시간 지체遲滯하였다. 비는 한 모양으로 오다 마다 한다. 천향원天香園 별장別莊으로 가고 오는 자동차自動車 소리도 그 비모양으로 끊이지 않는다. 하 군河君의 이야기도 듯다 졸기도 하다가 다시 일어섰다. 동구洞口를 나서자 비는 더 온다. 길갓집 처마 밑에 들어서서 발 앞의 떨어지는 낙수落水물방울을 보고 있다. 비는 그치기는커녕 더 쏟아진다. 좀 나와서 지나가는 자동차自動車를 잡어 타고 오다. 오후午後 8시八時.

8월 24일. 맑다. 종자從姊가 와 자다. 박상목朴商穆, 병륙秉陸에게 엽서葉書.

8월 25일. 종일終日 폭우暴雨. 오장환吳章煥 군君이 오다.

8월 26일. 종일終日 비.

8월 27일. 종일終日 비.

8월 28일. 개다. 흐리다. 종자從姊가 그간 비에 막혔다가 오날사 갔다. 한징韓澄, 한충韓冲 군君을 다리고 한강漢江에 나갔다. 노돌 강변江邊이 온통 홍수洪水에 덮였다. 흑석리黑石里 앞이 바다가 되고 침수沈水한 가옥家屋이 많다.

8월 29일. 맑다. 애류崖溜, 안서岸曙가 오다. 애류崖溜와 함께 김병룡金秉龍 군君을 찾다. 이상돈李相敦 군君이 왔다 바루 갔다.

8월 30일. 비. 하 박사河博士와 북악北岳에 오르다. 대은암大隱岩은 또 발견發見치 못하다. 이중건李重乾, 신명균申明均 군君을 찾어보고 중앙서관中央書館 발행인 조선문학 중『시조전집時調全集』의 나의 이름은 빼라고 하였다. 그리고 고본稿本이든『석보상절釋譜詳節』을 보았다.

어떤 일인日人이 가지고 있는 것을 누구 시켜 빌려 왔다고. 도합都合 네 권卷인데 『월인천강지곡月印千江之曲』은 따로 된 책冊인 것을 『석보상절釋譜詳節』에 오려 붙인 것이다. 『월인천강지곡月印千江之曲』은 상중하上中下 3권三卷으로 된 듯하다. 그 오려 붙인 쪽에 중권中卷이라는 중자中字가 있음을 보아 알겠다.

8월 31일. 맑다. 직원회職員會. 단성사團成社에 가서 칼멘 영화映画를 보다. 이희균李羲均 군君이 왔다. 양건식梁建植 군君이 오다.

9월

9월 1일. 밤 비. 개학식. 우하又荷를 가 뵈다. 오원吾園의 그림 10폭十幅을 팔았다. 일백팔십 원을 받아 삼십 원은 거간居間을 주었다. 이중건李重乾 군君을 찾아보다.

9월 2일. 종일終日 비.

9월 3일. 흐리다.

9월 4일. 맑다. 흐리다.

9월 5일. 비.

9월 6일. 비. 『두시언해杜詩諺解』7, 8七八 권卷 준準을 끝내다. 방봉랑龐鳳娘이 오다.

9월 7일. 비. 황병인黃炳仁 군君이 오다. 한남서림翰南書林을 가보다.

9월 8일. 흐리고 비가 좀 오다.

9월 9일. 흐리다. 오장환吳章煥 군君이 오다.

9월 10일. 흐리다.

9월 11일. 맑다.

9월 12일. 흐리다.

9월 13일. 비. 황병인黃炳仁 군君이 오다.

9월 14일. 맑다. 저녁에 이병도李丙燾 군君을 가보았다. 「송강가사松江歌辭의 연구研究 기이其二」 원고原稿를 주다.

9월 15일. 오후午後 7시七時 반半, 「금강산金剛山과 양봉래楊蓬萊」 방송放送. 김혜영金惠英 편지 보고 답장答狀.

9월 16일. 비. 밤 차車로 김용창金容昌이가 떠나다.

9월 17일. 가끔 가끔 비 오다.

9월 18일. 맑다. 김상기金庠基 군君을 찾어보다. 오철호吳澈浩 군君이 오다. 김병룡金秉龍 군君 집에서 맞나 보았다.

9월 19일. 맑다. 내자동內資洞을 가다. 오철호吳澈浩 군君을 맞나 문일평文一平 군君을 찾었다. 문文, 오吳 양군兩君과 가치 승가사僧伽寺 입구入口 유영모柳永模 군君 집을 찾었다. 유柳는 그 뒷산山 석굴石窟에 와서 기도단식 한다는 기독교인基督教人을 찾어갔다 한다. 그 뒤로 계석溪石으로 찾어가다. 수석水石이 좋고 퍽 심수深邃하다. 끝끝내 오르고 보면 문주암文珠庵이 나선다는 골이다. 중간中間쯤 가다 반석盤石에 앉어 쉬었다. 어두어서야 돌아섰다. 창성동 와서 중국요리집에서 요기饒飢. 오吳와 나는 매헌梅軒 집을 들여다 보고 왔다. 효창曉窓만 있다.

9월 20일. 맑다. 오 군吳君과 가치 애류崖溜를 찾어 점심点心을 먹고 가치들 나섰다. 매헌梅軒집을 찾었다 아무도 못 보고 중로中路에서 매헌梅軒을 맞나 다 가치 계동桂洞으로 왔다. 김병룡金秉龍 군君이 오다.

9월 21일. 맑다. 이은상李殷相 군君이 전화電話를 하였다. 누가 찾어

갈 것이니 잘 말해 주라고. 조선일보朝鮮日報 기자記者 현인규玄仁圭라는 이가 왔다. 『조광朝光』에 실리겠다 하며 조선문학朝鮮文學에 대하여 묻는다. 삼국시대三國時代로부터 이조李朝까지의 시가詩歌, 소설小說, 기타其他의 대개를 들어 말하였다. 저녁에 김병룡金秉龍 군君 집을 찾었다 김金도 오吳도 못 맞났다.

9월 22일. 맑다. 직원회職員會. 오날 5학년생五學年生이 허가도 없이 석전제釋奠祭에 참배 갔다고 그 선후책善後策을 토의討議. 오후午後 7시七時나 되어 파罷하다. 오吳를 김병룡金秉龍 군君 집에 찾다 못 보고 하 박사河博士 군君을 찾어보다. 조용해趙龍海 군君의 편지가 오다. 답장答狀을 하였다.

9월 23일. 맑다 흐리고 무덥다. 오철호吳澈浩, 김병룡金秉龍 군君을 찾어보고 가치 정자옥丁子屋, 진고개를 가보고 오다 대관원大觀園서 점심点心하고 이능화李能和 씨氏를 찾어보고 하 박사河博士 군君도 찾어보았다. 저녁에 또 병룡秉龍 군君 집에 가서 놀다. 떡과 술을 준다.

9월 24일. 맑다. 저녁에 오철호吳澈浩 군君과 가치 성북동城北洞 이병도李丙燾 군君을 가 찾었다 못 맞났다. 병룡秉龍 군君 집으로 도로 와 놀았다. 매헌梅軒도 있다. 오吳는 명일明日 떠난다 한다.

9월 25일. 흐리다. 비도 좀 오다 만다.

9월 26일. 저녁때 비가 온다. 단성사團成社 영화映画를 가보다. 「잔다크의 순국殉國」.

9월 27일. 오전午前에 비. 오후午後에는 맑었다.

9월 28일. 맑다. 우하又荷를 가 뵈다. 은송隱松도 맞나다.

9월 29일. 맑다. 임시고사臨時考査. 매헌梅軒을 찾어보았다.

9월 30일. (음陰 병자丙子 8월 15일) 맑다. 임시고사臨時考査. 동소문東

小門 외外 산보散步. 임병철林炳哲 군君을 보다.

10월

10월 1일. 맑다. 성북동城北洞 산보散步. 오후午後 5시五時 우하 댁又荷宅에서 원회円會 — 은송隱松 이윤주李潤柱 선생先生을 송별送別하는 뜻. 민광식閔廣植, 서상란徐相鸞 선생先生도 있었다. 10명. 재차회再次會는 종로鍾路 청대문집. 나는 두어 순배巡盃 후後 나와 버렸다.

10월 2일. 맑다. 안방 아랫묵을 뜯어 놓다. 지이드의『협문狹門』을 읽다. 섬세, 미묘하다. 저녁에 하 박사河博士를 가보다. 소낙비가 지난다.

10월 3일. 맑다. 서풍西風 강强. 좀 칩다. 조선일보사朝鮮日報社에서 사진을 찍어갔다. 조운曺雲 군君의 편지가 오다. 경주慶州 수학여행修學旅行의 비용금費用金을 찾었다. 조운曺雲 군君 서래書來.

10월 4일. 맑다. 조운曺雲, 임보환林普桓, 김형원金炯元(조선일보사朝鮮日報社)에게 편지하다. 오후午後 10시十時 5분五分 부산행釜山行 차車로 경주慶州 수학여행修學旅行을 떠나다. 3학년三學年 146명. 직원職員 5명. 회복차비回復車費 팔백여 원.

10월 5일. 맑다. 오전午前 9시九時 38분 경주慶州 착着. 약 1시간一時間 뒤에 떠나, 불국사역佛國寺驛 착着. 불국사佛國寺 가서 구경하고 점심点心하고 석굴암石窟庵, 괘릉掛陵을 보고 다시 불국사역佛國寺驛으로서 경주慶州로 와서 안동여관安東旅館에 들다.

10월 6일. 맑다. 오전午前 8시八時에 나서 박물관博物館, 분황사芬皇寺, 황룡사지皇龍寺址, 안압지雁鴨池, 반월성半月城, 석빙고石氷庫, 첨성대瞻星臺, 계림鷄林, 오릉五陵, 포석정鮑石亭, 무렬왕릉武烈王陵, 김유신묘金庾信墓을 보고 오후午後 4시四時 반半에 돌아오다. 저녁에 안춘정安春汀 집을 찾다.

10월 7일. 맑다. 오전午前 8시八時 45분五分에 떠나, 대구大邱에 와 나리다. 조용해趙龍海 군君이 나왔다. 대구관大邱館으로 가서 점심点心. 다시 역전驛前으로 와 시전가柴田家의 벤또를 나누어 주고 오후午後 2시二時 50분五十分 발發. 시흥역始興驛에 이르자 33조三三組의 박영서朴永緖가 임금林檎을 깎어 먹는데 31조三一組의 조의호曺義浩가 와서 빼앗어 먹으랴다 칼끝에 조의호曺義浩가 우하복부右下腹部를 약約 5분五分 가량假量 찔렸다. 영등포永登浦서 의사醫師가 올라 보고 용산역龍山驛서 조의호曺義浩와 이일李一 군君과 박영서朴永緖는 나려 철도의원鐵道醫院으로 갔다. 나는 경성역서 나려 생도生徒들을 해산解散시기고 돌아왔다. 잠을 자지 못하였다.

10월 8일. 맑다. 새벽에 이일李一 군君을 찾어보다. 조의호曺義浩는 맹장수술盲腸手術까지 하였다 한다. 또 교장校長을 찾어보고 경주여행慶州旅行 경과를 알려 주었다. 그리고 돌아와 아츰 먹고 이일李一과 가치 철도의원鐵道醫院에 가, 조의호曺義浩를 보다. 그 여관旅館 주인主人의 처妻도 왔다. 그 처妻가 잔말을 퍽 하더니 그 다음에는 그 부夫가 또 와서 잔말을 한다. 그는 하종구河鍾九, 총독부總督府 문서과文書課가 다닌다고. 한징韓澄, 충冲, 홍洪 3군三君을 찾어보고 조상. 어제(7일 음陰 8월 22일) 오전午前 6시六時 외간상外艱喪. 창해滄海를 맞나, 가치 그 집에 가고 탑골 승방僧房에 가, 저녁을 먹다.

10월 9일. 맑다. 직원회職員會. 오후午後 7시七時나 하여 돌아오다. 매헌梅軒 집에 가다. 애류崖溜, 양건식梁建植, 주재정朱宰晶 군君도 왔다. 자정子正에 오다.

10월 10일. 맑다. 농구籠球 감독監督하러 청년회관青年會館에 가다. 매헌梅軒집에 가다.

10월 11일. 맑다. 오전午前 6시六時 매헌梅軒집에 가다. 발인發靷. 애류崖溜, 백화白華, 손준모孫俊模, 박윤영朴潤榮 군君과 함께 수상隨喪을 하다. 노량鷺梁. 흑석黑石, 동작銅雀, 칼판무니로 하여 승방리僧房里를 찾어갔다. 한韓의 산직山直이를 맞나 보고 그 뒤 외딴 음식점飮食店도 들어보고 상행喪行을 기다려 그 앞산山으로 오르다. 정오正午 하관下棺. 오후午後 4시四時에 돌아오다. 손준모孫俊模 군君에게 끌려 수창동需昌洞 어느 음식점飮食店에 들었다.

10월 12일. 맑다. 철도의원鐵道醫院에 가보다. 조의호曺義浩는 잠이 들었다. 그 부모父母도 오고 박영서朴永緖의 아버지도 와 있다.

10월 13일. 맑다. 김혜영金惠英의 편지를 보다.

10월 14일. 맑다.

10월 15일. 맑다. 매헌梅軒 집에 가다. 창해滄海가 오다.

10월 16일. 맑다. 우하又荷를 가 뵈다.

10월 17일. 이윤주 군李潤柱君 편지가 오다.

10월 18일. 맑다. 민대식閔大植 자당慈堂 안유풍安遺豊이 어제밤 9시九時 반半 별세別世하셨다고 이광식李廣植이 와 전한다. 조반朝飯 후後에 학교에 가니 유길상劉吉相 군君만 있다. 더불어 교동校洞을 가니 우하又荷 장丈은 죽동竹洞에 가셨다. 죽동竹洞으로 가서 민대식閔大植, 규식奎植 문상. 성모병원聖母病院에 가서 장발張勃 군君을 찾어보다. 장질부사腸窒扶斯라 하나 열熱도 없고 고苦도 없다. 매헌梅軒을 찾어가 점심点心. 이상준李尙俊 군君을 찾고 가치 나서 안국동安國洞 골탕湯집을 들어보고 집으로 돌아오니 진단震檀 편집회의가 있다고. 즉시卽時 성북동城北洞 이병도李丙燾 군君을 찾다. 손진태孫晋泰, 조윤제趙潤濟, 김두헌金斗憲, 김상기金庠基, 이상백李相栢 군君이 모여 있다. 이상백李相栢 군君의 구주歐洲 여행담을 듣고 저녁 먹고 편집의논을 하고 음벽정飮碧亭에 가서 소연小宴을 벌였다.

10월 19일. 맑다.

10월 20일. 맑다. 우하又荷를 가 뵈다. 한남서림翰南書林에 들었다.

10월 21일. 맑다. 교내校內 각 운동대회各運動大會.

10월 22일. 맑다. 생도生徒 토론討論 연습練習을 보고 평하다.

10월 23일. 맑다. 오후午後 5시五時 반半. 삼학년생들을 다리고 용산역전龍山驛前에 가다. 민씨가閔氏家 반우식返虞式이 있다. 정갑수丁甲秀 군君 편지가 오다.

10월 24일. 맑다. 교내校內 각 운동대회各運動大會 끝나다.

10월 25일. 담曇. 밤엔 폭풍 우뢰暴風雨雷.

10월 26일. 맑다. 수업授業 단축短縮. 오후午後에는 토의대회. 논제는 「위인偉人이 됨에는 천재天才냐 노력努力이냐」 5시五時 반半 끝나다. 김병룡金秉龍 군君을 찾어보고 생남生男함을 하賀하다.

10월 27일. 맑다. 직원회職員會.

10월 28일. 맑다. 한글 기념회紀念會. 천향원天香園서. 모인 이가 백오륙십 명. 정음서正音序를 읽힌다. 안도산安島山도 왔다. 축사祝辭를 한다. 맨 끝에 '인간人間다운 생활生活을 하자.' 하다 저지沮止를 당當하였다.

10월 29일. 맑다. 김혜영金惠英 군君 편지가 오다. 저거번 편지에 답장答狀이 없다고 노怒하였다. 즉시卽時 답장答狀을 써 보내다. 사과하였다. 우하又荷를 가 뵈다. 장발張勃 군君을 가보다.

10월 30일. 맑다. 음陰 9월九月 16일十六日. 어머님 기일忌日 입재入齋ㅅ날. 원회円會를 갔다 식도원食道園까지 끌려갔다가 중간에 빠져 왔다.

10월 31일. 맑다. 경성운동장京城運動場을 가다. 축구선수蹴球選手들을 다리고. 정갑수丁甲秀 군君에게 편지 답장答狀.

11월

11월 1일. 담曇, 박雹. 매헌梅軒을 가 보고 가치 창신동昌信洞 창해滄海를 찾아보다. 『북천가北遷歌』를 얻다.

11월 2일. 맑다. 수선화水仙花 4구四球를 사다.

11월 3일. 담曇, 청晴. 오전午前 10시十時 매헌梅軒은 오다. 매헌梅軒은 먼저 가서 애류崖溜를 더불고 오라고 하고 이십여 분 더 기다려도 창해滄海, 하 박사河博士는 아니 온다. 김용식金龍植 군君에게 점심点心거리를 짊어 지우고 가치 나섰다. 서대문형무소西大門刑務所 앞에 이르니 매헌梅軒도 아니 보인다. 한 10분十分 후後에 매헌梅軒, 애류崖溜가 온다. 나는 다시 전차電車를 타고 계동桂洞을 와서 하 박사河博士를 더불고 갔다. 벌서 12시十二時 반半. 녹반綠礬이고개를 넘어 또 산山를 넘어 골짜기로 들어 시냇가에 자리를 잡었다. 김 군金君은 밥을 짓고 나는 반찬飯饌을 맨들었다. 오후午後 3시三時나 되어 점심点心. 저믈어서 그 뒤 고개를 넘어 성벽城壁을 돌다가 성문으로 들어 조지소造紙所 뒷골로 빠져 나려오다. 집에 오니 7시七時나 되었다. 밤에 비가 왔다.

11월 4일. 맑다. 시험 시작.

11월 5일. 맑다. 우하又荷를 가 뵈다.

11월 6일. 맑다 흐리다. 밤에 비. 유길상劉吉相 군君과 가치 우하又荷를 가 뵈다. 전등電燈 계량기計量器를 놓다.

11월 7일. 맑다 흐리다. 이병도李丙燾 군君이 오다.

11월 8일. 맑다. 김상기金庠基 군君이 오다. 한세영韓世英 군君에게 편지 하다.

11월 9일. 맑다. 시험 끝나다. 원회円會 끝에 남원우南遠祐 군君이 조선관朝鮮館에 초대招待. 박승두朴勝斗 군君 외간상外艱喪을 가 물었다.

11월 10일. 맑다. 직원회職員會.

11월 11일. 흐리다. 대소제大掃除. 밤에 얼음이 얼었다.

11월 12일. 맑다. 소방연습消防演習. 수송공보壽松公普는 불이 나서 맹렬猛烈히 탔다. 저녁에 매헌梅軒을 가 보다.

11월 13일. 맑다. 김병룡金秉龍 군君 생일生日이라고 청했다. 아츰을 가 먹다.

11월 14일. 오후午後엔 비, 우레, 번개, 우박. 우박은 대추만 하다. 송신용宋申用 군君이 찾어오다. 윤창후尹昌厚의 『야연만록野淵漫錄』 3책三册과 『수주적록愁州謫錄』 1책一册을 사다. 보잘 것은 그리 없으나 김종수金鍾秀의 「계민가誡民歌」, 「청학음초淸學音抄」가 있다.

11월 15일. 맑다. 황서훈黃瑞勳 군君을 맞나 그 집에까지 가보다.

11월 16일. 흐리다 맑다. 매헌梅軒이 오다.

11월 17일. 맑다. 밤 비.

11월 18일. 흐리고 비. 김혜영金惠英 군君에게 편지하다. 『고금소총古金笑叢』을 김억金億 군君에게 찾어오다.

11월 19일. 맑다. 정지용鄭芝溶 군君과 가치 우하又荷를 가 뵈다.

11월 20일. 맑다. 이승규李昇圭 군君 연구교수硏究敎授 비평회가 있다. 문일평文一平 군君이 찾어오다. 가집歌集 두 권卷을 빌어가다. 신구현申龜鉉 군君 편지가 오다. 저녁에 신구현申龜鉉, 이명선李明善, 차낙훈車洛勳 군君이 오다. 노장老莊의 이야기를 하다.

11월 21일. 맑다 흐리다. 오철호吳澈浩 군君이 오다. 『휘문徽文』 잡지雜誌 원고原稿를 가지고 장발張勃을 찾어보다. 한성도서주식회사漢城圖書株式會社도 가보다. 이병도李丙燾 군君이 오다. 가치 손진태孫晋泰 군君 집에 가서 진단학회震檀學會 간사회幹事會를 하고 방응모方應謨(조선일보사장朝鮮日報社長)의 출자出資를 토의討議 유안留案.

11월 22일. 맑다. 오 군吳君과 가치 매헌梅軒을 찾어보고 또 가치 나서 점심点心을 먹고 중화인中華人 상점商店에서 수선화水仙花 4근四根를 사 오다. 문일평文一平 군君과 양건식梁建植 군君을 찾었다 못 보다.

11월 23일. 흐리다. 혜영惠英의 편지가 오다. 『진단학보震檀學報』 제6호第六号를 혜영惠英 군君에게 보냈다. 난초蘭草 분盆과 횡상橫床 하나를 사 오다. 황서훈黃瑞勳 군君이 오다. 저녁에 백화白華, 매헌梅軒이 오다. 해형수선蟹形水仙을 두 개 맨들다. 종자매從姊妹가 오다.

11월 24일. 맑다. 『휘문徽文』 잡지雜誌 원고原稿를 다 정리整理하다. 가정방문家庭訪問. 또 해형蟹形 하나를 맨들다. 취농翠儂과 가치 문일평文一平 군君을 찾었다 못 보았다.

11월 25일. 맑다. 저녁에 예대豫大 학생 조영구趙英九, 신구현申龜鉉, 이명선李明善, 차낙훈車洛勳 군君과 함께 밥을 먹고 고려시대高麗時代 문학에 대하여 말하다. 매헌梅軒, 취농翠儂이 오다. 낙준洛俊 군君이 오다. 『진단학보』 제6호를 박종화朴鍾和 군君에게 보내다.

11월 26일. 흐리고 밤 비. 박종화朴鍾和 군君이 화전지花箋紙 두 축軸을 보내 주고 오라고 하였다. 하학 후後 정지용鄭芝溶 군君과 가치 월탄月灘을 찾었다. 이인李仁, 이승만李承萬도 있다. 자정子正까지 놀았다. 자동차自動車로 잡아 타고 왔다. 혜영惠英의 편지를 보다.

11월 27일. 칩다. 김병룡金秉龍 군君과 오철호吳徹浩 군君을 가보다. 혜영惠英의 편지를 또 받어 보다. 『진단학보』를 받어 보았다고. 백화한란白花寒蘭이 피다. 일경사타一莖四朶. 방향복욱芳香馥郁.

11월 28일. 퍽 칩다. 영하零下 6도六度. 가정방문家庭訪問. 문일평文一平 군君과 매헌梅軒을 찾어보고 가치 오철호吳徹浩 군君을 찾었다 못 맞나고 집으로 왔다.

11월 29일. 1시一時 청晴. 수선화水仙花 하나를 해형蟹形으로 깎었다.

11월 30일. 흐리다.

12월

12월 1일. 맑고 밤에는 바람. 숙직宿直.

12월 2일. 맑다. 명월관明月館 본점本店서 생소生沼 군君 전송회餞送會 석찬夕餐. 취농翠儂를 가 보다.

12월 3일. 흐리다. 직원회職員會.

12월 4일. 눈이 오다. 취농翠儂과 가치 저녁에 이병도李丙燾 군君을 가보다.

12월 5일. 흐리다. 오후午後 5시五時 반半, 열빈루悅賓樓서 이규현李圭鉉 군君이 초대招待. 신혼新婚한 그 부인夫人도 출석出席.

12월 6일. 맑다.

12월 7일. 맑다. 저녁에 오철호吳徹浩 군君과 가치 매헌梅軒을 찾어 보다.

12월 8일. 맑다. 애류崖溜가 오다. 취농翠儂도 오다.

12월 9일. 흐리다. 김용익金容益 모친母親이 오다. 김혜영金惠英에게 편지하다.

12월 10일. 흐리다.

12월 11일. 비. 시험 시작. 직원회職員會. 조행사정操行查定.

12월 12일. 맑다. 조선일보사朝鮮日報社에서 편지가 오다.

12월 13일. 맑다. 매헌梅軒과 가치 우하又荷를 가 보다.

12월 14일. 흐리다. 진산유랑珍山柳郎, 근수近洙가 오다.

12월 15일. 흐리다. 눅었다.

12월 16일. 비. 여름비처럼 온다.

12월 17일. 종일終日 비가 줄줄 나린다. 혜영惠英 군君의 편지가 오다. 시험 종終. 난초蘭草, 수선水仙, 매화梅花, 서향瑞香, 석곡石斛 등等을 비를 좀 맞히다.

12월 18일. 흐리다. 오후午後에 대강당大講堂에서 한용표韓龍杓의 「폐결핵肺結核에 대하여」, 정 박사鄭博士 「구충求忠의 동冬 위생衛生에 대하여」 하는 강연講演을 듣다.

12월 19일. 맑다. 한성도서漢城圖書에 가다. 『휘문徽文』 잡지雜誌의 준準을 보다.

12월 20일. 흐리다 맑다. 한성도서漢城圖書에 가다. 매헌梅軒을 찾었다 못 맞나다. 김병룡金秉龍 군君을 가 보다.

12월 21일. 담曇. 매헌梅軒이 오다.

12월 22일. 맑다. 동지冬至. 홍해紅海, 백매白梅가 피었다.

12월 23일. 맑다. 직원회職員會 성적고사成績考査. 찬 군燦君이 저녁에 오다.

12월 24일. 흐리다. 종업식終業式. 송신용宋申用 군君이 오다.

12월 25일. 흐리다 맑다 한다. 오전午前 5시五時 관희觀熙가 유근수柳近洙와 함께 시골을 갔다. 황희돈黃羲敦 군君을 찾아보고 『두시언해杜詩諺解』 7, 8권七八卷을 환완還完하고 『금옥총부金玉叢部』, 『주옹만영周翁漫詠』(사본)을 얻어 오다. 매헌梅軒을 가 보다. 김용익金容益이 댁이 오다.

12월 26일. 흐리고 맑고 하다. 혜영惠英 군君의 편지를 보다. 찬 군燦君과 함께 진고개에 가서 여러 책사冊肆를 찾어보았다. 『금옥총부金玉叢部』를 벳기다.

12월 27일. 맑다. 동소문東小門 밧을 나가 낙중洛重 군君을 보다. 고故 노석장老石丈의 수집蒐集한 서책書冊 등을 보다. 『능엄경楞嚴經』, 『법화경法華經』, 『법어法語』 등等 약간若干 권卷을 가조다. 대전太田이도 찾어보다. 이정희李政熙, 철희喆熙 군君이 오다.

12월 28일. 맑다. 정희政熙 군君과 조반朝飯. 오문호吳文浩 군君이 오다 낙중洛重 군君이 오다.

12월 29일. 맑다. 오문호吳文浩 군君이 오다. 가치 석반夕飯. 이원영李元榮 군君이 오다. 우牛에 대한 시, 화를 찾는다. 혜영惠英의 보낸 선물이 오다. 조고마한 노리개감. 매화梅花가 만발滿發.

12월 30일. 흐리다. 권춘희權春禧 군君이 오다. 정충시鄭忠時 군君에게 편지하다. 어제 음陰 병자丙子 11월 20일 오전午前 11시十一時 전주全州 청운淸雲 하경열 씨河慶烈氏가 별세別世하였다고 부고訃告가 왔다. 즉시卽時 조전吊電, 부의賻儀 10원拾円 전환 송電換送.

12월 31일. 석夕 소우小雨. 「제야除夜와 시가詩歌」 방송放送. 한사漢師 동창同窓의 박승두朴勝斗, 김진용金鎭容, 권태희權泰禧, 황서훈黃瑞勳, 김수현金守鉉 제군諸君과 함께 국일관國一館에서 저녁에 망년회忘年會를 하고 새로 두 시에 파罷하다.

1937년(단기 4270년)

1937년(단기 4270년)

1월

1월 1일. 흐리다가 맑었다. 학교에 나갔다가 신원영창新垣永昌 군君에게 끌려 그 집으로 가, 소담한 대접을 받었다. 연하장이 수백 장數百張 오다. 미안未安하다.

1월 2일. 맑다. 조용해趙龍海 군君이 오다. 이태준李泰俊 군君이 오다. 해형수선蟹形水仙을 태준泰俊 군君에게 주었다. 매헌梅軒을 찾다.

1월 3일. 맑다. 저녁에 매헌梅軒을 청하여 밥을 먹다. 수선화水仙花를 꺾다.

1월 4일. 맑다. 『금옥총부金玉叢部』의 서역書役을 끝내다.

1월 5일. 비. 매헌梅軒을 찾어갔다 비에 막혀 하루를 보냈다. 저녁 7시七時.

1월 6일. 흐리다. 매헌梅軒이 수선화水仙花 장을 맨들어 보냈다. 저녁에 매헌梅軒 형제兄弟와 가치 하경덕河敬德 군君을 찾다. 관희觀熙가 오다.

1월 7일. 맑다. 직원회職員會. 수선화水仙花가 한 송이 피었다. 단엽單葉. 금잔은대金盞銀臺.

1월 8일. 맑다. 정지용鄭芝溶 군君과 가치 남대문 밧 박종화朴鍾和 군君을 찾다. 놀다가 3인이 가치 나서 매일신보사每日申報社에 가, 이승만李承萬, 이정호李正鎬 군君을 찾어 또 가치 나오다 다점茶店에 들고 이용우李用雨 군君을 찾어 놀고 또 더불고 나오다 어느 음식점飮食店에 들었다.

1월 9일. 맑다. 몹시 칩다. 영하零下 12도十二度.

1월 10일. 맑고 몹시 칩다. 영하零下 12도十二度. 조용해趙龍海 군君을 찾다. 맞나지 못하다.

1월 11일. 맑다. 몹시 칩다. 한세영韓世英 군君 편지가 오다. 『수호전水滸傳』을 읽다.

1월 12일. 맑다. 숙직宿直. 조 형趙兄, 김혜영金惠英, 한세영韓世英에게 편지 하다.

1월 13일. 흐리다. 좀 누었다. 밤에 눈이 오다.

1월 14일. 흐리다 맑다 한다. 종희宗熙가 아랫묵에 누어 떼를 쓴다. 옷도 갈어입지 않고 아츰도 아니 먹는다. 그 이유理由를 물으니 마당의 눈을 다 쓸어 버렸다고. 우하又荷를 가 보고 유홍종劉洪鍾 군君을 찾어 조상을 하다.

1월 15일. 맑다. 직원회職員會.

1월 16일. 맑다. 고故 민하정閔荷汀 소기小朞. 우하又荷를 가보다. 임경재任暻宰 씨氏를 맞나다.

1월 17일. 맑다.

1월 18일. 맑다. 서상란徐相鸞 군君이 내간상內艱喪을 당當하다. 조상吊喪. 정지용 군鄭芝溶君과 가치 우하又荷를 가보다. 석반夕飯을 먹다.

1월 19일. 눈 오다. 직원회職員會.

1월 20일. 맑다. 미아리彌阿里 뒷산으로 토끼 사냥을 가다. 학교 직원職員 생도生徒 일동一同. 나는 돌아오다. 이상준李尙俊, 윤병섭尹丙燮,

정지용鄭芝溶 군君과 가치 김현장金顯璋 군君 집으로 가서 놀았다.

1월 21일. 맑다. 한충韓冲 군君과 가치 우하又荷를 가보다.

1월 22일. 맑다. 애류崖溜, 매헌梅軒이 찾어왔다 한다. 김현장金顯璋, 정지용鄭芝溶 군君과 가치 김도태金道泰 군君을 가보다. 십일 세 된 그 아들 참척慘慽을 당하였다.

1월 23일. 맑다.

1월 24일. 눈 오다. 매헌梅軒을 찾어, 가치 애류崖溜를 찾고 또 가치 나서 대관원大觀園으로 가 두어 시간을 보냈다. 김영관金永琯 군君이 오다.

1월 25일. 맑다.

1월 26일. 맑다. 병륙秉陸에게 편지, 동희東熙 호적초본戶籍抄本. 신구현申龜鉉 군君 엽서葉書를 보다.

1월 27일. 맑다. 매헌梅軒이 오다. 신구현申龜鉉, 이명선李明善, 신낙훈申洛勳 군君이 오다. 이조 문학에 대하여 이야기.

1월 28일. 맑다. 병륙秉陸에게 또 편지하다. 방봉랑龐鳳娘의 편지가 오다.

1월 29일. 정지용鄭芝溶, 정규창丁奎昶, 장발張勃 군君과 가치 이재훈李載薰 군君집에 가서 놀다.

1월 30일. 흐리다. 병륙秉陸의 편지가 오다.

1월 31일. 맑다. 영관永琯 군君이 오다.

2월

2월 1일. 흐리다. 창경원昌慶苑 수상대운동회水上大運動會. 정지용鄭芝溶, 정규창丁奎昶, 이재훈李載薰 군君과 가치 보영루寶英樓에서 점심点心. 박종화朴鍾和 군君을 가보다.

2월 2일. 종일終日 눈이 오다. 촌충약寸蟲藥을 홍제병원洪濟病院에서 갖다 먹다. 매헌梅軒이 오다. 가치 하 박사河博士 군君을 가보다.

2월 3일. 흐리다 간간間間 맑다. 촌충寸蟲보가 나왔다.

일기

37권

1937. 2. 4. ~ 1938. 8. 31.

1937년(단기 4270년)

2월

2월 4일. 맑다.

2월 5일. 흐리다. 중간고사中間考查 시작. 밤에 배가 아퍼 잠을 못 자다.

2월 6일. 맑다. 찬 군燦君을 가보다. 산증疝症으로 앓는다.

2월 7일. 맑다. 복주한란福州寒蘭 이타二朶와 사란絲蘭 일타一朶가 피다.

2월 8일. 흐리다. 전영관全永琯 군君이 떠나가다.

2월 9일. 흐리다. 홍제병원洪濟病院에 가보다. 진찰疹察을 체증滯症인지 회蛔ㅅ배인지를 모르고 우선 소화제消化劑를 준다. 매헌梅軒 집에 고기 닷 근斤과 왜감倭柑 한 상자箱子를 보내다.

2월 10일. 종일終日 큰 비. 중간고사中間考查 종終. 방봉랑龐鳳娘 편지가 오다.

2월 11일. 흐리다. 정축丁丑 원일元日 교동校洞가서 우하又荷를 뵈다. 돌아와서는 유길상柳吉相, 윤병섭尹丙燮, 김현장金顯璋 군君과 가치 서상란徐相鸞 군君 집에 가다. 돌아와선 매헌梅軒 군君 등等을 찾어보다.

2월 12일. 눈에 비가 오다. 찬 군燦君을 가 보다. 「송강가사연구松江歌辭研究」를 끝내어 가지고 이병도李丙燾 군君을 가 보다. 김원식金元植

편지 — 시고詩稿가 오다.

2월 13일. 흐리다. 김병룡金秉龍 군君이 오다.

2월 14일. 흐리다. 이능화李能和 씨氏를 찾다 못 보고 오세창吳世昌 씨氏를 보고 매헌梅軒을 찾어보고 저녁을 먹다. 저녁에 정지용鄭芝溶 군君을 찾어보고 이동구李東九, 장금산張今山을 맞나다. 김원식金元植, 방봉랑龐鳳娘께 편지하다. 월탄月灘이 오다.

2월 15일. 맑다. 영하零下 8도八度. 정지용鄭芝溶 군君과 가치 월탄月灘 집을 가다. 박영희朴英熙 군君도 맞나다. 문화文話, 음주飮酒, 자정子正까지 놀았다.

2월 16일. 맑다. 저녁에 하 박사河博士를 가보다.

2월 17일. 맑다. 조선일보사朝鮮日報社 출판부出版部에서 보낸 문제問題를 모처럼 써 부쳤다. 철희喆熙 군君이 오다. 가치 석식夕食.

2월 18일. 맑다. 한남서림翰南書林도 가 보고 김낙중金洛重 군君도 가 보고 『두시언해杜詩諺解』 3책三冊 중 2책二冊은 팔어 그 대금代金 6원六圓과 그 1책一冊은 그대로 주었다. 예산禮山 김영기金永起 편지가 오다. 시조時調를 지어 보내고 지도指導해 달라고.

2월 19일. 흐리다. 저녁에 매헌梅軒이 오다.

2월 20일. 맑다 흐리다. 우하又荷를 가 뵈다. 김영기金永起 군君께 답장答狀.

2월 21일. 맑다. 따뜻하다. 매헌梅軒이 오다. 매헌梅軒과 하경덕河敬德 군君과 경희京熙, 종희宗熙, 한희漢熙를 더불고 창경원昌庆苑에 가다. 동물원動物園으로 하여 고화진렬관古畫陳列舘에 들어가 풍속화風俗畫들을 보았다. 전부全部 풍속화風俗畫. 집에 돌아오니 함상훈咸尙勳 군君과 부안扶安서 왔다는 신종순辛鍾純 노인老人이 단여가고 또 봉익동鳳翼洞서 산다는 젊은 부인婦人이 찾아왔다고 한다. 저녁에는 성북동城北洞 이병도李丙燾 군君을 가보고 『송강가사松江歌辭』 초본抄本을 얻어왔다.

2월 22일. 맑다 흐리다, 눅었다. 아츰에 신종순辛鍾純 노인老人이 왔다. 조 형趙兄의 편지를 전한다. 이상돈李相敦 군君에게 편지하다. 김원식金元植 군君편지가 오다. 고산高山 유 형柳兄의 편지가 오다.

2월 23일. 비 오다. 저녁때 개었다. 인의동仁義洞 이기창李起昌 집에 가다. 이일李一, 이승규李昇圭, 이헌구李憲求, 김현장金顯璋 군君과 함께 술을 먹다가 나는 중앙방송부中央放送部로 가다. 「작품作品에 나타난 송강松江의 예술藝術」을 말하다. 심우섭沈友燮 군君을 맞나다. 고故 김운정金雲汀 대代로 들왔다 한다. 고산高山 유 형柳兄에게 답장答狀.

2월 24일. 맑다. 직원회職員會. 박종화朴鍾和, 이용우李用雨 군君이 학교로 찾어왔다. 한 시간時間이나 기다리다가 먼저 봉래정蓬萊町 자기自己 집에 가 있다 하고 갔다. 오후午後 8시八時나 되어 직원회職員會가 파罷한 뒤, 즉시卽時 봉래정蓬萊町 박 군朴君의 집으로 찾어갔다. 함께 석식夕食하고 박朴, 이李 양 군兩君을 따러 나섰다. 오날은 음력陰曆 정월正月 십사야十四夜라 답교踏橋를 하자는 것이다. 자동차自動車를 몰아 봉래교蓬萊橋, 한강교漢江橋를 건너갔다는 도로 꺾여들어 남대문南大門, 황금정黃金町, 약초정若草町으로 가다.

2월 25일. 맑다. 우하又荷를 가 뵈다. 매헌梅軒을 맞나다. 음식飮食을 준다. 최영주崔泳柱 군君 외간상外艱喪 부고訃告가 오다.

2월 26일. 흐리다. 정열모鄭烈模 군君 외간상外艱喪, 외종조모상外從祖母喪 부고訃告가 오다. 정鄭에게는 조전吊電. 저녁에 김용식金龍植 군君과 함께 본정本町 이정목二町目 이철희李喆熙 군君 다점茶店을 가 보고 돌아오다 광통교廣通橋 옆 오뎅집에 들었다. 십칠팔 되어 뵈는 아이가 판다. 오는 이는 적다. 한 기생妓生과 학생學生이 서로 맞나 속은대는 걸 보자 우리는 나왔다.

2월 27일. 맑다. 찬 군燦君, 전상기全庠基 군君을 찾어보고 맹주천孟柱天 군君을 찾었다 못 맞나다. 예산禮山 김영기金永起 군君 편지를 보고 답장答狀.

2월 28일. 맑다. 오후午後 정지용鄭芝溶 군君과 가치 박종화朴鐘和 군君을 찾어 더불고 창의문彰義門 밧 현진건玄鎭健 군君을 찾어보다. 그 양계장養鸡场도 구경하고 통음痛飮도 하였다. 오른발목을 삐었다.

3월

3월 1일. 맑다. 이종익李鐘翼 군君이 어제 죽었다고. 심장마비心臟痲痹. 가 보다.

3월 2일. 맑다. 휘문徽文 제15회第十五回 졸업식卒業式. 식후式後엔 교우회校友會 총회總會. 천향원天香園에서 석찬夕餐. 오다 우하又荷를 뵈다.

3월 3일. 비 오다. 학기말시험學期末试驗 시작. 두만강사豆滿江社에 「밤」 1편一篇을 보내다.

3월 4일. 맑다.

3월 5일. 흐리다 밤비.

3월 6일. 비오다. 흐리다.

3월 7일. 맑다. 맹주천孟柱天 군君을 찾어 가치 조용해 군趙龍海君을 찾다. 떡국을 준다. 자꾸 권하는 바람에 좀 과식過食하였다. 수당寿堂(이석현李石峴), 치당耻堂(김연익金然翊)이 오다. 가치 석반夕飯.

3월 8일. 맑다. 김영관金永琯, 김영룡金永龍 군君이 오다. 두만강사豆滿江社에서 감사장感谢狀이 오다. 「송강가사연구松江歌辭研究 기삼其三」 원고原稿의 준을 보았다.

3월 9일. 맑다.

3월 10일. 맑다. 시험試驗은 끝내다. 내 생일生日(정월正月 28일二十八日)이라고 저녁엔 매헌梅軒 형제兄弟와 김병룡金秉龍 군君과 하경덕河敬德 군君을 청淸하여 밥을 먹다.

3월 11일. 맑다. 동희東熙가 이고二高에 가서 수험표受驗票를 가조다.

3월 12일. 흐리다. 성적成績 고사考查. 동희東熙가 이고二高 시험試驗 보았다.

3월 13일. 동희東熙가 또 시험試驗을 보고 신체검사身体检查도 하였다.

3월 14일. 흐리다. 김영기金永起 군君 편지와 시조時調 습작習作이 오다. 평評하여 답장答狀.

3월 15일. 맑다. 동희東熙가 구술시험口述試驗을 보았다.

3월 16일. 맑다. 칩다. 얼었다. 창환昌煥이가 오다.

3월 17일. 맑다. 얼었다. 이고二高는 오전午前 8시八時에 발표發表하였다. 동희東熙는 들지 못하였다. 직원회職員會 — 성적成績 사정査定. 저녁에 찬 군燦君을 가보다.

3월 18일. 맑다. 이병도李丙燾 군君이 오다.

3월 19일. 맑다. 신입학생新入學生 수험표受驗票를 나누어 주다. 동희東熙는 중앙中央, 창환昌煥은 휘문徽文으로 가다.

3월 20일. 맑다. 신입학생新入學生 시험試驗 시작.

3월 21일. 맑다. 학술시험學術試驗은 오늘 끝났다.

3월 22일. 맑다. 신체검사身体検査와 구술시험口述試驗.

3월 23일. 흐리고 바람 불고 밤에 비. 시험試驗은 다 끝났다. 이병우李炳宇 군君을 찾다.

3월 24일. 흐리고 바람 불다. 성적成績 고사考査. 김원식金元植 편지와 시詩를 보다.

3월 25일. 맑다. 바람 불다. 물이 얼었다. 휘문徽文은 오전午前 9시九時 발표發表. 창환昌煥 합격合格. 중앙中央도 오후午後 1시一時 발표發表. 동희東熙 합격合格. 아버지, 작은아버지께 상서上書. 창환昌煥이가 시골을 갔다. 매헌梅軒을 찾어보다. 김주훈金胄勛 군君 편지가 오다.

3월 26일. 맑다. 오른 발목 삔 대를 생지황生地黃을 찧어 부치다. 매헌梅軒, 창해沧海가 오다.

3월 27일. 맑다. 월탄月灘을 가보다. 『진단학보震檀學報』 제7호第七号를 주었다. 원식元植, 김주훈金胄勛, 이상돈李相敦 군君께 답장答狀.

3월 28일. 흐리다 맑었다.

3월 29일. 맑다. 중동학교中東學校에 가서 애류崖溜를 맞나, 무교탕반武桥蕩飯 집에 가 점심点心을 먹고 덕수궁德寿宫으로 들어 돌았다. 박종목朴鐘穆 군君으로 가서 월탄月灘을 맞나 술을 먹고 가치 나서 춘경원春景園에 들었다가 다시 나와 거리에 거닐었다. 달은 어슴푸러하다. 밤은 그리 깊지 않았다.

3월 30일. 맑다. 김혜영金惠英 군君이 찾어보다. 대전여자고보太田女子高普로 취직就職이 되겠다고. 관희觀熙, 창환昌煥이가 오다.

3월 31일. 맑다. 학교에 가다. 직원회職員會. 밤에 비 오다.

4월

4월 1일. 맑다. 오전午前 10시十時 개학식開學式. 사우당四友堂 종손宗孫 준배俊培 군君이 찾어오다.

4월 2일. 맑다. 김원식金元植 편지가 오다. 준배俊培 군君의 아들 종원鍾苑 군君이 찾어오다.

4월 3일. 맑다. 삼월三越 뒤 묘목시장苗木市場에 가서 반엽斑葉 서향瑞香을 사 오다. 낙중洛重 군君이 해주海州를 간다고 떠나다.

4월 4일. 비.

4월 5일. 맑다.

4월 6일. 맑다. 「봄을 읊픈 시가詩歌」로 방송放送. 오후午後 7시七時 반半.

4월 7일. 맑다. 김영기金永起 군君의 원고原稿가 오다.

4월 8일. 맑다. 일원회一円會를 참여參與. 비용費用 독담獨擔.

4월 9일. 맑다. 김영기金永起 군君께 편지.

4월 10일. 맑다. 종로양복점鐘路洋服店 주인主人이 천향원天香園 별장別莊으로 초대招待. 오후午後 3시三時에 가, 8시八時에 돌아오다.

4월 11일. 소낙비. 흐리다. 무덥다. 장명창張命昌 군君이 오다. 차茶 도구道具 한 벌 가지고. 경도京都 대옥덕성大屋德城 노인老人이 고서古書를 보러 성대城大 중길공中吉功 군君과 가치 찾어왔다. 이능화李能和 씨氏의 소개장紹介狀을 가지고. 대옥大屋 노인老人은 대각국사大覺國師에 대하여 연구硏究 중 그 문헌文獻을 얻어보랴 한다. 『천태사교의天台四教儀』와 기타其他 서적書籍을 보여주었다.

4월 12일. 흐리다. 저녁때 비가 좀 오다. 오정午正에 김ㅅ집에 떠났다.

4월 13일. 비. 춘추복春秋服 한 벌을 종로양복점鐘路洋服店에서 지어 오다. 박다색薄茶色 모직毛織.

4월 14일. 비. 폭풍暴風.

4월 15일. 맑다. 김영기金永起 군君 편지가 오다.

4월 16일. 맑다.

4월 17일. 맑다. 오후午後 노량진鷺梁津 유조환柳朝煥 집에 나가다. 조한교원회朝漢教員會. 온 이 8인八人.

4월 18일. 맑다. 오후午後에 김용식金龍植 군君과 광진廣津으로 산보散步 가다.

4월 19일. 맑다. 직원회職員會 — 원족遠足 일자日字, 신체검사身体檢査 일자日字 작정作定.

4월 20일. 흐리다. 김영기金永起 군君 글이 오다.

4월 21일. 비, 개었다. 이태준李泰俊 군君이 소설小說『황진이黃眞伊』를 보아달라고 가조다. 이상준李尙俊 군君이 오다.

4월 22일. 맑다. 야마도식물원植物園에 옥심란玉心蘭, 춘란春蘭 등을 주문註文한다.

4월 23일. 맑다. 방봉랑龐鳳娘이 오다. 이은영李殷永 군君이 오다. 이인영李仁榮 군君이 오다.

4월 24일. 흐리다. 김동수金同洙 군君에게 돈 20원二十円을 보내다. 김영기金永起 군君께 답장答狀.

4월 25일. 맑다.『황진이黃眞伊』를 다 읽어 보았다. 미흡未洽한 곳이 많다.

4월 26일. 맑다. 하 박사河博士 군君을 찾어보다.『황진이黃眞伊』소설小說의 서序를 지었다.

4월 27일. 청晴

4월 28일. 맑다. 우이동牛耳洞 원족遠足. 김병일金秉日 군君을 찾았다.

4월 29일. 맑다. 황금정黃金町 박종목朴鐘穆 군君 집에 가다. 애류崖溜와 빙허憑虛도 맞나다. 휘문徽文학교와 매신每申에서 몇몇이 왔다. 다과상茶果床을 받었다. 또 월탄月灘를 따러 춘경원春景園으로 들어갔다. 음식상飮食床을 불러놓고는 월탄月灘, 향린香隣, 백화白華는 누어 잠이 들고 빙허憑虛와 김현장金顯璋 군君이 취하여 다투었다. 나는 빙허憑虛를 끌고 나왔다. 야조夜照개 와서 갈렀다.

4월 30일. 흐리다. 이태준李泰俊 군君이 오다. 『황진이黃眞伊』 소설小說에 대한 평評을 들려주다. 조선총독부朝鮮總督府 학무국學務局 사회교육과社會教育課 내內 조선교화단체연합회朝鮮教化團體聯合會 부영문일富永文一(학무국장學務局長) 명의名義의 속달速達편지가 오다. 내來 1일一日 조선문예협회朝鮮文藝協會 소회小會에 참석參席해 달라고. 출석出席 결석缺席 여부與否를 알려달라고 엽서葉書도 동봉同封. 결석缺席을 적어 보냈다. 하 박사河博士 군君을 가보다. 매헌梅軒도 가보았다.

5월

5월 1일. 가랑비. 「해동만고가海東萬古歌」를 얻었다. 또 총독부總督府 사회교육과社會教育課 김대우金大羽로서 특급特急 편지가 왔다. 오날 오후午後 2시二時 문예협회文藝協會에 출석出席 여부與否와 회원會員 승낙承諾을 알려 달라고. 결석缺席, 회원會員 부당不當으로 대답. 영기永起 군君 편지가 오다. 밤엔 중앙학교中央學校 숙직실에 가 놀다.

5월 2일. 맑다. 오후午後는 좀 서풍西風. 이병도李丙燾 군君을 찾어보다. 가치 나서 김영완金永完 책사冊肆에 가서 보았다. 김병룡金秉龍 군君을 찾어보다.

5월 3일. 맑고 서풍西風. 김원식金元植 군君편지가 오다.

5월 4일. 맑다. 서풍西風. 이상준李尙俊 군君 따님 해섬海蟾 양孃의 혼례식婚禮式에 참석參席(부민관府民館). 야마도식물원植物園에서 난초蘭草가 오다. 옥玉심은 4조四條에 새 싹이 둘인데 하나는 분질러졌다. 등분登盆.

5월 5일. 맑다. 이태준李泰俊 군君이 오다. 철골소심鐵骨素心, 사란絲蘭 등을 분盆에 심어 주었다. 한남서림翰南書林에서 『진찬의궤進饌儀軌』 7책七冊을 가조다. 저녁에 우하又荷를 가 보다.

5월 6일. 맑다. 서풍西風. 홍순혁洪淳赫, 김영기金永起, 김원식金元植 군君에게 편지하다.

5월 7일. 맑다. 저녁에 산보散步 가다. 동소문東小門 밖으로.

5월 8일. 맑다. 성대城大 문학부文學部 3학년三學年 김사엽金思燁, 오영진吳泳鎭 군君이 찾어왔다. 김金은 송강가사松江歌詞, 오吳는 영남내방가요嶺南内房歌謠에 대하여 졸업논문卒業論文을 써 보겠다고 그 연구 방법硏究方法과 재료 수집材料蒐集 등을 문의問議한다. 약간若干 말도 하여주고 재료材料도 보여 주었다. 유길상柳吉相 군君에게 끌려 용산龍山 동일고무공장東一工場에 가서 주재정朱宰晶 군君을 보다. 김도태金道泰 군君도 동행同行. 가치들 나서 노량진鷺梁津 유조환柳朝煥 집으로 갔다가 도로 나와 어느 음식점飮食店에 들다. 돌아오다 교장校長(이병규李炳奎) 집을 찾었다. 이헌구李憲求, 강정룡姜正龍, 장발張勃 군君은 먼저 와 있다. 소기小碁 날이다.

5월 9일. 맑다. 종일 집에서 정양靜養. 석곡石斛 한 송이가 피었다. 방향芳香.

5월 10일. 맑다. 음陰 4월 1일. 난초 분蘭草盆들을 한데로 내 놓았다.

5월 11일. 맑다. 종로청년회관鐘路靑年會館에 가다. 농구籠球 감독監督.

5월 12일. 맑다. 김사엽金思燁, 오영진吳泳鎭 군君이 오다.

5월 13일. 맑다. 부민관府民館에 가서 영화映画를 보다. 일본日本 6열사六烈士의 것. 눈이 아프다.

5월 14일. 맑다.

5월 15일. 비가 오다. 직원회職員會. 우하又荷를 가보다. 김사엽金思燁, 오영진吳永鎭 군君이 오다. 송강가사松江歌词 기타其他 장가長歌 등을 벗겨 갔다.

5월 16일. 맑다. 한징韓澄 한충韓冲 양군兩君을 더불고 산보散步. 노인정老人亭, 남산南山, 신정태神井台를 돌아 남대문南大門 옆으로 들다. 산수루山水楼에서 냉면冷麵으로 점심点心.

5월 17일. 흐리다. 밤에는 비가 많이 오다. 부민관府民館에서 조선민속학회朝鮮民俗學會 주최主催 제1회第一回 조선朝鮮 향토무용鄉土舞踊 민요대회民謠大會가 오후午後 3시三時부터 있다. 송석하宋錫夏 군君의 전화電話를 받고 장발張勃 군君과 함께 가보았다. 서무序舞, 팔목무八目舞, 노장무老丈舞, 혜상鞋商 급及 원猿, 취발무醉發舞, 사자무獅子舞, 양반무兩班舞, 거사居士 사당무社黨舞, 옹구무翁嫗舞, 남강노인南江老人의 순서順序로 하는 것인데, 그중 서무序舞(사상좌무四上佐舞), 팔목무八目舞, 노장무老丈舞, 취발무醉發舞, 사자무獅子舞, 양반무兩班舞만 하였다. 사상좌무四上佐舞, 노장무老丈舞가 가장 좋게 보인다. 5시五時 반半 쯤 하여 끝났다. 낙중洛重 군君이 오다. 김치당金耻堂이 오다. 치당耻

堂은 환약 육십 개六十介를 맡긴다. 누가 팔어달라는 것이다.

5월 18일. 맑다. 중간고사中間考查 시始. 오후午後 1시一時 15분十五分「하운夏雲과 시가詩歌」방송放送. 빙모聘母가 오시다.

5월 19일. 흐리다. 밤에 큰 비가 오다. 중앙中央 휘문徽文 직원 축구職員蹴球를 보고 함께 석반夕飯.

5월 20일. 맑다. 김원식金元植 군君편지를 보다. 병륙秉陸이에게 편지하다.

5월 21일. 맑다. 서풍西風. 김영완金永完을 찾다. 한남서림翰南書林에 들다.

5월 22일. 맑다. 고사考查 종終.『농가집성農家集成』을 수보修補하다.

5월 23일. 맑다. 애류崖溜를 가보다.『한경지략漢京識畧』전全 2책二册을 얻었다.

5월 24일. 맑다.

5월 25일. 맑다. 매헌梅軒이 오다.

5월 26일. 맑다. 음陰 4월四月 17일十七日. 아버님 칠순七旬 생신生辰. 오실 줄로 믿었는데 안 오신다.

5월 27일. 맑다. 김영기金永起 군君 편지가 오다.

5월 28일. 아츰에 비가 좀 오고 오후午後엔 맑다. 우하又荷를 가 보다. 처형妻兄이 왔다. 사백여 리를 걸었단다.

5월 29일. 맑다. 인목왕후仁穆王后 필적筆蹟 1첩一帖을 사다. 또 동판銅板을 맨들다. 김영기金永起, 김원식金元植, 황병인黃炳仁 군君에게 편지를 하다.

5월 30일. 맑다. 제14회第十四回 육상운동대회陸上運動大會. 명월관明月館 본점本店서 석반夕飯.

5월 31일. 맑다. 이병도李丙燾 군君을 가보고 가치 나서 종로鐘路 한청식당韓青食堂에서 점심点心. 종로금조鍾路金組에서 50원五十円을 찾다. 40원四十円은 인목왕후仁穆王后 필적筆蹟 값을 주다. 화동花洞 조선어학회朝鮮語學會에 가보다. 이중화李重華 군君을 맞나다. 함께 집으로 와서 저녁을 먹었다.

6월

6월 1일. 맑다.

6월 2일. 맑다. 내일來日부터 해정解停되었다고 『동아일보東亞日報』 호외號外가 돌고, 석간夕刊이 오다. 처형妻兄이 가다. 수련睡蓮 한 뿌리를 사다 심었다.

6월 3일. 맑다.

6월 4일. 맑다. 한남서림翰南書林에 가보다. 『백련초해百聯抄解』, 『한사열전초漢史列傳抄』 토 단 것, 『국조고사國朝故事』 등을 사다.

6월 5일. 흐리다. 비가 좀 오다 말었다. 명치좌明治座에 가다. 생도生徒를 취체取締하라는 교명校命이다. 「결혼극장结婚劇場」, 「성聖 베도벤」 등을 보았다. 「월광곡月光曲」을 연주演奏할 제는 몹시 황홀恍惚한 쾌감快感이 난다. 악성樂聖의 분방奔放, 비애悲哀로운 생활生活이 예술가藝術家의 대표代表한 기질氣質같이 보인다. 이상돈李相敦 군君의 편지를 보고 답장答狀. 방봉랑龐凤娘 군君이 저녁에 찾어왔다.

6월 6일. 흐리다. 광동서관光東書館에 가 한석봉韓石峯 서書 『천자문千字文』을 보다. 고어古語가 꽤 많다. '동同: 오히 동', '부夫: 짓아비 부'라 하는 따위는 별격別格이다. 서안西安 조용원趙鏞元 군君께 편지.

6월 7일. 흐리다. 용원鏞元 군君에게『진단학보震檀學報』제7호第七号를 보내주다. 한남서림翰南書林에 가다. 고판본古板本『대학주자혹문大學朱子或問』을 보다. 신안新安 예사의倪士毅라고. 이는 원元 진력陈櫟(연우시 인延祐時人)의 문인門人. 원판본元板本인 듯하나 조선지朝鮮紙에 박힌 것이 의문疑問. 자체字体는 송말 원초宋末元初에 유행流行하든 한층 더 원미圓味가 있고 행수行數 자수字數를 조밀稠密케 하고 소자형小字形인 그것. 또 이상한 것은 좌左편 모서리에 나비표가 없고 주위周圍 모서리 녹綠과 같이 굵게 한 것이다. 이는 북송판본北宋板本에 있는 것과도 같다. 요要컨대 이 책册은 원본元本을 복각覆刻한 판본板本인 듯싶다.

6월 8일. 흐리다. 오후午後 1시一時엔 가내다인加奈多人이, 시세니가의 금주금연禁酒禁烟 강연講演이 있었다. 성대城大 법문부法文部에 가서 장지태張之兌 군君을 맞나보다. 여러 가지 책册도 보고 이인영李仁栄, 김사엽金思燁, 오영진吳泳鎭 군君도 보다. 인영仁栄 군君과 가치 비를 맞고 빠스를 타고 휘문학교徽文學校에 와서 우산雨傘을 얻어 가지고 한남서림翰南書林에 가다. 인영仁栄 군君은『동국사략東國史略』(권근權近 저著) 낙질落帙 2책二册을 사고 나는『죽란물명고竹欄物名考』,『분원사기보초分院砂器報草』와『대학주자혹문大學朱子或問』을 가조다. 15원十五円에 처맡긴다. 인영仁栄과 가치 집으로 오다. 고서古書들을 보이고 석반夕飯.『한경지략漢京識略』저자著者 수헌거사樹軒居士를 알었다. 송신용宋申用 군君은 수헌거사樹軒居士를 이병정李秉鼎의 아들 이조묵李祖默이라고 하였으나, 타당妥當치 않다. 그 칭호稱號나 연대年代나 사실事實이『한경지략漢京識略』중에 간간間間 저자著者의 선군先君

의 지은 시詩가 나오는데, 「양화도楊花渡」 2절구二絶句가 『한객건연집韓客巾衍集』 권2卷二에 있는 것이고, 또 정조 조正祖朝 시時에 교서관동校書館洞에서 살았으므로 그 당호堂號를 고운古芸이라 하였다 함을 보아 유득공柳得恭의 아들임을 알았다. 비는 저녁에 개었다.

6월 9일. 맑다. 혹 빗방울이 뚝뚝 떨어지다 만다. 큰 분盆 건란建蘭이 한 줄기에 두 송이 피었다(통 여섯 송이). 방향芳香이 움직인다.

6월 10일. 맑다. 신흥사新興寺에 가다. 진단학회震檀學會 총회總會 겸 조윤제趙潤濟 군君의 『조선시가사강朝鮮詩歌史綱』, 최현배崔鉉培 군君의 『우리말본』 출판出版 축하회祝賀會가 있다. 십여 명 출석出席. 나도 그 위원委員으로 인임因任. 석반夕飯. 돌아오다가 음벽정飮碧亭으로 들다. 새로 두시 반半 자동차自動車로 오다.

6월 11일. 맑다.

6월 12일. 맑다. 우하又荷를 가 뵈다. 윤병섭尹丙燮 군君과 가치 김영완金永完의 새로 산 집을 가보다. 『사략언해史略諺解』 두 권卷을 가조다. 조용원趙鏞元 군君에게 『진단震檀』 7호七号 보내다.

6월 13일. 맑다. 또 우하又荷를 가보다. 김원식金元植 군君편지가 오다.

6월 14일. 맑다. 한남서림翰南書林에 가보다. 중앙서관中央書館에 들어 신명균申明均 군君을 보다. 『석보상절釋譜詳節』 13十三, 19十九 두 권卷을 빌어오다. 원본原本이다. 불전佛專 강전岡田이 황해도黃海道 어느 절에서 그냥 얻었다는 것이다.

6월 15일. 맑다. 성북정城北町 김진산金珍山 경중暻中 씨氏를 찾아보다. 마침 혼자 앉었다 반가워한다. 그 편찬編纂한 『조선사朝鮮史』 한 질帙을 달라고 하였다. 응낙應諾을 받었다. 그 옆의 방房에서 한 육십 되는 험상스러운 이 하나를 불러내더니 인사 시긴다. 김문金門의 대제학

大提學 격格인 고창高敞 사는 김노수金魯洙라 한다. 더불어 말해 보니 순박淳朴한 한 학자學者이다. 자못 정이 든다. 그러자 밥상床이 나오고 청요리淸料理가 나온다. 술을 손수 그 골방에서 딸어 내온다. 술은 나 혼자만 먹을 줄 안다. 싫다고 해도 자꾸 딸어 내온다. 나종엔 하얀 술을 준다. 꽤 취한다. 노수魯洙의 손을 잡고 동구洞口까지 나오다. 이병도李丙燾 군君을 찾어 그 방에서 쓸어져 버렸다. "가람." 부르는 소리에 깨어 보니 열시 반. 동소문東小門 안에 와서 버스 타고 종로鐘路로 돌아왔다. 매헌梅軒이 오다.

6월 16일. 맑다. 『삼강행실三綱行實』, 『이륜행실二倫行實』을 사다. 25원二十五円.

6월 17일. 맑다. 이병도李丙燾 군君에게 백학白鶴 두 병을 보내다. 오는 19일十九日 그 큰아들 혼인婚姻. 김원식金元植 군君에게 편지. 이제태李濟泰 군君이 찾어오다. 그 여관旅館까지 가 보았다.

6월 18일. 맑다. 덥다. 직원회職員會 세 시간. 월탄月灘이 전화電話로 오라고 하였으나 못 갔다.

6월 19일. 맑다. 오후午後 3시三時 재동공보齋洞公普에 가서 박두승朴斗勝, 김진용金瑨鎔 군君을 맞나고 나서 또 김수현金守鉉, 황서훈黃瑞勳 군君을 맞나, 청량리淸凉里 청량관淸凉館으로 가다. 사범師範학교 동창회同窓會. 서울 있는 이가 오십여 명 되는 데 이십오 명이 모였다. 각기各其 경력經歷을 말하고 석반夕飯 뒤에 헤졌다. 11시十一時 나 되었다.

6월 20일. 맑다. 흐리다. 천동天動소리도 난다. 이병도李丙燾 군君이 오다. 매헌梅軒이 오다. 병도丙燾 군君 집에 가서 잔칫상을 받었다. 동희東熙, 관희觀熙를 보내여 김진산金珍山 집에서 『조선사朝鮮史』 1질壹帙을 가조다.

6월 21일. 소낙비가 좀 지냈다. 김영기金永起 군君 편지 보고 답장答狀. 김영완金永完 보고 한남서림翰南書林도 가보다.

6월 22일. 소낙비. 한남서림翰南書林에 가다. 『협주명현십초시夾註名賢十抄詩』 3권三卷 1질壹帙을 사다. 9원九円. 김원식金元植 군君 편지 보다.

6월 23일. 소낙비. 오후午後 6시六時 훈련원训练院 택전澤田 사까스단團을 구경하다. 생도生徒 수백 명 인솔引率. 11시十一時에 돌아오다.

6월 24일. 흐리다 맑다. 정무경鄭戊庚 군君이 그 조고祖考 유고遺稿를 가지고 찾어왔다. 송신용宋申用 군君이 오다. 광동서관光東書館을 가보다. 주인主人은 길에 100원百円을 유실遺失코 정황情況이 없다.

6월 25일. 흐리다. 오전午前 7시七時 반半 홍제원弘濟院에 이르다. 3학년三學年 생도生徒 일동一同 대합待合. 녹반綠礬이고개 구舊파발로 하여 1시一時 20분二十分 동안을 걸어 진관사津寬寺 도착到着. 점심点心. 정오正午 출발出發. 그 뒤 계곡溪谷으로 들다. 가믈어 물이 적다. 시냇바닥으로 긔어올라 재를 넘다. 승가사僧伽寺 영천靈泉에는 문門을 해달고 잠을쇠를 채었다. 겨우 몇 방울 새어나는 물을 홈으로 이어 석조石槽에 받는다. 우리 일행이 한 번씩 마시어 다 말려 버렸다. 판두방에는 두어 선객禅客이 조을고 앉었다. 세검정洗劍亭에 나려와 해산解散. 한모별장韓某別莊에서 앵도를 사 먹고 6시六時나 하여 돌아오다.

6월 26일. 비가 온다. 이상돈李相敦 군君 편지가 오다.

6월 27일. 흐리다. 무덥다. 학교學校 당직當直. 오후午後 네 시에 김건영金健榮 군君에게 대신 시기고 나는 광동서관光東書館을 가보다. 익선정益善町 김영완金永完 집으로 가, 창덕궁昌德宮에서 경매競賣한 지물

紙物을 보고, 청淸, 자紫, 황黃 장지壯紙 몇 장을 사고 『임연당집臨淵堂集』, 『하원시초夏園詩抄』를 사고 술도 먹고 하였다. 밤에 비 오다.

6월 28일. 비 오다. 종일終日 비. 조 형趙兄 편지가 오다.

6월 29일. 비 오다. 오후午後엔 개었다.

6월 30일. 흐리다. 김영기金永起 군君 편지 보다. 송신용宋申用 군君이 오다.

7월

7월 1일. 맑다. 조석朝夕은 서늘타. 시간 단축短縮 40분四十分. 김영기金永起, 이상돈李相敦 군君께 답장答狀.

7월 2일. 맑다. 직원회職員會 — 조행사정操行査定. 다섯 시간時間은 걸렸다. 홍순혁洪淳赫 군君의 편지가 오다.

7월 3일. 흐리다. 밤에 폭우暴雨가 오다. 한남서림翰南書林에 가보다. 이병도李丙燾 군君을 맞나다. 한공석韓公錫을 찾고 이중화李重華 군君 찾었으나 다 못 보았다.

7월 4일. 비 개고 흐렸다. 매헌梅軒을 가 보다. 모파상의 단편소설短篇小說을 읽었다. 퍽 자미滋味스럽다. 이발理髮.

7월 5일. 흐리다 맑다. 한남서림翰南書林과 광동서관光東書館을 가보다. 하경덕河敬德 군君을 보다.

7월 6일. 흐리다. 좀 서풍西風. 오후午後 8시八時 부터 30분三十分 동안 「칠석七夕과 전설傳說」 방송放送. 환수煥洙와 신 군辛君과 용익容益이가 왔다. 고사考査 시始. 김원식金元植 편지가 오다.

7월 7일. 비가 부실부실 오더니 저녁때부터는 차차 돋구어 밤에는 폭우暴雨로 쏟아진다. 간간間間 잠을 깨었다. 앞뜰에 있는 자박이를 뒤뜰에 옮겨놓고 낙수落水물을 받었다. 난초蘭草를 주려고. 난초蘭草는 가장 빗물을 좋아한다. 다시 두러누어 수선스러운 꿈만 꾸었다.

7월 8일. 비는 개고 안개 끼고 구름은 잔뜩 흐렸다. 바람 소리도 없다. 시험試驗 감독監督하러 교실教室에 들어가니 졸음이 온다. 머리는 어리뜩하고 눈뚜껑이 무거워진다. 네 시간을 마치고 집에 돌아오다. 조운曺雲 군君의 편지가 와 놓였다. 시조時調 습작習作하는 이가 많다고. 이번 휴가休暇에 와달라고 하였다. 우하又荷를 가보다. 국수國手 노사초盧史楚와 바독을 둔다. 기우는 해는 담 머리로 비껴든다. 퍽 고요하다. 박독 떨어지는 소리나 이따금 날 뿐이다. 그 남쪽 기둥에 부친 추사秋史가 쓴 주련柱联의 '好是日斜風定後'[1] 그대로다.

7월 9일. 종일終日 꾸므럭하다. 조선일보사朝鮮日報社 학예부學艺部에서 수필隨筆을 써 달라고 편지를 하였다. 한남서림翰南書林에 가보다. 『역대총목歷代總目』 중국中國ㅅ것, 조선朝鮮ㅅ것을 가조다. 최현배崔鉉培 군君이 오다. 2학기 간二學期間 1주一周 한 번씩 연전延專에 와서 조선문학朝鮮文學 강연講演을 해 달라고 한다. 고서古書도 내보이고 어학語學에 대한 이야기도 하였다. 『사성통해四聲通解』를 빌려주었다.

7월 10일. 흐리다 비 오다. 송신용宋申用 군君이 『악부樂府』 두 권卷을 가조다. 값은 400원四百円. 이 책冊은 고故 이용기李用基(호號 위관韋觀) 수집蒐集. 분량分量은 꽤 많다. 가사歌詞, 잡가雜歌, 패설稗說 등을 초록抄錄하여 두덕두덕 부쳐 놓은 것이다. 다년多年 노력努力한 것이다. 그

1 "해 지고 바람 잔 뒤에 더욱 좋으니"

러나 천착舛錯, 오락誤落이 많다. 내게는 다 있는 노래다. 그중 「부상인사負商人事」, 「봉적촌奉適寸 소리」, 「떴다보」, 「기생오입격식妓生誤入格式」 등만 초抄하였다. 이 책冊은 몇 해 전(위관韋觀 생존生存한 때), 노산鷺山 이은상李殷相 군君이 20원二十円인가 쳐 사간 것이다. 그러고 조선朝鮮 종래從來의 노래는 자기自己가 죄다 모인 양으로 말하며 단이고 그 연구硏究도 유달리 하는 양하였다. 지금 와서 어찌 그런 책冊을 팔랴고 내놓았는지 모르겠다.

7월 11일. 비 오다 그치고 저녁때 좀 볕이 났다. 「유행流行하는 여름 취미趣味 — 벳장이」라는 제목題目으로 산문散文을 지어 조선일보사朝鮮日報社 학예부學藝部에 보내주다. 홍순혁洪淳赫, 김원식金元植 군君께 답장答狀.

7월 12일. 맑다. 고사考査 종終.

7월 13일. 흐리다 맑다.

7월 14일. 뇌성雷聲, 벽력霹靂, 취우驟雨. 이상돈李相敦 군君 편지가 오다.

7월 15일. 맑다. 건란建蘭 화경花莖이 세 줄기 나왔다. 한 줄기엔 꽃봉지가 벌어지기 시작.

7월 16일. 맑다. 방학放學. 일중사변日中事変에 기차汽車가 분비겠다고 미리 학생學生들을 보내자는 것이다.

7월 17일. 맑다 흐리다. 동희東熙, 관희觀熙, 창환昌煥, 빙모聘母가 시골을 갔다. 오후午後 사정회査定會. 정지용鄭芝溶 군君과 같이 월탄月灘 박종화朴鍾和 군君을 찾다. 이승만李承萬, 이용우李用雨, 양건식梁建植 군君도 오다. 술을 준다. 시시한 말말끝에 지용芝溶 군君이 승만承萬 군君과 싸운다. 말렸다. 또 종화鍾和 군君과 싸운다. 말렸다. 지용芝溶 군

君을 돌려보냈다. 다시 맥주麥酒를 거울르고 파하였다. 벌서 자정子正.

7월 18일. 비. 조 형趙兄, 조운曺雲 군君, 김영기金永起 군君에게 회답回答. 밤엔 폭우暴雨. 장둑대 함석 뚜껑 낙수落水물 소리에 잠을 이루지 못하였다.

7월 19일. 비. 밤엔 폭우暴雨. 매헌梅軒을 가보다. 종로양복점鐘路洋服店에 가서 하복夏服 한 벌을 마추다. 준배俊培 군君이 명함名啣을 두고 갔다. 낙중洛重 군君이 오다.

7월 20일. 비 개고 맑다. 매헌梅軒을 가보다. 이병도李丙燾 군君을 가보다. 준배俊培 군君이 오다.

7월 21일. 비 개고 맑었다. 종로금융조합소鐘路金融組合所, 화신상회和信商會를 가다. 학교學校에 가보다. 저녁때 종로양복점鐘路洋服店에 가다. 오늘이 한限인데 아니 가좀으로 독촉督促하러 갔다. 한 30분三十分 기다려 이 사람 저 사람이 서로 밀우고 혹은 아즉 아니 지었느니 하다가 누가 어느 구석에서 찾어낸다. 고깃고깃하고 때가 다닥다닥 묻었다. 그런 걸 싸준다. 화가 난다. 말을 하려다 말었다. 돌아섰다. 몇 걸음 옴기니 뒤에서 누가 부른다. 웨 부르나 하고 돌아서 보니 나의 손에는 내 양산洋傘과 다른 양산洋傘ㅅ대가 잡혔다. 깜짝 놀랬다. 그 양산洋傘은 그 주인主人에게 돌렸다. 그는 낮은 말을 한다. 나는 "내 양산洋傘으로 믿고 언겁결에 가지고 나왔소." 하고 사과謝過를 하였다.

매헌梅軒이 오다. 가치 석반夕飯. 『월인석보月印釋譜』 제13권第十三卷을 벗겨가지고 온 것이다. 15원十五円을 주고 또 한 권卷을 부탁하였다. 신명균申明均 군君이 중앙서관中央書館에서 그동안 출판出版된 『조선서류朝鮮書類』 4권四卷을 보냈다. 고창高敞 김노수金魯洙 씨氏에게 『진단학보震檀學報』 제4호第四号를 보내고 엽서葉書를 하였다. 『백련초

해百联抄解』를 보내달라고. 이상돈李相敦 군君에게 답장答状.

7월 22일. 맑다. 오전午前 7시七時 50분五十分 경성역京城驛을 떠나다. 한희漢熙, 경희京熙를 다리고. 종희宗熙는 역驛에까지 나왔다. 오후午後 2시二時 강경江景 착着. 여산礪山 자동차自动車 사고事故 불통不通. 세 시간時間을 기다려 이리裡里로 돌아, 빠스 타고 7시七時 신막新幕 착着. 집에 드니 저물었다. 농사農事는 풍작豊作. 근년近年 처음이라 한다.

7월 23일. 쾌청快晴. 중부모仲父母를 가 뵈다. 승운정勝雲亭에 앉어 꾀꼬리 소리를 들었다. "手中無展一書讀 終日兀然坐小亭"[2]의 구句를 얻다.

7월 24일. 새벽에 비가 좀 오고 맑다. 오전午前 8시八時 반半 신막新幕서 떠나 이리裡里에 이르니 아즉도 한 시간은 남었다. 책사册肆를 찾어 소책자小册子 두엇을 사다. 11시 32분 발發 장성 행長城行. 오후午後 2시二時 40분四十分 빠스로 영광靈光를 가니 4시四時 20분二十分. 홍교반虹橋畔 조운曺雲 군君 집으로 들다. 운 군雲君과 그 가인家人들이 반긴다. 해인海人(위계후魏啓厚)이 오고 여러 청년靑年들이 오다.

7월 25일. 맑다. 해인海人과 몇 청년靑年이 오다. 몹시 덥다. 『하루쓰기행紀行』을 읽다.

7월 26일. 음량陰凉. 조희성曺喜成 군君 방문访問. 점심点心. 오후午後 4시四時 홍교반사虹橋畔舍로 돌아오다. 문학청년文學靑年 5, 6五六 인人이 모였다. 조선문학朝鮮文學 경개梗槪를 말하다. 밤에는 시조강화時

---

2 "손에 읽을 책 한 권 없으니,
종일 우두커니 작은 정자에 앉았네."

調講話 — 그 작법作法. 남녀男女 아동兒童 6, 7六七 인人이 와 이야기 해 달라고. 밤 비.

7월 27일. 흐리다 맑다. 조병모曺秉謨 군君 방문訪問, 점심点心. 밤에 시조강화時調講話 — 그 감상鑑賞. 청년 남녀青年男女 7, 8七八 인人이 오다.

7월 28일. 맑다 흐리다. 기정畸丁(조운曺雲), 해인海人과 함께 자동차自動車로 선돌까지 가서 걸어 저수지貯水池를 돌아 불갑사佛甲寺에 이르다. 도동道東(조희충曺喜忠), 영광 군수靈光郡守 조병연曺秉然 군君을 불이문不二門 안 선실禪室에서 맞나다. 반가워한다. 병연秉然 군君은 수십 년 전 일면지교一面之交가 있다 한다. 당뇨병糖尿病 치료 중治療中. 또 조희성曺喜成 군君이 도마도와 닭과 찬饌 등을 많이 가지고 왔다. 전前 주지住持 설호雪醐와 현現 주지住持 설제雪醍 안정연安凈演도 보다. 설호雪醐를 다리고 뒷산山에 올라 난초蘭草를 캐다. 숲속 시내에 가 목욕沐浴.

7월 29일. 소우小雨. 뒷산山 중턱에 있는 전일암餞日菴을 올라보다. 안계眼界가 꽤 좋다. 봉峯들이 둘러있고 서북西北으론 터져 칠산도七山島가 보인다. 주지住持 안동파安東坡는 웃통을 벗고 있다가 다시 옷을 입고 나온다. 한 칠십 되었으나 퍽 정정하다. 묻지도 않은 절의 위치位置를 설명說明한다. — 불갑사佛甲寺는 복서형伏鼠形, 전일암餞日菴은 연소형燕巢形이라 하고 유창流暢하게 떠들어댄다. 잠간暫間 앉었다가 나려오다. 목욕沐浴. 딸기물을 먹다.

7월 30일. 소낙비. 두어 시간이나 오다. "急雨捎溪足"[3] 고대로다. 목

3 "소나기가 시냇물을 스쳐 지나가네." 두보(杜甫)의 절구(絶句)시의 한 구절.

욕沐浴. 연일连日 닭을 삶었으나 맛이 적다. 닭도 삶을 줄을 모른다. 주지住持가 소주燒酒를 내어 거울러준다. 소주燒酒는 보통 매주賣酒가 아니다. 옛날 그 맛이 있다.

7월 31일. 맑다. 목욕沐浴. 불갑사佛甲寺에 온 뒤로는 더운 줄을 모르겠다. 숲이 깊어 서늘하다. 새소리, 버레 소리가 많다. 설호雪醐의 말에는 맴이만도 여달 가지가 있고 새 종류種類는 사오십 종種 된다고. 그 이름들을 별지別紙에 적어보았다. 그리고 초본草本도 별별別別 것이 많은 모양. 박물 채취博物採取에도 가장 적지適地다. 오후午後 여섯 시 영광靈光 읍내邑內로 돌아오다. 기정畸丁, 해인海人, 병연秉然, 도동道東과 함께.

8월

8월 1일. 맑다. 바람이 분다. 운 군雲君의 말은 은선암隱仙庵, 금정암金井庵까지 보라 하나 불갑사佛甲寺에서 일정日程이 늦었고 또는 폐를 넘우 끼치게 되어 나는 중지中止하였다. 오전午前 8시八時 반半 떠나 장성역長城驛에 이르다. 목포木浦 분대장分隊長 모某가 중국中國에 출전出戰하러 간다고 송별送別하는 축이 많이 나왔다. 역驛마다 그 모양이다. 신태인新泰仁 와서 빠스로 부안 관사扶安官舍 도착到着. 누님과 사장査丈과 조 형趙兄을 보다. 병국炳國의 안해와 아들도 보다.

8월 2일. 소낙비. 뇌성벽력雷声霹雳. 양철洋鐵집 관사官舍에서 만일 이런 비라도 지나지 않았드라면 그 무서운 더위에 떠죽었을는지 모르겠다. 찬 우물을 길어다 붓고 목욕탕沐浴湯에 들어 앉어 겨우 그 번열

烦熱을 진정하든 것이다. 그래도 비대肥大한 사장査丈 어른은 잘 견대시는 모양이다. 월호정月湖亭 차운次韻을 해달라고 하여 고열苦熱에 고음苦吟까지 하였다. 상상想像만 하여 지어 놓고 내가 나를 웃었다. 항다반恒茶飯의 한시체漢詩體. 새 맛을 내기는 쉬운 일이 아니다. 또한 새 맛을 낼 필요必要가 없다. 그러쿠 그러한 수작이다.

8월 3일. 맑다. 8시八時 버스로 김제역金堤驛, 기동차汽動車로 이리裡里 또 뻐스로 신막新幕에 오다. 난초蘭草를 분종分種. 대부大父댁에 석식夕食.

8월 4일. 맑다. 북당폭포北堂瀑布 목욕沐浴. 고조고高祖考 기제忌祭 참배参拜. 진천제사进遷祭祀로 종조부從祖父 댁에서 지낼 터인데 형편形便이 못되어 아버지께서 대신함이다.

8월 5일. 맑다. 대부大父와 함께 나서, 기촌리箕村里(소룡리巢龍里)를 가다. 외당숙外堂叔을 찾어보고 외종조모外從祖母 영연靈筵 일곡一哭을 하고 점심点心 먹고 범어리(호명동虎鳴洞) 고개 넘어, 고산高山 거리에서 막걸리 두어 잔 하고 너더리내에 목욕沐浴하고 저녁때 화평花坪에 이르다. 유 형柳兄, 맹석孟錫 형제兄弟, 창석昌錫, 증석增錫 군君 등을 맞나보다. 유 형柳兄 댁에서 자다.

8월 6일. 맑다. 창석 군昌錫君 자당慈堂을 보고 맥주麥酒를 먹고 떠나, 선동리仙童里에 이르러 윤사중尹士重 군君을 보고 점심点心, 모정茅亭에서 야담野谈하고 대치大峙재 넘고 문드러미재 넘어 저물어 오다.

8월 7일. 맑다 흐리다 밤엔 비. 할머님 기고忌故 참사叅祀

8월 8일.(입추立秋) 소낙비. 오후午後 8시八時 반半. 동희東熙, 한희漢熙, 경희京熙를 다리고 떠나 논산論山까지 자동차自动車로 오고 오후午後 차車로 대전太田 와서 두어 시간 기다려 연착延着된 봉천 행奉天行

열차列車로 경성京城에 오다. 오후午後 8시八時. 처妻와 종희宗熙가 나왔다. 계동桂洞에 드니 소낙이 쏟아진다.

8월 9일. 소낙비. 아츰에 일어나며 난초蘭草를 심었다.

8월 10일. 소나기가 간간間間 오다. 오장환吳章煥 군君이 제 시집詩集 『성벽城壁』을 가지고 와 본다.

8월 11일. 소낙비. 학교學校에 가보다. 귀향歸鄕한 학생學生들에게 기차汽車 시간을 알리는 편지를 쓰다.

8월 12일. 소낙비

8월 13일. 맑다. 이병도李丙燾 군君이 오다. 하경덕河敬德 군君을 찾어보다.

8월 14일. 맑다. 한남서림翰南書林, 매헌梅軒, 호암湖岩(문일평文一平), 장지영張志暎, 정지용鄭芝溶 군君을 찾다. 정鄭은 못 맞나고 장張에게서는 저녁을 먹다. 조병국趙炳國이가 오다. 이재규李在珪 군君은 명함名啣을 두고 갔다.

8월 15일. 맑다. 처妻는 서증暑症 겸 요도불리尿道不利, 경희京熙는 배가 부르고 음식飮食을 못 먹고 다리가 아프고 아무 긔운이 없다. 이 병은 시골서부터 있었다 한다. 홍제의원洪濟醫院의 약藥을 그간間 연일連日 썼으나 효력效力이 없다. 영광靈光 조병연曺秉然 군君에게 얻어 들은 위장약胃腸藥 — 현초玄草, 초결명자草決明子를 다려 쓰다.

8월 16일. 맑다. 성모병원聖母病院에 가서 정지용鄭芝溶 군君과 홍명희洪命憙 군君을 보다. 정鄭은 그 세 아들이 다 적리병赤痢病으로 경과經過가 퍽 좋고, 홍洪은 그 부인夫人의 병이 낫어간다 하며 문학文學 이야기를 임리淋漓하게 이어 한 시간이나 넘도록 떠나지를 못하게 한다. 박종화朴鍾和 군君을 그 형兄의 집으로 찾어보고 서퇴暑退한 뒤 함께 매신每申으로 가서 이승만李承萬 군君을 보고 작반作伴하여 봉래정蓬莱町 월탄月灘집으로 갔다. 술을 먹다 오후午後 10시十時에 돌아오다.

8월 17일. 맑다. 이상돈李相敦 군君이 오다. 유숙留宿케 하다. 신명균申明均 군君을 가보고 『월인석보月印釋譜』 제13第十三 제19第十九의 두 책자册子를 돌려주었다. 이병우李炳宇 군君을 보다. 처妻와 경희京熙는 병病이 낫었다.

8월 18일. 맑다. 하경덕河敬德 군君을 보다. 무척 덥다. 관희觀熙, 창환昌煥이가 왔다. 밤에도 퍽 무덥다. 바람은 한 점도 없고 온몸이 끈적끈적하다. 뒷마루에 누웠었다. 머리맡의 옥잠화玉簪花 향긔가 코를 가끔 쏜다. 마치 애틋한 애인愛人이나 옆에 있는 것 같다.

8월 19일. 맑다. 무덥다. 문일평文一平 군君이 오다. 가치 이병도李丙燾 군君을 가 보다.

8월 20일. 맑다 흐리다 비도 좀 뿌리다 만다. 퍽 무덥다.

8월 21일. 맑다. 학교學校에 가다. 오후午後 10시十時 개학식開學式. 김영기金永起 군君 편지가 오다.

8월 22일. 맑다. 매헌梅軒과 애류崖溜를 찾어 더불고 동소문東小門 밖으로 나서 탑골 승방僧房에 가다. 점심点心을 시켜 먹고 놀았다.

8월 23일. 맑다 흐리다 비도 좀 오다. 제주濟州 양치종梁致鍾 군君이 해란海蘭 한 분盆을 가지고 왔다. 맥문동麥門冬과 같다. 다만 꽃은 희다. 백합과百合科 식물植物이다.

8월 24일. 소우小雨. 십육나한十六羅漢 화경花莖 한 대가 솟는다.

8월 25일. 소우小雨. 건란建蘭 적분赤盆에는 화경花莖 여섯 대, 흑분黑盆에선 세 대가 솟는다.

8월 26일. 간간間間 소낙비. 김영기金永起, 김원식金元植 군君에게 답장答狀.

8월 27일. 비가 많이 오다. 저녁에는 꽤 서늘하다. 하경덕河敬德 군君이 오다.

8월 28일. 흐리다 맑다. 저녁에 비. 한남서림翰南書林을 가보다.

8월 29일. 비오다 개고 맑었다. 하경덕河敬德 군君과 가치 창의문彰義門 밖을 나가 현진건玄鎭健 군君을 찾다. 하태홍河泰興 군君은 먼저 와 기다린다. 그 양계養鷄하는 법을 듣고 그 양계養鷄의 상황狀況을 보고 돌아오다 태홍泰興 군君의 집으로 들어가 점심点心을 먹다. 매헌梅軒이 저녁에 놀러왔다.

8월 30일. 맑다. 「매암이를 읊픈 첫 가을 시가詩歌」로 오후午後 8시八時 — 30분三十分 방송放送.

8월 31일. 맑다.

9월

9월 1일. 맑다 흐리다. 수도水道, 부엌을 수선修繕.

9월 2일. 아츰에 비 오다 개었다. 중국中國 관화官話 청강聽講을 시작하다. 강사講師는 이규봉李奎鳳. 집웅의 새는 대를 고쳤다.

9월 3일. 맑다. 건란建蘭 꽂봉지에 개미가 모여들어 그 노주露珠를 빨어먹고 화경花梗을 끊고 꽂봉지를 갉어먹고 또 화경花梗도 갉어먹었다. 넓은 사기砂器에 물을 담고 건란 분建蘭盆을 바쳐놓았다.

9월 4일. 흐리다. 월탄月灘을 찾어보다. 관화官話 청강聽講(매주每週 화火 목木 토요일土曜日).

9월 5일. 비.

9월 6일. 흐리다 맑다. 우하又荷를 가 뵈다. 신구현申龜鉉, 이명선李明善 군君이 오다.

9월 7일. 비 좀 오다. 건란建蘭이 핀다. 밤에는 꽤 서늘하다.

9월 8일. 맑다. 조운曺雲, 조희성曺喜成, 이상돈李相敦 군君에게 편지하다. 운 군雲君에게 소포小包를 보내다. — 비녀, 옷감. 상돈相敦 군君 편지를 보다.

9월 9일. 맑다. 건란建蘭 만개滿開, 방향복욱芳香馥郁. 저녁에 이병도李丙燾 군君을 가 찾았더니 문門안에 들어갔다고 하여 도로 동소문東小門 안으로 돌아오다가 맞나, 다시 따러갔다. 담화談话, 음주飮酒. 10시十時 반半에 오다.

9월 10일. 흐리다. 음산하다. 『일본서기日本書紀』를 읽어보다. 천일창天日槍 전설傳說이 자미滋味스럽다. 십육나한十六羅漢이 피다. 과연 순결純潔하고 향긔가 좋다. 하경덕河敬德 군君을 저녁에 보다.

9월 11일. 맑다. 임시직원회臨時職員會. 5학년五學年 학력學力 우열優劣를 가려 반班을 나눈 까닭에 열劣한 편은 불응不應한다. 건란建蘭, 나한羅漢이 만개滿開. 밤에 들여 놓으니 만실滿室 난향蘭香. 나는 그 옆에서 「조선문학사朝鮮文學史」 초草를 썼다. 자정子正이 지나서 취침就寢.

9월 12일. 맑다. 경성운동장京城運動場에 감독監督을 갔다. 이 일요일日曜日에 신궁경기神宮竟技가 주최主催되었다. 휘문徽文에서는 2, 3생도生徒가 참가參加. 장내場內에 긴장緊張한 맛이란 조곰도 없다. 두통頭痛이 난다. 임병철林丙哲 군君을 가보다.

9월 13일. 맑다. 오후午後 연희전문학교延禧專門學校에 나가다. 김두헌金斗憲 군君을 맞나 최현배崔鉉培 군君을 보고 오후午後 2시二時 반半

부터 3시三時 15분十五分까지 제4학년第四學年 학생에게 조선문학사朝鮮文學史 강연講演을 하였다. 오날부터 이 학기學期 말末까지 매주每週 이날(월요일月曜日) 이 시간을 이러케 하기로 하였다. 밤에 하경덕河敬德 군君을 가보다. 고백록高百禄 군君 편지를 받다. 시조時調를 가르쳐 달라고.

9월 14일. 맑다. 「전쟁戰争과 시가詩歌」 방송放送을 해달라고 급작이 김억金億 군君이 청淸한다.

9월 15일. 맑다. 「전쟁戰争과 시가詩歌」 방송放送을 중지中止하겠다고 속달엽서速達葉書가 오다.

9월 16일. 맑다. 수당壽堂(이석현李石峴)이 오고 성대城大 문과 학생文科學生 이재수李在秀 군君이 오다. 윤고산尹孤山 가사歌辭에 대하여 졸업논문卒業論文을 쓰겠다고 문의問議. 송신용宋申用 군君이 오다. 한석봉韓石峯 서書 『천자문千字文』 한 권을 사다. 신용申用 군君은 헐하다고 중언부언重言復言.

9월 17일. 맑다. 한충韓冲, 하경덕河敬德 군君을 청請하여 저녁밥을 가치 하다.

9월 18일. 맑다. 흐리다. 성대城大 학생學生 이재수李在秀 군君이 오다. 고산가사孤山歌辭를 설명說明해 주다.

9월 19일. 비 오다 오후午後엔 개었다.

9월 20일. 맑다. 연전延專을 나갔다 오는 길에 이전梨專에 들었다. 김두헌金斗憲 군君과. 이태준李泰俊, 김상용金尚鎔, 이희승李熙昇 군君을 맛나보다.

9월 21일. 맑다 흐리다.

9월 22일. 비 좀 오다. 고백록高百祿 군君께 답장答狀. 김영기金永起

군君 편지가 오다.

9월 23일. 맑다. 매헌梅軒을 찾어 매헌梅軒과 가치 정인보鄭寅普를 찾어보다. 병석病席에 누었다. 현기眩氣, 오한惡寒이 난다고. 위창葦滄(오세창吳世昌)을 가보고 종로鐘路에서 동모冬帽를 사다. 우하又荷를 보다.

9월 24일. 맑다. 직원회職員會. 오후午後 7시七時 집에 들다. 오철호吳徹浩 군君과 애류崖溜가 왔다고 한다. 저녁밥을 먹고 김병룡金秉龍 군君으로 갔더니 없다.

9월 25일. 맑다. 덥다. 오철호吳徹浩 군君이 오다. 이재수李在秀 군君이 와「어부사시사漁父四時詞」를 배웠다. 오 군吳君과 가치 매헌梅軒 집에 가다. 밤은 깊었다. 비가 줄줄 나린다. 그칠 줄을 모른다. 밤참을 내오고 소기小碁를 지낸다. 비 때문에 잘 수밖에 없다. 좁은 방에 여럿이 누었다. 잠이 삭들고 꿈도 꿔어진다.

9월 26일. 아츰에야 비가 개었다. 열한 시에 아츰을 먹고 오 군吳君과 가치 문일평文一平 군君을 보고 애류崖溜를 보고 애류崖溜를 더불고 또 매헌梅軒 집으로 가 저녁을 먹다. 돌아오다 김병룡金秉龍 군君을 찾어 보다. 오 군吳君은 김 군金君 집에서 자겠다 한다. 11시十一時 집에 들다. 꼭 일주야一晝夜 만이다.

9월 27일. 맑다. 아악부雅乐部를 가보다. 김병룡金秉龍 군君 집에 점심点心. 오철호吳徹浩 군君 문일평文一平 군君과 함께 연희궁延禧宮을 나가다. 나는 연전延專에 들어 한 시간 마치고 다시 연희궁延禧宮을 가 보니 벌서 다 갔다고 한다. 『금보琴譜』를 얻다. 『양금신보梁琴新譜』다. 귀貴하다. 오 군吳君이 집에서 잤다.

9월 28일. 맑다. 김병룡金秉龍 군君 집에 가다. 오 군吳君과 작별作別.

9월 29일. 맑다. 하 박사河博士를 보다. 『역어유해譯語類解』 상上, 하

下, 보補 3책三册을 사다.

9월 30일. 흐리다. 덥다. 박병철朴炳哲 군君을 보다. 김원식金元植, 김영기金永起 군君께 답장答狀.

10월

10월 1일. 맑다. 경성역京城驛으로 하여 노량진鷺梁津까지 산보散步.

10월 2일. 맑다. 문일평文一平 군君이 오다. 저녁 먹고 함께 성북동城北洞으로 나아가 이병도李丙燾 군君을 찾다 못 보고 한용운韓龍雲 심우장深牛莊을 찾어 술도 먹고 오래 놀다.

10월 3일. 맑다 흐리고 덥다. 김용식金龍植, 하경덕河敬德, 한충韓冲 군君과 관희觀熙, 동희東熙를 더불고 동소문東小門 밖으로 나가다. 이병도李丙燾 군君을 더하여 약사藥師절 뒷골로 쑥 올라가 계석溪石 위에서 점심点心을 지어 먹고 목욕沐浴도 하고 놀다, 저물어 돌아오다. 정릉貞陵으로 하여 신흥사新興寺를 지나 산山으로 나려 성북동城北洞을 넘어오다.

10월 4일. 흐리다. 연전延專을 나갔다. 최현배崔鉉培 군君은 동경東京을 가고 오후午後 두 시간 모다 내 강화講話를 듣겠다고 하던 것이 마츰 시험試驗을 보겠다 하는 때라 학생들이 다 갔다고 한다. 도서관장圖書館長 노동규盧東奎 씨氏를 기다려 만나보고 도서관圖書館을 구경하고, 『제왕운기帝王韻記』를 얻어보았다. 김영기金永起 군君이 양석곡洋石斛 수조數條, 이태준李泰俊 군君 『가마귀』 한 책册을 보냈다.

10월 5일. 맑다 흐리고 바람도 분다. 오날 밤은 7시七時 — 10시十時

간 등화관제燈火管制.

10월 6일. 흐리고 음산하다. 서리가 올 듯하다. 난초蘭草를 방으로 다 들여놓았다. 김영기金永起 군君 편지가 왔다. 학교學校서 방공연습防空练習을 하다.

10월 7일. 맑다. 이상돈李相敦 군君의 편지가 오다.

10월 8일. 맑다. 유길상劉吉相 군君이 오늘 외간상外艱喪을 당하였다. 문상問喪. 저녁 7시七時에 정지용鄭芝溶 군君, 송경宋璟 군君과 가치 아악부雅樂部에 가서 이습회肄習會 제5주년기념第五周年記念 특별연주特別演奏를 듣다.

10월 9일. 맑다. 직원회職員會. 매헌梅軒을 가 보다. 이명선李明善 군君을 가 보다. 조 형趙兄 편지가 오다.

10월 10일. 맑다. 매헌梅軒과 이명선李明善, 신구현申龜鉉 군君과 학예부學艺部 생도生徒 4명과 가치 창의문彰義門을 넘어 승가사僧伽寺 오르는 골목으로 가다가 계곡溪谷을 거슬러 올라, 문수암文殊庵서 점심点心를 먹다. 등산登山 하는 이가 꽤 많다. 대남문大南門으로 들다. 단풍丹楓이 좋다. 소남문小南門으로 나서 줄곳 산말랑이로 하여 북청문北清門에 이르다. 심신心神이 퍽 쇄락灑落하다. 조곰도 피곤疲困한 줄 모르겠다. 매헌梅軒과 가치 와서 저녁을 먹다.

10월 11일. 흐리다. 한 시간 수업授業을 하고 나는 명륜정明倫町을 가다. 유길상劉吉相 군君 집에서 종일終日 있었다. 저녁 7시七時 40분四十分 「강호江湖의 가을 노래」 방송放送.

10월 12일. 맑다.

10월 13일. 맑다. 1, 2년생 일동一同과 정지용鄭芝溶, 장발張勃, 이규현李圭鉉, 윤병섭尹丙燮, 산구성이山口成二 군君과 가치 원족远足을 하다. 오전午前 9시九時 반半. 학교를 나서 창의문彰義門 세검정洗劍亭으로 하여 시내를 거슬러 동東으로 올라 조고만 고개를 넘어 약사사藥師寺 뒷 골짜기 계석溪石에서 점심点心, 그리고 약사사藥師寺 앞으로 나서 손가정孫哥亭 어구에서 해산解散.

10월 14일. 맑다.

10월 15일. 구름 끼고 종일 음산하다. 애류崖溜가 오다. 가치 석반夕飯. 『농가집성農家集成』과 인목왕후仁穆王后 필적筆蹟 사진寫眞과를 주었다. 소당嘯堂 『농가시고農家詩藁』를 빌려주다.

10월 16일. 맑다. 하경덕河敬德 군君을 가보다.

10월 17일. 맑다. 박술음朴術音 군君과 대관원大觀園에서 요긔를 하다.

10월 18일. 맑다. 『두시언해杜詩諺解』를 보정補正. 또 박 군朴君과 가치 점심点心을 먹다. 한청식당韓青食堂에서. 밥이 설었다.

10월 19일. 맑다. 일기日氣가 퍽 눅다. 하경덕河敬德 군君이 오다.

10월 20일. 맑다. 아츰에 경성역京城驛을 가보다. 3학년三學年 경주慶州 여행旅行을 보내다. 최현배崔鉉培 군君에게 엽서葉書를 써 부쳤다. 오는 월요일月曜日에도 나가지 못하겠다고.

10월 21일. 맑다. 4학년四學年 금강산金剛山 수학여행修學旅行. 생도生徒는 107인, 직원職員은 4명 — 이헌구李軒求, 조병준趙炳俊, 옥전광웅玉田光雄과 나. 오전午前 9시九時 55분五十五分 발發, 오후午後 1시一時 15분十五分 철원鐵原 착着, 어느 중국中國 요리料理집에서 점심点心. 2시二時 40분四十分 전차電車 발發. 7시七時 42분四十二分 내금강역內金剛驛 착着. 걸어서 2, 3조는 평화여관平和旅館, 1조는 경성여관京城旅館에 들다. 나와 헌구軒求 군君과는 경성여관京城旅館에서 자다. 다만 저녁밥은 평화여관平和旅館에서 함께 먹었다. 경성여관京城旅館 주인主人

은 이혼성李混惺. 잘 아든 이다. 방이 깨끗하고 다수어서 잘 잤다.

10월 22일. 맑다. 아츰밥은 경성여관京城旅館서 함께 먹다. 음식飮食을 잘 하였다. 다들 감식甘食하고 주인主人은 자긍自矜한다. 식후食後에 나서다. 명경대明鏡臺, 명연鳴淵, 남정암南正庵, 삼불암三佛岩, 수충영각酬忠影閣, 표훈사表訓寺, 정양사正陽寺, 만폭동萬瀑洞, 세두분洗頭盆, 영아지影娥池를 보다. 영아지影娥池는 작년昨年 홍수洪水에 메어 버렸다. 점심点心 먹고 보덕굴普德窟, 팔담八潭 — 흑룡담黑龍潭, 벽파담碧波潭, 비파담琵琶潭, 분설담噴雪潭, 진주담眞珠潭, 구담龜潭, 선담船潭, 화룡담火龍潭을 보고는 마하연摩訶衍에 들다. 그 뒤 만회암萬灰庵, 백운대白雲臺, 금강수金剛水를 찾아보고 돌아와 석반夕飯. 식후食後에는 이맥李麥 화상和尙의 강화講話며 생도生徒 등의 여흥餘興이 있었다. 밤이 깊었다. 달은 밝다. 십여 년 전 그 밤이 생각난다. 그때는 지금 집과 다른 집이었다. 남창南窓 앞마루에 나앉어 봉머리에 솟는 달을 보았다. 춘원春園이 나종에 알고 자기自己를 깨우지 않았다고 칭원을 하든 것이다.

10월 23일. 맑다. 그 뒷길로 올라, 가섭동迦葉洞, 수미암須彌庵을 보고, 다시 오든 길로 오다, 산山봉두리ㅅ길로 돌아오르며 내금강內金剛의 봉과 골을 나려다보다. 퍽 장쾌壯快하다. 망군대望軍臺서 보는 것보다 더 낫다. 영랑봉永郞峯에 이르러서는 내외금강內外金剛을 좌우左右로 둘러보며 비로봉毘盧峯에 당도하였다. 퍽 명랑明朗하다. 따뜻하다. 전망展望이 좋다. 해금강海金剛의 암석岩石도 세일 수 있다. 한 시간 남아 쉬고 다시 일어 구미산장久米山莊, 용마석龍馬石, 신라태자묘新羅太子墓, 비사문毘沙門으로 하여 구룡연九龍淵을 보고 점심点心 먹고 상팔담上八潭을 올라보고, 옥류동玉流洞, 신계사神溪寺를 보고 극락재를 넘어 온정리溫井里 봉래여관蓬萊旅館, 동양여관東洋旅館에 들다. 나와 조군趙君과는 봉래여관蓬萊旅館에 자다. 온천溫泉에 목욕沐浴.

10월 24일. 맑다. 웅암熊岩, 육화암六花岩, 만상정萬相亭을 보고 구만물상舊萬物相, 신만물상新萬物相을 보고 또 오만물상奧萬物相을 보다. 퍽 기괴奇怪 장엄壯嚴하다. 마츰 구름이 덮어들어 천불동千佛洞이나 장전항長箭港은 아니 보인다. 점심点心. 구름이 얼굴을 스쳐 지낸다. 한편에서는 볕이 빗겨 난다. 세지봉勢至峯 아래로 나려 계곡을 따러 다시 육화암六花岩으로 나와 돌아오다. 곰바위 못 미쳐서 비를 맞나 맞으며 오다가 주막酒幕에 들어 피하고 비가 개인 뒤에 왔다. 온천溫泉 목욕沐浴. 석식夕食부터는 동양여관東洋旅館에서 하였다. 음식飮食이 봉래여관蓬萊旅館만 못하다고 불평不平을 말하는 이도 있다. "금강산金剛山도 식후경食後景"이라는 말이 그럴 듯하다. 봉래蓬萊, 경성여관京城旅館 등은 과연 일류一流다. 여객旅客을 끌 만하다.

10월 25일. 맑다. 오전午前 7시七時 43분 외금강역外金剛驛 발發, 9시九時 44분四十四分 고저역庫底驛 착着, 한 40분四十分 간間 걸어 총석정叢石亭에 이르다. 와총석臥叢石, 입총석立叢石, 좌총석坐叢石 등이 각기 기괴奇怪함을 자랑한다. 정자 우에 앉어 보면 동해東海바다가 한 눈에 모여든다. 점심点心. 좀 더 수림樹林이 깊고 깨끗하였으면 좋겠다. 그 부근의 정어리 냄새가 공기를 퍽 더럽힌다. 그 공기空氣를 마신 즉 머리가 아프다. 오후午後 2시二時 15분十五分 고저역庫底驛 발發, 3시三時 52분五十二分 안변역安邊驛에서 바꾸어 타고 복계역福溪驛 벤또를 먹고 9시九時 25분二十五分 경성역京城驛 착着.

10월 26일. 맑다. 화요일火曜日이지만 오날은 쉰다. 불교전문佛教專門학교에 가서 권상로權相老, 강전준웅江田俊雄, 박한영朴漢永 스님을 보고 담화談話.

10월 27일. 구름 끼다. 저녁에 하경덕河敬德 군君을 가보다. 성대城大 학생學生 둘이 찾어왔다고. 밤이 이윽하여 월탄月灘, 회월懷月(박영희朴英熙)이 내방來訪. 저녁밥에는 가리 한 짝을 사다가 먹었다. 창환昌煥, 수중壽中의 식구食口와 우리 식구食口 일동一同이. 한 달에 한 번씩만 이랬으면 좋겠다.

10월 28일. 종일終日 비. 『두시언해杜詩諺解』1권一卷을 보정補正.

10월 29일. 비. 직원회職員會.

10월 30일. 맑다. 매헌梅軒이 수선화水仙花 네 뿌리를 사 가지고 오다.

10월 31일. 흐리고 오후午後 네 시부터는 비. 고故 이중건李重乾 소기小朞. 안국동安國洞 선학원禪學院에서 추도식追悼式을 행行하다. 가 보았다. 추도追悼의 노래 세 수首를 지었다.

11월

11월 1일. 맑다. 한남서림翰南書林에 가다. 빌려온 『두시언해杜詩諺解』를 반환返還. 『담정총서潭庭叢書』1책一冊을 사다. 총독부總督府 박물관博物館, 불상佛像 불구佛具 특별전관特別展觀를 가보다. 김도태金道泰, 장발張勃 군君과 동행同行. 근정전勤政殿, 경회루慶會樓까지 보았다. 점점 퇴락頹落할 뿐이다.

11월 2일. 흐리다. 삼천리사三千里社에 「가섭봉迦葉峯」1편一篇을 보내다. 엽서葉書도 하다. 김영기金永起 군君께도 편지하다.

11월 3일. 맑다. 정지용鄭芝溶 군君과 가치 충신정忠信町 55五五, 박종화朴鍾和 군君을 찾었다. 그 뒤 낙산駱山에 올라보고 다시 돌아와 술을 먹다. 또 박제봉朴齊鳳을 맞나 태서관泰西館에 가서 자정子正까지 놀았다.

11월 4일. 맑다. 신기神氣가 좋지 못하다.

11월 5일. 맑다. 조희성曺喜成 군君의 편지가 오다. 간도間島 가톨릭 소년사少年社 편지가 오다.

11월 6일. 맑다. 김영기金永起 군君 편지를 보다.

11월 7일. 흐리다. 이병도李丙燾 군君, 이태준李泰俊 군君을 찾었다 못보다. 용창容昌이 숙소宿所을 보다. 새로 네 시에 자다. 「조선문학朝鮮文學」 초草를 쓰다. 종자從姉가 시골서 오다.

11월 8일. 맑다 흐리다 빗방울도 한두 낱 떨어지다. 연전延專에 나가다. 신한철申埠徹 군君의 시조時調 습작習作을 보았다. 그 작법作法을 말하여 주다. 천기天氣 예보豫報엔 오날부터 칩다 하나 칩지 않다.

11월 9일. 맑다. 김영기金永起 군君께 편지 답장答狀.

11월 10일. 맑다. 성대城大 법문학부法文學部를 가서 장지태張之兌, 이인영李仁榮 군君을 만나다. 경신敬新학교에 가서 남화만南和熳 군君을 보고 조희성曺喜成 군君의 부탁하는 일을 알어보다. 조희성曺喜成 군君에게 편지를 하다.

11월 11일. 맑다.

11월 12일. 맑다. 교내校內 각各 운동대회運動大會

11월 13일. 맑다. 하경덕河敬德 군君을 더불고 나서 화신상회和信商會 상층上層 고서화전람회古書画展覽會를 보고 대관원大觀園에서 저녁을 먹고 명치좌明治座 영화映畫를 보았다. 킹구, 솔로몬, 기타其他도 볼만하다.

11월 14일. 맑다. 당직當直 숙직宿直. 「조선문학朝鮮文學」 초草를 쓰다.

11월 15일. 맑다. 매헌梅軒께 갔다. 저녁을 사준다. 문일평文一平 군君을 찾어보다.

11월 16일. 맑다. 「애국문학시가愛國文學詩歌」 방송放送. 오후午後 7시七時 40분四十分부터 — 8시八時 10분十分. 김용식金龍植 군君과 가치 단성사團成社에 가서 「심청沈清」의 영화映画를 보았다. 맨드노라고 애는 썼으나 더러 헤식은 곳이 있다. 그 전야前夜의 광경光景은 좋으나 끝이 좀 싱겁다.

11월 17일. 맑다. 밤에 이병도李丙燾 군君을 가보고 사담史談을 하였다.

11월 18일. 흐리다. 세우細雨를 뿌리다 말다. 하경덕河敬德 군君이 오다.

11월 19일. 비 오다. 오후午後엔 개었다. 짐장을 하다. 조 형趙兄이 오다. 저녁에 떠났다.

11월 20일. 맑다. 밤엔 비. 이정희李政熙 군君이 전화電話 — 철희喆熙 군君이 소화불량증消化不良症으로 별세別世하였다고. 이정희李政熙 군君을 가보다. 동광서관東光書館에서 『역대세년가歷代世年歌』를 사오다. 8원八円. 세종대왕世宗大王이 윤회尹淮, 권도權蹈를 명命하여 만든 책冊인데 중국中國 것과 조선朝鮮 것을 합부合部하였다. 원본原本은 활자본活字本으로 오백 년 전에 간행刊行되었고, 이건 그 원본原本을 사백오십 년 전에 홍귀달洪貴達이가 경주慶州서 중간重刊한 목판본木版本이다. 귀중貴重한 것이다.

11월 21일. 흐리다 맑다 한다.

11월 22일. 맑다.

11월 23일. 흐리다. 오전午前 11시十一時 부민관府民館에 가다. 이재규李在珪(천규天珪 군君) 혼례식婚禮式을 보다. 매헌梅軒을 찾어보고 가치 나서 우하又荷를 찾어보고 오후午後에는 식도원食道園을 가서 김현장金顯璋 군君 따님 혼례식婚禮式을 보다. 박종화朴鍾和 군君을 찾어 저녁을 먹고 담화談話를 하다 왔다.

11월 24일. 눈이 오다. 한남서림翰南書林서 『앙엽기盎葉記』 4책四册을 얻어 오다. 광동서관光東書館을 가보다.

11월 25일. 흐리다.

11월 26일. 비오다. 직원회職員會.

11월 27일. 흐리다 맑다. 오철호吳徹浩 군君이 오다. 가치 자다. 『휘문徽文』 잡지雜誌 원고原稿를 다 정리整理하여 도서圖書 검열과檢閱課에 제출提出하다.

11월 28일. 맑다 흐리다. 애류崖溜를 찾어보다. 취농翠儂과 애류崖溜와 함께 영도사永導寺에 나가 석전石顚(박한영朴漢永) 스님을 찾어보다. 광동서관光東書館서 『정포은집鄭圃隱集』 원본原本을 가조다.

11월 29일. 맑다 흐리다. 권람權擥 주註 『응제시應製詩』를 연전延專서 얻어오다.

11월 30일. 맑다 흐리다. 매헌梅軒이 오다.

12월

12월 1일. 흐리다. 김병룡金秉龍 군君과 오철호吳徹浩 군君과를 가보다.

12월 2일. 흐리다. 맑다. 칩다. 오철호吳徹浩 군君과 가치 이병도李丙

燾 군君을 가보다. 밤이 깊어 돌아오다.

12월 3일. 맑다. 칩다.

12월 4일. 흐리다. 문일평文一平 군君이 오다. 석반夕飯을 가치 먹고 김병룡金秉龍 군君 집에 가서 오철호吳徹浩 군君을 보고 놀다가 문 군文君에게 끌리어 나서 청요리清料理를 먹다. 문 군文君이 내일來日 아츰을 먹이겠다고 하든 것이 오 군吳君이 석전石顚을 보고 떠난다 함으로 중지中止하고 섭섭하여 하는 것이다.

12월 5일. 흐리다. 한남서림翰南書林, 동광서관東光書館을 가보다.

12월 6일. 맑고 따뜻하다. 한남서림翰南書林에 가다. 『앙엽기盎葉記』를 돌려주고 『두시언해杜詩諺解』 전질全秩(15권十五卷 17책十七册)을 사오다. 70원七十円

12월 7일. 눈이 오다. 관동館洞에 나가 송신용宋申用 군君을 보고 고故 이순명李淳命 집에서 사갔다는 『고황응제시高皇應制詩』를 물어보니 그런 일이 없다 한다. 매헌梅軒을 찾어보다. 매헌梅軒 백씨伯氏 효창曉窓더러 고故 이순명李淳命 집에 『응제시應制詩』 간 곳을 물어보아 달라고.

12월 8일. 흐리다. 월탄月灘을 가 보다. 묵로墨鷺도 맞나다. 저녁을 먹고 양자호란兩子胡乱에 대하여 말하다. 이상돈李相敦, 김영기金永起 군君 편지 오다. 김 군金君께는 즉시即時 답장答狀.

12월 9일. 흐리다. 직원회職員會. 매헌梅軒이 오다. 『응제시應製詩』는 손재형孫在馨이가 50원五十円에 사갔다고. 하 박사河博士를 가치 가보다.

12월 10일. 흐리다. 학기말고사學期末考査 시始.

12월 11일. 맑다. 수선화水仙花 두어 뿌리를 매헌梅軒에게 주다. 김원식金元植 군君과 이한기李漢基 군君의 편지가 오다.

12월 12일. 흐리다. 『삼천리문학三千里文學』 원고原稿 「님 문학文學에 대하여」쓰다. 증곡曾谷 조용주趙鏞周 군君의 부고訃告가 오다. 합이빈哈爾賓에서.

12월 13일. 흐리다. 종로금융조합鐘路金融組合에 가서 70원七十円을 찾어 한남서림翰南書林 『두시언해杜詩諺解』 값을 치루다. 『황매천집黃梅泉集』 3책三册 1질一秩을 사다. 들으니 이근성李根性이가 시골서 『응제시應製詩』를 구하여 왔는데 그 4종조四從祖 이종대李鍾大가 가지고 팔러 단인다 한다. 곳 사람을 보내어 그를 찾었다. 오후午後 7시七時까지 기둘러 그를 맞났다. 뉘게 맡겨 두었으니 내일來日 찾아오겠다고. 이은상李殷相 군君이 『한라산漢拏山』을 한 권卷 보냈다. 그리고 찬贊을 써 달라고 왕복엽서往復葉書를 보냈다.

12월 14일. 비가 오다. 이종대李鍾大가 학교로 찾어왔다. 위창葦滄(오세창吳世昌)께 두었더니 위창葦滄이 30원三十円에 산다고 아니 내노니 할 수 없다고. 오후午後. 매헌梅軒을 찾어가 더불고 위창葦滄을 가보고 간청懇淸하여 달라고 하였다. 위창葦滄은 문득 둔사遁辭를 써 어느 골동가骨董家의 부탁付託으로서 사서 그 집에 가 있다 하고 얼른 응낙應諾을 아니하다, 매헌梅軒이 50원五十円이라도 사리라 하니 들을 만하다. 매헌梅軒더러 일간日間 갖다 달라고 하였다. 그리고 가치 나오다. 열빈루悅賓樓에서 점심点心을 먹었다.

12월 15일. 맑다. 한성국서漢城國書와 한남서림翰南書林을 가보았다. 『동아일보東亞日報』에 「조선어朝鮮語와 문학文學」이라는 걸 써 보냈다. 함상훈咸尙勳 군君이 오다. 증곡曾谷 조용주趙鏞周 군君을 추도追悼하고 담화談話를 하였다. 정무경鄭戊庚 군君이 오다. 그 조고祖考 추인교秋人喬 선생先生의 유저遺著 『계년사季年史』 5책五册을 가조다. 제1第一, 3三 책册은 낙질落帙되고 제8책第八册은 이왕 내게 와 있는 것이다.

그 낙질落帙을 시골 익산益山 황등黃登에 가서 가조겠다 하여 노비路費 10원十円을 변통變通하여 주었다.

12월 16일. 흐리다. 매헌梅軒이 저녁에 오다. 위창葦滄께 단여온다고. 『응제시應制詩』는 또 틀렸다. 자기自己 아들이 보전普專 사무事務를 보러 단이는데 진즉부터 이런 책冊을 선사하려고 구하는 바, 얻은 것이라 내놓을 수가 없다 한다. 일전日前에는 나보고 어느 골동가骨董家 소탁所托으로 사갔다든 것이 오날 와서는 이와 같이 말을 한다.

12월 17일. 흐리다. 저녁에 김성수金性洙 군君을 가보고 서적書籍에 대한 이야기를 하다. 신여암申旅庵의 『선차제설초고船車制設草稿』 초鈔 부탁을 맡다. 자정子正에 돌아오다.

12월 18일. 흐리다. 최현배崔鉉培 군君이 오다. 하 박사河博士 군君을 가보다.

12월 19일. 흐리고 차다. 동광서관東光書館을 가서 그 주인主人과 가치 열빈루悅賓楼에서 점심点心. 이근성李根性이 오다. 이인영李仁榮 군君이 오다.

12월 20일. 흐리다. 한남서림翰南書林에 가다. 『매천집梅泉集』 1질一秩을 가조다.

12월 21일. 흐리다. 김현장金顯璋, 윤병섭尹丙燮, 이승규李昇圭 군君, 김도태金道泰 군君과 가치 나섰다. 취醉하여 오다.

12월 22일. 흐리다. 숙직宿直.

12월 23일. 비 오다. 직원회職員會. 2학기二學期 고사考査. 황호주黃鎬珠 군君이 오다.

12월 24일. 흐리고 맑고 따뜻하다. 창해滄海, 취농翠儂, 매헌梅軒이 오다. 한흥록韓興錄 군君이 오다. 황호주黃鎬珠 군君이 오다. 동관東觀,

관희觀熙, 창환昌煥이가 시골을 가다. 밤차車로. 이상돈李相敦, 김원식金元植, 이한기李漢基 군君에게 편지를 하다.

12월 25일. 맑다. 칩다. 애류崖溜를 찾었다. 낙상落傷을 하였다. 술을 사 온다. 『소당농가시고嘯堂農家詩藁』를 가조다. 한남서림翰南書林, 동광서관東光書館을 들렀다. 두통頭痛이 난다. 술독毒이다. 집에 와서 누었다. 더욱 심하다. 배, 갈분죽葛粉粥, 생률生栗을 먹었다. 밤 들어서야 좀 낫다. 끓인 밥을 먹다. 정무경鄭戊庚 군君이 오다. 『계년사季年史』 제1第一, 3책三册의 원본原本을 가조다.

12월 26일. 맑다. 몹시 칩다. 서북풍西北風이 분다. 김겸룡金兼龍 군君 집에 오철호吳徹浩 군君을 찾다. 작별作別. 상의원尙醫員을 찾어보다. 육칠六七 차에 이번에야 접어接語하였다. 유영재柳泠齋 자제 수헌樹憲을 물었으나 역시亦是 모른다. 그 5세손五世孫 하나이 있다가 출타出他하여 행방불명行方不明. 사검서四檢書 자손子孫에 박초정朴楚亭 자손子孫은 두서너 집이 되고 한 집은 지금 경성京城 정운동鼎雲洞에 살고 이형암李炯庵 자손子孫은 지금 진천鎭川서 한 집이 산다고. 위창葦滄을 찾다. 『응제시應製詩』를 또 나중에야 빌려준다고. 동광서관東光書館서 『십초시十抄詩』 하권下卷 1책一册을 가조다. 경태景泰 3년판三年板이라고 5원五円을 달란다.

12월 27일. 흐리다. 무경戊庚 군君이 오다. 30원參拾円을 주다. 저녁에 명륜정明倫町을 가서 김응수金應洙 군君을 보다. 듣든 말보다는 낫다. 상傷한 좌완左腕을 지금도 임의任意로 쓰지 못하고 손목은 위골違骨이 되었다. 가간 세정家間細情을 말하다 오다. 이근성李根性, 송헌순宋憲淳 군君이 찾어오다. 『금체절목禁髢節目』을 사다. 변일섭邊日燮 군君의 편지를 보다.

12월 28일. 흐리다 맑다. 동광서관東光書館, 한남서림翰南書林을 가보다. 경대京大에 가서 장지태張之兌 군君을 보고 고려대장경인쇄지高麗大藏經印刷紙도 몇 장張 얻고 가치 이병도李丙燾 군君을 찾었다. 석반夕飯을 먹다.

12월 29일. 맑다 흐리다. 동광서관東光書館, 한남서림翰南書林을 가보다. 한남翰南서 『경창방언해痙瘡方諺解』 하권下卷을 가조다. 이훈李燻, 송헌순宋憲淳 군君이 오다. 족숙族叔 신 씨信氏를 찾어보다. 병이 좀 낫다. 아즉도 정신精神은 깨끗지 못한 모양, 말을 자유自由롭게 하지 못한다.

12월 30일. 흐리다. 전성수全性洙 군君을 가보다. 송헌순宋憲淳 군君이 가존 『삼국사기三國史記』를 보이고 사라고 하였다. 마츰 현상윤玄尙允 군君이 와 앉어 2, 3원二三円을 친다. 받아 달라는 15원十五円 금과는 당초 말할 수도 없다. 도로 가조고 왔다. 최현배崔鉉培 군君이 오다. 3학기三學期도 연전延專에 와 달라 하며 이력서履歷書, 승낙서承諾書 등을 가조다. 저녁에 이훈李燻, 송헌순宋憲淳 군君이 오다. 김성수金性洙 군君이 오다. 소장所藏한 책册들을 구경시키다. 가치 놀러가자고 하여 갔다. 『삼국사기三國史記』를 말하여 달라고 한다. 매권每卷 7원七円씩 준다고. 서정일徐廷一 군君 내외內外와 전응수全應洙 군君이 오다.

12월 31일. 맑다 흐리다. 송헌순宋憲淳 군君이 오다. 매권每卷 7원七円씩은 『삼국사기三國史記』를 자기自己 임의任意로 팔 수 없으니 시골로 편지를 하여 보겠다 하고 책册은 두고 갔다. 전성수全性洙 군君을 가보다. 손진태孫晋泰 군君도 와 있다. 정무경鄭戊庚 군君을 찾다 못 보았다. 매헌梅軒을 가 보았다.

1938년(단기 4271년)

1938년(단기 4271년)

1월

1월 1일. 흐리다 맑다. 이재수李在秀 군君이 오다. 최현배崔鉉培 군에게 이력서履歷書를 써 보내다. 연하장年賀狀이 100여百餘 장張 왔다. 숙직宿直. 이근성李根性 군君이 오다. 『고사촬요攷事撮要』(중권中卷 낙落) 3책三冊을 가조다. 서북풍西北風.

1월 2일. 맑다. 칩다. 정무경鄭戊庚 군君을 찾어보다. 한남서림翰南書林을 가보다. 『고사촬요攷事撮要』 부록附錄 인본印本을 가조다. 우하又荷를 가보다.

1월 3일. 맑다. 칩다. 이근성李根性 군君과 가치 왕십리徃十里 홍승영洪承永 노인老人을 찾다. 병病으로 누었다. 「성악원리聖樂原理」 초고草稿를 보다. 응수應洙 군君과 서정일徐廷一 군君 내외內外가 오다.

1월 4일. 맑다. 학교에 나가다. 장지열張之悅 군君을 찾다. 조용해趙龍海 군君이 오다. 최현배崔鉉培 군君이 오다. 매헌梅軒, 하 박사河博士가 오다. 오철호吳徹浩 군君 편지 오다.

1월 5일. 맑다. 오후午後 3시三時 우하又荷를 가보다. 학교에서 하정荷汀 대기大碁에 전奠을 하다. 김응수金應洙 군君이 떠나가다. 이병도李丙燾 군君을 가보다.

1월 6일. 맑다. 이병도李丙燾 군君과 장지태張之兌 군君을 청淸하여 저녁을 먹다.

1월 7일. 맑다. 이병도李丙燾 군君과 가치 창덕궁昌德宮에 가서 이병희李丙熙 군君과 이광수李光秀 군君을 보고 이광수李光洙 군君의 소개紹介로서 도서계圖書係 문시혁文時赫 군君을 보고 『용비어천가龍飛御天歌』와 『악장가사樂章歌詞』를 얻어 보다. 『악장가사樂章歌詞』는 등초본謄鈔本을 교정校正하다. 송헌순宋憲淳 군君이 오다.

1월 8일. 흐리다. 무척 칩다. 동광서관東光書館, 한남서림翰南書林을 가보다. 조 형趙兄과 변일섭邊日燮 군君에게 답장答狀. 밤에 독풍毒風이 불어든다. 곳불이 들었다.

1월 9일. 맑다. 김상기金庠基 군君을 찾어보다. 족숙族叔 신 씨信氏를 찾어보다. 밤에 김성수金性洙 군君을 가보다. 신기神氣가 좋지 못하고 긔운이 축縮진 듯하다.

1월 10일. 맑다. 좀 눅었다. 오후午後 10시十時 창경원昌慶苑 박물관博物館 사무실事務室에 들어가 문시혁文時赫 군君을 보고 또 『악장가사樂章歌詞』를 얻어 보고 초본鈔本과 대조對照하여 교정校正하다. 오후午後 4시四時에 돌아오다. 손진태孫晋泰, 김두헌金斗憲 군君이 오다. 책冊도 보이고 담화談話. 콧물이 주체할 수 없이 나온다.

1월 11일. 맑다. 김상기金庠基 군을 찾다. 같이 나서 보전普專 도서관圖書館을 가보다. 손진태孫晋泰 군君과 식당食堂에서 담화談話, 신오위장申五衛將 『토별가兎鼈歌』를 얻고, 장서실藏書室, 열람실閱覽室를 보고 『동궐도東闕圖』를 보다. 『동궐도東闕圖』는 1200원一千二百円에 매입買入. 보물寶物이다. 오후午後 6시六時 반半 — 30분간三十分間 매화梅花 방송放送. 김성수金性洙 군君을 가보다. 송진우宋鎭禹 군君도 만났다.

1월 12일. 흐리다. 맑다. 형패산荊敗散 두 첩貼을 지어다 먹다. 저녁에 박종화朴鍾和 군君, 이승만李承萬 군君이 오다. 끌려 나가 백합원百合園에서 술과 밥을 먹다.

1월 13일. 맑다. 경성대학京城大學 법문부法文部에 가서 장지태張之兌 군, 이인영李仁榮 군君 을 보고 탁지준절度支準折을 보고 지지紙地의 명목名目을 적고 점심点心을 먹고 이성의李聖儀 군君을 맞나고 한남서림翰南書林으로 단여서 오다. 이성의李聖儀 군君이 『삼강행실三綱行實』, 『이륜행실二倫行實』을 가조다.

1월 14일. 맑다. 오전午前 10시十時 학교에 가다. 직원회職員會. 『장만영張萬榮 시집詩集』을 받다. 조선일보사朝鮮日報社, 학해사學海社 편지가 오다. 하경덕河敬德 군君을 다리고 나서 매헌梅軒을 찾고 중국요리中國料理집에서 저녁을 먹다.

1월 15일. 맑다. 시업식始業式. 호암湖岩 문일평文一平 군君이 오라고 하여 가 보았다. 보고 싶었다 한다. 돌아오다가 장지태張之兌 군君을 맞났다. 가치 이병도李丙燾 군君을 가 찾었다. 장 군張君이 방문주方文酒 한 병, 정육正肉 두 근斤을 사가지고. 이 군李君이 출타出他하였다. 이건주李建柱 편지가 오다. 동희東熙, 관희觀熙가 오다.

1월 16일. 맑다. 따듯하다. 제법 봄 긔운이 돈다. 인촌仁村을 가 보다. 손진태孫晉泰, 백남운白南雲 군君이 왔다. 또 이찬李燦, 고원훈高元勳, 송진우宋鎭禹 군君이 오다. 점심点心 먹고 찬 군燦君만 가고 일행 육인六人이 자동차自動車를 타고 양주楊州 직동直洞 광릉光陵 구경을 가다. 동소문東小門 밧 의정부議政府, 축운령築雲嶺을 지나 산山ㅅ골로 돌아 직동直洞 죽엽산竹葉山 아래, 수림樹林 속에 이르렀다. 능직陵直의 인도引導를 받어 광릉光陵 참배參拜를 하다. 세조 능世祖陵과 그 왕비 능

王妃陵이 양쪽 봉두리에 있다. 오르는 좌左편 능陵이 세조世祖 능陵, 우右편 능陵이 그 왕비 능王妃陵이라고 한다. 산山들이 겹겹으로 둘러 있고 수림樹林이 찍찍하게 들어섰다. 주회周廻가 3三, 40四十 리里 되겠다. 봉선사奉先寺가 바루 그 근처近處라 하나 해가 저물어 가지 못하였다. 황혼黃昏 속에 잦인 눈빛을 보며 회정回程하였다. 의정부議政府에서 술을 사 먹고 달빛을 띠고 돌아오다 창동倉東서 김병로金炳魯 군君을 찾어보다. 마츰 그의 생일生日이라고 진수성찬珍羞盛饌인 저녁밥을 준다. 그 따님이 보냈다는 술을 손 군孫君과 나와 먹었다. 정원庭園을 잘하여 놓았다. 큰 못도 파고 정각亭閣도 지었다. 선경仙境같이 보인다. 오후午後 10시十時 지나서 집에 돌아왔다.

1월 17일. 흐리다. 오후午後 4시四時 장지태張之兌 군君과 가치 이병도李丙燾 군君을 찾다. 벙거지골에 고기를 지지고 난로회暖爐會를 하였다. 전주全州 사는 김 노파金老婆가 찾어오다. 이십여 년 전 전주全州서 이웃하여 지내든 이다. 하두 보고 싶어 왔다 한다.

1월 18일. 눈이 오고 비도 오다.

1월 19일. 맑다. 인촌仁村을 보다. 고하古下도 맛낫다. 이경훈李景薰 군君이 오다. 『사상전집思想全集』 120여百二十餘 책册를 치어버렸다. 정무경鄭戊庚 군君이 오다.

1월 20일. 맑다. 이건주李建株 군君에게 답장答狀. 홍매紅梅가 핀다.

1월 21일. 맑다. 수선화水仙花가 벌어진다.

1월 22일. 맑다. 김영완金永完 씨氏을 가보고 책册 값을 주다. 한남서림翰南書林을 가 보고 책册값을 치루다.

1월 23일. 맑다. 애류崖溜를 가 보다. 매헌梅軒을 보고 가치 우하又荷를 찾어뵈다.

1월 24일. 흐리다. 한남서림翰南書林을 가서 『대산집臺山集』을 보다. 김원식金元植 편지가 오다.

1월 25일. 흐리다. 종일 짐짐하고 눈도 나린다. 김익환金益煥 군君이 오다.

1월 26일. 맑다. 미아리彌阿里 뒷산山으로 토끼사냥을 가다. 몹시 칩다. 서북풍西北風이 분다. 토끼 한 마리를 잡고, 점심点心 먹고 그 앞산山으로 가서 두 마리를 잡었다. 오후午後 5시五時에 돌아오다. 『조광朝光』 원고原稿 ─「지리地理 역사歷史 풍광風光으로 본 금강산金剛山」을 쓰다. 영하零下 19도十九度까지 되었다. 김영기金永起에게 답장答狀.

1월 27일. 맑다. 천향원天香園서 저녁을 먹다. 이무영李無影, 김익환金益煥 군君이 오다.

1월 28일. 맑다. 이종상李種相 군君, 송신용宋申用 군君이 오다. 김원식金元植 편지 답장答狀. 월탄月灘 박종화朴鍾和 군君에게 해형수선蟹形水仙 한 뿌리를 보내다.

1월 29일. 맑다 흐리다. 좀 눅었다. 문일평文一平 군君에게 해형수선蟹形水仙 한 뿌리를 보내다. 이무영李無影 군君이 『동아일보東亞日報』에다 내 말을 적어 냈다. 딴 수작을 하였다. 오식误植도 많다. 최영희崔榮喜가 오다. 토끼고기로 요리料理를 하여 학교서 점심点心을 먹다. 팔판동八判洞 가서 김익환金益煥 군君을 보다. 『묘법연화경언해妙法蓮華經諺解』를 사게 하여 달라고. 또 『이십사사二十四史』도 있다 한다.

1월 30일. 맑다. 따뜻하다. 책冊을 정돈整頓하다. 찬 군燦君이 오다. 같이 단성사團成社에 가다. 홍길동洪吉童 기타其他 영화映画가 있다. 별로 뜨이는 것이 없다.

1월 31일. 맑다. 창경원昌慶苑에 가서 빙상대회氷上大會를 하다. 장발張勃 군君과 박물관博物館 풍속화風俗画를 보다. 유길상柳吉相, 우하又荷, 이능화李能和 씨氏를 가보다. 밤중에 독풍毒風이 수며든다. 구들도 차다. 석탄石炭을 잘 피지 못한 모양이다. 코가 찍찍하고 머리가 아프다.

2월

2월 1일. 맑다. 칩다. 다섯 시간을 간신히 하였다. 몸이 퍽 거북하다. 한 시간을 조퇴早退하였다. 두러누었다. 밤새도록 번열煩熱, 노곤劳困하다. 한 잠을 편히 들지 못하였다.

2월 2일. 맑다. 매헌梅軒을 가 보다. 최현배崔鉉培 군君이 오다.

2월 3일. 맑다. 월탄月灘집을 찾어갔다. 설상을 준다. 애류崖溜, 주재정朱宰晶, 매신每申 기타其他 손님이 많이 왔다. 돌아오다 월탄 형月灘兄 박종목朴鐘穆 군君이 영보식당永保食堂으로 인도引導한다. 차茶를 마시고 나오다.

2월 4일. 맑다. 김익환金益煥 군君이 『법화경언해法華經諺解』를 가지고 오다. 중각본重刻本이다. 김상기金庠基 군君이 오다.

2월 5일. 맑다. 김현장金顯璋 군君을 따러 왕십리往十里 김동욱金東旭 군君을 찾다. 설상을 낸다. 하 박사河博士를 찾다.

2월 6일. 맑다. 박동건朴東健, 김영기金永起 군君에게 답장答狀. 이병도李丙燾 군君 집에 가서 석반夕飯. 장지태張之兌, 조윤제趙潤濟, 손진태孫晉泰, 김상기金庠基, 김두헌金斗憲 군君도 모이다.

2월 7일. 맑다. 한남서림翰南書林을 가보다. 연전延專을 나가 3학년三

學年을 가르치다.

2월 8일. 맑다. 김치당金耻堂을 가보다. 현석년玄石年이 오다.

2월 9일. 맑다. 이상돈李相敦 군君 편지가 오다.

2월 10일. 맑다. 숙직宿直.

2월 11일. 새벽에 눈이 오다. 맑다. 오후午後 3시三時 명월관明月館에 가다. 중앙방송국中央放送局 제2第二 방송과放送課에서 잡가雜歌의 가사歌辭를 선정選定하자는 것이다. 김태준金台俊, 조윤제趙潤濟도 오다. 방송과放送課에서 심우섭沈友燮, 김억金億 외外 수인數人이 오고, 시조時調 창가唱家 현성운玄成運(석년石年)도 오고 노기老妓 정점홍鄭點紅이도 오다. 주식酒食과 잡가雜歌 시조창時調唱도 있었다.

2월 12일. 맑다. 따뜻하다. 하 박사河博士를 보다. 이상돈李相敦 군君에게 답장答狀.

2월 13일. 맑다. 따뜻하다. 오후午後에는 흐리다. 이병도李丙燾 군君을 찾었다. 『제왕운기帝王韻紀』 등사謄寫한 것을 준을 보다. 영락永樂 정유丁酉 경주판본慶州板本을 빌어오다. 우하又荷를 가보고 석반夕飯을 먹다. 8시八時 방송放送 — 평시조平時調, 지름시조時調, 사설시조辭說時調 등 해설解說, 창唱은 양석년梁石年이 하였다. 매헌梅軒이 오다. 수선화水仙花 재배법栽培法을 써 가지고 와 낭독朗讀을 한다.

2월 14일. 눈이 오다. 많이 왔다. 근자近者 처음이다. 연전延專을 나가는데 송림松林의 눈빛이 좋다. 걸음이 자연自然 더듸어진다. 학생들은 눈싸움을 하느라고 야단이다. 바람도 없고 그리 칩지도 않다. 동행同行하는 노동규盧東奎 군君은 중학시대中學時代의 토끼사냥 하는 이야기를 한다. 신한철申埠徹 군君은 시詩를 지었느냐고 묻는다. 유리창琉璃廠으로 비쳐드는 볕은 더욱 사랑스럽다. 창문窓門 턱에 벌여놓은 기아쪽 표본標本에는 딱정벌레 한 마리가 나와 긔어단인다. 『신여성新女性』에 「맘」 2수二首를 써 보내다.

2월 15일. 맑다. 우하又荷를 가 보다. 저녁을 먹다.

2월 16일. 종일終日 비. 오후午後 5시五時 조선朝鮮호텔에 가다. 조선일보사朝鮮日報社에서 『조선향토문화대집성朝鮮鄕土文化大集成』을 출판出版하겠다고 수십 명을 초대招待하였다. 그 계획計劃에 대하여 토의討議. 9시九時에 오다.

2월 17일. 맑다. 서풍西風. 또 치워진다. 저녁에 김성수金性洙 군君을 찾다. 조만식曺晩植 씨氏도 맞났다. 담소談笑를 하다. 이훈李壎 군君이 오다.

2월 18일. 맑다. 서풍西風. 칩다. 『제왕운기帝王韻紀』 교준校準.

2월 19일. 맑다. 매헌梅軒을 더불고 우하又荷를 가 보다. 석반夕飯. 한남서림翰南書林에 가보다.

2월 20일. 맑다. 찬 군燦君이 오다. 함께 약초극장若草劇場에 가서 영화映画를 보다. 오문호吳文浩 군君이 오다.

2월 21일. 맑다. 연전延專을 나가다. 제4학년第四學年은 마즈막 강화講話. 이규봉李奎凤 군君과 가치 돌아오다. 대관원大觀園서 요긔하고 원동苑洞 송진우宋鎭禹 군君을 찾다. 두어 시간 담소談笑.

2월 22일. 맑다. 김익환金益煥 군君이 오다. 이성의李聖儀 군君이 오다. 『삼강행실三綱行實』을 사다.

2월 23일. 맑다. 직원회職員會. 김익환金益煥 군君이 오다. 『법화경法華經』 공共 14책十四册을 가조다. 절가折價 130원百三十円. 100원百円 선급先給. 100원百円을 김용익金容益 군君에게 차용借用. 인촌仁村을 가 보다.

2월 24일. 맑다. 한남서림翰南書林을 가서 책册값을 치루고 고려高麗 고종 시高宗時 판板『능엄경楞嚴經』전全 1책一册을 가조다. 조히가 얇고 맑고 쨍쨍하고 먹빛이 부연하게 된 것이 퍽 고古하다. 10원十円을 달란다. 김겸룡金兼龍 군君을 찾다. 매헌梅軒, 오문호吳文浩을 맞나다.

2월 25일. 맑다. 이훈李燻 군君이 오다. 오문호吳文浩 군君이 오다.

2월 26일. 맑다. 애류崖溜, 두계斗溪가 오다. 함께 저녁을 먹다.

2월 27일. 흐리고 눅다. 음陰 정월正月 28일二十八日. 내 생일生日이라고 매헌梅軒 형제兄弟, 김병룡金秉龍, 오문호吳文浩, 하경덕河敬德 군君을 청淸하여 조반朝飯. 오 군吳君과 가치 권퇴경权退耕 상로相老를 찾었다 못 맞나다.

2월 28일. 맑다. 연전延專을 나갔다. 4학년四學年 졸업논문卒業論文을 받어가지고 하경덕河敬德 군君과 가치 돌아오다. 성대城大에 가서 장지대張之兌 군君을 보다. 저녁에『제왕운기帝王韻紀』를 가지고 이병도李丙燾 군君을 찾다.

3월

3월 1일. 흐리다. 이상돈李相敦 군君 편지가 오다. 여산礪山 본제本第에 편지하다. 밤엔 비.

3월 2일. 비 오다 개었다. 휘문徽文 제30회第三十回 졸업식卒業式. 33조三三組 생도生徒 남인희南麟熙가 종로경찰서鐘路警察署에 유치留置되었다. 고등계高等係에 가서 그 연유緣由를 알어보았다. 오후午後 7시七時 명월관明月館 본점本店서 석반夕飯. 학교學校서 준 것이다. 한남서림翰南書林에 가서 『사찬史纂』, 『예부운禮部韻』. 『대광익회大廣益會』 낙질落帙을 가조다.

3월 3일. 흐리다 맑다 하였다. 이훈李燻 군君이 오다. 김익환金益煥 군君이 오다. 연전延專 4학년四學年 졸업논문卒業論文(조선문학朝鮮文學)을 꼰아 보내다. 학기말고사學期末考查 시始.

3월 4일. 흐리다. 우하又荷를 가보다.

3월 5일. 흐리다. 하경덕河敬德 군君을 가 보다.

3월 6일. 흐리다 맑다 한다. 황금정黃金町 박종목朴鐘穆 군君을 찾다. 술을 준다. 월탄月灘을 맞나다. 조긔를 사서 하인下人에게 들리고 계동桂洞 우리집을 찾었다 한다. 월탄月灘과 가치 오후午後 4시四時 반半 동성상업東星商業학교로 가서 정지용鄭芝溶 군君과 장발張勃 군君을 더불고 신흥사新興寺로 나갔다. 석반夕飯. 제2차회第二次會는 태서관泰西館. 새로 세 시에 오다.

3월 7일. 흐리다. 연전延專을 나갔다. 한남서림翰南書林에 가다. 책가册價를 치루다. 이찬李燦 군君을 맞나다. 광동서관光東書館도 들렜다. 송신용宋申用 군君이 오다.

3월 8일. 흐리다. 시험試驗은 끝났다. 아버님 하서下書를 받다.

3월 9일. 흐리다. 우하又荷를 가 보다.

3월 10일. 진눈ㅅ가비가 나린다. 오전午前에는 광화문光化門 가로街路에 서서 군대행진식軍隊行進式을 보고 오후午後에는 휘문 강당徽文講堂에서 군사강화軍事講話를 들었다.

3월 11일. 흐리다 맑었다. 직원회職員會 — 4년四年 성적成績 사정査定. 월탄月灘을 가 보다.

3월 12일. 맑다. 김상용金尚鎔, 이희승李熙昇 군君이 오다. 노래책册

을 빌려 달라고. 고서古書를 내어 보이고 이 다음에 빌리겠다고 하였다. 정계섭鄭啓燮 씨氏가 책冊을 벗겨왔다. 이병도李丙燾 군君이 오다. 가치 저녁을 먹고 이여성李如星 군君을 찾어보다. 밤이 깊도록 있었다. 그의 작품作品 ―「가배절嘉俳節 회소곡會苏曲」을 보았다. 역사풍속历史風俗을 배경背景으로 한 노작劳作이다.

3월 13일. 맑다. 우하又荷 어른이 오셨다. 그 영시詠詩를 내보이며 평評을 하란다. 말한 것이 그 본의本意를 공명共鳴한 듯 퍽 깃버한다. 33조三三組 성적成績을 고사考査하다.

문일평文一平 군君이 오다. 함께 성북동城北洞 두계斗溪를 찾다. 저녁까지 얻어먹고 담소談笑를 하였다.

3월 14일. 맑다. 오후午後 7시七時 30분三十分 「시조時調와 그 형식形式」을 방송放送. 인촌仁村을 가 보다.

3월 15일. 맑다. 하눌엔 구름 한 점 없고 날은 밝다. 산보散步를 하다.

3월 16일. 맑다. 직원회職員會 ― 3학년三學年 이하以下 성적成績 조행操行 사정査定.

3월 17일. 맑다. 내일來日 종업식終業式을 한다고 대소제大掃除. 학적부學籍簿 정리整理. 권퇴경權退耕이 오다.

3월 18일. 맑다. 전영기全永起 군君이 그 종형제從兄弟 두 청년青年을 다리고 화초花草 한 분을 손에 들고 와 본다. 이성의李聖儀, 한충 군韓冲君이 오다. 저녁에 관희觀熙, 동희東熙가 시골을 갔다.

3월 19일. 맑다. 흐리다. 문일평文一平 군君이 오다. 찾는 이 많다. 김영기金永起 군君이 오다. 「시조時調 급及 문학文學」에 대하여 말하다. 학교서는 입학시험入學試驗 시작. 저녁엔 동소문東小門 밖에로 산보散步. 대전太田이를 보고 그 내외內外 사화私和하라고 권고勸告.

3월 20일. 흐리다. 눅었다. 입학시험入學試驗에 골몰汨沒하다. 지원자志願者가 천칠백여 명.

3월 21일. 종일終日 비. 동대문경찰서東大門警察署서 형사刑事 둘이 와서 김낙중金洛重 부인婦人의 신분身分을 조사調査하였다고. 그가 지난 18일十八日. 오전午前 2시경二時頃 돈화문敦化門 부근附近 가로街路에서 어떤 놈에게 봉변逢變하였다 한다.

3월 22일. 흐리다 맑다. 시험답안試驗答案 합계合計 급及 통계統計.

3월 23일. 맑다. 시험답안試驗答案 조사調査 정리整理.

3월 24일. 맑다. 낙중洛重이가 석방釋放되었다 한다. 사정회査定會.

3월 25일. 맑다. 성적成績 발표發表. 이재훈李載壎 군君과 가치 오일도吳一島를 찾다. 조헌영趙憲泳 군君도 맞나다. 영보식당永保食堂, 태사관泰四館에서 놀다.

3월 26일. 맑다. 오전午前 7시七時 교동校洞 우하又荷를 가 뵈다. 조식早食. 모시고 혜화정惠化町 이병규李炳奎 교장校長을 찾다. 낙중洛重도 보다. 저녁은 하 박사河博士 집에서 먹다.

3월 27일. 맑다 흐리다 비오다. 월탄月灘을 찾어보고 이승만李承萬을 찾었다 못 보고 애류崖溜를 찾어 3인三人이 작반作伴하여 양화도楊花渡를 가 산보散步하다. 잠두봉蠶頭峰에 올라보고 당인리唐人里서 기동차汽動車를 타고 오다. 금천대金千代에서 석식夕食.

3월 28일. 맑다. 학교에 가보다. 학교 도장學校圖章을 사겨 달라고 하여 매헌梅軒을 가 보다. 호암湖岩도 찾어보다.

3월 29일. 흐리다. 성남중학교城南中學校 입학시험入學試驗 감독監督을 하여 주었다.

3월 30일. 흐리다. 소우小雨. 성남중학교城南中學校를 또 가보다.

3월 31일. 맑다. 학교 직원회職員會를 가 보니, 어제 교장회의校長會議에서 조선어朝鮮語 교수敎授 과목科目이 없어졌다고 습자習字나 시간으로 맡어보라고 한다.

이병도李丙燾 군君을 찾다. 장지태張之兌 군君에게서 가존『영가집언해永嘉集諺解』한 질帙(2책二冊)을 내게 양도讓渡한다. 30원三十円. 김상기金庠基 군君을 찾어보고 석식夕食까지 하다.

4월

4월 1일. 맑다. 집에 편지하다. 한남서림翰南書林에 가다.『계초심학인문언해戒初心學人文諺解』한 권卷을 가조다. 정지용鄭芝溶 군君이 찾어오다. 가치 나가자 하여 월탄月灘을 찾어 더불고 덕수궁德寿宫, 진고개로 산보散步를 하고 중화정中華亭에서 석찬夕餐.

4월 2일. 맑다. 아츰에 장지태張之兌 군君을 가보고『영가집永嘉集』값을 치루다. 인촌仁村을 가 보다. 함께 보전普專을 동소문東小門 밖으로 걸어 나갔다. 도서관圖書館을 보고 묘포苗圃도 보고 윤택중尹宅重, 홍순태洪淳太 군君도 맞나보고 손진태孫晋泰 군君과 가치 나오다가 그 집에서 저녁을 먹었다.

4월 3일. 맑다. 이은영李殷永 군君 손자孫子 승희昇熹가 오다. 그 경기중학교京畿中學校 입학入學에 보호인保護人이 되다. 김영완 씨金永完氏가 와서『대동야승大東野乘』1一, 6六 권卷을 차거借去. 밤에 이은영李殷永 군君을 찾어보다.

4월 4일. 맑다. 김영완 가金永完家에 가서『목릉어필穆陵御筆』을, 등사騰寫. 애류崖溜가 오다. 밤에 이성의李聖儀 군君과 하 박사河博士가 오다.

4월 5일. 맑다. 이여성李如星 군君이 오다. 황진이黃眞伊를 그려 보겠다고 그 재료材料를 구한다. 책册도 보이고 그림도 보이고 이야기도 하여 낮을 보냈다. 퇴직원退職員 송별회送別會를 한다고 명월관明月館 본점本店에 가다. 신건희申健熙, 조병준趙炳俊, 이승규李昇圭는 오고 서상천徐相天 군君은 아니 왔다.

4월 6일. 맑다. 오문호吳文浩 군君이 오다. 김병룡金秉龍 군君 집에 가보다. 학교學校에 가서 습자習字 세 시간.

4월 7일. 흐리고 소우小雨. 학교에 가다. 변일섭边日燮 군君이 오다. 이문식당以文食堂에 가다. 변영로卞榮魯 군君을 맞나 보다. 소완규蘇完奎 군君도 찾어보다.

4월 8일. 맑다. 신오위장申五衛將 개정改定한 『토별가兔鱉歌』를 벗기다. 최현배崔鉉培 군君이 오다. 연전延專 문과文科 조선문학朝鮮文學 다섯 시간 — 1학년 1, 2학년 1, 3학년 2, 4학년 1을 보아 달라고. 저녁에 하 박사河博士를 가 보다.

4월 9일. 맑다. 이병도李丙燾 군君이 오다. 이근성李根性이 오다.

4월 10일. 맑다. 최현배崔鉉培 군君을 가보다. 월탄月灘을 가 보고 가치 나섰다. 창의문彰義門 밖을 가서 빙허憑虛를 보고 세검정洗劍亭으로 산보散步가다. 노작露雀 홍사용洪思容 君을 맞나, 술상이 벌어졌다. 나종에는 산언덕 우에 올라 먹었다. 노작露雀의 친구親舊 하나가 웬 젊은 여자를 다리고 왔다. 밝은 달 아래다. 빙허憑虛와 그 여자와는 시비是非가 일어났다. 나는 말렸다. 그리고는 어떠케 집에 왔는지를 모른다.

4월 11일. 맑다 흐리다. 오철호吳徹浩 형제兄弟가 오다. 김복진金復

鎭, 송석복宋錫復 군君이 오다. 김金의 집안에서 소학교小學校 여자교원女子教員 양성소養成所를 경영經營하는데 조선어朝鮮語 시간을 보아달라고 한다.

이사경李士璟이란 자가 또 왔다. 경례慶禮를 꾀어가려고 언사言辭를 놀리고 거짓말을 하여 이간離間을 부치다. 좀 꾸짖어 주었다. 병륙秉陸이에게 편지를 하였다. 종희宗熙가 근화유치원槿花幼稚園에 입원入園.

4월 12일. 맑고 서풍西風이 분다. 『토별가兎鼈歌』를 벗기다. 취운정翠雲亭으로 산보散步를 갔다. 만년필萬年筆을 잃었다. 가회정嘉會町 11十一-29二九 하 박사河博士를 가보다. 이사移徙하였다. 호남란湖南蘭 한 분을 주었다. 뒤꽁문이 아프다. 부드친 모양.

4월 13일. 맑다. 약간若干 서풍西風 분다. 연전延專 문과文科에서 휘문중학교장徽文中學校長 승낙서承諾書를 보냈다. 동同 교장인校長印을 받이 반송返送하였다. 퇴직금退職金 735원七百三十五円을 받었다. 조선일보사朝鮮日報社 출판부出版部에서 『문학전집文學全集』 시가편詩歌篇을 보내준다. 오식誤植이 많다. 장발張勃 군君이 비문碑文을 써 달라고 하여 조히를 가조다. 원회円會를 하다. 한남서림翰南書林을 가보다.

4월 14일. 비 오다. 서남풍西南風이 강强하다. 송신용宋申用 군君이 오다. 우하又荷를 가 뵈다. 기고忌故라 하여 자정子正까지 붙들렸다.

4월 15일. 맑다. 호남란湖南蘭 한 분盆을 가지고 가서 호암湖岩을 찾았다. 고향故鄕에 갔다고 한다. 매헌梅軒을 찾다. 가치 나섰다. 월탄月灘을 찾어보고 정자옥丁字屋에 가서 춘란春蘭 일경구화一莖九花 한 분盆을 사다. 일경오화一莖五花가 피었다. 방향복욱芳香馥郁. 매헌梅軒이 복해원福海園으로 끌어 점심点心을 하였다. 저녁에 하 박사河博士를 찾었다 못 보았다. 이여성李如星 군君이 왔다 갔다.

4월 16일. 맑다. 이여성李如星 군君이 오다. 조선여자朝鮮女子 변발編髮에 대하여 말하다가 따러 나섰다. 문우식당文友食堂에서 점심点心을 하고 덕수궁德壽宮에 가서 일본화日本画를 보다. 그중 노파老婆를 그린 것이 있다. 명선銘仙을 입혀 의자椅子에 앉혔다. 명선銘仙의 기분氣分 밖에는 보잘 것이 없다. 화제畵題를 명선銘仙이라 하였으면 하겠다 하고 서로 웃었다. 저녁에 매헌梅軒과 가치 박사博士 집을 가보다. 매헌梅軒이 장긔판을 그려 가지고 장긔를 주머니 너어 가지고 왔다. 박보博譜를 두엇 풀고 하 군河君과 장긔를 두어 판 둔다. 나는 그 옆에서 졸았다.

4월 17일. 맑다. 아츰에 권퇴경權退耕을 찾았다 못 보다. 안자산安自山(확廓)이 오다. 근작近作 시조時調 몇 수首를 내어 보인다. 더 마탁磨琢이 되었다. 이태준李泰俊 군君 오다. 난초蘭草 심을 모래를 작만하여 주었다. 김상기金庠基 군君이 오다. 김영완金永完 학어學魚 댁의 초대招待을 받었다. 학어學魚 회갑回甲 음陰 3월三月 12일十二日. 벽초碧初도 맞나다.

4월 18일. 맑다. 권덕보權德甫 편지라는 것이 왔다. 병륙秉陸이에게 편지하였다. 경례慶禮 편지도 동봉同封하였다. 경례慶禮를 또 보내라는 것이다. 그것이 중간中間 위조僞造가 아니면 정신병자精神病者의 일이다. 제3종第三種 소득세所得税 신고서申告書를 내었다. 이여성李如星 군君을 찾었다 못 보다. 우하又荷를 가 뵈다. 또 기고忌故다. 자정子正까지 있다 오다. 아니 가면 사람을 자꾸 보내어 오라는 것이다.

4월 19일. 맑다. 김문집金文輯 군君이 오다. 조선어朝鮮語 문제問題를 가지고 학무국장學務局長을 여러 번 찾어보았다 하고 무슨 구체안具體案을 맨든다 하고 고등보통학교高等普通學校 조선어朝鮮語 한문漢文 교과서敎科書를 12권一二卷 빌어 갔다. 상현尚玄이 오셨다.

4월 20일. 맑다. 이여성李如星 군君을 찾어보다. 저녁도 먹다.

4월 21일. 맑다. 『토별가兎鼈歌』를 초抄하다. 이상돈李相敦 군君의 엽서葉書가 오다. 장발張勃 군君을 찾었다 못 보다.

4월 22일. 흐리다. 이상효李相效 군君이 오다. 매헌梅軒이 오다.

4월 23일. 맑다. 『토별가兎鼈歌』를 초抄하다.

4월 24일. 맑다. 퇴경退耕을 가 보고 『남명집南明集』을 얻었다. 장발張勃 군君을 찾어보고 혜원蕙園 풍속화風俗画 원판原板 22개二十二箇를 얻어다 이여성李如星 군君에게 주었다. 저녁에 장발張勃 군君과 가치 신건희申健熙 군君을 찾다. 서정일徐廷一 군君 내외內外가 오다. 이상돈李相敦 군君은 떠낫다.

4월 25일. 맑다. 오후午後 7시七時 40분四十分 — 8시八時 「봄을 찬송讚頌하는 시가詩歌」 방송放送. 바람이 분다. 좀 차다.

4월 26일. 맑다. 김영기金永起, 김원식金元植 군君에게 편지하다.

4월 27일. 맑다. 대판옥大阪屋 이회백李會伯 군君이 오다. 『이십오사二十五史』(개명서점주판開明書店鑄板)를 가조라고. 전부全部 9책九册(제2第二 결缺) 재在 8책八册. 절가折價 60원六十円 내內 40원四十円 선급先給.

4월 28일. 흐리다 맑다. 중앙불전中央佛專에 가다. 권상로權相老, 이병도李丙燾, 김두헌金斗憲, 석전石顚 스님을 맞나다. 퇴경退耕에게 『동국여지승람東國與地勝覽』 색인索引 1책一册을 주고 불전佛專 도서圖書의 『남명집南明集』 하권下卷을 빌렸다. 김두헌金斗憲 군君이 점심点心을 준다. 이병도李丙燾 군君과는 작반作伴하여 정동貞洞 성공회도서관聖公會圖書館을 찾었다. 문門이 닫히고 아무도 없다. 조선일보사朝鮮日報社 주최主催인 향토연예대회鄕土演藝大會를 보다. 송석하宋錫夏, 신명균申明均, 이은상李殷相 군君을 맞나다. 매헌梅軒을 찾었다 못 보고 정인보鄭寅普 군君을 찾다. 병病이 여전如前하고 담화談話도 여전如前하다.

4월 29일. 맑다. 김영례金永禮가 오다. 가치 본정本町 책사册肆에 가다. 『단편소설집短篇小說集』 1책一册을 사 주다. 대판옥大阪屋에서 『이십오사二十五史』 8책八册을 가조다.

4월 30일. 맑다. 아버님 편지를 보다. 석전石顚 박한영朴漢永 스님이 오다. 책册도 보고 담소談笑도 하다. 장지태張之兌 군君이 오다.

5월

5월 1일. 흐리고 비도 좀 오다. 김상기金庠基 군君이 오다. 가치 이병도李丙燾 군君을 찾어보다. 권덕보權德甫가 오다. 경례慶禮를 다려 가려고. 경례慶禮가 싫다 하여 아니 가기로 하였다.

5월 2일. 흐리다. 권덕보權德甫가 밤차車로 떠났다. 돈 14원十四円을 주었고 옷감을 3원三円어치 떠 주었다.

5월 3일. 흐리다. 밤에 비 오다. 책册장을 째다. 돈 10원十円을 주었다.

5월 4일. 비 오다. 인촌仁村을 가보다. 이윽하게 놀았다. 분盆을 사다 청한란靑寒蘭을 옮겨 심었다. 휘문당彙文堂, 문구당文求堂에 엽서葉書를 하다.

5월 5일. 비 오다. 종일終日 오다. 김상기金庠基 군君을 가 보다. 『고려사高麗史』 낙질落帙 10책十册을 가조다. 『추사간첩秋史簡帖』 하나를 팔었다. 53원五十三円을 치고 『고려사高麗史』 낙질落帙 44책四十四册을

75원七十五円에 샀다. 김상기金庠基 군君에게서 가존 것으로 여섯 책冊을 채웠다. 양희良熙가 여산소학교礪山小學校 수학여행修學旅行에 따라 와 갔다.

5월 6일. 흐리다. 양희良熙가 떠났다. 아버님께 상서上書.

5월 7일. 맑다. 한남서림翰南書林에 가서 『고려사高麗史』 낙질落帙 3책三冊을 가조다. 원인元人 『허노재집許魯齋集』 1책一冊도. 아버님께 상서上書. 인촌仁村이 사람 시겨 부탁한 일을 알린다.

5월 8일. 맑다. 조윤제趙潤濟 군君을 찾다. 『양금신보梁琴新譜』 사본寫本 반환返還. 조趙와 가치 이병도李丙燾 군君을 찾었다. 이태준李泰俊 군君을 찾다. 홍모란紅牡丹 두 가지를 꺾어 준다.

5월 9일. 맑다. 바람이 강强하다. 이조사李朝史를 보다. 최현배崔鉉培 군君 편지를 보다.

5월 10일. 흐리다 맑다 한다. 바람이 분다. 대판옥大阪屋에 가서 『이십오사二十五史』 전질全秩을 다시 주문注文하고 전에 가존 그 낙질落帙은 도로 가져가기로 하였다. 휘문당彙文堂 회답回答을 보고, 광동서관光東書館에서 운란雲蘭 8폭八幅과 성교서聖教序 1첩一帖을 가조다.

5월 11일. 맑다. 광동서관光東書館을 가다. 우하又荷를 가보다. 김상기金庠基 군君 편지를 보다.

5월 12일. 맑다. 우하又荷를 가보다. 점심点心 뒤에 동막東幕으로 나가 다시 세교리細橋里에 가서 서상란徐相鸞 군君을 찾어보다. 오후午後 8시八時 경성역京城驛으로 돌아오다. 우하又荷를 뫼시고 역 식당驛食堂에서 요긔를 하였다.

5월 13일. 맑다. 박용철朴龍喆 군君이 지난 12일 별세別世하였다고 부고訃告가 왔다.

5월 14일. 맑다. 한남서림翰南書林에 가다. 병하秉夏 형兄이 오다. 하경덕河敬德 군君이 오다.

5월 15일. 비. 오전午前 7시七時 55분五分 차車로 떠났다. 강경江景서 나리다. 비는 좀 멎다. 세 시간 기다려 자동차自動車를 타고 신막新幕서 나리다. 비는 또 멎다. 집에 들다. 노인老人들이 모여 시詩를 읊는다. 논산論山 종수從嫂가 다독茶毒이 나서 깜을치다 깨어났다. 나는 작은어머님이 그러신 줄 알고 더욱 놀랬다. 작은어머님은 강건康健하시다. 아버님 옷 한 벌과 홍어洪魚 한 마리를 가져갔다.

5월 16일. 흐리다. 아버님 생신生辰. 가족家族들이 모여 조반朝飯을 먹다. 부로父老들이 오다. 기촌箕村 외당숙外堂叔이 오시다. 한아버님, 어머님 산소山所 성묘省墓. 사곡종조부沙谷從祖父를 가 뵈다. 밤에는 면직원面職員들이 오다. 술을 대접하였다. 난초蘭草를 고쳐 심다.

5월 17일. 흐리다. 여산礪山 제일소학교第一小學校에 가보다. 교장校長과 담화談話. 읍인邑人 몇을 찾었다 못 보다. 이형화李炯和 군君을 찾다. 신보영申補永 군君을 찾다.

5월 18일. 흐리다. 오전午前 8시八時 떠나다. 논산論山서 차車를 탔다. 대전太田서 조병모曺秉謨 군君을 맞나 동행同行하다. 오후午後 7시七時 반半 경성京城 오다. 비가 온다.

5월 19일. 흐리다. 학교에 가서 세 시간 시험試驗 감독監督을 하다. 매헌梅軒이 오다. 시계時計를 구하였다. 이상돈李相敦 군君 편지를 보다.

5월 20일. 흐리다. 매헌梅軒과 가치 창의문彰義門 밖 백석실白石室 밑 김병룡金秉龍 군君 별서別墅를 찾다. 김병룡金秉龍 군君과 오철호吳徹浩 군君을 보다. 김 군金君이 중국요리中國料理를 사 준다. 소림사小林寺를 올라보고 매헌梅軒, 취농翠儂과 나는 돌아오다. 문일평文一平 군君

을 찾어보다. 취농翠儂은 집에 와 잤다.

5월 21일. 흐리다. 간간間間 소우小雨. 취농翠儂을 만류挽留하다. 『계년사季年史』 교준校準을 하다.

5월 22일. 흐리다. 취농翠儂은 떠나다. 오후午後 8시八時 청량리清凉里 동경성역東京城驛에 가다. 기차汽車가 한 시간 반이나 연착延着. 김현장金顯璋, 김도태金道泰, 남원우南遠祐, 김창호金昌鎬 군君과 함께 덕정德亭을 나가다. 이재훈李載薰 군君이 역驛에까지 나왔다. 비를 맞고 한 5리五里 걸어 재훈 군載薰君 집에 갔다. 닭고기와 맥주麥酒를 먹다. 저녁때나 되어 또 비를 맞고 나왔다. 역驛 근처近处 음식점飲食店에 들었다. 술을 또 먹다. 오후午後 10시十時 집으로 돌아왔다. 조병모曺秉謨 군君 편지가 오다.

5월 23일. 개었다. 맑다. 병택秉澤 군君과 김자현金字鉉 군君이 오다. 점심点心을 먹이다.

5월 24일. 맑다 흐리다. 하 박사河博士를 찾다. 김동수金同洙 군君 편지를 보다.

5월 25일. 맑다 흐리다. 인촌仁村을 가 보고 『강계지疆界志』 등사본謄写本을 전傳하다.

5월 26일. 흐리다. 무덥다. 정지용鄭芝溶 군君과 가치 월탄月灘을 찾다. 내환內患이 있다. 달포만에 지금사 차도差道가 있다 한다. 이인영李仁榮 군君을 찾다. 기다리다가 이재훈李載薰 군君은 종내 못 보고 나섰다. 정 군鄭君과 목놋집을 두어 군데 들어가 보았다.

5월 27일. 흐리고 무덥다. 하경덕河敬德 군君과 가치 보전普專에 나가다. 『토별가兎鼈歌』를 반환返還하고 『응제시應制詩』를 얻어오다.

5월 28일. 비 오다. 오후午後에 개었다. 금옥당金玉堂 주인主人 손승

조손승조趙孫承朝 군君을 찾다. 조병모曺秉謨 군君이 운란雲蘭을 감정鑑定하여 달라는 것이다. 벌서 방매放賣하였다. 한남서림翰南書林에 들렀다. 퇴계退溪의 『매화시梅花詩』, 『도산육곡첩陶山六曲帖』과 왕희렴王希廉 『비홍루몽批紅樓夢』, 『후홍루몽後紅樓夢』 32책三十二冊 1질一帙을 가조다. 김동수金同洙, 조병모曺秉謨, 정계섭鄭啓燮 씨氏에게 답장答狀. 정계섭鄭啓燮 씨氏가 오다.

5월 29일. 비.

5월 30일. 흐리다 맑다. 이병도李丙燾 군君이 오다. 가치 동광서관東光書館, 한남서림翰南書林에 가다.

5월 31일. 흐리다 맑다.

6월

6월 1일. 흐리다. 경성부청京城府廳 세무과稅務課에 가다. 호별세户別稅가 20원二十円 69전六十九錢이 나왔다. 전년前年엔 3원三円 남짓 하였다. 그 까닭을 물으니 여산면礪山面에서 토지수입土地收入이 1800원千八百円이나 하였다고. 금년今年은 월급月給도 퍽 줄었는데 웨 그리 많으냐 한즉 명년明年에나 개정改正하여 준다고. 맥랑麥浪한 일이다.

6월 2일. 맑다. 이성의李聖儀 군君이 오다. 고본古本 『훈몽자회訓蒙字會』를 가조다. 보든 중 좋다.

6월 3일. 맑다 흐리다 한다. 김익환金翊煥 군君 내간상內艱喪에 문상問喪을 가고 부의賻儀 2원二円. 한남서림翰南書林에 가보다. 신구현申龜鉉 군君이 김성탄金聖嘆 『두시해杜詩解』를 차래借來.

6월 4일. 흐리다. 휘문徽文 운동대회運動大會에 가다. 구호반救護班을 보다. 저녁은 명월관明月館에서. 밖에 비가 오다. 오철호吳徹浩 군君이 내간상內艱喪을 당하였다고 부고訃告. ― 무인戊寅 5일. 6일.

6월 5일. 비. 조병모曺秉謨 군君이 오원吾園 병풍화屛風画 10폭十幅을 보냈다. 때를 누구 시겨 빼 달라고. 김상기金庠基 군君이 오다. 경도京都 영인影印『삼국유사三國遺事』를 주다. 이성의李聖儀 군君이 오다. 판본板本 영본零本 4책四册을 두다.

6월 6일. 흐리다. 이근성李根性 군君이 오다.『이백李白 시집詩集』활자본活字本을 가조다.

6월 7일. 흐리다 맑다. 오후午後 1시一時 25분五分 ― 30분三十分 간間「하운夏雲과 전설傳說」방송放送. 한남서림翰南書林, 박기홍朴基弘 서사書肆를 가 보고 우하又荷를 찾어 뵈다. 권영희权永禧가 오다. 조선어학연구회朝鮮語學研究會 사전辭典 편찬編纂을 해 달라고. 거절拒绝.

6월 8일. 흐리다 맑다. 밤 8시八時 45분五分 ― 25분五分 간間 현석년玄石年 창唱 시조時調 해설解說을 하였다.

6월 9일. 맑다. 집에 편지하다.

6월 10일. 맑다. 성북정城北町을 가다. 이병도李丙燾 군君을 찾었더니 없다. 김연수金季洙 군君을 찾다. 그 내간상內艱喪을 당하였다. 김성수金性洙 군君도 보다. 병도丙燾 군君도 맞나 보았다. 가치 나와 그 집으로 들어가 점심点心을 먹다.

6월 11일. 비.『조선사朝鮮史』를 보다.

6월 12일. 비. 오후午後엔 그치다.

6월 13일. 맑다. 용산역龍山驛 앞에 나가다. 김연수 군金季洙君 자당慈堂 발인發靷을 보다. 이병도李丙燾. 권덕규權悳奎, 유년수柳季洙 군君

을 맞나다. 가치 오다, 관철정貫鐵町 어느 음식점飮食店에서 점심点心 먹다. 선전鮮展을 보다. 이여성李如星 군君을 찾다.

6월 14일. 맑다. 조병모曺秉謨 군君 편지를 보다. 조선미술표구소朝鮮美術表具所에 가다. 매헌梅軒을 찾다. 조병모曺秉謨 군君에게 운란雲蘭 8폭八幅과 편지를 보내다.

6월 15일. 비. 조희성曺喜成 엽서葉書가 오다 — 요전 방송放送 치하致賀.

6월 16일. 맑다. 바람 불고 선선하다. 목포木浦 박경옥朴京玉 편지가 오다. 요전 방송放送 한 시조時調를 적어 보내달라고.

6월 17일. 밝다. 바람 불고 선선하다. 우하又荷 어른이 부른다. 가 보다. 한남서림翰南書林을 가보다. 최현배崔鉉培 군君을 가 보았다.

6월 18일. 흐리다. 비 오다. 하경덕河敬德 군君을 가 보다. 이상돈李相敦, 김주훈金冑勛, 박종옥朴宗玉, 김원식金元植, 김영기金永起, 조희성曺喜成 군君에게 답장答狀.

6월 19일. 비. 송석하宋錫夏 군君이 오다. 가치 이병도李丙燾 군君을 찾기로 하였다. 나는 조선미술표구소朝鮮美術表具所로 하여 성북정城北町으로 나갔다. 이 군李君은 위장병胃腸病으로 누었다 일어난다. 두어 시간 뒤에 송 군宋君과 이태준李泰俊 군君과 김두헌金斗憲 군君이 온다. 비빕밥으로 점심点心을 먹다. 송 군宋君의 장흥長興 문화文化 조사담調査談을 들었다.

6월 20일. 흐리다 맑다. 『조선사朝鮮史』을 보다.

6월 21일. 맑다. 조병모曺秉謨 군君이 운란雲蘭을 도루 보냈다.

6월 22일. 맑다 흐리다. 복주한란福州寒蘭과 자한란紫寒蘭을 고처 심었다. 복주한란福州寒蘭은 작년에 난 두 가닥이 노두蘆頭 윗 줄기가 썩었다. 잎사귀는 푸릇푸릇해도 자라지를 않기에 캐 보니 그 모양이다. 물이 과하고 너무 깊이 묻은 까닭인 듯. 자한란紫寒蘭은 뿌리가 많이 상하였다. 한남서림翰南書林을 가보고 책册 값을 치루다.

6월 23일. 맑다. 조선미술표구소朝鮮美術表具所서 오원병풍화吾園屛風画를 찾어왔다. 조병모曺秉謨 군君에게 편지를 하였다. 만년필萬年筆을 샀다.

6월 24일. 맑다. 한남서림翰南書林, 대판옥大阪屋을 가다. 대판옥大阪屋에는 한서적漢書籍 몇을 주문注文시겼다. 한남翰南서는 『초사楚辭』, 활자본活字本을 보았다. 내가 가진 목판본木板本과 교준校準하매 내 것이 더 정확正確하다.

6월 25일. 맑다. 광동서관光東書館 김영완金永完 씨氏를 찾다. 『고려사高麗史』 영본零本 7책七册과 『내훈內訓』, 『규합총서閨閤叢書』, 고본古本 『시전詩傳』 각 1책一册을 가조다. 『고려사高麗史』는 아즉도 30여三十餘 권卷이 부족不足하다. 『가례언해家禮諺解』 한 책册을 샀다.

6월 26일. 맑다. 고서古書 인출印出 연대年代를 조사調査하다.

6월 27일. 간간間間 비를 뿌린다. 고서인출古書印出 연대표年代表를 매 두다.

6월 28일. 맑다. 이태준李泰俊 군君 오다. 고서古書를 보이고 한시漢詩를 말하고 『천가시千家詩』를 주다. 종희宗熙가 신열身热이 높다. 배가 아프다고 한다.

6월 29일. 맑다. 성대城大 법문부法文部에 가보다. 장지태張之兌, 이인영李仁榮, 방종현方鐘鉉, 신구현申龜鉉 군君을 맞나다. 이재수李在秀 군君이 윤고산尹孤山 친필親筆인 그 시가詩歌 사진寫眞을 갖다 준다.

6월 30일. 맑다. 신구현申龜鉉 군君이 오다. 황진이黃眞伊 문헌文献

수집蒐集에 대하여 상의相議를 한다. 경희京熙가 두통頭痛이 심하다. 곳불이 들어 코도 찍찍하다.

7월

7월 1일. 소낙비. 한남서림翰南書林을 가보다. 매헌梅軒을 찾다. 임병철林炳哲 군君이 오다. 금강산金剛山 여행旅行 하겠다고 그 기행紀行, 지도地圖 4본四本을 빌려갔다.

7월 2일. 흐리다 맑다 한다. 김영완金永完 씨氏를 가보다. 임상종林尙鍾 군君을 맞나다. 어제 친기親忌라 하고 술을 준다. 임 군林君과 가치 나와 그 집으로 갔다. 고서古書 몇 책册을 보인다. 맥주麥酒 네 병甁을 사 왔다. 다 거우르고 돌아오니 박종화朴鐘和 군君이 왔다. 내일來日 자기自己의 집으로 와 달라고.

7월 3일. 흐리다. 이병도李丙燾 군君을 찾다. 월탄月灘집에 가서 음식飮食을 먹다. 노작露雀, 행린杏鄰도 왔다. 노작露雀허고 오다가 단성사團成社 들어 구경하였다.

7월 4일. 맑다. 우하又荷를 가 뵈다. 그 소실모小室母의 생일生日이라고 점심상點心床을 잘 차려 내었다. 한남서림翰南書林을 가보다.

7월 5일. 흐리다.

7월 6일. 비. 이병도李丙燾 군君과 총독부總督府 도서관圖書館을 가서 이재욱李在旭 군君을 보고 『월인석보月印釋譜』 저본底本 4책四册을 보다. 또 가치 보전도서관普專圖書館을 가보다. 마츰 『동궐도東闕圖』 전람展覽을 한다. 조선일보사朝鮮日報社서 향토문화鄕土文化 편집위원编辑

委員 황의돈黃義敦, 최익한崔益翰, 방종현方鐘鉉, 송석하宋錫夏 군君도 왔다. 인촌仁村이 저녁을 준다고. 손진태孫晋泰 군君이 우리를 다리고 대관원大觀園으로 갔다. 비는 줄줄 나린다.

7월 7일. 비. 학교를 갔다가 학어學魚를 찾어보다. 밤에 촉냉觸冷되어 배가 아프다. 송석하宋錫夏 군君이 빌려간 책冊을 가졌다.

7월 8일. 비. 종일終日 신열身热, 두통頭痛, 지절통肢節痛이 있다. 힌 죽을 좀 먹고 조사調查하다. 학어學魚가 왔다. 고서古書를 보였다. 저녁에 애류崖溜와 박종목朴鐘穆, 박종화朴鍾和 군君이 왔다. 맥주麥酒 두어 병瓶을 거우르고 담소谈笑하였다. 빗소리는 줄줄 그치지 안는다.

7월 9일. 비. 한남서림翰南書林에 가다. 송신용宋申用 군君이 오다.

7월 10일. 비. 한남서림翰南書林에서 『연려실기술燃藜室記述』 양장洋裝 3책三册을 빌려갔다. 활자活字 문헌文献을 조사調查해 보았다.

7월 11일. 비. 활자活字 문헌文献 조사調查.

7월 12일. 비. 우하又荷가 부른다. 비를 맞고 갔다. 유두流頭날이라고 국수 점심点心을 먹인다. 저녁때 돌아가다 휘문徽文 친구親舊들을 맛나 금천옥金泉屋으로 끌려갔다. 몇 순배巡杯 하고 일어섰다. 하 박사河博士를 가 보다. 간간間間 폭우暴雨.

7월 13일. 좀 개었다. 중앙서관中央書館을 가보다. 이능화 씨李能和氏가 오다.

7월 14일. 개었다. 하거荷居(전영완全永完 씨氏)를 가 보다. 한남서림翰南書林을 돌아 오다.

7월 15일. 흐리다. 이병도李丙燾 군君을 찾다. 주문한 『집안현輯安縣 고구려高句麗 유적遺蹟』과 가소민柯劭忞의 『신원사고증新元史考證』, 『역사보譯史補』와 야율초재耶律楚材의 『서유기西遊記』를 갖다 준다. 함께 나섰다. 대동인쇄소大東印刷所로 하여 호암湖岩을 찾다. 중국요리中國料理를 사준다.

7월 16일. 흐리다 맑다 한다. 방송과放送課서 엽서葉書가 오다. 「납량시화納凉詩話」를 하여 달라고.

7월 17일. 흐리다 맑다 한다. 호암湖岩이 동욱東彧이를 보내여 『이상국집李相國集』 2책二册을 빌려갔다. 하 박사河博士를 가 보다.

7월 18일. 맑다. 황의돈黃義敦 군君을 찾다. 없다. 박경소朴敬沼 책사册肆에 가서 성동成東 군君을 보다. 호적胡適 고증考證 『수호水滸』, 『홍루몽紅樓夢』을 가조다. 조선일보朝鮮日報사를 가보다. 방종현方鐘鉉, 최익한崔益翰 군君을 맞나다. 또 황의돈黃義敦 군君을 찾다. 좀 기다리다. 점심点心을 먹으러 들온다. 고서古書 영본零本을 보았다. 그중 『유문柳文』, 동국여지승람판東國輿地勝覽板이 볼 만하다. 한남서림翰南書林을 들렀다.

7월 19일. 흐리다 맑다. 성대城大 장지태張之兌 군君을 가보다. 『이조실록李朝實錄』도 보고, 요전 해인사海印寺서 대장경大藏經을 인출印出할 때 보각補刻하다 남었다는 자작나무 판板을 한 개 얻어 오다. 해인사海印寺 장경판藏經板도 이 나무라 하고 총독부總督府 편찬編纂 『조선어사전朝鮮語辭典』에는 이를 백화白樺, 백단白椴이라 하고 유희柳僖 『물명고物名考』엔 화속樺屬의 사목沙木이라 하였다. 재梓는 『훈몽자회训蒙字會』에는 가래나모라 하고 『물명고物名考』, 『광재물보廣才物譜』엔 노나무라 하였으나 지금 책판册板에도 이 나무를 많이 쓰고 한ㅅ자漢ㅅ字로는 재ㅅ자梓ㅅ字를 쓴다.

7월 20일. 맑다. 퍽 덥다. 더위를 먹다. 매헌梅軒이 오다.

7월 21일. 맑다. 찬 군燦君이 오다. 시골을 가겠는데 가치 가자고.

7월 22일. 맑다. 퍽 덥다. 몸이 거북하다.

7월 23일. 맑다. 학교를 가보다. 종로鐘路 금융조합소金融組合所, 한남서림翰南書林을 가보고 중앙서관中央書館서 『월인석보月印釋補』 제6第六, 제9第九를 빌려 오다. 신열身熱이 난다. 하 박사河博士가 생일生日이라고 저녁을 준다. 청서익기탕清暑益氣湯 2첩二貼을 지어다 먹다.

7월 24일. 맑다. 동희東熙가 시골을 가다. 제 외가外家 은동隱洞, 자가姊家 임리林里를 단여 여산礪山을 가겠다고. 하거荷居를 가 보고 책冊 값을 주고 『당지명종唐紙名種』을 얻고 『여사서女四書』, 『번역소학飜譯小學』, 『부선賦選』, 『문한류선文翰類選』의 낙질落帙 각各 1책一册을 사 오다. 우하又荷가 오시다.

7월 25일. 맑다. 성대城大 장지태張之兌 군君을 가 보고 위창葦滄(오세창吳世昌)을 가 보다. 조히를 모여 보겠다 하였더니 조선朝鮮 조히, 중국中國 조히 하여 수십數十 종種을 준다. 오후午後부터 두통頭痛이 나고 입이 마른다. 집에 돌아와 얼음물을 한 그릇 먹었더니 번열煩熱, 오한惡寒이 난다. 누어서도 궁글궁글하며 진정할 수 없다. 몹시 거북하다. 체온기体温器를 너어 보니 39도三十九度 3분三分. 얼음을 사다 이마에 찜질을 하였다. 30분三十分 만에 3분三分는 나렸다. 좀 깨끗한 것 같다. 두 시간 만에는 열熱이 사뭇 나렸다. 졸을 사다 흰 죽을 끓이라 하고 병륙秉陸이에게 편지를 썼다. 정지용鄭芝溶, 이태준李泰俊 군君이 자동차自動車를 몰고 와서 놀러 나가자 한다. 사양辭讓타 못하여 따러 나가며 시골 가는 관희觀熙에게 몇 말 일렀다. 일행은 성북동城北洞 음벽정飮碧亭으로 갔다. 문사文士들 몇이 모이고 기생妓生도 셋을 불렀다. 술 두어 잔 밥 두 공긔를 먹었다. 소설小設 이야기를 좀 하다가 헤졌다. 오날사 학질虐疾인 줄 알고 금계납金鷄納을 먹다.

7월 26일. 맑다. 오후午後 우하 댁又荷宅에 갔다. 정충시鄭忠時 군君이 오다. 오후午後 7시七時 — 30분三十分 「납량시화納凉詩話」 방송放送. 밤이 무더워 잠을 잘 못자다.

7월 27일. 소낙비. 오후午後엔 신열身熱은 없으나 머리골 속이 쑤신다. 오후午後 7시七時 — 30분三十分 「납량시화納凉詩話」 방송放送. 중간中間 정전停電이 되어 한 20분二十分밖에 못 하였다. 「납량시화納凉詩話」 졸리어 「야담가野谈家의 유어우柳於于」를 쓰다.

7월 28일. 맑다. 청량리清凉里를 산보散步 가다.

7월 29일. 맑다. 「동방정취東方情趣」에 대하여 쓰다.

7월 30일. 소낙비. 호암湖岩이 새벽에 와서 『금석총람金石總覽』 1책一冊을 차거借去. 오후午後엔 호암湖岩과 성북동城北洞을 나가, 만해萬海 집에서 놀다. 비에 막혀 잤다.

7월 31일. 맑다. 이병도李丙燾 군君을 찾어보고 사담史談을 하다. 「동방정취東方情趣」 원고原稿를 조선일보사朝鮮日報社에 보내다.

8월

8월 1일. 맑다. 조선일보사朝鮮日報社에 가서 함상훈咸尚勳 군君을 보고 본정本町까지 갔다 돌아오다. 월탄月灘 형제兄弟을 찾어, 못 맞나고 한남서림翰南書林으로 하여 오다. 『남명집南明集』 결장缺張을 초抄하기 시작始作.

8월 2일. 맑다. 『남명집南明集』을 초抄하다.

8월 3일. 흐리다. 월탄月灘을 찾어 더불고 광장리廣壯里(광나루)를 나

가다. 강江을 따라 오르니 신설수도공사장新設水道工事場이 나서고 더 오르니 우미내(양주군楊州郡 구리면九里面 아천리峨川里)가 나선다. 그 우쪽에서 소낙비가 지난다. 한 주막酒幕에 들어 쉬었다. 그 뒤 골짜기 시내를 거슬러 오르다가 한 곳에 이르니 바위가 둘러있고 맑은 물이 돌아 흐른다. 목욕沐浴. 퍽 상쾌爽快하다. 서늘하다. 게서 또 물을 따러 오르니 송림松林이다. 송림松林을 벗어나니 곳 대승암大乘庵. 정자亭子에 헐각歇脚. 대명암大明庵 옆으로 나려 다시 광장리廣壯里로 오다. 궤도차軌道車엔 퍽 비좁다. 약수藥水먹으러 갔든 이들이 들어민다. 왕십리往十里을 오자 파리가 꾀고 더러운 냄새가 피어든다. 아차산峨嵯山에서 얻은 깨끗한 기분氣分이 다 깨진다. 김동환金東煥 군君이 외간상外艱喪을 당했다고 부고訃告.

8월 4일. 소낙비가 지내다 만다. 몹시 덥다. 『남명집南明集』을 초抄하다. 김동환金東煥 군君에게 조전吊電.

8월 5일. 맑다. 몹시 덥다. 정충시鄭忠時 군君이 오다.

8월 6일. 맑다. 95도九十五度. 병륙秉陸에게 편지 하다. 김상기金庠基 군君이 오다. 저녁때 소나기.

8월 7일. 맑다. 성대城大에 가서 『이조실록李朝實錄』을 보다. 조윤재趙潤載, 이인영李仁榮, 장지태張之兌 군君도 맞나 보다. 한남서림翰南書林도 가보다.

8월 8일. 맑다. 『매천집梅泉集』을 보다.

8월 9일. 맑다. 『자하시집紫霞詩集』을 보다. 방송과放送課서 엽서葉書가 오다.

8월 10일. 맑다. 『낙하생고洛下生藁』, 『매월당집梅月堂集』을 보다.

8월 11일. 맑다. 매헌梅軒이 오다. 점심点心 후 우하又荷를 가 보다.

송신용宋申用 군君이 오다.

8월 12일. 맑다. 이능화李能和 씨氏가 오다. 건란建蘭 화경花莖이 한 대 솟았다.

8월 13일. 맑다. 오후午後 7시七時 — 30분三十分 「매암이와 시가詩歌」 방송放送. 하 박사河博士가 오다.

8월 14일. 맑다. 구름만 오락가락 하다. 하경덕河敬德, 김용식金龍植, 경희京熙와 먹을 것 준비準備해 가지고 나섰다. 7시七時 반半에 떠나자 든 것이 벌서 8시八時 반半. 창의문彰義門턱을 당하니 매헌梅軒은 와 섰다. 가다가 김병룡金秉龍 군君을 찾으니 없다. 승가사僧伽寺 오르는 길로 들어 여네 시내를 끼고 가다, 이숙한 골 바위 엉서리에 자고 밥 짓고 목욕沐浴, 담소談笑, 배회徘徊하다 컴컴해서 돌아오다.

퍽 무덥고 바람ㅅ긔도 없더니 급작히 풍風, 뇌우雷雨, 벽력霹靂을 한다. 이러케 한 시간時間 이상以上 앞뒤 마루, 방안까지 물이 들어 홍건하다. 조용할 때는 자정子正이 되었다.

8월 15일. 흐리다. 밖에 또 소나기. 우레 번개도 있었으나 어젯밤보다는 덜하다.

8월 16일. 흐리다. 성대城大에 가서 『이조실록李朝實錄』을 보다. 밤비. 새도록 오다.

8월 17일. 비. 정충시鄭忠時 군君을 가보다. 생량生凉하였다. 아츰 저녁은 제법 차다.

8월 18일. 비 오다. 오후午後엔 개다. 『남명집南明集』을 쓰다.

8월 19일. 비 좀 오다. 이발理髮. 학교學校에 가보다.

8월 20일. 맑다. 호암湖岩이 오다. 창강시滄江詩를 보다. 밤차車에 동희東熙, 관희觀熙, 관희觀熙 모친母親이 오다. 병륙秉陸이 편지를 보다.

8월 21일. 흐리다. 집안 이야기를 듣다. 에지간히 수쉐리는 모양이다.

8월 22일. 맑다. 학교學校에 가서 개학식開學式을 보다.

8월 23일. 맑다. 밤에는 소나기. 퍽 무덥다. 이성의李聖儀 군君이 오다.

8월 24일. 맑다 흐리다. 소나기. 병암甁岩 재당고모再堂姑母가 그 끝의 아들을 다리고 오다.

8월 25일. 맑다. 무척 덥다. 소나기.

8월 26일. 비. 병암甁岩 재종고모再堂姑母는 재동齋洞 김병룡金秉龍 군君 집 보모保母로 들어가고 그 아들은 시골로 가다.

8월 27일. 맑다 흐리다. 이병도李丙燾 군君이 오다. 내일來日 가치 호암湖岩, 춘원春園을 찾어보자고 일즉 오마고 하였다. 밤차車에 관희觀熙 모친母親이 떠나다. 연산連山 가 그 친댁親宅을 찾는다고.

8월 28일. 비. 이 군李君은 아니 온다. 종일終日 고적孤寂. 난초蘭草 꽃이 피어 위로가 되었다.

8월 29일. 맑다. 한남서림翰南書林을 가보다. 영보永保그릴 가서 간야중태間野重太 군君 송별회送別會를 하다. 양식洋食에 배는 좀 거북하다.

8월 30일. 맑다. 담장이(설려薛荔) 묵은 덩굴 한 뿌리를 분盆에 심어가지고 화초花草장이가 왔다. 주머니를 다 털어서 샀다.

8월 31일. 맑다. 하 박사河博士를 찾어보다.

일기

38권

1938. 9. 1. ~ 1939. 12. 31.

1938년(단기 4271년)

9월

9월 1일. 맑다. 김용식 군金龍植君이 외간상外艱喪을 당했다고 부고 오다. 조전吊電.

9월 2일. 맑다. 매헌梅軒, 호암湖岩을 찾다. 가치 창의문彰義門 밖을 나가 김병룡金秉龍 군君을 찾었다. 저믈어 들오다.

9월 3일. 종일終日 종야終夜 비.

9월 4일. 밝다. 정계섭鄭啓燮 씨氏가 오다. 이병도李丙燾 군君을 찾다. 이중화李重華 군君도 맞나, 종일終日 놀다. 동희東熙가 급작이 신열身熱이 39도三十九度. 가슴이 답답하다고.

9월 5일. 맑다. 김영완金永完 씨氏를 찾다. 공영사共榮社에 가서 장적한 도르크 주문. 35원三十五円 절가折価.

9월 6일. 맑다. 장적이 들오다. 박경소 서점朴敬昭書店, 한남서림翰南書林을 가보다.

9월 7일. 맑다. 이근성李根成 군君이 오다. 김치당金耻堂이 오다. 『하원시집夏園詩集』을 빌렸다.

9월 8일. 맑다. 최영주崔泳柱 군君이 『박문博文』 수필 잡지隨筆雜誌를 하겠다고 원고原稿를 와 청請한다. 장적은 4인四人이 종일終日 패다.

4원四円 40전四十錢.

9월 9일. 흐리다. 밤비. 바람도 불다. 김영기金永起 군君 편지가 오다. 답장答狀. 이상돈李相敦 군君에게 편지하다. 항문이 변비증便秘症이 있을 때엔 내밀고 피도 나온다. 이 증세症勢가 작년昨年부터 있었다. 그동안은 피가 나오는 것이 대장大腸 속에선 줄 알었다. 이것이 꽃 치질痔疾이라고. 그 내민 모양이 꽃봉지 같어. 치질痔疾 중에는 가장 순한 것이라 한다. 간수를 다려 솜박망이에 무쳐서 지져 보았다. 좀 시원하다.

9월 10일. 맑다 흐리다 비도 오다. 한남서림翰南書林으로 가 보다. 생양동生陽洞 정기성鄭基成이 오다. 보통문관普通文官 시험을 보러. 명희明熙 처妻의 변고를 듣다.(지난 7일. 가성소다苛性曹達 먹고 신고辛苦타가 죽다.) 그러케 죽을라면 무어드러 생겼든고. 지극히 어려운 일이 지극히 쉬운 일이다.

9월 11일. 맑다. 『박문博文』 수필지隨筆誌의 원고原稿 「약간어제若干御製에 대하여」를 쓰다. 김영례金永禮가 오다. 시조時調 근작近作 몇 수首를 읽혀 보다. 보통 독자가 다 저 모양이면 하는 한심寒心한 생각이 문득 난다.

9월 12일. 맑다. 한남서림翰南書林서 빌려간 『연려실기술燃藜室記述』 3책三册은 가조고 또 그 별집別集 3책三册을 가져가다. 최영주崔泳柱 군君이 와 『박문博文』 원고原稿를 가져가다. 정지용鄭芝溶 군君이 오다. 『삼천리문학』 제1집第一輯을 빌려갔다.

9월 13일. 맑다. 이태준李泰俊 군君이 오다. 매헌梅軒을 가 보다. 정기성鄭基成이 떠났다. 대전太田 정갑수丁甲秀 군君 편지와 그 시작詩作 원고原稿가 오다.

9월 14일. 맑다. 김주金珠 군君이 전남全南 학무과로 전근되었다고 엽서葉書가 왔기 답장答狀하고 정갑수丁甲秀 군君 답장答狀도 하였다. 동아일보사東亞日報社 학예부서 시詩 2, 3편篇을 청請하였다. 「오후풍경午後風景」, 「다람쥐」를 써 보내다.

9월 15일. 맑다. 병륙秉陸이 편지를 보다.

9월 16일. 맑다. 『남명집南明集』을 초抄하다. 매헌梅軒이 오다.

9월 17일. 맑다. 김영완金永完 씨氏를 가보다. 최현배崔鉉培 군君을 찾어보다. 김상기金庠基 군君이 오다. 정충시鄭忠時, 권태희權泰禧 군君을 청請하여 저녁을 먹다.

9월 18일. 흐리다. 송석하宋錫夏 군君이 찾어오다. 고서古書를 보여주다. 김영근金永近 군君이 오다.

9월 19일. 맑다. 권태희權泰禧 군君이 정충시鄭忠時 군君과 나를 청請하여 저녁을 먹인다.

9월 20일. 맑다. 이상돈李相敦 군君에게 엽서葉書.

9월 21일. 맑다. 이규봉李圭鳳 군君과 가치 고하古下(송진우宋鎭禹)를 찾다. 창해滄海도 맞나다. 저녁을 준다.

9월 22일. 맑다. 하경덕河敬德 군君을 찾어보다.

9월 23일. 맑다. 송신용宋申用 군君, 박승옥朴勝玉 군君이 오다. 천안天安 족숙族叔 성욱性旭(신伸 씨)가 오다. 승옥勝玉 군君은 문학에 뜻을 두었다고.

9월 24일. 맑다. 손진태孫晋泰 군君과 송석하宋錫夏 군君이 오다. 오후午後 6시六時 25분五分 — 35분五分간 「추석秋夕과 전설傳說」 방송放送. 『한경지략漢京識略』 2책二册과 『도지준절度支準折』 1책一册을 손孫이 빌어 가다.

9월 25일. 맑다. 성욱性旭 씨가 떠나가다. 매헌梅軒을 찾다. 취농翠儂

오철호吳徹浩 군君을 맞나 조상하다. 혜화정惠化町 포도원에 가치 가서 포도를 사 먹다. 저녁에 조 형趙兄, 춘원春元이 오다. 밤에 떠나다.

9월 26일. 맑다. 『응제시주應制詩註』의 준準을 보다. 이영재李永宰 씨氏가 오다. 김형배金亨培 씨氏가 오다.(전前 휘문고보 교장徽文高普校長).

9월 27일. 맑다. 무덥다. 이병도李丙燾 군君을 찾다. 가치 나오다 포도를 사 먹고 화초花草집에 들어 난초를 보고 식당食堂에서 점심 먹고 성대城大 법문부法文部 장지태張之兌 군君을 찾다. 이인영李仁榮 군君도 맞나다. 다시 나와 차茶를 먹고 헤졌다. 한남서림翰南書林에 들렀다.

밤에 하경덕河敬德 군君이 오다. 연전延專 문과文科의 나의 조어문학朝語文學 시간을 학무국서 묵인默認하였다고 오는 주일週日부터 와 달라는 것이다. 취농翠儂이 와 자다. 김주金珠 편지를 보다.

9월 28일. 맑다. 무덥다. 학교 시험 감독監督.

9월 29일. 맑다. 무덥다. 학교 갔다가 나와서 황금정黃金町 박종목朴鍾穆 군君 집에 가서 월탄月灘을 보다. 그 아우가 동경東京을 향向하여 떠난다고 분주奔走하다. 수화數話하고 일어섰다. 무교탕반武橋湯飯집에서 점심. 배오개장에 가서 실백자實柏子 1승一升를 사 오다. 1원一円 60전六十錢.

9월 30일. 흐리다. 『응제시주應制詩註』의 준準을 보다. 한남서림翰南書林을 가보고 김영완金永完 씨를 찾다. 저녁을 먹다. 『규장전운奎章全韻』을 가조다. 김원식金元植 군君편지가 오다.

10월

10월 1일. 흐리다. 송석하宋錫夏 군君이 오다. 『법화경法華經』 한 권卷을 보인다. 지색紙色이 창연蒼然하다. 고려본高麗本이다. 제5第五~제7第七 합권合卷. 해동海東 전주全州서 한 판板이다. 자체字體는 구양순체歐陽詢体. 밤에 비오다.

10월 2일. 비 오다 개었다. 이병도李丙燾 군君이 오다. 가치 나서 장충단奬忠壇 지나, 독서당讀書堂 재를 넘어 한 초막草幕에 배를 사 먹고, 들고 또 한 고개 넘어 김상기金庠基 군君을 찾다. 산山허리 음옥한 곳에 기아집 한 채가 있다. 앞에는 한강漢江과 독도纛島이 나려다 보이고 남한南漢의 일장산日長山이 안산案山처럼 되었다. 안계眼界가 퍽 좋다. 이 집은 김 군金君의 처가妻家 집이다. 청담淸淡을 하다 저녁을 먹다. 날이 어두어서 돌아오다. 임병철林炳哲 군君이 오다.

10월 3일. 맑다. 저녁에 명월관明月館 평일방平一房을 가다. 문장사文章社서 술을 준다. 돌아와서는 동아일보 학예부서 부탁한 「종래從來 정악正樂에 대하여」의 원고原稿를 쓰다. 『응제시應制詩』를 다 준準하다.

10월 4일. 맑다. 변일섭邊日燮 군君이 오다. 홍순태洪淳太 군君이 오다. 가치 나서 김참판金參判 집으로 가다. 또 중로中路서 찬 군燦君을 맞나 동행同行. 변 군邊君이 술을 준다. 놀다 자정子正이 되어 돌아섰다. 달은 조히 밝다.

10월 5일. 맑다. 『삼죽사류三竹詞流』를 다 준準하다.

10월 6일. 맑다. 하경덕河敬德 군君이 오다. 인가認可 신청申請 건件은 오히려 2, 3일 뒤라야 알겠다 한다. 장지태張之兌 군君을 찾고 이능화李能和 씨氏를 찾다. 매헌梅軒은 찾었으나 못 맞났다. 인촌仁村을 찾다.

10월 7일. 맑다. 매헌梅軒을 찾다. 그 대상大祥날이 갓가웠다. 5원五円을 부조. 가치 창신동昌信洞까지 갔다. 형제주점서 복탕을 먹다. 집에서 감을 보냈다.

10월 8일. 맑다. 오전午前 8시八時 반半, 노량진鷺梁津에 나가다. 휘문徽文 3학년三學年 1학년생 급 직원一學年生及職員 12인 일동一同이 관악산冠岳山 원족遠足을 간다. 나는 소사小使 1인一人와 가치 영등포永登浦(남경성南京城)서 차車를 타고 안양安養 가 나리다. 한 10리十里 산山ㅅ길을 걸어 삼막사三幕寺에 이르러 점심點心을 시기고 기다리다. 오정午正이 지나, 일행一行이 다 온다. 두어 시간 지체遲滯하여 오후午後도로 안양安養으로 오다. 경성역京城驛에 나리니 벌서 전등電燈이 켜졌다. 매헌梅軒이 오다. 이능화李能和 씨가 오셨다. 무얼 써 놓았다. 친절親切한 어른이다.

10월 9일. 맑다. 덥다. 이능화李能和 씨를 가 뵈다. 어제 길에서 암촌岩村이를 맞났다고. 이태준李泰俊 군君을 찾었다. 시골을 갔다 한다. 두계斗溪를 찾어 놀다가 점심點心을 먹다. 밤에 비 오다. 새도록 놀다.

10월 10일. 비. 오후午後엔 개었다. 그려도 흐리고 무덥다. 저녁에 하경덕河敬德 군君을 가보다.

10월 11일. 맑다. 경례慶禮가 자다 일어나 허릿등이 절린다 한다.

10월 12일. 맑다. 문일평文一平 군君을 가보다. 『동아일보東亞日報』에 「어린이 역사歷史」를 쓰다.

10월 13일. 맑다. 경례慶禮가 꼼짝 못하고 누어 있다. 장남계張南溪의 약藥을 먹이다.

10월 14일. 맑다. 매헌梅軒집 대상大祥이다. 저녁에 가보다. 호암湖岩이 왔었다.

10월 15일. 맑다. 시조時調 초고 정리整理. 경례慶禮의 병病은 한 대종이다. 양약洋藥을 먹이다.

10월 16일. 맑다. 매헌梅軒이 아츰에 왔다. 저녁때 매헌梅軒 집에 저녁을 먹다. 경례慶禮의 병病은 차감差減이 없다.

10월 17일. 맑다. 시조時調 정리整理.

10월 18일. 맑다. 시조時調 정리整理.

10월 19일. 맑다. 윤형로尹衡老 군君이 경례慶禮의 병病을 보다. 좀 감세減勢가 있다.

10월 20일. 맑다. 애류崖溜와 김상기金庠基 군君이 오다. 저녁을 가치 먹다.

10월 21일. 맑다. 시조時調 정리整理. 진듸찰(희선希仙)을 구증구포九蒸九曝하는데 삼증삼포三蒸三曝하다.

10월 22일. 맑다. 문일평文一平, 이상춘李常春 군君이 오다. 가치 창의문彰義門 밖에 나가 춘원春園과 유영모柳永模 군君을 보다. 진듸찰을 육증육포六蒸六曝하였다.

10월 23일. 맑다. 하경덕河敬德 군君을 가보다. 시조時調 정리整理.

10월 24일. 흐리다. 희선希仙(희첨豨簽)가루를 서너 되 작만하여 환약丸藥을 짓다. 우박이 나려지다. 비도 좀 왔다. 김낙순金洛淳 군君이 오다. 함께 석반夕飯.

10월 25일. 맑다. 김영기金永起 군君이 오다. 시조時調 정리整理.

10월 26일. 흐리다. 맑다. 희선환약希仙丸藥을 3시三時 식후복食後服을 시작하다.

10월 27일. 맑다. 시조時調 정리整理.

10월 28일. 맑다. 시계時計가 또 병이 났다. 권상로權相老 군君이 오고 매헌梅軒이 오다. 매헌梅軒은 만류挽留하여 저녁을 가치 먹다.

10월 29일. 맑다 흐리다. 오후午後 6시六時 반半 「가훈家訓 이야기」 방송放送. 돌아오니 정지용鄭芝溶, 김규택金奎澤, 안회남安懷南, 이승만李承萬, 조용만趙容萬, 박종화朴鍾和 군君이 왔다. 가치 나섰다. 한 다점茶店을 들었다가 헤지고 나와 이승만李承萬, 용만容萬, 종화鍾和 군君과는 태서관泰西館으로 가다. 자정子正이 지나서 파罷하다. 비가 오다가 그쳤다.

10월 30일. 흐리다. 목포木浦서 운 군雲君 엽서葉書가 오다. 시학詩學 서적書籍을 보내 달라고. 난초蘭草를 다 방으로 옮겨 놓았다.

10월 31일. 맑다. 따뜻하다. 외산묘지랑外山卯之郎 저著『시학개론詩學槪論』, 시야원인矢野原人 저著『시학잡고詩學雜考』, 적원삭태랑荻原朔太郎 저著『시의 원리詩の原理』를 운 군雲君에게 보내고 엽서葉書도 하다.

11월

11월 1일. 맑다. 이백십여 수首를 뽑아 한 책자冊子를 맨들어 『가람시조집嘉藍時調集』이라 하여 종로鐘路 한청韓靑 빌등 삼층 문장사文章社에 갖다가 주다. 조병모曺秉謨 군君이 보낸 그 오원화병吾園花屛 10폭十幅은 도로 그 아들에게 내주었다.

11월 2일. 맑다. 오후午後 6시六時 조선朝鮮호텔에 가다. 장면張勉, 장발張勃 군君의 양친兩親 회갑연回甲宴이 있다. 다시 2차회二次會를 명월관明月館에서 하였다. 11시十一時나 하여 돌아오다. 우하又荷를 가보고 『홍루몽紅樓夢』 제1권第一券을 찾어오다.

11월 3일. 흐리다 맑다 한다. 김억金億 군君이 오다. 영광란靈光蘭 한 분盆을 주었다. 유길상劉吉相 군君과 가치 세교리細橋里를 나가다. 그 전날 친기親忌가 있다 하고 술을 준다. 오후午後 7시七時 반半 돌아오다. 김성수金性洙 군君을 찾다. 맥주麥酒를 낸다. 밤중에 소나기가 지나다.

11월 4일. 흐리다 맑다 하였다. 송석하宋錫夏 군君, 창해滄海가 오다. 종일終日 신기神氣가 좋지 못하다.

11월 5일. 맑다. 『남명南明』 하下를 베끼다.

11월 6일. 흐리다. 밤엔 우레, 우박, 소나기가 지났다. 『남명南明』 하下를 등사謄寫하다.

11월 7일. 맑다. 음陰 9월九月 16일十六日. 어머님 기고忌故 입재入齋날. 김영기金永起 군君 편지를 보다.

11월 8일. 맑다. 새벽에 김영완金永完 씨氏가 오다. 돈 100원百円을 꿔어주다. 금조金組서 찾어다.

11월 9일. 흐리다. 비.

11월 10일. 흐리다. 불전佛專 강전江田과 송석하宋錫夏 군君이 와서 고서古書를 보다. 땅이 얼다.

11월 11일. 흐리고 칩다. 월탄月灘을 찾었으나 없다.

11월 12일. 흐리다. 문장사文章社를 가보다. 정지용鄭芝溶 군君을 맞나다.

11월 13일. 맑다 흐리다. 「한중록閑中錄」을 교열校閱, 주해註解하다. 『문장文章』 잡지雜誌에 실고저.

11월 14일. 흐리다. 김화진金龢鎭 군君과 두계斗溪를 찾었더니 없다.

11월 15일. 흐리다. 문장사文章社에 가다. 「한중록閑中錄 기일其一」과 그 해설解說을 주다. 오후午後 6시六時 반半 「낙엽落葉을 밟으며」를 방송放送.

11월 16일. 맑다. 월탄月灘을 찾으니 출타出他. 성모병원聖母病院 가서 임병철林炳哲 군君을 보다. 늑막염으로 물을 빼고 경과는 좋다. 황전정黃全町 박종목朴鍾穆 군君을 맞나 그 집으로 들어 월탄月灘을 더불고 덕수궁 미술관美術館을 들어가 보고 도로 박종목朴鍾穆 군君으로 오다. 떡국과 술을 내온다. 월탄月灘과 가치 나서 종로鐘路로 오다. 문장사文章社를 찾으니 이태준李泰俊, 길진섭吉鎭燮 군君이 있다. 놀다가 태서관太西館으로 가다. 또 김연만金鍊萬 군君도 오다. 자정子正에 헤지다.

11월 18일. 맑다. 이병도李丙燾 군君을 찾어보다. 하경덕河敬德 군君을 가보다. 김치당金耻堂이 오다.

11월 19일. 흐리다. 「한중록」을 교열 정리整理. 오후午後 3시三時 우연偶然히 가슴 왼쪽이 절린다. '사롱파쓰'를 사다 바르다. 김상기金庠基 군君이 오다.

11월 20일. 맑다. 종일終日 조리調理. 곳불도 심甚하다. 머릿골이 아프다. 김장하다.

11월 21일. 흐리다. 문장사文章社를 가보다. 환천丸天시계포에 가서 시계를 맡겼다. 게서 고친 것이 시간이 잘 맞지 않는다.

11월 22일. 맑다. 심농心農 홍택주洪宅柱 씨氏를 찾다. 게서 하거何居 김영완金永完 씨氏를 맞나, 가치 그 집으로 가다. 빌렸든 100원百円을 받고 화류목樺榴木 책상册床과 탁자卓子를 사온 금으로 얻었다. 11원十一円, 3원三円 합合 14원十四円 치었다. 김혜영金惠英 군君 편지를 보다.

11월 23일. 맑다. 환천丸天시계포에 가서 시계 '월삼'을 대신 가지다. 김혜영金惠英 군君을 가 보고 문장사文章社를 가 보고 점심點心 후 최영주崔泳柱 군君을 대동인쇄소大東印刷所로 찾어보고 매헌梅軒을 가 보고 시계 '월삼'을 보아 팔라 맡기고 매헌梅軒과는 궁宮 안으로 중화인中華人 상점商店 가서 수선水仙 8근八根을 사서 2근二根은 매헌梅軒 주고 대관원大觀園서 석식夕食. 해원海円을 가 보다.

11월 24일. 맑다.

11월 25일. 맑다. 병륙秉陸에게 편지하다.

11월 26일. 맑다. 처妻가 몸살 났다. 종일終日 누어서 식음食飮을 끊인다. 매헌梅軒에게 가 보다. 시계포에 가보니 작야昨夜 도적盜賊을 맞어 내 시계도 없어졌다 한다. 그 대신으로 가진 '월삼'은 14원十四円 웃돈을 달라는데 8원八円만 받으라고 하였다. 수선水仙 두 뿌리를 해형蟹形으로 깎다. 하나는 화경花莖이 다섯, 하나는 둘.

11월 27일. 흐리다. 눅었다. 서재를 정돈. 두계斗溪 이병도李丙燾 군君이 오다. 밤에 비 오다.

11월 28일. 비 좀 오다. 환천丸天시계포에 가서 8원八円을 주었다. 밤에 청한란靑寒蘭을 고쳐 심다. 권명상權命相 군君이 오다. 처妻가 낫었다. 이상돈李相敦 군君 편지가 오다.

11월 29일. 맑다. 밤에 소우小雨. 보세란報歲蘭 개식改植.

11월 30일. 맑다. 삼천리사三千里社서 편지가 오다.

12월

12월 1일. 흐리다. 밤엔 비. 삼천리사三千里社에 답장答狀. 시조 4수四首 「그리운 그날」을 보내다.

12월 2일. 흐리다. 운 군雲君의 엽서葉書를 받어 보다. 군산群山 조 형

趙兄에게 편지하다.

12월 3일. 흐리다. 조선일보朝鮮日報 출판부出版部서 명인전名人傳 집필執筆 승락承諾의 편지가 오다.

12월 4일. 진눈가비. 이병도李丙燾 군君을 가보다. 문일평文一平, 이우용李愚鏞 군君이 나를 찾다 이리 왔다. 종일終日 담소.

12월 5일. 맑다. 『야담』 송년호送年号가 왔다. 「남대문南大門」 3수三首는 삭제削除를 당하다.

12월 6일. 흐리고 칩다. 하거何居가 오다. 성대城大에 가서 책册을 빌어다 하거何居를 주었다. 하거何居와 가치 성북정城北町에 나가다. 날은 저믈고 찬바람이 분다. 두어 시간에 한데서 지체遲滯하였다. 하거何居가 고서古書를 산다. 이병도李丙燾 군君을 찾다.

12월 7일. 맑다. 습자習字을 끊아주다. 정갑수丁甲秀 군君 편지가 오다.

12월 8일. 진눈가비. 보영루宝英樓 시식회試食會에 참여參與. 동대문東大門 밖으로 나아갔다. 춘재春在 족숙族叔 편지가 오다.

12월 9일. 맑다 흐리다. 월탄月灘이 오다. 『문장文章』에 「시름」 12수十二首가 불통과不通過되었다고 알리운다. 가치 문장사文章社에 나가다. 월탄月灘 집으로 가다. 정지용鄭芝溶 군君도 오다. 김억金億 군君을 찾다. 새로 여섯 시에 돌아오다. 구보仇甫 소설小說을 얻다.

12월 10일. 흐리다 종일終日. 길진섭吉鎭燮 군君이 오다. 추사秋史의 수선화水仙花 그림을 모摹하여 가다. 『문장文章』 초호初号 표지表紙에 실겠다고.

12월 11일. 맑다. 노함풍魯咸豐 군君에게 편지를 하다.

12월 12일. 맑다. 문장사文章社에 가다. 호암湖岩을 찾어 저녁을 먹고 매헌梅軒을 찾다.

12월 13일. 맑다. 종일終日 원고原稿를 쓰다. 「세모잡감歲暮雜感」 기중其中 「해란海蘭과 야매野梅」를 동아일보東亞日報에 주다. 수일 전數日前부터 청請한 것이다.

12월 14일. 흐리다. 인촌仁村과 손진태孫晋泰 군君을 맞나 보다.

12월 15일. 흐리다. 문장사文章社에 가다. 시조집 원고를 뺄 걸 빼다. 김혜영金惠英 군君이 저녁에 찾어오다. 집을 옮겼다 한다. 하거何居를 보다.

12월 16일. 흐리다. 밤엔 자옥 눈이 오다. 오후午後 4시四時 동아일보사東亞日報社 학예부學藝部에 가서 가정음악家庭音樂 좌담회座談會를 하다. 신년호新年号 준비準備. 가정악기家庭樂器로는 검은고, 가얏고, 양금洋琴 등을 말하다. 백강白岡 이병우李炳宇 군君을 찾다. 그 집에서 광주光州 김시중金時中 군君을 맞나 시화詩話를 하다. 김 군金君이 술을 사 오다. 자정子正에 돌아오다.

12월 17일. 맑다. 이병도李丙燾 군君이 오다. 『진단학보震檀學報』에 대하야 상의相議.

12월 18일. 맑다. 조선일보사朝鮮日報社 학예부學藝部에 신년호新年号의 「시조時調와 한시漢詩 절구絶句와의 관계關係에 대하여」를 써 보내다. 오후午後 5시五時 금각원金閣園 박태원朴泰遠 군君의 『소설가小說家 구보 씨仇甫氏의 일일一日』 출판 기념회에 가다. 축사를 나에게 시긴다. 월탄月灘을 맞나다. 파罷한 후 매신每申 학예부學藝部로 가서 조용만趙容萬 군君, 이승만李承萬 군君을 보고 가치 나섰다.

12월 19일. 맑다. 학교學校로 하여 대관원大觀園에 가다. 『진단학보震檀學報』 위원회委員會와 석찬회夕餐會를 하다. 조선어학회朝鮮語學會를 가보다.

12월 20일. 맑다. 월탄月灘이 오다. 부민관府民館에 가서 이병규李炳奎 교장 따님 혼례식婚禮式을 보고 오후午後 5시五時 명월관明月館에 가 그 피로연披露宴을 보고 정지용鄭芝溶 군君과 가치 월탄月灘 집으로 가다. 월탄月灘 집에서는『금삼錦衫의 피』출판出版으로 몇몇 친구들과 노자는 것이다. 자정子正에 돌아오다.

12월 21일. 흐리다. 조 형趙兄 편지를 받어 보다. 변일섭邊日燮 군君에게 편지하다.

12월 22일. 흐리다. 매헌梅軒이 오다. 김용식金龍植 군君과 대관원大觀園에 가다.

12월 23일. 흐리다. 원고原稿를 쓰다.

12월 24일. 흐리다. 이병도李丙燾 군君을 찾다. 민광식閔光植, 김두헌金斗憲 군君을 맞나다. 석반夕飯. 하 박사河博士 군君을 찾어보다. 관희觀熙, 동희東熙가 시골 가다.

12월 25일. 맑다. 동아東亞 학예부學藝部에 신년호新年号 원고原稿「향가鄕歌와 현대시現代詩와의 교섭交涉」을 보내다. 조 형趙兄, 춘재春在 족숙族叔, 김영기金永起, 조남령曺南嶺, 임보환林普桓 군君께 편지 답장答狀.

12월 26일. 맑다. 한남서림翰南書林, 광동서관光東書館, 성대城大 법문부法文部를 가보다. 이인영李仁榮, 장지태張之兌 군君을 맞나다.

12월 27일. 맑다. 오문호吳文浩 군君이 오다. 가치 매헌梅軒을 가보다. 황금정黃金町 박종목朴鍾穆 군君을 찾다. 못 보다. 문장사文章社를 가보다.『한중록恨中錄』준準을 보았다.

12월 28일. 맑다. 이영재李永宰 씨氏가『월인석보月印釋譜』제9第九를 벗겨오다. 『남명집南明集』 하권下卷 벗길 것 18장十八張으로 매헌梅軒에게 보내다.

12월 29일. 맑다 흐리다. 오문호吳文浩 군君이 가다. 찬 군燦君이 오다.

12월 30일. 흐리다. 이상돈李相敦 군君이 오다. 명월관明月館에 가다. 문장사文章社서의 망년회忘年會를 하였다. 자정子正 지나 돌아오다.

12월 31일. 흐리다 눈이 오다. 오후午後 6시六時 방송放送 「수세잡감守歲雜感」. 이동선李東善 군君이 오다.

1939년(단기 4272년)

1939년(단기 4272년)

1월

1월 1일. 눈이 오다. 이인영李仁榮, 노성양盧聖錫 군君이 오다. 연하장이 오다. 전前보다는 감減하였다.

1월 2일. 흐리고 맑다. 이중화李重華, 이병도李丙燾 군君이 오다. 이여성李如星 군君에게 엽서葉書를 하다.

1월 3일. 맑다. 처妻가 종희宗熙 다리고 두계豆溪를 가다. 오전午前 7시七時 50분五十分 차車 발發. 경성역京城驛까지 가보다. 매헌梅軒이 오다. 하태흥河泰興 군君이 오다. 찬 군燦君을 가보다.

1월 4일. 맑다. 이병도李丙燾 군君이 오다. 가치 나서 조선어학회朝鮮語學會(화동花洞)에 가, 이중화李重華 군君을 더불고 옥인정玉仁町 이여성李如星 군君을 찾다. 매헌梅軒도 있다. 놀다가 유자후柳子厚를 찾었으나 출타出他하여 못 보고 허영숙 의원許英肅醫院 이광수李光洙 군君을 찾었으나 사고事故가 있다 하여 못 보다, 명치좌明治座에 가서 영화映画를 보다.

1월 5일. 맑다. 소풍小風. 몹시 차다. 영하零下 19도十九度. 매헌梅軒이 오다. 이인영李仁榮 군君을 찾다. 못 맛나다. 월탄月灘을 찾어보다. 가치 나서 현저정峴底町 애류崖溜를 찾다. 3인三人이 작반作伴하여 나섰다. 종로鐘路 어느 음식점飮食店으로 하여 박찬희朴贊熙 군君을 찾다. 마츰 친구를 모아 일기회一器會를 한다. 50전을 내고 참가參加. 더 발전發展이 되어 천향원天香園까지 갔었다. 새로 두 시에 돌아오다.

1월 6일. 맑다 흐리다. 호암湖岩이 오다. 이상돈李相敦 군君이 떠나다.

1월 7일. 음음陰陰하다. 하경덕河敬德 군君이 오다. 가치 매헌梅軒을 찾다. 하 군河君이 대관원大觀園에 가서 저녁을 먹인다.

1월 8일. 흐리다. 김화진金龢鎭 군君이 오다. 이훈李爋 군君이 오다. 창해滄海가 오다. 창해滄海와 가치 조용해趙龍海 군君을 찾다. 게서 저녁을 준다. 동희東熙 편지를 보다.

1월 9일. 종일終日 음산하다. 김화진金龢鎭 군君이 오다.

1월 10일. 흐리다. 이병도李丙燾 군君에게 엽서葉書하다. 송석하宋錫夏 군君을 보다. 오륜행실五倫行實을 지수하였다.

1월 11일. 맑다. 김화진金龢鎭 군君이 오다. 이병도李丙燾 군君이 오다. 가치 나섰다. 대동출판소大同出版所 이관구李寬求 군君을 찾어보다. 다방茶房골 가서 고서古書 한 상자箱子를 보다. 야사野史 등 몇 책册은 두계斗溪가 사다. 무교탕반武橋湯飯 집에서 입매를 하였다.

1월 12일. 맑다. 문장사文章社를 가보다. 『문장文章』 제1호第一号가 나오다.

1월 13일. 흐리다. 성대城大 법문부法文部에 가서 이인영李仁榮 군君을 보고 성북정城北町 이병도李丙燾 군君을 찾어보다. 인영仁榮 군君도 오다. 인영仁榮 군君과 가치 종로鐘路까지 나오다 석반夕飯. 나는 매헌梅軒을 찾어보다.

1월 14일. 흐리다. 밤에 처妻와 관희觀熙, 동희東熙, 종희宗熙, 이옥순李玉順이가 오다.

1월 15일. 맑다. 매헌梅軒과 이인영李仁榮 군君이 오다. 가치 이문식당以文食堂서 점심點心.

1월 16일. 흐리다. 김상기金庠基 군君이 오다. 저녁에 떡을 쪘다. 김영완金永完 씨氏며 홍택주洪宅柱 씨氏를 찾어보다.

1월 17일. 눈 오다. 김낙중金洛重 부인婦人이 이옥순李玉順(9세)이를 더불고 사직정社稷町 종매從妹 집에 갔다 오다가 화동정花洞町 중로中路서 옥순玉順더러 혼자 가라하고 그 부인婦人은 다른 곳으로 간 것이 옥순玉順이는 실종失踪되었다. 그 부근附近 파출소派出所에 가 말하고 찾어도 없다.

1월 18일. 눈이 오다. 옥순玉順이가 남대문파출소南大門派出所서 밤을 지내고 본정서本町署로 와 있는 것을 가서 찾어오다. 학교學校에 가다. 홍택주洪宅柱 씨氏를 찾어보다. 정지용鄭芝溶 군君과 가치 문장사文章社에 가다.

1월 19일. 음음陰陰. 바람. 차다. 하경덕河敬德 군君이 오다. 가치 나가자 하여 황금좌黃金座에 가다. 영화映画를 보다. 최영주崔泳柱 군君이 왔다 한다.

1월 20일. 흐리다. 대동인쇄소大東印刷所, 문장사文章社를 가보고 매헌梅軒을 찾다. 매헌梅軒과 그 계씨季氏를 더불고 대관원大觀園에 가다. 그 계씨季氏 한홍韓洪 군君은 시계時計를 잘 고친다. 여러 번 수고를 끼쳤다. 김건수金建洙 군君이 오다. 병륙秉陸이게 편지하다.

1월 21일. 맑다. 호암湖岩이 오다. 학교學校를 들렀다 호암湖岩과 가치 이병도李丙燾 군君을 찾다. 곡량도穀良稻 쌀 열여달 가마니를 사 오다. 한 가마니에 15원十五円 70전七十錢. 둘 대가 없어 열 가마니만 들여오고 그 나머지는 싸전에 맡겨 두었다. 처妻가 여산礪山 갔을 때 아버지께서 주신 돈이다. 이것으로 이 1년一年을 살라 하심이다. 매헌梅軒이 오다. 수선水仙 한 해형蟹形을 가조다. 밤에 눈 오다.

1월 22일. 흐리다. 매화梅花와 사란絲蘭이 피다. 해형수선蟹形水仙 한 뿌리를 박종화朴鍾和 군君에 보냈다. 창해滄海, 이훈李爋, 이인영李仁榮 군君이 오다.

1월 24일. 흐리다. 정충시 군鄭忠時君이 오다. 현석년玄石年이 오다.

1월 25일. 눈. 오후午後 5시五時 아서원雅叙園에서 산구山口 군君 송별회送別會가 있었다. 휘문徽文 직원職員 다 모였다. 삼천리사三千里社 김동환金東煥 군君이 아랑주阿郎宙로 오라는 편지가 와 있다. 김영기金永起 군君이 오다.

1월 26일. 맑다. 경희京熙 입학원서를 재동소학교齋洞小學校에 내다.

1월 27일. 맑다. 김동규金同圭 군君 백씨伯氏가 오다. 책冊 맬 것을 주었다. 문일평文一平, 이여성李如星 군君이 오다.

1월 28일. 맑다. 명월관明月館서 석식夕食. 휘문徽文 5학년五學年 학부형學父兄 한 분이 초대招待함. 하거何居를 찾아보다.

1월 29일. 맑다.

1월 30일. 맑고 따듯하다. 『남명집南明集』 하권下卷을 불전佛專에 갖다 주고 이병도李丙燾 군君을 찾다. 못 맞나 보고 문장사文章社로 하여 박문관博文館에 가다. 최영주崔泳柱, 노성석盧聖錫 군君을 보고 이인영李仁榮 군君도 맞나다. 노 군盧君이 백합원百合園에서 점심을 준다.

1월 31일. 음음陰陰. 한남서림翰南書林에 가다. 『가례언해家禮諺解』 4책四册 전질全帙을 18원十八円에 가조다.

2월

2월 1일. 흐리고 칩다. 정지용鄭芝溶 군君과 가치 문장사文章社에 가다. 저녁에 인촌仁村을 가보다. 신재효申在孝 군君도 맞나다. 『한중록恨中錄』이야기를 하였다.

2월 2일. 맑다. 사도세자思悼世子에 당한 사실史實을 찾어보다.

2월 3일. 맑다. 『삼국사기三國史記』, 『삼국유사三國遺事』를 보다.

2월 4일. 맑다. 혜경궁惠慶宮 홍씨洪氏 친가親家 숙제叔弟 홍낙임洪樂任 일생一生을 조사해 보다.

2월 5일. 칩다. 문장사文章社를 가서 『한중록恨中錄』 원고原稿 여부餘部를 도로 가조다. 호암湖岩과 매헌梅軒을 찾다.

2월 6일. 맑다. 저녁에 월탄月灘, 지용芝溶 군君, 오하윤吳河潤 군君, 구본웅具本雄 군君이 찾어왔다. 끌리어 나갔다. 천향원天香園으로 들다.

2월 7일. 맑다. 창동滄東이 오다. 『다산전고茶山傳藁』을 가조다.

2월 8일. 음음陰陰. 오후午後 6시六時 반半 — 삼십 분간 「잔설殘雪을 밟으며」 방송放送.

2월 9일. 맑다. 박경소朴敬昭 가家에 가서 『서림청화書林清話』를 가조다. 저녁에 이인영李仁榮 군君과 장지태張之兌 군君과 홍선표洪善杓(호号 우송友松, 음식飮食 연구研究하는 이)가 찾어오다. 가치 나갔다. 장張과 홍洪과를 따라 중학정中學町 어느 집으로 들어 놀다. 홍洪이 시조를 지었다고 보인다. 안확安廓(자산自山 군君)의 말을 듣고 자수字數 한정限定을 하였다. 자세仔細히 설명說明하였다.

2월 10일. 음陰. 송석하宋錫夏 군君을 찾다. 이병도李丙燾 군君을 찾다. 저녁엔 청진정清進町 보육학교保育學校에 가다. 윤석중尹石重 동요

童謠 생활生活 15년十五年 위로회慰勞會가 있다. 아버님이 망령忘靈이 나셨다고 들린다. 즉시卽時 집에 편지하다.

2월 11일. 종일終日 음음陰陰. 위창葦滄을 가 뵈다. 『유향고열녀전劉向古列女傳』 권지4卷之四(얼폐孼嬖·속전續傳) 언역諺譯한 책册을 내보인다. 계유癸酉 8월 하완下浣(순조純祖 십삼 년 혜경궁홍씨惠慶宮洪氏 생존生存) 현주배기顯周拜記인 "此書二部共八册, 題目卽景慕宮手筆也. 此部諺書, 卽惠慶宮洪手筆也. 後世可孫可不敬諸."[1]란 것을 보면 이 책册은 장헌세자莊獻世子가 제목題目을 쓰고 그 세자빈世子嬪 홍씨洪氏가 쓴 것이 분명分明하다. 귀중貴重한 필적筆蹟이다. 전형필全鎣弼이가 이 책을 얻어 현주배기顯周拜記 있는 전체 4책四册 자리는 자기가 가지고 이 낙질落帙 중 권지사卷之四 이 한 책册은 위창葦滄을 준 것이다. 이 해제解題를 써 달라고 하여 가지고 오다. 저녁에 매헌梅軒이 오다.

2월 11일.[2] 흐리다. 『한중록恨中錄』 주해註解하다.

2월 12일. 흐리다. 오전午前 10시十時 송석하宋錫夏 군君이 와 찾는다. 가치 나서다. 동대문 밖의 범도차帆道車 정류장停留場에 가니 이병도李丙燾 군君이 와 있다. 이여성李如星 군君, 이관구李寬求 군君이 오

---

1 "이 책 2부(질) 총 8책은 제목 글씨는 곧 경모궁의 필적이다. 이 책의 언서(한글 글씨)는 곧 혜경궁 홍씨의 필적이다. 후세의 자손이 가히 공경해야 하지 않겠는가?" 경모궁(景慕宮)은 장헌세자[즉 사도세자]의 사당이니, 책의 제목 글씨가 장헌세자의 필적이라는 뜻이다. 혜경궁(惠慶宮)은 장헌세자의 빈(嬪)인 홍씨이다. 정조의 사위인 홍현주(洪顯周)가 이 책에 쓴 배기(拜記)에 이 구절이 있다는 말인데, 마지막 구절의 "後世可孫"은 가람이 "後世子孫"을 잘못 옮겨 쓴 것으로 보인다. 위창이 내보인 책은 『(고)열녀전』의 제4책(권7 얼폐, 권8 속전)이며, 장헌세자가 제목 글씨를 쓰고 혜경궁이 한글 본문을 써서 완성한 2부 가운데 하나인 셈이다. 전형필 소장본은 현재도 완본(完本)으로 전하는데, 『열녀전』의 언해본으로서 중시되고 있다.

2 원문에 '2월 11일'로 되어 있어, 원문대로 표기함.

다. 광장리廣壯里(광나루)에 나가다. 다리를 건너 풍납리風納里(바람드리) 토성土城을 답사踏査하다. 와편瓦片도 줏다. 사진寫眞도 박다. 도로 다리를 건너와 음식飮食도 사 먹다. 거의 저물어 돌아오다 안정사安靜寺에 들어 벽화풍속도壁画風俗圖를 보고 대관원大觀園으로 와서 성재誠齋(이관구李寬求 군君의 호号)가 석찬夕餐을 준다.

2월 13일. 맑다. 전동여관典東旅館으로 가서 양정희楊定熙 군君을 찾어보다. 무교탕반武橋湯飯으로 점심點心을 하고 권병곤權秉崑 군君을 찾다. 아랑주雅郎宙에 가다. 양 군楊君이 동향同鄕 친구들과 노자는 것이다. 홍순태洪淳太 군君도 오다. 여금초呂琴初도 오다. 밤은 그리 깊지 아녀서 파하였다.

2월 14일. 맑다. 이가양주장李家釀酒場을 찾다. 고련사高蓮士를 찾다. 김동수金東洙를 찾다. 양정희楊定熙를 찾다. 장지태張之兌 군君에게 일년주一年酒 두 병을 보내다.

2월 15일. 맑다. 수선화水仙花가 만개滿開. 송석하宋錫夏 군君이 오다.

2월 16일. 흐리다. 오철호吳徹浩 군君이 오다. 매헌梅軒도 오다.

2월 17일. 눈이 날리다. 막 녹인다. 대동출판소大同出版所를 가다. 이관구李寬求, 황희돈黃羲敦 군君을 맞나다. 문장사文章社를 들려 혜경궁惠慶宮 홍씨洪氏 수필手筆인 『유향고열녀전劉向古列女傳』 1면一面을 촬영撮影 시기다. 성재誠齋, 해원海円과 가치 금천옥金泉屋에 가다. 성재誠齋가 또 술을 준다. 한남서림翰南書林의 『가례언해家禮諺解』 값을 주다. 병륙秉陸의 편지를 보다. 아버님 환후가 평복平復되시었다고.

2월 18일. 흐리다. 퍽 누었다. 박경소朴敬昭 집을 가보다. 문장사文章社를 가보다.

2월 19일.(기묘己卯 정월正月 1일一日.) 맑다 흐리다. 하경덕河敬德 군

君을 가 보다. 서향화瑞香花가 핀다. 향기香氣가 너무 격렬激烈하다. 코가 맵고 머리가 아프다. 자정子正까지 잠을 못 들었다. 운 군雲君의 엽서葉書가 오다.

2월 20일. 맑다 흐리다. 찬 군燦君이 오다.

2월 21일. 맑다. 매헌梅軒이 오다. 가치 이여성李如星 군君을 가 보다. 학교學校를 단여 우하又荷를 보고 하거何居를 보고 상현尙玄을 보다.

2월 22일. 맑다. 월탄月灘의 편지가 오다. 아버님 하서下書를 보다.

2월 23일. 맑다. 지용芝溶 군君허고 월탄月灘 집에 가다. 애류崖溜, 수린秀隣 좋은 벗들이 모였다. 청담淸談과 순배巡盃. 밤은 또한 훈훈하다.

2월 24일. 맑다. 위창葦滄을 가보고 『열녀전烈女傳』를 환완還完하고 그 소기小記를 써 주다. 종자從姊를 가 보다. 복통腹痛으로 미류彌留. 우유牛乳 두 통을 주다. 호암湖岩을 찾다. 매헌梅軒이 오다.

2월 25일. 맑다.

2월 26일. 맑다. 매헌梅軒허고 이인영李仁榮 군君, 창해滄海, 석전石顚을 찾어 다 맞나지 못하고 손진태孫晋泰 군君을 찾어 가치 오다. 낙동강洛東江(구포龜浦) 잉어鯉魚가 왔다 하여 끌리어 구영근具永根 집으로 갔다. 몇 영남嶺南 친구가 모였다. 잉어회鯉魚膾가 과연 맛있다. 인촌仁村을 찾다. 감기感氣로 누었다.

2월 27일. 맑다. 「월명사전月明師傳」를 쓰다. 김화진金龢鎭 군君이 오다.

2월 28일. 맑다. 조선일보사朝鮮日報社에 가다. 이훈구李勳求 군君을 보다. 「월명사전月明師傳」과 「정과정전鄭瓜亭傳」를 주다.

3월

3월 1일. 맑다.

3월 2일. 맑다. 학교學校 졸업식卒業式. 학교學校서 명월관明月館 저녁을 먹인다.

3월 3일. 흐리다. 성북동城北洞 이병도李丙燾 군君 집에서 저녁을 준다. 유자후柳子厚, 윤치영尹致暎 군君도 맞나다.

3월 4일. 맑다. 성남중학교城南中學校에 가다. 입학시험 감독監督.

3월 5일. 흐리다. 성남중학교城南中學校에 가다.

3월 6일. 비도 좀 온다. 성남중학교城南中學校에 가다.

3월 7일. 맑다.

3월 8일. 맑다. 정노식鄭魯湜 군君이 오다.

3월 9일. 맑다. 시학사詩學社서 편지가 오다.

3월 10일. 비 좀 오다. 이인영李仁榮 군君이 오다. 문장사文章社를 가 보다.

3월 11일. 비. 길이 퍽 질다. 매헌梅軒에게 가 보다. 대관원大觀園으로 가다. 이인영李仁榮 군君이 저녁을 대접待接하는 바. 매헌梅軒, 노성석盧聖錫 군君도 오다.

3월 12일. 흐리다. 맑다. 「역사문학歷史文學에서 요구要求하는 정사正史」란 것을 써 동아일보사東亞日報社에 보내다.

3월 13일. 맑다. 오후午後 4시四時 문일평文一平 군君을 찾다. 이병도李丙燾 군君이 와 있다. 가치들 나서 죽첨정竹添町 방응모方應謨 씨氏 집을 가다. 한용운韓龍雲, 이중화李重華 군君은 와 있다. 방종현方鍾鉉, 이훈구李勳求, 함상훈咸尙勳도 있다. 추후追後하여 홍명희洪命熹, 황희돈黃義敦 군君이 오다. 제주濟州서 가졌다는 풍란風蘭과 한란寒蘭이 있다. 난화蘭花가 한참 하였다. 2층으로 올라 술을 먹었다. 만해萬海의 광장설廣長舌과 벽초碧初의 종용술從容術이 자미滋味스러웠다. 나종엔 기생妓生까지 불렀다. 11시十一時 쯤 하여 돌아오다.

3월 14일. 맑다. 신창범辛昌範 군君이 오다. 이상돈李相敦 군君이 오다.

3월 15일. 호암湖岩이 왔다 한다.

3월 16일. 맑다. 풍한風寒, 박종화朴鍾和 군君을 찾어보다. 황금좌黃金座를 가치 가 보다. 창해滄海를 맞나다.

3월 17일. 맑다. 애류崖溜, 동운東芸(이중화李重華)이 오다.

3월 18일. 흐리다. 학교學校에 가다. 한충韓冲, 하경덕河敬德 군君을 청하여 저녁을 먹다. 병문秉文이가 오다. 찬燦, 도燾 군君이 오다. 관희觀熙, 동희東熙가 시골을 가다. 이병도李丙燾 군君, 이인영李仁榮 군君, 양주동梁柱東 군君이 찾어왔다 한다.

3월 19일. 맑다. 풍화風花. 학교學校에 가다. 입학생入學生 소집일召集日. 현석년玄石年이 오다.

3월 20일. 음陰. 야우夜雨. 학교學校서 해를 지우다. 숲말 김金집이 오다.

3월 21일. 음陰. 현석년玄石年과 가치 방송放送. 나는 해설解說, 석년石年은 영시詠詩. 시詩는 봄을 읊은 한시漢詩. 매천梅泉과 추금秋琴의 시詩. 학교學校서 종일終日.

3월 22일. 음陰. 야우夜雨. 학교學校서 종일終日.

3월 23일. 음陰. 학교學校서 종일終日. 이재훈李載薰, 정규창丁奎昶, 노병석盧炳錫 군君과 석찬夕餐.

3월 24일. 흐리다. 학교學校서 종일終日. 한문과漢文科 강사講師 신청건申請件을 연전延專으로 보내 주다.

3월 25일. 맑다. 책冊을 정리整理. 책상冊床을 새 방房으로 옮기다. 퍽 따뜻하다. 오후午後 이병도李丙燾 군君, 이인영李仁榮 군君이 오다. 저녁을 가치 먹다.

3월 26일. 맑다. 고하古下(송진우宋鎭禹)를 가 보고 하거何居를 가 보다. 『열성어필列聖御筆』 1첩一帖을 가조다.

3월 27일. 맑다. 대동출판소大同出版所와 문장사文章社를 가 보다. 연전학감延專學監 이묘묵李卯默, 문과장文科長 하경덕河敬德 군君이 자동차自動車를 타고 와서 가치 나가자 한다. 금각원金閣園까지 갔다. 하는 말은 민태식閔泰植이가 한문과漢文科를 다시 가르치게 되어 그동안 한 일이 내게 퍽 미안未安하게 되었다고 사과謝過하는 것이다. 그 전말顚末을 들으면 일주일 전 민태식閔泰植이가 금년今年 4월부터는 배재중학교培材中學校에만 전임專任하고 연전延專에서 보든 여달 시간은 다 내놓겠다 하여 연전延專서는 배재培材와도 타협妥協하고 또는 이묘묵李卯默 군君이 학무국學務局에도 들어가 그 사정事情를 말하고 이 모李某로 신청申請하겠다는 의향意向을 물어본즉 당국자當局者의 말도 좋다고 하여 일전日前 내게서 휘문중학徽文中學 교장校長의 응낙서應諾書도 받어갔더니 그 간 뒤에서 정鄭○○가 조화造化를 부려 유억겸兪億兼이가 이묘묵李卯默에게 전화電話를 걸고 민태식閔泰植를 다시 쓰라 하매 황공하여 그 명령命令대로 하고 오날 아츰에 하경덕河敬德 군君에게 몰려대고 휘문徽文으로 전화電話도 걸었고 이러케 하는 것이다. 정鄭○○는 연전延專 한문漢文를 여러 해 맡어보다 재작년再昨年 가을부터 부족증不足症으로 병석病席에 누어 월급月給만 받든바 요전 휴직休職을 당하고는 내가 연전延專 간다는 말을 들었는지 자기의 심복心腹인 민태식閔泰植을 다시 권하여 잉임仍任케 하고 그 월급을 나누어 먹자는 욕심慾心으로 유억겸兪億兼까지 출동出動시긴 것이라 한다. 유억겸兪億兼은 연전延專 부교장副校長으로 있다가 작년昨年 동우회사건同友會事件으로 검거되었다, 사상관찰소思想觀察所로 회부回附하야 다시 복직 신청復職申請 중에 있다.

3월 28일. 맑다. 찬 군燦君이 오다. 매헌梅軒을 찾었다. 약초극장若草劇場 영화映画를 보다. 저녁은 명월관明月館에서. 안호준安鎬俊 군君의 대부인大夫人 회갑연回甲宴이 있다.

3월 29일. 맑다. 박종화朴鍾和, 정지용鄭芝溶, 정규창丁奎昶, 최영주崔泳柱 군君이 오다. 한담閒談과 청음淸飮. 가치 나서 한강漢江으로 나가다. 노량진鷺梁津서 놀다 밤에 오다.

3월 30일. 맑다. 오후午後 7시七時 반半부터 삼십 분간 「시가詩歌 봄 풍경風景」 방송放送. 『문장文章』 원고原稿를 밤이 깊도록 쓰다.

3월 31일. 맑다 흐리다. 관희觀熙, 동희東熙가 오다. 작은어머님 병환病患이 침중沉重하시다고 종자從姊는 나려가셨다. 최영주崔泳柱 군君이 오다.

4월

4월 1일. 흐리다. 이상돈李相敦 군君 편지가 오다. 『한중록恨中錄』 원고原稿를 쓰다. 신명희申明熺 군君이 오다. 김상기金庠基 군君이 오다. 저녁을 가치 먹다.

4월 2일. 맑다 흐리다. 찬 군燦君이 오다. 함께 매헌梅軒을 찾다. 매헌梅軒이 대관원大觀園서 점심을 준다. 유달수柳達洙 군君이 그 조부祖父

를 모시고 왔다. 그 형兄 근수近洙도 왔다.

4월 3일. 맑다 흐리다. 유달수洙柳達 조부장祖父丈과 이병우李炳宇 군君을 청請하여 저녁을 대접待接하다. 김종영金鍾瑛 군君이 오다. 동경미술학교東京美術學校 조각과彫刻科를 단인다. 그 부친父親 김기호金基鎬는 창원군昌原郡 창원면昌原面 소답리召沓里서 난재배蘭栽培를 하는데 한란寒蘭을 나누어 달라고 한다. 중숙모仲叔母 상사喪事 전보電報가 오다.

4월 4일. 맑다 흐리다. 학교學校에 가다. 오전午前 시간時間을 보다. 한란寒蘭을 분총分叢하여 김기호金基鎬 씨氏게 부치다. 『동아일보東亞日報』 석간夕刊이 오다. 문일평文一平(호암湖岩 군君)이 어제 급성急性단독丹毒으로 별세別世하였다고. 급히 찾어가 조상吊喪. 부의賻儀 3원三円. 이병도李丙燾 군君이 『진단震檀』 제10호第十号를 가지고 오다. 저녁 10시十時 55분五分 차車에 시골길을 뜨다.

4월 5일. 오전午前 5시五時 10분十分 강경江景 착着. 샐 때다. 국밥으로 해장하다. 박종근 가朴鐘根家에 머물다. 그는 박난계朴蘭溪 자손子孫. 가보家譜를 내보인다. 8시八時 자동차自動車로 떠나 9시九時 신막新幕서 나리다. 중부 댁仲父宅으로 들다. 담曇.

4월 6일. 담曇. 출상出喪. 뒷산山 치표지置標地에 장례葬禮를 행行하다. 빗방울이 뿌리다 말다.

4월 7일. 맑다 흐리다. 이은영李殷永, 이겸태李謙泰 군君이 오다. 귀만貴萬이를 옥구沃溝 조 형趙兄에게 보내다. 옥순 모玉順母를 보내 달라고. 권덕보權德甫를 보다. 경례慶禮 혼사婚事 상의相議.

4월 8일. 맑다. 영 군靈君, 최민정崔玟晶, 이수훈李洙壎 군君이 오다.

4월 9일. 맑다. 창환昌煥, 장환章煥이는 상경上京. 할아버님, 어머님 산소에 가보다. 매봉재에 올라 붉은병꽃나무(인동과忍冬科)를 캐 오고 난초蘭草를 고쳐 심다. 유종석柳鍾錫은 가고 유맹석柳孟錫이가 오다. 바람 불고 저녁은 훈훈하다. 병철秉徹네 집에서 저녁을 준다.

4월 10일. 맑다. 인희仁熙네 집에서 점심點心을 먹인다. 맹석孟錫은 떠나다.

4월 11일. 흐리다. 대부 댁大父宅에서 아츰을 준다. 옥순 모玉順母를 다리고 오전午前 8시八時 출발出發. 논산역論山驛에다 옥순 모玉順母와 행구行具는 두고 나는 공주행公州行 자동차自動車를 타고 왕전리旺田里를 가다. 계매季妹를 찾고 점심 먹고 김응수金應洙 군君 보고 문상하고 오후午後 2시二時 논산역論山驛으로 돌아와 3시三時 반半 차車로 떠나 대전太田서 나려 춘일정春日町 백진옥百珍屋 정갑수丁甲秀 군君을 찾고 10시十時 44분四十四分 경성京城 착着. 집에 드니 비가 온다.

4월 12일. 비. 종일終日 온다. 유길상劉吉相 군君이 『기문총화記聞叢話』 상권上卷을 빌어가다.

4월 13일. 맑다. 학교學校에 가다. 제주濟州 김태림金台林 군君이 추사필秋史筆이라는 『논어論語』를 가지고 오다. 추사필秋史筆은 아니다. 사자관체寫字官體다. 매헌梅軒이 오다.

4월 14일. 맑다. 정갑수丁甲秀 군君이 오다. 시고詩藁를 도로 주다. 한징韓澄 군君이 오다.

4월 15일. 맑다. 종자從姊, 종수從嫂, 장환章煥이가 오다.

4월 16일. 담曇. 찬 군燦君을 찾어보다. 김화진金龢鎭 군君과 가치 이병도李丙燾 군君을 가보다.

4월 17일. 맑다. 찬 군燦君이 오다. 김영룡金永龍 군君이 오다.

4월 18일. 맑다. 난蘭들을 고쳐 심다.

4월 19일. 맑다. 김화진金龢鎭 군君과 성북정城北町 김연수金季洙 군君을 찾다. 그 소기小碁다. 김성수金性洙, 김재수金在洙 군君도 모였다. 아버님께 상서上書.

4월 20일. 담曇. 퍽 훈듯하다. 난蘭들을 고쳐 심다. 밤에 비 오다. 조선일보朝鮮日報의 『소년조선少年朝鮮』에 글을 써 보다. —「반절反切 공부工夫」.

4월 21일. 비. 오후午後 는 개었다. 정지용鄭芝溶 군君과 문장사文章社, 계성소학교啓成小學校, 한영중학원漢榮中學院을 가보다. 음식점飮食店에 들다. 김병룡金秉龍 군君을 찾고 하경덕河敬德 군君을 찾다.

4월 22일. 흐리다. 이훈 군李爋君이 오다. 『속청구풍아續青丘風雅』를 사다. 이병도李丙燾 군君이 오다. 가치 고故 호암湖岩 집을 가서 빌린 책册들을 찾다. 찬 군燦君이 오다. 인문사人文社에서 박태원朴泰遠 저著『지나소설집支那小說集』을 보내고『조선일보朝鮮日報』에 신간평新刊評을 써 달라 한다.

4월 23일. 맑다. 찬 군燦君과 함께 진고개에 가다. 건란建蘭을 고쳐 심다. 찬 군燦君에게도 한 가닥을 나누어 주다. 매헌梅軒을 가 보다. 청진정清進町 최석두崔錫斗 군君을 찾다. 김용식金龍植 군君도 맞나보다. 이상돈李相敦 군君이 오다. 동아일보사東亞日報社 사회부社會部 기자記者가 되었다.

4월 24일. 맑다. 김종남金鍾南 군君이 오다. 난蘭을 고쳐 심다. 작품편집부作品編輯部 이흡李洽이가 편지하다. 시조時調에 대하여 무얼 써 달라고.

4월 25일. 맑다. 문장사文章社에 가보다. 매헌梅軒이 오다. 복주한란福州寒蘭을 심어 주다.

4월 26일. 맑다. 경성부京城府 평의원評議員 후보자候補者들의 편지가 오다.

4월 27일. 맑고 바람이 종일終日 불다. 김재수金在洙 군君을 찾다. 정원庭園을 잘 하여 놓았다. 온실溫室을 짓고 난蘭도 기른다. 중국中國 춘란春蘭 한 분盆을 얻어 오다. 꽃이 이경이화二莖二花. 아즉도 방향芳香이 움즉인다. 건란建蘭 수조數條를 나누어 주었다. 밤에 임청林靑, 한충韓冲 군君이 오다.

4월 28일. 맑다. 바람. 찬 군燦君이 새벽에 오다. 태성리台城里 논을 산 사람이 물러 달라는 말을 전하다. 나는 집의 어른이 하신 일이라 모르겠다고 하였다. 병고현兵庫縣 천변군川邊郡 산본장미원山本薔薇園으로 복주한란福州寒蘭 대주大株를 주문注文. 송금送金 2원二円.

4월 29일. 맑다. 이상돈李相敦 군君이 소격정昭格町으로 옮아갔다.

4월 30일. 맑다. 경례慶禮의 혼례婚禮. 오전午前 11시十一時 자동차自動車를 부른다. 오날은 일요일日曜日 놀러 가는 이, 혼례婚禮를 하는 이가 많아 자동차自動車 세가 난다. 내가 재동齋洞 네거리에 나가 서서 반半 시간 만에 겨우 한 차車를 잡았다. 처妻와 찬 군燦君 부인夫人을 함께 태워 보냈다. 죽첨정竹添町[3] 이철돈李喆敦 집이다.

5월

5월 1일. 흐리고 비오다. 찬 군燦君과 가치 죽첨정竹添町 가서 길돈吉

---

3 '충정로'의 일제기 명칭.

敦, 철돈喆敦과 경례慶禮를 보았다.

5월 2일. 맑다. 2년二年 1조一組 교실敎室에 들어가 퍽 불쾌不快하였다. 경박輕薄한 언동言動이 있다. 참아 들을 수 없다. 벌을 하고 나무랬다. 김영완金永完 씨 댁에 가다. 그 진갑進甲. 청請하였다. 하경덕河敬德 군君을 보다.

5월 3일. 맑다. 오전午前 9시九時 창신정昌信町[4] 신창범辛昌範 군君 집을 가다. 신 군辛君이 어제 와서 오라고. 오날은 그 조부祖父의 회갑回甲. 신접新接 살림이다. 아츰밥을 먹고 또 붙들려 앉었다 점심의 잔치상床까지 받었다. 문장사文章社를 가보다. 문장사文章社, 동아일보사東亞日報社서 원고료原稿料를 보냈다.

5월 4일. 흐리다. 본정本町[5]을 가보다. 밤에 비 오다.

5월 5일. 흐리다 개었다.

5월 6일. 비 오다. 박종목朴鍾穆 군君의 청첩請牒이 오다. 이인영李仁榮 군君이 오다.

5월 7일. 맑다. 청량사淸凉寺에 나가다. 이인영李仁榮 군君이 점심을 준다. 이병도李丙燾, 조윤제趙潤濟, 양주동梁柱東, 황희돈黃羲敦, 방종현方鍾鉉, 장지태張之兌 군君도 모였다. 저녁에는 박종목朴種穆 군君 집으로 가다. 그 아버지 생신生辰. 잔치상床을 받다. 애류崖溜, 지용芝溶 군君도 오다.

5월 8일. 비 오다. 이겸태李謙泰 군君이 오다.

5월 9일. 비 오다. 고두동高斗東 편지가 오다. 지도指導를 해 달라고.

4 '창신동' 일제기 명칭.
5 현 충무로 일대.

십여 년부터 시조 작時調作을 한 이.

5월 10일. 맑다. 차옥여관茶屋旅館 이겸태李謙泰 군君을 찾다. 이관호李觀鎬를 맞나, 그 집(창신정昌信町)으로 가다. 점심. 나는 오후午後 겸태謙泰 군君과 함께 탑골 승방僧房과 신흥사新興寺를 가다. 대관원大觀園서 석식夕食. 차옥여관茶屋旅館으로 또 갔다 종로鐘路로 돌았다. 한공석韓公錫 군君을 찾다.

5월 11일. 맑다. 차옥여관茶屋旅館을 가다. 겸태謙泰 군君은 출타出他.

5월 12일. 맑다. 겸태謙泰 군君이 새벽에 오다. 문장사文章社에 가다. 시조집時調集 출판出版에 대하여 의논하다. 김영완金永完 씨를 보고 우하又荷를 보다.

5월 13일. 맑다 흐리고 밤에 비. 김상기金庠基 군君, 이회백李會伯 군君이 오다. 『이십오사二十五史』가 한 벌 나온다고. 오는 대로 보내 달라 하였다. 시가時価 80원八十円. 반갑다. 장작長斫 장수가 오다. 한 가비에 2전, 오백오십 개를 사다. 문환文煥이가 오다. 여산소학교礪山小學校 수학여행修學旅行.

5월 14일. 흐리다.

5월 15일. 비. 송석하宋錫夏 군君, 이병도李丙燾 군君이 오다. 끌리어 나갔다. 이 군李君이 점심點心을 사 준다. 문환文煥이가 떠났다.

5월 16일. 맑다. 적십자병원赤十字病院에 가서 정지용鄭芝溶 군君을 보다. 듣든 말보다는 다행이다. 상처기는 거의 아물어졌다. 퇴원退院을 한다.

5월 17일. 맑다. 문장사文章社를 단여 대동출판사大同出版社에 가다. 이관구李寬求, 이병도李丙燾, 황희돈黃羲敦, 송신용宋申用 군君과 가치 이성의李聖儀 집 책册을 보다. 진귀한 것도 있다.

5월 18일. 비. 애류崖溜가 오다. 석반夕飯 후後 찬 군燦君을 찾다.

5월 19일. 맑다. 「시조時調 감상법鑑賞法」 원고原稿를 쓰다. 조선일보朝鮮日報 학예부學藝部의 소청所請.

5월 20일. 맑다. 김상기金庠基 군君이 오다. 장미원薔薇園에서 한란寒蘭이 오다. 높이 2척二尺 67촌六七寸 복주한란福州寒蘭은 아니다. 심어 두다. 애류崖溜가 『농가집성農家集成』과 『영가집永嘉集』 2책二册과를 빌려 갔다. 정지용鄭芝溶 군君을 찾어보다. 외간상外艱喪을 당하였다. 오날 오전午前 7시七時. 오후午後 11시十一時 반半에 돌아오다.

5월 21일. 맑다. 월탄月灘을 찾다. 가치 나서 남대문소학교南大門小學校에 가서 부협의원府協議員 투표投票를 하고 황금정黃金町 일정목一丁目 박종목朴鍾穆 군君 집으로 와 점심을 먹고 오후午後에는 정지용鄭芝溶 군君을 찾다. 오후午後 10시十時 반半 돌아오다. 목포木浦 운 군雲君에게 『조선미술사집朝鮮美術史集』을 우송하다.

5월 22일. 맑다. 월탄月灘과 자동차自動車를 타고 서빙고西氷庫를 가다. 한강漢江을 건너 시흥군始興郡 신동면新東面 한 주막酒幕 앞에서 기다리다. 오후午後 10시十時 반半 이나 되어 상여喪輿가 온다. 뒤에는 정지용鄭芝溶 하나만 따렀다. 천주교회天主敎會 묘지墓地로 오르다. 하관 후下棺後 우리는 그 산 넘엇 마을 어느 음식점으로 들었다. 이층으로 올랐다. 회장會葬 온 이란 우리 두 사람과 추천推薦 시인詩人 이한직李漢稷 군君과 일 보아주는 전형全馨 군君과 송경宋暻 군君과 한 여자와 몇 신부神父다. 술을 두 병이나 사 왔다. 나와 월탄月灘과 전형全馨 군君이 그 두 병을 다 기울렸다. 돌아오다 맥주麥酒 다섯 병을 또 기울렸다. 폭 취한다. 서빙고西氷庫 와서 일행一行이 다 기차汽車를 타고 용산龍山서 나리다. 지용芝溶 군君 일행一行을 자동차自動車로 보내고 월탄

月灘과 나는 이용우李用雨 군君을 찾다. 나는 곤하여 그 방에 누었다. 월탄月灘, 김창식金昌植, 묵로墨鷺는 뜰에서 우산을 받고 술을 먹는다. 밤이 깊어 나는 달아 오다. 비는 부실부실 나린다.

5월 23일. 비. 오후午後엔 개었다. 조선일보사朝鮮日報社, 동아일보사東亞日報社를 단여 문장사文章社로 오다. 이태준李泰俊 군君, 길진섭吉鎭燮 군君, 김상용金尙鎔 군君, 김용준金瑢俊 군君을 맞나 재담才談을 듣다. 김연만金鍊萬 군君이 김천金泉서 과하주過夏酒 두 병을 사 가지고 왔다. 한 병을 기울여 맛을 보인다. 썩 좋은 술이다. 감칠맛이 있고 훈훈히 취한다. 한 병에 5원五円, 그래도 헐하다. 김연만金鍊萬 군君이 저녁을 준다 하여 명월관明月館으로 가다. 과하주過夏酒를 다 마시다. 기분氣分이 좋아진다.

5월 24일. 맑다. 하 박사河博士 군君이 아츰에 오다. 오후午後 다섯 시 하 박사河博士 집에 가다. 그 모친母親 생일生日. 연전延專 과장科長들이 모였다. 구미유학생歐米留學生들이다. 구미歐米 이야기가 많다. 빗방울이 듯는다.

5월 25일. 맑다. 송석하宋錫夏, 이여성李如星 군君이 단여 갔다. 편지 답장答狀을 하다. 동경東京 김종영金鍾瑛, 개성開成 조영상趙泳翔, 의성義城 고두동高斗東, 대전太田 정갑수丁甲秀, 경성京城 윤태순尹泰順에게. 시조 작時調作, 문학수양文學修養 등이다. 오날사 자세仔細히 보니 지난 4월 시골집에서 옮겨온 으흐름 넌출이 새움이 돋는다. 포도葡萄는 지난해 버레 먹었든 걸 다 끊어 주었더니 새순이 벋어 퍽 무성하고 열매도 수십여 덩이 맺는다.

5월 26일. 맑다. 하거何居 김영완金永完 씨氏가 오다. 대동출판사大同出版社 인사 소식人事消息을 전한다. 성북정城北町 이병도李丙燾 군君

을 찾어보다. 만해萬海를 찾다. 응봉鷹峯을 넘어오다.

5월 27일. 맑다. 저녁에 김응수金應洙 군君이 그 큰며누리를 다리고 오다. 용창容昌이가 통의정通義町에다 방 한간을 얻어 놓고 살림을 한다는 것이다.

5월 28일. 맑다. 낮은 덥고 밤은 서늘하다, 바람이 분다.

5월 29일. 맑다. 고산高山 유맹석柳孟錫이가 오다. 바루 떠났다.

5월 30일. 맑다. 백강白岡 이병우李炳宇 군君과 만해萬海 한용운당韓龍雲堂이 오다. 김응수金應洙 군君이 오다. 수일數日 다른 곳에서 유숙留宿.

5월 31일. 맑다. 두계斗溪가 오다. 함께 한남서림翰南書林, 하거 댁何居宅을 가보다. 매헌梅軒도 맞났다. 시계時計 태엽胎葉이 끊어지다.

6월

6월 1일. 맑다. 서풍西風. 익산益山 정진수鄭鎭洙 군君이 오다. 가치 학교學校에 가서 정익원鄭益源의 주임主任과 교장校長에게 소개紹介를 하여 주다. 김金ㅅ집과 김응수金應洙 군君이 떠났다. 조영상趙泳翔 군君 편지를 보다.

6월 2일. 맑다. 서풍西風. 문장사文章社, 대판옥大阪屋, 대동출판사大同出版社에 가보다. 학교學校에 가서 학부형회學父兄會 청첩請牒을 초草하다. 시계時計를 수선修繕하다. 오후午後 7시七時 ― 삼십 분간 방송放送 ―「6월을 읊은 시가詩歌」.

6월 3일. 맑다. 서풍西風. 학교學校엔 운동회運動會. 잠간暫間 가보고는 대동출판사大同出版社에 가다. 이관구李寬求, 송석하宋錫夏, 이여성李如星, 최익한崔益翰, 이원조李源朝, 이병도李丙燾 군君과 함께 자동차自動車를 타고 떠나, 광廣나루를 지나서, 광주廣州 동부東部 백수현리白水峴里 면사무소面事務所 앞에 가 나리다. 걸어서 교산리校山里 산곡山谷으로 한 5리五里를 들어가, 객산客山 밑 안산재를 찾다. 한 단애斷崖가 있고 단애斷崖에는 벽태碧苔 낙수落水가 있다. 이 물을 약수藥水라 하고 병을 가지고 와 마시는 부인婦人 한 축이 있다. 그리고 그 우右편에는 삼각형三角形으로 내밀고 솟은 암각岩角이 있고 암각岩角에는 약사여래藥師如來 불상佛像의 부조浮彫가 있다. 연화탑대蓮花榻臺 우에 앉은 모양이다. 수법手法이 단아端雅하다. 그리고 그 우측右側에는 "大平二年丁丑, 七月卄九日, 古石佛在如賜以重修, 爲今上皇帝萬歲願."[6]이라는 각자刻字가 있다. 이는 고려高麗 경종景宗 때인 듯. 본시本是 이 부근附近에는 불사佛舍가 있었을 것이고 바루 그 우측右側에는 석불石佛이 있든 것이 다 괴락壞落되고 지금은 움펵한 자리만 남었다. 보다 더 커 뵈는 바위 뿌리에. 이걸 보면 "고석불재여사이중수古石佛在如賜以重修"라는 뜻을 알겠다. 탑본搨本들을 하고 점심點心을 먹고 저녁때 돌아들 오다. 아랑주雅郎宙에서 저녁을 먹다. 운 군雲君 봉함封函을 보다.

6월 4일. 맑다. 김성수金性洙 군君을 보고 송진우宋鎭禹 군君도 맞나다. 두계斗溪를 가보고 함께 연건정蓮建町 장지태張之兌 군君을 찾다. 월계관月桂冠 한 병을 선사하였다. 그 부친父親의 회혼례回婚禮. 김병

6 "태평[太平] 2년(977) 정축년 7월 29일에 옛 석불이 있던 것을 중수(重修)하여 금상황제의 만세를 발원합니다." 이 마애불은 현재 보물 981호로 지정된 '태평2년명 마애약사불좌상(太平二年銘 磨崖藥師佛坐像)'이다. 대평(大平)은 송나라 태종(太宗)의 연호인 태평흥국(太平興國)이다.

룡金秉龍 군君을 찾다. 장지태張之兌 군君 매부妹夫 이건영李建英 군君과 가치.

6월 5일. 맑다. 남풍南風. 이여성李如星 군君을 찾어보다. 담화談話하다 해를 지우고 돌아오다 임청林靑 군君을 찾다. 건란建蘭 한 분을 사 놓았다. 새순이 돋는다. 술을 준다. 허물없는 이야기를 하며 잔을 기울이다 저물었다.

6월 6일. 맑다. 학교學校에 가다.

6월 7일. 흐리다. 임청林靑 군君과 가치 현무문으로 들어가, 조선미술전람회朝鮮美術展覽會를 보다. 집옥재集玉齋, 향원정香遠亭은 그냥 남었다. 매헌梅軒을 찾었다 못 보고 이용우李用雨(묵로墨鷺) 군君을 찾어보다. 술을 사 오다. 비는 나린다. 감패甘霈다. 비를 맞고 돌아오다.

6월 8일. 맑다.

6월 9일. 맑다. 오후午後 6시六時 경성京城호텔에 가다. 김상용金尙鎔 군君 시집詩集『망향望鄕』출판기념회出版紀念會. 축사祝辭를 하다. 이관구李寬求, 이여성李如星 군君도 오다. 김동만金鍊萬 군君 집(명륜정明倫町)으로 가다. 자정子正까지 놀았다. 박태원朴泰遠 군君과 가치 자동차自動車로서 돌아오다.

6월 10일. 맑다, 비오다. 장지태張之兌 군君이 청請한다. 탑골 승방僧房에 가다. 두계斗溪, 자산自山, 방종현方鍾鉉, 김태준金台俊, 이인영李仁榮 군君 외 수인數人이 모이다. 점심點心을 먹고 두계斗溪 집으로 들어 저녁을 먹다.

6월 11일. 맑다. 하거何居를 찾었다 못 보고 우하又荷를 보다. 심천풍沈天風이 와 난蘭을 본다.

6월 12일. 맑다. 서상천徐相天 군君이 오다. 오후午後 네 시 김상기金

庠基 군君과 가치 대관원大觀園에 가서 서상천徐相天 군君을 맞났다. 동서고금東西古今 위인偉人 언행록言行錄 삼백여 건件을 쓰기로 하였다. 김 군金君과 나와 맡었다.

6월 13일. 맑다. 편지틀 강화講話를 쓰기 시작하다. 조선일보사朝鮮日報社『신여성新女性』잡지雜誌에 연속 기재할 것이다.

6월 14일. 맑다. 오후午後 매헌梅軒이 오다. 가치 우하又荷를 가보다. 조선일보사朝鮮日報社에서 원고료原稿料를 보내 주었다.

6월 15일. 맑다. 머리가 띄 — 하다. 원고原稿를 쓰랴도 생각이 잘 돌지 않는다.

6월 16일. 소나기가 지내다.「일반一般 편지에 대한 마련」을 마감磨勘하다. 시조집時調集 초교初校를 보다.

6월 17일. 몹시 덥다. 문장사文章社를 가다. 임학수林學洙 군君을 맞나다. 순천順天이 고향故鄕, 풍암楓岩 자손子孫, 백호白湖 방손傍孫이란다. 풍ㅅ자楓字를 넣어 호号를 지어 달라 하기, 석풍石楓을 주다. 나무목木을 띄고 그저 석풍石楓이라 하는 것이 좋다 하였다. 이여성李如星 군君이 와, 자기自己 집으로 가자하여 상허尙虛와 가치 따러 갔다. 황해도黃海道서 보냈다는 고자기古磁器 몇 개를 내 놓는다. 고박古朴은 하나 귀한 건 아니다. 자정子正이 지냈다. 나와 상허尙虛와 한청식당韓靑食堂으로 와 냉면冷麵을 먹다. 월탄月灘을 찾다. 놀다가 동광당東光堂으로 오다. 월탄月灘은『중국문학사中國文學史』를 사다.

6월 18일. 맑다. 백합화百合花가 세 숭이 피었다. 향기香氣가 흐른다. 창해滄海가 오다. 시문학詩文學 이야기를 하다. 방종현方鍾鉉, 이인영李仁榮 군君이 오다.『훈몽자회訓蒙字會』를 보이다.

6월 19일. 맑다. 중앙체육연구소中央體育硏究所를 가서 서상천徐相天

군君를 보다. 가언嘉言, 선행善行의 인물人物을 뽑아 보았다.

6월 20일. 맑다. 문장사文章社, 하거 댁何居宅을 가보다. 성대城大에 가서 이인영李仁榮 군君을 맞나다. 백합원百合園서 석식夕食.

6월 21일. 맑다. 동아, 조선에 원고原稿를 써 보내고, 『문장文章』 8월 호号의 「서호西湖의 밤」을 쓰다. 밤에 비가 좀 오다. 김상기金庠基 군君과 화제話題 삼백여 개箇을 정定하다.

6월 22일. 퍽 무덥다. 하지夏至. 학교에 가보니 근로勤勞 시간時間으로 습자習字는 못하게 되었다. 대동출판사大同出版社로 가다. 이관구李寬求, 이원조李源朝 군君을 맞나, 관철정貫鐵町[7] 대구大邱집에서 점심點心. 본정本町을 가보고 서상천徐相天 군君을 가보다.

6월 23일. 무덥다. 포도葡萄 넌출에 해충구제약害蟲驅除藥을 발러 주었다. 운 군雲君에게 『돌스토이 문학론』과 『문예비평집』을 보내 주다. 그리고 엽서葉書로 알리다. 백합화百合花가 벌서 이울었다.

6월 24일. 비. 이태준李泰俊 군君의 청請으로 경성보육학교京城保育學校에서 「여류문학女流文學에 대하여」 말하다. 성북정城北町까지 나아갔다 도로 오다.

6월 25일. 맑다. 두계斗溪를 찾어보다.

6월 26일. 맑다. 조선어학회語學會에 가보다. 김영기金永起 군君 편지를 보다.

6월 27일. 맑다. 성대城大에 가서 장지태張之兌 군君을 더불고 홍선표洪善杓 군君을 찾어보다. 해원海円(황희돈黃羲敦)이 저녁에 오다, 고서古書 몇을 보이다.

---

7 현 종로구 관철동의 일제기 명칭

6월 28일. 맑다. 위창葦滄 오세창吳世昌 씨를 가보다. 자필自筆 서인署印한 부채 한 자루를 준다. 한남서림翰南書林에 들다.

6월 29일. 맑다. 대동출판사大同出版社에 가다. 해원海円을 찾어보다.

6월 30일. 맑다. 김태준金台俊, 송석하宋錫夏 군君과 가치 총독부도서관總督府圖書館을 가보고 열람권閱覽券도 얻고 『월인석보月印釋譜』도 보다. 화신和信서 점심點心. 하거 댁何居宅에 들어 책册을 보다. 매헌梅軒이 오다.

7월

7월 1일. 맑다. 성대城大에 가다. 이인영李仁榮, 장지태張之兌 군君을 맞나다. 가치 나서 관철정貫鐵町 개장국집에 가서 점심點心. 하거何居을 찾어보다.

7월 2일. 맑다. 이인영李仁榮, 송석하宋錫夏, 이여성李如星 군君이 오다. 인영仁榮 군君은 활자活字 고본古本 몇을 가조다. 가치들 남산정南山町[8] 도자기 급 서화陶磁器及書画 경매소競賣所를 가보다.

7월 3일. 맑다. 대동출판사大同出版社, 광동서관光東書館을 가보다. 총독부도서관總督府圖書館을 가서 『월인석보月印釋譜』 제6第六을 교준校準하다.

7월 4일. 우雨. 이태준李泰俊 군君이 자동차自動車를 몰고 오다. 평양平壤 김종도金宗道의 요극謠劇을 듣자고. 명월관明月館으로 가다. 오후

8 현 남산동 일제기 명칭

午後 5시五時로부터 10시十時 까지 놀다. 요극謠劇은 광대廣大소리를 의방依倣하였다. 기교技巧는 용하되 남북도南北道의 소리와 또는 요샛말을 섞은 것이 퍽 불순不純하다.

7월 5일. 우雨. 임청林靑 군君이 오다. 석남石南을 보다. 김영기金永起 군君에게 답장答狀. 『문장文章』 7월호号도 보내 주다.

7월 6일. 맑다. 퍽 덥다. 문장사文章社에 들다. 시조집時調集 재교再校를 하여 주다. 황금정黃金町 박종목朴鍾穆 군君을 찾다. 함께 신무문神武門 안의 서도전람회書道展覽會를 보다. 혜경궁惠慶宮 홍씨洪氏 봉서封書 한 장이 출전出展되었다. 초抄하다. 나오다 맥주麥酒, 면麵으로 점심點心. 낙원정樂園町 수리修理하는 집으로 가서 월탄月灘을 맞나다. 그 계씨季氏가 이사移舍 온다고. 월탄月灘과 골탕집으로 들어 두어 잔을 하였다.

7월 7일. 맑고 무척 덥다. 대동출판사大同出版社에 가다, 두계斗溪를 맞나다. 가치 나서 종로鍾路 네거리로 가다 황희돈黃羲敦 군君을 맞나, 끌려 그 집으로 들다. 『구결원각경口訣円覺經』을 찾어오다. 한공석韓公錫 군君을 찾었다 못 보고 두계斗溪를 더불고 집으로 오다. 저녁도 가치하고 고서古書를 보고 토의討議하다. 조남령曺南嶺 군君 편지를 보다.

7월 8일. 맑다. 무척 덥다. 문장사文章社를 가다. 종로다방鍾路茶房에 가서 이인영李仁榮, 양주동梁柱東, 이병도李丙燾, 송석하宋錫夏, 조윤제趙潤濟, 방종현方鍾鉉, 노성석盧聖錫 군君을 맞나 가지고 신흥사新興寺로 나가다. 노 군盧君의 초대招待. 고故 이정호李正鎬 군君 추도회追悼會도 있다. 월탄月灘 형제兄弟며 행인杏仁, 묵로墨鷺. 고재환高在煥, 이문호李文鎬 군君도 맞나다. 어두워진 뒤에 돌아오다. 몹시 무덥다.

7월 9일. 맑다. 무척 덥다. 98도九十八度 24二十四. 7년래 처음 더위란다. 이인영李仁榮 군君이 『서하집西河集』, 『번천집樊川集』을 얻어 가지고 오다. 오후午後 까지 놀았다.

7월 10일. 비. 대동출판사大同出版社, 문장사文章社, 한남서림翰南書林, 광동서관光東書館에 들었다. 오후午後 두 시부터 비가 부슬부슬 나린다. 하거 댁何居宅으로 가서 점심. 우산을 얻어 가지고 오다. 밤에도 줄줄 나리는 비.

7월 11일. 오후午後엔 그쳤다. 습자習字를 끊아 성적표成績表에 기입. 맑다.

7월 12일. 맑다.

7월 13일. 맑다. 조선일보사朝鮮日報社 학예부學藝部 기자가 오다. 조선어 공부에 대한 문의.

7월 14일. 맑다. 관희觀熙가 시골 가다. 문장사文章社, 어학회語學會를 가보다.

7월 15일. 맑다. 오전午前 9시九時 원정元町서 기동차汽動車를 타고 당인리唐人里 가 나리다. 진명여자학교進明女子學校 생도生徒도 원족遠足을 왔다. 양화도楊花渡 건너 선유봉仙遊峰에 오르다. 어학회語學會 일동一同이 모이다. 암자庵子가 있다. 용화사龍華寺라고 하였다. 활엽수濶葉樹가 깃어 녹음綠陰이 깊고 마애磨崖 밑은 벽류碧流. 그 건너는 망원평望遠坪. 좀 훤칠한 것이 상량爽凉한 맛을 준다. 목욕沐浴. 점심點心. 날이 저물어 돌아오다. 애류崖溜가 이취泥醉, 당인리唐人里서부터 불성인사不省人事. 원정元町서 나려 나와 한징韓澄 군君과 간호看護. 오후午後 10시十時가 지나, 겨우 일으켜 부액扶腋하고 전차電車를 간신히 타다. 오날은 분란회일盆蘭會日이라고 구경군이 많아 번번히 만원滿員. 중도中途에 여러 번 바꾸어 타고 자정子正에야 현저정峴底町 애류

崖溜 집에 이르다. 그 부인夫人을 불러내고 돌아섰다.

7월 16일. 맑다.

7월 17일. 맑다. 오전午前 11시十一時 20분二十分 — 20분二十分 동안 방송放送. — 바다의 전설傳說.

7월 18일. 맑다. 무척 덥다. 학교學校에 가다. 1년생一年生 하나가 어제 경성운동장京城運動場 수영장水泳場서 심장마비心臟痲痺로 죽었다. 영결식永訣式을 교정校庭에서 한다. 지용芝溶 군君과 가치 나오다. 두계斗溪를 찾어보다.

7월 19일. 맑다. 덥다. 밤에 소나기. 문장사文章社, 대동출판사大同出版社를 가보다.

7월 20일. 맑다. 학교學校에 가다. 종업식終業式. 대동출판사大同出版社, 동아일보사東亞日報社를 가보다.

7월 21일. 맑다. 가장 덥다. 99도九十九度. 보전普專을 나가다. 손진태孫晋泰 군君 문상問喪. 이상백李想伯 군君, 조윤제趙潤濟 군君, 이병도李丙燾 군君, 이인영李仁榮 군君을 만나다. 영도사永導寺로 가치들 오다. 한편 수음樹陰 속 이층루二層樓로 오르다. 옷을 벗다. 바람 한 점 없다. 김두헌金斗憲, 송석하宋錫夏 군君도 오다. 점심. 오후午後 5시五時 경성京城호텔로 가다. 고故 문일평文一平 군君의 유저遺著『호암사화집湖岩史話集』 출판기념회出版記念會. 다수多數히 모였다. 끝난 후 나와 두계斗溪, 석남石南은 청정靑汀(이여성李如星) 집으로 자동차自動車를 몰아갔다. 전등電燈을 끄고 그 이층 노대露臺에서 냉수冷水 목욕沐浴. 조요하는 등빛들을 나려다 보며 찬 물을 몸둥이에 뿌리치다. 청량淸凉하기 짝이 없다. 맥주麥酒를 두어 컵 마시다. 집에 돌아오기는 새로 두시.

7월 22일. 흐리다. 비도 좀 오다 만다. 중복中伏. 서북풍西北風.

7월 23일. 빗낱이 듯다. 창환昌煥, 윤석중尹錫重이가 집에 가다. 고두동高斗東 군君의 편지를 보다. 밤에 비. 하경덕河敬德 군君과 제일극장第一劇場을 가다.

7월 24일. 비. 시조집時調集 준교準校를 끝내다. 건란建蘭이 피다. 유달수柳達洙 군君이 가다.

7월 25일. 비 오다 마다. 이훈李燻 군君이 오다. 「편지 독본讀本」 2회분二回分을 써 보내다.

7월 26일. 맑다. 대동출판사大同出版社, 문장사文章社, 한남서림翰南書林, 하거 댁何居宅을 단여오다. 『두시언해杜詩諺解』(권15卷十五, 6六) 1책一册 초간初刊 활자본活字本을 얻다. 5원五円.

7월 27일. 맑다. 이훈李燻 군君이 오다. 『두시언해杜詩諺解』(권6卷六, 7七 초간初刊 활자본活字本) 1책一册, 『일선의열도一善義烈圖』 1책一册, 『맹자혹문孟子或問』(갑진자甲辰字 인본印本) 1책一册, 『주자어류朱子語類』(중종中宗 10년十年 주자鑄字 인본印本 ?) 1책一册을 얻다. 『일선의열도一善義烈圖』는 진본珍本이다. 의우도義牛圖, 향랑도香娘圖와 그 사적事蹟을 사긴 책册 4원四円.

7월 28일. 맑다. 「명인전名人傳 신사임당申師任堂」 원고原稿를 쓰다. 땀이 흘러, 원고지原稿紙가 젖는다.

7월 29일. 맑다. 「허난설헌許蘭雪軒」을 쓰다.

7월 30일. 맑다. 「혜경궁惠慶宮 홍씨洪氏」를 쓰다.

7월 31일. 밝다. 동희東熙가 밤차車로 여산礪山을 가다. 종일終日 동북풍東北風. 선선하다. 명인전名人傳 원고原稿를 보내 주다.

8월

8월 1일. 맑다. 종일 동북풍東北風. 퍽 선선하다. 화씨華氏 78도七十八度. 하거何居, 우하又荷를 가보다.

8월 2일. 맑다. 동북풍東北風 종일終日. 총독부도서관總督府圖書館에 가서 『석보상절釋譜詳節』 제6第六, 9九의 준準을 다 보았다. 대동출판사大同出版社에 들다. 송석하宋錫夏 군君을 맞나다.

8월 3일. 맑다. 문장사文章社에 가서 이태준李泰俊 군君을 맞나보고 시조집時調集 장정에 대하여 상의相議하다.

8월 4일. 맑다. 고두동高斗東 군君에게 회답回答. 박술음朴術音 군君이 오다. 하 박사河博士도 오다.

8월 5일. 맑다. 이근성李根成 군君이 오다. 월탄月灘을 저녁에 가 보다.

8월 6일. 맑다. 창신정昌信町 595로 반이搬移한 이인영李仁榮 군君을 찾어보다. 창해滄海는 찾었다 못 보다. 시골서 보리 두 섬이 오다.

8월 7일. 맑다. 96도九十六度. 조석朝夕은 선선하다. 애류崖溜, 두계斗溪가 오다. 김상기金庠基 군君도 오다. 저녁에는 송석하宋錫夏 군君이 와서 『무당내력도巫堂來歷圖』와 『일선의열도一善義烈圖』를 빌어 가다.

8월 8일. 96도九十六度. 국화菊花, 포도葡萄 등이 시든다. 닢은 더러 탔다. 동희東熙 편지를 보다. 또 명희明熙가 상배喪配를 하였다고.

8월 9일. 맑다. 대동출판사大同出版社, 문장사文章社, 하거 댁何居宅을 가 보다. 하 박사河博士가 오다.

8월 10일. 맑다. 「습수록拾穗錄」을 쓰다. 104도百四度. 납량삼제納凉三題 중 시가詩歌 방송放送. 오후午後 8시八時 — 30분.

8월 11일. 맑다. 「습수록拾穗錄」 원고原稿를 『조선농업朝鮮農業』에 주다. 대동출판사大同出版社, 문장사文章社에 가다. 하 박사河博士 집에서 점심. 매헌梅軒도 오다. 그 생일生日.

8월 12일. 맑다. 매헌梅軒을 가보다. 가치 문장사文章社에 가다. 시조집時調集 표제表題를 주다. 이는 매헌梅軒 시겨 『두시언해杜詩諺解』와 『남명南明』에 있는 강희안姜希顔 을해자乙亥字를 모模하여 집자集字를 한 것이다.

8월 13일. 맑다. 오장환吳章煥 군君이 자기自己 시집詩集 『헌사獻詞』를 가지고 오다.

8월 14일. 맑다. 매신每申 학예부學藝部 기자記者 이윤희李允熙 군君이 오다. 수필隨筆을 써 달라고 졸른다.

8월 15일. 맑다. 신구현申龜鉉 군君이 오다. 『홍길동전洪吉童傳』의 경성京城, 전주全州 판板 두 가지를 빌려가다.

8월 16일. 맑다. 이발理髮. 서상천徐相天 군君을 찾다. 매헌梅軒이 오다.

8월 17일. 맑다. 임청林靑 군君이 오다. 찬 군燦君이 오다. 어학회語學會의 이극로李克魯, 권덕규權悳奎, 한징韓澄, 정인승鄭寅承 군君이 오다. 저녁에 창환昌煥이가 오다.

8월 18일. 맑다. 『조광朝光』에 「금강산기金剛山記」를 보냈다. 동아일보사東亞日報社서 고료稿料를 보냈다. 한남서림翰南書林을 가다. 이훈李燻 군君에게 책冊값을 주다. 하거何居를 보다. 김화진金龢鎭 군君이 오다. 동희東熙, 관희觀熙가 오다.

8월 19일. 맑다. 홍택주洪宅柱 씨氏가 난蘭을 심어 달라고 보냈다. 인촌仁村을 가 보다. 사란絲蘭 일경일화一莖一花 등 개식改植. 윤석중尹錫重, 유달수柳達洙 군君이 오다. 포도葡萄가 다 익었다. 따서 나누었다.

8월 20일. 맑다.

8월 21일. 문장사文章社로 하여 학교學校에 가다. 저녁까지 덥기만 하다.

8월 22일. 학교學校에 가 몇 시간 보았다. 오날도 무척 덥다.

8월 23일. 맑다. 김상기金庠基 군君이 오다. 창해滄海를 맞나다. 『동아일보東亞日報』 학예란學藝欄에 시조란時調欄을 둔 바 투고投稿가 퍽 많다. 고선考選하고 평언評言을 쓰다.

8월 24일. 청晴. 김상기金庠基 군君과 가치 서상천徐相天 군君을 찾다. 대관원大觀園으로 가다.

8월 25일. 소낙비. 오후午後에 이혜구李惠求, 김억金億 군君이 오다. 고악서古樂書 1책一册을 이혜구李惠求 군君에게 빌리다. 인촌仁村을 가 보다.

8월 26일. 소낙비. 문장사文章社에 가다. 고하古下를 가 보다. 창해滄海가 오다.

8월 27일. 맑다. 『동아일보東亞日報』에 원고原稿를 써 주다. 「시조時調 습작자習作者에게」

8월 28일. 맑다. 『동아東亞』의 속고續稿를 쓰다. 정충시鄭忠時 군君이 오다. 밤에 비 오다.

8월 29일. 비 오다. 조윤제趙潤濟 군君이 오다. 언해 책諺解册들을 보이다.

8월 30일. 맑다. 오철호吳徹浩 군君이 오다.

8월 31일. 맑다. 성대城大에 가서 『석보상절』 장황裝潢(4책四册)을 시기다. 문장사文章社로 단여 오다.

9월

9월 1일. 맑다. 책 정리를 하다.

9월 2일. 맑다. 아츰에 월탄月灘이 오다. 내 시조집時調集 독후감을 말한다. 몇몇 수首를 지적指摘하여 가장 격감激感된 곳이라고. 내 생각과 합合한다. 두계斗溪가 오다. 성대城大로서 오며 장황裝潢한 『석보상절釋譜詳節』을 전한다. 오랫만에 맞났다. 사화史話를 하다. 저녁엔 명월관明月館 본점本店서 안호준安鎬俊 군君 송별회送別會를 하다. 맥주麥酒를 마시다.

9월 3일. 맑다. 찬 군燦君과 한기악韓基岳 군君이 오다. 청요리淸料理 우동을 시겨다 먹다. 배가 좀 아프다. 찬 군燦君, 한 군韓君을 따러 장충단獎忠壇까지 가다. 복통腹痛이 심甚하다. 전차電車 속에서 간신히 참었다. 장충단獎忠壇 공중변소公衆便所서 설사泄瀉를 하였다. 복통腹痛은 점점 더하다. 부득이不得已 돌아오다. 배에다 돌찜을 하였다. 차첨 가랁었다. 신열身熱도 나고 땀도 몹시 흘렸다. 밤에 매헌梅軒이 오다. 김응수金應洙 군君이 오다.

9월 4일. 맑다. 소낙비. 등화관제燈火管制. 밤에 송석하宋錫夏 군君이 오다.

9월 5일. 맑다. 하거何居가 오다.

9월 6일. 맑다. 해원海円을 찾다. 문장사文章社를 단여오다. 이발理髮. 김응수金應洙 군君이 오다.

9월 7일. 맑다. 문장사文章社서 『시조집時調集』[9] 20부二十部를 가조

9 『가람 시조집(時調集)』을 말함.

다. 서상천徐相天 군君을 찾다. 동희東熙가 신열身熱, 복통腹痛의 위석委席.

9월 8일. 아츰에 비 오다. 『시조집時調集』 1책一册은 휘문徽文에 기증寄贈, 또 1책一册씩 조운曺雲, 김영기金永起 군君에게 보내다. 편지도 하다. 정지용鄭芝溶 군君에게도 『시조집時調集』을 주다.

9월 9일. 맑다. 생량生凉하였다. 오후午後 김상기金庠基 군君과 가치 서상천徐相天 군君을 찾다. 그리고 명월관明月館 본점本店으로 갔다. 조선일보사朝鮮日報社 출판기념회出版記念會가 있다. 명인전名人傳 집필자執筆者가 모였다. 기생妓生의 가무歌舞도 있다.

9월 10일. 맑다. 오철호吳徹浩 군君이 오다. 함께 임청林靑 군君을 찾다. 3인三人이 가치 영도사永導寺 대원암大円庵을 가서 석전石顚 스님을 보다. 춘원春園도 맞나다. 오 군吳君에게 『시조집時調集』 한 권을 주다.

9월 11일. 맑다. 문장사文章社, 대동출판사大同出版社에 가보다. 하거何居를 보고 석남石南을 보다. 조남령 군曺南嶺君에게 편지와 『시조집時調集』을 보내다.

9월 12일. 맑다. 학교學校 가서 시간 마치고 성대城大에 가서 이인영李仁榮 군君을 보다. 이재훈李載壎 군君을 찾다. 이인영李仁榮 군君 집으로 가서 저녁을 먹다.

9월 13일. 맑다. 임청林靑 군君을 찾다. 만해萬海(한용운韓龍雲)를 찾다. 술을 준다. 이태준李泰俊 군君을 찾다. 수어數語하고 이병도李丙燾 군君을 찾다.

9월 14일. 맑다. 『여성女性』의 보낼 원고原稿 「편지 독본讀本」을 쓰다. 고두동高斗東 군君께 편지.

9월 15일. 흐리다. 오후午後 4시四時 12분 특급차特急車로 평양平壤

을 가다. 이병도李丙燾 군君, 이재훈李載壎 군君, 이여성李如星 군君, 송석하宋錫夏 군君과 동행同行. 식당에서 석반夕飯. 9시九時 반半 평양平壤 착着, 이인영李仁榮, 이병필李炳弼 군君이 역驛에 나왔다. 대평양大平壤 호텔로 들다.

9월 16일. 맑다. 김동형金東瀅 군君을 찾고 을밀대乙密臺로 하여 박물관博物館을 구경하다. 채협彩篋과 채협총彩篋塚이 가장 볼 만하다. 이인영李仁榮 군君 집으로 가서 그 부친父親 이춘섭李春燮 씨氏를 보고 점심을 먹다. 오후午後 4시四時 장경관長慶館으로 선유船遊를 하다. 우리 일행一行과 김동형金東瀅, 이병필李炳弼, 이인영李仁榮 군君과 기생妓生 5인五人과 사공沙工 1인一人. 술과 노래. 능라綾羅 옆, 백은탄白銀灘 아래다 배를 매었다. 석양夕陽은 넘어가고 초사흘 달은 청류벽淸流壁 머리에 걸렸다. 황혼黃昏의 빛이 좋다. 어두어진 뒤에 돌아오다. 밤이 깊어 또 어복魚腹장국집을 가다.

9월 17일. 맑다. 송석하宋錫夏 군君과 이여성李如星 군君은 떠나다. 오정午正쯤 하여 이인영李仁榮 군君이 오다. 신건희申健熙 군君이 오다. 우리는 이인영李仁榮 군君과 함께 이병필李炳弼 군君을 찾다. 어복魚腹장국으로 점심. 보통문普通門을 올라 보다. 기림리箕林里를 보다. 새로 발전發展되는 곳이다. 새 건축建築이 즐비櫛比하다. 상수리上蒐里 계월향 사당桂月香祠堂을 들어 그 영정影幀과 비碑를 보다. 저녁은 소육燒肉. 다시 장경관長慶館에 가서 놀다. 자정子正에 돌아오다.

9월 18일. 맑다. 오전午前 10시十時 특급特急으로 떠나다. 손진태孫晋泰 군君을 역驛에서 맞나다. 오후午後 3시三時 경성京城 착着. 이상돈李相敦 군君이 오다.

9월 19일. 맑다 학교學校에 가다. 월탄月灘을 찾다. 회월懷月을 맞나다. 저녁까지 놀았다. 병륙秉陸이에게 편지.

9월 20일. 맑다. 이재훈李載壎 군君이 오다. 송석하宋錫夏 군君이 오다. 김억金億 군君에게 『시조집時調集』을 보내 주다. 김병학金秉鶴 군君 처상妻喪을 위문慰問. 어학회로 가서 정인승鄭寅承 군君 조문弔問. 고두동高斗東 군君에게 편지.

9월 21일. 맑다. 임청林靑 군君이 오다. 오후午後 임청林靑 군君과 가치 이병도李丙燾 군君을 가 찾었다 못 맞나다. 하거 댁何居宅에 갔다가 송석하宋錫夏, 이혜구李惠求 군君을 맞나다. 이혜구李惠求 군君을 맞났다. 이혜구李惠求 군君에게 끌리어 명치정明治町에 가서 석식夕食. 삼지가森之家에 들어 이종우李鍾禹 군君도 맞나다.

9월 22일. 맑다. 『한중록恨中錄』 주해註解.

9월 23일. 맑다. 문장사文章社, 대동출판사大同出版社에 가다.

9월 24일. 맑다. 명륜정明倫町 김동만金鍊萬 군君 집을 찾다. 문장사원文章社員과 집필인執筆人 몇몇이 모였다. 처음엔 우이동牛耳洞으로 원족遠足을 하자든 것이 거긔 단이는 뻐쓰가 동이 번번 만원滿員되어 우리 일행一行은 탈 수가 없다. 우리 일행一行은 성북동城北洞 음벽정飮碧亭 골짜기로 올라, 봉峯과 영嶺을 밟고 약수암藥水庵 있는 골짜기를 나려 약수암藥水庵서 점심, 다시 김동만金鍊萬 군君 집으로 와서 놀다 돌아왔다. 밤에 매헌梅軒, 오문호吳文浩, 하경덕河敬德 군君이 오고 또 이윽하여 변일섭邊日燮 손재형孫在馨 군君이 오다. 이야기하다 자정子正에 갔다.

9월 25일. 맑다. 문장사文章社 원고原稿를 갖다 주고 변 군邊君을 여관旅館으로 찾었더니 손재형孫在馨 군君 집으로 가 있을 터이니 그리 오라 하였다. 손 군孫君 집으로 가다. 순조선식純朝鮮式 집으로 꾸미어

놓고 서화書画를 진장珍藏하였다. 그 서화書画 수집蒐集. 그 가옥家屋 건축建築 등의 고심담苦心談을 듣고 서화書画도 보다. 그중 추사秋史 진적眞蹟이 많다. 붙들려 잤다.

9월 26일. 맑다. 병륙秉陸의 편지, 김영기金永起 편지가 오다. 집에서 200원二百円을 보내 주었다. 한남서림翰南書林에 가다 『영규율수瀛奎律髓』 낙질落帙 1책一册이 있다. 고활자본古活字本. 아니 판다는 걸 달라하여 두었다. 밤에 이인영李仁榮 군君이 오다. 『선문염송禅門拈頌』 3책三册을 보인다. 동희東熙가 금강산金剛山 수학여행修學旅行을 떠나다.

9월 27일. 맑고 흐리고 하였다. 추석秋夕. 「중추中秋 명월明月과 고사故事」 방송放送. 오후午後 7시七時 — 30분三十分. 매헌梅軒을 찾다.

9월 28일. 흐리다. 맑다. 비도 오다. 평양平壤 이병필李炳弼 군君에게 엽서葉書. 권경례權敬禮가 오다. 술 한 병, 과실果實 한 끄럼이를 가지고. 저녁때 정지용鄭芝溶 군君, 남원우南遠祐 군君이 와 부른다. 휘문徽文의 친구들이 나의 시조집時調集 기념회를 하자고. 김도태金道泰, 정규창丁奎昶, 박술음朴術音, 이재훈李載壎, 노병욱盧丙昱, 윤병섭尹丙燮, 장발張勃 군君들. 창신정昌信町 어느 주점酒店으로 비를 맞으며 찾어갔다. 몇 순배巡盃. 박술음朴術音 군君이 식도원食道園으로 끌어 2차회二次會를 연다. 이병규李炳奎, 이치규李治奎 군君도 추후追後하여 오다. 이마동李馬銅 군君도 참가參加. 성회盛會다. 오후午後 11시十一時, 나는 먼저 오다.

9월 29일. 맑다. 정지용鄭芝溶 군君과 가치 이상준李尙俊 군君 처상妻喪 위문을 가다. 종희宗熙가 볼거리로 6, 7일로 몹시 앓었다. 낫었다.

9월 30일. 맑다. 만해萬海(한용운韓龍雲)가 오다. 함께 한 병을 다 기울이고 다시 안국동安國洞 선학원禪學院을 가다. 다시 나서 달을 보고 거리로 거닐다가 나뉘었다.

10월

10월 1일. 맑다. 이상준李尙俊 군君 처상妻喪 발인發靷을 가보다. 권경례權敬禮가 가다. 김상기金庠基 군君이 오다. 가치 이병도李丙燾 군君을 가 찾었다 못 맛나다. 동희東熙가 오다.

10월 2일. 맑다. 하거何居를 가보다. 한남서림翰南書林에 들다. 송석하宋錫夏, 김태후金台後 군君도 맛나다. 하거何居에게 『오조명신록五朝名臣錄』 전집前集과 별록別錄 각各 1책一冊을 가조다. 경자자庚子字 복각본覆刻本이다.

10월 3일. 맑다. 저녁에 변일섭邊日燮 군君이 홍순태洪淳太 군君을 다리고 왔다. 끌리어 나가다. 일산관一山館에 가, 놀다 자정子正이 되어 변 군邊君의 여관旅館까지 바래다주고 오다. 일기日氣가 훈훈하다.

10월 4일. 맑다, 덥다. 하거何居를 가보다. 안평대군安平大君 수필手筆인 경오자庚午字(혹운或云 임신자壬申字)로 인출印出한 상설詳說『고문진보대전古文眞宝大全』후집後集 첫 권卷을 1책一冊 얻다. 퍽 반갑다. 이미 그 개각자본改刻字本인 『창려집昌黎集』, 『사찬史纂』 등을 얻어 두고 그 초주자본初鑄字本을 갈구渴求한 지 오래다. 자체字體가 원활円滑한 것이 그 개각자본改刻字本과는 다르다. 이것이 광해초光海初에도 희귀본稀貴本이었다. 지금 남어 있는 것은 과연 진기珍奇하달 수밖에 없다. 매헌梅軒을 찾다. 그 행랑行廊 늙은이에게 장적을 부탁. 본정本町을 가서 공장첩空裝帖을 사다. 대동출판사大同出版社 「광농지鑛農誌」의 두

원고原稿를 써 요감了勘하다.

밤새도록 뇌우雷雨. 잠을 덧 들다.

10월 5일. 맑다 흐리고 비. 이여성李如星 군君을 찾다. 공장첩空裝帖에 청류벽淸流壁을 그리게 하였다. 비에 막혔다. 저녁때 돌아오다. 장적이 오백육십 가비 들왔다. 한 가비에 18전十八錢 5리五厘 치었다. 네 마차馬車에 실려 왔다. 태가駄價가 7원七円 60전六十錢. 패는 삯이 12원十二円. 가비가 굵기는 하나 퍽 비싸다. 한 가비를 두 도막에 끊어, 빠개면 푼내기 장적 두 다발 반은 되겠다.

10월 6일. 맑다. 오세창吳世昌 어른을 가보다. 이인영李仁榮 군君을 보고 이병도李丙燾 군君을 가보다. 어제 체증滯症이 생겼다고 누었다. 이야기, 이야기 하다가 밤에 돌아오다.

10월 7일. 흐리다. 한남서림翰南書林을 가다. 『영규율수瀛奎律髓』를 5원五円을 주다. 장적은 오날도 종일終日 패었다. 다 패었다.

10월 8일. 맑다. 애류崖溜를 찾어보고 『시조집』 한 책冊을 주고 『삼국유사三國遺事』 고본古本 1책一冊 3三, 4四, 5五 권卷 합습을 얻어 오다. 이는 초간본初刊本. 정덕본正德本은 이 본本을 임臨하여 재간再刊한 것이다. 간혹間或 '旡'자武字의 결필缺筆 '讧', '碔'와 또는 '或', '我', '機' 이 결필缺筆들도 '旡'자武字 결필缺筆의 영향影響 받은 것 등等 자字라든지, 각법刻法, 판식板式, 지질紙質이라든지가 여말麗末이 아니면 국초國初의 것이다. 최남선崔南善 장서藏書에도 3三, 4四, 5五 권卷 1책一冊이 있다. 그는 그리 결장缺張이 없는 듯. 이 본本은 3권三卷 초初 1一, 2二, 3三, 4四, 5五, 6六 장張과 5권五卷 말末 27二七, 28二八, 29二九, 30三十 장張이 결缺하였다.

10월 9일. 맑다. 한남서림翰南書林과 하거 댁何居宅을 가보다. 『영규율수瀛奎律髓』와 『촌은집村隱集』을 가조다. 『영규율수瀛奎律髓』는 중종中宗 11년十一年 의당본依唐本 주자鑄字 인본印本.

10월 10일. 맑다. 이인영李仁榮 군君, 이병도李丙燾 군君이 오다. 『삼국유사三國遺事』, 안평대군서安平大君書 활자본活字本 『고문진보古文眞宝』, 『영규율수瀛奎律髓』 등을 보이다. 두계斗溪는 나더러 『삼국유사三國遺事』 판본板本에 대하여 쓰라고 한다.

10월 11일. 맑다. 중앙학교中央學校에 가서 시골서 온 휴지休紙를 보다. 고를 책이 없다. 위창葦滄께 가서 공장첩空裝帖을 찾어오다. 김상기金庠基 군君과 가치 문곡文谷(서상천徐相天)을 찾다. 조선朝鮮호텔에 가서 석찬夕餐.

10월 12일. 맑다. 송석하宋錫夏 군君을 찾어보다. 이인영李仁榮 군君이 경자자본庚子字本 『전한전前漢傳』과 갑인자본甲寅字本 『훈의강목訓義綱目』를 각 1책一册을 가지고 왔다. 소장所藏한 것을 나누어 주는 것이다. 그리고 "선생댁先生宅에는 지금까지 발견發見된 고활자본古活字本은 구비具備하였다." 한다. 퍽 고맙고도 깃브다. 저녁때 김상기金庠基 군君과 가치 문곡文谷 집에 가, 역도책力道册에 넣을 '가언선행嘉言善行'을 토의討議. 그리고 명월관明月館 본점本店에 가서 놀았다.

10월 13일. 맑다. 임보환林普桓 군君의 편지가 오다. 시조집時調集 출판出版을 축하祝賀하였다.

10월 14일. 맑다. 「편지 독본讀本」 원고原稿를 쓰다. 월탄月灘, 회월懷月(박영희朴英熙), 이인李仁(이승만李承萬)이 저녁에 오다. 오날 오후午後 문장사文章社 주최主催로 나의 시조집時調集 출판기념회出版記念會를 하자든 것이 사정事情에 의依하여 무기연기無期延期되었다. 이 세 친구親舊가 오날 그 회會에 가려고 하였다 한다. 월탄月灘 집으로 함께 들 갔다. 음주飮酒, 담화談話. 유종석柳鍾錫이가 오다.

10월 15일. 맑다. 하거 댁何居宅과 한남서림翰南書林을 가다. 김동만金鍊萬 군君 매씨妹氏 결혼피로연結婚披露宴에 가다. 명월관明月館 본점本店.

10월 16일. 맑다. 성대城大에 가다.

10월 17일. 맑다. 하거 댁何居宅과 한남서림翰南書林에 가다.

10월 18일. 오후午後에 비. 문장사文章社, 대동출판사大同出版社에 가다. 임청林靑 군君과 두계斗溪를 찾었다 못 맞나다. 조 형趙兄이 잠간 왔다 갔다.

10월 19일. 맑다. 송석하宋錫夏 군君이 오다. 김상기金庠基 군君과 가치 문곡文谷 집에 가다. 가언선행嘉言善行을 의논. 백알을 준다. 두 근斤은 먹었다. 오다 김병룡金秉龍 군君을 찾어보다. 성대城大서 조선어문학서류朝鮮語文學書類 전람회展覽會를 하겠다고 삼십여 종 책자冊子를 가져갔다.

10월 20일. 맑다. 종일終日 누었었다. 신기神氣가 불쾌不快.

10월 21일. 졸한猝寒. 얼음이 얼다. 성대城大에 가다. 두계斗溪를 찾고 만해萬海를 찾고 임청林靑 군君을 찾다.

10월 22일. 맑다. 홍택주洪宅柱 노인老人이 오시다. 오후午後 네 시 문장사文章社를 전화電話를 하여 보니 오날 3시三時부터 신흥사新興寺서 내 시조집時調集 출판기념회出版紀念會를 한다고. 빼스를 타고 나가다. 한 이십 명 모였다. 『동아일보東亞日報』서 촬영撮影을 해갔다. 음식상飮食床을 버려 놓고 정지용鄭芝溶 군君 사회司會로, 이병도李丙燾 군君, 이관구李寬求 군君, 이원조李源朝 군君, 조윤제趙潤濟 군君, 이인영李仁榮 군君의 말이 있었고 찬 군燦君의 시조창時調唱이 있었다. 축전祝

電이 몇 장張 오다. 술을 몇 잔 기울이고 파罷하였다. 이병도李丙燾 군君이 선봉先鋒으로 종로鐘路 오정목정五丁目丁 조빡집을 치다. 일행은 다섯 사람.

10월 23일. 흐리다 맑다. 오전午前 10시十時 송석하宋錫夏 군君과 가치 대동출판사大同出版社에 가, 이관구李寬求 군君을 더불고 나섰다. 청량리 역전淸凉里驛前에 이르니 한용운韓龍雲, 이병도李丙燾, 정노식鄭魯湜 군君들이 등대等待하고 있으며 침시沈柹를 사 먹는다. 우리도 서너 개 먹었다. 송석하宋錫夏 군君은 술 한 병을 사 들고 이병도李丙燾 군君은 감 한 끄럼이를 사 들었다. 간신히 빠스를 타고 망우리忘憂里 고개 못 미처 나리다. 신작로新作路로 하여 송율림松栗林을 뚫고 넘고 돌았다. 두미斗迷, 평구平丘, 왕산천王山川, 동호東湖가 나려다 보인다. 한 안옥한 골, 잔디 비알에 호암湖岩이 묻혔다. 호암湖岩 문공일평지묘文公一平之墓라는 비碑가 섰다. 그 앞에는 진달레꽃 녤기 나란히 서 있다. 우리는 술 한 잔 부어 놓고 절을 하였다. 그 옆 잔디밭에서 쉬었다. 술은 부족不足하되 감은 남었다. 그 산山을 우右로 돌아 사뭇 수림樹林 속으로 걸었다. 만해萬海의 만주滿州 여행旅行 때 도적盜賊에게 육혈포六穴砲 맞든 이야기, 정노식鄭魯湜 군君의 전주全州 아전衙前 기세氣勢 부리든 이야기가 끝나자 다시 망우리忘憂里에 다달렀다. 아즉 빠스는 안 온다. 두어 주막酒幕을 더듬었다. 다 어두어서야 빠스를 맞나, 청량리淸凉里를 오다. 두계斗溪만 손진태孫晉泰 군君 보러 간다고 중로中路서 빠지고 일행一行은 조빡집으로 오다. 거미구에 손진태孫晉泰 군君 일행一行도 왔다. 또 얼마 아녀 두계斗溪도 왔다. 만해萬海는 맥주麥酒를 마시고 기침 소리를 여네 높이 낸다. 10시十時나 되어 갈렸다. 나는 성재誠齋와 가치 오다. 또 광통교廣通橋 옆으로 가, 맥주麥酒 두어 병을 기울이다.

10월 24일. 맑다. 이재훈李載壎 군君과 함께 이인영李仁榮 군君을 찾다. 그 아버지 이춘섭李春燮 씨氏 수연첩壽聯帖을 전하다. 술과 밥, 담談과 소笑로 저녁을 즐겁게 보냈다. 오다 이 군李君에게 끌려 오뎅에 들다.

10월 25일. 맑다. 온종일 신기神氣가 좋지 못하였다.

10월 26일. 맑다. 『한중록恨中錄』 주해註解. 문장사文章社을 가다. 박종목朴鍾穆 군君을 찾다. 게서 월탄月灘을 맞났다. 동아일보사東亞日報社를 가다. 이하윤異河閏 군君을 보다.

10월 27일. 맑다. 홍택주洪宅柱 씨氏를 가 보다. 오문호吳文浩 군君이 오다. 김용준金容俊 군君이 저녁에 찾어왔다. 오원吾園 장승업張承業을 말하였다.

10월 28일. 맑다. 조선일보사朝鮮日報社를 가서 황희돈黃羲敦, 이훈구李勳求, 김기림金起林, 방응모方應謨 군君을 맞나 보고 또 정노식鄭魯湜 군君도 맞났다. 방方이 부민관府民館 식당食堂으로 가자 하여 점심을 준다. 유근수柳近洙가 오다.

10월 29일. 맑다. 성대城大 조선어문학회朝鮮語文學會 주최主催 조선어문학朝鮮語文學 고서전람古書展覽을 가보다. 홍택주洪宅柱 씨氏, 한충韓冲, 오문호吳文浩 군君과 동행同行. 게서 박종목朴鍾穆, 박종화朴鍾和 군君을 맞나, 다 보고는 월탄月灘 집으로 가서 점심. 이인영李仁榮 군君이 저녁에 오다.

10월 30일. 맑다. 애류崖溜를 찾다. 적병이 생겨 위석委席하였다.

10월 31일. 맑다. 김유영金幽影 군君을 맞나다. 그가 지은 시나리오 「처녀호處女湖」를 의논하였다. 이인영李仁榮 군君 오다. 『삼국유사三國遺事』를 가져가다.

11월

11월 1일. 흐리다. 「서권기書卷氣」를 써다 『문장文章』에 주고 애류崖溜를 찾었다 못 맞나다. 어학회語學會를 가 보아도 없다. 유근수柳近洙 군君이 여산礪山으로 간다고 떠났다.

11월 2일. 맑다. 김유영金幽影 군君이 오다. 3, 4 시간 『처녀호處女湖』를 논란論難하였다. 4, 5군데 고쳐야 할 곳을 말하였다. 성대城大에서 빌려간 책冊들을 가조다. 이상돈李相敦 군君이 오다. 동아일보사東亞日報社서 응모應募된 시조時調 100여 건百餘件을 가조다.

11월 3일. 종일終日 흐리고 훈덥다. 김상기金庠基 군君이 오다. 이인영李仁榮 군君과 안규응安圭應 군君이 오다. 『훈몽자회訓蒙字會』 한자음漢字音을 말하였다. 가장 주목注目할 바다. 조선朝鮮 속음俗音의 최고기록最古記錄이다. 김 군金君과 가치 성북동城北洞 두계斗溪, 선부善夫(김용후金容後) 만해萬海를 찾었으나 다 못 맞났다.

11월 4일. 흐리고 밤에 좀 비 오다. 「농가월령가農家月令歌」 주해註解.

11월 5일. 맑다. 애류崖溜를 가보다. 가치 나섰다. 황금정黃金町 박종목朴鍾穆 군君과 충신정忠信町 박종화朴鍾和 군君을 찾었다. 다 서산西山을 갔다고 한다. 동대문東大門 밖을 나서 김현장金顯璋 군君을 찾다. 술을 주고 저녁까지 먹으라는 것을 왔다. 하거何居를 보다. 인촌仁村을 보다.

11월 6일. 맑다. 대동출판사大同出版社, 성대城大를 가보다. 매헌梅軒이 오다. 이인영李仁榮 군君이 오다. 『임걱정林居正』 제1권第一卷을 받었다.

11월 7일. 맑다. 저녁은 훈듯하다. 한남서림翰南書林을 가보다. 최인화崔仁化, 월탄月灘이 찾아왔다 갔다. 다시 오겠다 하여 기다렸다. 밤에 비 오다. 체증滯症이 났다.

11월 8일. 비. 오신혜吳信惠 군君 편지가 오다. 설사泄瀉를 하다.

11월 9일. 비. 동아일보사東亞日報社 제2회第二回 시조모집고선時調募集考選을 하고 평評을 써 주었다. 매헌梅軒이 오다.

11월 10일. 맑다. 학예사學藝社 최인화崔仁化 군君을 찾아보고 박종목朴鍾穆 군君을 찾다. 월탄月灘도 맞났다. 어제 그 자당慈堂 생신生辰이라고 점심상點心床을 내왔다. 동아일보사東亞日報社 최익한崔益翰, 이하윤異河潤 군君을 보다. 병석秉錫 군君이 오다.

11월 11일. 맑다. 홍택주洪宅柱 씨氏를 가보다. 난초蘭草 분盆들을 방으로 다 들여 놓았다. 음지陰地에는 어름이 얼었다.

11월 12일. 맑다. 임청林靑 군君을 찾다. 가치 이병도李丙燾 군君을 찾다. 놀다 석양夕陽에 오다.

11월 13일. 맑다. 김태준金台俊 군君을 찾다. 장남계張南溪를 보고 조중탕調中湯 두 첩을 지어 오다. 먹어도 효험效驗이 없다.

11월 14일. 맑다 흐리다. 점심點心을 굶고 잣죽을 먹었다. 설사泄瀉가 막힌다. 동경東京서 윤석중尹石重 군君 편지가 오다. 「강호사시가江湖四時歌」를 한시역漢詩譯해 달라고. 오신혜吳信惠 편지가 오다.

11월 15일. 맑다. 흐리다. 비도 좀 오다. 매지미를 여섯 섬 샀다. 「강호사시가江湖四時歌」를 한시漢詩로 옮기다.

11월 16일. 맑다. 백강白岡(이병우李炳宇)을 찾고 우하又荷를 가 뵈다. 저녁에 월탄月灘, 상허尙虛, 구보仇甫가 오다. 옥순 모玉順母가 십여 일 채 오후午後엔 오한惡寒, 두통頭痛, 골절통骨節痛으로 낮에는 기동起動하고 밤에는 앓다가 위석委席하다. 동경東京서 김영기金永起 군君 편지가 오다. 시조작時調作을 파의罷意하겠다고.

11월 17일. 맑다. 밤에 소나기. 윤석중尹石重 군君에게 답장答狀.

11월 18일. 맑다. 매헌梅軒을 찾어보다.

11월 19일. 맑다. 퍽 따뜻하다. 월탄月灘을 찾어보고 가치 창의문彰義門 밧 빙허憑虛를 가보다. 달을 띠고 돌아오다.

11월 20일. 맑다. 오문호吳文浩 군君이 오다. 옥순 모玉順母가 학질瘧疾로 주사注射 맞고 낫었다.

11월 21일. 흐리다. 밤에는 비.

11월 22일. 비. 종일終日 오다. 애류崖溜와 이중화李重華 군君이 오다. 김영기金永起, 김주훈金冑勛 군君께 답장答狀.

11월 23일. 맑다. 조반 후朝飯後 이재훈李載壎 군君이 오다. 함께 빙허憑虛를 가 찾다. 벌서 문門 안에 들어왔다. 이여성李如星 군君을 찾어 그 그림도 보고 점심點心도 먹다. 오후午後엔 이인영李仁榮 군君을 찾다. 『선문염송집禪門拈頌集』을 보다. 전질全帙 30권 중 그 반半 가량 7책七册이다. 고려高麗 고종高宗 30년 판三十年板, 고정지藁精紙와 같은 두터운 조히다. '武'를 '𧺝'로 '堯'를 '𡍼'로 결획缺劃하기도 하고 제30권第三十卷 말末에 일암거사逸庵居士 정안鄭晏 발跋이 붙었다. 마츰 안규응安圭應 군君도 왔다. 함께 종로다점鐘路茶店까지 왔다 헤졌다.

11월 24일. 맑다 흐리다. 밤부터 서북풍西北風. 졸연猝然 치워진다. 장석태張錫台 군君과 애류崖溜가 오다. 어학회語學會까지 가다.

11월 25일. 맑고 칩다. 서향瑞香, 매화梅花를 방으로 들여 놓다. 오후午後 4시四時 명월관明月館 본점本店에 가다. 문장사文章社서 신춘문예新春文藝 좌담회座談會를 열다. 근近 20명 모였다. 소설小說, 시詩에 당한 의견意見들을 말하였다. 나는 월탄月灘과 먼저 나왔다. 11시十一時

전前.

11월 26일. 맑고 칩다. 안규응安圭應 군君이 오다. 『점패방지진鮎貝房之進』을 찾어보다. 추사秋史 진묵眞墨, 『나옹화상어록懶翁和尙語錄』, 남송판본南宋板本 『독단獨斷』, 창림사탑昌林寺塔 속에 나왔다는 신라新羅 『사경寫經』 등을 보았다. 『사경寫經』은 추사秋史의 발跋이 있긴 하나 지질紙質이 너무 신선新鮮하다.

11월 27일. 흐리다. 송석하宋錫夏 군君이 오다. 이병도李丙燾 군君이 오다. 쌀을 되바기로 팔어오다. 곤란困難이 막심莫甚하다.

11월 28일. 눈, 비. 진눈ㅅ가비. 오날사 짐장. 배추 한 통에 20여 전錢. 호胡배추는 30여 전錢.

11월 29일. 맑다. 송석하宋錫夏 군君이 오다.

11월 30일. 맑다. 『자치통감資治通鑑』의 진시황秦始皇과 측천무후則天武后를 보다.

12월

12월 1일. 흐리다 맑다. 오철호吳徹浩, 오문호吳文浩 군君이 오다. 저녁에 우하 장又荷丈이 오셨다. 가치 가자고. 그 댁宅으로 갔다. 홍사용洪思容 군君도 와 있다. 술과 저녁을 준다. 김병룡金秉龍 군君을 찾다.

12월 2일. 맑다. 대동출판사大同出版社, 한남서림翰南書林에 가다. 서상천徐相天 군君을 찾다.

12월 3일. 맑다. 성북동城北洞 두계斗溪를 찾다. 가치 나서 창신동昌信洞 이인영李仁榮 군君을 찾다. 못 보고 창해滄海를 찾어보고 『규합총서閨閣叢書』를 가조다. 서상천徐相天 군君이 오다.

12월 4일. 맑다. 동파東坡 시詩를 보다. 쌀을 못 얻어 꽁보리밥을 해 먹다.

12월 5일. 맑다.

12월 6일. 비. 오문호吳文浩 군君과 가치 성대城大 이인영李仁榮 군君을 가 보다. 저녁 7시七時 반半 — 삼십 분간 방송放送「눈의 시가詩歌」. 매헌梅軒을 찾어보다. 길이 퍽 질다.

12월 7일. 맑다. 오문호吳文浩 군君이 오다. 식도원食道園에 가서 김병룡金秉龍 군君 혼례婚禮를 보다.

12월 8일. 맑다.

12월 9일. 비. 오후午後 6시六時 반半. 장곡천정長谷川町 공회당公會堂, 방송국放送局 주최主催 도변상웅渡邊尙雄의 동양음악東洋音樂에 대한 강연회講演會를 가보다. 일본日本 음악音樂의 자랑, 유성기留聲器로도 들린다. 장내場內가 좀 소요騷擾하였다. 이야기가 잘 들리지 않음과 몇 무뢰한無賴漢의 작희作戲. 이회백李會伯 군君을 찾다. 못 보았다.

12월 10일. 맑다. 하경덕河慶德 군君을 가보다. 이여성李如星, 최익한崔益翰, 송석하宋錫夏 군君이 오다. 『월인석보月印釋譜』 제21, 2책第二十一, 二册을 가조다.

12월 11일. 맑다. 오문호吳文浩 군君이 오다. 저녁에 석남石南, 두계斗溪가 오다. 함께 반도半島호텔 가서 최진순崔瑨淳, 이상백李相佰 군君을 보다.

12월 12일. 맑다. 성대城大에 갔다. 이인영李仁榮 군君을 못 맞나다. 최익한崔益翰, 송석하宋錫夏 군君과 가치 홍택주洪宅柱 씨氏를 찾었다 못 보고 이능화李能和 씨氏를 가보다. 그리고 보영루宝英樓로 가서 석찬夕餐. 일기日氣는 눅었다.

12월 13일. 밤눈이 쌓였다. 한결 청명晴明.

12월 14일. 눈. 아랑주雅郎宙를 가다. 손진태孫晉泰, 김두헌金斗憲, 송석하宋錫夏, 이병도李丙燾 군君들이 이상백李相佰 군君를 청請하여 저녁을 가치 하였다.

12월 15일. 흐리다. 홍택주洪宅柱 씨氏를 찾다.

12월 16일. 맑다. 이발理髮. 석남石南을 찾다. 『월인석보月印釋譜』 값을 주다.

12월 17일. 맑다. 이인영李仁榮 군君 집을 가다. 두계斗溪, 안규응安圭應 군君도 맞나, 놀았다. 두계斗溪와 가치 하거何居를 찾고 보영루寶英樓에서 석찬夕餐.

12월 18일. 맑다. 따뜻하다. 석남石南이 오다. 이여성李如星 군君이 오다. 비단 이름을 적어 갔다.

12월 19일. 맑다. 안잠자기(식모食母)가 쌀을 사러 갔다 못 사고 울고 온다. 한 사람 앞에 두 되씩 준다. 미점米店마다 오후午後 네 시쯤 되면 난잡亂雜다. 쌀이 없는 때도 종종種種 잇다. 밀가루 한 포대布袋를 사 오다. 수제비를 해 먹엇다. 정지용鄭芝溶 군君과 월탄月灘을 찾어 못 보았다.

12월 20일. 흐리다. 두계斗溪가 오다. 가치 용경리龍頸里 반도정미소半島精米所에 가다. 남상학南相鶴 군君을 보다. 매일每日 70석七十石을 찧어, 50석五十石은 각各 미점米店에 분배分配코 나머지는 1, 2석石씩 부탁 맡은 곳에 준다고.

12월 21일. 흐리다. 매헌梅軒이 오다. 『동아일보東亞日報』 신년호新年號 원고原稿 「조선 문화文化의 창조성創造性」을 쓰다. 누님이 여산礪山

가겠다고 왔다.

12월 22일. 흐리다. 푹 하다. 눈ㅅ발이 날리다. 두계斗溪의 편지 — 돈을 취대取貸하자는 것이 틀렸다고. 석남石南이 오다. 쌀 일곱 가마니가 금명간今明間 들온다고. 성대城大에 가서 이인영李仁榮 군君을 보다. 문장사文章社, 대동출판사大同出版社를 가보다. 쌀 일곱 가마니가 동진정미소東振精米所에 오다. 석남石南이 주선周旋한 것이다. 또 한 가마니를 구해 오다. 인촌仁村에게서 150원을 차래借來. 이상돈李相敦 군君이 오다.

12월 23일. 맑고 따듯하다. 동지冬至. 근년近年의 드문 기후氣候다. 섭씨攝氏 5도五度. 오전午前 10시十時. 동희東熙, 관희觀熙가 여산礪山을 가다. 저녁차車에.

12월 24일. 맑다. 따듯하다. 『인현왕후전仁顯王后傳』 주해註解 시작하다. 『문장文章』의 내년來年 2월호號부터 올 것이다. 『한중록恨中錄』은 너무 지리支離하다고 중지中止하였다. 박재륜朴載崙 군君이 오다. 소작所作 시詩 2편二篇을 보이고 어느 잡지雜誌에 내 달라고 한다. 정충시鄭忠時 군君이 오다. 오랫동안 담화談話.

12월 25일. 맑다, 따듯하다. 밤에 흐리다. 매헌梅軒이 오다. 저녁을 먹다. 하경덕河敬德 군君에게 가 놀다.

12월 26일. 맑다. 저녁에 이인영李仁榮 군君이 오다. 가치 송석하宋錫夏 군君 집에 가다. 그 아버지 생신生辰. 두계斗溪, 청정靑汀, 손진태孫晉泰 군君도 오다. 융숭한 주과酒果.

12월 27일. 맑다. 양주동梁柱東 군君이 오다. 『남명南明』을 빌어 가다. 저녁에 아랑주雅郎宙를 가다. 진단학회震檀學會, 우망년회友忘年會. 여홍餘興 합작合作.

12월 28일. 맑다. 월탄月灘을 찾다. 교장校長을 찾다. 저녁에 동명관東明館에 가다. 익산益山 친구親舊들이 소진섭蘇鎭燮 군君의 고문高文통과通過를 축하祝賀하다.

12월 29일. 청晴. 「사상史上의 여걸찬女傑撰」을 쓰다. 학교學校에 가다. 병륙秉陸이게 편지.

12월 30일. 청晴. 하거 댁何居宅에 가다. 벽초碧初 홍명희洪命熹 군君을 맞나다. 가치 일주一洲 김진우金鎭宇[10] 군君을 찾다. 『금강산첩金剛山帖』을 보다. 귀중貴重한 도서圖書. 화畵는 단원檀園의 것을 모사摹寫하고 시문詩文은 역대歷代 명인名人의 것을 적었다. 조남령曺南嶺 군君에게 편지.

12월 31일. 청晴. 퍽 따뜻하다. 섭씨攝氏 10도十度. 양주동梁柱東 군君, 김현장金顯璋 군君이 오다.

---

10 김진우(金鎭宇)는 김진우(金振宇, 1883~1950, 호는 일주(一州), 구한말 화가, 동립운동가)의 오자(誤字) 이름임.

일기

39권

1940. 1. 1. ~ 1941. 4. 19.

1940년(단기 4273년)

1940년(단기 4273년)

1월

1월 1일. 흐릿하게 맑었다. 연하장年賀狀이 오다. 신문新聞 —『동아東亞』,『조선朝鮮』이 오다. 신, 한 기사記事가 없다.

1월 2일. 눈. 저녁때에는 맑었다. 임청林靑 군君를 찾었다. 가치 성북정城北町, 두계斗溪를 찾어 놀았다. 장사정長沙町 민광식閔光植 군君을 찾다. 납작집에 가「적벽부赤壁賦」를 듣다.

1월 3일. 눈 오다 개었다. 이인영李仁榮 군君이 오다. 200원二百円을 꿔어 준다. 먼저 쌀 한 가마니 가존 것은 돈을 받지 않는다. 매헌梅軒을 가 보다. 대관원大觀園서 점심點心을 준다.

1월 4일. 맑다. 하거何居를 찾었다. 우하又荷를 가 뵈다. 점심點心. 하거何居가 밤에 오다.

1월 5일. 맑다. 석남石南을 찾다. 오후 1시 부민관府民館 윤경섭尹景燮, 민정임閔貞姙 군君의 혼례식婚禮式에 가다. 하거何居를 찾어보고『속삼강행실續三綱行實』1책一册과『문장정종文章正宗』을 가조다. 이규봉李圭鳳 군君이 오다. 가치 고하古下 송진우宋鎭禹 군君을 찾다. 없다. 김시중金時中 군君 이병우李炳宇 군君을 맞나다. 취醉하였다. 붙들려 관훈정寬勳町까지 가다. 중화원中華園서 술 먹다. 병우炳宇, 시중時

中 군君과 함께 인촌仁村을 찾다. 석반夕飯을 지어 준다. 유자후柳子厚도 와 있다. 자정子正이다. 나오다 고하古下를 맞나, 끌려 그 집으로 갔다. 시중時中 군君도 동행同行. 술상床이 벌어졌다. 시중時中 군君은 두어 잔에 떠러지고 나와 고하古下는 새로 세 시까지 먹었다. 이희균李曦均 군君이 두 번이나 찾었다.

1월 6일. 소한小寒. 맑다. 12도十二度. 이러케 따뜻하기는 드문 일이다. 오신혜吳信惠, 이상구李相求 군君에게 편지.

1월 7일. 맑다. 좀 치워진다. 석남石南 집에 가다. 오후는 흐리고 음산하다. 머리가 아프다. 눈이 오다. 다섯 치나 쌓였다. 최영주崔泳柱 군君이 오다. 원고原稿 독촉督促.

1월 8일. 맑다. 김영례金永禮. 김영기金永起. 이종흡李宗洽 군君에게 회답回答. 석환碩換이가 오다. 석남石南이 오다. 『역대시조선歷代時調選』 원고原稿를 쓰다. 문은종文殷鐘 군君이 오다.

1월 9일. 퍽 칩다. 방에 둔 어항魚缸에 물이 얼다. 금어金魚 한마리가 긔운을 못 쓴다. 안방으로 옮겨 놓았다. 병륙秉陸이게 편지.

1월 10일. 영하零下 17도十七度. 「사상史上의 여걸찬女傑撰」을 쓴다. 동아일보東亞日報 가정란家庭欄에 연재連載할 것이다. 10회十回나 된다.

1월 11일. 흐리다. 진눈가비가 오다. 두계斗溪가 오다. 가치 나서 석남石南을 찾고 하거何居를 찾다. 저녁상床을 물린 뒤, 하거何居도 가치 나섰다. 두계斗溪 아는 음식飮食집을 갔다. 손진태孫晉泰 군君을 맞났다. 자정子正에 돌아오다.

1월 12일. 종일終日 흐리다. 오장환吳章煥 군君이 오다. 고재휴高在烋 군君이 오다. 조선어문朝鮮語文 이야기를 하다.

1월 13일. 흐리다. 녹인다. 길이 퍽 질다. 오정午正에 성대城大에 가서 인영仁榮 군君을 보다. 송신용宋申用 군君을 맞나다. 송宋과 가치 하거何居를 찾고 홍순민서점洪淳敏書店을 찾다. 본가本家에 들어갔다 한다. 한 시간時間이나 기다리니 나왔다. 인사를 하고 나서 그 소장所藏 도서圖書를 보여 달라 하였다. 요전에 샀다는 건륭乾隆 2년二年 고려국高麗國 대흥왕사大興王寺 봉선奉宣 조조雕造한 『약사여래본원공덕경藥師如來本願功德經』은 누가 보겠다하여 일전日前에 가져갔다 한다. 판본版本 이야기가 나서 북송판北宋鈑에 대하여 말하였다. 자미滋味스럽게 듣더니 그제야 보여들이겠다 하고 골방에 들아가 궷문을 열고 오동갑梧桐匣을 한아람 안고 나온다. 『약사여래경藥師如來經』, 공민왕필恭愍王筆이라는 『취지은자서경翠紙銀字書經』, 백운산인필白雲山人筆 취지翠紙 황지서黃紙書, 『십육나한화첩十六羅漢畵帖』. 『약사여래경藥師如來經』은 고려 숙종高麗肅宗 7년七年 흥왕사판興王寺板으로 『대각국사속장경大覺國師續藏經』의 하나인 듯. 자체字體는 순천順天 송광사장松廣寺藏 『대반열반경大盤涅槃經』과 같고 『십육나한화첩十六羅漢畵帖』은 화법畵法이 묘妙하다. 기외其外 공민왕恭愍王, 백운산인白雲山人이란 것은 모르겠다. 취지翠紙, 황지黃紙만은 좋다. 오후 6시 반 — 삼십 분 「장수長壽 이야기」 방송放送. 매헌梅軒을 찾다. 동희東熙, 관희觀熙, 창환昌煥이가 오다. 집에서 300원三百円을 빚내어 보냈다.

1월 14일. 맑다. 좀 칩다. 송석하宋錫夏 군君을 찾다. 쌀 일곱 가마니 값 161원一百六十一円을 갚었다. 김성수金性洙 군君을 찾다. 차금借金 150원一百五十円을 갚었다. 경자자庚子字 인본印本 『문장정종文章正宗』을 4책四册은 김金에게 2책二册은 송宋에게 주었다. 매책每册 5원씩 하여 하거何居에게서 가존 것이다. 진귀珍貴한 활자본活字本(세종 2년世宗二年 — 15년간十五年間 간刊)이라 각기各其 사두라고 권하였다. 이상돈

李相敦 군君이 오다. 매헌梅軒이 오다. 오후 3시 하거何居를 찾어, 가치 창신정昌信町 이인영李仁榮 군君을 찾다. 매헌梅軒, 안규응安圭應 군君도 왔다. 서화書畵 골동骨董 이야기를 하다 저녁을 먹다.

1월 15일. 맑다. 두계斗溪가 오다. 가치 삼월三越 빌등 뒤 보아구락부俱樂部로 가다. 이여성李如星, 안규응安圭應, 노성석盧聖錫, 방종현方鍾鉉, 송석하宋錫夏, 이인영李仁榮 군君과 모이었다. 인영仁榮 군君이 이성의李聖儀 책册 6500원六千五百円어치를 사고 우리와 예서 저녁을 가치 하자는 것이다. 나오다 석남石南, 청정靑汀, 두계斗溪와는 영보永保빌등 뒤 오뎅집에서 난주卵酒 두 잔을 하였다.

1월 16일. 맑다. 학교學校에 가다.

1월 17일. 맑다. 쌀쌀하다.

1월 18일. 맑다. 문장사文章社서 편치가 왔다. 부록附錄으로 내겠다고 고가古歌에서 시조時調 200수二百首를 선選하여 달라 하였다.

1월 19일. 맑다. 경성부京城府서 경성京城 이외以外 소유지所有地 수입收入을 적어 회답回答하라고 통지通知가 왔다. 즉시卽時 회답回答.

1월 20일. 맑다. 지용芝溶 군君과 나섰다. 나는 한남서림翰南書林을 들어보고 문장사文章社로 갔다. 화암華岩 길진섭吉鎭燮 군君도 동행同行. 월탄月灘을 찾다. 다시 종로鐘路로 나왔다. 달빛을 띠고, 성북정城北町 노시산장老柿山莊 주인主人 김용준金瑢俊 군君을 찾다. 상허尙虛, 월파月坡도 있다. 밤이 깊어서 돌아오다. 눈이 잦었다. 설월雪月이 좋다.

1월 21일. 맑다. 이희균李曦均, 박재륜朴載崙 군君이 오다. 『두시언해杜詩諺解』의 준準을 보다. 병륙秉陸이에게 편지.

1월 22일. 맑다. 이인상李寅相 군君이 오다. 김상기金庠基 군君이 오다. 문장사文章社 부탁으로 고단가古短歌에서 시조時調를 한 200수二百

首 선選하다.

1월 23일. 맑다. 칩다. 이재훈李載壎 군君이 오다. 함께 나서 본정本町, 종로鐘路 책점冊店을 가 보다. 정충시鄭忠時 군君이 오다.

1월 24일. 맑다. 『두시언해杜詩諺解』의 준準을 보다. 박광윤朴光潤 군君에게 회답回答.

1월 25일. 맑다. 시조선時調選을 하다. 이희균李曦均 군君이 오다. 밤에 애류崖溜가 황석우黃錫禹와 왔다. 끌려 인사정仁寺町까지 나가다.

1월 26일. 맑고 칩다. 정규욱丁奎旭, 정지용鄭芝溶 군君과 가치 골탕집에 가다. 조선어학회朝鮮語學會에 들다.

1월 27일. 맑다. 『인현왕후전仁顯王后傳』 주해註解.

1월 28일. 맑다. 정시충鄭時忠 군君 그 부인夫人과 같이 오다. 약식藥食을 가지고. 홍택주洪宅柱 씨氏가 오다.

오후 5시 반 남산南山호텔에 가다. 신석정辛夕汀, 장만영張萬榮 군君의 시집출판기념회詩集出版記念會. 이십여 명. 석정夕汀, 만영萬榮도 다 출석出席. 장내場內가 칩다. 파罷한 후, 나는 김억金億, 이하윤異河潤, 김소운金素雲과 가치 나오다, 소운素雲이 선두先頭로 오뎅, 안서岸曙는 빠, 소운素雲은 또 외투外套를 전당典當 잡혀 가지고 와 오뎅, 빠로 순회巡回하였다.

1월 29일. 맑다. 「고시조선古時調選」. 바람 불고 되우 칩다. 종매從妹가 왔다.

1월 30일. 흐리고 침다. 학교學校서는 빙상대운동회氷上大運動會라 하여 가지 아녔다. 「고시조선古時調選」을 마감磨勘하였다. 양주동梁柱東 군君이 오다. 『두시언해杜詩諺解』의 준準을 보다.

1월 31일. 흐리다. 문장사文章社에 원고原稿를 갖다 주었다. 하거何

居, 정충시鄭忠時 군君을 찾었으나 못 맞났다. 이인영李仁榮 군君이 오다. 고려판高麗板 『선문염송집禪門拈頌集』 1책一册(초23初二三)과 『뇌계집㵢溪集』 낙질落帙과 『협주십초시夾註十秒詩』 제3권第三卷을 주다.

2월

2월 1일. 흐리다. 좀 눅었다. 매헌梅軒을 찾다. 고련사高蓮士도 찾다. 『두시언해杜詩諺解』의 준準을 다 하였다. 해원海円에게서 빌려온 책册. 김성수金性洙 군君 오다. 어데서 『훈민정음訓民正音』 원본原本이 오겠다 한다.

2월 2일. 맑다. 두계斗溪를 가 보다. 돈암정敦岩町 김병일金秉日 군君을 찾다 못 하였다.

2월 3일. 맑다. 찬 군燦君을 찾다. 출타出他하였다. 저녁에 하 박사河博士가 왔다.

2월 4일. 맑다. 해원海円을 찾다. 『두시언해杜詩諺解』 20二十, 21二十一 권卷을 반환返還하였다. 해원海円은 없다. 하거何居를 보다. 장남계張南溪를 보고 청해탕淸解湯을 두 첩 지어 오다. 처妻가 오한惡漢, 두통頭痛, 지절통肢節痛, 흉통胸痛으로 위석委席하였다. 때로 숨쉬기도 어려워한다. 윤형로尹衡老 군君이 와서 주사注射도 놓았다. 이태준李泰俊 군君이 왔다. 난蘭을 얼리고 또 구求하겠다 하고 『문장강화文章講話』 문례文例인 일기日記, 감상感想, 묘사描寫 등 4종문四種文을 지어 달라고 한다. 시詩와 소설小說 이야기도 하였다. 저녁에는 명월관明月館에 가다. 서상천徐相天 군君이 용정촌龍井村에서 온 오광필吳光弼, 한웅빈

韓雄斌을 주빈主賓으로 대접待接함이다. 광대소리도 시겼다. 10시에 돌아오다.

2월 5일. 맑다. 대동출판사大同出版社를 거쳐 문장사文章社에 가다. 윤규섭尹圭涉을 맞나기로 한 것이 바루 단여갔다 한다. 두계斗溪를 찾다. 매헌梅軒이 사겨 온 도장圖章을 전하다. 밤에 돌아오다. 처妻는 또 청해탕淸解湯 두 첩을 먹었다. 낫었다. 오날은 입춘立春.

2월 6일. 학교學校에 가다. 추위는 좀 풀린다. 해가 길어졌다.

2월 7일. 기묘己卯 제석除夕.

삼천리사三千里社 박계주朴啓周 군君이 낙화암落花岩과 이백 시역李白詩譯 100수百首를 써 달라고 왔다. 임청林靑이 두계斗溪에게 가자고 왔다. 뻐쓰를 성북동구城北洞口까지 가서 나렸다. 따뜻한 사랑스러운 볕이다. 산보散步하기 좋은 날이다. 북한산北漢山 머리에는 아지랑이가 끼었다. 두계斗溪를 보고는 할 말만 하고 곧 돌어서자는 것이 벌서 저녁이다. 붙들려 또 폐까지 끼치었다. 문장사文章社서 이태준李泰俊 군君이 준準 볼 것을 보냈다. 준準을 막 보려는데 찬 군燦君이 놀러 왔다. 『동아東亞』, 『조선朝鮮』 두 신문新聞의 변동설變動說을 전한다. 거의 자정子正이 되어 갔다. 준準을 보았다. 새로 두시가 지냈다.

2월 8일. 경진庚辰 원조元朝. 아무 생각도 잡히지 않는다. 그리고 다만 후련하고 수심스러울 뿐이다. 책冊도 보기 싫고 붓도 들기 싫다. 유리창琉璃窓으로 스며드는 볕은 채 따뜻하다. 곁으로 닥어놓은 난蘭들은 함빡 볕을 받고 싱싱한 윤이 난다. 오전 8시 반까지 찾으러 보내겠다는 초준初準을 본 그것이 책상冊床 우애 놓인 채로 날이 저물으매, 또 잡지계雜誌界에도 무슨 변동變動이 없나 하고 가슴을 조인다. 밤에 눈이 좀 나리다.

2월 9일. 학교學校에 가다. 『서도전집書道全集』 제27권第二十七卷을 보았다. 자미滋味스러운 전각篆刻이다. 운동장運動場으로 거닐며 볕을 쬐었다. 저녁상床을 받고 자식子息들에게 효도孝道를 말하여 주었다. 생질甥姪 병국炳國이가 돈 10원十円을 동희東熙에게 보내고 부모父母를 봉양奉養하라 하였다기에.

2월 10일. 볕이 앞 툇마루 비쳐든다. 난초 분蘭草盆들을 내 놓았다. 언 마당도 녹인다. 저녁 하늘에는 구름이 서西에서 동東으로 펴 덮는다. 더 우울증憂鬱症이 나며 글은 얼른 쓰여지지 않는다. 박재륜朴載崙 군君이 오다.

2월 11일. 우하又荷를 가 뵈다. 붙들려 저녁을 먹다. 다른 손님은 없다. 기우는 볕이 서창西窓에 비쳤다. 그 길어진 볕이 완연한 봄이다. 그 주련柱聯의 "好是日斜風定後"[1]라는 그대로다. 천향원天香園에 가서 서상천徐相天 군君을 맞나 놀다.

2월 12일. 홍택주洪宅柱 씨氏, 이능화李能和 씨氏, 오세창吳世昌 씨氏를 찾다. 하거何居를 보고 책冊값을 갚고 뇌헌雷軒을 맞나다. 맹주천孟柱天 군君을 찾다. 밤에 진눈ㅅ가비가 비가 오다. 자다 들으면 낙수落水ㅅ물소리가 똑 똑 똑…….

2월 13일. 눈ㅅ발이 흩날리고 땅에서는 짓녹는다. 우산雨傘를 받고 학교學校에 가다. 저녁에야 개었다. 겨으내 없든 눈이다. 과연 서설瑞雪이다. 보리 풍년豊年이나 들어야 하겠다. 하늘은 사람을 살리려 한다. 바람에 문ㅅ간방 차양遮陽이 떠러졌다. 이인영李仁榮 군君이 와 『천

1 "해 기울고 바람 잔 뒤에 더욱 좋으니" 청말 근대 왕진(王辰)의 「반강홍수매노어(半江紅樹賣鱸魚)」라는 시의 한 구절.

태사교의天台四教儀』를 팔라는 걸 괄각恝却하였다.

2월 14일. 집웅에 싸인 눈이 거의 다 녹는다. 수선화水仙花 일기日記와 매화옥梅花屋 감상感想을 지었다. 조남령曺南嶺 편지가 오다.

2월 15일. 녹이고 흐린다. 건란建蘭 묘사描寫를 하다. 저녁에 매헌梅軒이 오다. 무애无涯의 도장圖章을 파 왔다.

2월 16일. 질이 수렁이다. 외투外套는 안 입고 학교學校에 가도 칩지 않다. 문장사文章社에 가니 이태준李泰俊 군君은 없다. 일기日記, 감상感想, 묘사描寫의 원고原稿만 두고 왔다. 저녁에 양주동梁柱東 군君이 왔다. 『성탄평두시聖嘆評杜詩』[2]를 보였더니 깜짝 반가워한다. 가조고 가보겠다 하여 빌려 주었다. 그 도장圖章도 전하였다.

2월 17일. 흐리다 갠다. 문ㅅ간방 차양遮陽을 달었다. 낡은 못을 얻어 박는데 무척 힘이 든다. 못이 바르지 않으면 잘 들어가지 않는다. 못도 바르고 마치질도 바르게 하여얀다. 그러자면 내 마음도 바르게 가져야 겠다. 앞 집웅에는 아직도 눈이 잦어 있다. 문門을 열어 놓아도 견딜만 하다. 해동解凍된 것 같다. 매헌梅軒이 십전대보탕十全大補湯 30첩三十貼을 지어 보냈다. 나머지 약가藥價 1원一円 16전十六錢과 무애无涯 도장圖章 예폐禮幣 10원拾円을 보내 주었다. 상현尙玄 이능화李能和 씨氏가 오다. 『소화시평小華詩評』과 『시화총림詩話叢林』 2책二册을 빌려들였다.

2월 18일. 임청林靑 군君이 오다. 낙화암落花岩 원고原稿를 쓰다. 매헌梅軒이 오다.

---

2 명말 청초 문학비평가 김성탄(金聖歎)이 평(評)한 『두시(杜詩)』. 김성탄의 육재자서(六才子書) 가운데 들어있다.

2월 19일. 두계斗溪가 오다. 흐리다. 마루에 매화 분梅花盆을 내놓아 두었다. 칩다. 장응두張應斗 군君 편지가 오다.

2월 20일. 서북풍西北風, 칩다. 흐리다. 학교學校을 가니 졸업생卒業生 송별회送別會를 한다고 시간時間을 줄였다. 이재훈李載壎 군君과 가치 송석하宋錫夏 군君을 찾었다. 나오다 점심. 오후 네 시 대판옥大阪屋에서 이 군李君을 또 맛나 돌아단였다. 동아일보사東亞日報社서 시조時調 모집募集한 걸 보냈다.

2월 21일. 칩다. 흐리다. 매화분梅花盆이 꽁꽁 얼었다. 방으로 들여놓아 녹였다. 정원용鄭源鏞 군君이 오다. 우하又荷께서 약식회藥食會를 하겠다고 청請한다. 「낙화암落花岩」 원고原稿를 다 썼다.

2월 22일. 바람은 약간若干 불고 퍽 청랑淸朗하다. 오후 삼천리사三千里社에 가서 박계주朴啓周, 최정희崔貞熙, 이한직李漢稷 군君을 맞나다. 「낙화암落花岩」 원고原稿를 주었다. 이한직李漢稷 군君이 고전문학古典文學 연구재료硏究材料를 묻기에 『월인석보月印釋譜』, 시가詩歌 — 시조時調 등을 말하였다. 우하又荷를 가 뵈다. 매헌梅軒, 규재圭齋도 모였다. 약식 원탁藥食圓卓에 둘러 앉어 나는 규제圭齊와 대작對酌을 하였다. 낙화암落花岩의 백제百濟의 후궁後宮이 떠러지는 광경光景을 말하매 우하又荷께서는 눈물을 흘리고 술 한 잔을 더 권한다. 그리고 대보름 놀이를 잘하였다 한다. 나오다 보니 달은 뚜렷이 거의 중천中天에 떠 있다. 하거何居를 찾었다. 꾸벅꾸벅 졸고 앉었다. 그러면서 가려는 손님을 붙잡는다. 나는 잡혀 있다가 9시 반에 함께 나섰다. 답교踏橋를 해 보자고 한다. 수표교水標橋, 관수교觀水橋를 밟었다. 우리밖에는 밟는 이가 없다. 하거何居는 8년八年 전前에는 답교踏橋하다 밤을 새웠다 하고 지금도 시험試驗해 보니 올해는 살 것 같다고 한다. 그런 말슴을 왜 하느냐 한즉 사람들이 자꾸 죽는 걸 보니 어찌 될는지 모르겠다 한다. 나히 육십여六十餘 세歲 되면 그러케 심약心弱도 해질 것이다.

2월 23일. 서향瑞香은 핀다. 담쭉 맺었든 꽃봉지가 피기 전에 그 반절이나 떠러졌다. 코가 맵다. 붉읏붉읏한 송이가 아양스럽다. 오히려 성긋한 것이 낫다. 삼천리사三千里社서 15원十五円을 보내 주었다. 바람ㅅ긔는 있어도 녹인다. 인왕仁旺, 북악北岳 머리에는 눈이 그저 쌔였다. 학교學校서는 오후부터는 난로煖爐를 피지 않는다. 김기림金起林 군君이 지난 이십일 일 그 외간상外艱喪을 당하였다는 부고訃告가 왔다. 김상기金庠基 군君을 맞나 계동桂洞 청인점淸人店에 들어가 저녁을 먹으며 담화談話를 하였다. 장응두張應斗 군君께 편지를 하였다.

2월 24일. 구름이 오락가락. 바람도 좀 분다. 김기림金起林 군君께 조전弔電. 밤에 소낙비. 서향瑞香의 향香이 너무 쏘아 밤에 잠을 잘 못 잤다. 분盆을 밖으로 내놓을가 하다 말었다.

2월 25일. 새벽에는 얼었다. 명랑明朗하다. 쌀쌀하다. 김상기金庠基 군君, 이상돈李相敦 군君이 오다. 하 박사河博士를 찾어보다. 시조時調 모집募集한 것을 뽑고 평評을 쓰다.

2월 26일. 저녁때 좀 흐렸다. 「시조선평時調選評」을 마감磨勘하였다. 장작 한 마차馬車 34속三十四束(1속一束 20여二十餘 편片) 25원二十五円에 사다.

2월 27일. 오문호吳文浩 군君이 오다. 두계斗溪가 오다.

2월 28일. 「시조時調의 형태形態」 원고原稿를 쓰다.

2월 29일. 원고原稿를 쓰다.

3월

3월 1일. 구름 끼다. 이인영李仁榮 군君이 오다. 원고原稿를 다 쓰다. 『동아일보東亞日報』에 주다.

3월 2일. 학교學校에 가, 졸업식卒業式을 보다. 노함풍魯咸豊 군君이 엽서葉書. 지난 17일, 조 군曺君이 나왔다 한다. 반가워 즉시卽時 조 군曺君께 편지를 보냈다. 오후 여섯 시時 명일관明日館에 가다. 학교學校서 주는 석찬夕餐.

3월 3일. 월탄月灘이 오다. 임청林靑 군君이 오다. 월탄月灘과 오찬午餐. 신원영창新垣永昌 군君 집에 가다. 자기自己 딸의 제2절구第二節句라고 노리갯감을 버려 놓고 청請한 것이라. 김태주金泰柱 군君을 맞났다. 일청요리日淸料理에 배가 불렀다.

3월 4일. 아악부雅樂部에 가서 김영제金永濟 군君을 보고 김영완金永完 씨氏를 찾고 조선일보사朝鮮日報社에 가서 최익한崔益翰 군君 차남次男 영소榮韶와 전인점田仁占 양孃의 혼례식婚禮式을 보다. 오후 1시~2시. 조선일보사朝鮮日報社 강당講堂. 이훈구李勳求 군君을 보고 황희돈黃羲敦 군君을 보다. 아서원雅敍園을 가다. 이병도李丙燾 군君과 함께. 김두헌金斗憲 군君을 맞나다. 송석하宋錫夏 군君의 북경여행담北京旅行談을 듣다. 이인영李仁榮, 조윤제趙潤濟, 손진태孫晉泰 군君도 모였다. 중앙방송국中央放送局 제2방송과第二放送課서 시조 모집원고 고선時調募集原稿考選을 해 달라고.

3월 5일. 흐리다. 학교學校에 갔다. 김억金億 군君의 전화電話를 받다. 김억金億 군君이 오다. 김도태金道泰 군君도 오다. 쌍합루雙合樓서 석찬夕餐. 김동수金同洙 군君께 편지.

3월 6일. 흐리다 낮겨워 맑었다. 월탄月灘과 창의문彰義門 밧을 나갔다. 빙허憑虛를 찾다. 산보散步를 나갔다 한다. 천변川邊에 가서 맞났다. 세검정洗劍亭 아랫 바위에 앉었다. 안주按酒도 없이 술 한 병을 기울였다. 그리고 셋이 문門 안으로 들어와, 진고개로 가서, 종로鐘路로 오다. 오상순吳相淳 군君도 맞나 동행同行. 풍미豐美에서 오吳와 빙허憑虛는 달어나고 월탄月灘과 나만 남었다. 전화電話를 하여 우송友松을 불렀다. 그 형제兄弟와 다시 다방茶房골로 갔다. 아랑주雅郎宙에 들었다. 자정이 지냈다. 우송友松은 보내고 나와 월탄月灘은 종로鐘路까지 와서 헤졌다.

3월 7일. 난蘭을 내놓았다. 볕으로 잘 쬐였다. 오문호吳文浩 군君이 오다. 임청林靑 군君이 오다. 『인현왕후전仁顯王后傳』을 교주校註, 원고原稿 17장十七張을 쓰다.

3월 8일. 장응두張應斗 군君의 「한야보寒夜譜」를 『문장文章』에 추천推薦하고 선후감選後感을 쓰다. 학교學校는 학기말學期末 시험試驗. 오전에만 감독監督. 습자점수習字點數를 다 고사考査. 밤에 비가 오다.

3월 9일. 오문호吳文浩 군君이 오다. 가치 현저정峴底町 애류崖溜를 찾다. 수일數日 전前에 기함氣陷이 되고 중풍中風이 되었다. 사람은 알어보고 눈ㅅ동자도 바루 돌리되 말은 아직 수월스러이 하지 못한다. 그 부인夫人에게 돈 5원五円을 주었다. 흐리다 오후엔 개었다. 방송국放送局에 가서 김억金億 군君을 보고 『이백 시집李白詩集』을 얻다. 매헌梅軒을 찾어 더불고 보영루寶英樓에 와서 점심點心. 한남서림翰南書林을 들레고 오다가 김기안金基安 군君과 휘문학교장徽文學校長 홍범식洪範植 군君을 맞나, 중화원中華園으로 끌려 들다. 백알 두어 잔을 먹다. 조선어학회朝鮮語學會를 들다. 신구현申龜鉉 군君을 맞나다. 시조

時調 이야기를 하였다. 『농업農業』의 원고原稿를 쓰다. 김동수金同洙 군君 편지를 보다. 신기神氣가 퍽 불쾌不快.

3월 10일. 야마도식물원やまと植物園에 엽서葉書하다. 난蘭 몇 종種을 물었다. 소란小蘭과 한란寒蘭을 개식改植. 모래가 너무 가늘고 더럽길래, 다시 체에 치고 물에 헹기고 볕에 말리고 뿌리도 석은 놈을 끊어 버리고 물에 씻어 거듣거득 마른 뒤에 심었다. 소란小蘭은 순이 하얗게 돋았다. 둘이나. 매헌梅軒이 오다. 오문호吳文浩 군君이 오다. 이여성李如星 군君이 오다.

3월 11일. 「시조선時調選」[3] 교주校註 원고原稿를 쓰다. 볕은 종일 좋았다. 어제 심은 난분蘭盆 둘을 물에 당궜다 내었다. 물은 수도水道물을 딸어 가지고 볕에 두었든 것이다. 그 온도溫度가 맞지 않으면 해로울가 함이다.

3월 12일. 「시조선時調選」 주註.

3월 13일. 종일 진눈ㅅ가비. 「시조선時調選」 주註. 김억金億 군君이 오다.

3월 14일. 종일終日 우설雨雪. 「시조선時調選」 주註. 영하零下 7도七度. 북풍北風.

3월 15일. 흐리다 눈이 와 쌓였다. 두계斗溪가 오다. 북풍北風.

3월 16일. 오후 2시 방송국放送局 제2第二방송과放送課에 가다. 「시조선時調選」 취지趣旨 설명說明. 응모작품應募作品 고평회考評會가 있다. 애류崖溜를 가 보다. 좀 낫다 한다. 창환昌煥이가 시골 가다.

3월 17일. 『역대시조선歷代時調選』. 윤주경尹柱景과 김낙중金洛重 부

3 『문장』(1940. 3.)에 실린 「고시조선(古時調選)」임.

인婦人이 오다.

3월 18일. 날이 쌀쌀하다. 학교學校 직원회職員會 참여參與. 입학시험入學試驗 협의協儀. 동희東熙가 시골 가다.

3월 19일. 학교學校에 가다. 입학지원서入學志願書 소집召集 주의注意. 김영관金永琯 군君이 오다.

3월 20일. 쌀쌀한 날이다. 종일終日 학교學校서 시험감독試驗監督. 정지용鄭芝溶 군君과 가치 하거何居를 가 보다. 『소학小學』 한 질帙을 소개紹介해 주었다.

3월 21일. 서북풍西北風. 칩다. 학교시험學校試驗 감독監督. 저녁에 춘분春分 이야기 방송放送.

3월 22일. 학교學校 시험試驗 감독監督. 김억金億 군君을 맞나다.

3월 23일. 일기日氣는 풀렸다. 시험試驗 성적成績 고사考査. 『역대시조선歷代時調選』 장단長短 3백여三百餘 수首 주해註解, 교정校正, 그 작作의 내력 등을 마치다.

3월 24일. 퍽 따뜻하다. 시험성적고사試驗成績考査 종료終了. 대동인쇄소大東印刷所 노성석盧聖錫 군君을 보고 문장사文章社에도 들렸다.

3월 25일. 최영주崔泳柱 군君이 오다. 박문문고용博文文庫用 『역대시조선歷代時調選』 원고原稿를 주었다. 오후 6시 부민관府民館 식당食堂서 옥전玉田, 저고豬股, 영야獰野 군君 송별회送別會.

3월 26일. 신창범辛昌範 조부祖父, 김용익金容益 외조外祖가 오다. 오후 여섯시, 보아구락부寶兒俱樂部에 가서 노성석盧聖錫 군郡과 최옥희崔玉姬를 맞나고 석찬夕餐. 「여류문학사女流文學史」 원고原稿를 재촉한다. 관희觀熙가 오다.

3월 27일. 난蘭들을 고쳐 심다. 김낙순金洛淳이 오다. 김열수金熱洙가 오다.

3월 28일. 오철호吳徹浩 군君이 오다. 사란絲蘭, 백화춘란白花春蘭, 대만臺灣 한란寒蘭을 야마도식물원植物園으로 주문注文.

3월 29일. 동희東熙가 오다. 계집애들이 작난하다 춘란 분春蘭盆을 파쇄破碎하였다. 고쳐 심었다. 김영관金永琯 군君이 오다. 책冊들을 정리整理코 새 방을 치다. 이인영李仁榮 군君에게 200원二百円을 갚어 주었다.

3월 30일. 종일終日 흐리다. 죽절 족숙族叔 노인老人이 와 자다. 저녁에 퍽 훈덥다.

3월 31일. 조남령曺南嶺 군君 편지가 오다. 김낙순金洛淳 군君이 오다.

4월

4월 1일. 학교學校에 가다. 한희漢熙가 재동여고齋洞女高 입학入學. 애류崖溜를 가 보다. 만히 낫었다. 문장사文章社에 들렸다. 태후泰後 군君. 진섭鎭燮 군君을 맞나다.

4월 2일. 흐리다. 이명선李明善 군君이 오다. 조남령曺南嶺 군君 시조時調를 『문장文章』 5월호號에 추천推薦, 세 번째다. 신오위장본申五衛將本의 「토별가兎鼈歌」를 또 그 부록附錄으로 실게 하다. 밤에 비. 취농翠農이 오다.

4월 3일. 종일 비. 그러도 똘물은 나지 않는다. 『농업農業』 원고原稿 「습수록拾穗錄」과 「어린이 역사歷史, 삼원수三元帥」를 쓰다.

4월 4일. 흐리고 밤에 비 오다. 똘물이 나다. 서상천徐相天 군君이 오다.

4월 5일. 흐리다. 박종화朴鍾和 군君이 오다. 이백 시李白詩를 번역하다. 조남령曺南嶺 군君에게 편지. 박계주朴啓周 군君이 오다.

4월 6일. 흐리다. 서북풍西北風. 차다. 이희승李熙昇 군君, 김상기金庠基이 오다. 이백 시李白詩 번역.

4월 7일. 흐리다. 이백 시李白詩 역譯.

4월 8일. 흐리다. 학교學校에 가다. 월月, 금金 양일兩日에 시간時間이 있다.

4월 9일. 맑다. 흐리다. 바람, 이백李白 시역詩譯. 제3회 응모 시조선第三回應募時調選과 그 평評을 써 동아東亞 학술부學術部에 보내다.

4월 10일. 흐리다. 맑다. 이백 시李白詩 번역을 마치다.

4월 11일. 종일 맑다. 따뜻하다. 이백 시李白詩 역譯을 끝내다. 장단시편長短詩篇 83八十三을 골라 102장百二張을 썼다. 저녁에 매헌梅軒이 오다.

4월 12일. 맑었다. 삼천리사三千里社에 이백李白 시詩 역譯 원고原稿를 갖다 주었다. 고료稿料 50원五十円을 받어 학교學校 유길상劉吉相 군君을 주었다. 백미白米 가價 선납先納. 백미白米 10표十俵를 학교學校에 말해 놓았다. 김상기金庠基 군君이 오다. 가치 문곡文谷을 찾었다. 없다.

4월 13일. 흐리다. 문곡文谷이 왔다. 가치 그 집으로 가 언행록言行錄을 의논하다. 보리 한 가마니를 준다.

4월 14일. 서풍西風이 몹시 분다. 찬 군燦君이 왔다. 가치 애류崖溜를 찾다. 만히 낫었다. 돌아오다 매헌梅軒을 찾고 매헌梅軒을 데리고 오다 점심點心을 먹고 우하又荷를 찾다. 이호우李鎬雨(爾豪雨) 군君의 편지가 오다. 시조時調를 4수四首 지어 보내고 평評을 청請하였다.

4월 15일. 조남령曺南嶺 군君께 회답回答. 조선일보朝鮮日報 출판부

出版部 노자영盧子泳 군君께 전화電話. 명인전名人傳 원고原稿 기일期日 연기延期.

4월 16일. 「세계명인전世界名人傳 진시황秦始皇」 원고原稿를 쓰다. 옥순 모玉順母가 건란建蘭을 업질러 고쳐심었다. 잡목雜木 장적 두 마차馬車 36속三十六束이 들오다. 태비駄費 6원六円, 도합 62원六十二円, 1속一束에 1원一円 70전여七十錢餘. 방송放送 「서울 봄철 이야기」 원고 검열原稿檢閱를 못하여 돌연突然 중지中止.

4월 17일. 난蘭을 심을 모래를 물에 씻어 말리다. 시황始皇 원고原稿 쓰다. 장모丈母가 오셨다. 하경덕河敬德 군君이 오다.

4월 18일. 흐리다 잠시暫時 밝었다. 야마도식물원植物園서 난蘭 발송통지發送通知가 오다. 「시황전始皇傳」을 쓰다. 송석하宋錫夏 군君이 오다. 김병룡金秉龍 군君이 오다.

4월 19일. 흐리다. 「서울의 봄철 이야기」 방송放送, 오후 7시 30 — 삼십 분.

4월 20일. 흐리다 소우小雨. 매헌梅軒이 오다. 「시황전始皇傳」을 끝내다.

4월 21일. 흐리다.

4월 22일. 야마도식물원植物園서 난蘭이 오다. 전몽수田蒙秀. 이인상李寅相 군君이 오다. 이호우李鎬雨 군君 편지가 오다.

4월 23일. 비. 사란糸蘭, 대만臺灣 한란寒蘭, 춘란春蘭 등을 심다. 춘란春蘭은 송석하宋錫夏 군君께 보내다.

4월 24일. 소나기, 무측천전武則天傳을 쓰다. 손진태孫晉泰 군君이 왔다. 『화엄경첩華嚴經帖』 다섯과 『불조전佛祖傳』과 『천대사교의집해天臺四教儀集解』 상중하上中下 3책三册를 가지고 왔다. 감정鑑定해 달란다.

그중, 『화엄경華嚴經』은 고려장경高麗藏經(현종顯宗 때? 선종宣宗 때?) 복각본覆刻本인 듯하다. 송석하宋錫夏 군君을 찾다.

4월 25일. 흐리다. 무측천전武則天傳를 쓰다. 송석하宋錫夏 군君 외간상外艱喪.

4월 26일. 명인전名人傳 원고原稿를 마감하다. 인촌仁村이 청請하여 그 집에 가다. 군서당群書堂 주인主人이 문광당文光堂에게 사긴 고서古書를 몇 가지 가졌다. 그 중 고려본高麗本 『약사여래경藥師如來經』과 『능엄경楞嚴經』이 진본眞本이다. 『약사여래경藥師如來經』은 속장경續藏經으로 8백여八百餘 년年 전前 판板. 5500원五千五百円을 주고 사 왔다 한다. 손진태孫晉泰, 조윤제趙濟潤 군君도 왔다. 가치 송석하宋錫夏 군君 집에 가다.

4월 27일. 김영관金永琯 군君이 오다. 『명현서간독名賢書簡牘』 3책三册(천天, 지地, 인人)을 내주었다. 동수同洙 군君이 팔겠다고 보내 달라는 것이다. 송석하宋錫下 군君 집에 가다.

4월 28일. 송석하宋錫夏 군君 집에 가다. 매헌梅軒, 소정小汀이 오다. 양수兩水를 가자한다. 나는 파의罷意하였다. 두계斗溪가 오다. 가치 금호정錦湖町을 나가, 김상기金庠基 군君을 찾다. 서남풍西南風이 몹시 분다. 바루 강江언덕, 조망眺望이 좋다. 수벽사명水碧沙明하고 압구정鴨鷗亭터를 마주 대하였다. 해원海円도 오다. 놀다가 두계斗溪와 가치 송석하宋錫夏 군君 집을 가다. 자정子正에 돌아오다. 장모丈母가 용익容益이게 가서 수일數日 계시다 오셨다.

4월 29일. 서남풍西南風. 송석하宋錫夏 군君 집 회장會葬을 가다. 두계斗溪, 청정靑汀, 남창南倉, 도남陶南, 천뢰天籟도 동행同行. 뻐스를 탔다. 오전 10시에 떠나 오정午正에 파주군坡州郡 주내면州內面 백석리白

石里에 도착到着. 오후 6시 반에 돌아오다.

4월 30일. 「초하初夏의 교외郊外」를 쓰다. 월탄月灘에게 사란糸蘭 한 분盆을 보내다.

5월

5월 1일. 흐리다. 이호우李鎬雨, 장응두張應斗 군君께 편지. 이봉희李鳳姬 군君의 편지를 받다.

5월 2일. 비. 『인현왕후전仁顯王后傳』 원고原稿를 쓰다.

5월 3일. 흐리다. 이왕직李王職 예식과장禮式課長 이겸성李謙聖이 찾아오다. 아악부雅樂部 5년생五年生에게 시가詩歌를 매주每週 2시간二時間 가르쳐 달라 한다. 송석하宋錫夏 군君을 찾다.

5월 4일. 서풍西風. 맑다 흐리다. 문곡文谷을 찾고 대동출판사大同出版社, 한남서림翰南書林을 가 보다. 김태준金台俊 군君을 맞나다.

5월 5일. 최형렬崔亨烈 군君이 오다. 오후 2시 보전普專에 나가다. 오림픽을 하다. 청정靑汀. 두계斗溪, 남창南倉, 석남石南, 임화林和, 천뢰天籟. 이인영李仁榮 군君과 함께. 인영仁榮 군君이 보아구락부甫兒俱樂部서 석찬회夕餐會를 하였다. 가서家書가 오다.

5월 6일. 방현숙龐賢淑, 권영익權榮翼 군君과의 혼례식婚禮式에 가서 축사祝辭하고 박종목朴鍾穆 군君의 형제兄弟를 찾다. 문장사文章社에 가다. 무애无涯를 맞나, 가치 오문출판사梧文出版社에 가다. 조선관朝鮮館에서 석찬夕餐을 준다. 남창南倉, 도남陶南, 청정靑汀, 서항석徐恒錫과 주인主人 설의식薛義植, 임화林和. 하거何居, 홍택주洪宅柱 씨도 찾다.

5월 7일. 『문장文章』「시조선후時調選後」를 쓰다. 이호우爾豪愚 군君의 「달밤」.

5월 8일. 『인현왕후전仁顯王后傳』 원고原稿를 마감磨勘하였다.

5월 9일. 문장사文章社, 대동출판사大同出版社, 한남서림翰南書林, 위창葦滄, 하거何居를 보다. 『연조구감속집椽曺龜鑑續集』 1一, 2二 사본寫本을 가조다. 부여扶餘 족형族兄 병학 씨秉學氏가 와 자다. 이왕직李王職 아악부雅樂部 장인식張寅湜 군君이 오다.

5월 10일. 덥다. 이극로李克魯 군君이 오다. 아악부雅樂部에 가다. 장인식張寅湜, 유해종劉海鍾, 김영제金永濟 씨氏를 맞나다. 이담 수요일水曜日부터 두 시간時間씩 시가詩歌를 가르치기로 하였다. 오후 5시 오문출판사梧文出版社서 진단학보震壇學報 위원회委員會를 하고 제일루第一樓로 가서 석찬夕餐. 아버님께 상서上書.

5월 11일. 어학회語學會에 가서 철자법綴字法 추가追加 개정건改正件을 토의討議. 안동소주安東燒酒를 마시고 퍽 취醉하여 돌아오다. 밤에 비 오다.

5월 12일. 비가 오후에 그쳤다. 종일終日 신기神氣가 좋지 못하다.

5월 13일. 난蘭을 오날부터 한 데다 두었다. 문장사文章社, 대동인쇄소大東印刷所, 한남서림翰南書林을 가 보다.

5월 14일. 임청林靑 군君을 찾다. 이발理髮. 가악사歌樂史 목차目次를 마련하다. 전몽수田蒙秀 군君이 오다.

5월 15일. 비. 아악부雅樂部에 가서 시가詩歌 기원起源을 두 시간 말하다. 하거何居를 찾어보다. 전몽수田蒙秀 군君이 오다.

5월 16일. 이은영李殷永 군君이 오다. 김상기金庠基 군君이 오다. 가치 두계斗溪를 찾어갔다 못 맞나고 돌아오다. 석반夕飯 후後, 한양漢陽

삘 조선예흥사朝鮮藝興社를 가서 송석하宋錫夏 군君 촬영撮影 조선민속朝鮮民俗 필림 시사試寫를 보다. 두계斗溪, 남창南倉, 도남陶南, 천뢰天籟, 임화林和, 설의식薛義植, 청정靑汀, 이혜구李惠求 군君도 왔다.

5월 17일. 학교學校를 가서 세 시간時間 보고 나와 이은영李殷永 군君을 찾다. 가치 점심點心.

5월 18일. 이은영李殷永 군君이 오다. 가치 나서 이관호李寬鎬 군君을 찾다. 계동桂洞서 신설정新設町으로 갔다. 게서 점심點心. 청구여관靑丘旅館으로 돌아보다.

5월 19일. 오전 9시 40분, 경충자동차부京忠自動車部로 가다. 청정靑汀, 두계斗溪 외外 십여 인과 함께 빠스를 타고 광진廣津를 건너 덕풍리德豊里에 가서 나렸다. 광주廣州 고읍古邑을 지나, 북문北門으로 들어 남한산성南漢山城에 이르렀다. 서장대西將臺에 올라 점심點心, 술은 석가양조장石家釀造場에서 한 말을 가조다. 취醉하여 석양夕陽에 남문南門으로 나렸다. 송파松坡에서 배를 띠워 달을 실고 독도纛島 뚝섬으로 나려, 기동차汽動車로 왔다.

5월 20일. 신기神氣가 좋지 못하다. 인촌仁村을 가 보다.

5월 21일. 조남령曺南嶺, 김조동金曺棟, 이호우李鎬雨 군君에게 답장答狀.

5월 22일. 아악부雅樂部로 하여 하거何居를 찾다. 이종대李鍾大 군君과 가치 하거何居에게 끌려 명치정明治町을 가다. 두어 잔을 거울렀다. 또 이종대李鍾大 군君이 맥주麥酒을 준다. 가치 이인영李仁榮 군君을 찾었다 못 보다. 창환昌煥이가 여산礪山을 갔다.

5월 23일. 문장사文章社, 대동출판사大同出版社, 한남서림翰南書林을 가 보았다. 『박통사언해朴通事諺解』 상上, 갑신자甲辰字 『사문류취事文

類聚』 낙질落帙 1책一冊, 『언해태산집諺解胎產集』 사본寫本을 샀다. 성대城大에 가서 이인영李仁榮, 안규응安圭應 군君을 보았다.

5월 24일. 오후 1시 공회당公會堂을 가서 김한수金翰洙, 백복성白福星 군君의 혼례식婚禮式 축사祝辭를 하다. 식도원食道園서 점심. 애류涯溜를 찾어보다. 흐리고 좀 무덥다. 전몽수田蒙秀 군君 편지가 오다. 밤에 비가 듯다 만다.

5월 25일. 흐리다 맑다. 한남서림翰南書林에 가다. 『여씨향약언해呂氏鄕約諺解』 복각본覆刻本에 퇴계退溪 서문序文이 붙었다. 12원十二円. 책冊값도 폭등暴騰하였다. 경자자庚子字 통감通鑑 낙질落帙과 함께 가조다. 월탄月灘, 소월愫月이 오다. 따러나서 정자옥丁子屋에 가 차茶를 마시다.

5월 26일. 이인영李仁榮 군君을 찾어 보았다. 갑인자인甲寅字印 『고려사절요高麗史節要』와 진기珍奇한 조각품彫刻品 등을 보았다. 밤에 창환昌煥이가 오다.

5월 27일. 성대城大를 가서 『실록實錄』를 보다 소완규蘇完奎 군君을 찾어보고 집에서 보낸 소송 건訴訟件을 물었다. 돌아와 병륙秉陸이에게 편지하다. 하거何居를 찾다.

5월 28일. 두계斗溪를 찾다. 더불고 왔다. 하거何居도 왔다. 포도葡萄꽃의 향내를 맡으며 약주藥酒를 거우르다.

5월 29일. 비. 『서림청화書林淸話』를 읽었다. 옥순 모玉順母가 오날 밤에 딴 집으로 가 있겠다 하기에 여러 가지로 말을 일렀다.

5월 30일. 흐리다. 「시조선후평時調選後評」을 쓰다(동아일보東亞日報 모집募集 시조時調). 밤에 비 오다.

5월 31일. 비. 오후에 개다. 『일본서기日本書記』를 보다.

6월

6월 1일. 좀 흐리다. 청정青汀을 찾었다. 청년화가靑年畵家 김기창金基昶, 이석호李碩鎬, 정종여鄭鍾汝 군君을 맞나, 함께 신무문神武門으로 들어 제19회第十九回 선전鮮展을 구경하다. 게서 나와 설렁탕湯으로 점심點心하고 다시 청정靑汀 집으로 가서 놀았다. 김낙중金洛重 부인婦人과 옥순 모玉順母가 불평不平을 말하기에 또 일깨웠다.

6월 2일. 흐리다. 오문호吳文浩 군君이 오다. 매헌梅轩이 오다. 밤에 비 오다. 낙중洛重 부인婦人이 옥순 모玉順母를 꾀여 김병룡金秉龍 군君 집으로 가게 하였다.

6월 3일. 비. 「가악사초歌樂史鈔」를 아악부雅樂部에 갖다 주고 등사謄寫케 하였다. 정충시鄭忠時 군君을 찾어보다. 조 형趙兄. 이상인李相寅. 이봉희李鳳姬. 장응두張應斗 군君에게 편지하다.

6월 4일. 흐리다. 낙중洛重 부인婦人이 꾀었다는 사실事實을 옥순 모玉順母가 자백自白하였다. 주객主客 간間의 이간離間, 중상中傷, 무함誣陷을 하였다. 오후 1시一時 15분十五分 — 30분 방송放送「친토親土 생활生活의 깃븜」. 매헌梅軒을 찾다. 가치 점심點心.

6월 5일. 비가 좀 오다. 김병룡金秉龍 군君을 찾다. 오문호吳文浩 군君도 보다. 낙중洛重 부인婦人이 옥순 모玉順母를 꾀인 말이 났다. 김 군金君이 지난 2일 저녁에 그 아우 병학秉鶴 군君 집에 갔었을 때 낙중洛重과 옥순 모玉順母를 맞나고 그가 하든 말을 들었다 한다. 낙중洛重의 하는 말은 모다 거짓으로 꾸며대었다. 아악부雅樂部를 갔었다. 하거何居를 보고 점심도 먹었다.

6월 6일. 흐리다. 김병룡金秉龍 군君이 환약丸藥 한 봉封을 가조고 왔다. 낙중洛重 부인婦人을 단단히 나무래 주었다. 옥순 모玉順母도 속은 줄을 깨달었다. 조남령曺南嶺 군君의 편지가 오다.

6월 7일. 조 형趙兄의 답장答狀을 보다. 「무측천전武則天傳」의 준準을 보다. 김상기金庠基 군君이 오다. 이인영李仁榮, 조윤제趙潤濟 군君이 오다.

6월 8일. 휘문徽文 육상운동대회陸上運動大會. 오후 9시 — 오후 4시. 6시 명월관明月館 본점本店서 학부형學父兄들이 초대招待. 11시 돌아오다. 문장사文章社에 들었다. 저녁 취우驟雨.

6월 9일. 꿀장수가 오다. 네 근斤에 4원四円. 이호우李鎬雨 군君 편지가 오다.

6월 10일. 이전梨專을 나가, 「이조여류문학李朝女流文學」을 말하다. 이태준李泰俊, 김상용金尙鎔 군君과 가치 들오다. 경성역京城驛서 차茶을 먹고 문장사文章社로 와, 김동만金鍊萬 군君을 맞나, 이학二鶴에 가서 맥주麥酒와 석반夕飯, 명월관明月館 본점本店으로 와서 2차회二次會를 열었다. 자정子正에 돌아오다.

6월 11일. 김응두金應斗 군君 편지가 오다. 김상옥金相沃 군君 편지도 오다. 언행록言行錄을 쓰다.

6월 12일. 아악부雅樂部에 가다. 18원十八円을 받다. 지난 달 6시간분六時間分.

6월 13일. 명현名賢의 언행록言行錄를 쓰다. 저녁에 찬 군燦君, 하 박사河博士를 찾어 못 보고 김병룡金秉龍 군君을 찾어 보았다. 이혜구李惠求 군君이 오다.

6월 14일. 유관攸觀과 맥주麥酒를 마시다. 우하又荷를 가 보았다. 윤집중尹執重이가 오다. 오날부터 여름 맛이 난다. 무덥다.

6월 15일. 현석년玄石年이 오다. 두계斗溪가 오다. 저녁에는 하 박사河博士가 오다.

6월 16일. 흐리다. 석남石南을 찾다. 가치 두계斗溪를 찾다. 또 가치 나서 천뢰天籟, 이인영李仁榮, 창해滄海를 찾어 못 맞났다.

6월 17일. 오후에 소낙비. 숲말 아가 왔다. 장응두張應斗, 조남령曺南嶺, 이호우李鎬雨, 김상옥金相沃 군君에게 답장答狀.

6월 18일. 서늘하다. 홍선표洪善杓 군君이 자기自己가 저작著作한 『조선요리학朝鮮料理學』 한 책冊을 가지고 왔다. 조선일보사출판부朝鮮日報社出版部에 저작권著作權까지 팔은 것이라 한다. 그 평評을 써 동아일보東亞日報에 내 달라 한다. 저녁 9시 — 30분간 방송放送, 시조감상時調鑑賞 평시조平時調에는 조현명趙顯命의 「헌 삿갓 자른 되롱」이오, 지름에는 「초당草堂 뒤에 와 앉어 우는 솟적다새야」요, 사설辭說에는 「청靑개구리 이질痢疾 복질腹疾 알아 죽는 밤에」다. 나는 해설解說하고 현석년玄石年은 불렀다.

6월 19일. 아악부雅樂部로 하여 하거何居를 보고 대동출판사大同出版社에 갔었다. 성재誠齋(이관구李寬求) 집으로 가다. 이원조李源祚 군君과 함께 취해 돌아오다.

6월 20일. 종일終日 신기神氣가 좋지 못 하다.

6월 21일. 하지夏至.

6월 22일. 애류崖溜가 오다. 저녁을 가치 먹었다. 아즉도 오른팔과 말소리가 평복平復치 못 하였다.

6월 23일. 찬 군燦君을 찾다. 작년昨年에 나누어 간 건란建蘭이 화경花莖 두 대나 솟아 피었다.

6월 24일. 아츰부터 비가 온다.

6월 25일. 종일終日 비. 충남북忠南北, 전북全北 등지等地에는 비가 부족不足하다고 한다.

6월 26일. 흐리다. 어젯밤에 민병주閔丙疇 군君이 작고作故하였다 한다. 우하又荷를 가 보고 민성기閔聖基 군君 형제兄弟들에게 조위弔慰. 민광식閔廣植 씨氏와 담화談話하다가 새로 세 시 반에 와 잤다.

6월 27일. 흐리다. 이종영李鍾榮 군君이 오다. 오전 6시 반에 깨었다. 문곡文谷을 찾어보고 언행록言行錄을 토의討議, 오후 5시, 부민관府民館 고故 박용철朴龍喆 군君 추도追悼, 출판出版 기념회紀念會에 참여參與. 이태준李泰俊, 김용준金容俊 군君과 가치 우하又荷를 가 보다.

6월 28일. 학교學校서 임시 봉급臨時俸給 18원十八円을 준다. 두계斗溪, 김상기金庠基 군君이 오다. 석반夕飯.

6월 29일. 오전 6시 고故 민병주閔丙疇 군君 발인發靷 영결식永訣式을 가 보다. 하거何居를 보다. 홍택주洪宅柱 씨氏도 보다. 이태준李泰俊, 김용준金容俊, 배裵 군君이 오다.

6월 30일. 송석하宋錫夏 군君과 가치 최창해崔滄海를 동아東亞로 찾다. 작반作伴하여 청운정淸雲町 유자후柳子厚 군君 집으로 가다. 고전古錢, 고물古物 등等을 보고 '백세청풍百歲淸風' 각자刻字를 보다. 김청음金淸陰(상헌尙憲) 고택古宅의 정자亭子 지었든 바위. 요즈음 와서 민병수閔丙洙가 그 위다 석축石築을 높이 하고 집을 지었다. 천연天然과 고적古蹟은 말살抹殺되었다. 자후子厚 집에서 점심點心. 백관수白寬洙 군君도 왔다. 저녁은 백관수白寬洙 군君 집에서 먹다. 퍽 무덥다.

7월

7월 1일. 비. 우하又荷를 가 보다. 오전 11시 이십분 — 20분 방송放送, 「산山의 전설傳說 — 금강산金剛山 우의선녀羽衣仙女」.

7월 2일. 비. 이상인李相寅, 조남령曺南嶺, 장응두張應斗, 조상익曺祥翼, 고백록高百祿, 김상옥金相沃에게 편지 답장答狀.

7월 3일. 비. 장마다. 집에 두어 군데 샌다. 오후 3시 장모丈母께서 떠나시다. 김상옥金相沃 군君 편지를 보다.

7월 4일. 비. 집이 세 군데나 샌다.

7월 5일. 비. 이인영李仁榮 군君이 오다. 언행록言行錄 10편十篇을 쓰다.

7월 6일. 비. 한강漢江 증수增水 9미돌九米突. 언행록言行錄을 쓰다. 김상옥金相沃 군君 편지가 오다.

7월 7일. 비는 멎었다. 흐리다. 언행록言行錄을 쓰다.

7월 8일. 흐리다. 소낙비. 유년수柳年秀 군君이 오다. 유지수柳之秀 군君 말을 듣다.

7월 9일. 볕이 났다. 9일 만에 처음이다. 오후엔 흐리고 무덥다. 난蘭들을 다 내놓다. 순희順熙가 임리林里를 갔다.

7월 10일. 비, 아악부雅樂部를 가다. 이왕직李王職 촉탁囑託으로 창덕궁昌德宮 문감門鑑을 준다. 창덕궁昌德宮, 창경원昌慶苑, 덕수궁德壽宮은 그 목패木牌를 가지면 임의任意로 출입出入할 수 있다 한다. 거문고를 배우기 시작하다.

7월 11일. 비. 하거何居를 가 보다. 우산雨傘을 받고 하거何居와 함께 한강漢江 관창觀漲하러 갔었다. 순희順熙가 왔다.

7월 12일. 비. 아악부雅樂部에 가서 거문고 연습練習. 하거何居를 가

보고 고본古本 몇 가지를 보고 경자자庚子字 초인본初印本『자치통감강목資治通鑑綱目』영본零本 2책二册,『연조구감掾曺龜鑑』전全 2책二册을 얻었다. 이상돈李相敦 군君이 오다. 지붕에 올라서 기아를 고쳐 놓았다. 손ㅅ가락이 해진다. 저녁에 인촌仁村을 찾다.

7월 13일. 비. 인촌仁村을 보고 고본古本 몇 가지를 보전도서관普專圖書館서 사라고 소개紹介하였다.

7월 14일. 흐리다. 소우小雨. 석남石南을 가보고 하거何居를 가 보다.

7월 15일. 문곡文谷을 찾아보다. 어학회語學會에 들렀다.『훈민정음訓民正音』원본原本 사본寫本 출판出版 허가許可한 것을 누가 팔러 단인다 한다, 값을 엄청나게 불러서 도로 보냈다 한다.

7월 16일. 총독부總督府 도서관圖書館 이재욱李在郁 군君을 찾아 보다. 황금정黃金町 박종목朴鍾穆 군君 형제兄弟를 찾어 보다. 게서 애류崖溜, 행인杏仁도 맞났다. 오날이 초복初伏. 하 박사河博士를 찾어보다.

7월 17일. 비. 하거何居를 찾었다. 손진태孫晋泰 군君에게 전화電話.

7월 18일. 성대城大에 가다.『역대시조선歷代時調選』재교再校가 오다. 매헌梅軒이 오다.

7월 19일. 비. 김상기金庠基 군君이 오다. 태성원泰盛園을 가다. 저녁엔 방송국放送局에 가서 조선민요民謠 녹음錄音을 듣다.

7월 20일. 비. 뒷마루 천정天井이 또 샌다. 이호우李鎬雨 군君에게 편지를 하다.『역대시조선歷代時調選』재교再校를 다 보았다.

7월 21일. 비. 부엌 뒷 벽壁이 문어지다.

7월 22일. 비. 하거何居를 보고 대동출판사大同出版社를 가 보았다.

7월 23일. 우雨. 하경덕河敬德 군君과 매헌梅軒을 찾다. 장기를 두는 걸 보다 날이 저물었다. 관희觀熙, 동희東熙, 한희漢熙, 경희京熙가 오후

11시 차車로 여산礪山을 갔다. 비바람은 몹시 친다.

7월 24일. 개었다 또 비. 아악부雅樂部에 가서 『가곡원류초歌曲源流抄』를 가르치었다.

7월 25일. 비 오다 잠간 개었다. 또 지붕을 고치었다. 손ㅅ고락 끝이 해졌다. 밤에 김영기金永起 군君 종형제從兄弟가 금룡변金龍邊 난분蘭盆 하나를 사 가지고 왔다.

7월 26일. 비 오다 개었다. 김상옥金相沃 군君 엽서葉書가 오다. 『역대시조선歷代時調選』 재교再校한 것을 찾어갔다.

7월 27일. 비. 창환昌煥이가 여산礪山을 저녁차車로 갔다.

7월 28일. 개었다. 맑었다. 아츰에 이상돈李相敦 군君이 오다. 『동아東亞』, 『조선일보朝鮮日報』가 오는 8월 10일에 폐간廢刊된다고 한다. 두계斗溪를 찾다. 가치 나서 배정국裵正國 군君을 찾다. 이태준李泰俊, 김용준金瑢俊 군君을 맞나다. 난蘭도 보고 저녁도 먹었다.

7월 29일. 맑다. 『범우고梵宇攷』를 벳기다. 애류崖溜가 오다. 석남石南이 오다.

7월 30일. 하거何居를 가보고 『고려사지高麗史志』 권10卷十 편차編次를 채웠다.

7월 31일. 아악부雅樂部를 가다. 정지용鄭芝溶 군君을 맞나 태성원泰盛園을 가다.

8월

8월 1일. 유길상劉吉相 군君과 가치 박종화朴鍾和 군君을 찾었다. 맞나지 못하다.

8월 2일. 훈증薰蒸하다. 흐리다. 아악부雅樂部를 가다. 하거何居를 맞나고 한남서림翰南書林, 대동출판사大同出版社로 가다. 성재誠齋와 가치 안국동安國洞 선학원禪學院에 가서 범부凡夫 김정설金鼎卨 군君을 찾다. 조선일보사朝鮮日報社서 「세계명인전世界名人傳」 고료稿料가 오다.

8월 3일. 흐리고 무덥고 빗방울은 듯다 만다. 광화문光化門 우편국郵便局에 가서 돈을 찾어 대판옥大阪屋 책册값을 갚았다.

8월 4일. 흐리다 비 오다 하였다. 김상기金庠基 군君이 오다. 우하又荷가 그 손자孫子를 보내어 오라 하였다. 김 군金君과 가치 가 보았다. 그리고 이집천李集千 군君을 찾었다. 맥주麥酒를 마시고 다시 나서 보아구락부寶兒俱樂部에 가서 저녁을 준다. 오후 6시 「맴이와 시가詩歌」의 방송放送을 하였다. 10시 40분 차車로 종희宗熙를 다리고 여산礪山을 가다. 천안역天安驛부터 비 오다.

8월 5일. 비가 그치다. 오전 5시, 강경江景 도착到着. 인력거人力車로서 박종근여관朴鍾根旅館에 이르다. 조반朝飯. 모긔떼가 엉겨든다. 8시 빠스로 여산礪山에 이르러 이한주李漢周, 김충진金忠進을 맞나다. 신막新幕서 나려 집에 들다. 조비祖妣 기제忌祭. 밤에 비 오다.

8월 6일. 비 그치다. 단소短簫, 대금大笒 감을 구하러 대밭을 뒤지다. 외숙外叔께서 오시다. 우편소장郵便所長 이응구李應九, 공의公醫 박봉규朴鳳圭, 주재소장駐在所長 강본岡本 등이 와 담화談話. 조석朝夕은 서늘한 긔운이 돈다.

8월 7일. 신막新幕 사는 재인才人이 와서 단소短簫 감을 홍가洪哥 대밭에서 쪄오다. 분죽粉竹. 공의公醫가 와서 창환昌煥의 처妻의 오한惡寒, 요통증腰痛症을 진찰診察. 이한주李漢周 군君이 오다. 밤에는 냉기

冷氣가 돈다. 유근수柳近洙가 오다.

8월 8일. 비 좀 오다. 관희觀熙, 동희東熙, 경희京熙, 한희漢熙, 근수近洙가 떠나다. 뒷 대밭에서 쌍雙골죽竹을 한 개 골르다. 외숙外叔께서도 가시다.

8월 9일. 비 오다 그치다. 서모庶母 댁宅에서 점심點心. 병철秉徹과 종희宗熙를 더불고 신막新幕서 빠스로 떠나 이리 군수裡里郡守 관사官舍에 들다. 누님과 사장査丈과 조 형趙兄을 맞나다.

8월 10일. 비. 오전 10시 40분차車로 떠나다. 천안天安부터 비가 개다. 오후 6시 경성京城 도착到着. 전全 조선朝鮮 창씨創氏 수속手續은 이 날로 마감磨勘.

8월 11일. 맑다. 종일終日 쉬었다.

8월 12일. 맑다. 맹주천孟柱天 군君 내간상內艱喪을 가 묻다. 월탄月灘을 찾어 못 맞나고 장현식張鉉植 군君을 찾다. 게서 회덕懷德 송모宋某를 맞나 담화談話. 월탄月灘이 와서 명함名銜을 두고 갔다. 창환昌煥이가 오다.

8월 13일. 비. 『범우고梵宇攷』를 벳기다. 신구현申龜鉉, 이명선李明善 군君이 와 놀다. 조병국趙炳國이가 오다. 「추사서간秋史書簡」 한 장張을 주었다. 하거何居가 사람을 보내어 청請한다. 가 보니 고서古書 낙질落帙을 새로 들왔다. 이조李朝 초본初本이 더러 있다. 정종正宗을 두어 잔 나누었다.

8월 14일. 흐리고 훈징하다. 아악부雅樂部에 가다. 단소短簫, 대금大笒감을 갖다 주다. 오후에 두계斗溪가 왔다. 전 조선全朝鮮 창씨자創氏者가 6할六割 3분三分라 한다. ─ 매일신보每日新報. 박종목朴鍾穆 군君을 찾다. 월탄月灘도 맞나다. 문광당文光堂에서 『육국사六國史』를 사다.

8월 15일. 아악부雅樂部에 가다.

8월 16일. 비 오다. 아악부雅樂部에 가다. 괴고목槐古木의 버섯을 따 오다. 치질痔疾에 신효神效타 한다.

8월 17일. 하거何居가 오다. 오후 2시 조윤제趙潤濟 군君 집에 가다. 진단학회震檀學會 집편위원회輯編委員會. 제13호第十三號부터 오문출판사梧文出版社에 인쇄印刷 판매販賣를 위탁委託하기로 하였다. 청요리淸料理를 사다 저녁을 먹다.

8월 18일. 부민관府民館에 가다. 김병룡金秉龍 군君과 작반作伴. 김병선金炳善, 한철수韓徹洙 군君과의 결혼식結婚式이 있다. 축사祝辭하다. 한남서림翰南書林서 『재자고문才子古文』 2갑二匣 한 질帙을 가조다. 우하又荷를 가 뵈다. 석반夕飯. 백종百種날.

8월 19일. 훈증薰蒸. 휘문徽文에 가다. 장응두張應斗, 노재갑盧在甲, 정갑수丁甲秀, 오신혜吳信惠, 김상옥金相沃, 제2第二방송과放送課에 회답回答. 조남령曺南嶺 군君이 편지와 「현대시조론現代時調論」 원고原稿를 보냈다.

8월 20일. 하거何居를 뵈다. 이훈李爋 군君이 오다. 애류崖溜가 오다.

8월 21일. 학교學校에 쌀값 60원六十円을 갚다.

8월 22일. 송석하宋錫夏 군君을 보다. 강화도江華島 가기를 의논하였다. 흐리다. 애류崖溜가 오다.

8월 23일. 문곡文谷 편지를 보았다. 김상기金庠基 군君을 맞나다. 송석하宋錫夏 군君을 보다.

8월 24일. 김상기金庠基 군君을 경성역京城驛서 맞나, 문곡文谷을 찾고 오후 3, 30분 인천행仁川行. 동행同行은 두계斗溪, 석남石南, 도남陶南, 이인영李仁榮, 김상기金庠基, 성재誠齋 5, 30분에 인천仁川를 떠나다. 기동선汽動船 특등실特等室을 타다. 풍정랑식風靜浪息, 해는 서천西天에 기울었다. 호호, 망망, 통쾌痛快하다. 7시 쯤 초지草芝에 나리다. 금철琴澈, 박창양朴昶陽, 유지영劉智泳 씨氏가 마중나왔다. 일동一同이 낙조落照 촬영撮影. 빠스로 온수리溫水里까지 가서, 걸어 오르다가 정족산성鼎足山城 동문東門 밧 전등각傳燈閣에 들다.

8월 25일. 석남石南이 어제 초지草芝 부근附近서 낙조落照 촬영撮影을 하다 기계器械의 뚜껑을 잃었다. 그 때문에 출발出發 시간時間이 늦었다. 오후 1시, 마니산摩尼山을 오르다. 낮은 명랑明朗하고 서西으로 열린 바다며 좌우左右의 섬들이 한눈에 모인다. 오랫동안 담소談笑을 하다. 그 동남東南으로 뻐친 산山ㅅ등성을 타고 오르고 나리다. 두어 시간時間 동안, 나는 성재誠齋를 더불고 금철琴澈 군君이 가리치는 정수사淨水寺를 찾어 그 남南쪽 험준險峻한 비탈로 나렸다. 암석岩石과 넌출, 덤불 속을 해매었다. 그 아랫 골짜기로 빠져 가 본즉 집이 아니고 암림岩林뿐. 다시 인가人家를 홍왕리興旺里(고려高麗 고종高宗 때 궁지宮址가 있는 곳)까지 가서 사람을 맞나 물으니 정수사淨水寺는 가든 길로 도로 오다 큰 고개 하나를 넘어서 있다고 한다. 기진력진氣盡力盡하여 걸어오다 샘물을 찾어 마시고 겨우 긔운을 차려 그 고개를 넘다. 동행同行 중 몇 사람은 고개에서 기다리고 있다. 정수사淨水寺에 이르니 오후 4시. 점심點心을 먹다. 나리다 수간초옥數間草屋 이영재李寧齋(건창建昌)가 사든 사기리砂器里를 지내다. 앞에 젓나무 두어 주株는 노목老木이 되고 조고만 못에 홍연紅蓮은 한두 숭이 피었다. 주점酒店에 들어 백주白酒 한 사발을 거우르고 다시 산성山城 서문西門으로 들어 전등사傳燈寺를 보고 전등각傳燈閣으로 와 자다.

8월 26일. 온수리溫水里서 빠스로 강화읍江華邑을 오다. 수요회관水

曜會館에서 점심點心. 장녕전長寧殿 구기舊基를 가 보다. 이곳이 고려高麗 고종高宗 때 정궁正宮인 듯. 뒤엔 북산北山이오 앞에는 남산南山이오 주위周圍엔 성곽城郭이다. 석남石南은 고비古碑 탁본拓本에 지성至誠이고 두계斗溪와 김상기金庠基 군君은 고궁지古宮址 조사調查에 골몰汨沒하다. 합일소학교장合一小學校長 오영섭吳永燮 군君과 박창양朴昶陽, 금철琴澈, 유지영劉智泳 군君이 음식점飮食店으로 초대招待. 제2차회第二次會가 있다. 도남陶南(조윤제趙潤濟)의 주정으로 파罷하다. "사색四色. 사색四色."을 부르짖어 남을 격노激怒케 하였다. 겨우 진정시켜 뉘어 재우고 동행同行들은 다 강일여관江一旅館으로 가자고 나와 성재誠齋만은 남어 오영섭吳永燮, 박창양朴昶陽, 금철琴澈, 유지영劉智泳 군君과 다시 술상을 대하여 정담情談을 하였다. 자정子正에 돌아오다.

8월 27일. 오전 7시 빠스로 서울을 오다. 오후 문곡文谷을 가 보고 원고原稿 의정議定. 인촌仁村을 가 보다. 돈 30원三十円을 애류崖溜게 부친다.

8월 28일. 금철琴澈, 오영섭吳永燮, 박창양朴昶陽, 유지영劉智泳 군君께 편지. 아악부雅樂部에 가다. 문곡文谷과 원고 정리原稿整理.

8월 29일. 비. 아악부雅樂部에 가다. 이상기李庠基 군君, 이주형李周衡 군君이 오다. 문곡文谷과 원고 정리原稿整理.

8월 30일. 애류崖溜를 찾어보고 30원三十円을 전하다. 밤에 비 오다.

8월 31일. 문곡文谷과 원고정리原稿整理.

9월

9월 1일. 담曇. 애류崖溜가 오다. 찬 군燦君을 찾어 보다. 순희順熙와 신씨가申氏家와의 혼담婚談이 있다.

9월 2일. 비. 김상기金庠基 군君이 오다. 태성원泰盛園서 점심點心. 이종우李鍾禹 군君을 맞나다.

9월 3일. 비. 집이 또 샌다. 문곡文谷과 원고 정리原稿整理.

9월 4일. 우雨. 담曇. 하거何居를 가 보다. 저녁에 월탄月灘이 오다. 두계斗溪가 오다.

9월 5일. 담曇, 풍風. 오문호吳文浩 군君이 오다. 저녁 한청식당韓靑食堂에서 순희順熙와 신왕균申旺均과의 상견相見을 시기다.

9월 6일. 순희順熙와 신왕균申旺均과 정혼定婚. 우하又荷를 가 보다.

9월 7일. 저녁 여달 시에 순희順熙와 영상永祥 모친母親과 관희觀熙를 자동차自動車로 사직정社稷町 331三三一, 신태영 씨申泰英氏 가家를 보내어 현구고見舅姑를 시기다.

9월 8일. 하거何居가 오고 애류崖溜가 오고 소정小汀이 오다. 신왕균申旺均과 순희順熙가 와 석반夕飯. 찬 군燦君을 오라 하여 놀았다.

9월 9일. 신태영申泰英 군君을 찾어보다.

9월 10일. 경성역京城驛에 나가다. 왕균旺均과 순희順熙가 아산牙山으로 간다. 두어 시간時間을 기다렸다. 오정午正이 되었다. 왕균旺均이와 그 아버지며 아우며 누의들이 다 나왔다. 나는 딸과 처妻와 종자매從姊妹와 영상永祥 모母와 나갔었다. 함께 점심點心을 먹다. 오후 2시 50분 차車로 떠났다. 문장사文章社, 대동출판사大同出版社를 들렸다. 이리裡里 누님께 편지, 아버님께 상서上書.

9월 11일. 조남령曺南嶺, 김상옥金相沃, 이호우爾豪愚, 오신혜吳信惠 군君에게 편지. 밤이 차다. 곳불이 들었다. 뒤 언덕 석축石築을 시작.

9월 12일. 한홍록韓興錄(정원정일井垣精一) 군君이 아침에 찾아왔다. 북도北道 명산名產이라는 들축집 한 병甁을 가조다. 내『시조집時調集』 한 권을 주었다. 김영기金永起 군君께 편지.

9월 13일. 훈증薰蒸. 문장사文章社에 가다. 김속만金鍊萬, 이태준李泰俊, 김상용金尙鎔 군君을 맞나다. 삼영다점森永茶店에 가다. 또 두어 친구親舊를 더하여 성북동城北洞 상허尙虛ㅅ집으로 가다. 춘산春山이 안동소주安東燒酒 네 병甁을 가조다. 김용준金瑢俊 군君이 오다. 담소談笑와 청음淸飮. 월파月波는 편도선증扁桃腺症으로 주사注射 맞고 열熱이 오른다. 와병臥病 인사절人事絶이다. 달을 띠고 돌아오다. 인촌仁村을 보다.

9월 14일. 애류崖溜가 오다. 장현식張鉉植, 이병도李丙燾 군君을 찾어다 못 맞났다. 돌아와 탁주濁酒를 사다 점심點心 하였다. 오후 6, ―20분가을 시가詩歌 방송放送. 누님의 회답回答을 보다. 오신혜吳信惠 군君이 출판비出版費 200원二百円을 보냈다. 애류崖溜를 저녁에 가 보다.

9월 15일. 하거何居를 찾다.

9월 16일. 한남서림翰南書林에 가다.『동국신속삼강행실도東國新續三綱行實圖』를 보다.

9월 17일. 조운曺雲 군君의 엽서葉書를 보다. 조선어문학朝鮮語文學 고전목록古典目錄을 꾸미다.

9월 18일. 문건호文建鎬 씨氏가『해동시화海東詩話』를 찾어갔다.

9월 19일. 고전목록古典目錄을 꾸미다.

9월 20일. 홍택주洪宅柱 씨氏를 찾어보았다.

9월 21일. 조운曺雲 군君이 오다. 오후 6시 금각원金閣園에 가다. 방종현方鍾鉉, 김사엽金思燁 군君의 저작著作『조선속담대사전朝鮮俗談大辭典』출판기념회出版紀念會 축사祝辭를 하다. 금철琴澈 군君을 맞났다. 송석하宋錫夏, 최익한崔益翰 군君과 함께 금琴 군君을 더불고 김 참판金參判 집에서 놀다.

9월 22일. 오광세吳光世, 오신혜吳信惠, 최인화崔仁化 군君이 오다. 고성리古城里 유 형柳兄이 와 자다.

9월 23일. 이판천李判天 군君, 김창현金昌鉉 군君이 오다. 오신혜吳信惠 군君이 오다. 그 시조時調 원고原稿에 대하여 토의討議하다. 오후 5시 제일다방第一茶房에 가다. 금철琴澈 군君을 못 맞나고 도로 오다. 송석하宋錫夏 군君을 더불고 대관원大觀園서 석식夕食. 쫍박집에 가다. 뒷담 역사役事는 끝을 냈다. 유柳 형兄이 와 자다. 고전목록古典目錄을 마치다.

9월 24일. 운雲 군君이 오다. 석반夕飯을 가치 하다.

9월 25일. 아악부雅樂部에서 조운曺雲을 맞나 악기樂器를 구경하고 대동인쇄소大東印刷所에 가서 노성석盧聖錫, 최영주崔泳柱 군君을 보고 문장사文章社도 가보고 무교탕武橋湯으로 점심點心, 박종목朴鍾穆 군君을 찾고 매일신보每日新報로 가매 이승만李承萬 군君은 나갔다. 그 집으로 가 찾어도 없다. 매헌梅軒을 찾어 게서 석식夕食. 월탄月灘을 가 찾으니 없다. 월탄月灘은 저녁에 찾어왔다. 운雲 군君은 그 누의 집으로 갔었다.

9월 26일. 아악부雅樂部에 가서 시험試驗을 보다. 문장사文章社서 운雲 군君을 맞나다. 태준泰俊 군君과 다점茶店에 들었다. 대동인쇄소大東印刷所로 가서 고故 최학송崔鶴松 유고遺稿를 맡기고 오다. 이승만李

承萬 군君과 정지용鄭芝溶 군君이 오다. 가치 저녁을 먹다. 매헌梅軒도 오다.

9월 27일. 오후 1시 아악부雅樂部에 가서 봉산鳳山탈춤을 보다. 게서 운雲, 행인杏仁, 월탄月灘을 맛나, 월탄月灘 집으로 가서 술을 먹다. 오신혜吳信惠 군君 편지가 오다.

9월 28일. 「조선어문고전해제朝鮮語文古典解題」의 준準을 보다. 대동출판사大同出版社에 가서 『오신혜吳信惠 시조집時調集』을 맡기고 200원二百円 선금先金을 주었다.

9월 29일. 오전 11시 동아일보사東亞日報社 빈 집에서 또 봉산鳳山탈춤을 보다. 석남石南이 늦게 오기에 한 시간時間이 늦었다. 부민관府民館에서 점심點心. 성재誠齋ㅅ집으로 들었다가 기고忌故가 들었다 하여 곧 돌아섰다. 조운曺雲 군君이 왔다. 어제는 술탈로 끔짝 아녔다 한다. 저녁을 가치 먹고 송별送別을 하였다.

9월 30일. 흐리다. 하거何居를 가 보다. 『고려사高麗史』 값을 주었다. 20원二十円.

10월

10월 1일. 흐리다. 「가악사초歌樂史鈔」를 쓰다. 영재永宰 씨氏가 와서 『범우고梵宇攷』를 가져갔다. 내가 벳기다가 열한장이 남었다.

10월 2일. 하거何居를 가보고 『고려사高麗史』 낙질落帙 채우다 남은 것과 빌려 온 책冊들을 반환返還하였다. 우하又荷를 찾어보다.

10월 3일. 난蘭의 해충害蟲을 구제驅除하였다.

10월 4일. 흐리다. 『색경穡經』을 홍택주洪宅柱 씨氏에게 갖다 주었다. 『안릉일기安陵日記』 3책三册을 빌려오다. 군서당群書堂 대판옥大阪屋에 가다. 『암파문고岩波文庫』 3책三册을 가조다. 이재훈李載壎 군君을 맞나서 점심點心. 문장사文章社에 들고 하거何居를 찾다. 『중용언해中庸諺解』 김만기金萬基게 하사 건下賜件을 가조다. 장응두張應斗 군君 편지를 보다. 창환昌煥이가 왔다.

10월 5일. 흐렸다 개었다. 지붕을 고치다. 지하직재志賀直哉의 단편短篇 몇몇을 읽었다. 저녁 무렵에 경복중학慶福中學 안호삼安鎬三 씨氏가 찾어왔다. 습자시간習字時間을 보아 달라고. 응락應諾하였다.

10월 6일. 명륜정明倫町 장현식張鉉植 군君을 찾으니 없다. 두계斗溪를 찾다. 게서 저녁을 먹다. 이력서履歷書를 써 경복중학교景福中學校에 보내다.

10월 7일. 이용우 군李用雨君 외간상外艱喪 조문弔問. 화동어학회花洞語學會에 들다.

10월 8일. 흐리다 개였다. 장현식張鉉植 군君을 찾으니 시골 갔다. 성하城下 장지태張之兌 군君과 정계섭鄭啓燮 노인老人을 보다. 빌렸든 고서古書 등을 찾어오다. 하거何居를 찾었다 못 보고 우하又荷 댁宅에서 점심點心. 이호우爾豪愚 편지가 오다. 보전普專 상과商科 학생學生 신승우申升雨가 오다. 손진태孫晋泰 군君의 소개紹介로 강연講演을 해 달라 한다.

10월 9일. 아악부雅樂部에 갔더니 이건李鍵 공公이 온다고 소제掃除를 하고 나의 시간時間은 내일來日로 밀었다. 하거何居를 찾다. 『황보부군지비첩皇甫府君之碑帖』과 『완당서첩阮堂書帖』을 가조다.

10월 10일. 오후, 아악부雅樂部를 가서 두 시간時間을 하다. 안호삼安

鎬三 씨氏가 오다.

10월 11일. 휘문徽文 시간時間을 오전에 마치고 나오다. 이태준李泰俊 군君이 오다. 『완당서첩阮堂書帖』을 가져갔다. 오후 3시 신승우申升雨 군君이 왔다. 함께 보전普專에 나갔다. 「종래從來 가악歌樂에 대하여」 두 시간時間 반이나 강연講演을 하였다. 연구부硏究部가 있어 매삭每朔 1一, 2차二次 이런 모임을 주최主催한다. 손진태孫晉泰 군君도 와 듣는다. 복해원福海園에 와서 석식夕食. 11시에 파罷해 오다. 하거何居 댁宅에 들다. 기고忌故가 있다 하며 붙든다. 두 시간을 잤다. 메탕湯을 먹다. 새로 두 시나 하여 오다.

10월 12일. 오전 8시 경복중학교景福中學校에 가다. 안호삼安鎬三 씨氏를 맞나 교무주임校務主任, 교장校長을 보고 여러 직원職員들과 인사하고 조회朝會에 나가 생도生徒들과도 첫 인사를 하였다. 유자후柳子厚 군君을 찾다. 담화談話 ―『문장文章』에 써 주었다는 『고려도경高麗圖經』 저자著者가 서긍徐兢이 아니고 김부식金富軾이란 발견發見의 착오錯誤를, 『고려사高麗史』 김부식전金富軾傳을 고증考證하였다. 그 착오錯誤는 『조선명신록朝鮮名臣錄』 김부식조金富軾條의 "宋使路允迪之來, 徐兢見金富軾爲人, 樂其所著高麗圖經, 歸而獻之."[4]에서 인因한 것이다.

---

4 "송나라 사신 노윤적(路允迪)이 왔을 때 서긍(徐兢)이 김부식의 사람됨을 보고 그가 지은 『고려도경』을 즐겨보고서, 송나라에 돌아가서 황제에게 바쳤다." 김부식이 『고려도경』을 지었다는 주장이 『조선명신록』의 오식(誤植)으로 인해 나타난 것임을 언급한 것인데, 이 문장을 따르게 되면 노윤적을 수행한 서긍이 고려 김부식이 지은 『고려도경』을 구해서 송나라 황제에게 바친 셈이 된다. 그렇지만 『고려사』 「김부식전」에는 "송나라 사신 노윤적이 왔을 때 김부식이 사신을 영접하는 일을 맡았다. 노윤적의 수행원 서긍은 김부식이 글을 잘 짓고 고금의 지식에 밝은 것을 보았고 그 사람됨을 좋아하였다. 『고려도경』을 지으면서 김부식의 세가(世家)를 수록하였고, 또 생김새를 그려서 돌아가 황제에게 아뢰었다.(宋使路允迪來, 富軾爲館伴, 其介徐兢,

이 대문은 오식誤植이 된 것이다. 함께 문장사文章社에 가서 그 수필隨筆을 실리지 않게 하였다. 본정本町에 가서 점심點心을 사 준다. 이리裡里서 전보電報가 오다. 조 형趙兄이 외간상外艱喪을 금조今朝에 당하였다. 즉시卽時 조전弔電. 석남石南을 보다.

10월 13일. 이훈李爋 군君이 왔다. 우하又荷를 가 뵈다. 감기感氣로 누었다가 일어나, '우禑, 량凉'을 써 준다. 이훈李爋 군君에게 그걸 전하고 함께 하거何居를 보고 청요리淸料理 집에 가서 저녁을 먹다. 어려운 대접을 받었다. 정충시鄭忠時 군君을 찾다. 밥과 소주燒酒를 준다.

10월 14일. 미술창작가협회전美術創作家協會展을 가 보다. 추상파抽象派다. 괴이怪異하다.

10월 15일. 비. 경복중학교景福中學校에 가서 제2학년第二學年 습자習字를 가르치다. 청정靑汀을 찾다. 설의식薛義植 군君을 찾다. 석남石南을 보다.

10월 16일. 두계斗溪가 오다. 버쩍 치워진다.

10월 17일. 『요로원야화기要路院夜話記』를 교주校註하다. 이명선李明善 군君 소장所藏 한문본漢文本과 다르다. 그건 더 부연敷衍하였고 이건 간요簡要하며 약간若干 사실事實이 다른 곳도 있다. 하 박사河博士를 찾다. 와서 황보비皇甫碑를 보다. 오후 7시 — 30분 방송放送 「사색思索의 가을」. 매헌梅軒, 최석두崔錫斗를 찾고 보영루寶英樓를 가다.

10월 18일. 교주校註를 하다. 석남石南을 보다. 갑작이 집안현輯安縣을 가자고 하나 갈 수 없다.

見富軾善屬文通古今, 樂其爲人. 著高麗圖經, 載富軾世家, 又圖形以歸奏于帝.)"는 구절이 있으니, 『조선명신록』의 구절과는 다른 뜻이 된다.

10월 19일. 교주校註. 김랑金郞 내외內外(병국炳國 매부妹夫)가 이리裡里 갔다 돌아가는 길에 왔다. 저녁 차車에 강릉江陵으로 떠났다.

10월 20일. 『요로원야화기要路院夜話記』를 교주校註하여 문장사文章社에 주었다.

10월 21일. 『서법진량書法津梁』과 『광예주쌍즙廣藝舟雙楫』을 읽다.

10월 22일. 두계斗溪를 찾고 만해萬海, 김용준金瑢俊, 배정국裵正國 군君을 찾다. 소주燒酒를 준다.

10월 23일. 문곡文谷을 박종영朴鍾榮 병원病院으로 찾었다. 월여月餘 입원入院하였다. 우하又荷를 보다. 감기感氣로 위석委席. 이명선 군李明善君을 찾다.

10월 24일. 비. 조남령曺南嶺 군君 편지가 오다. 이력서履歷書 등을 쓰다.

10월 25일. 애류崖溜, 김상기金庠基 군君이 오다. 태성원泰盛園에 가다. 문곡文谷을 찾다. 경복중학교景福中學校, 휘문중학교徽文中學校을 가다. 차다.

10월 26일. 습자習字. 문곡文谷의 초고草稿를 교열校閱한다.

10월 27일. 양주동梁柱東 군君을 찾어보고 『성탄평두시聖嘆評杜詩』를 찾고 월탄月灘을 찾으니 없다. 문장사文章社에 들다. 문곡文谷을 보고 그 초고草稿를 교정校正하다.

10월 28일. 정지용鄭芝溶 군君을 더불고 와 술을 먹고 애류崖溜를 찾었다.

10월 29일. 경복중학교景福中學校서 나오는 길에 하거何居를 찾다. 이종대李鍾大 군君도 맞나, 청진정淸進町 전당포典當鋪에 가서 산수山水 중병中屛 12폭十二幅을 14원十四円에 사고 보영루寶英樓에서 석찬夕

餐을 하고 다시 하거何居게로 와 백알을 두 잔 하고 다시 사마司馬(이종대李鍾大)를 따러 한 잔을 하고 웃고 헤졌다.

10월 30일. 아악부雅樂部를 갔더니 생도生徒들이 함흥여행咸興旅行을 갔다. 두계斗溪를 찾어 더불고 나와 점심點心하고 총독부總督府 박물관博物館서 낙랑유물浪樂遺物을 보고 이왕직미술관李王職美術館(덕수궁德壽宮)과 국화전람菊花展覽을 보고 황금좌黃金座서 「잔구루 여왕女王」 영화映畵를 보았다.

10월 31일. 음청陰晴. 문곡文谷을 가 보고 그 초고草稿를 교정校正하다. 박종영朴鍾榮 박사博士가 저녁을 대접하겠다고 조선朝鮮호텔로 인도引導한다. 만원滿員이다. 청목당靑木堂 옆의 소육燒肉집으로 가서 먹었다. 동희東熙가 동경 수학여행東京修學旅行을 떠낫다.

11월

11월 1일. 경기중학교京畿中學校에 가다. 이승희李昇熙의 부보증인副保證人으로서 그 개교 40주년 기념식開校四十周年記念式을 보다. 유길상劉吉相 군君이 오다. 고서첩古書帖을 보이다. 이명선李明善 군君이 오다.

11월 2일. 오후 7시 — 12분 방송放送, 진적珍籍 이서異書 이야기, 문곡文谷을 보고 초고草稿 교정校正. 석남石南이 저녁에 오다.

11월 3일. 훈증薰蒸. 우기雨氣가 많다. 저녁때 이인영李仁榮 군君이 와서 자기自己집으로 가자한다. 가서 저녁을 먹고 요마적 얻은 고서古書 등을 보았다. 어숙권魚叔權의 『고사촬요攷事撮要』 — 허균許筠이가 보증補增한 것인바 각各 도道 군郡의 소장所藏 서적판書籍板을 적은 것이 진귀珍貴하다.

11월 4일. 저녁은 무덥다. 「언음첩고諺音捷考 해설解說」을 쓰다.

11월 5일. 저녁부터 비가 오다. 성대城大 법문부法文部 장지태張之兌 군君을 보고 두계斗溪를 보고 안호준安鎬俊 군君을 찾으려다가 비가 오므로 알과戛過하였다. 병륙秉陸에게 편지하다. 김영기金永起, 조남령曺南嶺 군君 편지가 오다.

11월 6일. 비. 아악부雅樂部에서 육일무六佾舞(종묘제용宗廟祭用 연습練習)을 보다. 오후 비 그치고는 치워진다. 장지태張之兌 군君과 정계섭鄭啓燮 노인老人이 오다. 가치 종로鐘路까지 나갔다.

11월 7일. 입동立冬. 칩다. 섭씨攝氏 2도二度. 동희東熙가 아침에 오다.

11월 8일. 칩다. 김상옥金相沃, 허일평許一平 군君께 시조평時調評을 하다.

11월 9일. 칩다. 오후 7시 부민관府民館서 아악연주雅樂演奏를 듣다. 청정靑汀, 두계斗溪, 유자후柳子厚 군君을 맞나, 나오다가 다점茶店을 들다.

11월 10일. 「황보부군비皇甫府君碑」를 임臨하다.

11월 11일. 월탄月灘을 찾다. 술을 준다. 종로鐘路 풍미옥豊美屋을 들다. 이하윤異河潤, 박종수朴鍾洙 군君을 맞나 저녁에는 종수鍾洙 군君 집으로 가다. 나는 먼저 나왔다.

11월 12일. 경복중학교景福中學校 기숙사寄宿舍 후문後門으로 나서 그 뒤 계곡溪谷을 올라 보다. 수림樹林, 암석岩石, 동학同壑이 심수深邃하고 골이 두 갈래로 나고 바위가 비껴 둘렀고 명왕천鳴王泉, 쌍계동雙溪洞, 도화동천桃花洞天, 산광여수고山光如邃古, 석기가장년石氣可長年, 악록岳麓, 무릉폭武陵瀑 등이 사겨 있다. 예가 대은동大隱洞. 남곤南袞

의 집 뒤이었다. 홀로 배회徘徊하였다. 연암燕岩의 경정신이境靜神夷 그대로다.

11월 13일. 비. 오후 1시 45분 경성역京城驛서 아악부雅樂部 장인식張寅植, 김천흥金千興 군君을 전송餞送하다. 양군兩君이 동경東京 출장出張을 간다.

11월 14일. 음陰. 경기상업학교京畿商業學校를 가서 맹주천孟柱天 군君을 맞나고 그 뒤 유란동幽蘭洞, 청송당聽松堂 유지遺址를 보다. 「대은암大隱岩」이란 수필隨筆을 쓰다. 짐장을 하다.

11월 15일. 허일평許一平, 김홍식金洪植 시조時調를 보다. 문장사文章社를 가다. 조 형趙兄과 오혜신吳惠信께 편지. 그 시조집時調集을 초교初校 보다 대동출판사大東出版社를 주다. 김영기金永起 시조時調를 『문장文章』에 추천推薦하다. 상돈相敦 군君이 오다.

11월 16일. 애류崖溜와 가치 보전普專을 나가다. 고서 급 골동품전람회古書及骨董品展覽會가 있다. 김상기金庠基 군君허고 나오다 태성원泰盛園에서 석찬夕餐.

11월 17일. 석남石南에게 끌려 퇴계원退溪院을 가다. 경춘철도운동장京春鐵道運動場서 경주競走, 축구蹴球, 농구籠球, 배구排球를 하다. 이상백李想白, 여성如星, 민병도閔丙燾, 남원우南遠祐 외外 수십數十 인人. 밤에 비 오다.

11월 18일. 성대城大, 한남翰南을 가 보다. 밤ㅅ비. 밤에 하태성河泰成 군君이 오다.

11월 19일. 흐리다. 섭씨攝氏 10도十度. 조남령曺南嶺, 김홍식金洪植, 허일평許一平, 이원섭李元燮, 궁창현弓昌絃, 인문사人文社에 회답回答.

11월 20일. 한남翰南을 가서 석파란石坡蘭 8폭八幅을 찾어, 하거何居

에게 맡기다. 이종대李鍾大 군君 집으로 가서 술을 먹다.

11월 21일. 대학병원大學病院 시체실屍體室 옆방에서 자정子正까지 있었다. 신명균申明均 군君이 음독飮毒 자진自盡하였다. 10원十円 부의賻儀.

11월 22일. 홍제원洪濟院 화장장火葬場에 나가다. 오후 1시 신명균申明均 군君 영결식永訣式을 하다. 애류崖溜, 일주一洲, 김극배金克培 군君과 설렁탕을 먹고 현저정顯底町 와서 일주一洲가 정육正肉 1근一斤을 사고 술집으로 들었다.

11월 23일. 새방 도배塗褙를 하다. 두계斗溪, 매헌梅軒이 오다. 이명선李明善 군君이 오다.

11월 24일. 새방 도배塗褙. 애류崖溜, 하거何居가 오다.

11월 25일. 오신혜吳信惠, 병륙秉陸에게 편지하다. 시량柴糧이 다 떠러졌다. 짐장도 못하다.

11월 26일. 외투外套 안을 갈다. 18원十八円 중 5원五円만 주었다. 나머지는 구구한 사정을 하였다. 신태영申泰英 군君을 찾었다 못 보고 임청林靑 군君을 찾어보았다.

11월 27일. 아악부雅樂部 시간時間을 다 한 후, 김영제金永濟 군君과 가치 창덕궁昌德宮 후원後苑과 비원秘苑을 구경하였다. 한 번 도는데 한 시간이 걸린다. 나는 창경원昌慶苑으로 나아가, 이왕직李王職 장서각藏書閣에 들어 고도서古圖書를 보았다. 주임主任 이홍직李弘稙 군君의 관대款待를 받었다. 그 목록目錄 1책一冊을 얻었다.

11월 28일. 담曇. 야夜 소우小雨. 대동인쇄소大同印刷所에 가다. 『오신혜 시조집吳信惠時調集』 표장表裝을 상의相議하다. 홍순응洪淳應 군君을 찾다. 임실任實 가랏(柯田, 지금은 옥전玉田)서 가존 수시水柹를 준다. 진미珍味다. 김영천金永天 군君이 오다. 매화梅花 1분一盆을 사 오고 난蘭을 분총分叢하여 달란다. 난蘭은 못 주었다. 계동정회총대桂洞町會總代의 증명원證明願과 식량미食糧米 반출원搬出願을 익산益山 군수郡守께 보내고 병륙秉陸께도 편지하다.

11월 29일. 담曇. 아침에 장현식張鉉植 군君을 찾아보다. 애류崖溜, 온낙중溫樂中 군君도 맞나다. 나섰다. 정노식鄭魯湜 군君도 맞나, 남산정南山町 미술친교회美術親交會에 가서 도자기陶磁器 등을 보고 장張과 나는 하거荷居 댁宅으로 와 『패문운부佩文韻府』, 『연감류함淵鑑類函』을 보았다.

11월 30일. 임화林和 군君이 오다. 오문출판사梧文出版社 출판出版할 서적書籍에 대하여 말하였다. 어문학총서語文學叢書를 내볼 계획計劃인 바 우선 되는 대로 원고原稿를 제공提供하라고. 윤석진尹錫晉의 부친父親이 오다. 성재誠齋를 찾다. 대동출판사大同出版社에 가서 『오신혜吳信惠 시조집時調集』 표장表裝을 말하였다. 하거何居를 찾다. 『혜원화집蕙園畵輯』을 가조다. 저녁에 석남石南 집에서 석식夕食. 두계斗溪, 도남陶南도 오다.

12월

12월 1일. 흐리다. 진눈ㅅ가비가 오다. 안호준安鎬俊 군君을 찾어, 그 형제兄弟를 다 맞나 보고 종일終日 담화談話. 석식夕食. 빗을 또 내어 짐장을 하다.

12월 2일. 흐리다. 산山에는 눈이 쌔였다. 조 형趙兄, 김홍식金洪植 편지가 오다.

12월 3일. 대동출판사大同出版社 성재誠齋, 여천藜泉, 노갑魯甲 군君을 보고 하거何居께로 가서 석남石南을 맞나 놀다 오다. 석탄石炭 2돈二頓을 들여 왔다.

12월 4일. 황금정黃金町 문아당文雅堂을 찾어 가 주인主人은 못 맞났다. 이능화李能和 씨氏와 오철호吳徹浩 군君이 왔다.

12월 5일. 영녕永寧 씨氏가 왔다. 『안릉일기安陵日記』 천天, 지地 2책二册을 필사畢寫하여 왔다. 제2第二 방송부放送部서 엽서葉書가 오다. 하태흥河泰興 군君을 찾어보았다.

12월 6일. 김현장金顯璋 군君이 오다. 윤병섭尹丙燮 군君을 불렀다. 고량주高粱酒 한 병甁을 거울렀다.

12월 7일. 새벽에 비 오다. 바람 불다. 밤은 찼다. 조선춘추사朝鮮春秋社 원고原稿 「문헌文獻에 나타난 사공蛇公의 설화說話」를 쓰다.

12월 8일. 칩다. 「역대歷代의 농정農政」을 쓰다.

12월 9일. 변일섭邊日燮 군君이 오다.

12월 10일. 밤에 비가 좀 오다. 문장사文章社에 가다. 중앙여관中央旅館 변일섭邊日燮 군君을 찾어, 가치 문아당文雅堂에 가서 붓을 맞추고 보영루寶英樓서 석식夕食하고 한남서림翰南書林을 들었다가 관훈정寬勳町 어느 의원醫院으로 가 자정子正까지 놀었다.

12월 11일. 오후 7시 반 — 20분 화한명시和漢名詩 중 「전쟁시 감상戰爭詩鑑賞」으로 방송放送. 명월관明月館서 하는 문장사文章社 좌담회座談會에 참석參席. 6시 57분이 되도록 방송국放送局 자동차自動車가 안 와서 전화電話를 하였다. 자동차自動車를 보내겠다 하여 기다려 타고 가니 7시 15이나 되었다. 운전수運轉手의 말을 들으니 계동桂洞으로 갔다가 내가 없어서 그냥 돌아갔다 한다. 내가 오정午正때 김억金億 군君에게 전화電話하였든 것을 김 군金君이 잊고 알리들 아니하였다. 겨우 십오 분간 방송放送하고 도로 명월관明月館으로 오니 배반杯盤이 낭자狼藉하다. 남녀男女 문사文士 십여 명과 기생妓生 7, 8명. 11시 넘어 파罷하다. 나는 월탄月灘과 지용芝溶, 풍연豊衍 군君과 나오다 설렁탕을 먹고 월탄月灘께 끌려 그 아우 종수鍾洙 군君 집으로 갔다. 지용芝溶 군君이 전보電報 받으시오 하고 대문大門을 흔들었다. 종수鍾洙 군君은 두루막이를 입고 있다가 나왔다. 벌서 자정子正이 지냈다. 술상이 나왔다. 휘호揮毫도 하였다. 세 시나 되어 나와 지용芝溶 군君은 돌아오다. 달이 밝었다. 거리에는 두 그림자 뿐이다. 계동桂洞 입구入口에 이르러 지용芝溶 군君은 휘문徽文으로 숙직宿直하러 간다 하며 서로 나누기를 싫어한다. 그럼 잘 가 자라 하여 보내고 발을 돌리매 고적孤寂은 하되 우주宇宙가 다 내 것 같다. 집에 드니 모두 잔다. 뒷방에는 창문窓門이 환하다. 달이 와 지키고 있다. 옷을 벗고 누었다. 무한 깃브다. "어드런 미인美人인들 이 달만 하랴." 하다 잠이 들었다.

12월 12일. 음陰. 음산하다. 창호窓戶장이를 불러다 뒷방 되창의 덧문門을 맞추었다. 오후 7시 10분 — 20분 「전쟁시戰爭詩 감상鑑賞」— 당시唐詩 변색파邊塞派의 명편名篇 등을 방송放送. 하거何居 댁宅에 가서 석탄石炭 값을 갚었다.

12월 13일. 눈 비. 장현식張鉉植 군君을 찾어 가치 관훈정寬勳町 조선흥산회사朝鮮興產會社로 가서 정노식鄭魯湜 군君을 맞나, 분원盆院 사기砂器 말을 듣고 화신和信 가서 점심點心 하고 하거何居 댁宅으로 석식夕食.

12월 14일. 따뜻하다. 대동출판사大同出版社에 가서 『오신혜 시조집

吳信惠時調集』 출판비出版費 100원百円을 치루다. 우하又荷를 가뵈었다. 오신혜吳信惠 군君께 편지하였다. 250원二百五十円 빗을 내어 빗을 갚다.

12월 15일. 음산하다. 수필隨筆을 쓰려 해도 생각이 돌지를 않는다. 하루를 그저 보냈다.

12월 16일. 문곡文谷이 목단강牧丹江에서 편지와 100원百円 위체爲替를 보냈다. 김상기金庠基 군君이 찾어왔다. 태성원泰盛園서 석식夕食. 되창문窓門을 달다.

12월 17일. 눈이 날리다. 경복중학景福中學 음악회音樂會를 보았다. 100원百円을 찾어 빗을 갚다.

12월 18일. 아악부雅樂部서 상여금賞與金 30원三十円을 받어 외투外套 수선비修繕費 13원十三円을 주다.

12월 19일. 아악부雅樂部서 하사금下賜金 10원十円을 보냈다. 장태영張泰英 군君과 함께 청량리淸凉里 나뭇장에 나가 보았다. 나무는 싸 놓고 단골이 아니면 아니 판다.

12월 20일. 일즉 성북정城北町을 가서 정노식鄭魯湜 군君을 찾다. 퍽 헤매다가 노식魯湜 군君이 변소便所서 나오는 걸 맞났다. 김상열金相烈가家의 사랑斜廊을 세貰들었다. 방에 들어 수어數語하다 나왔다. 두계斗溪를 찾어 가치 나서 대관원大觀園서 점심點心 하고 본정本町 가서 또 한공석韓公錫 군君 맞나, 삼중정三中井 영화映畵를 보고 소육燒肉 집에 가서 석식夕食. 창환昌煥, 윤석중尹錫重, 김열수金烈洙, 유달수柳達洙가 귀성歸省.

12월 21일. 경복중학교景福中學校, 휘문중학교徽文中學校를 가 보다. 골방을 치고 연기煙氣 나오는 구녁을 막었다. 책册을 내놓고 책상册床

을 치기가 큰일이다. 서너 시간時間 걸렸다. 휘문徽文서는 35원三十五円 상여賞與.

12월 22일. 흐리다 비. 아궁치들을 수리修理. 수도水道를 와 고쳤다. 오후 네 시, 손진태孫晉泰 군君을 찾다. 두계斗溪, 도남陶南, 청암青岩, 청정青汀, 석남石南, 천뢰天籟도 오다. 각기各其 글시를 쓰고 낙관落款을 하다. 술을 먹다. 빗소리는 끈이지 않는다. 비를 맞고 돌아오다. 10시. 동지冬至. 섭씨攝氏 7도七度.

12월 23일. 비. 정노식鄭魯湜 군君 엽서葉書가 오다. 장적이 떠러졌다고. 새방의 연기煙氣 나는 곳을 발견發見하고 두껍다지를 띄고 그 구녁을 메우고 발렀다.

12월 24일. 좀 칩다. 저녁차車로 관희觀熙, 한희漢熙, 종희宗熙가 시골을 가다.

12월 25일. 김용주金容周, 영천永天 군君이 오다. 새방 뒷창窓 덧문門을 유리琉璃로 고처 끼었다. 또 부억 창문窓門을 유리琉璃 끼어 넣었다. 돈이 꽤 먹혔다.

12월 26일. 눈. 매헌梅軒, 정충시鄭忠時 군君을 찾다. 문장사文章社, 대동출판사大同出版社를 가 보다.

12월 27일. 매헌梅軒이 오다. 제2第二 방송부放送部서 속달速達 엽서葉書가 오다.

12월 28일. 유종석柳鍾錫이가 오다. 대정大正 한 병瓶과 고산高山 건시乾柿 한 상자箱子를 가조다. 이상구李相求, 문곡文谷, 조남령曺南嶺께 회답回答. 오신혜吳信惠 편지를 보다.

12월 29일. 오신혜吳信惠 군君을 기다리다가 정충시鄭忠時 군君이 와서 오의균吳義均 군君이 청請한다 하여 함께 찾어갔다. 이화정梨花町

12十二 번지番地. 그 손녀孫女 돌날. 권태희權泰禧 군君도 왔다. 신여성新女性도 두 사람이 와 있다. 번접스러이 군다.

12월 30일. 오신혜吳信惠 군君 남매娚妹가 오다. 다리고 대동출판사大同出版社에 가서 김용규金容圭 씨氏를 보고 그 시조집時調集『망양정望洋亭』을 찾다. 하거何居를 찾어보다. 문장사文章社도 가 보다. 오신혜吳信惠 남매娚妹에게 저녁을 먹이다.

12월 31일. 석남石南을 보고 10원十円을 뀌다. 또 장적 한 마차馬車를 부탁하였다. 애류崖溜를 찾어보고 함께 아현정阿峴町을 가, 장지영張志暎 군君, 정지용鄭芝溶 군君을 찾다. 지용芝溶 군君이 박알을 네 근斤이나 사 왔다. 다시 지영志暎 군君 집으로 차茶를 마시었다.

1941년(단기 4274년)

1941년(단기 4274년) 신사辛巳

1월

1월 1일. 장적 한 마차馬車 300관三百貫이란 것이 왔다. 매관每貫 공정가公定價 12전十二錢 5리五厘, 운임運賃 2원二円 80전八十錢. 실實은 250관二百五十貫도 못 되는 것이란다. 이것도 얻기가 어렵다. 두 사람이 7시간七時間을 걸려 다 패었다. 점심點心, 저녁을 먹이고 4원四円 60전六十錢을 주다. 청온晴溫.

1월 2일. 석남石南을 보고 장적 값을 주었다. 신원영창新垣永昌 군君을 찾어보고 우하又荷를 가보고 정충시鄭忠時 군君을 보았다. 신춘新春 소연小宴이 국일관國一館에 열린다고 부대 오라는 걸 못 갔다. 담曇.

1월 3일. 김상기金庠基 군君이 오다. 가치 나서 두계斗溪를 찾어 다시 태성원泰盛園으로 와서 석식夕食. 담曇. 그려도 따듯하다.

1월 4일. 청晴. 석남石南과 가치 민병도閔丙燾 군君 집으로 가서 이상백李相佰 군君을 찾어보다. 『금병매사화金甁梅詞話』 전 5책全五册, 도圖 1책一册, 『병외치언甁外卮言』 1책一册을 선사한다. 간간間間 삭거削去한 대문이 적지 않다. 병도丙燾 군君이 내일來日 석식夕食을 가치 먹자 한다.

1월 5일. 오후 7시 — 30분간 「매화梅花 이야기」 방송放送. 바루 민병도閔丙燾 군君 집으로 간즉 중간中間ㅅ간에서 하인下人이 말하되 손님들을 데리고 주인主人이 나갔다 한다. 그냥 집으로 오다.

1월 6일. 소한小寒 청온晴溫. 처妻가 아산牙山 신왕균申旺均 집을 보러 그 누의와 함께 오전 11시 차車로 떠났다. — 경성京城~평택平澤. 석남石南을 보다. 어제 민병도閔丙燾 군君 집에서 퍽 기다렸다 한다. 김성수金性洙 군君을 찾다. 임규林圭 씨氏도 맞났다. 오후에 이상백李相佰 군君을 찾다. 석남石南, 육당六堂도 있다. 육六은 여전如前히 떠들어 자킨다. 민병도閔丙燾 군君도 은행銀行에서 돌아왔다. 어젯저녁에 기다렸다는 말과 내가 찾어왔다는 말을 하였다. 그건 하인下人이 밧채에서 사무事務 보는 이들로 알었든 것이라 한다. 석남石南과 가치 돌아오다. 거리에는 저녁 연무煙霧가 끼었다. 눈이 아프다. 용창容昌이 댁이 오다.

1월 7일. 맑다. 따뜻하다. 안호삼安鎬三 군君을 찾고 장발張勃 군君을 찾다. 안국동安國洞 선학원禪學院에 가서 주산珠汕(신명균申明均) 사십구일재四十九日齋를 보았다.

1월 8일. 아악부雅樂部를 가서 한 시간時間 강화講話를 하다. 이상백李相佰 군君을 찾다. 점심點心. 가치 본정통本町通을 가서 책사册肆들을 들어 보고 다점茶店에도 들었다. 처妻가 돌아왔다.

1월 9일. 하거何居를 찾고 이상백李相佰 군君을 찾어보고 『청비록清脾錄』을 주었다. 점심點心. 가치 나서 하거何居 댁宅에 가서 고서古書를 보다. 석남石南도 오다. 또 한남서림翰南書林에 가서 보고 종로鐘路 삼영다점森永茶店도 가다. 저녁에 하거何居가 오다.

1월 10일. 아침나잘 맑었다 오후엔 흐리고 눈ㅅ발이 좀 날린다. 문장사文章社, 위창葦滄, 하거何居를 찾다. 용창容昌이 댁이 갔다. 밤에 눈이 와 쌔었다.

1월 11일. 영하零下 12도十二度(섭씨攝氏). 북풍北風. 석남石南과 함께

하거何居한테 가서 고서古書를 보았다. 김구경金九經(신마명백新馬明百 — 봉천농업대학奉天農業大學 교수敎授) 군君을 맞나다. 이상백李相佰 군君도 오다. 차茶을 먹고 나뉘었다. 원촌原村 이영원李瑛遠 군君이 오다.

1월 12일. 영하零下 13도十三度. 윤석진尹錫晉 군君이 오다.

1월 13일. 영하零下 14도十四度. 이상백李相佰 군君을 찾고 하거何居를 찾어 종일終日 놀았다. 이훈李爋, 삼화三華, 하거何居와 함께. 관희觀熙, 한희漢熙, 경희京熙, 유달수柳達洙 군君이 오다.

1월 14일. 음陰 오후에는 눅었다. 영하零下 2도二度. 밤에 눈이 와 쌔었다.

1월 15일. 홍택주洪宅柱 씨氏를 찾어보았다. 성재誠齋가 왔다. 함께 안국동安國洞 선학원禪學院에 적음寂音, 석년石年을 보고 또 함께 금천옥金泉屋을 가고 월탄月灘을 맞나 놀다.

1월 16일. 이상백李相佰 군君을 찾다. 석남石南도 맞나, 한남서림翰南書林을 가보았다. 김열수金熱洙가 오다.

1월 17일. 녹인다. 휘문徽文을 갔다가 하거何居를 찾고 석남石南을 맞나, 가치들 금천옥金泉屋에 가고 이상백李相佰 군君을 찾다.

1월 18일. 남철우南哲祐 군君이 찾어오다. 10년十年 전前부터 시조時調를 지었다 하고 자작自作 몇 편篇을 보인다. 그의 이론理論보다는 퍽 치졸稚拙하다. 여러 시간時間 시조론時調論을 하였다. 성재誠齋가 오다. 이상돈李相敦 군君이 오다.

1월 19일. 퍽 눅인다. 섭씨攝氏 2도二度. 흐리다. 땅이 질다. 석남石南을 보고 백강白岡을 보고 오의균吳義均 군君을 맞나고 하거何居를 찾다. 위창葦滄도 맞나다. 밤은 칩다. 서북풍西北風.

1월 20일. 영하零下 13도十三度. 휘문徽文에 가다.

1월 21일. 대한大寒. 경복景福. 휘문徽文을 가다. 성재誠齋가 왔다 갔다. 인촌仁村을 보았다. 성재誠齋를 찾었더니 없다. 그 아버지를 보고 인사하고 담화談話하다.

1월 22일. 눈이 퍽 왔다. 만히 쌔였다. 성재誠齋를 아악부雅樂部서 맞났다. 인촌仁村을 찾다. 손진태孫晉泰 군君도 오다. 완산토판完山土板(언문소설판諺文小說板) 12十二 종種 460여四百六十餘 매枚를 보전도서普專圖書서 사라고 하였더니 경비經費가 없다 한다. 성재誠齋를 또 석남石南 집에서 맞났다. 완산토판完山土板을 못 넘겨 성재誠齋가 곤란困難하겠다. 그것을 팔어 『해동문헌총록海東文獻總錄』과 『누판고鏤板考』를 간행刊行하겠다는 뜻은 좋으나 아니 된다.

1월 23일. 납평臘平 유자후柳子厚 군君을 찾었다. 마츰 원정소학교장元町小學校長과 『경성부사京城府史』 편집編輯하는 이가 와 있다. 불의不意의 음식飮食이 있다. 문아당文雅堂을 찾어가 4원四円을 주고 양호장봉羊毫長鋒 1병一柄을 받었다. 『수진서첩袖珍書帖』, 『손과정孫過庭』, 『예천명醴泉銘』, 『지영천자智永千字』, 『왕우군王右軍』, 『성교서聖教序』 등을 사다.

1월 24일. 혹한酷寒. 영하零下 16도十六度. 매화梅花가 핀다. 장작長斫 한 도르크(3마차三馬車 가량)를 110원百十円에 사들였다.

1월 25일. 좀 눅었다. 김상기金庠基 군君이 오다. 동흥루東興樓에 가다. 지용芝溶, 원우遠祐 양군兩君을 맞나다. 밤에 눈이 좀 오다. 매헌梅軒ㅅ집에서 깍드기와 멸치 1관一貫을 보냈다. 매헌梅軒이 오다.

1월 26일. 신기神氣 불평不平. 매헌梅軒께 정육正肉 5근五斤을 보내다. 이극로李克魯 군君이 오다. 옥순 모玉順母가 빙판氷坂에 자빠져 좌수위골左手違骨이 되어 병원病院에 가 응급應急을 하였다.

1월 27일. 신사辛巳 원일元日. 눈이 오다. 김홍식金洪植, 허일평許一平께 회답回答 — 시조時調에 대한 해설解說과 평評. 우하又荷를 가 보다. 주식酒食을 준다.

1월 28일. 아침에 안개 끼고 맑었다. 경복중학교景福中學校에 갔더니 검도대회劍道大會. 문장사文章社를 들렀고 위창葦滄, 하거何居를 가 보다.

1월 29일. 오후 7시. 10 — 30분간 방송放送. 「애국시愛國詩 감상鑑賞 — 문천상文天祥 '정기가正氣歌'」.

1월 30일. 무척 칩다. 영하零下 18도十八度 9분九分.

1월 31일. 지용芝溶 군君과 함께 우하又荷를 가 뵈다. 양주洋酒와 석식夕食. 가장 칩다. 영하零下 20도二十度 4분四分. 방에 둔 난초 분蘭草盆들이 얼었다. 바루 녹이다.

2월

2월 1일. 문곡文谷이 아침에 오다. 식후食後에 가 보다. 김억金億, 차상찬車相瓚 양군兩君이 오다. 병륙秉陸이에게 편지. 중부仲父 전前과 창환昌煥이에게도.

2월 2일. 휘문학교徽文學校에 가서 졸업생卒業生들의 초대招待를 받었다. 하 박사河博士를 찾어보고 석식夕食. 이인영李仁榮, 이여성李如星 양兩 군君이 오다.

2월 3일. 눈이 오다 말고 따뜻하였다. 하거何居를 가 보다.

2월 4일. 좀 눅다. 임보환林普桓 군君께 편지. 매헌梅軒을 찾다. 창해

滄海를 맞나다. 시계時計의 태엽胎葉을 고치라고 맡겼다.

2월 5일. 섭씨攝氏 7도七度. 눈을 녹인다. 이극로李克魯 군君이 오다. 이영재李永宰 씨氏가 오다.

2월 6일. 칩다. 청정靑汀을 찾다. 아악부雅樂部 일소당佾韶堂 제100회第百回 이습회기념연주회肄習會記念演奏會를 가 보았다. — 수제천壽齊天, 승평만세지곡昇平萬歲之曲, 만년장탄지곡萬年長歎之曲, 수룡음水龍吟, 만파정식지곡萬波停息之曲, 요천순일지곡堯天舜日之曲, 죽지사竹枝詞, 천년만세千年萬歲, 시조時調, 수연장지곡壽延長之曲, 황화만년지무皇化萬年之舞. 오후 7시 — 9시. 인촌仁村을 찾다.

2월 7일. 칩다. 김상기金庠基 군君이 오다.

2월 8일. 칩다. 영하零下 10도十度, 이영재李永宰 씨氏가 오다. 청정靑汀은 기다려도 안 온다. 이영재李永宰 씨와 함께 관철정貫鐵町 김현제金顯濟 집에 가서 서화書畵를 구경하다. 오원吾園, 추사秋史, 서화書畵의 좋은 것이 있다. 김영완金永完 씨氏를 찾다. 『운곡시집耘谷詩集』 1一, 2권二卷 2책二册과 『사명당필첩四溟堂筆帖』을 보다. 시집詩集은 원운곡元耘谷의 친필親筆, 과연 보물寶物이다. 장방형長方形의 책册, 발 문의가 성근 종히. 왕우王禑, 창昌의 사실史實을 읊은 것이다. 귀중貴重하다. 매헌梅軒이 시계時計를 가조다. 우하又荷 댁宅에서 상원일上元日에 매헌梅軒과 오라고 하였다.

2월 9일. 오전에 눈 오다. 만히 쌔였다. 두계斗溪를 찾다. 김동만金鍊萬 군君을 찾다.

2월 10일. 신사辛巳 상원일上元日. 우하又荷 댁宅을 가다. 매헌梅軒은 벌서 와 있다. 약식藥食과 양주洋酒를 준다.

2월 11일. 이영재李永宰 씨가 오다. 하거何居를 찾으니 출타出他. 처

妻가 감기感氣로 앓는다.

2월 12일. 장발張勃, 정지용鄭芝溶 군君, 이영재李永宰 씨와 함께 김현제金顯濟 집을 가서 또 서화書畵를 보다. 안작贗作이 많다. 정鄭 군君과는 성북동城北洞 이태준李泰俊 군君 집으로 가서 석찬夕餐을 받다.

2월 13일. 하거何居를 가 보다. 마츰 술상이 벌어졌다. 왜소주倭燒酒를 마시다. 비위脾胃가 받지 않는다. 태준泰俊 군君이 전하는 150원百五十円을 내주고 먼저 나왔다. 익산益山 군청郡廳에서 양미粮米 14석十四石 2두二斗 반출搬出 허가장許可狀를 보냈다. 전북全北 도지사道知事의 허가許可는 지난 10일인데 20일 내內로 반출搬出하라 하였다. 병륙秉陸이게 편지.

2월 14일. 조 형趙兄과 병륙秉陸이게 편지. 찬 군燦 君이 오다.

2월 15일. 청정靑汀이 오다. 이능화李能和 씨를 가 보다.

2월 26일. 석남石南을 찾다 가치 나서 민병도閔丙燾 군君 집의 이상백李相佰 군君을 찾어 함께 성북동城北洞 김두헌金斗憲 군君 집으로서 석찬夕餐과 윷노리를 하였다. 두계斗溪, 남창南滄, 도남陶南, 인영仁榮 군君도 왔다.

2월 17일. 따뜻하다. 하거何居를 가 보다. 정충시鄭忠時 군君을 찾다.

2월 18일. 짓눅인다. 문門ㅅ간채와 뒷마루 육정六井이 샌다. 아악부雅樂部 시가詩歌 5학년간五學年間 교수요목敎授要目을 맨들다.

2월 19일. 우하又荷 댁宅을 가다.

2월 20일. 하거何居를 가 보다.

2월 21일. 두계斗溪가 휘문徽文을 와 찾는다. 가치 민병도閔丙燾 군君 집으로 가다. 석남石南, 청정靑汀도 이상백李相佰 군君을 찾어와 있다. 함께 나서 하거何居 댁宅으로 가서 『운곡친필시고耘谷親筆詩稿』 2책二

冊을 보고 대관원大觀園으로 가 석찬夕餐, 조박집으로 가 놀았다.

2월 22일. 경복중학景福中學으로 하여 수창정需昌町을 가 매헌梅軒을 찾고 체신국遞信局 회관會館으로 가 오촌오백자奧村五百子 영화映畵 시사試寫을 보고 게서 유자후柳子厚, 함상훈咸尙勳 군君을 맞나, 나오다 본정本町 다점茶店으로 가다. 하거何居를 두 번이나 찾다. 홍택주洪宅柱 씨氏를 가 보다.

2월 23일. 정월正月 28일. 생일生日. 장태영張泰英, 하태성河泰成, 한충韓冲 군君과 조반朝飯. 하거何居, 삼화三華, 이훈李爋 군君과 석반夕飯 주酒. 우하又荷가 편지를 하였다 — 하오下午 11十一, 2점二點에 오라고. 좀 곤하여 누었다가 오후 11시 반에 우하又荷 댁宅에 가다. 자정子正이 지나, 제반祭飯이 나오다.

2월 24일. 이영재李永宰 씨가 오다. 돈 5원五円을 변통變通하여 주었다.

2월 25일. 이훈 군李爋君이 오다. 집에서 전보電報가 왔다. — 양미粮米 반출搬出 허가장許可狀을 보내라고.

2월 26일. 일즉 이상백李相佰 군君을 찾다. 아악부雅樂部을 다녀, 하거何居 댁宅으로 가 훈爋 군君을 맞나, 가치 상백相佰 군君을 찾다. 『사마방목司馬榜目』 128책百二十八册을 상백相佰 군君에게 소개紹介하였다. 또 하거何居 댁宅으로 가서 놀앗다.

2월 27일. 눅인다. 음산하다. 경복중학景福中學 졸업증서卒業証書를 쓰다. 찬 군燦君이 오다.

2월 28일. 좀 칩다. 휘문徽文에 가니 내일來日 졸업식卒業式이라고 시간時間 단축短縮. 바루 돌아와 종일終日 서역書役을 하다. 허리가 아프다.

3월

3월 1일. 칩다. 오전 10시 휘문徽文 33회三十三回 졸업식卒業式에 가다. 관희觀熙도 졸업卒業. 민병도閔丙燾 군君 집에 가서 이상백李相佰 군君을 보고 이훈李爋 군君을 맞나 하거何居 댁宅으로 가 놀다. 삼화三華도 맞났다. 병륙秉陸, 정희政熙 군君께 편지. 병륙秉陸의 편지를 보다. 지난 2월 26일. 양미粮米 35입三十五叺 반半을 강경江景 운송점運送店에 반송搬送 위탁委託하였다고.

3월 2일. 종자從姊가 오다. 김낙중金洛仲 부인婦人을 보내다. 허언虛言, 중상中傷, 이간離間 등을 일삼어 식모食母도 둘 수 없다. 누님이 다른 데로 가라 하였다.

3월 3일. 칩다. 영하零下 8도八度. 하오下午 6시 아서원雅敍園서 휘문徽文 위로회慰勞會가 있었다. 오전 10시 여산礪山서 양미粮米(칠분도七分搗미米) 35입三十五叺 반半이 오다. 처妻가 우협右脇이 절려 누었다.

3월 4일. 칩다. 음陰. 병륙秉陸의 편지가 오다. 미곡米穀 도내道內 반입계搬入屆을 3통三通을 써 경성京城 부청府廳으로 보내다.

3월 5일. 좀 풀렸다. 진명여고進明女高 교장校長 이세정李世楨 군君을 찾다. 경성부京城府 총무부總務部 권업과勸業課서 양미粮米 반입계搬入屆, 반출승인서搬出承認書, 소유조所有調 등을 제출提出하라는 통첩通牒이 왔다. 즉시卽時 회답回答. 처妻가 좀 낫다.

3월 6일. 지난밤에 바람 불더니 흐리고 눈이 오다 비가 온다. 비를 맞고 경복중학景福中學서 돌아오다. 습자 성적習字成績을 정리整理.

3월 7일. 적십자병원赤十字病院에 가서 김영룡金永龍 군君 문병問病. 애류崖溜를 찾어보다.

3월 8일. 화창和暢하다. 토탄土炭을 시용試用하여 모래와 섞어, 춘란春蘭, 신죽소심新竹素心, 십육나한十六羅漢, 옥심玉魫을 개식改植하다.

3월 9일. 화창和暢. 구름이 좀 끼었다. 토탄土炭과 모래를 혼합混合하여 일경구화一莖九花, 대만한란臺灣寒蘭, 복주한란福州寒蘭을 개식改植. 복주한란福州寒蘭은 매헌梅軒 소재所栽인 바 거의 다 죽었다.

3월 10일. 화창和暢. 섭씨攝氏 17도十七度. 오후 우雨. 토탄土炭으로 난혜蘭蕙를 개식改植. 손진태孫晋泰 군君이 오다. 익산益山 왕묘王墓 병원秉元 씨氏가 오다. 저녁을 가치 먹다.

3월 11일. 비 오다 눈이 온다. 경복중학景福中學을 갔다 와서는 휘문徽文을 가 보다. 오후 2시 신입학新入學 응모자應募者를 모여 수험표受驗票를 준다.

3월 12일. 휘문徽文은 신입학新入學 시험試驗을 본다. 아악부雅樂部에 가서 두 시간時間을 하다. 휘문徽文서 시력視力 검사檢査. 하거何居를 가 보다.

3월 13일. 휘문徽文서 종일終日 시력視力 검사檢査. 우하又荷를 가 뵈다. 석남石南을 가 보았다.

3월 14일. 흐리다. 종일終日 시력視力 검사檢査. 두계斗溪가 오다. 가치 석반夕飯. 병원秉元 씨氏, 매헌梅軒, 상돈相敦 군君이 오다.

3월 15일. 휘문徽文서 종일終日 시험試驗 성적成績 기입記入.

3월 16일. 오전 중은 휘문徽文 직원회職員會 참석參席. 오후에는 하거何居를 가보고 원산元山서 가존 굴을 먹다. 저녁엔 김용면金容冕 군君집에서 술을 먹다. 이완규李完珪 군君을 찾어보고 난蘭과 새와 악기樂器 등을 보았다.

3월 17일. 석남石南과 함께 청정靑汀을 찾다. 홍택주洪宅柱 씨氏가

『한중록恨中錄』을 차거借去.

3월 18일. 경복중학교景福中學校에 가다. 습자 성적표習字成績表를 꾸미다. 동희東熙가 여산礪山을 가다.

3월 19일. 아악부雅樂部에서 시험試驗을 보다. 하거何居를 찾다. 찬군燦君, 김용순金用淳 군君, 하태성河泰成 군君이 오다.

3월 20일. 경복중학교景福中學校, 아악부雅樂部를 가다. 시험試驗 성적표成績表를 주다. 정충시鄭忠時 군君을 찾어 정한섭丁漢燮 군君을 다리고 홍택주洪宅柱 씨氏를 찾어보았다. 양정희楊定熙 군君이 오다. 문장사文章社로서 명월관明月館에 가다.

3월 21일. 담曇. 이병도李丙燾 군君이 오다. 이완규李完珪 군君 집에 가서 혜란蕙蘭를 정식政植. 양정희楊定熙 군君을 찾다.

3월 22일. 정태락鄭泰洛 군君을 찾다. 이인여관里仁旅館으로. 석남石南과 가치 종로鐘路를 가서 인영仁榮, 진태晋泰 군君을 맞나 다점茶店에 들다.

3월 23일. 이상돈李相敦 군君이 오다. 송석하宋錫夏 군君을 찾어, 김상기金庠基 군君을 맞나 금천옥金泉屋으로 가다.

3월 24일. 두계斗溪를 찾어보다. 가치 나서 양정중학교養正中學校로 갔다. 명치좌明治座를 가고 보영루寶英樓서 석식夕食. 양정희楊定熙 군君을 찾다.

3월 25일. 양정희楊定熙 군君이 오다. 문곡文谷을 찾어보다. 동북풍東北風.

3월 26일. 동북풍東北風. 비가 좀 오다. 밤에는 물이 얼었다. 철골소심鐵骨素心을 개식改植. 곳불이 들었다.

3월 27일. 동북풍東北風. 뒤안 언덕 밑에 난초蘭草 자장을 맨들다. 두통頭痛.

3월 28일. 동풍東風. 나한소심羅漢素心을 개식改植. 최현배崔鉉培 군君이 오다. 조선어朝鮮語에 당한 고서古書 등等을 빌려 달라고. 동희東熙가 오다.

3월 29일. 백용희白庸熙 씨氏가 오다. 순희順熙가 오다.

3월 30일. 「황진이黃眞伊의 예술藝術」을 쓰다. 춘추사春秋社의 소탁所托.

3월 31일. 아악부雅樂部에 가서 졸업식卒業式, 사은회謝恩會를 보다. 최현배崔鉉培 군君이 조선어朝鮮語에 당한 고서古書 34책三十四册을 차거借去. 오후 8시 창덕궁昌德宮 인정전仁政殿에 가서 최승희崔承喜의 무용舞踊을 보다. 종래從來 조선朝鮮 춤을 약간若干 개량改良하였다.

4월

4월 1일. 경복중학교景福中學校에 가서 시업식始業式을 보다. 김상기金庠基 군君이 오다. 금천대金千代 한 병을 가조다.

4월 2일. 우하又荷를 가 뵈다. 하거何居를 가 보다.

4월 3일. 비가 좀 오다. 두계斗溪가 오고 김상기金庠基 군君이 오다. 김영천金永天 군君이 와서 춘란春蘭 일경구화一莖九花를 분총分叢해 가다. 상기庠基 군君허고 음벽정飮碧亭에 가서 이집천李集仟 군君의 대인大人 회갑연回甲宴을 보다. 월탄月灘, 향린香隣이 왔다. 월탄月灘 집으로 가서 석찬夕餐.

4월 4일. 도燾 군君이 오다. 아악부雅樂部 교수요목敎授要目을 다시 꾸미다.

4월 5일. 비가 좀 오다. 아악부雅樂部에 가다. 오정午正에 석남石南과 함께 한성기생양성소漢城妓生養成所를 가서 기생妓生의 정재무呈才舞와 이근식李根植 노인老人(六十八)의 산대도감무山臺都監舞 — 애사당社黨춤, 연엽가면무蓮葉假面舞, 노장무老將舞 등을 보다. 최승희崔承喜를 맞나 보다. 그가 이걸 시긴 것이다. 오후 5시 최현배崔鉉培 군君을 찾어보고 연전延專서 빌려온 고서古書의 판본板本을 감정鑑定하다. 석반夕飯.

4월 6일. 맑다. 소풍小風. 유종석柳鍾錫, 경희京熙, 박세영朴世榮을 더불고 돈암정敦岩町 동북東北에 있는 산山에 올라, 난蘭 심는 푸석돌을 캐오다. 청황색青黃色 연질軟質 화성암火成岩의 일종一種으로 풍화風化된 것.

4월 7일. 휘문徽文 가서 일학년一學年 수업授業. 이완규李完珪 군君의 난蘭을 개식改植. 석반夕飯. 석남石南 소개紹介로 잡목雜木 장적 300속三百束이 오다.

4월 8일. 경복景福에 가다. 신태영申泰英 군君을 찾어보다.

4월 9일. 석남石南을 찾어 보다. 김상기金庠基 군君이 오다.

4월 10일. 비. 두계斗溪에게 상품권商品券 10원十円을 보내다. 그 따님을 주라고. 관희觀熙, 장환章煥이가 오다.

4월 11일. 휘문徽文을 가다. 돈 20원二十円을 꾸어 가지고 금호정錦湖町 김상기金庠基 군君을 찾어 가다. 독서당讀書堂 고개에서 김 군金君의 형제兄弟를 맞나 가치 갔다. 그 아버지 치당耻堂을 보다. 황달黃疸로 수삭數朔 위석委席. 퍽 위중危重하다. 그러나 정신精神은 말짱하여 여러 가지 말을 하고 부탁을 한다. 석반夕飯하고 돌아오다.

4월 12일. 비. 하오下午 4시 청년회관青年會館을 가다. 두계斗溪 따님

이순경李舜卿과 장욱진張旭鎭과의 결혼식結婚式이 있다. 남녀男女 내빈來賓이 만당滿堂. 나는 축사祝辭를 하다. 두계斗溪, 구자욱具滋旭, 정모鄭某와 화신和信서 석찬夕餐.

4월 13일. 김학수金鶴洙 군君이 오다. 계수씨季嫂氏가 오다. 임청林靑 군君이 오다. 하오下午 6시 한징韓澄 군君 집을 가다. 어제 그 따님을 혼인婚姻을 하였다. 석찬夕餐.

4월 14일. 풍일風日이 사납다. 신기神氣가 언짢다.

4월 15일. 하거何居를 찾어보다.

4월 16일. 풍風. 아악부雅樂部, 김재수金在洙 군君을 찾다.

4월 17일. 정오正午에 시천교당侍天敎堂서 남진南進 군君과 장정숙張貞淑 양孃과의 결혼식結婚式 주례主禮를 하다. — 신랑新郞 신부新婦 입장入場, 개식사開式辭, 신랑新郞 신부新婦 상견례相見禮, 훈사訓辭, 예물禮物 진정進呈, 결혼완성선언結婚完成宣言, 축사祝辭, 축전祝電 낭독朗讀, 신랑新郞 신부新婦와 내빈來賓과의 인사, 종식사終式辭(주인측主人側 사례謝禮 겸 피로연披露宴 청빈請賓), 신랑新郞 신부新婦 퇴장退場, 내빈來賓 퇴장退場, 촬영撮影. 천향원天香園서 동뢰연同牢宴을 하다. 오후 5시 장태영張泰英 군君 집에서 그 새사돈 남철우南喆祐 군君과 축사祝辭하든 이필우李弼雨 노인老人과 주식酒食을 함께 하다. 순배巡杯. 사돈査頓 갑태영甲泰英 군君이 오다.

4월 18일. 서풍西風이 장張하다. 이규봉李圭鳳 군君이 오다. 하오下午 5시 남철우南喆祐 군君이 그 아우 남정우南鼎祐 집에 장태영張泰英, 이필우李弼雨 노인老人과 나를 청請하여 주식酒食을 준다. 순배巡杯.

4월 19일. 이훈李爋 군君이 오다. 이력서履歷書 2통二通을 쓰다. 이왕직李王職 소청所請.

일기

40권

1941. 4. 20. ~ 1942. 4. 30.

1941년(단기 4274년)

1941년(단기 4274년) 신사辛巳

4월

4월 20일. 북경北京서 이상백李想白 군君 엽서葉書가 오다. 두계斗溪가 와서 도유호都宥浩 군君 결혼식結婚式 절차節次를 의논議論하다.

4월 21일. 석남石南을 가 보다. 이력서履歷書 2통二通을 아악부雅樂部에 제출提出.

4월 22일. 경성京城호텔서 오정午正에는 조풍연趙豐衍, 서상원徐相源과의 결혼식結婚式이 있는바 축사祝辭를 하였고 오후 4시엔 도유호都宥浩, 장순남張順男과의 결혼식結婚式이 있어 참석參席하였고 6시에는 대관원大觀園서 청도淸島, 고도高島의 송별회送別會를 하였다.

4월 23일. 아악부雅樂部 신입생新入生 입학식入學式에 참여參與. 홍택주洪宅柱 씨氏를 가 보다. 이병우李炳宇 군君을 찾어 김진용金晋鎔 군君도 맞나, 노량鷺梁까지 나갔다. 석남石南을 보다.

4월 24일. 조선朝鮮호텔서 박술음朴術音 군君 여가女嫁 피로연披露宴 석찬회夕餐會에 참석參席. 이훈李燻 군君이 『누판고鏤板考』 3책三册을 차거借去. 이완규李完珪 군君이 나를 청請하여 제반祭飯을 먹인다.

4월 25일. 이완규李完珪 군君과 함께 연병장練兵場(용산龍山) 입구入口에 가서 대구보大久保 이발소理髮所를 찾어 주인主人을 보고 이발理

髮을 하고 난蘭 재배栽培 경험담經驗談도 듣고 난蘭들도 보고 지백地栢(안마태鞍馬苔)을 얻어 가지고 오다 취향원翠香園도 구경하였다. 안호삼安鎬三 군君 김종무金鍾武 군君이 오다. 아랑주雅郎宙를 가다.

4월 26일. 아악부雅樂部를 가다. 이왕직李王職 예식과장禮式課長께로 가서 아악부雅樂部 강사講師 촉탁囑託 사령장辭令狀를 받다. 그리고 각 과各課로 순례巡禮를 하다. 종로鐘路 백양당白楊堂 김용준金瑢俊 군君을 가 보고 문장사文章社도 가다. 매헌梅軒을 찾어 가치 나와 점심點心. 우하又荷를 찾으니 출타出他. 임창순任昌淳 군君이 찾어와 오랫동안 담화談話 — 나히 28, 고전학古典學과 시조작時調作을 하겠다고.

4월 27일. 이훈李燻 군君이 오다. 정기성鄭基成 군君이 오다. 임청林青 군君이 오다. 함께 두계斗溪를 찾어가 놀다. 조운曺雲 군君이 왔다가 책상冊床 우에다 「보시든 책冊도 뒤지고 난초蘭草도 맡어 보고 자리에 궁굴다가 바드시 떠납니다. 날 두곤 더서 오해하실 줄을 알면서도 갑니다. 천리千里길 되거퍼 가는 운雲」이라고 써놓고 갔다.

4월 28일. 고두동高斗東, 김영기金永起, 조남령曺南嶺 군君께 회답回答.

4월 29일. 이인영李仁榮 군君이 오다. 수진본袖珍本 몇 종種을 조사調査한다. 저녁볕에 난蘭을 쬐이고 몸을 비겨 보다. 바람이 인다. 나뭇가지들은 무용舞踊을 하고 난蘭은 미소微笑를 한다.

4월 30일. 아악부雅樂部를 가서 한 시간時間을 하다. 지용芝溶 군君을 맛나 보고 휘문徽文 매점賣店서 원고지原稿紙 천 장千張을 가조다. 광동서관光東書館을 가다. 남원우南遠祐 군君과 청년회관青年會館(종로鐘路)에 가서 김무삼金武森 군君의 전예전篆隷展를 보다. 대부분大部分 추사秋史의 것을 임臨하였다. 이종대李鍾大 군君을 맞나, 안국동安國洞 골탕집을 가다.

5월

5월 1일. 화동어학회花洞語學會를 가 보다. 김상옥金相沃 군君의 편지가 오다. 경복景福을 가서 안호삼安鎬三 군君과 혼담婚談을 하다.

5월 2일. 비가 아침부터 만히 오다, 저녁때 개었다. 하거何居를 가 보다. 삼화三華를 맞났다. 병문秉文이가 왔다. 장환章煥이를 데릴러. 저녁 차車에 떠났다. 김열수金熱洙 자당慈堂이 와 자다. 지용芝溶 군君에게 아리토텔스『시학詩學』을 찾어오다.

5월 3일. 흐리다 맑다. 『시학詩學』을 읽다. 김상옥金相沃 군君께 회답回答. 김용재金容齋가 오다.

5월 4일. 흐리다 맑다. 찬燦 군君을 가 보다. 장태영張泰英 군君을 찾다. 열수熱洙 자당慈堂이 떠나다.

5월 5일. 홍택주洪宅柱 씨氏를 가 보고『한중록恨中錄』 예악사어禮樂射御 4책四册은 우선于先 찾어오다. 백림화점伯林靴店에 아버님의 쓰레바를 마추었다. 경복景福 5학년五學年 천원세기千原世基 군君이 오다. 한문漢文을 배우겠다고.

5월 6일. 서상천徐相天 군君, 김상옥金相沃 군君이 찾어왔다고. 오후 4시, 서상천徐相天 군君을 가 보다. 저녁에 홍승철洪承哲 군君, 김상옥金相沃 군君이 오다. 자정子正까지 담소談笑. 제2방송부第二放送部서 엽서葉書가 오다. 김억金億 군君께 전화電話하고 오는 11일(일요日曜)엔 못 하겠다고 거절拒絶하였다.

5월 7일. 아악부雅樂部 시간時間을 다 보곤 탑塔골공원公園에 가다. 오후 4시 반 언약言約인바 김상옥金相沃 군君이 안 왔다. 4시 50분까지 기다리다 말었다. 하거何居를 찾고 석반夕飯. 무덥다.

5월 8일(4월 13일). 무덥다. 김상기金庠基 군君이 오날 당고當故(치당耻堂이 졸卒하였다.)하였다고 속달速達을 하였다. 즉시卽時 가 보고 5원五円 부의賻儀. 문아당文雅堂을 가 보고 중필中筆 3병三柄을 사고 마춘 양호필羊豪筆 장봉長鋒을 독촉督促하다. 춘추사春秋社서 원고료原稿料 10원十円을 보냈다. 밤내 비가 오다.

5월 9일. 아침에 비가 개다. 휘문徽文을 가서 오전 중 시간時間을 마치고 유길상劉吉相 군君에게 15원十五円을 꿔고 기차汽車 할인권割引券 3매三枚를 타 오다. 관희觀熙를 시겨 양호필 羊毫筆 장봉長鋒을 찾어오다. 오후 11시 20분에 관희觀熙와 함께 떠나다. 이리행裡里行 차車를 타다.

5월 10일. 대전太田을 지내 날이 샌다. 안개가 걷힌다. 냇물들은 벅차 흐른다. 들 논마다 물갈이다. 밀보리는 욱어지고 한창 발수發穗가 되었다. 모판은 푸릇푸릇하다. 논산論山서 관희觀熙는 나리다. 나는 이리裡里서 나리다. 오전 6시 반. 관사官舍를 찾어들다. 누님은 찬ㅅ간饌ㅅ間에서 찬饌을 작만하고 조趙 형兄은 아직 이불 속에 누었다. 먼저 사장査丈 궤연几筵에 곡哭을 하였다. 음陰 15일. 차례茶禮다. 문희文熙가 오다. 병철秉徹이가 오다. 오후 6시 20분 자동차自動車로 여산礪山으로 오다. 차車ㅅ속이 비좁다. 오는 대로 태운다. 8시나 되어 신막新幕서 나리다. 집에 들다. 누의와 매부妹夫가 와 있다.

5월 11일. 난蘭을 개식改植. 앞내 모래를 파다 뒷 대밭 언덕 흙을 어러미에 쳐, 섞어 심다. 중부仲父 댁宅을 가 보다. 5원五円으로 장에 보내어 고기를 사다. 병옥秉玉이를 더불고 어머님 산소山所와 할아버지, 할머님 산소山所를 가, 성묘省墓하고 종조從祖 할아버지를 가 보고 종술宗述 어머니를 보다. 저녁에 아래ㅅ동내洞內를 가서 대부大父를 보다.

술을 자꾸 권한다. 기촌箕村 외당숙外堂叔이 오다. 유柳 노인老人이 봉희鳳熙를 다리고 오다.

5월 12일. 아버님 생신生辰(4월 17일) 향리鄕里 친척親戚 부로父老들을 청請하여 주과酒果를 먹다. 외삼촌外三寸이 오시다. 저녁때엔 면장面長, 우편국장郵便局長, 공의公醫가 오다.

5월 13일. 유柳 노인老人과 함께 신막新幕서 자동차自動車를 타고 강경역江景驛을 이르다. 노인老人은 연산역連山驛서 나리다. 나는 대전太田서는 특급特急을 타고 오후 3시 40분에 경성京城 착着. 김열수金熱洙가 밤ㅅ차車를 귀향歸鄕.

5월 14일. 금광정양金光正洋 군君이 오다. 그 자당慈堂을 모시고. 아악부雅樂部 가서 두 시간時間. 제2방송부第二放送部서 엽서葉書가 오다.

5월 15일. 경복중학景福中學에 가서 오전 시간時間을 마치다. 문곡文谷을 찾어 보다.

5월 16일. 흐리다 개었다. 금광정양金光正洋 군君이 오다. 이완규李完珪 군君을 찾어 보다.

5월 17일. 두계斗溪, 석남石南이 오다. 가치 나서 종로鐘路로 가다. 대관원大觀園서 요기療飢. 오전에 덕수궁德壽宮 모란牡丹 구경을 하다. 처妻와 옥순玉順 모母도.

5월 18일. 문곡文谷이 오다. 홍택주洪宅柱 씨氏가 오다. 신 씨信氏가 오다. 오후 9시 40분부터 20분 방송放送 — 흙과 친親합시다 —.

5월 19일. 하거何居를 가 보고 게서 치악산雉岳山 취에 저녁을 먹다. 이훈李燻 군君을 맞나, 가치 집으로 와, 두어 잔盞을 기울이다. 오전에 가랑비가 나리다. 난초蘭草 분盆들을 들여놓다가 나한소심분羅漢素心盆을 엎질러 그냥 쓸어담어 놓았다. 마침 착근着根되었든 지백地柏이

뒤섞여지고 나한羅漢이 빠아졌다. 그동안 천신만고千辛萬苦가 거품이 되었다. 어찌 역정逆情이 나는지 참을 수 없다. 한바탕 야단을 쳤다. 다시 심었다. 돌을 깨틀고 모래를 치고 하여 분盆을 채우고 지백地柏을 심었다. 닭이 운다. 눈껍질이 무거워진다.

5월 20일. 김상기金庠基 군君이 오다. 문곡文谷 형제兄弟가 오다. 언행록言行錄 목차目次를 정리整理코 대관원大觀園으로 가서 석찬夕餐을 하다.

5월 21일. 훈징하다. 밤에 비오다. 우하又荷를 가 보고 석반夕飯.

5월 22일. 종일終日 비 오다. 석남石南을 찾어 보고 나무 살 때 뀌어 쓴 돈 43원四十三円 50전五十錢을 갚어 주었다. 조병호趙柄鎬 군君, 하태홍河泰興 군君, 이완규李完珪 군君이 오다.

5월 23일. 맑다. 휘문徽文서 오후 3시간三時間을 하다. 밤에 조병호趙柄鎬 군君이 오다. 자정子正이 지내도록 담화談話. 비가 또 온다.

5월 24일. 비가 종일終日 오다. 최집崔檝 군君 송별회送別會를 대관원大觀園서 오후 5시 — 8시까지 하다. 진단학회震檀學會 회원會員 기타其他 합습 14인十四人.

5월 25일. 흐리다. 배정국裵正國 군君과 가치 돈암정敦岩町 뒷산山에 가서 부석腐石을 캐다. 배裵 군君 집으로 가서 난蘭를 개식改植하고 석반夕飯. 청정青汀, 석남石南, 우산牛山, 최집崔檝 군君과 함께.

5월 26일. 종암정鍾岩町 나가서 이원조李源朝 군君 조상吊喪. 그 외간상外艱喪을 지난 26일(음陰 4월 26일)에 당하였다. 명월관明月館에서 석찬夕餐 — 김연만金鍊萬, 이태준李泰俊, 김상용金尙鎔, 정지용鄭芝溶 군君과 함께.

5월 27일. 이종우李鍾禹, 김상기金庠基 군君이 내방來訪. 두어 잔을 거우른 후 동흥루東興樓로 가다.

5월 28일. 의전醫專 교수敎授 협간문일挾間文一[1]과 남성순南聖淳 군君이 오다. 협간문일挾間文一은 천문학天文學, 기중其中에도 별에 대하여 비심非尋한 취미趣味를 가지고 연구硏究를 하는바 조선의 별의 명칭名稱과 거기 당한 전설傳說 등을 조사調査한다. 3시간時間ㅅ동안을 담화談話. 오후엔 아악부雅樂部를 마치고 백양당白楊堂으로 해서 광동서국光東書局을 가 보고 하거何居를 맞나 가치 그 집으로 돌아와 몇 잔을 기울이었다, 이완규李完珪 군君이 거문고를 안고 오다. 거문고는 조동윤趙東潤의 것이다. 내게 두기로 하였다.

5월 29일. 오후 5시 월탄月灘, 향린香隣이 오다. 향료香醪 수배數盃. 그리고 따러 나갔다. 낙원정樂園町까지. 이상백李想白 군君의 편지가 오다.

5월 30일.(단오端午) 하거何居를 가 보다. 휘븐徽文서 42원四十二円 74전七十四錢 창환昌煥이 여행저금旅行貯金을 찾다. 이훈李爋 군君에게 책가冊價 22원二十二円을 주다. 상취쌈과 백알을 먹다.

5월 31일. 이왕직李王職 편수실編修室 가다. 북경北京 상백想白 군君에게 회답回答. 석남石南과 가치 동경성역東京城驛에 가다. 등산登山 가방을 지고 단장短杖을 끌고. 오후 1시 20분. 배정국裵正國, 이여성李如星, 이병도李丙燾, 구영근具永根, 김두헌金斗憲 군君이 모이다. 50분 발發 의정부議政府 착着. 입음立飮 — 갈비와 청주淸酒. 회비會費 4원四円 50전五十錢. 내가 인로引路하여 회용사回龍寺로 먼저 들다. 그 동구洞口

---

1 挾間文一: 경성의학전문학교 교수(1935~1943) 『朝鮮の自然と生活』(東都書籍, 1944), 『醫學者の獨逸語書簡文集』(藤木博英社, 1938)의 저자

의 수석水石이 썩 좋다. 우기雨氣가 짙다. 그 뒤 계곡溪谷으로 오르다. 수림樹林 속이다. 비가 온다. 사뭇 노박이를 하고 고개를 넘어 망월사望月寺로 들다. 여섯 시 반. 밥을 아니 하여 주겠다는 걸 김두헌金斗憲 군君 혜전惠專 명함名啣으로 겨우 타협妥協되었다. 선방禪房으로 들다. 불을 더웁게 때었다. 각기各其 낭탁囊橐을 끄르고 주효酒肴을 내어 순배巡盃를 하다. 옷을 벗어 말리다.

6월

6월 1일. 오정午正까지 비. 석남石南이 『진언집眞言集』을 박인다. 조력助力. 오후 떠나 그 우右편으로 넘어 혜거대사慧炬大師의 탑塔을 보고 또 오다 만장봉萬丈峰 밑 만월보전滿月寶殿을 보고 흑토黑土를 캐고 천축사天竺寺로 하여 그 계곡溪谷으로 나리다. 도봉서원道峯書院(영국사지寧國寺址)터 앞 시냇가에서 쉬다. '광풍제월천옹서光風霽月泉翁書'가 바위에 사겨 있다. 수석水石이 볼만하다. 반찬飯饌도 작만하고 밥도 짓고 병도 다 말렸다. 창동역倉東驛서 8시 40분 발發로 돌아오다. 옥순玉順 모母가 다른 집으로 갔다.

6월 2일. 장태영張泰英 군君이 청請하여 술을 준다. 그새 사돈의 아오 남南 씨氏가 왔다. 이완규李完珪 군君을 찾다. 하거何居가 오다.

6월 3일. 오문호吳文浩 군君이 오다. 흐리다. 훈징하다. 『한중록恨中錄』 주해註解. 식모食母를 얻다. 영남嶺南 여자女子, 나히 46四十六, 성姓 김金 씨氏.

6월 4일. 흐리다. 부석腐石과 흑토黑土를 깨틀어 쳐서 일경구화一莖

九花를 개식改植. 아악부雅樂部 장인식張仁植 군君이 와 거문고ㅅ줄를 고치다. 수배數杯를 하다. 밤에 비 오다.

6월 5일. 흐리다. 김영기金永起 군君 편지가 오다. 김상옥金相沃, 진산주수晋山湊秀 군君에게 회답回答. 찬燦 군君이 오다.

6월 6일. 오후 하거何居를 찾다. 소낙비.

6월 7일. 비. 이병우李炳宇 군君이 오다. 매헌梅軒을 가 보다. 대륙원大陸園서 점심點心. 문장사文章社를 들다. 배정국裵正國, 김용준金瑢俊 군君을 맞나, 가치 남산정南山町 미술구락부美術倶樂部를 가, 서화書畵와 골동骨董을 보다. 오원吾園 매병梅屛이 5천 원五千円, 완당阮堂의 액자額字「다반향초茶半香初」가 3천 원三千円이라 한다. 삼월식당三越食堂서 차茶를 마시고 나오다가 김용진金容鎭 씨氏를 맞나 종란법種蘭法을 말하였다. 그의 난蘭이 졸아져 간다고 묻는다.

6월 8일. 흐리다. 비. 이발理髮. 위생衛生에 해害롭다 하여 수건手巾은 아니 준다고.

6월 9일. 비. 하거何居를 가 보다. 삼화三華, 이훈李爋 군君, 하거何居와 본정本町에 가다. 취醉하다.『창경당집唱經堂集』을 가조다.

6월 10일. 비. 이상백李想白 군君에게 회답回答. 김상옥金相沃 군君이 사진寫眞을 보냈다.

6월 11일. 비. 우하又荷를 가 보다. 변일섭邊日燮, 이인영李仁榮 군君이 오다.

6월 12일. 비. 삼화三華를 맞나 골탕집을 가다. 이완규李完珪 군君이 오다.

6월 13일. 맑다. 위창葦滄을 찾고 하거何居를 보고 우하又荷를 보다. 고故 민병주閔丙疇 군君 소기小朞. 자정子正을 지나 오다. 김상옥金相沃

군君 편지가 오다.

6월 14일. 맑다. 이상백李想白 군君에게 엽서葉書. 저녁에 명월관明月館서 이병규李炳奎 교장校長이 그 중제仲弟가 의박학위醫博學位를 얻었다고 연회宴會를 하였다. 나도 갔다가 또 비행사飛行士 박홍기朴鴻基 군君을 맞나 그 방으로 끌려가 유한양행柳韓洋行 이순남李旬南이란 이도 맞나 보았다.

6월 15일. 박계주朴啓周 군君이 오다. 『삼천리三千里』 원고原稿를 독촉督促한다. 조남령曺南嶺 군君이 정창원正倉院 악기조사보고樂器調查報告과 시조時調 초고草稿를 보냈다.

6월 16일. 흐리다. 영운穎雲을 찾으니 시골 갔다고. 고두동高斗東 군君이 오다. 시조時調를 의논하였다.

6월 17일. 비. 가악사歌樂史 원고原稿를 쓰다. 고두동高斗東 군君이 오다. 중국中國 요리料理와 맥주麥酒를 준다. 시조時調를 의논.

6월 18일. 비. 조남령曺南嶺 군君의 편지와 작품作品을 보다. 석남石南, 상백想白 군君의 엽서葉書를 보다.

6월 19일. 흐리다. 경복중학교景福中學校를 가다가 원족遠足 갔다는 말을 듣고 도로 왔다. 「시가詩歌와 그 작법作法」 원고原稿를 쓰다.

6월 20일. 하거何居에도 가다. 삼화三華를 맞나다.

6월 21일. 백양당白楊堂을 가 보고 하거何居를 보다. 이상백李想白 군君에게 회답回答. 대동인쇄소大東印刷所에 가다. 이병우李炳宇 군君과 가서 고故 한기악韓基岳 군君 조문弔問.

6월 22일. 석남石南을 가 보다. 오전 10시 가치 마포麻浦를 나가다. 민병도閔丙燾 축이 우리를 서호西湖로 초대招待. 큰 노릿배에 오르다. 일엽주一葉舟를 띄어 고기를 건져내다. 모랫벌에서 공도 차고 치다. 부루쌈과 흰밥과 생선회生鮮膾와 막걸리로 점심點心. 오후 5시 돌아오다. 한남서림翰南書林, 금항당서점金港堂書店을 들다. 『서도전집書道全集』 19권十九卷을 사 오다.

6월 23일. 통영統營 남원서방南苑書房 김상옥金相沃 군君께 편지하다.

6월 24일. 영광靈光 정태송鄭泰松이란 이가 조운曺雲 군君이 보내는 『하성세고夏城世稿』 상하上下 2책二册을 가지고 왔다. 『반도지광半島之光』에 「천지天池와 백록담白鹿潭」을 적어 보냈다.

6월 25일. 아악부雅樂部를 가다. 상여賞與 10원十円 주효료酒肴料 10원十円을 준다. 홍택주洪宅柱 씨氏가 『한중록恨中錄』을 보냈다. 석남石南을 찾다. 우하又荷를 가 보다. 임청林靑 군君이 오다.

6월 26일. 경복景福서 나오다 웅전熊田 문아당文雅堂을 가 김도태金道泰 군君의 붓을 찾다. 양호羊毫 중필中筆 3병三柄을 사다. 화동어학회花洞語學會에 들다. 김영기金永起, 조남령曺南嶺 군君께 편지하다. 영광靈光 운雲 군君께도.

6월 27일. 김상옥金相沃 군君 편지가 오다. 노성석盧聖錫 군君께 엽서葉書하다.

6월 28일. 성대城大 장지태張之兌 군君을 찾고 의전醫專 약리학과藥理學科 협간문일挾間文一, 남성순南聖淳 군君을 찾어 세 시간이나 담화談話. 박종화朴鍾和 군君을 찾고 하거何居를 찾다. 기고忌故라고 저녁을 준다.

6월 29일. 흐리고 무덥다. 저녁때부터 비가 오다. 오후 3시 종로鐘路삼정목三丁目서 월탄月灘과 맞나, 함께 신흥사新興寺 반월정半月亭을 가다. 수년數年 문장사文章社 경영經營한 춘산春山 김연만金鍊萬 군君 위로회慰勞會. 문단인文壇人 20여 명 회합會合. 회비會費 4원四円. 맥주

麥酒 맥반麥飯. 7시쯤 비를 맞고 돌아오다.

6월 30일. 비. 종일終日 비. 습자성적고사習字成績考査.

7월

7월 1일. 맑다. 더웠다. 임창순任昌淳 군君이 오다. 고산자古山子 김정호金正浩 수필手筆 원고原稿 『대동여지통고大東輿地通考』 낙질落帙 1책一册을 준다. 고향故鄕 대구大邱로 가겠다고.

7월 2일. 흐리다. 처妻와 가치 용두리龍頭里 시장柴場에 나가, 장적한 마차馬車 250관二百五十貫을 사다. 매관每貫 14전十四錢인데 34원三十四円 50전五十錢, 태가駄價 3원三円, 져들이기 80전八十錢, 뽀개기 3원三円 50전五十錢. 비를 맞고 들였다. 오후엔 아악부雅樂部를 가다. 폭우暴雨다. 밤새도록 오다.

7월 3일. 오후엔 좀 그치다. 일경구화一莖九花 난분蘭盆에 지백地柏을 옮겨심다.

7월 4일. 이재훈李載壎 군君과 함께 동흥루東興樓서 점심點心. 그리고 진고개를 가서 서점書店을 뒤져보고 보영루寶英樓로 와 맥주麥酒 두어 병을 기울이다. 운雲 군君 편지를 보다.

7월 5일. 하거何居를 찾다. 삼화三華를 맞나 수배數杯 입음立飮.

7월 6일. 야우夜雨. 이훈李爋 군君이 오다. 상취를 사다 점심點心을 가치 하다. 이완규李完珪 군君이 오다. 김용진金容鎭 영운穎雲을 찾다. 난蘭을 보다. 관음소심觀音素心 1분一盆, 홍아소심紅芽素心 1분一盆, 소란小蘭 1분一盆. 하거何居를 찾다. 수박을 준다. 나오다 삼화三華를 맞나훈壎 군君과 운니정雲泥町으로 중학정中學町까지 돌다.

7월 7일. 석우夕雨. 하거何居가 『북학의北學議』 차거借去. 김상옥金相沃 군君 엽서葉書가 오다.

7월 8일. 우雨. 이완규李完珪 군君이 저녁에 오다.

7월 9일. 우雨. 『윤씨행장尹氏行狀』— 김서포金西浦 작作을 주해註解하다.

7월 10일. 손재형孫在馨 군君과 이여성李如星 군君을 찾어보다. 열수熱洙가 오다.

7월 11일. 흐리다. 오후 7시 40분 — 20분간 방송放送 「시조감상법時調鑑賞法」

7월 12일. 동북풍東北風. 홍택주洪宅柱 씨氏를 찾어 보고 삼천리사三千里社에 가 『윤씨행장尹氏行狀』 원고原稿를 주고 대동인쇄소大東印刷所 노성석盧聖錫 군君을 보고 백양당白楊堂에서 우산牛山, 청정靑汀, 김무삼金武森 군君을 맞나 다점茶店으로 갔다 한남서림翰南書林서 삼화三華, 훈壎 군君을 맞나, 중학정中學町 우옥友屋으로 가다. 또 두어 곳을 거쳤다.

7월 13일. 동북풍東北風. 동소문東小門 밧까지 전차電車가 다닌다. 그걸 타고 두계斗溪를 찾다. 없다. 종로鐘路 사정목四丁目 삼영상회三英商會 찬燦 군君을 찾고 하거何居 댁宅으로 오다. 훈壎 군君, 삼화三華도 맞나다. 『동양세고東陽世稿』— 평산 신씨平山申氏 계보系譜 수편首編을 얻다. 『신장절申壯節 행장行狀』(찬자撰者 미상未詳, 선조宣祖 전前 국초國初 이후以後 작作) 가운데 예종睿宗의 단가短歌 2장二章과 4운四韻 1절一絶이 있다. 이는 예종睿宗이 경자庚子 추秋에 서도西都에 거동하여 팔관회八關會를 베풀었는데 2가상二假象이 있어 말을 타고 뛰어 뜰 우로 돌아다닌다. 이걸 보고 물은즉 좌우左右가 갈오되 이는 신성대왕神聖大王이 삼한三韓을 일합一合할 때 대사공신代死功臣인 대장군大將軍 신숭겸申崇謙, 김락金樂이라 하고 인하여 그 본말本末을 알외니 창연감개惝然感慨하여 그 후손後孫을 불러 상賞을 주고 지어 준 글이다.

단가短歌[2]

主乙完乎白乎

心聞際天乙及昆

魂是去賜矣中

三烏賜教職麻又欲

望彌阿里剌

及彼可二功臣良

久乃直隱

跡烏隱現乎賜丁

---

2 원본에는 띄어쓰기가 되어 있지 않음. 양주동의 '도이장가(悼二將歌)' 주해를 참고하여 띄어쓰기와 다음 해석을 붙임.

단가短歌

님을 온전히 지키시려는 그 마음 하늘 끝까지 미치셨네. 넋은 이미 가셨지만 대왕께서 내리신 벼슬은 대단하도다. (탈춤을) 바라보니 알겠도다. 그때의 두 공신이시여. 이미 오래전의 일이지만 지금도 여전히 빛나는도다.

사운시四韻詩[3]

見二功臣像　汎濫有所思

公山蹤寂寞　平壤事留遺

忠義明千古　死生唯一時

爲君躋白刃　從此保王基

저녁에 매헌梅軒이 오다. 하태성河泰成 군君을 찾으니 없다.

7월 14일. 동북풍東北風. 새벽엔 제법 사늘하다.

7월 15일. 덥다. 두계斗溪를 가 찾으니 없다. 하거何居를 찾다.

7월 16일. 윤석중尹錫重 군君이 저녁차車로 갔다. 각各 중학교中學校가 미리 방학放學되었다.

7월 17일. 유달수柳達洙, 김열수金熱洙 군君도 갔다. 관희觀熙가 오다.

7월 18일. 우하又荷 장丈이 불른다. 가 뵈다. 하거何居를 보고 백지白紙 10속十束을 말하다.

7월 19일. 휘문徽文을 가서 월급月給을 받고 김상기金庠基 군君과 가치 두계斗溪를 가 보고 동흥루東興樓로 와 석식夕食을 하다. 유길상劉吉相 군君에게 백지白紙 10속十束을 보내다.

7월 20일. 하 박사河博士 집에 가서 저녁을 먹다. 그 생일生日. 성찬盛饌이다.

---

3 원본에는 띄어쓰기가 되어 있지 않음. 양주동의 '도이장가(悼二將歌)' 주해를 참고하여 띄어쓰기와 다음 해석을 붙임.

사운시四韻詩

님을 온전히 지키시려는 그 마음 하늘 끝까지 미치셨네. 넋은 이미 가셨지만 대왕께서 내리신 벼슬은 대단하도다. (탈춤을) 바라보니 알겠도다. 그때의 두 공신이시여. 이미 오래전의 일이지만 지금도 여전히 빛나는도다.

7월 21일. 초복初伏. 경복중학교景福中學校를 가다. 유자후柳子厚 군君을 보고 점심點心 먹고 백양당白楊堂으로 하여 하거何居를 찾다. 고깃국을 끄렸다고 저녁밥을 준다. 맹주천孟柱天 군君 오다. 우하又荷 장丈이 소주燒酒 1병一甁을 보냈다.

7월 22일. 좀 흐리다. 휘문徽文을 가 보다.

7월 23일. 흐리다 맑다 한다. 휘문徽文을 가 유길상劉吉相 군君을 보고 백지白紙 값을 받고 아악부雅樂部서 한 시간時間 하고 하거何居를 가 보다. 인촌仁村을 보다. 봉희鳳姬 내외內外가 오다. 병든 팔목을 병원病院에 보이러 왔다. 유아乳兒와 업히는 아이를 다리고 왔다.

7월 24일. 우하又荷 댁宅에서 부른다. 가다. 춘천春川으로 갈라는 상의相議. 정구철鄭求哲 군君이 저녁을 준다. 주식酒食이 성하다.

7월 25일. 우하又荷를 가 뵈다. 하거何居를 보고 이완규李完珪 군君을 보다.

7월 26일. 흐리다. 밤에 비. 석남石南을 보다. 『고려사절요高麗史節要』를 보다.

7월 27일. 비. 봉희鳳姬 일행一行이 떠나다. 두계斗溪가 오다. 석남石南을 가치 찾다. 석식夕食을 준다. 김상옥金相沃 군君의 편지를 보다.

7월 28일. 흐리다. 세우細雨. 하 박사河博士가 오다. 취운정翠雲亭, 삼청동三淸洞으로 산보散步. 김상옥金相沃 군君에게 『손과정孫過庭 서보書譜』 법첩法帖 상하上下 2책二册을 우송郵送. 엽서葉書도 하다.

7월 29일. 하 박사河博士 군君과 함께 창경원昌慶苑에 들어가 이왕직李王職 문고文庫를 찾다. 주임主任 이 군李君이 창덕궁昌德宮을 갔다. 기달려 맞나 보고 장서각藏書閣으로 들어가 탁본拓本 법첩法帖 등을 보다. 나와 식당食堂에서 점심點心. 식물원植物園과 동물원動物園을 보다. 밤에는 비.

7월 30일. 간간間間 비 오다. 아악부雅樂部를 오전 중으로 가다. 하거何居를 보고 우하又荷를 보다.

7월 31일. 간간間間 비. 시계時計가 또 태엽胎葉이 끊어졌다, 동경고등학교東京高等學校 안변성웅岸邊成雄이 찾아왔다. 동양음악東洋音樂 연구硏究를 한다. 동양음악학東洋音樂學 회원會員이다. 조선악朝鮮樂 — 현금보玄琴譜에 대하여 말하다. 밤이 깊었다. 김상기金庠基 군君이 왔었다.

8월

8월 1일. 석남石南을 보다. 오후 한남서림翰南書林에 가다. 낡은 책册을 뒤적이다. 안진경서顔眞卿書 천복사千福寺 다보불탑감응문多寶佛塔感應文 탁본拓本 전첩全帖을 얻다. 조병호趙柄鎬 군君을 맞나, 우하又荷댁宅으로 가다. 또 『두공부초당시전杜工部草堂詩箋』 제23第二十三 — 제29第二十九 1책一册을 얻다. 이는 남송南宋 — 송宋 영종寧宗 때 간본刊本이다. 이 책册이 여조麗朝에 들어와 복각覆刻도 되었고 이 자체字體를 써 이조李朝 태종太宗 계미癸未와 세종世宗 경자庚子에 활자活字도 맨들었다. 즉 계미자癸未字, 경자자庚子字의 원본原本이다. 그 복각覆刻이나 경자자庚子字 인본印本(계미자癸未字 인본印本은 아직 못 보았다)보다도 명확明確하다. 남송본南宋本의 대표代表이다. 오랫동안 구하든 바이다. 이 또한 한묵연翰墨緣인가 한다. 이것이 휴지休紙ㅅ속에 무쳤든 것이다. 지소紙所로 가지 않으면 부억 아궁지나 쓰레받깃 속으로 들어갈 것이다.

8월 2일. 두계斗溪를 찾다.

8월 3일. 안변성웅岸邊成雄, 이혜구李惠求이 오다. 석남石南을 찾다. 김상옥金相沃 군君 편지를 보다.

8월 4일. 두계斗溪와 가치 금호정錦湖町 김상기金庠基 군君을 찾다. 점심點心 뒤에 두무깨 백상규白象圭 별장別莊에서 비를 피하고 그 앞 강에서 배를 띄어 고기를 쬐앙이(투망投網)로 잡다. 부어, 미어기, 빨강이(잉어의 작은 놈), 숭어, 쏘가리, 게. 밤이 깊었다. 김 군金君 집에 오니 12시가 지냈다. 김 군金君 집에서 자다.

8월 5일. 비. 비를 무릅쓰고 집으로 돌아오다. 경희京熙, 종희宗熙, 관희觀熙는 어젯밤 차車로 여산礪山으로 갔다. 안변岸邊 군君이 오다. 가악서류歌樂書類를 보이고 『청구영언靑丘永言』과 『양금신보梁琴新譜』의 등사본謄寫本를 주다.

8월 6일. 아악부雅樂部로 하여 하거何居를 가 보다.

8월 7일. 안변岸邊 군君이 갑작이 비행기飛行機로 귀동歸東하겠다고 편지를 하였다. 우하又荷를 가 보다.

8월 8일. 큰비. 이훈李爋 군君이 『성소부부고惺所覆瓿藁』 영본零本을 가지고 오다. 조병호趙柄鎬 군君이 우하대又荷台 심부림으로 와서 『동국통감東國通鑑』 전 2책全二册을 빌려 가다. 오후 5시 종로6정목鐘路六丁目 11十一, 22二二 조풍연趙豐衍 군君 집을 찾다. 상허尙虛, 지용芝溶, 매정梅丁, 인곡仁谷, 민병도閔丙燾, 덕기德基도 오다. 저녁을 먹인다.

8월 9일. 담열曇熱, 성대城大 법문부法文部 장지태張之兌 군君을 찾다. 『장절공유적壯節公遺蹟』을 보다. 박세채朴世采가 수집蒐集한 것. 또 『성소부부고惺所覆瓿藁』 전12책全十二册 사본寫本을 보다. 관물헌觀物軒, 이극지인貳極之印이 찍혔다. 허균許筠의 저작著作. 일자일어一字一語가

비범非凡하다. 위창葦滄을 찾다. 풍우風雨. 몹시 무덥다. 벗고 자다 감기感氣 들다. 자다 깨어 다리가 뇌곤하여 퍽 번로煩勞했다.

8월 10일. 풍우風雨 대작大作. 냉열冷熱이 부조不調. 두통頭痛, 지절통肢節痛. 가미패독산加味敗毒散 2첩二貼을 지어다 먹고 종일終日 누었다.

8월 11일. 비. 우하又荷 댁宅에 불려 갔다. 좀 낫긴 해도 깨끗지 못하다.

8월 12일. 개었다. 신구현申龜鉉, 이명선李明善 군君이 오다. 홍택주洪宅柱 씨氏가 오다. 이훈李爋이 『누판고鏤板考』를 가조다. 「가악사歌樂史」 초고草稿를 쓰다.

8월 13일. 무덥다. 우하又荷 댁宅에 가다. 매헌梅軒도 있다. 매헌梅軒의 번 돈 5원五円으로 점심點心을 먹다. 동희東熙가 오다.

8월 14일. 한희漢熙가 세전世專서 편도선扁桃腺 수술手術을 하였다. 좌우左右로 베여 냈다. 저녁때, 이여성李如星, 이병도李丙燾, 이관구李寬求 군君이 찾어오다. 나는 6시 45분부터 15분간 「선철先哲의 소하법銷夏法」 방송放送을 하고 다시 탑塔골공원公園서 이 3군三君을 맞나, 대관원大觀園으로 가서 석찬夕餐을 대접待接하다. 나오다 반도관半島館서 차茶를 마시다. 안변성웅岸邊成雄 군君 편지가 오다.

8월 15일. 송석하宋錫夏 군君과 함께 나서 한남서림翰南書林과 하거何居 댁宅으로 가다. 이훈李爋 군君을 맞나 종로3정목鐘路三丁目으로 가서 설렁탕으로 점심點心. 다시 하거何居 댁宅으로 오다. 훈爋 군君이 이근성李根成 군君에게 가존 『사성통해四聲通解』 원간본原刊本 전 2책全二册을 내가 가지고 오다. 원元 참본槧本 『집천가주두공부시集千家註杜工部詩』 권지삼卷之三, 1책一册을 얻다. 우하又荷 장丈을 탑골공원公園 옆에 맞나 뵈다. 광주廣州로 가시는 길이다.

8월 16일. 『사성통해四聲通解』는 송석하宋錫夏 군君이 직접直接 이근성李根成 군君에게 150원百五十円에 샀다고 가져갔다. 하거何居 댁宅에 가다. 휘문徽文은 오날 시업始業.

8월 17일. 정열모鄭烈模 군君이 찾어오다. 이훈李爋 군君이 와서 『시화총림詩話叢林』 4책四册을 빌려 갔다. 덕천여관德川旅館을 가서 금산錦山 유석기柳錫基 군君을 찾어 보고 태양여관太陽旅館 변일섭邊日燮 군君을 찾다. 출타出他. 한남서림翰南書林서 고서古書를 뒤적이다.

8월 18일. 유석기柳錫基 군君이 오다. 이혜구李惠求 군君이 오다. 함께 석식夕食. 이李 군君과는 고려악高麗樂에 대하여 담화談話가 자못 길었다. 변일섭邊日燮 군君과 홍순태洪淳太 군君이 와서 가치 한강漢江을 나가다. 인도교人道橋, 노량진鷺梁津, 강변江邊으로 산보散步. 어둡고 서늘하다.

8월 19일. 오후 다섯 시 태양여관太陽旅館을 가서 변邊 군君, 홍洪 군君을 맞나, 또 한강漢江을 나가 선루船樓에서 석식夕食. 흑석리黑石里까지 산보散步.

8월 20일. 하거何居를 찾다. 삼화三華, 훈爋 군君을 맞나 동흥루東興樓로 와서 맥주麥酒를 먹었다.

8월 21일. 담曇, 우雨. 「시가詩歌와 그 작법作法」의 원고原稿를 써 아악부雅樂部를 주고 휘문徽文을 단여오다.

8월 22일. 풍우風雨. 김상기金庠基 군君이 오다. 가다 백강白岡을 맞나 다리고 가서 동흥루東興樓서 석식夕食. 하 박사河博士 군君이 연전延專서 『성소부부고惺所覆瓿藁』 전8책全八册을 빌려 왔다.

8월 23일. 풍우風雨. 일즉 나서 경복중학교景福中學校를 가다. 보습과補習科, 5학년五學年만 수업授業. 4년四年 이하以下는 9월 1일부터 수업授業을 시작한다고. 편도선扁桃線 수술비手術費 17원十七円을 윤형로尹

衡老 군君에게 주다. 윤 군尹君이 보증保証하고 선금先金을 냈었다. 『임인유사壬寅遺事』를 책冊으로 매었다. 김몽와金夢窩 부자父子의 임인壬寅 피화 시被禍時 유교遺敎다. 순우리말로 자상히 적었다. 죽을 때 정경情景이다.

8월 24일. 종일終日 종야終夜 비. 허균許筠의 소저所著 『성소부부고惺所覆瓿藁』를 보고 초鈔하다.

8월 25일. 하거何居를 가 보다. 삼화三華가 불러 그 집으로 갔다. 해려海旅, 하거何居, 훈爋 군君도 모였다. 고기를 사다 두부豆腐와 지지고 소주燒酒를 낸다. 훈爋 군君은 나와 가치 와서 『성소부부고惺所覆瓿藁』를 가져갔다.

8월 26일. 『고려사절요高麗史節要』를 보고 「가악사歌樂史」 고藁도 쓰다. 야분夜分에 그쳤다. 김영기金永基 군君이 오다. 노래책冊을 달라 하여 고故 신명균申明均 군君이 박인 시조집時調集, 가사집歌詞集 2책二冊을 주다.

8월 27일. 석남石南이 오다. 오신혜吳信惠 군君에게 회답回答.

8월 28일. 음陰. 이홍직李弘稙(이왕직문고李王職文庫 주임主任) 군君이 안변성웅岸邊成雄 군君의 부탁付托을 받어 나의 『금가琴歌』, 『서금보西琴譜』, 『가곡원류歌曲源流』, 『양금신보梁琴新譜』를 촬영撮影하려고 빌리러 왔다. 4책四冊을 싸 주다. 가치 석남石南을 찾다. 나오다 점심點心을 대접待接하다.

8월 29일. 하거何居를 가 보다.

8월 30일. 경복중학景福中學을 가 보다. 교내校內가 다 정리整理되었다.

8월 31일. 송한규宋漢圭 군君이 오다. 이훈李爋 군君이 『현금동문유기玄琴東文類記』 사본寫本 1책一冊(90장)을 가조다. 현금玄琴의 명銘, 기記,

시집詩集 등과 각各 명수名手의 금보琴譜를 초鈔한 것이다. 초고草藁라 수정修正할 것이 많으나 퍽 귀중貴重한 문헌文獻이다. 작자作者는 미상未詳하나 서계西溪란 걸 번번 최종最終에 기입記入한 것과 정두원鄭斗源과 왕복往復한 편지ㅅ사연을 본 즉 서계西溪의 편찬編纂인 듯하다. 서계西溪는 선조宣祖 내지乃至 인조조仁祖朝 인人 이득윤李得胤의 호號다. 숨은 학자學者로 역학易學, 또는 금도琴道에 통通하였다.

9월

9월 1일. 춘추사春秋社 원고原稿「고인古人의 독서讀書와 서지書誌」를 쓰다.

9월 2일. 경복景福에 가, 네 시간時間을 하다. 다리가 아프고 기운氣運이 없다. 삼청동三清洞 김병룡金秉龍 군君을 찾다. 하거何居를 가 보고 가치 하왕십리下往十里에 가서 이규일李揆一 군君의 장서藏書를 보다. 달을 띠고 영도사永導寺 입구入口 손진태孫晋泰 군君을 찾다. 문門안에 들어갔다 한다.

9월 3일. 석남石南, 두계斗溪와 가치 하거何居ㅅ집에 가서 고서古書를 보고 동대문東大門 밖으로 나서 창신정昌信町 이인영李仁榮 군君을 찾어 보다.

9월 4일. 보전普專에 나가다. 손진태孫晉泰, 이여성李如星 군君을 맞나다. 황이재黃頤齋(윤석胤錫)의 난고亂藁와 고산자古山子의『대동지리지大東地理誌』를 보다. 하거何居께로 돌아와 가치 이근성李根性 군君을 찾다. 책冊이 몇 질帙 못 된다.

9월 5일. 일경구화一莖九花가 누렁닢, 또는 말러 죽는 닢이 있다. 그려도 거름 독毒인가 싶다. 그 흙을 다시 씻어가지고 심었다. 두어 시간時間 걸렸다.

9월 6일. 『이원기로연梨園耆老宴』 1책一册과 『임인유교壬寅遺敎』 1책一册을 가지고 이왕직문고李王職文庫에 가서 이홍직李弘稙 군君에게 안변岸邊 소탁所托한 촬영撮影을 하라고 『이원기로연梨園耆老宴』을 주고 『봉좌문고蓬左文庫』 조선본朝鮮本 목록目錄을 빌려가지고 장현식張鉉植 군君을 찾어 『임인유교壬寅遺敎』를 주고 끌려 덕소德沼까지 나가다. — 장현중張鉉重 군君과 또 두어 사람을 더하여 금구金溝서 온 그 집안 어른을 모시고 간다는 바, 동경성역東京城驛에 이르니 승객乘客이 많다. 기차汽車는 수일數日 전부터 마음대로 탈 수가 있이 되었다. 12시 30분 발發. 망우리忘憂里을 지내자 동구릉東九陵 가는 길을 누가 가리치고 양주楊洲 이야기가 났다. '생거장단生居長湍, 사거양주死居楊洲'라 하매 동행同行의 한 사람이 '생거진천生居鎭川, 사거용인死居龍仁'이라 하며 한 과부寡婦가 어찌하여 그런 말이 났다 한다. 내 옆의 앉은 협수룩한 이가 하는 말이 옛날 한 여자女子가 용인龍仁으로 시집을 가 아들 하나를 낳고 과부寡婦가 된 뒤 진천鎭川으로 개가改嫁 가서 또 아들 하나를 낳고 살다 죽었다. 용인龍仁 아들은 용인龍仁ㅅ다 장사葬事를 지내자 커니 진천鎭川 아들은 진천鎭川ㅅ다 장사葬事를 지내자 커니 송사訟事를 하였다. 원員은 제사題辭하되 '생거진천生居鎭川, 사거용인死居龍仁'이라 하였다 한다. 도농陶農을 지나, 덕소德沼서 나리다. 탁주濁酒를 먹고 석실石室을 찾어갔다. 한 야산野山이다. 김선원金仙源(상용尙容)묘墓, 농암묘農岩墓, 도산석실려 비陶山石室閭 碑, 송백당유허비松柏堂遺墟碑(청음淸陰의 사랑방을 송백당松柏堂이라 함.), 청음淸陰의 증조曾祖인

김번金璠 묘墓(옥호저수혈玉壺貯水穴 명당明堂이라 운운云云), 청음淸陰(김상헌金尙憲)묘墓를 구경하고 돌아오다 비도 맞다. 우박이 쏟아지다. 덕소역德沼驛서 오후 5시 발發, 동경성역東京城驛으로 오다. 장현식張鉉植 군君과 본정本町으로 가서 차茶을 먹다.

9월 7일. 하거何居를 가 보다. 저녁밥과 술을 먹다.

9월 8일. 오후 현저정峴底町을 가서 애류崖溜를 보고 돌아오다 매헌梅軒을 찾다. 매헌梅軒과 가치 최석두崔錫斗 군君을 찾으니 최崔 군君이 대륙원大陸園으로 가서 청요리淸料理를 먹인다.

9월 9일. 경복景福서 돌아오다가 삼청정三淸町 김병룡金秉龍 군君을 찾다. 게서 오철호吳徹浩 군君도 맞나다.

9월 10일. 음陰. 석남石南이 청請하여 갔더니 방종현方鍾鉉, 홍기洪起 군君이 와 있다. 고서古書를 뒤적이고 담화談話도 하다 오찬午餐을 하였다. 아악부雅樂部 가서 시간時間을 마치고 하거何居께로 갔다. 이훈李爋 군君을 맞나 동흥루東興樓로 와서 저녁을 먹다.

9월 11일. 오후 7시 40분 — 8시 「민요民謠의 시대성時代性」 방송放送. 돌아오다 구갈口渴이 심하여 백양당白楊堂으로 들어가 김용준金瑢俊 군君을 보고 생맥주生麥酒 두 고프를 갖다 마시다. 시원하다

9월 12일. 김사용金思容 군君이 학교學校 양복洋服 소개紹介를 해 달라고 왔다. 하거何居를 가 보다. 이훈李爋 군君이 한남서림翰南書林에 『서계집西溪集』이 있다고 하여 가서 『서계집西溪集』 전 2책全二册을 사다. 서계西溪는 선조조宣祖朝 징사徵士 이득윤李得胤. 역학易學에 밝고 율려律呂에 통通하여 현금玄琴을 잘 한다. 마츰 『현금동문유기玄琴東文類記』라는 사본寫本 1책一册을 얻은지라 『서계집西溪集』을 구求하든 바이다. 오철호吳徹浩 군君이 와 잤다. 이홍직李弘稙 군君이 빌려 간 책册

들을 가조다.

9월 13일. 매헌梅軒와 가치 우하又荷를 보러 광주廣州를 가다. 장호원長湖院 가는 뻐쓰를 타다. 앉을 자리가 없어 서서 갔다. 광진교廣津橋를 건너 천호千戶서 나렸다. 약藥물터를 찾어갔다. 이십오 분이 걸렸다. 내둔촌內屯村 조고만한 야곡野谷, 논ㅅ바미 가운대, 누렁물이 엉긴 곳이다. 새로 우물을 맨들고 함석으로 집을 지었다. 세 곳이다. 그중 가운대 우물이 령검스럽다 한다. 떠 마시니 꼭 사이다 맛이다. 물 먹으러 오는 사람이 처음만은 못하다 하여도 꽤 많다. 우리는 한 주막酒幕에 들어 우하又荷의 주소住所를 물으니 모른다. 그 농장農莊을 물으니 그 등 넘어 들 건너 마을로 가 물어라 한다. 등 넘어로 가다 김매는 이더러 물으니 그 건너는 그 농장農莊이 없고 외둔촌外屯村 허모許某가 그 농장農莊을 맡어보니 게를 찾아가 물어라 한다. 우리는 다시 발을 돌려 외둔촌外屯村을 가다. 한 20분 걸렸다. 허완許完이란 노인老人을 보고 물으니 그 농장農莊이 다 신탁회사信託會社에 들어갔다 하고 그 집을 소상히 알며 우하又荷가 약藥물터에 머믄다 하며 박흥립朴興立의 소실小室 집을 찾어가라 한다. 다시 약藥물터로 와서 그 집을 찾으니 없다. 박흥립朴興立을 찾으니 모른다 한다. 우리는 돌아오다 성내리城內里 주막酒幕에서 떡을 사 먹다. 오후 2시 마느라가 햇돈부 소를 가피를 하였다. 옆에는 한 노동자勞働者가 앉었다. 민閔 씨氏의 농장農莊를 물으니 예 있다 하며 민참판閔參判 영감令監이 예 와서 집을 얻어가지고 게신다 한다. 그를 따러 천일약방天一藥房의 약초藥草 재배소栽培所를 지나, 한 초옥草屋에 이르니 민성기閔聖基 군君의 아들딸이 대문大門턱에 걸앉었다. 들어가니 차집 하는 노파老婆가 반가워한다. 우하又荷는 하정荷亭 비문碑文을 쓰고 있다. 소주燒酒를 내오고 저녁밥을 재촉한다. 담화談話를 하다가 원탁円卓에 둘러앉어 또 소주燒酒를 마시고 골동반骨董飯을 먹다. 취醉한다. 나섰다. 우하又荷께서 맥고모자麥藁帽子를 쓰고 증손녀曾孫女를 더불고 광나루 다리 옆에까지 오서 전송餞送한다. 우리는 기동차汽動車를 타고 오다.

9월 14일. 이근성李根性, 변영로卞榮魯 군君이 오다. 오후 하거何居를 가 보다.

9월 15일. 한남서림翰南書林, 박기홍朴基鴻 책사册肆, 하거何居 댁宅을 가 보다. 김열수金熱洙 자친慈親이 왔다. 장남계張南溪에게 소개紹介하여 열수熱洙 약화제藥和劑를 내게 하다.

9월 16일. 오철호吳徹浩 군君을 찾으니 없고 김병룡金秉龍만 맞났다. 김열수金熱洙가 휴학休學을 하고 그 자친慈親과 함께 귀향歸鄉을 하다.

9월 17일. 오후 6시 대관원大觀園에 가다. 정규창丁奎昶, 노병욱盧丙昱 군君 송별회送別會가 있다. 백양당白楊堂에 들다.

9월 18일. 오철호吳徹浩 군君이 오다. 경복景福서 오다 김병룡金秉龍, 오철호吳徹浩 군君을 보다.

9월 19일. 정충시鄭忠時 군君이 오다. 「가악사歌樂史」 원고原稿를 써 아악부雅樂部에 주다. 정鄭 군君 집으로 끌려가 소주燒酒를 먹고 위창葦滄을 보고 하거何居께로 가 또 소주燒酒, 삼화三華에게 붙들려 탁주濁酒를 하였다. 호기豪氣가 났다. 인촌仁村를 찾어 보었다.

9월 20일. 매헌梅軒이 오다. 임청林靑 군君이 오다.

9월 21일. 애류崖溜를 찾다. 하거何居를 보다. 석남石南을 맞나 대관원大觀園서 석식夕食을 준다.

9월 22일. 조광사朝光社 방종현方鍾鉉 군君을 보고 매일신보每日新報 이승만李承萬 군君을 보고 게서 박종화朴鍾和 군君을 불러 보고 박朴 군

君과 종로다방鐘路茶房으로 와 권태휘權泰彙 군君을 맞나, 엽주獵酒를 하였다. 돌아오다 한남서림翰南書林 이순항李淳恒 군君을 보고 담화談話하였다. 조운曺雲, 변일섭邊日燮, 김열수金熱洙 군君에게 엽서葉書하다.

9월 23일. 무덥다. 오전 9시 하거何居, 이성의李聖儀 군君을 찾어보고 『매복등단록枚卜登壇錄』 1책一册(사본寫本)을 가조라 하고 바루 성동역城東驛으로 나갔다. 우송友松, 월탄月灘, 아롱啞聾, 향린香隣, 백은白隱, 권태휘權泰彙, 임성빈任性彬 군君은 와 있다. 회비會費 3원三円을 아롱啞聾에게 주고 10시 20분에 함께 춘천행春川行 차車에 올랐다. 서 있다가 겨우 한 자리를 얻어 앉었다. 퇴계원退溪院에 이르니 자리가 많이 비인다. 우리는 그 다음 사릉역思陵驛서 나리다. 맑은 사천沙川를 끼고 한 십여 분 걸었다. 가루 놓인 잔록殘麓 송림松林, 상수리 숲속으로 올라 윤덕기尹德基의 별장別莊 — 신월산장新月山莊에 들다. 화양옥和洋屋이다. 앞엔 개야開野, 윤尹 씨氏의 전답田畓이 4, 5만四五萬 평坪, 관리管理하는 이李 씨氏는 경농京農 출신出身, 삼십여三十餘 세歲, 근실勤實한 인데 오날 우리를 위하여 고기도 잡어 주식酒食을 풍비豐備히 하였다. 우리는 모다 포식飽食하였다. 매신每新 이희문李喜文 군君이 또 오다. 우리가 가지고 간 음식飮食은 이李 씨氏게 다 주었다. 오후 5시 돌어오다. 동대문東大門 밖 경창옥京昌屋서 2차회二次會를 하였다. 옥순玉順 어멈이 와 잤다.

9월 24일. 종일終日 비. 우하又荷를 가 뵈다. 어제 광주廣州서 들오셨다. 관희觀熙가 시골 갔다. 옥순玉順 어멈이 옥순玉順이를 다리고 갔다.

9월 25일. 오후 개었다. 김병룡金秉龍 군君을 보다. 어학회語學會 한징韓澄 군君을 보다. 백강白岡을 보다. 이성의李聖儀 군君이 오다. 『매복등단록枚卜登壇錄』을 가조다.

9월 26일. 아악부雅樂部로 하여 휘문徽文을 가다. 우하又荷를 가 뵈다. 매헌梅軒도 오다.

9월 27일. 무덥다. 아츰에 석남石南을 가 보다. 갑진자甲辰字 『왕형공집王荊公集』을 반환返還. 고추 장사가 왔다고 사라 한다. 이건 처妻에게 맡기다. 이상백李想白 군君이 왔다 한다. 빵을 사가지고 우하又荷를 가 뵈다. 매헌梅軒이 왔다. 우하又荷는 바독을 두고 있다. 광주廣州 약수藥水에 가자든 일은 날이 흐렸다 하고 만다. 빵은 매헌梅軒을 주고 나는 민병도閔丙燾 군君 집의 이상백李想白 군君을 찾어보다. 장월승張越丞이 사겼다는 가람嘉藍 도장圖章과 대월헌戴月軒 붓 세 개와 태산泰山 석경곡石經谷(금강경金剛經을 수隨의 왕모王某가 골짜기 암석岩石에 사겨 놓았으므로 석경곡石經谷이라 이름) 탁자拓字인 '상락常樂' 두 예서자隸書字 등을 선물로 주고 여러 가지 북경北京서 사 온 고서古書, 인보印譜, 탁본拓本, 서첩書帖을 보인다. 나는 한남서림翰南書林 김동규金同圭 군君을 보고 관훈정寬勳町 함화진咸和鎭 군君을 보고 돌와 점심點心 먹고 송본宋本 복각覆刻 『좌전左傳』과 『이문吏文』을 가지고 또 상백想白 군君을 보고 전傳하고 중국인中國人 과거용지科擧用紙(낙폭지落幅紙) 한쪽을 얻다. 위창葦滄을 가 보고 이서계李西溪(덕윤德胤 말년末年 개改 득윤得胤)가 채선여蔡善餘(명名 종길宗吉 자字--, 호號 송촌松村)에게 한 편지 두 장을 얻다. 한 장은 그 문집文集 권2卷二, 31장三十一張에 적힌 것이고 또 한 장도 선여善餘에게 한 단찰. 지난 8월 31일 『현금동문유기玄琴東文類記』라는 사본寫本을 얻은 뒤, 그 저자著者가 누군가 갓갓으로 조사調査한바, 동류기仝類記 중, 가곡歌曲 만대엽慢大葉 등을 논란論難한 문생門生 정두원鄭斗源과의 왕복서往復書가 있고 거긔에 현금명玄琴銘과 시詩가 있고 기명記名은 없으나 따로 명銘, 시류詩類를 두고 거긔엔 또

동상同上 왕복서往復書의 명銘, 시詩가 적히고 서계西溪라 하였다. 서계西溪라는 이가 여럿이 있는바 정두원鄭斗源의 선생先生 연대年代는 아마도 선조宣祖, 광해시光海時 인人이겠다 하매 이 서계西溪는 즉卽 이득윤李得胤이가 분명分明하다. 하면 이 저자著者도 그인가 함은

(ㄱ) 매양 명銘 시詩 문文 등을 열기列記할 때 서계西溪의 것을 맨 뒤에 적은 것,

(ㄴ) 상기上記의 왕복서往復書에 기명記名을 않은 것,

(ㄷ) 『서계집西溪集』 권2卷二, 이양구李養久(시발時潑)에게 한 편지에 '대동운옥大東韻玉, 가이위고사지일조可以爲考事之一助, 감수감수感受感受'라 한 대문이 있는 바 이 책冊은 그 당시當時 아즉 미간본未刊本으로 겨우 사본寫本만 1, 2부一二部 있을 뿐이었든 걸 얻어 보고 게서 그냥 초抄하여 동류기仝類記에 넣은 것이 있는 것,

(ㄹ) 그 적는 법이 조리條理 있고 □, ㄱ, 一, … 이런 표標를 한 것이 그 문집文集 권4券四 행장行狀에 '평일소저平日所著, 수즉점염隨卽點染'이란 것과 같은 것,

(ㅁ) 또 그이 역학易學 — 포희씨시획팔괘包犧氏始畵八卦, 우조금又造琴이라는 의미意味로 현금玄琴 16과十六棵의 과棵를 괘卦ㅅ자字로 꼭 적은 것,

(ㅂ) 전편全篇이 한 사람의 글씨인 것을 보면 십 중 칠팔은 독학篤學인 이서계李西溪의 것으로 알었다. 지난 19일 위창葦滄을 가 본 건 혹시 그의 편지를 가졌나(위창葦滄이 년래年來, 고인古人 서찰書札를 천여千餘 장張 모였다 한다) 하고 얻으러 간바, 과연 이덕윤李德胤 서간첩書簡帖을 얻었으나 누군지 몰라 더져 두었다 하며 바쁘니 나중 찾어놓겠다 하였다. 오날, 가 본즉 커드란 간첩簡帖, 첫머리로 몇 장은 초서草

書를 누가 굵게 쓴 것이고 그다음 이덕윤李德胤의 채선여蔡善餘에게 한 편지며 채지홍蔡之洪 편지며 기타其他 편지들이 붙었다. 서계西溪 편지는 오륙 장張. 그중 골라 가라 하여 두 장을 뜯었다. 된 밀가루풀로 두덕두덕 발른 것이 뜯기가 힘이 들었다, 위창葦滄은 행혀 간첩簡帖을 상할가 하였다. 그 필적筆蹟은 바루 『동유기同遊記』와 동일하다. 『동유기同遊記』가 그의 저작著作임이 정확正確하다. 퍽 기뻤다. 그 문집文集 4권四券 2책二册 — 권1卷一 시詩, 발跋, 권2卷二 서書, 권3卷三 잡저雜著, 서序, 제발題跋, 잠箴 명銘, 축문祝文, 제문祭文, 예설禮說, 권4卷四 부록附錄(행장行狀, 묘갈명墓碣銘)은 그 많은 저술著述 가운대, 약간若干 수습收拾된 것이고 『현금동문유기玄琴東文類記』는 현금문헌玄琴文獻과 곡보曲譜 등을 해박該博히 모인 것으로 무척 귀중貴重한 책册이다. 하거何居를 보고 『열성수교列聖受敎』를 가조다. 이는 「신장절공행장申壯節公行狀」, 「예종어제단가睿宗御製端歌」가 실렸다.

9월 28일. 음陰, 우雨. 난초蘭草의 해충害蟲을 구제驅除하다. 서계西溪 편지를 물에 불려 수리修理하다.

9월 29일. 이상백李想白 군君을 찾어보다. 북경北京의 고서古書 중 영락永樂 18년十八年 간刊 판본板本 『효순사실孝順事實』 5책五册 1질一帙이 가장 좋다. 이는 세종조世宗朝 갑인자甲寅字(속칭俗稱 위부인자衛夫人字)의 모본母本이다. 그 제1책第一册을 빌려 오다.

9월 30일. 경복景福을 갔다 와서 건란建蘭을 개식改植. 해충害蟲이 만히 일었기 구제驅除코저 '복마기신伏魔棄身'이란 파리 잡는 약藥에 물을 타 품고 바루 물로 씻어 거득거득 마른 뒤 홍제원洪濟院 모래를 테로 쳐, 기아 빠운 것과 부석腐石 빠운 것을 썩어 심었다. 이훈李燻 군君이 오다. 저녁에 청정青汀 집에 가서 밥을 먹다. 이상백李想白 군君, 민병도閔丙燾, 석남石南, 남창南倉, 우산牛山, 인곡仁谷, 두계斗溪도 있었다.

10월

10월 1일. 이상백李想白 군君을 보고 하거何居도 보다. 종석鍾錫이가 평북지방平北地方으로 갔다.

10월 2일. 우하又荷를 가 보고 저녁 먹다. 이상백李想白 군君을 보다. 건란建蘭의 새닢이 복마기신伏魔棄身의 독毒을 받어 만히 상하였다. 저녁에 아악부雅樂部 이습회연주회肄習會演奏會를 가 듣다. 이완규李完圭 군君과 동행同行. 매헌梅軒을 맞나, 백강白岡의 돈을 전傳하다. 우하又荷를 보다.

10월 3일. 흐리다. 한남서림翰南書林을 가다. 이훈李爋, 김동규金同圭 군君을 보다. 김동규金同圭 군君이 『현금동문유기玄琴東文類記』는 휴지休紙ㅅ속에서 줏은 것이라 하고 날더러 두고 보라 한다. 이상백李想白 군君을 보다. 하거何居를 보다. 야우夜雨.

10월 4일. 휘문徽文 제18회第十八回 교내체련대회校內體鍊大會가 있다. 나는 고교高橋와 위생계衛生係를 보다. 오후 4시 반 끝내고 6시, 도서관圖書館서 학부형學父兄들이 위로회慰勞會를 하였다. 인촌仁村을 보다.

10월 15일. 추석秋夕. 술이 없으니 쓸쓸하다. 김병룡金秉龍 군君을 찾다. 처자妻子는 시골로 보내고 낙중洛仲 부인만 두고 밥을 시겨 먹고 있다. 무덥다.

10월 6일. 이상백李想白 군君을 보다. 하거何居를 보다. 김동규金同圭

군君이 저녁에 오다. 『악학궤범樂學軌範』 1질一帙 6백 원六百円 호가呼價의 매매賣買 여하如何를 묻는다. 불가不可하다 하였다. 이완규李完圭 군君이 오다. 소낙비, 우레.

10월 7일. 경복景福을 갔다 와 점심點心 후後, 큰 분盆 건란建蘭을 작은 분盆에 옮겨 심다. 『현금동문유기玄琴東文類記』를 수보修補. 일기日氣가 차다. 난蘭들을 밤에 방으로 들여놓았다.

10월 8일. 아악부雅樂部를 단여서 우하又荷를 찾으니 출타出他. 하거何居를 찾어 또 소주燒酒를 먹다. 우하又荷께서 명함名啣을 두고 가셨다.

10월 9일. 경복景福서 두 시간時間(제2학기第二學期 중간시험中間試驗)을 보고 돌아오다 김병룡金秉龍 군君을 찾으니 없다. 낙중洛仲 부인婦人도 없다. 돌처오다 김병룡金秉龍 군君을 맞나, 『두시언해杜詩諺解』 1질一帙을 사라고 말하였다. 오후 경운정慶雲町 고정상高貞相 군君을 찾어 돈 50원五十円을 주고 석탄石炭 2톤二噸을 보내 달라 하였다. 한남서림翰南書林으로 가서 이훈李爋, 김동규金同圭 군君을 보고 민병도閔丙燾 군君 집으로 와서 이상백李想白 군君을 보고 우하又荷를 보고 지용芝溶 군君과 저녁을 먹고 함께 나서 박계양朴啓陽을 찾고 이황李煌을 찾고, 나는 하거何居를 찾어 보고 상백想白 군君이 주는 책가冊價 40원四十円을 전하고 가치 나서 종로鐘路로 산보散步하다 덕흥서림德興書林 김동진金東鎭을 더불고 삼정목三丁目 어느 목놋집에 들다. 백학白鶴을 준다. 안주도 좋다.

10월 10일. 하거何居를 찾어 임상종林尙鍾 군君의 잡힌 『제왕운기帝王韻紀』 원간본原刊本을 얻어가지고 이상백李想白 군君을 찾다. 석남石南을 맞나, 광양관光陽館으로 가 추탕鰍湯을 먹다. 저녁 요기饒飢가 된다. 문광서림文光書林, 한남서림翰南書林을 뒤져, 석남石南은 15원十五円어치 고본古本을 사다.

10월 11일. 흐리다. 밤새도록 비 오다. 함화진咸和鎭 군君이 오다. 『서계집西溪集』과 『현금동문유기玄琴東文類記』를 내보이다. 석남石南이 왔다. 함께 나섰다. 본정本町 금강당金剛堂에 가 점심點心. 석남石南과 나는 경성역京城驛으로 가 이상백李想白 군君을 송별送別하다. 정충시鄭忠時 군君을 찾다.

10월 12일. 두계斗溪를 찾다. 방공연습防空練習이 시작되었다. 중로中路에서 정지停止를 여러 번 당하였다. 정노식鄭魯湜 군君 문상問喪을 갔다 못 맞났다. 성북동城北洞 앞 산성山城을 넘어오다. 삼청동三淸洞서 오는 신작로新作路가 아즉 공사工事 중이라 퍽 소삽하다.

10월 13일. 휘문徽文서 방공연습防空練習을 하다. 이왕직문고李王職文庫를 가 보다.

10월 14일. 경복景福서도 방공연습防空練習. 수업授業은 제대로 진행進行되지 못하였다. 김병룡金秉龍 군君을 찾다. 혈압血壓이 높고 현기眩氣가 난다 한다. 취농翠儂이 왔다고. 두계斗溪와 김상기金庠基 군君이 오다. 석반夕飯을 가치 하다. 두계斗溪는 『서계집西溪集』과 『성소부부고惺所覆瓿藁』와 『매복등단록枚卜登壇錄』을 빌려 갔다.

10월 15일. 우하又荷를 가 보다. 이발理髮. 방공연습防空練習은 오날부터 4일간 중지中止.

10월 16일. 김병룡金秉龍 군君 집의 오철호吳徹浩 군君을 찾다. 함께 와서 책冊을 보고 자다.

10월 17일. 두계斗溪를 오철호吳徹浩과 찾었다. 성재誠齋도 맞났다. 돌아오다가 하거何居를 보다. 한남서림翰南書林에 들어 『풍소궤범風騷軌範 후집後集』 1책一册과 『유림초록儒林抄錄』 1책一册을 가조다. 비가 온다. 비를 맞고 왔다.

10월 18일. 우하又荷가 불러 가다. 정지용鄭芝溶 군君을 게서 맞나, 술 한 병을 집에서 갖다가 다 기울렸다. 삼공탄三孔炭 1톤一噸(1200개 千二百個)을 들이다. 본성상점本盛商店서.

10월 19일. 『제왕운기帝王韻紀』— 영락永樂 간본刊本 중각본重刻本(선조宣祖 경자庚子) 사본寫本을 지정至正 20년二十年 동경東京 개판본開板本에 교준校準하다. 지정본至正本이 지금까지 나타난 본本으로는 그 본本의 최고最古다. 착오錯誤된 곳이 많다. 선조宣祖 경자庚子에 이시발李時發이 경주부윤慶州府尹으로 가 있으며 『익재집益齋集』 기타其他 여러 책冊을 중간重刊하였다. 운기韻紀도 그가 한 듯하다. 조선고전간행회朝鮮古典刊行會서 영인影印한 것이 이 중각본重刻本이다.

10월 20일. 「가악사歌樂史」 원고原稿를 쓰다. 이희균李曦均 군君에게 축하祝賀 편지를 하다. 오는 25일. 결혼식結婚式이 있다.

10월 21일. 날이 눅었다. 이근성李根性 군君이 『고려사高麗史』 낙질落帙 2책二冊을 가조다. 추사秋史 편지 한 장을 가져갔다. 석남石南이 오다. 방공연습防空練習은 오날 정오正午에 그쳤다. 식모食母가 시골로 갔다.

10월 22일. 이근성李根性 군君이 『여사麗史』 낙질落帙을 도로 물러 달라 한다. 아니 물러 주었다. 근성根性의 버릇이 그러타. 석남石南을 보다. 하거何居를 보다. 삼화三華집에서 소주燒酒를 먹다.

10월 23일. 김병룡金秉龍 군君을 찾다. 변일섭邊日燮 군君 편지를 보다. 이리裡里 조趙 형兄에게 편지하다. 이완규李完圭 군君을 보다. 동경東京을 갔다 목서木犀와 춘란春蘭을 가졌다.

10월 24일. 동문당同文堂도 가 보고 한남서림翰南書林도 가 보다. 한남

翰南서 김종무金鍾武 군君을 맞나다. 집에 돌아와 관희觀熙를 나무래다. 유 군柳君(달수達洙 부친父親)이 오다. 병국炳國이가 오다. 동흥루東興樓서 김동규金同圭, 이훈李爋 군君과 술을 먹다. 김병룡金秉龍 군君이 오다.

10월 25일. 비. 병국炳國이가 떠났다. 병륙秉陸에게 편지하다. 관희觀熙가 동경유학지원서東京留學志願書를 내 도장圖章을 몰래 찍어 휘문중학교徽文中學校 교무주임敎務主任에게 어제 내었다. 그걸 중지中止시기고 알리었다. 이근성李根性을 찾다. 『고려사열전高麗史列傳』 26권二十六卷은 다른 데 팔고 내게 거짓말을 중언부언重言復言한다. 하거何居를 찾어 보다. 『고려사高麗史』 낙질落帙을 근성根性이 하거何居께 팔었다. 동문당同文堂 개점고사開店告祀에 참여參與하다. 술과 떡을 준다.

10월 26일. 서북풍西北風. 칩다. 『사성통해四聲通解』 원판본原板本(을해자乙亥字 인본印本)을 석남石南에게 빌려와 내 것(목판본木版本)을 주묵朱墨으로 교준校準하다. 우하又荷께서 저녁에 오셨다.

10월 27일. 우雨. 하거何居를 가 보다.

10월 28일. 오후 음陰. 경복중학景福中學 체련회體鍊會(운동회運動會)가 있다. 직원職員 계속경주繼續競走. 나중에는 위로회慰勞會. 아서원雅敍園 요리料理와 백학주白鶴酒. 나는 안호삼安鎬三 군君과 환산장교丸山將校와 함께 재차회再次會를 하였다.

10월 29일. 장태영張泰英 군君이 그 사돈査頓이 가존 장작長斫을 나누어 450관四百五十貫을 준다. 69원六十九円 50전五十錢. 다시 지게ㅅ군을 얻어 들이다. 2원二円 50전五十錢. 우하又荷 댁宅에 가다. 매헌梅軒, 민광식閔廣植 씨氏도 오다. 그 조고祖考 기제忌祭다. 자정子正까지 붙들려 토제討祭를 하다.

10월 30일. 한남서림翰南書林에 가서 『사원辭源』을 사다 북성당北星堂

에 맡겨 김종무金鍾武 군君에게 전케 하다.

10월 31일. 학어學漁(하거何居)를 가 보다. 석반夕飯 후後 집에 돌아오니 옥전광웅玉田光雄 군君이 찾어와 명함名啣을 두고 갔다. 명함名啣에는 그 이력서履歷書 3통三通을 써 보내 달라 하였다. 『역대시조집歷代時調集』을 재판再版한다고 인지세印紙稅 40원四十円을 신시대사新時代社서 보냈다. 저녁 비 오다.

11월

11월 1일. 이력서履歷書 3통三通을 가지고 원정元町 일정목一丁目 24-3, 옥전광웅玉田光雄 군君을 찾다. 덕수공립상업학교德壽公立商業學校 습자習字 선생先生이 임시臨時 궐闕이 났다 하며 나더러 그 시간時間을 매주每週 수요일水曜日 4시간四時間, 목요일木曜日 2시간二時間을 보아 달라는 것이다. 보수報酬는 박薄하다고 한다. 두계斗溪를 찾다. 날이 퍽 따듯하다. 함께 산보散步를 나섰다. 영도사永導寺를 가니 석전石顚은 봉선사奉先寺를 갔다. 보전普專를 가니 모다 우이동牛耳洞 원족遠足을 갔다. 황금정黃金町 사정목四丁目 270, 변호사辯護士 이봉구李鳳九 씨氏를 찾다. 저녁에 찬燦 군君을 찾고 하태성河泰成 군君(하경덕河敬德 박사博士)을 찾다.

11월 2일. 음陰. 장지태張之兌 군君이 지난 30일 내간상內艱喪을 당하였다. 가 문상問喪. 부의賻儀 5원五円. 석남石南과 가치 부민관府民館에 가서 태국泰國 영화映畵를 보다. 백양당白楊堂을 가다. 우산牛山의 해형수선蟹形水仙을 맨들다.

11월 3일. 장지태張之兌 군君 자친상慈親喪 발인發靷을 가 보다. 게서 두계斗溪, 석남石南을 맞나, 학어學漁에게로 와, 고서古書를 보다 광양관光陽館서 점심點心. 나는 한남서림翰南書林으로 가, 삼화三華를 맞나, 골탕가骨湯家로 갔다. 우하又荷를 가 보다. 매헌梅軒을 맞났다. 석찬夕餐. 오일영吳一英 군君도 맞났다.

11월 4일. 100원百円을 빗을 내다. 한 달에 3분변三分邊.

11월 5일. 장작長斫 가價 69원六十九円을 가평군加平郡 상면上面 덕현리德峴里 성두용成斗鏞께로 부쳤다. 학어學漁를 보다. 병륙秉陸의 편지를 보다.

11월 6일. 음陰. 눅다. 김병룡金秉龍 군君을 보다. 김영룡金永龍 군君이 오다. 우하又荷께서 오셨다. 종자從姊가 남양南陽을 가있다가 굴을 가지고 오다. 달게 먹었다.

11월 7일. 우하又荷를 가 보다. 한남서림翰南書林서 삼화三華를 맞나 함께 위창葦滄을 찾었다 못 보고 죽동궁竹洞宮 옆에서 백야白夜를 맞나 끌려 목놋집으로 들다. 김낙순金洛淳 군君을 찾었다 못 보다.

11월 8일. 매헌梅軒을 찾었다 못 보고 애류崖溜를 찾어 가조고 간 술병을 거울러 두어 잔 하다.

11월 9일. 요즈음은 봄날 같다. 난蘭들을 종일終日 볕을 쬐였다. 닢들이 싱싱하다. 가끔 물을 품어 주었다. 송강가사松江歌辭의 「성산별곡星山別曲」과 단가短歌들은 초초鈔하여 주해註解하다.

11월 10일. 대동인쇄소大同印刷所서 『인현왕후전仁顯王后傳』을 박문문고博文文庫로 출판원出版願를 제출提出한다고 나의 도장圖章을 찍어 갔다. 우하又荷께서 저녁에 오셨다. 이완규李完圭 군君이 오다.

11월 11일. 「송강가사松江歌辭 연구硏究」, 『진단학보震檀學報』 4, 6, 7

권卷의 것을 빼여 내어 다시 교정校正하고 또 「성산별곡星山別曲」과 단가短歌들을 주해註解하여 부록附錄으로 하여 한 책자冊子를 맨들다. 자정子正까지 하였다. 오문호吳文浩 군君이 오다.

11월 12일. 옥전광웅玉田光雄 군君이 오다. 그간間 소식消息을 알린다. 덕수공립상업학교德壽公立商業學校를 가 보다. 교장校長 목야실牧野實을 보다. 여러 가지를 묻고 말한다. 월급月給은 아직 25원二十五円이라 하고 내주來週부터 출근出勤하라 하며 수요水曜 4시간四時間, 목요木曜 2시간二時間으로 시간표時間表를 적어 준다. 비가 온다. 전차電車를 기다려다 광화문光化門 앞까지 타고는 그냥 걸었다. 너무 복잡複雜하여 바꾸어 탈 수가 없었다. 우산雨傘을 받고 종로鐘路 영보永保쿠리르까지 오다. 휘문학교徽文學校 암영岩永 군君 장행회壯行會가 있다. 벌서 한 시간이 넘었다. 양식洋食을 거의 먹었다. 정재正宰 씨氏를 맞났다. 민규식閔奎植 군君이 내 시조책時調冊을 일전日前에 사가지고 왔더라고 한다. 비는 줄줄 온다. 이규현李圭鉉 군君과 가치 한 우산雨傘 밑에 재동齋洞 네거리까지 오다. 그는 동홍루東興樓로 들었다.

11월 13일. 저녁에 한남서림翰南書林을 가다. 훈爋 군君을 더불고 광양관光陽館 추탕鰍湯을 먹고 영보루英寶樓 백알을 먹다.

11월 14일. 우하又荷를 가 보고 학어學漁를 가 보고 삼화三華를 맞나 그의 술을 먹고 돌아오다 김동규金同圭 군君을 보다.

11월 15일. 김상기金庠基 군君이 오다. 매헌梅軒이 오다. 매헌梅軒과 가치 교동校洞을 가다. 정육正肉 3근三斤을 사가지고 우하又荷 댁宅으로 가다. 민병도閔丙燾 군君이 성북동城北洞 별장別莊 춘자정春者亭을 회록回祿 당하였다 한다.

11월 16일. 음陰. 우하又荷에게 불려가, 성북동城北洞 춘자정春者亭을 가 보다. 민병도閔丙燾 군君은 없다. 역군役軍을 시겨 불탄 자리를 정리整理 중. 비단 쪽이 많이 나왔다. 이병도李丙燾 군君을 찾어 보다. 김두헌金斗憲 군君도 맞나다. 나는 이병도李丙燾 군君과 가치 청운정淸雲町 유자후柳子厚를 찾다. 놀다 저녁을 먹다. 처妻가 두통頭痛, 신열身熱, 오한惡寒.

11월 17일. 휘문徽文 시간時間을 오전 중 마치고 함화진咸和鎭 군君을 찾다. 못 맞나다. 오후 4시 반, 덕수상업학교德壽商業學校를 가서 환영歡迎 다화회茶話會를 참석參席. 5시 반엔 교정校庭에서 전교全校 생도生徒 직원職員과 신임식新任式을 하다. 처妻가 또 두통頭痛, 신열身熱, 오한惡寒. 우하又荷가 오셨다. 이완규李完圭 군君이 오다. 무를 사들이다.

11월 18일. 음陰. 우雨. 장남계張南溪를 가 보고 처妻의 약藥, 청해탕淸解湯 두 첩을 지어다 먹이다.

11월 19일. 음陰. 우하又荷를 가 보고 아악부雅樂部를 단여와서 저녁을 미리 먹고 덕수공립상업학교德壽公立商業學校에 가, 2, 1학년 네 시간時間을 하다.

11월 20일. 흐리다. 비 오다. 김병룡金秉龍 군君을 보다. 김영룡金永龍 군君이 오다. 덕수상업학교德壽商業學校를 가, 3학년三學年 두 시간時間을 하다.

11월 21일. 비. 또 처妻의 약藥, 청해탕淸解湯 두 첩을 지어 오다. 두통頭痛, 지절통肢節痛이 심甚하다. 한양漢陽말 종매從妹를 불러 오다. 우하又荷를 가 보다.

11월 22일. 개었다. 경복중학교景福中學校를 가 보다. 김낙순金洛淳 군君을 찾어 보다. 함화진咸和鎭 군君은 찾으니 출타出他. 처妻의 체온體溫이 37도三十七度 2분二分. 두통頭痛 지절통肢節痛이 심甚하다.

11월 23일. 윤형로尹衡老 군君이 와 주사注射를 놓았다. 열熱이 감減하였다. 이병도李丙燾 군君이 오다. 가치 학어學漁를 찾어 보고 효승孝承 씨氏를 맛나, 돌아오다가 골탕骨湯ㅅ집으로 들다. 탁주濁酒 3배三盃에 효승孝承 씨氏는 옥산퇴玉山頹를 하였다. 흐렸다.

11월 24일. 흐리다. 우하又荷를 가 보다. 가치 가회정嘉會町 적음寂音을 찾어 보다.

11월 25일. 처妻가 또 신열身熱, 두통頭痛, 오한惡寒, 번열煩熱에 혓바닥이 바싹 말르고 혹 해수咳嗽도 한다. 집에 편지를 하다. 또 주사注射를 주었다.

11월 26일. 비. 서북풍西北風. 치위가 이 밤에 닥쳐왔다. 물이 꽁꽁 얼었다. 덕상德商에가 청서淸書를 시기다.

11월 27일. 서풍西風. 몹시 칩다. 덕상德商서 나오니 오후 9시 반. 가로街路에 한 여자女子가 떨고 있으면 잘 데가 없다고 두런거린다. 옷은 남루하되 거지는 아니다. 손에 조고만 보퉁이를 들었다. 어찌하여 그러케 되었느냐 한즉 누구를 따러와 떠러졌다 한다. 나히는 36세歲. 안잠이라도 살겠느냐 한즉 가겠다 하며 따러온다. 전차電車로 하여 안국정安國町서 나렸다. 집으로 와 밥을 먹였다. 먹고 나서 하는 말이 저는 12세歲부터 기생妓生이 되어 화류계花柳界에 종사從事하다가 극단劇團을 따러 인천仁川까지 가서 흥행興行을 하든바 고로苦勞를 못 견대어 도망하여 나왔으며 어린 자식子息을 어느 여관旅館에 두었다 하고 그 여관旅館(봉래정蓬萊町)으로 가겠다 한다. 전차電車값을 주어 보냈다.

11월 28일. 한寒. 서풍西風. 휘문徽文을 가다. 치워서 공부工夫가 아니 된다. 우하又荷가 오셨다. 처妻는 열熱이 오르다 나리다 한다. 37도三十七度 — 36도三十六度. 음식飮食을 못 먹고 긔운이 없다. 관희觀熙

가 시골 가다.

11월 29일. 좀 풀린다. 바람이 자고. 함화진咸和鎭 군君이 오다. 오후 학어學漁을 찾다. 인삼人蔘 2냥쭝二兩重을 얻어 오다. 5돈쭝五錢重을 깨어 황률黃栗, 생강生薑을 넣고 다려 먹이다.

11월 30일. 온溫. 매헌梅軒이 오다. 인삼人蔘을 또 다려 먹이다. 원기元氣가 돌았다. 기신氣神과 음성音聲이 여상如常하다. 매헌梅軒이 오다. 함께 우하又荷를 가 보다. 하거何居를 보고 삼화三華를 맞나다.

12월

12월 1일. 온溫. 덕상德商 습자習字 채점採點을 하다.

12월 2일. 온溫. 김병룡金秉龍 군君과 낙중洛中 부인婦人을 보고 『능가경楞伽經』 1질一帙을 얻어 오다. 처妻와 가치 배추를 사러 나갔다. 배오개, 전동典洞을 돌아 돈암정敦岩町까지 나갔다가 동소문東小門 밖에서 사 오다. 배추는 귀貴하다. 백百에 4원四円, 450개四百五十個. 속은 차지 못하고 얼었다.

12월 3일. 비 오다. 덕상德商을 가서 두 시간時間. 시험試驗 감독監督. 지난 11월 30일. 덕상德商 강사講師 촉탁囑託 사령장辭令狀을 준다. 비는 줄줄 나린다.

12월 4일. 우하又荷가 오셨다. 또 호胡배추 130百三十통과 무를 사다. 호胡배추는 한 통 11전十一錢 가량假量. 무는 100개百個에 3원三円 20전二十錢.

12월 5일. 우하又荷를 가 보다.

12월 6일. 휘문徽文, 경복景福의 습자習字 채점採點. 이홍직李弘稙 군君, 손진태孫晉泰 군君이 오다. 이李 군君은 경자자庚子字, 갑인자甲寅字, 중종中宗 10년十年 을해자乙亥字 인본印本을 빌려 갔다. 인촌仁村을 가 보다. 고려高麗 선종宣宗 때 판본板本『약사여래경藥師如來經』을 보다. 2천 원二千円을 달란다.『속장경續藏經』의 1책一册.

12월 7일. 석남石南을 보다.

12월 8일. 우하又何 댁宅에 가다. 학어學漁를 가 보다. 대동아전大東亞戰 시작始作.

12월 9일. 청정靑汀을 찾고 위창葦滄, 학어學漁를 찾다.

12월 10일. 애류崖溜가 오다.

12월 11일. 인촌仁村을 보다. 우하又荷가 오셨다.

12월 12일. 새로 식모食母가 들오다. 성姓은 원元 씨氏, 나히는 이십二十, 고향故鄕은 청주淸州. 우하又荷를 가 보고 한남서림翰南書林을 보고 노성석盧聖錫 군君 외간상外艱喪 조문吊問을 가다. 게서 박종화朴鍾和 군君을 맞나 그 집으로 가다. 눈은 펄펄 나린다.

12월 13일. 경복중학교景福中學校를 가서 성적成績 단책短册을 가조다. 김병학金秉鶴 군君의 새집 상량식上樑式에 참석參席. 문곡文谷이 왔다 하여 가 보다.

12월 14일. 애류崖溜가 오다. 백강白岡 이병우李炳宇 군君이 지난 10일 작고作故하였다 한다. 함께 그 집으로 가 발인發靷을 보고 홍제원弘濟院 화장장火葬場으로 가 보다. 나오다 일주一洲 김진우金振宇 군君과 기타其他 몇 친구親口와 주점酒店을 찾다. 종매從妹가 갔다. 이상돈李相敦 군君이 오다.

12월 15일. 좀 눅인다. 종일 음산하다. 춘추사春秋社에「답교踏橋」시詩

를 보내다. 관희觀熙가 짐장을 가지고 오다. 조운曺雲 군君 편지를 보다.

12월 16일. 「가악사歌樂史」 원고原稿를 쓰다. 함화진咸和鎭 군君이 저녁에 오다.

12월 17일. 온화溫和. 난蘭을 볕을 보이다. 이왕직李王職 예식과禮式課에 가다. 상여賞與 60원六十円. 덕상德商에 가니 대소제大掃除와 영화映畵 구경을 간다 한다. 즉시卽時 돌아오다. 『성소부부고惺所覆瓿藁』을 가지고 하 박사河博士를 찾다. 고기반찬飯饌에 저녁을 먹인다. 김포金浦 금융조합金融組合 김영룡金永龍 군君께 회답回答.

12월 18일. 뒷 이웃집 홍순응洪淳應 군君을 찾다. 양화洋靴ㅅ바닥을 갈다.

12월 19일. 우하又荷를 가 보다.

12월 20일. 휘문徽文을 가다. 김현장金顯璋, 윤병섭尹丙燮 군君과 현저정峴底町을 가다. 애류崖溜를 찾다. 대필大筆 1병一柄을 문아당文雅堂서 매오다. 22원二十二円. 순양호純羊毫, 봉鋒 3촌三寸 8분八分.

12월 21일. 우雨. 석남石南을 보다. 앓는다. 조운曺雲 군君께 편지 회답回答. 저녁때, 김종영金鍾英 군君이 찾어 왔다. 그동안 장가를 갔다. 보아구락부로 끌려가다. 장발張勃, 윤승욱尹承旭 군君과 또 두어 사람이 모였다. 양식洋食.

12월 22일. 동지冬至. 정오正午, 반도半島호텔 식당食堂서 양식洋食. 김종영金鍾英 군君 대접待接. 장張, 윤尹 군君과 함께. 덕상德商, 경중景中을 가다. 우하又荷 댁宅에 가 팟죽을 먹다. 김영룡金永龍 군君 엽서葉書가 오다. 동희東熙가 여산礪山 가다.

12월 23일. 종일終日 음산하다. 매헌梅軒을 찾다. 함께 우하又荷 댁宅으로 가다. 암본규백岩本圭白 씨氏가 김포金浦서 식모食母를 데리고 왔다. 관희觀熙 시겨 휘문徽文 교장校長 댁宅으로 보냈다. 이희균李曦均, 윤승욱尹承旭 군君이 오다. 끌려 대관원大觀園으로 가다. 이원영李元榮 군君이 왔다. 깃벘다. 아산牙山서 순희順熙가 오다.

12월 24일. 암본규백岩本圭白 씨와 식모食母를 데리고 교장校長 집으로 가다. 두계斗溪를 찾다. 함께 나서 학어學漁, 석남石南을 찾다. 이왕직李王職서 주효료酒肴料 5원五円을 보냈다. 저녁에 경희京熙를 데리고 본정本町을 가서 여러 상점商店을 더듬어 명란明卵젓 1준一樽을 사 오다.

12월 25일. 흐리다. 명란明卵젓을 가지고 오전 11시 출발出發. 16시 논산論山 착着. 빠스로 18시 여산礪山 착着. 동희東熙, 문환文煥이 와서 등대等待. 집에 드니 저믈다. 서모庶母 댁宅에서 아버님을 뵈다. 저녁 진지를 잡수신다. 명란明卵젓 통을 열다. 서모庶母가 술을 준다. 사랑으로 오니 사우당四友堂 종손宗孫 준배浚培 군君이 와 있다. 자정子正에 술을 내다 먹다.

12월 26일. 흐리다. 중부주仲父主를 가 뵈고 사곡沙谷 종조부주從祖父主를 뵈고 조고비祖考妣 산소山所와 선비先妣 산소山所를 가 뵈다. 동희東熙를 데리고. 아버님 뫼시고 이야기하다.

12월 27일. 흐리다. 오후 5시 신막新幕서 버스 출발出發. 이리裡里 관사官舍의 누의님을 뵈다. 자다. 아침은 대부大父 댁宅에서.

12월 28일. 병철秉徹, 병석秉錫 군君이 와 본다. 오전 11시 출발出發. 오후 3시 반 장성長城서 빠스로 영광靈光을 가다. 저믈다. 술 한 병, 꿩 한 마리를 가지고 가다. 조운曺雲이 나와 등대等待하였다. 홍교반虹橋畔으로 들다. 운雲 군君 자당慈堂은 건강健康하다. 퍽 반긴다.

12월 29일. 정태희鄭泰熙 군君이 와 본다. 도동道東, 해인海人이 오다.

정태송鄭泰松 군君이 와 본다. 흐리다.

12월 30일. 조희성曺喜成, 병모秉謨 군君을 가 보다. 도동道東, 해인海人이 오다. 함께 정태희鄭泰熙 군君ㅅ집으로 가 석식夕食. 흐리다.

12월 31일. 흐리고 눈이 좀 오다. 정태송鄭泰松 군君이 술 한 병을 가지고 오다. 시조時調 습작習作을 보인다. 평화評話. 조희성曺喜成 군君ㅅ집에서 석식夕食. 도동道東, 해인海人이 오다.

1942년(단기 4275년)

1942년(단기 4275년) 임오壬午

1월

1월 1일. 나나 연길涓吉을 쓰다. 해인海人, 도동道東이 오다. 고故 임보환林普桓 군君의 영윤令允을 맞나다. 그 끝 아우와 나나와 약혼約婚한바 사주단자四柱單子를 가졌다. 점심은 주효酒肴가 풍비豊備하였다. 오후 나는 조병모曺秉謨 군君에게 끌려 이로泥路 10리十里를 걸어 그 별장別莊인 적서암積書菴을 가다. 밤새도록 눈과 솔바람 소리에 잠을 못 잤다.

1월 2일. 눈. 눈이 반半 척尺이나 쌔였다. 답답하다. 오후, 풍설風雪을 무릅쓰고 홍교반虹橋畔으로 오다. 운雲 군君은 그저 감기感氣로 누었다. 도동道東을 불러 소작小酌.

1월 3일. 흐리다. 정오正午, 빠스로 송정리松汀里로 오다. 도동道東이 나와 전송餞送. 오후 3시 반 차車로 김제金堤서 나리다. 6시. 해남海南 송창언宋昌彦 군君을 맞나 동행同行. 화봉여관花逢旅館서 석반夕飯. 10시 21분 출발出發. 차車ㅅ속은 빽빽이 들어찼다. 밤새도록 서서 오다.

1월 4일. 오전 7시 경성京城 착着. 몹시 차다. 귀가 저린다. 집으로 들다. 서향瑞香, 난초蘭草가 얼었다. 내 방에 불을 때고 즉시卽時 옴기다.

1월 5일. 우하又荷를 가 뵈다. 유달수柳達洙 군君 아버지가 오다.

1월 6일. 소한小寒 석남石南을 가 보다. 애류崖溜, 매헌梅軒이 오다. 석남石南과 가치 민병도閔丙燾 군君ㅅ집으로 가, 이상백李想白 군君을 보다. 눈이 오다.

1월 7일. 김상기金庠基 군君이 오다. 아악부雅樂部를 가 한 시간時間을 하다. 학어學漁를 가 보다.

1월 8일. 우하又荷를 가뵈다. 민병도閔丙燾 군君이 석식夕食을 준다. 야夜 대설大雪.

1월 9일. 소풍小風. 용인龍仁 정희政熙 군君이 오다. 저헌樗軒 진묵眞墨을 얻었다 한다. 대폭大幅 횡축橫軸 행초行草.

1월 10일. 조운曺雲 군君께 편지하다. 하거何居를 보다. 술을 준다. 삼화三華와 함께 마시다. 우하又荷 댁宅에서 석식夕食. 또 술을 마시다. 민병도閔丙燾 군君으로 가다. 석남石南, 남창南倉, 상백想白, 정연正淵 군君이 있다. 주인主人은 삼방三防으로 스키를 가고 약소주藥燒酒를 준다. 이윽하도록 세 차례를 먹었다. 안주는 없다.

1월 11일. 종일終日 누었다. 정충시鄭忠時, 이상돈李相敦 군君이 오다. 이李 군君은 송삼松蔘 1갑一匣을 가조다. 저녁에야 밥을 먹었다.

1월 12일. 상백想白 군君을 찾다. 점심點心을 먹다. 석남石南이 오다. 하거何居 댁宅에 가서 고서古書를 보다. 삼화三華를 맞나 해정解酲을 하다. 동희東熙가 오다.

1월 13일. 달수達洙 군君이 오다. 준시蹲柿 5동과 금삼錦蔘 1갑一匣을 가조다. 우하又荷를 가 보다. 상백想白 군君을 보다. 오철호吳澈浩 군君이 와 자다.

1월 14일. 가든 중 칩다. 북풍北風.

1월 15일. 경복중학景福中學을 갔다 바루 돌아와 석남石南을 찾다. 이상백李想白 군君이 와서 함께 집으로 돌아와 고서古書를 보이다. 석남石南이 오다. 3인三人이 나서 청정靑汀(이여성李如星)을 찾다. 강도도江都圖 12폭十二幅 병풍屛風을 보다. 몹시 칩다. 저녁에 돌아오다.

1월 16일. 휘문徽文 시간時間을 마치고 창덕궁昌德宮 문고文庫 이홍직李弘稙 군君을 찾다. 함께 하거何居를 찾다. 『정종어필간첩正宗御筆簡帖』 6권六卷을 보다. 하거何居는 출타出他하여 못 보다. 대관원大觀園으로 가, 석식夕食하다. 난초분蘭草盆이 모다 얼었다. 불을 더 때고 방ㅅ바닥에 나려 놓고 뇨, 담뇨로 둘러 눅이다.

1월 17일. 이상백李想白 군君을 보고 하거何居를 찾다. 하거何居는 그 이웃 김영운金潁雲 용진容鎭 집에 가 있다. 그리 오라 하여 갔다. 송시헌宋始憲이란 이도 맞났다. 술ㅅ상을 버렸다. 저물어야 헤졌다.

1월 18일. 윤석진尹石瑨 군君이 그 조모상祖母喪을 당하여 갔다.

1월 19일. 이상백李想白 군君과 하거荷居를 찾다.

1월 19일. 하거何居를 찾다. 삼화三華를 맞나고 김진규金鎭圭 군君을 찾었다. 보래상점寶來商店서 석탄石炭 1톤一噸을 드려오다.

1월 20일. 좀 눅어진다. 이홍직李弘稙 군君을 찾어 보고 하거何居를 찾고 우하又荷를 찾어 석식夕食. 덕상德商 습자習字 교안敎案을 쓰다.

1월 21일. 덕상德商을 가다. 제2방송부第二放送部 김동익金東益 군君이 오다. 종로鐘路 정미소精米所서 백미白米 세 가마니 드려오다.

1월 22일. 우하又荷를 가 보고 안만수安晩洙 씨氏를 맞나다. 오후 5시 20분에 순희順熙가 생남生男. 봄 긔운이 돌다. 눈을 녹인다.

1월 23일. 이상백李想白 군君을 찾고 하거何居를 보고 한남서림翰南書林 이훈李爋 군君을 보다.

1월 24일. 장현식張鉉植 군君을 찾으니 귀향歸鄕. 안호준安鎬俊 군君

을 맞나, 본정本町 다점茶店서 점심點心. 박종목朴鍾穆 군君을 찾다. 월탄月灘, 탄월灘月, 애류崖溜도 모이다. 우송友松의 생일生日이라고 음식상飮食床이 나오다. 향린香隣, 조용만趙容萬, 조풍연趙豐衍, 방송부放送部 남정준南廷駿, 박종수朴鍾洙 군君이 또 오다. 순배巡盃가 잦었다. 저녁이 늦었다. 또 나서 청진정淸進町으로 돌았다.

1월 25일. 흐리고, 녹이다. 석남石南 집에서 월파月坡, 청정靑汀, 두계斗溪와 점심點心. 이상백李想白 군君을 찾다. 한남서림翰南書林, 백양당白羊堂을 들다. 소우小雨.

1월 26일. 하거何居가 오다. 하거何居를 가 보다.

1월 27일. 백야白夜를 찾다. 우하又荷를 보다. 이상백李相佰 군君을 보다. 이날 영광靈光 조희성趙喜成 군君이 기세棄世하였다고(12월 11일). 사자嗣子 조길호曺吉鎬.

1월 28일. 박문서관博文書館 출판부出版部 최영주崔泳柱 군君이 오다. 송강가사松江歌詞에 대하여 상의相議. 아악부雅樂部 홍윤기洪允基 군君에게 장적 한 마차馬車를 부탁付託.

1월 29일. 서북풍西北風. 애류崖溜가 『운회옥편韻會玉篇』을 가지고 오다. 서상천徐相天, 이병춘李秉春에게 회답回答.

1월 30일. 우하又荷을 가 보다. 인촌仁村을 찾으니 없다. 하 박사河博士를 가 보다.

1월 31일. 석남石南을 보다. 인촌仁村을 보고 『운회옥편韻會玉篇』, 『사성통해四聲通解』을 보전도서관普專圖書館에 넣게 하였다. 하거何居를 보다. 한남서림翰南書林을 가다. 애류崖溜를 맞나 광양관光陽館서 점심點心. 야夜 소우小雨.

2월

2월 1일. 애류崖溜를 찾다. 짓눅인다. 현저정峴底町 고샃길은 수렁이다. 관악산冠岳山엔 눈이 혀여타. 인촌仁村이 전하는 돈 100원百円을 애류崖溜게 주었다. 낮븐 술을 먹다.

2월 2일. 하학下學 후後 바루 본정本町 명치과자점明治菓子店으로 가다. 장현식張鉉植, 신윤국申允局 군君을 맞나다. 인촌仁村 집에 가다. 석남石南, 근촌槿村, 남창南倉을 맞나다. 김상선金相善 군君의 혼서지婚書紙를 쓴다. 하거何居에게 정육正肉 5근五斤을 사 보내다. 홍원기洪元基 군君이 장적 200관二百貫을 가조다. 49원四十九円.

2월 3일. 한남서림翰南書林을 가 보고 하거何居를 보다. 김지수金智洙 군君의 혼일婚日이 내일來日. 이 저녁에 납폐納幣를 한다.

2월 4일. 덕상德商을 일즉 가, 과제課題ㅅ장張을 처리處理하다. 두계斗溪를 맞나다. 입춘立春.

2월 5일. 덕상德商을 일즉 가, 과제課題ㅅ장張 처리處理를 마감磨勘하다. 변일섭邊日燮 군君이 오다.

2월 6일. 오후 하거何居에게 가서 큰 상床을 받었다. 영운穎雲, 홍택주洪宅柱 씨氏와 함께. 우하又荷를 보다.

2월 7일. 한남서림翰南書林 이훈李燻 군君을 찾다. 함께 김동규金同圭 군君에게 끌려 보영루寶英樓를 가다. 칩다.

2월 8일. 인촌仁村을 보다. 정충시鄭忠時 군君과 양순자梁順子가 왔다. 김동규金同圭 군君이 오다.

2월 9일. 칩다. 양순자梁順子가 오다. 시조時調 차작借作을 하여 주었다. 하거何居를 찾다.

2월 10일. 애류崖溜가 오다. 돈 100원百円을 전하다. 하거何居를 찾다. 회정悔庭을 맞나다.

2월 11일. 칩다. 정무경鄭武庚(송촌헌번松村憲繁) 군君이 오다. 오전 11시 중앙예식부中央禮式部 우ㅅ층層에서 정鄭 군君과 대전원숙大田元淑 양孃과의 혼례식婚禮式 주례主禮를 하고 현저정峴底町 신부新婦ㅅ집으로 가서 점심點心. 안호삼安鎬三, 김종무金鍾武, 송석하宋錫夏 군君과 함께 집에 석식夕食. 송宋 군君과 손재형孫在馨 군君ㅅ집을 가서 변일섭邊日燮, 홍순태洪淳太 군君을 맞나고 술을 먹다.

2월 12일. 우하又荷를 가 뵈다.

2월 13일. 아악부雅樂部를 가다. 정충시鄭忠時 군君을 찾다. 양순자梁順子를 보다. 청정靑汀과 석남石南이 오다. 역사화歷史畵와 목릉穆陵 어필御筆을 보다.

2월 14일. 음산하다. 이왕직문고李王職文庫 이홍직李弘稙 군君을 찾어 보고 장현식張鉉植 군君을 찾고 장홍식張鴻植 노인老人을 찾고 『시운詩韻』과 『청이십사가시淸二十四家詩』를 빌려 오다. 인촌仁村을 보다.

2월 15일.(임오壬午 정월正月 1일一日). 좀 눅다. 우하又荷, 위창葦滄, 하거何居를 가 보다.

2월 16일. 홍택주洪宅柱 노인老人을 찾어 보다. 중국中國서 와, 1년一年을 묵힌 백알을 준다. 향기香氣가 진동振動하고 맛이 좋다.

2월 17일.(임오壬午 정월正月 3일三日) 문아당文雅堂을 가서 덕상德商의 붓을 마추다. 하거何居를 보고 삼화三華를 맞나, 가치 와 달력曆을 주고 몇 잔盞을 하다. 단봉문丹鳳門 밖 양복순梁福順을 찾다. 자정子正에 돌아오다.

2월 18일. 아악부雅樂部, 하거何居를 찾고 삼화三華를 맞나, 조광사朝

光社를 가다. 덕상德商을 잠간暫間 들었다가 매일신문사每日新聞社로 와, 월탄月灘, 아롱啞聾, 향린香隣을 맞나, 끌려 다녔다. 나는 먼저 돌아오다. 복순福順 군君을 보다. 낮엔 눈ㅅ발이 뿌리고 따뜻하다. 밤에는 서북풍西北風이 불고 버쩍 치워졌다.

2월 19일. 서북풍西北風. 복순福順 군君과 대륙원大陸園서 석식夕食. 복순福順 군君의 양금洋琴을 듣다. 칩다.

2월 20일. 우하又荷 댁宅에서 석식夕食. 정월正月 초6일初六日. 우하又荷 생신生辰. 신申ㅅ집이 어린놈을 데리고 처妻와 함께 아산牙山을 가다. 서북풍西北風.

2월 21일. 경복景福, 덕상德商, 휘문徽文을 가다. 저녁에 안호준安鎬俊 군君 형제兄弟, 장발張勃 군君, 장현식張鉉植 군君을 찾다. 오다 복순福順 군君을 찾다. 어슴한 반달, 새촘한 별, 훈듯한 밤이다. 정正히 유쾌愉快하다.

2월 22일. 이인영李仁榮 군君을 가 보다. 하거何居 댁宅에서 술과 밥을 준다. 처妻가 오다.

2월 23일. 식모食母가 다른 곳으로 갔다. 이인영李仁榮 군君이 오다. 우하又荷를 가 보다.

2월 24일. 보총극장寶塚劇場의 영화映畫 「황혼黃昏」을 보다. 비가 좀 오다.

2월 25일. 김영례金永禮 자당慈堂이 와 조석朝夕을 하다.

2월 26일. 이기복李起福 군君에게 매주표買酒票를 얻다.

2월 27일. 휘문徽文을 가다. 계란鷄卵 장사가 왔다. 나도 열 개를 샀다. 한 개에 11전十一錢. 양 군梁君을 보다. 늦게야 잤다.

2월 28일. 경복중학景福中學을 갔다 와, 종일終日 졸업卒業 증서證書

를 쓰다. 오후 10시에 마치고 산보散步를 하였다. 훈훈한 밤이다. 달은 구름 틈으로 간간間間 보인다.

3월

3월 1일. 영광靈光 조운曺雲 군君이 해의海衣 1포一包를 보냈다. 달고 감칠 맛이 있다. 하거何居를 가 보다.

3월 2일. 중앙중학교中央中學校 현상윤玄相允 군君이 편지를 하였다. 가 보다. 교원敎員 채용採用에 대한 상의相議.

3월 3일. 안호삼安鎬三 군君이 오다. 석남石南이 오다. 셋이 나섰다. 명치정明治町 가서 석식夕食. 나는 서대문정西大門町으로 가, 양 군梁君을 맞어 오다. 동희東熙가 고공高工 입학入學 시험試驗 실패失敗.

3월 4일. 두계斗溪를 가 보다. 덕상德商서 한홍록韓興錄 군君을 맞나다. 문곡文谷 서상천徐相天 군君이 오다.

3월 5일. 중앙중학교中央中學校 동희東熙 졸업식卒業式에 가 보다. 조윤제趙潤濟, 이병도李丙燾 군君을 맞나, 석남石南을 찾다. 한홍록韓興錄 군君을 맞나다.

3월 6일. 서풍西風. 얼다. 문곡文谷을 찾다. 「역도力道」 원고原稿를 상의相議.

3월 7일. 노량鷺梁 용봉정龍鳳亭을 가서 목욕沐浴. 강변江邊 산보散步.

3월 8일. 이병도李丙燾 군君을 찾다. 김두헌金斗憲 군君을 맞나, 셋이 가치 배정국裵正國 군君 내간상內艱喪 조문吊問을 가다. 하 박사河博士ㅅ집에서 석찬夕餐.

3월 9일. 눈이 온다. 지자 녹는다. 병원秉元 씨氏가 오다.

3월 10일. 문곡文谷을 보고 원고原稿 교정校正. 병륙秉陸이에게 편지하다.

3월 11일. 휘문徽文 입학入學 시험생試驗生 소집召集. 직원회職員會 참여參與. 아악부雅樂部는 못 가다. 경복景福에는 전화電話로 내일來日 못가겠다고. 경희京熙가 경기중학京畿中學 시험試驗.

3월 12일. 덕상德商에 가서 전첩戰捷 제2차第二次 축하식祝賀式만 보고 오다. 휘문徽文 시험감독試驗監督.

3월 13일. 종일終日 세우細雨. 정충시鄭忠時 군君을 가 보다. 병륙秉陸 답서答書 보다. 소득금액所得金額 신고서申告書 제출提出. 휘문徽文 시험감독試驗監督.

3월 14일. 세우細雨 종일終日. 내 생일生日. 정충시鄭忠時 군君과 양복순梁福順 군君을 오라 하여 아침을 먹다. 양 군梁君은 현금玄琴을 탔다. 염불念佛. 오후 휘문徽文을 가다.

3월 15일. 휘문徽文을 가 해를 지우다.

3월 16일. 우하又荷를 찾어 뵈다.

3월 17일. 구돌이 차다. 촉랭觸冷되어 감기感氣 들다. 다리가 뇌곤 하여 잠을 잘 못 잤다. 머리도 아프다. 약간若干 오한惡寒도 난다.

3월 18일. 오정午正까지 안ㅅ방 아랫묵에 누었었다. 쌍패산雙敗散 2첩二貼을 지어다 먹다. 여러 약국藥局에 구求하여도 재료材料가 없다. 계산약방桂山藥房서 한 가지는 대용代用하였다. 오후 2시 아픈 머리를 들고 아악부雅樂部에 가서 강의講義.

3월 19일. 밤 7시 부민관府民館서 하는 조선영화문화연구소朝鮮映畵文化硏究所 작作인 「항우項羽와 우미인虞美人」의 창극唱劇을 보다.

3월 20일. 오후 2 - 4시간時間 아악부雅樂部 강의講義. 하 박사河博士가 오다. 따러 나가, 가회동嘉會洞 중국요리中國料理ㅅ집에서 저녁을 먹다.

3월 21일. 오전 중 휘문徽文서 광신상업학교光新商業學校 신입생新入生 선발選拔 시험감독試驗監督.

3월 22일. 우하又荷를 가 보다. 둘재 자부子婦 생일生日 받기를 가졌다고 소담한 점심點心을 먹인다.

3월 23일. 종일終日 비 오다. 장맛비처럼 온다. 경희京熙가 중앙중학교中央中學校 입학入學. 휘문徽文, 경복景福, 덕상德商을 가다. 본정本町, 전동典洞을 거쳐 오다. 양일광梁一光 군君이 저녁을 먹인다.

3월 24일. 음陰. 장인식張仁植 군君이 와서 거문고를 타다. 하거何居가 오다. 동희東熙가 여산礪山을 가다.

3월 25일. 음陰. 빗낮이 떨어지다 만다. 애류崖溜가 오다. 오신혜吳信惠 군君께 답장答狀 겸兼 결혼축하結婚祝賀를 하였다. 예식禮式은 이달 27일 성진城津서.

3월 26일. 양梁과 목욕탕沐浴湯에 가다. 나는 금화장金華莊으로 가서 장지영張志暎 군君을 찾어 보았다. 하태성河泰成 군君이 청요리淸料理를 먹인다.

3월 27일. 월탄月灘이 『청태집靑苔集』과 『다정불심多情佛心』을 보내고 『청태집靑苔集』의 신간평新刊評을 청請하였다

3월 28일. 하태성河泰成 군君을 찾어 보다.

3월 29일. 우하又荷를 가 뵈다. 양梁이 위경련증胃痙攣症을 발發하였다. 자정子正까지 간호看護.

3월 30일. 하거何居를 찾다. 함께 풍미옥豊美屋을 가다.

3월 31일. 하태성河泰成 군君을 찾다.

4월

4월 1일. 하태성河泰成 군君과 가치 매신每新에 가서 조풍연趙豐衍 군君을 찾어, 대관원大觀園으로 가다. 저녁에 동희東熙가 아버지와 서모庶母를 모시고 오다.

4월 2일. 양梁의 애화哀話를 듣다.

4월 3일. 훈듯하다. 보광보살普光菩薩께 시조時調 5수五首를 주다. 아버님이 동희東熙를 다리고 원당리元堂里를 가시다. 광산光山 사초莎草를 하러.

4월 4일. 서모庶母를 모시고 원서정苑西町 김재수金在洙 군君ㅅ집을 가다. 『만성보萬姓譜』 2책二冊을 정충시鄭忠時 군君께 빌리다. 동희東熙가 오다. 서상천徐相天 군君 형제兄弟가 찾어오다. 단봉문丹鳳門 외外 양梁에게 갔다가 비가 와서 자다.

4월 5일. 맑다. 밤엔 좀 차다. 문곡文谷이 홍어洪魚 한 마리를 보냈다. 원고原稿를 교정校正. 영광靈光서 가존 소주燒酒 한 병을 양梁에게 보내어 가미加味를 하였다. 서모庶母가 성북동城北洞 김년수金季洙 군君ㅅ집에서 자고 오셨다.

4월 6일. 동희東熙가 원당리元堂里를 갔다 왔다.

4월 7일. 매헌梅軒을 찾어, 함께 나섰다. 종로鐘路 안경점眼鏡店, 양약방洋藥房을 들다. 우하又荷를 뵈다.

4월 8일. 아버님께서 오셨다. 덕상德商 목야牧野 교장校長이 갈려 개성여고開城女高로 간다. 송별회送別會를 하였다.

4월 9일. 비 오다.

4월 10일. 한흥록韓興錄 군君이 오다.

4월 11일. 국일관國一館서 국본해창國本海昌 군君 초대招待를 받다. 오후 6시 — 10시.

4월 12일. 문곡文谷이 수어秀魚 2미二尾를 사 보냈다. 비가 오다. 아버님께서 오날 아츰에 떠나시려다가 성북동城北洞 김진산金珍山이 그 허 보와지라 하여 게를 가셨다. 밤 10시 5분 차車로 떠나시다. 서모庶母랑 동행同行. 동희東熙, 한희漢熙, 종호宗浩, 달수達洙를 다리고 경성역京城驛까지 나가다. 동희東熙, 달수達洙는 용산龍山까지 모시고 가다.

4월 13일. 목욕탕沐浴湯을 가다.

4월 14일. 문곡文谷을 찾다. 김상기金庠基 군君도 있다. 문곡文谷 형제兄弟와 김金 군君과 가치 대관원大觀園을 가다.

4월 15일. 양梁의 소개紹介로 석탄石炭 2톤二噸을 들이다. 72원七十二円. 2원二円 50전五十錢은 가지고 온 이에게 행하行下.

4월 16일. 밤은 칩다. 덕상德商을 갔다 오다 양梁을 보다.

4월 17일. 양정중학교養正中學校를 가서 장지영張志暎 군君을 맞나보다. 하거何居를 찾어보다.

4월 18일. 오후 4시, 경복중학교景福中學校 임林 교유敎諭 송별회送別會 참여參與. 동희東熙 양복洋服을 마추다.

4월 19일. 창경원昌慶苑에 갔다. 벗지꽃이 만발滿發. 구경ㅅ군이 파도波濤처럼 밀려든다. 이는 몬지는 코를 메인다.

4월 20일. 비 오고 바람 분다. 국일관國一館을 가다. 오창렬吳昌烈 군君의 초대招待. 장지영張志暎 군君과 염정근廉貞根 군君도 오다.

4월 21일. 바람. 양梁에게서 이성환李聖煥 노인老人을 맞나다. 정육正肉을 사, 저녁을 먹인다.

4월 22일. 하거何居를 찾다.

4월 23일. 동희東熙를 시골 보내다.

4월 24일. 비 좀 오다. 화신和信과 본정本町을 가다. 대관원大觀園서 이명선李明善 군君 송별회送別會. 정육正肉 두 근斤을 사다.

4월 25일. 문곡文谷을 찾다. 만정萬鼎으로 가, 양식洋食을 먹다. 심기心氣 불쾌不快 불면不眠. 오날은 아버님 회혼回婚 날. 어머님 산소山所에 제祭를 지낸다 한다.

4월 26일. 우雨.

4월 27일. 두계斗溪가 오다. 우하又荷를 가뵈다.

4월 28일. 이인영李仁榮 군君을 찾어 보다. 우하又荷 댁宅 토제討祭. 오후 5시 신흥사新興寺서 이인영李仁榮 군君 송별회送別會를 하다. 두계斗溪, 조윤제趙潤濟 군君, 김상기金庠基 군君, 이여성李如星 군君이 모이다.

4월 29일. 빠끄다 온천溫泉서 목욕沐浴.

4월 30일. 이상백李相佰 군君을 찾어보다.

일기

41권

1942. 5. 1. ~ 1942. 10. 22.

1942년(단기 4275년)

1942년(단기 4275년) 임오壬午

5월

5월 1일. 양梁과 불암사佛岩寺를 가다. 오전 10시에 가서 오후 9시에 오다. 연록軟綠, 산채山菜, 수석水石 등이 새로운 쾌감快感을 준다. 곰취 쌈으로 점심點心을 먹다. 밀수蜜水도 먹다. 양梁이 올 때엔 위경련증胃痙攣症이 도져 간신艱辛히 돌아왔다.

5월 2일. 이왕직문고李王職文庫 이홍직李弘稙 군君을 찾다. 마츰 정종正宗 1병一甁 선사가 와서 함께 거울렀다. 이병도李丙燾 군君이 오다. 김상기金庠基 군君도 오다. 따러 나섰다. 한남서림翰南書林서 또 유자후柳子厚 군君을 맞났다. 청대문靑大門집, 대관원大觀園 등으로 놀다.

5월 3일. 효우曉雨. 이성삼李成三의 부모父母 이경찬李卿贊 부처夫妻가 오다. 자다. 박종목朴鍾穆 군君 집을 가다. 잔치가 있어 불렀다. 나는 쉬히 돌아오다. 양梁이 석식夕食. 고광규高光圭, 엄인섭嚴仁燮 군君과 함께.

5월 4일. 창덕궁昌德宮 인정전仁政殿 계상階上에서 호산군악대户山軍樂隊의 연주演奏를 듣다. 우하又荷, 이상백李相佰 군君을 찾어 보다.

5월 5일. 왕십리往十里 빗을 갚다. 150원百五十円. 양梁이 집에 와서 석식夕食을 가치 하다. 이완규李完珪 군君을 찾어 보다.

5월 6일. 입하立夏. 양梁이 앓다. 약藥을 쓰다. 꽤죽을 쑤어 가다. 석우夕雨.

5월 7일. 담曇 풍風 냉冷. 이성환李聖煥 노인老人과 양梁에게서 석식夕食.

5월 8일. 상왕십리上往十里를 가다. 신태영申泰英 군君 육순六旬과 그 부인夫人 회갑연回甲宴이 있다. 10원十円 부조扶助. 양梁에게서 자다. 신왕균申旺均이 그 아들 둘을 다리고 와 잤다.

5월 9일. 하거何居를 찾다. 소작小酌. 삼화三華도 있다. 벽초碧初도 맞나다. 우하又荷를 찾다. 김상기金庠基 군君이 오다. 맥주麥酒를 마시다. 왕균旺均과 두 아들이 떠나갔다.

5월 10일. 양梁에게서 콩나물국으로 조반朝飯. 처妻와 종희宗熙를 다리고 안암정安岩町 이상돈李相敦 군君을 찾다. 미아리彌阿里 신창범辛昌範 군君도 찾다. 야우夜雨.

5월 11일. 담청曇晴. 오후 4시 약극若劇을 가 보다. 양梁에게서 석식夕食. 고무 구두 수선修繕 3원三円 50전五十戔.

5월 12일. 오후 1시 덕수궁德壽宮 모란牡丹을 가 보다. 세 시간時間이나 지나 양梁과 오창열吳昌烈 부인夫人과 그 질녀姪女가 오다. 미술관美術館으로 인도引導. 석반夕飯 후後 본정本町 종로鐘路를 가다. 사기砂器를 사다.

5월 13일. 소낙비. 아악부雅樂部서 집으로 와 우산雨傘을 가지고 덕상德商을 가다. 밤은 차다.

5월 14일. 양梁과 점심點心.

5월 15일. 양梁에게서 자다.

5월 16일. 우雨. 백양당白楊堂 김용준金瑢俊 군君, 우하又荷, 하거何居를 찾다. 하거何居가 맥주麥酒를 준다. 유길상劉吉相 군君에게 10원十円

을 꿔다. 심기心氣가 상쾌爽快.

5월 17일. 시가詩歌 작법作法 원고原稿를 쓰다. 야촌강수野村綱秀 군君이 오다. 복습서復習書 2책二册를 주다. 양梁이 신설정新設町을 갔다가 취醉하여 왔다. 이완규李完珪, 김영룡金永龍 군君이 오다.

5월 18일. 빗낱이 듯다. 빠끄다 온천溫泉 목욕沐浴. 양梁에게 양금洋琴을 배우다. 저리 짐치가 익었다. 오식午食 석식夕食.

5월 19일. 음陰. 삼월三越, 삼중정三中井, 대화정大和町으로 산보散步. 육회肉膾를 먹다.

5월 20일. 청랑淸朗. 소풍小風. 이성환李聖煥 노인老人과 점심點心을 양梁에게서.

5월 21일. 좀 무덥다. 윤양진尹錫瑨 군君 부친父親이 와 자다. 양梁이 불암사佛岩寺를 또 갔다. 일즉 돌아왔다. 산채山菜를 만히 뜯었다.

5월 22일. 석남石南과 상백想白과 민병도閔丙燾 군君 집에서 점심點心.

5월 23일. 이성환李聖煥 노인老人과 점심點心. 종로鐘路를 나갔다. 우하又荷 댁宅에서 석식夕食. 마츰 누가 백알 1병一甁을 선사하였다. 사탕砂糖, 밀감蜜柑을 넣어 마시다.

5월 24일. 처妻가 산채山菜를 뜯어러 갔다. 인촌仁村 집에서 점심點心. 신원영창新垣永昌 군君을 찾다. 양梁에게서 석식夕食. 김원식金元植, 사야평기四野平氣 군君께 회답回答을 쓰다.

5월 25일. 무덥다. 정충시鄭忠時 군君을 찾다. 소주燒酒를 준다. 『법화경法華經』 1책一册을 가조다. 양梁에게서 점심點心 석식夕食. 오후 8시, 양梁과 오창렬吳昌烈 부인夫人과 그 질녀姪女를 다리고 안암정安岩町 이상돈李相敦 군君을 찾다. 오창렬吳昌烈이 19세歲 되는 딸이 있다. 선보러 가다. 외화外華를 보고는 의향意向이 적다. 조 형趙兄께 회답回答.

5월 26일. 무덥다. 이장하李長夏, 이언직李彦稷 노인老人과 양梁에게서 점심點心. 그리고 덕수궁德壽宮으로 구경 가다. 빠꼬다 온천溫泉 목욕沐浴.

5월 27일. 처妻와 언쟁言爭. 바루 화해和解. 애류崖溜가 오다. 뀌어간 돈 5원五円을 가조다.

5월 28일. 경복景福서 한 시간時間을 하였다. 양梁에게서 점심臭心, 양금洋琴을 익히다.

5월 29일. 우하又荷를 가 뵈고 백알, 점심臭心. 소완규蘇完奎 군君을 맞나, 그 집으로 끌려가, 맥주麥酒 두 병을 거울렀다. 양梁도 맥주麥酒에 취하였다. 시름을 말한다. 이상백李相佰 군君을 찾다. 아악부雅樂部 김철영金喆泳 군君이 와서 현금玄琴을 타다. 조현법調絃法과 당동징.

5월 30일. 오후 담曇. 하거何居와 함께 종로鐘路 금융조합金融組合을 가다. 휴업休業. 양梁과 점심臭心. 오후 4시 약극若劇을 가 보다. 서반아西班牙의 밤.

5월 31일. 뒷뜰에 포도葡萄꽃이 피어, 청향淸香이 때로 움즉인다. 영산홍映山紅은 말러 죽는다. 아버지께서 오실 때 가존 것인바 그때부터 시들었다. 뒤 언덕에 옴겨 황토黃土로 붙돋아 주었다. 이희균李曦均 군君이 명함名啣을 두고 갔다. 송진우宋鎭禹 군君을 찾다. 「가악사歌樂史」 원고原稿를 쓰다.

6월

6월 1일. 좀 선선하다. 이상돈李相敦 군君 편지가 오다. 오吳 양孃에게 의향意向이 있다. 결혼結婚을 권勸해 달라 하였다. 양梁과 말을 하였다.

6월 2일. 빠꼬다 온천溫泉 목욕沐浴. 이성환李聖煥 노인老人과 점심點心. 이태준李泰俊 군君이 오다.

6월 3일. 금융조합金融組合을 가서 조합원組合員 가입加入 신입서申込書와 가계신고서家計申告書를 얻어 오다. 하거何居를 보다.

6월 4일. 양梁에게서 염운 여사念雲女史를 맞나, 문학文學 급及 그 작시作詩에 대하여 평評을 하였다. 그의 주소住所는 가회정嘉會町, 자정子正에 함께 돌아오다. 고향故鄕은 고흥高興, 39세歲. 독거獨居. 불우不遇함을 비관悲觀한다. 얼굴은 우는 상호. 가엾다.

6월 5일. 신기神氣 불쾌不快. 도문圖們서 온 손을 맞나다. 양梁과 언힐言詰. 김성수金性洙 군君을 찾다. 돈 100원百円을 차용借用. 저금통장貯金通帳을 준다.

6월 6일. 양梁이 참회懺悔, 분통憤痛으로 식음食飮을 않는다. 타일르다. 매헌梅軒을 찾다. 동일은행東一銀行을 가서 300원三百円을 찾어 200원二百円과 그 통장通帳은 김성수金性洙 군君께로 보내다. 이상백李相佰 군君을 찾다. 우하又荷를 가 뵈고 석식夕食과 토제討祭를 하고 새로 한 시時에 돌아오다 양梁을 보다. 아니 자고 홀로 앉어 유서遺書를 썼다. 무위撫慰를 하였다.

6월 7일. 하거何居를 보다.

6월 8일. 처妻가 경계증驚悸症과 두통頭痛을 한다. 포도주葡萄酒에 인삼人蔘을 넣어 먹이다. 양梁이 덕소德沼 한규복韓圭復 별장別莊을 운니정雲泥町 반장班長들과 함께 나갔다. 심신心神이 불쾌不快.

6월 9일. 경복景福서 본다本多의 강연講演을 듣다. 오후 3시 하학下學. 양梁이 덕소德沼서 오정午正에 돌아오다. 심신心神이 불쾌不快. 「시가詩歌와 그 작법作法」의 원고原稿를 쓰다.

6월 10일. 휘문徽文, 아악부雅樂部를 거쳐 덕상德商을 가다. 홍택주洪宅柱 씨氏가 오다. 인삼人蔘을 다려 처妻을 먹이다.

6월 11일. 오후 9시 덕상德商서 돌아오다 양梁에게서 석식夕食. 양梁이 습자習字를 시작始作.

6월 12일. 정충시鄭忠時 군君을 찾다. 김철영金喆泳 군君이 저녁에 오다. 현금玄琴을 타다. 당동징 연습練習. 인촌仁村을 보다. 정종어필正宗御筆을 소개紹介.

6월 13일. 우雨. 오전 9시부터 오후 4시까지 오다. 그러나 겨우 읍진浥塵을 하다. 부청府聽에 인감印鑑 증명證明을 내어 종로금융조합원鍾路金融組合員 가입加入을 신청申請하다. 윤지병尹芝炳 군君을 맞나다. 백양당白楊堂 배정국裵正國 군君에게 5원五円을 꿔다. 하거何居를 보고 점심點心. 이상백李相佰 군君을 보다.

6월 14일. 아악부雅樂部 소청所請인 『세종악어世宗樂語』, 『세조악보世祖樂譜』라는 책冊 제목題目를 쓰다. 이희균李曦均 군君이 오다. 우하又荷를 가 보고 매헌梅軒을 맞나고 도미쬠, 고기볶음, 잡채雜菜 등 청요리淸料理를 먹다. 이인영李仁榮 군君이 오다.

6월 15일. 오후 3시 이왕직문고李王職文庫에 가서 단천端川서 가존 『개국원종공신녹권開國原從功臣錄券』(심지백沈之佰) 활자活字를 보다. 주자鑄字가 아니고 목활자木活字다. 모인 이는 송석하宋錫夏, 조윤제趙潤濟, 이상백李相佰, 최도하崔濤夏 군君과 그 주인主人 이홍직李弘稙 군君.

6월 16일. 우하又荷를 가 뵈다. 정종正宗 한 병을 받어왔다. 기분氣分이 좋았다.

6월 17일. 양梁과 점심點心. 이수경李壽敬 군君을 맞나다. 밤에 비 오다.

6월 18일. 단오端午. 종일終日 비 오다. 휘문徽文 남원우南遠祐 군君을 찾어 소탁所托 회갑시回甲詩 15수十五首를 주다.

6월 19일. 쾌청快晴. 휘문徽文을 가니 방공防空 훈련訓練이다. 돌아와 서재書齋서 해를 지우다. 거문고도 타고 책册도 보다. 동희東熙가 여산礪山서 오다. 술 한 병, 죽순竹筍, 머위ㅅ대공, 참죽ㅅ순 말린 것을 가조다.

6월 20일. 성대城大 법문부法文部 장지태張之兌 군君을 찾다. 그 본제本第로 갔더니 이사移舍했다. 명륜정明倫町 2정목二丁目 76七十六으로 가서 장홍식張鴻植 노인老人을 보고 빌려온 책册을 돌리고 시율詩律만은 더 빌리다. 장현식張鉉植 군君을 찾어 함께 나서 만정萬鼎으로 가, 오찬午餐 양식洋食. 또 두어 군데 다점茶店을 들고 고물상점古物商店에 들다. 우하又荷 댁宅으로 오다. 매헌梅軒, 정재靜齋를 맞나고 석식夕食.

低空一片月 乍照入窓來 苦待悽然坐 夜深尙未回[4]

양梁이 마슬을 가, 늦게 돌아왔다.

6월 21일. 정충시鄭忠時 군君을 찾다. 하 박사河博士, 인촌仁村을 찾다. 모다 출타出他. 한남서림翰南書林, 상해사진관上海寫眞館을 들다. 민병도閔丙燾 군君을 찾으니 마포麻浦로 선유船遊 갔다. 민용규閔鏞圭 군君만 있다. 수화數話. 양梁에게로 가 점심點心.

6월 22일. 하거何居, 삼화三華, 김진사金進士가 오다. 술을 먹다. 함께

---

4 하늘에 낮게 걸려 있던 조각 달 / 문득 창문으로 비쳐드네. / 쓸쓸히 앉아서 고대하고 있건만 / 밤 깊도록 돌아올 줄 모르네.

나섰다. 윤병섭尹丙燮 군君을 끌다. 김천옥金泉屋으로 가다.

6월 23일. 밤에 소나기 오다. 경복景福에 갔다 바루 오다. 이성환李聖煥 노인老人과 양梁에게서 점심點心.

6월 24일. 저녁에 빗낱이 듣다. 김상기金庠基 군君이 오다.

6월 25일. 처妻가 위병胃病 갱발更發.

6월 26일. 간간間間 비 오다. 김철수金喆洙 군君이 오다. 현금玄琴을 타다. 애류崖溜가 오다.

6월 27일. 간간間間 비. 두계斗溪가 오다. 대동인쇄소大東印刷所를 가다. 우하又荷를 찾다. 중증重症을 지났다. 처妻의 불공不恭한 언힐言詰에 격노激怒 수 시간數時間. 종로금조鐘路金組서 가산家產 조사調査를 오다. 두계斗溪가 오다.

6월 28일. 우하又荷를 가 보다. 하 박사河博士를 가 보다. 김성수金性洙 군君을 가 보다. 하거何居를 가 보다. 함흥咸興 이호신李晧新 군君이 찾어 오다. 나의 시문詩文을 애독愛讀하는 이다. 가장 시조時調를 좋아한다.

6월 29일. 영광靈光 조희충曺喜忠 군君이 찾어 왔다. 석반夕飯을 함께 먹다. 처妻의 울렁증症이 났었다.

6월 30일. 이성환李聖煥 노인老人과 점심點心. 주인主人의 딸 혼례婚禮를 마치고 주는 국수. 염운念雲도 맞나다. 김병훈金秉勳 군君을 찾어 장적 한 도로크를 부탁하다.

7월

7월 1일. 아악부雅樂部서 상여賞與 15원十五円을 얻다.

7월 2일. 이 노인李老人과 점심點心. 덕상德商 군사강화軍事講話로 10시에 돌아오다.

7월 3일. 소우小雨. 휘문徽文서 오전 중午前中 시간時間을 마치고 인촌仁村을 보고 400원四百円 수형手形을 받어 동일은행東一銀行을 가, 찾어 하거何居에게 200원二百円을 주고 200원二百円을 꾸다. 불쾌不快. 오후 위창葦滄, 우하又荷를 가 보다. 양梁에게 충고忠告. 역정逆情을 낸다. 남령南嶺 군君 편지 보다.

7월 4일. 음陰. 조 형趙兄이 오다. 조희충曺喜忠 군君이 오다. 함께 명륜정明倫町까지 갔다 와서 석반夕飯. 정충시鄭忠時 군君을 부르다. 자정子正까지 담화談話. 김철수金喆洙 군君이 오다. 현금玄琴 줄 조르고 맺는 법을 연습練習. 종로금조鐘路金組 가입원加入員 통지通知가 오다. 조남령曺南嶺 군君이 오다. 고추장 한 단지를 가조다. 그 어머니가 담었다는데 달기가 꿀 같다.

7월 5일. 조 형趙兄이 떠나다. 오후 비가 오다. 오든 중 많이 오다. 이성환李聖煥 노인老人이 비에 가쳤다가 저녁을 먹고야 갔다. 이왕직李王職에서 배급配給하는 나무 세 마차馬車가 마포麻浦서 들오다. 폭우暴雨 중이다. 집안사람이 총 출동總出動하여 끄들이고 나는 쌓았다. 윗통을 벗고 비를 노바기로 맞었다. 불 땐 안ㅅ방에서 잤다. 양梁이 오한惡寒, 해수咳嗽, 복통腹痛으로 위석委席.

7월 6일. 가미정기산加味正氣散 2첩二貼을 지어다 주다. 오후 또 비가 오다. 개었다. 부민관府民館서 조선악연주회朝鮮樂演奏會가 있다. 이성환李聖煥, 이언직李彦稷 노인老人이 가치 가자는 걸 아니 갔다. 양梁은 출석出席하였다. 병病이 낫었다. 관희觀熙가 왔다.

7월 7일. 이발理髮. 조남령曺南嶺 군君이 오다. 함께 저녁을 먹고 담화談話.

7월 8일. 비. 꿈에 우황牛黃을 한 골마리 얻었다. 아악부雅樂部서 『세종악보世宗樂譜』 1一, 2二, 3三의 3책三册과 『세조악보世祖樂譜』 1一, 2二의 2책二册을 얻고 또 합죽선合竹扇 1병一柄을 얻었다. 양梁에게 갔다가 폭우暴雨가 와서 다시 집으로 와 우산雨傘을 가지고 갔었다. 강연講演 중 비는 폭주暴注한다.

7월 9일. 증서蒸暑. 경복景福의 성적고사成績考查 단책短册을 내주었다. 월탄月灘 박종화朴鍾和 군君께 엽서葉書를 하였다. 덕상德商 성적고사표成績考查表도 냈다. 밤에 비 오다. 인구조사표人口調査表를 쓰다. 식구食口 16명.

7월 10일. 휘문徽文 서 고사考查. 오후 종로금조鐘路金組에 가, 출자出資 증서證書를 받았다.

7월 11일. 변일섭邊日燮 군君이 작昨 10일 오전 2시 별세別世의 부고訃告가 오다. 달단達旦 불면不眠. 조남령曺南嶺, 조희충曺喜忠 군君과 함께 박종화朴鍾和 군君을 찾어 오반午飯 담화談話 오륙五六 시간時間.

7월 12일. 오후 7시 — 9시 반 부민관府民館에서 조선음악朝鮮音樂 대제전大祭典이 있다. 처妻와 함께 가 보다. 대관현악大管絃樂, 숙영낭자전淑英娘子傳, 가무歌舞, 춘향전春香傳.

7월 13일. 김철영金喆泳 군君이 오다. 현금玄琴 연습練習. 야시夜市를 돌다. 자정子正에 오다. 빠고다 온천溫泉 목욕沐浴.

7월 14일. 오후 10시 부민관府民館을 가다.

7월 15일. 덕상德商을 갔다 시간時間 단축短縮으로 8시 10분에 오다.

7월 16일. 김한주金漢柱 군君 외간상外艱喪 부고訃告가 오다.

7월 17일. 성보城宝 수호전水滸傳을 가 보다.

7월 18일. 간간間間 취우驟雨. 서상천徐相天 군君, 조남령曺南嶺 군君이 오다. 우하又荷를 가 보다. 석식夕食, 또 취醉하다.

7월 19일. 간간間間 비. 문곡文谷을 가 보다. 『역도力道』의 준準을 시작하다.

7월 20일. 문곡文谷을 가 보다. 게서 김상기金庠基, 이윤재李允宰 군君을 맞나, 석식夕食.

7월 21일. 휘문徽文, 덕상德商, 경복景福을 가, 월급月給을 가조다.

7월 22일. 아악부雅樂部를 오전 중에 가, 두 시간時間 하다. 김상기金庠基 군君을 맞나, 빙수氷水를 마시다.

7월 23일. 김병훈金秉勳 군君을 찾다. 문곡文谷을 가 보고 점심點心, 『역도力道』 준準을 보고 우하又荷를 가 보고 저녁을 먹고 『동국통감東國通監』을 찾어오고 하거何居를 보다. 퍽 덥다.

7월 24일. 유길상劉吉相 군君에게 『시율詩律』을 빌리다. 경복景福에서 근로보국대勤勞報國隊 수료증修了證 610매六百十枚와 교육방침教育方針 1매一枚를 써 달라고 가조다.

7월 25일. 종일終日 서역書役. 김상기金庠基 군君이 와서 동흥루東興樓를 가치 가다.

7월 26일. 서역書役을 마치다. 김억金億 군君이 오다. 함께 나섰다. 입음立飮 좌음坐飮 수처數處. 자정子正이 지나면 생량生凉하여 새벽에는 칩다. 석남石南과 함께 저녁에 성북정城北町 두계斗溪를 찾어 보다.

7월 27일. 한희漢熙가 개성開城으로 정구庭球하러 갔다 자정子正에 돌아오다.

7월 28일. 비 오다. 오후 3시 차車로 김열수金熱洙, 한희漢熙, 경희京熙, 종희宗熙가 시골을 가다.

7월 29일. 비 오다 개다. 아악부雅樂部를 가다. 문곡文谷 집에 가다. 김극배金克培 군君을 맞나다. 양梁에게 가서 『역도力道』 준準을 꿉으리고 보다. 갑작이 외약 가슴이 절려 두어 시간時間 고통苦痛하였다. 조남령曺南嶺 편지 보다.

7월 30일. 야우夜雨. 『역도力道』 준準을 보다.

7월 31일. 김상기金庠基 군君이 오다. 하거何居를 가 보다. 애류崖溜를 찾어 함께 열운洌雲을 찾고 정지용鄭芝溶 군君을 찾다. 야우夜雨.

8월

8월 1일. 야우夜雨. 우하又荷를 가 뵈다. 문곡文谷을 보고 『역도力道』 준準을 의논. 몹시 무덥다.

8월 2일. 두계斗溪를 찾다. 함께 나서 장현식張鉉植, 장홍식張鴻植 노인老人을 찾다.

8월 3일. 이병도李丙燾 군君과 가치 수철리水鐵里를 나가 김상기金庠基 군君을 보고 종일終日 놀다. 문곡文谷이 구해 준 술 두 병을 들고 갔다. 맥주麥酒 네 병은 주인主人이 구해 놓었다. 다 거울르고 정종正宗 한 병을 말렀다. 오후 6시 왕십리往十里로 돌아오다. 한강漢江은 창일漲溢하여 배ㅅ노리는 못 하였다.

8월 4일. 문곡文谷을 보다. 문곡文谷이 『역도力道』 책冊 저작著作 기념

記念으로 나에게 검은고 하나를 사 준다 하고 100원百円을 준다. 검은고는 50원五十円. 양산洋傘을 사서 처妻를 주다. 무척 무덥다.

8월 5일. 아악부雅樂部를 폭우暴雨를 맞고 가다. 폭주暴注 두 시간時間. 목이 갑작이 잠겨 강화講話가 아니 된다. 간신히 소리를 내었다. 경성京城 부내府內에 수재水災를 당한 곳이 많다. 우리집도 세 군대가 새었다.

8월 6일. 용인龍仁 종손宗孫 정희政熙 군君이 오다. 모처럼 정육正肉 1근一斤을 얻었다가 구어 함께 저녁을 먹었다.

8월 7일. 무척 무덥다. 이런 더위는 처음인 것 같다. 하 박사河博士ㅅ집에서 저녁을 먹다. 그의 생일生日. 종로금조鐘路金組에 가서 감정신입서鑑定申込書 용지用紙를 얻어 오고 동희東熙를 부청府廳에 보내어 부지敷地 증명서證明書를 청請하다. 8일ㅅ동안을 지난 뒤에 찾어가라 한다. 밤 12시부터 4, 5시간時間 비가 쏟아지고 천동 벽력을 한다. 집은 샌다. 잠을 잘 수가 없다. 종호가 정종正宗 한 병을 가조다.

8월 8일. 저녁에 양梁에게서 양희단梁喜單을 맞나다. 희단喜單은 진주晉州 기생妓生. 년年 37三十七. 애전하다. 이야기를 구수하게 한다. 김은호金殷鎬의 이묵회以墨會 회원會員. 그러나 그림보다도 낭군郎君을 구하는 바이다. 이봉구李鳳九가 오다. 별명別名 굴뚝. 이 늙은이를 놀려댄다. 놀리는 걸 도리어 깃버한다. 그리고 젊었을 때 오입誤入하든 자랑을 한다.

8월 9일. 하거何居를 보다. 소우小雨. 문곡文谷을 보다. 맥주麥酒 한 병을 먹다. 준準을 보아 주다.

8월 10일. 양梁에게서 엄인섭嚴仁燮, 이언직李彥稷을 맞나 함께 원서정苑西町 86-28(12평十二坪, 건평建坪 6평六坪 8홉八合 6작六勺 평가平家

와가瓦家) 꼭대기 4간四間ㅅ집을 가 보다. 지하실地下室도 있다. 서북西北은 격장隔墻하고 동남東南은 열렸다. 묘妙하다. 918九一八 가격價格 — 2050원二千五十円인데 1900원一千九百円으로 판다는 것이다. 인촌仁村 김성수金性洙 군君을 찾어 보다. 나의 소장所藏 고서古書 몇 본本을 보전普專에 팔라 한다. 벌서 여러 번채다. 맞날 적마다 말한다. 나의 형편形便이 넉넉하면 기부寄附라도 하여 달라 하겠지마는 그러치 못하니 가격價格을 쳐 달라 한다. 그러나 나도 이런 걸 자손子孫에게 전하자는 것보다 이 땅의 믿을 만한 도서관圖書館에 두어 전하고저 한다. 고려판高麗板『천태사교의天台四教儀』, 남송판南宋板『두공부초당시전杜工部草堂詩箋』, 원판元板『집천가주분류두공부시集千家註分類杜工部詩』를 보여 달라 한다. 갖다 보였다. 손진태孫晉泰 군君에게 전화電話를 한다. 그 해제解題를 써 달라 한다. 점심點心은 비빔ㅅ밥. 함께 보전普專를 나가 보고 돌아오다 돈암정敦岩町 새로 지은 집들을 보다. 어두워졌다.

8월 11일. 우하又荷를 가 보고 인촌仁村를 보고 게서 김소진金蘇鎭, 손진태孫晉泰, 오일승吳一承 군君을 맞나다. 비빔ㅅ밥과 맥주麥酒를 먹다. 2300원二千三百円의 소절수小切手 두 장을 받다. 한성은행漢城銀行은 가니 문門이 다쳤다. 양梁에게서 엄인섭嚴仁燮 씨氏를 맞나, 원서정苑西町 86-28 가옥家屋 매매買賣 계약契約을 하였다. 1000원千円 소절수小切手는 주었다.

8월 12일. 한성은행漢城銀行에 가서 1300원千三百円을 찾어오다. 엄인섭嚴仁燮 씨氏에게 900원九百円과 구문口文 20원二十円을 주고 장양동張錫東 대서소代書所에 위임委任하여 원서정苑西町 86-28(목촌태조木村泰造 소유所有) 매수買受에 당한 제반諸般 수속手續을 하게하고 75원

七十五円 98전九十八錢을 주다. 우하又荷를 보다.

8월 13일. 하거何居를 보다. 소우小雨. 뒷 굴뚝 골 문어진 데를 고치다. 밤새도록 무덥다. 온몸이 끈끈하다.

8월 14일. 마포麻浦서 떼목木서 마차馬車를 들여오다. 150원百五十円, 태가駄価 7원七円 50전五十錢. 저녁에 김철영金喆泳 군君이 오다. 경복중학교景福中學校 교육방침教育方針을 쓰다.

8월 15일. 말복末伏. 아츰에 우하又荷를 가 보다. 한남서림翰南書林에 가서『가어家語』를 보다. 방송국放送局 남정준南廷駿 군君『방송放送』8월호를 가지고 와서「야학의 성夜鶴の聲」를 번역해 달라 한다. 저녁에 한희漢熙, 경희京熙, 종희宗熙가 오다. 나무를 패다. 24원二十四円.

8월 16일. 조우朝雨. 장태식張泰植 군君 생일生日 아츰을 먹다. 정종正宗 몇 잔을 마시고 종일終日 두통頭痛으로 위석委席하였다. 나무를 다 패다.

8월 17일. 우하又荷를 가 보고 휘문徽文을 다녀서 양梁에게서 점심點心. 이성환李聖煥 노인老人과 함께. 신원영창新垣永昌 군君을 찾어 보다.

8월 18일. 경복중학교景福中學校서 네 시간을 마치고 오후 두 시에 오다. 매헌梅軒, 애류崖溜가 오다. 저녁을 가치 먹다. 양梁은 박호남朴好男을 데려다 두었다. 나히 14세十四歲. 잔약하다. 남령南嶺 군君 편지가 오다.

8월 19일. 아악부雅樂部와 덕수상업학교德壽商業學校를 가다.

8월 20일.「야학의 성夜鶴の 聲」를 번역하다. 직역直譯하기 거북한 대문이 많다.

8월 21일.「야학의 성夜鶴の 聲」를 번역.

8월 22일.「야학의 성夜鶴の 聲」를 번역. 찬燦 군君이 오다.

8월 23일.「야학의 성夜鶴の 聲」번역은 끝내다. 우하又荷를 가 보다.

8월 24일. 『역도力道』 준準을 보다.

8월 25일. 문곡文谷을 가 보다. 김상기金庠基 군君을 가치. 맥주麥酒 두 병甁을 거우르고 또 동흥루東興樓로 와서 한 병甁을 겨우 얻어 마시다.

8월 26일. 애류崖溜가 식전食前에 오다. 『용비어천가龍飛御天歌』 2책二冊을 찾어갔다. 아악부雅樂部, 덕상德商을 가다.

8월 27일. 경복景福, 덕상德商을 가다.

8월 28일. 휘문徽文 시간時間을 일즉 마치고 종로금조鐘路金組에 가서 집문서文書와 부지敷地 증명證明과 감정신입서鑑定申込書 등을 제출提出하고 5000원五千円 차금借金을 청구請求. 하거何居를 보고 점심點心. 원서정苑西町 86-28을 가 보다. 양복순梁福順 군君이 오늘 이사移舍를 하였다. 이언직李彦稙, 이성환李聖煥 노인老人도 오다. 함께 점심點心. 저녁에 김철수金喆洙 군君이 와서 본령산本靈山 1장一章을 타다.

8월 29일. 오전 5시 반 기침起寢. 찬밥을 물 말어 먹다. 경충京忠 버스부部를 찾어가니 아즉도 15분이 남었다. 일렬一列을 지어 서다. 7시가 넘어 차표車票를 팔고 또 차표車票 번호番號대로 일렬一列로 서서 한 시간時間 반을 기달렸다. 빠스에 들어가 본즉 먼저 새치기로 들어와 앉은 이가 많다. 차장車掌 소녀少女를 나무래는 이가 있다. 소녀少女는 흑흑 운다. 나는 그냥 서서 가다 송파松坡에서야 자리를 얻어 앉었다. 10시 반 분당리盆唐里서 나리다. 탁주濁酒 3배三盃를 사 마시고 마츰 동행同行 두 사람을 맞나, 가실고개(일명一名 태재(태령泰嶺))를 넘다. 고개 넘어서는 얼기설기한 수림樹林이 울창鬱蒼한 산山과 골마다 졸졸이는 물과 울툭불툭한 암석岩石. 전답田畓마다 곡식이 잘 되었다. 원래元來 풍흉豊凶을 모르는 곳이라 한다. 능원리陵院里에 이르다. 분당리盆唐里서 10리. 한 시간時間쯤 걸린다. 한 늙은이를 맞나 저헌樗軒 종손宗孫ㅅ집

을 물으니

"내를 건너 산山모롱이 밭머리ㅅ길로 가서 물으오."

하더니

"그 큰 자제가 저 산山 밑의 보이는 개와집 간이학교簡易學校에 와 있으니 그리 가 보시오."

한다. 나는 논틀로 가다 담배 밭머리로 나서 그 학교學校를 갔다. 어린 남녀男女 수십 명이 마당에 앉어 논다. 사무실事務室로 들어가니 종손宗孫 정희政熙 군君이 혼자 앉었다 반겨 맞는다. 차茶를 주고 아이들은 돌려보내고 가치 그 집으로 갔다. 드높이 박인 골, 북향北向ㅅ집이다. 사당祠堂과 안채는 와가瓦家요 사랑斜廊채, 문門ㅅ간채는 초가草家요, 마당은 풀섶인데 약간若干 과수果樹와 화초花草를 심었다. 의자椅子를 마당 소나무ㅅ그늘에 내다 놓고 나는 앉었다. 그동안 사랑斜廊방을 친다. 나는 좀 졸았다. 새로 점심點心ㅅ밥을 지어 내왔다. 방에서 먹었다. 정희政熙 군君을 따러 안으로 들어가, 병두秉斗 형兄을 보다. 연年전 둘째 아드님 상喪을 당하고 눈이 멀고 노병老病으로 위석委席하였다가 부축하여 일어앉는다. 정신精神은 겨우 채린다. 76세. 저헌樗軒 사당祠堂을 단여 나와 묘직墓直이를 찾어 자리 한 닙을 들려 더불고 16세조十六世祖 저헌樗軒 산소山所에 가 참배參拜하고, 또 그 옆의 정포은鄭圃隱 산소山所에 참배參拜하다. 서북향西北向으로 산山ㅅ날이 쌍雙으로 나려와 이 두 혈穴이 되었다. 저헌樗軒은 포은圃隱의 증손서曾孫壻이시다. 전하는 말에는 포은圃隱의 장손長孫 운곡雲谷(정보鄭保, 저헌樗軒의 처부妻父)의 신후지지身後之地인데 운곡雲谷이 단종端宗 때 일로 진주晉州 귀양을 가, 게서 죽은지라. 저헌樗軒이 그 집 일을 보호保護하여 부지케 하고 저헌樗軒의 전취前娶이신 정씨鄭氏 할머니도 정 씨鄭氏가 먼저 돌아가시매 이곳에 장葬하였고 그 후 저헌樗軒도 합폄合窆한 것이라 한다. 두 날이 젓가락 짝처럼 나란히 놓였으나 포은圃隱 산소山所ㅅ날이 좌左편에 있으며 좀 커 보인다. 풍수설風水說로는 포은圃隱 산소山所가 더 나으니 저헌樗軒 산소山所가 더 나으니 하고 각인각설各人各說이라 한다. 나려 오다 좌左편 날ㅅ등으로 올라, 저헌樗軒의 후취後娶 박씨朴氏할머니 산소山所와 15세조十五世祖 장령공掌令公(혼渾) 산소山所에 참배參拜하였다. 이 산국山局 내內는 오백년래五百年來 이 씨李氏, 정 씨鄭氏의 공동묘지共同墓地다. 이 씨李氏에는 월사파月沙派의 것이 많다. 올목졸목한 날ㅅ등마다 분총墳塚이다. 그 수효數爻가 천千은 넘는다. 산山모롱이 밭머리ㅅ길로 돌아나려 마을ㅅ속으로 내를 건너 이원영李元榮 군君 본제本第를 찾다. 그 부친父親은 마츰 출타出他하였다. 다시 내ㅅ가로 나오다. 정덕화鄭德和, 정연태鄭然泰라는 이가 천렵川獵을 한다. 그들은 포은圃隱의 종손宗孫. 따러 단이며 보다 저믈었다. 목욕沐浴. 종손宗孫ㅅ집으로 가치들 갔다. 저녁을 먹다. 고기를 지졌다. 내ㅅ바닥에 돌이 갈리고 물이 맑어 고기가 해금내도 아니나고 맛이 있다. 소주燒酒를 몇 잔 거우르고 잘 먹다. 그 면面의 국민학교國民學校 훈도訓導 유석빈柳錫彬 군君이 10여 리 밖에서 오고 오학사吳學士(달제達濟) 후손後孫이라는 오성근吳成根 군君도 왔다. 상을 물리고는 담화談話가 계속되였다. 비가 한 줄금 지난다. 그리고는 달이 맑다. 매우 서늘하다. 자정子正에나 파罷하고 잤다.

8월 30일. 일즉 일어나다. 청신淸新 쇄락灑落하다. 똘물에 세수洗手. 정희政熙 군君의 중숙부仲叔父와 종형제從兄弟가 다 와본다. 저헌樗軒의 필적筆蹟과 여러 선조先祖의 필적筆蹟을 보고 점심點心 먹고 떠나다. 정희政熙 군君은 자전차自轉車를 가지고 따러 온다. 가실고개를 넘어 분당리盆唐里를 오다. 한 으식한 집으로 들어 탁주濁酒을 먹고 정육正肉 근斤 반을 사고 정희政熙 군君이 주는 계란鷄卵 20개를 가지고 뻐스에 오르다. 오후 5시 집에 오다. 『역도力道』 준準이 와 쌔었다.

8월 31일. 『역도力道』 준準 네 뭉텅이를 다 보았다. 하거何居가 오다.

9월

9월 1일. 노염老炎이 꽤 덥다. 김억金億 군君을 찾어 보았다.

9월 2일. 김억金億 군君이 오다. 석남石南을 맞나보다. 덕상德商서 오다 성환成歡 개구리 참외를 사다 먹다. 맛이 없다.

9월 3일. 『역도力道』 준準을 보다.

9월 4일. 무덥다. 휘문徽文 1학년一學年 시간時間, 매우 불쾌不快하다. 공부工夫하는 태도態度가 전연 안 되었다. 한 시간時間 내 잡드리를 하였다. 방임放任하자니 양심良心이 아프다. 불공不恭, 무기탄無忌憚, 해만懈慢, 문란紊亂하기 짝이 없다. 『역도力道』 준準을 보다. 이완규李完珪 군君, 김철수金喆洙 군君이 와 거문고를 타다. 방송국放送局 남정준南廷駿 군君이 와서 「야학夜鶴의 소리」 번역한 것을 가져갔다.

9월 5일. 문곡文谷을 가 보다. 오후 5시 반 죽동궁竹洞宮 민덕기閔德基 군君 집을 가다. 요전 그 조부祖父 대식大植 회갑回甲을 지났다고 휘문徽文 직원職員 일동一同을 초대招待. 맥주麥酒, 정종正宗, 갈비. 종로금조鍾路金組서 나와 집을 보고 갔다.

9월 6일. 『천태사교의天台四敎儀』, 『두공부초당시전杜工部草堂詩箋』, 『집천가주분류두공부시集千家註分類杜工部詩』 등의 해제解題를 쓰다.

김성수金性洙 군君을 주다. 이상돈李相敦 군君이 혼인기념첩婚姻記念帖를 가조다. 시조時調를 지어 달라고.

9월 7일. 우雨. 종로금조鍾路金組를 가다. 김성수金性洙 군君을 보다.

9월 8일. 우雨. 삼익사三益社서 유선탄遊仙炭 반 톤噸과 미풍탄美豊炭 1톤一噸을 들여오다. 육陸·룡龍 양제兩弟며 금산한주金山漢柱며 원천재우原川在雨 군君께 편지하다.

9월 9일. 새벽에 뇌우雷雨. 양梁의 집 전세專貰 들었든 이가 오늘 나가기로 하고 또 오는 16일(일주일 후一週日後)로 연기延期.

9월 10일. 비. 밤에도 폭주暴注.

9월 11일. 비. 휘문徽文서 직원회職員會 참여參與. 맥주麥酒 1병一瓶을 마시다.

9월 12일. 우하又荷, 하거何居를 가 보다. 석식夕食. 소주燒酒도 마시다. 이상백李想白 군君을 찾었다 못 보다.

9월 13일. 새벽부터 비가 줄줄 나린다. 이완규李完珪 군君이 오고 이창구李昶求 군君이 오고 이상돈李相敦 군君이 오다. 상돈相敦 군君 결혼기념첩結婚記念帖에 시조時調 두 수首를 써 주고 10원十円 부조扶助를 하였다. 저녁에는 함화진咸和鎭, 이혜구李惠求, 송석하宋錫夏 군君이 와, 끌려 금천옥金泉屋으로 갔다. 백학白鶴을 기울이다. 가곡歌曲이야기 — 율객律客, 명기名妓 이야기, 주인主人 노파老婆도 그 회억回憶이 새로워졌다. 비가 한 타령으로 줄줄 나린다. 이李 군君의 주최主催다. 이윽하여 비도 그친다. 파罷하였다.

9월 14일. 흐리다. 오후 3시 양梁과, 청량리淸凉里 밖의 이문정里門町을 나가 엄인섭嚴仁燮 씨氏를 보다. 씨氏의 회갑回甲. 이번ㅅ비에 부엌, 마당이 수렁이 되었다. 음식飮食을 준다. 술 몇 잔을 마시었다. 황혼黃

舂에 돌아오다.

9월 15일. 민병도閔丙燾 군君 집에 가다. 지점紙店에 들어 도배지塗褙紙를 사다.

9월 16일. 덕상德商서 오다가 양梁에게 들다.

9월 17일. 다락 도배塗褙를 하다. 털모자帽子 세탁洗濯 1원一円 30전三十錢.

9월 18일. 이상백李想白 군君을 찾다. 함께 한남서림翰南書林를 가, 고서古書를 뒤적이다. 삼화三華에게 끌려 술집을 가다. 오후 4시 40분. 아즉도 20분 전이라 하고 문門을 열지 않는다. 백양당白楊堂을 들었다가 다시 가다. 5시. 문門이 열리며 즉시卽時 만원滿員. 한 도꾸리 배급配給. 또 소주燒酒ㅅ집으로 가다. 안주와 소주燒酒의 표票를 사다. 사람들이 모여들어 어깨를 서로 간다. 사뭇 수라장修羅場이다.

9월 19일. 문門을 바르다. 구두 바닥을 가는 데 5원五円.

9월 20일. 성전화전람회聖戰畵展覽會를 보다. 휘문徽文 강당講堂에서 이상돈李相敦 군君과 김덕숙金德淑 양孃과의 결혼식結婚式을 보다. 비가 온다. 조선관朝鮮館을 가서 국수 한 그릇을 먹다.

9월 21일. 이치규李治奎 군君 소청所請인 수연시壽宴詩를 지었다. 칼을 사다. 1원一円 8전八錢.

9월 22일. 함화진咸和鎭 군君 찬撰『증보가곡원류增補歌曲源流』의 서序를 짓다. 춘추사春秋社서 간행刊行. 양재하梁在廈 군君의 소청所請. 이완규李完珪 군君이 준 관음란觀音蘭을 등분登盆. 4조四條.

9월 23일. 종로금조鐘路金組 서병지徐丙芝 군君을 가 보고 도장圖章과 인감증명印鑑證明을 주고 차금借金을 부탁付託. 춘추사春秋社 양재하梁在廈 군君을 보고『증보가곡원류增補歌曲源流』서序를 주다. 아악부雅樂

部서 목탄木炭 석 섬을 보냈다. 덕상德商을 갔더니 우이동牛耳洞 원족遠足을 간다고 수업授業은 않는다. 박종목朴鍾穆 군君을 찾다. 구두ㅅ진을 박다. 1원一円 56전五十六錢.

9월 24일. 십육나한十六羅漢을 고쳐 심다. 4조四條 중 2조二條는 발육發育치 않는다. 묵은 뿌리는 다 썩었다.

9월 25일. 우하又荷를 가 보다.

9월 26일. 양재연梁在連 군君이 오다.

9월 27일. 도배塗褙. 이언직李彦稷 씨氏를 맞나다. 양재연梁在連 군君과 창경원昌慶苑에 가다.

9월 28일. 양재연梁在連 군君과 대륙극장大陸劇場에 가다.

9월 29일. 우雨.

9월 30일. 여산礪山서 치질약痔疾藥 소해환消解丸 한 갑匣을 우편郵便으로 보냈다.

10월

10월 1일. 창덕궁昌德宮 경찰서警察署 강남희姜南熙(중근정부中根政夫) 군君을 찾어 보다. 동내洞內 부인婦人 7, 8명을 창덕궁昌德宮과 비원秘苑을 구경 시기다. 우하又荷가 불러 갔더니 남형우南亨祐 씨氏와 민광식閔廣植 씨氏가 와 있다. 소주燒酒로 취醉하였다. 저녁에 안암정安岩町 이상돈李相敦 군君을 찾다. 석식夕食.

10월 2일. 김철수金喆洙, 이완규李完珪 군君이 오다. 하거何居를 가 보다. 우하又荷를 보다.

10월 3일. 동일은행東一銀行 관훈정寬勳町 지점支店에 가다. 방안 정돈整頓.

10월 4일. 우雨.

10월 5일. 동은東銀 관훈정寬勳町 지점支店에 동희東熙를 보내어 계동桂洞 본제本第 연전年前 근저당根抵當한 것을 말소抹消하여 종로금조鐘路金組에 제출提出하고 500원을 차용借用하였는데 35원 18전은 대서료代書料 급及 수속비手續費, 5원은 전시보국채권戰時報國債券, 8원은 화재보험료火災保險料, 7원 48전은 88일에 대한 수입收入 이식利息 — 이상 합계 55원 66전을 제除하고 444원 34전을 받어 왔다. 애류崖溜, 두계斗溪, 김상기金庠基 군君이 왔다.

10월 6일. 전북부인단全北婦人團에 이리裡里 누님이 아츰 차車로 오다. 처妻와 자식子息들이 경성역京城驛에 나가 맞다. 나는 경복景福서 나오는 길로 매신每新을 가서 부인단婦人團 일정日程을 얻고 이승만李承萬, 조용만趙容萬, 이희균李羲均, 이원영李元榮 군君을 보다. 정기성鄭基成 군君을 더불고 죽첨정竹添町 대화숙大和塾을 가서 누님을 면회面會. 외출外出은 허락許諾지 않는다. 저녁 5시. 비가 듯는다. 하거何居을 가 보고 차금借金 200원을 갚다.

10월 7일. 아악부雅樂部는 이습회肄習會 준비準備로 한 시간時間만 하다. 동희東熙를 대화숙大和塾으로 보내어 누님을 모셔오다. 부인단婦人團 일정日程은 끝났다. 안방 도배塗褙를 양재연梁在連 군君이 하다.

10월 8일. 비 오다. 경복중학교景福中學校엔 총독부總督府 시학관視學官이 와 교수敎授를 보고 총비평總批評, 퍽 준절峻截하다. 비를 맞고 돌아오다. 쌍금장雙金場 3첩三貼을 지어오다. 덕상德商서 오다 양명주養命酒 1병一甁을 사다 누님과 종자從姊와 거우르고 옛날을 말하였다.

10월 9일. 김상기金庠基 군君이 왔다. 양재연梁在連 군君, 하태성河泰成 군君 다리고 저녁 6시 반 아악부雅樂部 10주년十週年 이습회肄習會 연주演奏를 듣다. 이완규李完珪, 이상백李想白, 이여성李如星, 김용준金瑢俊 군君도 왔다. 누님은 낮 11시 차車로 떠나다.

10월 10일. 휘문徽文 체련회體錬會에 잠간 나가다. 돌아와 창문窓門을 바르다. 양재연梁在連 군君을 휘문徽文으로 인도引導하여 주다. 우하又荷를 보고 술과 밥을 먹고 대관원大觀園으로 가, 휘문徽文 학부형學父兄이 주는 술을 먹다.

10월 11일. 두계斗溪를 가 보다. 종로鐘路로 나와 화신식당和信食堂서 점심點心, 행렬行列를 지어 표票를 타고 식탁食卓 나기를 기다리기를 한 시간時間 이상以上. 또 다점茶店을 들다. 또 화신和信 상층上層으로 올라 노수현盧壽鉉(심산心汕) 전람회展覽會를 보다.

10월 12일. 원동苑洞ㅅ집에서 점심點心, 이언직李彥稷 노인老人이 시집 갈 40세 된 여인을 더불고 왔다. 구장區長과도 초면初面 인사. 양재연梁在連 군君을 더불고 덕수궁德壽宮 미술관美術館으로 명야좌明治座, 본정통本町通을 지나, 대화정大和町 뻐스로 오다.

10월 13일. 경복景福서 나오다 이상돈李相敦, 신창범辛昌範 군君을 찾아보다.

10월 14일. 김철영金喆泳 군君이 오다.

10월 15일. 양재연梁在連 군君이 작별차作別次로 오다.

10월 16일. 조운曺雲 군君이 소주燒酒 1병一瓶을 들고 왔다.

10월 17일. 조운曺雲 군君과 함께 월탄月灘을 찾어, 매신每新 조용만趙容萬 이승만李承萬 군君을 가 보고 술 사냥을 하고 헤졌다.

10월 18일. 조曺 군君이 가조온 소주燒酒를 고대로 두고 조曺 군君이 오기를 기다리다. 다시 오겠다 하더니 아니 온다.

10월 19일. 이승만李承萬 군君께 전화電話를 해 보니 조曺 군君은 어제 떠났다고.

10월 20일. 이상돈李相敦, 김상기金庠基 군君이 오다.

10월 21일. 휘문徽文, 경복景福, 덕수德壽의 월급月給을 탔다.

10월 22일. 오전 6시 함남경찰부咸南警察部 영원永原 형사刑事와 종로서鐘路署 이李 형사刑事가 와 수색搜索하여『조선말본』과 휴지休紙 등을 뽑고 조반朝飯을 재촉하여 먹이고 가자 하여 나섰다.[5]

— 이하以下는 이하以下의 시조時調와 자주自註로서 그 약간若干을 기록記錄함 —

一. 묵직한 철책문鐵柵門이 덜그럭 닫치는고나
도몰아 이는 시름 가슴이 메여지고
하로ㅅ밤 지내는 동안 저기 수壽를 덜었다.

— 52세五十二歲 — (임오壬午) 1942一九四二, 10월十月 22二十二 조朝 영원永原, 이李 두 형사刑事와 집을 나, 재동齋洞ㅅ거리서 이李는 제 집으로 가고 영원永原과 경기도京畿道 경찰부警察部(도청道廳 남南쪽)로 들어 신체검사身體檢査를 하고 유치장留置場 서西편 제1방第一房으로 들다. 마루판장에 꿇고 나란이 앉은 이가 방으로 찼는데

5 이날 가람은 조선어학회 사건으로 검거되어 1942년 10월 23일부터 1943년 9월 11일까지 함흥형무소에서 옥고를 치름. 따라서 이 기간 동안 일기를 쓰지 못했고 아래의 옥중 시조로 당시의 상황과 심경을 기록하였음.

나종에 들온 이는 맨 끝으로 똥통 갓가히 앉히는 법이나 나는 바로 상석上席 다음에 앉히고 방장房長이 뒤지紙도 한 뭉텡이 준다. 사상범思想犯 김교신金教信 사건事件 관계關係된 이가 많고 기타其他는 경제범經濟犯 — 잡범雜犯 등. 이는 말할 것도 없고 옴장이도 여럿이다. 일동일정一動一靜이 전혀 간수看守의 명령命令대로요, 자유自由는 전혀 없다.

二. 버버리 그저 두고 처녀는 어제 죽고
거던 발을 빼어 자리를 옮겨 앉으며
우러러 철창鐵窓 넘어로 달을 처음 보았다.

버버리는 함남咸南말로 벙어리를 이름. 벙어리를 스파이라 하여 예 잡어와 서너 달 두고 때리고 처녀는 우리 사건事件의 장본인張本人인 영생중학교永生中學校 여학생女學生 5, 6인五六人을 유치留置한 바 그중 한 사람은 윤감輪感으로 죽었다. 나도 들어가 수십 일數十日 동안 족쇄足鎖를 당했다.

三. 등은 깜박하고 가마귀 소리 난다
창을 열뜨리고 반공을 바라보며
누웃한 호흡을 하여 새 긔운을 흐루다

四. 어뜩 새벽부터 빤히 트이는 하늘
가로 두른 선은 담록淡綠과 연분홍빛
내 매양 자고 일어나 거울삼어 보노라

五. 세상 모든 일이 저절로 잊어지고
죽지 못하여 하잔히 남은 목숨
도로혀 도야지 팔자를 조석으로 기린다

六. 이쏘시개 바늘 삼어 해진 옷을 얽어매고
밥풀을 손에 이겨 단초를 만들어 달고
따듯한 볕을 향하여 이 사냥을 하도다

七. 파란 하늘가에 빨간 노을이 돋고
가마귀 두어 마리 소리 없이 지내가고
앞 지붕 지붕 머리로 저녁볕은 잦었다

八. 성에 낀 마루ㅅ장에 꿇고 종일 앉었을 때
창을 밀고 치는 바람도 바람이려니와
이따금 비칠락말락 볕도 또한 볕이다

모든 일 동작一動作을 간수看守의 명령命令대로 하다 조곰만 어기면 그 감방監房 일동一同을 벌罰을 주는바 벌罰도 여러 가지. 그중의 한 가지는 요도 못 갈게 하여 종일 찬 마루ㅅ장에 꿇어앉인 고초. 요두전목搖頭轉目을 하면 또 벌罰을 켠다.

九. 이불 반튀 덮고 숨도 죽이고 누어
맘도 움실움실 이와 함께 설레다가
이 밤도 겨오 든 잠을 비가 도로 깨운다

一0. 그냥 여염閭閻에는 고풍古風이 전하련만
팥죽은 커녕 동지冬至도 몰랐더니
창머리 비끼던 볕이 한 치 넘어 자랐다

一一. 다만 등으로 더불어 눈겨름을 하여 보다
지낸 모든 일이 낱낱이 생각나며
쉰두 번 보내는 중에 가장 쓰린 밤이로고

— 이 해 12월十二月 31일三十一日 밤(1942一九四二)

一二. 연무장演武場 다다미에 두렷이 둘러 앉어
밥에 떡에 과일 꾸러미 풀어 놓고
한동안 주리던 배를 채울 대로 채운다

— 1월一月 1일一日. 평일平日. 각기各其 가족家族, 친척親戚, 친구親舊들이 가졌던 음식飮食 꾸러미를 이날에야 내준다.

一三. 겨오 자고 나면 반기고 바라던 그 밥
썩은 콩깨묵을 저로 헤적여 보다
쌀 낱을 입안에 두고 차마 아니 넘긴다

一四. 전혀 이 세계는 자비慈悲와 평등平等과 지정至情
숭도 허물도 새우고 다툼도 다 없고
궂브고 궂븐 눈물만 계워 계워 하여라

一五. 조올다 깨고 보니 산듯한 볕이 난다
한나잘 오던 눈이 지붕마다 소복하고
흐리던 구름 걷히며 파란 하늘 돋는다

一六. 몹시 곤한 그 잠 숨소리 요란하고
빨간 숯불 곁에 간수도 녹으라지고
호올로 나는 그 밤을 등과 함께 밝히다

一七. 좁은 널쪽 우에 모로 겨오 누워
팔다리 조리고 그 밤을 다 보낼 때
숨결도 다 지기 전에 관에 든가 십어라

一八. 눈언덕 다 꺼지고 볼은 옴폭 들어가고
뼈다귀 비어져 나무나 돌 같으되
맑고도 찰찰한 마음 전생前生 일도 다 헬네

一九. 눈이 길로 쌔고 바람은 뼈를 에이는데
꾸러미 손에 들고 찾어드는 아들 따님
머나먼 그 험한 길을 문턱처럼 여기네

二0. 손을 꼽작어려 사주팔자四柱八字도 보고
조히를 접어 개고리도 만들어 보고
콩고물 찹쌀가루로 큰 잔치를 하였다

二一. 빨간 봉과 봉이 첩첩이 둘러 솟고
검은 구름 틈에 달은 반쯤 비껴 나고
유량瀏亮한 음악音樂소리는 어이 굴어 오는고

— 어느 밤 꿈. 이 꿈으로서 이해 가을쯤 출옥出獄함을 예감豫感했다.

二二. 몹시 기다리다 아희들 편지 보니
팔순八旬 된 아버지 주야로 념려하시며
차듸찬 방에 겨오셔 이 겨울을 나신다고

— 동희東熙, 한희漢熙 편지가 왔다. 시골 할아버지께서는 "네 아비가 유치장留置場 마루방에서 고생하는데 내가 따뜻한 방에 있을 수 없다. 불을 때지 말라" 하시고 찬방에서 이 겨울을 나신다 하였다.

二三. 후리 후리 후린다 골골 샃샃을 모조리 후린다
그 자듸잔 그물에 아니 걸릴 놈 없다
만일 그 도마에 오르면 어이 할 길 있는가

— 이해(1942년一九四二年) 8월八月 19일十九日(9월九月 5일五日?) 조선어학회朝鮮語學會서 조선어사전朝鮮語辭典 편찬編纂하고 있던 정태진丁泰鎭이 영생중학교永生中學校 사건事件으로 함흥경찰서咸興警察署 증인證人으로 가서 인하여 구류拘留되었다. 정丁이 연전延專 졸업생卒業生으로 미국美國 유학留學을 하고 와 함흥咸興 영생여중학교永生女中學校 교사敎師로 근近 10년十年 있다 몇 달 전에

서울 와 조선어학회朝鮮語學會 정인승鄭寅承이 연전延專 동창同窓 관계關係로서 함께 사전辭典 편찬編纂 하고저 하여 있게 되었다. 영생여중학교永生女中學校서는 그 학도學徒 하나이 홍원洪原서 다니는바 전진역前津驛에서 홍원서洪原署 형사刑事가 그 책보冊褓를 뒤져 잡기장雜記帳에 '독립만세獨立萬歲'라 적은 걸 보고 서署에 구류拘留하고 조사調査한 결과結果 영생여중永生女中 학도學徒 5, 6명五六名이 검거檢擧되고 여러 사건事件이 파생派生되었다. 그때 정태진丁泰鎭도 이왕 그 학교學校의 교사敎師라 하여 증인證人으로 호출呼出하여 조선어학회朝鮮語學會의 사건事件을 만들어낸 것이다.

— 10월十月 1일一日엔 이극로李克魯, 이윤재李允宰, 최현배崔鉉培, 장지영張志暎, 김윤경金允經, 한징韓澄, 이중화李重華, 정인승鄭寅承, 이석린李錫麟. 권승욱權承昱, 이희승李熙昇이 검거檢擧되었다.

— 10월十月 22일二十二日에는 이강래李康來, 이만규李萬珪, 김선기金善琪, 김법린法麟, 정열모鄭烈模, 이인李仁(함흥咸興 경찰서警察署 유치留置했다), 이병기李秉岐가 검거檢擧되었다.

— 12월十二月 23일二十三日에는 장현식張鉉植, 이우식李祐植, 김양수金良洙, 정인섭鄭寅燮, 이은상李殷相, 서승효徐承孝, 윤병호尹炳浩, 3일 후 안재홍安在鴻이 검거檢擧되었다.

— (1943一九四三) 3월三月 5, 6일五六日에는 서민호徐珉濠, 김도연金道演이 검거檢擧되었다.

二四. 법을 도가니 삼고 형으로 마치질 하며
불로 녹이고 물로 식히고 하여
저대로 몸을 맡기어 강철도곤 닳린다

二五. 매도 한 번 두 번 맞어보면 시들하고
이러고저러고 그날그날 겪고 나니
무섭던 지옥地獄사리도 다반茶飯인 양 하여라

二六. 생선을 가득 싣고 배들이 모여든다
다모토리에 고짓국 안주하여
잔 들고 권하는 맛이 또한 어떠하리오

— 다모토리는 선술집. 고짓국은 북어北魚 내장內腸으로 끓이는 국. 전진前津은 북어北魚의 명산지名產地.

二七. 바다를 앞에 두고 보랴 보든 못하여도
전진前津 송도松島의 그 모양 그 이름과
아울러 파도波濤 소리는 귀에 이미 젖었다

— 전진前津, 송도松島는 홍원洪原 앞에 있는 명승지名勝地.

二九. 닥어오는 볕이 점점 두터워지고
발에 짓밟히던 낭이도 돋아나고
그 멀리 갔었던 제비 알을 나러 돌아온다

三0. 뜰에 나던 볕이 창으로 도로 든다
하로를 보내기 한 해도곤 더듸더니
어느덧 제 돌을 이어 또 가을이 되었다

일기

42권

1943. 9. 12. ~ 1944. 4. 30.

1943년(단기 4276년)

1943년(단기 4276년) 계미癸未

9월

9월 12일. 어둑어둑할 때 일어나 이름 부르는 대로 감방監房을 나, 나도 짐을 창겨 가지고 경무계警務係 사무실事務室로 가 조반早飯을 먹고 포승捕繩을 지고 홍원서洪原署를 나섰다. 장현식張鉉植, 이강래李康來, 이은상李殷相, 서민호徐珉濠, 윤병호尹炳浩, 김윤경金允經, 김선기金善琪, 권승욱權承昱, 이만규李萬珪, 서승효徐承孝, 정인섭鄭寅燮과 동행同行. 각기各其 순사巡査 하나씩 따른다. 전진역前津驛서 차車를 타고 장현식張鉉植 군君과 나란이 앉어 약간若干 말도 하고 함흥역咸興驛에 나려 영원永原, 시전柴田 형사刑事로 지로指路하여 월출정月出町 35三五 함흥형무소咸興刑務所로 온다. 한편 뜰에서 두어 시간 기다려 다 검사檢査를 마치고 옷을 갈어입고 미결수未決囚 감방監房으로 드는데 나는 2사二舍 5방五房. 나는 453四五三 — 성명姓名 대신. 마루방에 열여섯 사람이나 있다. 서로 무릎을 대고 앉었다. 이 안에서는 말은 맘대로 한다. 예심豫審으로 사오년四五年 공판公判으로 이삼년二三年인 이가 많다.

9월 13일. 정태진丁泰鎭, 이윤재李允宰, 최현배崔鉉培, 이극로李克魯, 정인승鄭寅承, 이석린李錫麟, 장지영張志暎, 김양수金良洙, 김도연金道衍, 이희승李熙昇, 이중화李重華, 김법린金法麟, 정열모鄭烈模, 한징韓澄,

이우식李祐植 등이 홍원洪原서, 이인李仁은 함흥서咸興署서 오다.

鐵門墻壁高於城, 連日朝來喜鵲聲
囚友雜牀皆說夢, 纏綿總是故山情[1]

9월 19일. 오후 8시쯤, 막 잘 준비準備를 하려고 하는 차, 옆의 감방문監房門ㅅ소리가 나며 누가 불려 나간다. 담은 우리 방房이다 하고 서로 켕기고 있다. 발자옥 소리가 나며 453四五三을 부르고 스르르 문門이 열린다. 나는 나왔다. 서민호徐珉濠 군君을 맞나 서로 손을 잡고 인자는 살었다고 하였다. 이강래李康來, 김윤경金允經, 정인섭鄭寅燮, 이은상李殷相, 권승욱權承昱, 이석린李錫麟, 윤병호尹炳浩, 서승효徐承孝, 이만규李萬珪, 김선기金善琪 하여 통 12인十二人이 석방釋放되었다. 간수看守를 따러 개호실改護室로 나오다. 송산무松山茂가 와 보고 웃는다, 간수장看守長의 점검點檢를 겪고 짐을 찾어 옷을 갈어입고 돈도 찾고 송산松山 형사刑事를 따러 함흥경찰서咸興警察署 상층上層으로 와 감상感想을 말하고 경찰부장警察部長, 고등과장高等課長, 특고주임特高主任 시원市原, 사찰주임查察主任 개목皆木, 형사刑事 등等, 검사장檢事長 유오랑柳五郎이 모여 검사檢事가 기소유예起訴猶豫됨을 말하고 부장部長이 말하고 검사檢事가 또 주의사항注意事項을 말한다. 11시나 되어 송산松山이 지로指路로 조일정朝日町 흥아여관興亞旅館에 들다. 휘문徽文 졸업생卒業生 오기영吳基泳 군君을 맞났다. 목욕沐浴하고 오吳 군君 방房으로 끌

1 철문과 담장 벽은 성보다 높건만 / 날마다 아침이면 기쁜 까치 소리 들려오네.
옥에 갇힌 벗들 이리 저리 흩어져 자노니 / 꿈속에서도 하는 말 모두 제 고향 그리는 정이네.

려가 석반夕飯하고 함께 잤다.

9월 19일. 오기영吳基泳 군君이 일즉 일어나 나가더니 어갑선魚甲善, 한순현韓恂鉉 군君을 다리고 온다. 함께 조반朝飯. 오吳 군君께 경성京城과 여산礪山에 전보電報 치게 하고 가치 역驛에 나와 일행一行 10인十人을 맞나(서민호徐珉濠, 권승욱權承昱 양兩 군君은 홍원洪原으로 갔다.) 10시 발發. 시전건치柴田健治도 나왔다. 차車 중에서 휘문徽文 졸업생卒業生 신기설申基卨 군君을 맞나 건어乾魚, 과실果實을 자꾸 사 준다. 오후 7시 반 청량리역淸凉里驛서 나리니 처妻, 복순福順, 동희東熙, 종희宗熙, 병옥秉玉, 한희漢熙, 종석鍾錫, 달수達洙가 나왔다. 종석鍾錫이가 등대等待하였든 전차電車를 운전運轉하여 동대문東大門에 이르니 김영완金永完 씨氏가 그 셋재 자제 지수智洙 군君를 다리고 와 기다린다. 계동桂洞ㅅ집으로 들어 밤을 새웠다.

9월 20일. 김도태金道泰, 정지용鄭芝溶 군君이 오다. 작년昨年에 두었든 술 한 병을 함께 다 기울렸다. 정鄭 군君은 너무 취醉하여 나종에 온 휘문徽文 교장校長 이병규李炳奎, 주임主任 박술음朴術音께 주정을 하다 쓰러져 자고 안호삼安鎬三 군君이 오다. 매헌梅軒이 오다. 애류崖溜가 와 함께 석식夕食, 병륙秉陸, 병룡秉龍 두 아오가 오다. 김상기金庠基, 이일李一, 윤병섭尹炳燮 군君도 오다. 송석하宋錫夏 군君은 자정子正쯤 하여 포도주葡萄酒 한 병을 가지고 와 함께 마시었다.

9월 21일. 용제龍弟는 고故 김응수金應洙 초종初終을 보겠다고 떠나고 병옥秉玉이는 그 시가偲家로 가다. 이상돈李相敦, 강낙중姜樂中, 이규현李圭鉉, 최영해崔暎海, 송환규宋桓圭 군君이 오다. 매헌梅軒과 그 계씨季氏가 오다.

9월 22일. 민참판閔參判 우하又荷 장丈이 오다. 삼화三華 이종대李鍾大

군君이 오다. 이규봉李圭鳳, 양재하梁在厦, 이여성李如星 군君이 오다. 양梁 군君이 신간新刊한 『증보가곡원류增補歌曲源流』를 기증寄贈, 향천근치香川根治, 홍원서洪原署 고상계高相係, 개목선남皆木善男, 송산무松山茂에게 엽서葉書.

9월 23일. 이발理髮 면도面刀, 양화洋靴 수선修繕, 김성수金性洙 군君이 오다. 아악부雅樂部 김철수金喆洙 군君이 오다. 이상돈李相敦 군君의 집에 가 석식夕食. 김성수金性洙 군君을 찾어 심우섭沈友燮, 장택상張澤相, 이관구李寬求 군君도 맞나다. 이은영李殷永, 시전건치柴田健治, 유석기柳錫璣 군君이 왔다고.

9월 24일. 우雨. 명치정明治町 영여관榮旅館 시전건치柴田健治를 찾어 신윤국申允局 군君도 맞나 보고 원정元町 옥전광웅玉田光雄 군君을 찾고 비를 맞으며 돌아오다 황금정黃金町 박종목朴鍾穆, 만화여관萬化旅館 이은영李殷永, 명륜정明倫町 안호준安鎬俊, 안호삼安鎬三, 장발張勃 군君을 찾었으나 다 출타出他하였고 명륜정明倫町 이사移舍한 우하 댁又荷宅을 찾고 원동苑洞 복순福順 군君을 찾으니 위병胃病으로 신음呻吟하고 있다. 전승환戰勝丸을 사 먹이다. 이성환李聖煥 노인老人과 낮모를 노인老人이 있다. 자정子正에야 돌아오니 김억金億, 이관구李寬求 군君이 다녀갔다.

9월 25일. 남대문南大門 한은漢銀 지점支店을 찾으니 벌서 문門이 다치고 이희섬李熙暹 군君은 그 형兄을 보러 함흥咸興을 갔다. 천탑옥天塔屋에서 소만두燒饅頭를 점심點心하고 또 박종목朴鍾穆 군君을 찾었으나 없고 위창葦滄(오세창吳世昌)을 찾어 김무삼金武森, 이종린李鍾麟 노인老人도 맞나보고 하거何居를 찾고 돌아오니 민참판閔參判 영감令監이 다녀갔다.

9월 26일. 석우夕雨. 육제陸弟와 10시 30분 대륙大陸 차車로 출발出發, 동희東熙, 종석鍾錫이가 역驛에 나왔다. 13시 대전太田 착着. 바꿔 타고 18시 이리裡里 도착到着. 차車 중에서 맞났든 윤양식尹亮植 군君과 나뉘어 나는 육제陸弟와 함께 군수郡守 관사官舍로 들다. 누님과 형兄님은 놀래며 갓가워 한다.

9월 27일. 병철秉徹이가 와 본다. 우육牛肉 2근二斤 사고 철제徹弟 시겨 술 한 병 받고 오후 2시 빠쓰로 여산礪山을 오다. 비는 부슬부슬 나린다. 신막新幕을 오니 관희觀熙, 경희京熙, 조카 당질들이 등대等待하였다. 집으로 들어 아버님을 뵈오니 두 눈에 눈물이 핑 돈다. 중부仲父님 유중환柳重桓 형兄, 가족家族이 다 모이고 정태락鄭泰洛 군君도 왔다.

9월 28일. 관희觀熙는 제 안해 다리고 처가妻家에 가고 유柳 형兄도 떠나고 송순엽宋淳曄 씨氏, 유근수柳近洙가 오다. 모샛골 종조부從祖父 영연靈筵에 곡哭하고 그 산소山所와 조부모祖父母님, 어머님 산소山所에 절하다.

9월 29일. 윤춘병尹春炳, 도燾, 면장面長 김수한金秀漢 군君이 오다.

9월 30일. 하우下雨. 기재綺材, 외당숙外堂叔 윤지병尹芝炳 씨氏가 오고 고산高山 당숙堂叔이 오고 근수近洙는 가다. 저녁은 정태락鄭泰洛 군君 집에서 먹다.

10월

10월 1일. 윤랑尹郎도 가고 『계년사季年史』를 폭쇄曝曬, 정鄭 대숙大叔이 오다. 큰 생질甥侄 맹석孟錫이가 오며 소주燒酒 1병一甁를 가조다. 둣재 제수씨弟嫂氏가 계란鷄卵 아홉 개를 가조고 대부大父가 저녁을 먹인다.

10월 2일. 맹석孟錫이는 떠나다. 인희仁熙가 송편松編을 해 오다.

10월 3일. 대부大父와 함께 야정野井 김헌영金憲永 군君을 찾어 점심點心하고 두무교杜舞橋 6세六世 조모祖母 산소山所에 성묘省墓코 산직山直 박규철朴圭哲 군君을 찾어 보고 술을 주어 두어 잔 하고 나는 그 앞들을 건너 철도鐵道 둑과 솔숲 잔등을 넘어 마을 모정에서 비를 잠깐 피하고 또 넓은 들로 들어가다 왼쪽으로 꺾여들어 구舊 용안읍龍安邑을 찾었다. 뾰족뾰족한 봉들이 버려섰더니 가장 그 높은 봉 밑이다. 폐읍廢邑일망정 집들은 꽤 많다. 국민학교國民學校로 가니 교장校長 전㙉 군君은 동경東京 출장出張 중이고 그 앞 운동장運動場에는 사람이 수천여 명 모여 와각와각한다. 씨름대회大會다. 면장面長 이종소李鍾韶 군君은 그 회장會長으로 그 속에 앉었다. 좀처럼 볼 수 없다. 나는 이리저리 거닐다가 면장面長ㅅ집을 찾어갔다. 이李 군君은 그제 안 나왔다. 날은 점점 어두어지고 찬바람은 움즉이다. 거리로 어정거리다 겨오 여인숙旅人宿으로 찾으니 술도 팔고 음식飮食도 작만하며 퍽 부산하다. 여러 번 주인主人에게 사정하여 그 뒷방으로 들다. 국방복國防服 청년青年 한 분이 앉었다. — 정읍井邑서 온 정원庭園 정리整理하는 이다. 작년昨年에도 와 학교學校 정원庭園 전정剪定을 하고 이 집에 유숙留宿하였더니 금년今年에는 대우待遇가 못하다고 게두덜거린다. 컴컴한 방에서 주는 겸상을 받었다. 국말이밥인데 멀건한 것이 도야지 똥내뿐이다. 청년青年은 숟가락을 들다 말고 나는 그나마 달게 먹었다. 그리고 졸음이 와 누었더니 주인主人이 별안간 와 다들 나가라고 호통한다.

"어대로 나가란 말이오."

한즉

"오날 방공단防空團 삼십여 명을 대접하는데 남 음식 먹는데 쳐다만 보려고 하오."

"그러면 진즉 그런 말을 하지오. 그저 나가라고 하니 알 수 있소."

하고 나는 그 청년青年과 함께 거리로 나갔다. 바람ㅅ기는 더욱 쌀쌀하다. 국방복國防服 입은 이가 자꾸 모여들고 구경ㅅ군이 빽빽이 둘러섰다. 청년青年은 치위를 못 이겨 웅숭거리고 있다. 나는 또 면장面長ㅅ집을 가보니 컴컴할 뿐이다. 나는 이 밤을 이 거리서 새우드라도 괜찮다는 한 흥미興味를 일어키고 도로 여인숙旅人宿을 와 면장面長이 이 집에 왔느냐 하니 왔다고 한다. 주인主人더러 그 방을 가리쳐 달라고 하였다. 원청 오래ㅅ만이라 얼굴을 모르겠다. 면장面長을 불러내었다. 피차彼此 목소리만 듣고 놀래며 반겼다. 나는 끌려 그 방으로 들다. 수석首席 순사巡査 담에 앉었다. 내 담에는 방공단장防空團長, 우편국장郵便局長, 금융조합金融組合 이사理事, 부면장副面長이 빽 둘러 앉었다. 앞에는 큰 상에 어물魚物, 우육牛肉, 돈육豚肉, 과실果實, 소채蔬菜 등 음식이 가득하고 술병이 총총하다. 잔은 내게로 모여 든다. 주인主人은 밖에 서서 눈을 흡떠본다. 지지미를 다시 듸고 술을 더 가존다. 자정子正이 지나 파罷하였다. 나는 이종소李鍾韶 군君에게 끌려 나오다. 저녁 밥값을 이李 군君이 자담自擔하고 자택自宅으로 나도 갔다. 이야기하다 잤다.

10월 4일. 임규선林奎善을 찾다. 고샅에 들어 그 집을 물으니 가리켜

주든 그 사람이 그 사람이다. 두어 말 하고 나오자니 술상이 나온다. 송동규宋同圭도 맞났다. 다시 박규철朴圭哲 군君께로 와 대부大父와 새말ㅅ등에 이르러 자동차自動車는 만원滿員 되어 쳐다만 보고 그냥 걸어 왔다. 증조고曾祖考 기고忌故. 자정子正 지나 행사行祀. 고산高山 당숙堂叔도 오셨다.

10월 5일. 길돈吉敦 군君이 와 본다.

10월 6일. 정태락鄭泰洛 군君과 경년庚年 숙叔과 용화산龍華山으로 송용松茸 따러 갔다. 연일連日 수십 인數十人씩 와서 돌몽이까지 다 들석거려 다 땄다. 경년庚年 숙叔이 겨오 두 뿌리를 따 나를 준다. 용화암龍華庵서 점심點心. 윤성중尹成重, 병수秉秀 군君이 오고 박봉규朴鳳圭, 양정희楊定熙 군君이 오다. 삼계蔘鷄, 계간鷄肝을 먹다.

10월 7일.(음陰 9월 9일) 서리울 산직山直이 집에 가다. 방아다리 증조고曾祖考 외조고비外祖考妣 산소山所 시사時祀를 지내다. 다시 산직山直이 집으로 와 술을 취醉토록 먹다. 돌아오다 중배重培를 찾으니 척골瘠骨이 되어 누워 의식意識이 분명分明치 못하다. 이응구李應九, 박봉규朴鳳圭 군君이 보다. 병원秉元 군君이 내숙來宿.

10월 8일. 뒷산山에 오르다. 모샛골 누님이 점심點心을 준다. 태락泰洛 군君이 와 밤이 이윽토록 놀었다. 병철秉徹이가 오다.

10월 9일. 아버님께서 경희京熙 다리고 진산珍山 지방리芝芳里 유기청柳冀青 씨氏 생신生辰를 보러 가셨다. 책册도 보고 온돌溫突 도배塗褙도 하다. 갑순甲順이 와 본다.

10월 10일. 태락泰洛 군君과 천호산天壺山을 오르다. 一 삿골 병수秉秀를 찾다. 탁주濁酒 3배三盃 하고 문수사文殊寺, 백련암白蓮庵, 백운암白雲庵으로 물탕에 이르러 점심點心하고 숲속 풀섭으로 천지天池에 오르고 등성 말랑이를 타 남南으로 가다 가장 높은 봉에 오르니 장쾌壯快하다. 동북東北으로는 첩첩疊疊한 산악山岳이고 서남西南으로는 광활廣闊한 들, 그 끝으로는 바다가 둘렀다. 만滿 일년一年ㅅ동안 막혔든 가슴이 금시에 열린다. 뛸 듯 말 듯하다. 다시 나리고 오르고 돌고 하여 끝으로 솟은 문필봉文筆峯에 이르다. 서남西南의 평야平野와 바다는 더욱 선명鮮明하게 보인다. 고군산古群山 여러 섬이 또박또박하고 마츰 해는 반공半空에 기울었다. 우리집이 마주 바라보이는데 내 일생一生을 두고 오르자 하던 이 봉이 오날사 내 발밑에 있다. 내 가장 많이 보고 가장 사랑하든 봉이다. 떠나고 싶지 않다. 태락泰洛 군君의 재촉함을 못 이겨 학동鶴洞으로 나려 신막新幕 용제龍弟게서 몇 잔을 또 하였다. 저녁에 대부大父와 태락泰洛 군君이 와 담화談話.

10월 11일. 가랏 이중각李重珏 자당慈堂이 오다. 서모 댁庶母宅에서 오반午飯. 어머님 산소山所에 오르다. 모샛골 누님이 술을 주고 보상내 당숙 댁堂叔宅에서 밤과 건시乾柿를 주고 병문秉文 종제從弟ㅅ집에서는 석반夕飯. 서모 댁庶母宅에서 중각重珏이 자당慈堂과 담화談話.

10월 12일. 철제徹弟가 우육牛肉과 약주藥酒를 사 조반朝飯을 준다. 아버님 방을 소제掃除하고 댓들에 목욕沐浴. 저녁에 태락泰洛 군君이 오고 아버님, 장인丈人, 경희京熙가 오고 남은진南恩津, 소춘小春, 김죽하金竹下 어른이 와 중부 댁仲父宅에서 자다.

10월 13일. 소춘小春. 죽하竹下 장丈이 오고 장인丈人께서는 송주사 댁宋主事宅 — 방죽 안으로 가셨다.

10월 14일. 장인丈人이 오셨다. 이형화李炯和, 김우현金宇鉉 군君이 오다. 두환斗煥이 집 상량서上樑書를 쓰다. 이리裡里 누님이 오다. 어머님 기고忌故. 자정子正 지나 행사行祀.

10월 15일. 서모庶母 생일生日. 철제徹弟ㅅ집에서 오반午飯. 저녁은 신막新幕 용제龍弟ㅅ집에서 나와 누님과 경희京熙를 대접.

10월 16일. 병춘秉春 군君이 오다. 군대軍隊 8인八人이 와 자고 새벽에 떠났다. 이리裡里 누님도 떠나셨다.

10월 17일. 오후 한 시 자동차自動車로 장인丈人이 떠나셨다. 신막新幕까지 전송餞送하고 용제龍弟ㅅ집에서 육제陸弟와 삼형제三兄弟가 함께 주육酒肉을 먹고 정담情談을 손었다. 마츰 종자從姊께서도 참석參席. 높은 집 당숙 댁堂叔宅을 가니 또 주효酒肴가 성비盛備하였다.

10월 18일. 천각天閣을 캐니 두어 말 넘는다. 최외운崔巍雲 민정玟晶이 오다.

10월 19일. 조무朝霧. 송주보宋周甫 만회晩悔가 오다. 외숙外叔께 오셨다. 사중士重 군君이 이리서裡里署 구인拘引되었다고. 밤에 병룡秉龍이가 송편松編과 호박떡을 해 왔다.

10월 20일. 외숙外叔은 이리裡里로 가시고 신보영申輔永, 신 주사申主事 장丈, 병무秉武 군君이 오다. 아버지께서는 어젯밤에 설사洩瀉하시고 미령靡寧.

10월 21일. 조무朝霧. 서모 댁庶母宅에 술을 먹다. 산조인酸棗仁을 따다. 밤에 한로寒露가 나렸다.

10월 22일. 아버님께서 남산리南山里 시사詩社에 가셨다. 모샛골 누님이 오반午飯을 준다. 동희東熙게 편지 — 25발發 26석夕 착경着京 운云. 경희京熙 약藥을 시용試用 — 계관화鷄冠花, 구담狗膽 침수浸水하여 산중처疝症處에 바르다. 이 주사李主事 종협鍾協이 내숙來宿.

10월 23일. 음산陰散. 역터 산직山直이가 오다. 나의 체중體重은 56.2천瓩. 경희京熙는 44.5천瓩. 밤엔 달이 밝다. 우편국장郵便局長 이응구

李應九 군君이 오다.

10월 24일. 송주보宋周甫, 박택규朴宅圭가 오다. 태락泰洛 군君이 술을 준다. 오후 4시 신막新幕서 태락泰洛 군君과 떠나 이리裡里 관사官舍로 가니 군대軍隊 8인八人이 유숙留宿한다. 조 형趙兄과 정鄭과 동숙同宿. 가랑비가 온다.

10월 25일. 소우小雨. 10시 발發. 정鄭 군君은 함열咸悅서 나리고 나는 논산論山서 나려 윤상범尹相範 군君을 찾으니 여산礪山을 갔다. 양희良熙만 보고 왕전리旺田里 뉘를 가보고 고故 김응수金應洙 영연靈筵에 곡哭하고 생질甥姪들과 사장査丈, 사부인査夫人을 다 보고 술도 먹고 최민수崔玟洙 군君과 작반作伴하여 가서 논산역論山驛에 이르러 5시 40분 발發, 7시 두계豆溪 착着. 어두운 길로 은동隱洞을 가, 밥을 시겨 먹고 자다. 장인丈人, 장모丈母, 용복容復이는 있으나 동수同洙 군君은 대전太田를 갔다.

10월 26일. 조반朝飯 후後, 달수達洙 군君을 찾으니 그 자당慈堂, 당숙모堂叔母, 형제兄弟와 아침을 먹다 나온다. 열수熱洙 군君을 찾어 그 모친母親을 보고 점심點心 걱정을 하는 걸 그만 두고 나서 두계역豆溪驛에 이르러 나왔다는 말을 듣고 불이나케 오는 동수同洙 군君을 맞나 보고 바로 떠나 대전太田서 나려 용창容昌이를 찾다 못 찾고 대륙大陸으로 15. 27 발發, 19. 5 경성京城 착着.

10월 27일. 석남石南, 복순福順도 찾다. 이상백李想白, 김상기金庠基 군君이 오다. 용창容昌, 병륙秉陸께 편지.

10월 28일. 박종목朴鍾穆 군君을 찾다 못 보고 매신每新 조용만趙容萬, 이승만李承萬 군君과 중방中放 이관구李寬求, 혜구惠求 군君을 찾어 보다. 밤에는 복순福順도 찾다.

10월 29일. 박종목朴鍾穆 군君 삼형제三兄弟를 황금정黃金町으로 가 보고 문상問喪. 월탄月灘 박종화朴鍾和 군君과 나서 본정本町서 점심點心하고 낭화관浪花館 영화映畵를 보고는 술집을 사냥하였다.

10월 30일. 종일終日 난초蘭艸 개식改植. 이완규李完珪 군君이 와 조력助力.

10월 31일. 문곡文谷을 찾다. 경복교장景福校長 굴내명堀內明을 찾으니 없다. 청정靑汀을 찾어 더불고 경일문화극京日文化劇을 보고 청요리淸料理로 석식夕食 2기二器. 이병도李丙燾 군君을 찾다.

11월

11월 1일. 앵구정櫻丘町 덕수고德壽高 교장校長 지곡池谷을 찾고 복순福順과 목욕沐浴. 김동규金同圭 군君이 오다. 장홍식張鴻植 씨氏를 찾어 보다. 우하又荷 장丈은 출타出他하여 못 보았다. 저녁에 하 박사河博士가 오다.

11월 2일. 창문窓門을 바르다. 이병도李丙燾 군君과 함께 청정靑汀을 찾다. 김종영金鍾瑛 군君이 오다. 김진규金鎭圭 군君이 오다.

11월 3일. 애류崖溜, 창해滄海가 오다. 떡과 술을 먹고 가치 나서 또 청요리淸料理로 점심點心코 영도사永導寺 대원암大圓庵을 가 석전石顚을 찾으니 구암사龜岩寺로 가 휴양休養 중이라 한다. 오다 손준모孫俊模 군君을 찾어 술 먹고 김현장金顯璋 군君을 찾으니 신병身病이 낫었다. 하거何居를 보다. 관희觀熙가 오다.

11월 4일. 돈암정敦岩町 산山 30-34 김상용金尙鎔 군君을 간신히 찾어

문상問喪. 이춘호李春昊 군君도 맞나고 오다 우하又荷를 찾으니 출타出他코 이규석李圭錫 씨氏를 찾어 보고 하거何居를 찾어 술 먹다. 처妻가 청량리淸凉里 가서 백채白菜 150百五十통에 75원七十五円 주고 사 오다. 일광一光도 오고 인촌仁村도 오다.

11월 5일. 보호관찰소保護觀察所를 가니 소장所長 장기長崎는 출타出他하였다. 매헌梅軒, 우하又荷, 임청林靑 군君이 오다. 매헌梅軒과 우하댁又荷宅으로 석식夕食. 유석기柳錫基 군君이 오다.

11월 6일. 한남서림翰南書林, 백양당白楊堂을 가 보고 하거何居를 가 보고 함께 목욕沐浴.

11월 7일. 경복景福 교장校長을 보고 상소上沼도 보고 전훈田壎도 보다. 병옥秉玉, 신전현익神田顯益, 금광교웅金光敎雄께 편지.

11월 8일. 이병도李丙燾 군君이 오다. 박경소朴敬沼도 보고 종로금조鐘路金組 서병지徐丙芝 군君도 보고 위창葦滄, 하거何居, 일주一洲, 일광一光도 보고 밤에 돌아오다. 음陰 10월 10일, 입동立冬. 아버님 하서下書 보다.

11월 9일. 관찰소觀察所 장기長崎를 보고 매헌梅軒과 함께 가 감초甘艸, 택사澤瀉, 계피桂皮를 사고 하거何居, 휘문徽文을 보고 오다. 김상기金庠基 군君과 술을 먹다. 삼화三華, 상돈相敦 군君이 왔다고.

11월 10일. 북풍北風, 병희炳喜가 오다.

11월 11일. 경복중학교景福中學校에 가다. 인사 겸 『한계서법통해漢谿書法通解』를 찾었으나 보이지 않고 손재형孫在馨 군君을 찾다 못 보고 본정本町 가 수선화水仙花 3근三根, 대명가大名家 묵墨 1一 정주지丁周紙 1축一軸을 사다. 원동苑洞서 반주飯酒. 서광전徐光前도 맞나다. 손재형孫在馨 군君이 오다. 아버님께 상서上書. 자정子正에 자다. 얼음이 얼다.

11월 12일. 김상기金庠基, 이태준李泰俊 군君이 오다. 경기고녀京畿高女 교장校長, 4년四年 3급주임三級主任을 가보고 한희漢熙 졸업卒業 후後 취직就職에 대하여 말하다. 휘문교徽文校, 아악부雅樂部 주임主任를 가보고 김영광金永光 씨氏는 찾었다 못 보다. 오후 소우小雨. 한약漢藥 소포小包를 여산礪山으로 부치다.

11월 13일. 하거何居를 보고 우하 댁又荷宅으로 가 기다려도 우하又荷는 돌아오지 않는다. 먼저 가셨나 하고 성북동城北洞을 향向하여 가다가 마중 나오는 상허尙虛(이태준李泰俊)를 맞나 함께 그 집으로 가니 우하又荷와 근원近園(김용준金瑢俊)이 있다. 『추사서첩秋史書帖』 등을 보다 술에 도야지 고기에 잔을 여러 번 들고 또 밥을 몇 공기空器 하고 놀다 놀다 황혼黃昏에 돌아오다. 정지용鄭芝溶, 장발張勃 군君도 맞났다.

11월 14일. 음陰 소우小雨. 두계斗溪(이병도李丙燾)가 와 가치 금호정金湖町 동빈東濱(김상기金庠基) 집으로 비를 맞고 갔다. 청정靑汀도 왔다. 함께 마시고 밥도 먹었다. 저물어서야 차車 타고 경성역京城驛을 돌아 왔다. 곳불이 들고 신경神經이 어지러워 잠을 잘 잤다.

11월 15일. 종일終日 조리調理. 『마씨문통馬氏文通』을 읽다. 원동苑洞서 서광전徐光前을 맞났다.

11월 16일. 종일終日 서재書齋 정리整理. 서민호徐珉濠 군君이 와 술을 두어 잔 하다. 매헌梅軒도 오고 순자順子도 오다. 처妻는 욱정旭町 숙전淑專으로 간선을 하러 갔으나 못 맞나 보고 왔다. 야우夜雨.

11월 17일. 음陰. 서적書籍 정돈整頓. 손재형孫在馨 군君이 와 습자習字 교원教員과 서도보국회書道報國會에 대한 말한다. 서민호徐珉濠, 신윤국申允局 군君이 오다. 끌려 나가 목노ㅅ집으로 가, 몇 잔을 하다. 홍원洪原서 제3방第三房에 동고同苦할 때 매양 하든 말을 시행함이다. 밤은 차고 얼다. 음陰 10월 2일 손돌날(孫乭日).

11월 18일. 눈이 좀 오다. 서적書籍 정돈整頓. 윗 내의內衣를 입다. 협죽도夾竹桃, 서향瑞香, 창포菖蒲 등을 방에 들여놓다. 서적書籍 중 몇 책册이 없어졌다.

11월 19일. 서광전徐光前이 와 그 경력經歷과 순자順子에 대한 말을 자새히 한다. 휘문徽文, 홍택주洪宅柱 씨氏, 김영완金永完 씨氏를 가보고 영운穎雲 김용진金容鎭, 김갑기金甲基 군君도 맞나다. 하거何居에게 빌려온『해화사海華師』전2책全二册을 반환返還하고 천안天安까지 가는데 그 장윤長允 인수仁洙 군君과 영등포永登浦까지 전송餞送코 돌아오다. 인수仁洙 군君과 목노ㅅ집을 들어가 탁주濁酒 3기三器를 기울였다. 밤 눈이 오다. 처妻는 그 외종外從과 가치 숙전淑專 가서 금촌정자金村正子를 보고 왔다. 여범인동與凡人同하다고.

11월 20일. 아버님께 상서上書. 경희京熙게 편지. 활변滑便을 보다. 일전日前부터 하복下腹이 촉랭觸冷한 까닭. 종일終日『매천집梅泉集』을 읽다.

11월 21일. 명륜정明倫町 안호삼安鎬三 군君을 찾으니 그 이웃 조종립趙鍾立 군君ㅅ집에서 술을 먹는다. 나도 함께 서화書畵 이야기도 하고 손재형孫在馨 군君이 경복중학교景福中學校 신임新任되었다는 말도 들었다. 이병규李炳奎, 유길상劉吉相 군君도 찾고 밤에 돌아왔다. 책상册床머리엔 순자順子가 구주사 댁具主事宅허고 찾어왔다는 글발이 놓였다.

11월 22일. 명랑明朗.「원차산비元次山碑」를 익히고 난蘭에 물을 주다.

11월 23일. 돈암정敦岩町 김낙순金洛淳 군君을 찾으니 없다. 김도태金道泰 군君을 맞나 가치 이병도李丙燾 군君을 찾어 더불고 노량진鷺梁津으로 나가 탁료濁醪 두어 잔을 하였다. 성재誠齋(이관구李寬求)가 오다.

11월 24일. 이발理髮. 동빈東濱이 오다. 동아東兒로 더불어 봉래정蓬萊

町 한승택韓承澤 군君ㅅ집으로 가 오반午飯하고 예복禮服 입고 자동차自動車로 청년회관靑年會館에 가서 손원근孫元根, 박경자朴京子 결혼식結婚式 주례主禮를 하고 태화관泰和館으로 가 동뢰연同牢宴도 보았다.

11월 25일. 애류崖溜, 우하又荷가 오다. 김갑기金甲基 군君과 가치 하거何居를 가보고 안덕수安德洙를 맞나 반주飯酒하고 저녁에 돌아오다.

11월 26일. 종석鍾錫 처妻가 이중각李重珏과 가치 익산益山 가랏서 왔다. 휘문徽文서 부탁한 시율詩律과 생도비명生徒碑銘를 초草 잡다. 창문窓門을 바르다. 경복京馥이와 그 아버지 창구昶求 군君이 오고 한승택韓承澤 군君 부처夫妻가 오다. 저녁엔 매헌梅軒과 민광식閔廣植 씨氏와 민형식閔衡植 씨氏가 와 그 자부子婦ㅅ집으로 함께 갔다. 우하又荷의 끝아들 우길雨吉 군君의 기제忌祭다. 또 민천식閔天植의 제사祭祀라고 광식廣植, 형식衡植 양씨兩氏는 경운정慶雲町 민병도閔丙燾 군君의 집으로 잠깐 다녀온다고 가고 나와 매헌梅軒은 빈 방을 지키고 있다가 그 두 분이 온 뒤 주효酒肴를 가치 하고 자정子正에야 돌아왔다. 서울서는 무간無間한 사이면 이러케 토제討祭를 하든 터이다. 우하又荷께서는 술이 있으면 반드시 나를 부르고 기고忌故가 있으면 반드시 내게 토제討祭를 청請한다. 나는 그 후의厚意를 잊을 수 없다.

11월 27일. 음陰. 천태소심란天台素心蘭 두어 뿌리를 월탄月灘께 보내고 수선화水仙花 3근三根은 해형蟹形을 맨들어 냉수冷水에 당궈 두다. 뿌리마다 꽃이 잠겼다. 관희觀熙 내외內外가 오다. 홍순응洪淳應 군君이 오다.

11월 28일. 고책사古册肆와 한남서림翰南書林도 가 보다. 하거何居가 조조早朝에 오고 조윤제趙胤濟, 이상돈李相敦 군君이 오다.

11월 29일. 백양당白楊堂에 갔다 배정국裵正國, 최집崔檝, 석남石南, 상허尙虛, 소전素荃, 청정靑汀을 맞나다. 청정靑汀과 다점茶店에 들다.

하거何居를 찾었다 못 보았다.

11월 30일. 연촌硯村을 나가 김선태金善泰, 김선기金善琪 군君께 문상問喪. 부의賻儀 5원五円. 오후에 회가回家. 매헌梅軒이 오다. 철제徹弟 서書를 보고 회답回答. 종원향천從原香川, 근승根昇께 편지. 순자順子가 술을 보냈다.

12월

12월 1일. 백미白米 7홉七合을 가지고 우하又荷께로 가 매헌梅軒과 석반夕飯. 이규완李揆玩, 이관구李寬求 군君이 오다.

12월 2일. 수선화水仙花 등분登盆하여 볕을 쪼이다. 순자順子가 오고 아버님이 3백 원三百円을 하송下送하셨다. 삼산범모三山範模[2] 편지 보고 회답回答. 방계초方啓礎 회갑가回甲歌을 대작代作. 유석기柳錫基 군君이 시골서 힌떡을 가졌다.

12월 3일. 매신每新 학예부장學藝部長 조용만趙容萬 군君이 와서 오는 8일 시詩 오륙五六 장章을 간청懇請한다.

12월 4일. 석남石南을 찾다. 근원近園이 오다. 휘문徽文, 하거何居를 가 보다. 밤에 이완규李完珪 군君이 오다.

12월 5일. 이혜구李惠求 군君이 동경東京 출장出張 가 안변岸邊 군君을 맞나고 그 음율音律 연구硏究를 들었다는 말을 한다. 정원정이井垣精二(한흥록韓興錄) 군君이 오다. 8일. 시詩 5장五章을 짓다.

---

2 함남 순사.

12월 6일. 용만容萬 군君이 아츰에 와 원고原稿를 가져갔다. 김병룡金秉龍 군君이 오다. 계미癸未 11월 10일 병륙秉陸이 분가分家. 비 오다 말고 밤새도록 서남풍西南風. 비ㅅ눈ㅅ가비가 나린다. 유석기柳錫基 군君이 와 동작同酌.

12월 7일. 동빙凍氷. 『열하일기熱河日記』를 보다. 과연 응물사형應物寫形, 신운생동神韻生動이다.

12월 8일. 『좌전左傳』를 보다. 방공防空이기 창문窓門을 가리고 혼자 앉었다. 도로혀 조용하여 독서讀書키는 짜장 좋다. 난蘭, 수선水仙도 잘 자란다. 동희東熙가 여산礪山 갔다.

12월 9일. 밤 눈. 관희觀熙가 오다.

12월 10일. 두계斗溪가 와 가치 면麵과 술을 하고 나서 창해滄海를 찾으니 또 술을 낸다. 이성환李聖煥이 와 방송放送할 시조時調 3장三章을 부탁.

12월 11일. 휘문徽文에 가 천본영호川本榮浩 군君의 묘지墓志를 남원우南遠祐 군君에게 주다. 하거何居가 사온 고서古書에 판본板本 감정鑑定을 하였다.

12월 12일. 석남石南이 일즉 기별奇別하였다. 열빈루悅賓樓로 오라고. 이만성李滿聖을 찾었다 못 맞나고 하거何居께로 와 놀다. 열빈루悅賓樓로 가 김동익金東益, 이혜구李惠求, 이면상李冕相, 김익균金益均, 이동백李東白, 임화林和, 송석하宋錫夏과 모여 이동백李東白의 춘향가春香歌 시청試聽을 하고 녹음錄音과 기타其他 기록記錄을 분담分擔하였다. 임화林和와 나는 그 사설辭說을 맡었다. 석찬夕餐코 9시 파罷.

12월 13일. 하거何居가 오다. 마츰 술이 있기 가치하였다. 『좌전左傳』을 읽고 서재書齋 소제掃除.

12월 14일. 음우陰雨. 월탄月灘을 찾어 가치 매신每新에 가서 원고료原稿料 삼십 원을 받어 가지고 나오다 윤석중尹石重을 맛나 다점茶店에 들엇다 또 주점酒店에 들어 이마동李馬銅, 박돈朴豚 군君을 맛나, 몇 집을 거쳐 종로鐘路 낙천관樂天館으로 와 파罷하였다. 이성환李聖煥이 와 시조時調를 가져갔다.

12월 15일. 일한서방日韓書房에 가 『지나화인연구支那畵人硏究』 1책一册을 사고 우하又荷께 와 석식夕食. 코가 찡찡하고 두통頭痛이 난다. 잠을 못 잤다.

12월 16일. 가미쌍패산加味雙敗散 2첩 시복試服. 종일終日 누웟었다. 저녁차車애 처妻는 정순貞順이를 다리고 여산礪山ㅅ길을 떠낫다. 한희漢熙, 종희宗熙, 순덕順德이는 경성역京城驛까지 가 전송餞送하고 종석鍾錫이는 용산역龍山驛까지 갔다.

12월 17일. 낫다. 잘 잤다.

12월 18일. 김윤경金允經 군君을 찾어 문상問喪. 최영주崔泳柱 군君을 찾다 못 찾었다. 애류崖溜를 찾어 떡으로 요기饒飢코 나가 백주白酒 5배五盃를 하였다. 저녁에 하 박사河博士 경덕敬德 군君을 찾고 해형수선蟹形水仙 1근一根을 주다.

12월 19일. 서승효徐承孝 군君을 찾어 보고 신현모申鉉謨 군君을 찾다 못 보고 방종현方鍾鉉 군君을 그 책사册肆에서 보고 『좌전左傳』 인조仁祖 을해乙亥 사국私局 회룡사回龍寺 간행본刊行本을 빌어오다. 정충시鄭忠時 군君을 찾으니 그 부인夫人이 수술섭양手術攝養 중.

12월 20일. 소우小雨. 우하又荷께서 오셔 그 자부子婦ㅅ집으로 가치 갔다. 이훈李爋, 김상기金庠基, 김선기金善琪 군君이 오다. 이완규李完珪 군君이 오다. 영광靈光 조병모曺秉謨 군君이 마른 알새우를 보냈다.

12월 21일. 송신용宋申用 군君이 참꽤 한 되를 준다. 신덕균申德均 군君을 찾다. 동희東熙 편지 보다. 정인세鄭寅世 군君이 와 장행회壯行會 참석參席키를 청請한다. 달수達洙 군君이 귀환歸還.

12월 22일. 순자順子가 오다. 병국炳國이가 와 가치 석반夕飯. 순자順子와 가치 원동苑洞을 가서 거문고을 안고 왔다. 윤석진尹錫瑨 군君이 귀환歸還.

12월 23일. 음陰 11월 7일. 동지冬至. 화평花坪 유 형柳兄 편지가 왔다. 무슨 전보문電報文이 미상未詳타고 하였다. 회답回答. 처妻의 편지를 보다. 김동익金東益 군君이 와 시조時調 3편三篇을 청請한다. 비 온다. 오후 6시, 대륙원大陸園서 휘문徽文 16년도十六年度 졸업생卒業生이 장행회壯行會를 하는 데 불려갔다. 이병규李炳奎, 박술음朴術音, 김도태金道泰, 이규현李圭鉉, 김창호金昌鎬, 남원우南遠祐 군君이 오고 졸업생卒業生은 30여 명 모였다. 담화談話와 주식酒食. 10시 파罷.

12월 24일. 꽤 차다. 하거何居께 50원 꿔어 왔다. 지세地稅 납입納入. 덕희德熙, 경희京熙가 여산礪山을 가다. 밤 9시 차車로 떠났다. 영하零下 4도四度.

12월 25일. 석남石南, 안서岸曙, 인촌仁村을 찾다. 우하又荷를 찾으니 안 계시다. 성북동城北洞 김진산金珍山 경중璟中 씨氏를 찾으니 우하又荷와 그 일가 노인老人이 모여 있다. 팥죽과 떡과 과실果實을 먹고 시축詩軸을 쓰고 나는 붙들려 저녁밥까지 진산珍山 어른과 함께 하였다. 두계斗溪를 찾고 하거何居를 찾어 남담룡南潭龍의 화선畵扇 1병一柄 신자하申紫霞의 묵죽선墨竹扇 1병一柄을 얻어 오다. 방종현方鍾鉉 군君이 『고반여사考槃餘事』 1책一册를 갖다 준다. 화장품化粧品 수 종數種을 샀다.

12월 26일. 조남령曺南嶺 군君이 오다. 인촌仁村, 하거何居도 방견訪見

코 화선畵扇도 반환返還. 『서상기西廂記』, 『매야란죽보梅冶蘭竹譜』 1책一冊을 가조다. 남령南嶺 군과 저녁밥을 가치 하고 가치 나섰다. 차표車票는 남령南嶺 군君이 화신상회和信商會서 사준다. 오후 8시 경성역京城驛에 이르니 차車 탈 사람들이 여러 줄로 늘어서서 역전驛前 광장廣場까지 가득 찼다. 눈ㅅ발은 날린다. 나와 남령南嶺 군君도 그 틈에 끼어 서서 세 시간時間 이상 기다리다 거의 11시나 되어 떠났다. 대전太田까지 사뭇 서서 갔다. 성환成歡서 두어 시간 지체遲滯. 대전太田서는 날이 밝었다. 오전 10시 이리裡里 착着. 나는 수선화水仙花 끄렁이를 창겨 들고 남령南嶺 군君과 작별作別하고 나려 군수郡守 관사官舍로 들어 조반朝飯코 11시 50분 자동차自動車로 떠나다. 기형璣衡이가 와 전송餞送. 병춘秉春, 대복大福 군君을 맞나 동행同行. 오후 1시 신막新幕서 나렸다. 집에 들어 수선화水仙花 끄렁이를 풀러 따듯한 볕을 쪼이다. 음陰 12월 1일. 병순炳珣이와 기형璣衡이는 저녁차車로 왔다.

12월 28일. 일환一煥이 안해가 친정親庭에 갔다 주酒, 병餠, 율栗 등을 가줬다. 고산高山 당숙堂叔, 공성公聖 박봉규朴鳳圭 군君이 오다.

12월 29일. 음陰 12월 3일. 중부주仲父主 생신生辰. 처妻의 생일生日. 창환昌煥이 집에서 조반朝飯과 술을 먹다. 관재棺材를 조히로 부하다. 면장面長 김수한金秀漢, 농업계農業係 주사主事 최崔, 면서기面書記 등이 와 반장班長을 불러 놓고 벼 공출供出를 독촉督促. 자정子正이 지내도록 조른다. 술을 먹고 갔다.

12월 30일. 음陰. 태락泰洛 군君이 주식酒食을 준다. 어제 가제家祭를 지냈다.

12월 31일. 병순炳珣, 기형璣衡이가 갔다. 오후 11시쯤 하여 안 건너ㅅ방에서 불이 났다. 목화木花를 겨집애들이 다듬다 등燈잔을 엎질러 연소延燒되었다. 안 큰방에 있다가 가보니 화광火光이 방으로 하나고 자꾸 불ㅅ길이 일어난다. 그저 손으로 솜을 비비고 누르다가 병향秉香이가 들여오는 가마니 따기로 짓눌러 껐다. 장판은 군데군데 탔다.

1944년(단기 4277년)

1944년(단기 4277년) 갑신甲申

1월

1월 1일. 태락泰洛 군君이 연시軟柹 두 개를 준다.

1월 2일. 태락泰洛 군君과 학현鶴峴 송환식宋瓛植 군君의 집에 가 떡국과 주과酒果를 받고 능지울 병한炳漢 군君ㅅ집으로 가 맹희孟姬도 보고 주과酒果도 받고 저물어 왔다. 석진錫瑨 군君의 자당慈堂이 왔다.

1월 3일. 태락泰洛 군君과 가치 뻐쓰 타고 나는 역驛터서 나려 산직山直이를 찾고 송정식宋廷植(상산대중常山大中) 군君을 찾으니 이리裡里를 갔다. 그 형兄도 없다. 그 자질子侄들만 보고 송오위장宋五衛將 영연靈筵에 곡哭하고 금마면金馬面 동고도리東古都里로 가 송병채宋炳寀 군君을 찾어 그 선인先人 형식衡植 군君 영연靈筵에 곡哭하고 마츰 인사 온 순사巡査 두 사람을 맞나고 술ㅅ상이 벌어지고 서화書畵를 내보이고 또 환산丸山 군君이 와 함께 놀다 나는 나와 원촌原村 이만태李滿泰 군君을 찾어 그 산정山亭으로 들어가니 송정식宋廷植 군君이 와 기다리고 있다. 그 아들이 자전차自轉車로 이리裡里까지 찾어와 내가 왔다는 말을 하여 즉시卽時 회정回程하였다고. 서로 담화談話타가 자정子正이 넘어 송宋군君은 집으로 간다고 갔다.

1월 4일. 만태滿泰 군君과 가치 나서 이은영李殷永 군君도 찾고 술을 주어 먹고 면사무소面事務所로 가서 소병식蘇秉寔 군君을 찾어 더불고 도순리都巡里 송정식宋廷植 군君의 집으로 갔다. 음식飮食을 소담하게 채렸다. 퍽 취하여 황혼黃昏에 서로 갈렸다.

1월 5일. 수선水仙도 피고 홍매紅梅도 벌어진다. 윤석진尹錫瑨 군君이 내숙來宿. 이응구李應九 군君이 오다. 육제陸弟의 집에서 잔을 권하였다. 모샛골 보생내 당숙 댁堂叔宅에서 밤을 새웠다.

1월 6일. 새벽에 종증조부從曾祖父 소상小祥을 지내다. 소한小寒. 눈이 많이 왔다. 한 자 깊이나 쌔였다. 밤엔 달이 밝다.

1월 7일. 수선水仙 한 포긔는 강아지가 물어뜯어 꽃이 꺾이고 대가 상하였다. 태락泰洛 군君이 술을 먹인다. 운배雲培가 오다. 아이들과 춘병春炳, 달수達洙가 관희觀熙 장행회壯行會를 밤에 하였다.

1월 8일. 설월雪月이 어찌 밝든지 방에 앉었을 수가 없다. 나서 대부大父를 찾으니 없고 새술막 용제龍弟를 가보고 당삼이 병개秉凱 집을 지나, 높은 집께로 오니 여린 시조時調ㅅ소리가 나며 머슴은 나를 보고 어서 들오시오 술도 있읍니다 한다. 나는 들은 척 만 척하고 독담불을 돌아왔다.

1월 9일. 당삼이 아주머니가 오다. 동희東熙는 논산論山 가다. 눈이 온다. 아츰에 대뜰서 얼음을 끄고 목욕沐浴. 오후엔 몸이 좀 피곤疲困하다.

1월 10일. 홍매紅梅가 만발滿發. 종석鍾錫, 순자順子께 편지. 저녁에 동희東熙, 용문容文이가 오다.

1월 11일. 김종영金鍾瑛, 정갑수丁甲秀 군君 편지가 오다. 홍원洪原 강형구姜炯求 군君께 준시蹲柹 88개八十八個와 편지를 보냈다.

1월 12일. 휴지休紙를 삶어 이겨 장판張板을 때우다.

1월 13일. 용문容文이 다리고 강경江景이로 가서 논산論山을 갔다. 자동차自動車 다니기 때문. 윤상범尹相範 군君을 찾으니 장말 그 재종 댁再從宅에 갔다. 날은 저물었다. 걸어서 소척에 이르러 윤상경尹相敬 군君을 찾다. 춘병春炳의 생부生父. 만류挽留코 술상을 내온다. 왕전리旺田里 매가妹家로 가서 용문容文이 형제兄弟를 다리고 잤다.

1월 14일. 솔밭 속으로 나가다 사리울, 방아꼬지를 지나, 장골로 가, 김영관金永琯 군君을 찾었더니 은동隱洞를 가고 그 부인夫人께서 나와 보고 깜짝 반기며 술을 듸어 권하고 가즌 찬饌에 밥을 지어 내오고 그 동안 지낸 일을 자상히 말한다. 요ㅅ골로 가니 윤석범尹錫範 형제兄弟는 출타出他하였다. 윤주사尹主事 임중任重 군君을 잠깐 찾고 고모부姑母夫 원중元重 씨氏를 찾으니 다리 종기腫氣로 누웠다 일어나신다. 저녁 후 원중元重 씨氏와 가치 석범錫範 군君 집으로 와 보니 그제 안 왔다. 소 우蘇友로 지로指路하고 장말을 갔다. 컴컴한 속으로 간신히 갔었다. 석범錫範, 상범相範, 상태相泰, 상형相亨이를 한 자리에 다 맞났다. 상형相亨 군君이 내일來日 그 자부子婦 신행新行을 한다고. 주효酒肴가 소담하다. 실컷 떠들고 실컷 먹었다. 자꾸 만류挽留하는 것을 물리치고 석범錫範 군君과 소 우蘇友와 작반作伴해 나섰다. 달이 솟았다. 석범錫範 군君ㅅ집에서 잤다.

1월 15일. 새벽에 석주錫疇 군君이 와 본다. 아츰 먹고 임중任重 군君에게 오니 (어젯저녁에 그 손자孫子 여덕汝德 - 휘문徽文 생도生徒를 보내어 청請하였다.) 주과酒果 한 상床을 내오고 술을 굉장히 권한다. 석주錫疇 군君 집에서 오반午飯을 하고 윤정중尹正重 군君을 찾어 홍순학洪淳鶴 군君을 맞나 가치 나섰다. 얼맛 동안은 따러온다더니 십 리쯤 오매 멀어졌다. 논산論山에 이르니 여산행礪山行은 중지中止. 윤상범尹相範 군君 집에서 자다. 폐廢하였든 방에 새로 불을 때고 병문屛門을 쳤으나 외풍外風이 심하다. 몸이 으시시하고 코가 막힌다.

1월 16일. 10시차車로 회환回還. 박봉규朴鳳圭 군君이 오다. 육제陸弟의 집에 술을 먹었다. 좌협左脅 신경神經이 절린다.

1월 17일. 양희良熙가 왔다. 안 장판을 수리修理.

1월 18일. 7시 반 관희觀熙가 입영행入營行. 나는 신막新幕서 전송餞送. 동희東熙는 경성京城으로 가고 집안 아이들은 이리裡里까지 갔다.

1월 19일. 한희漢熙, 종희宗熙가 논산論山으로서 경성京城ㅅ길을 떠났다. 종석鍾錫이 편지를 보다. 대부大父가 주효酒肴 대탁大卓을 낸다. 서랑婿郞의 재행再行.

1월 20일. 안방 장판 도배塗褙.

1월 21일. 안방 장판 도배.

1월 22일. 안방 장판 도배塗褙. 강형구姜炯求 군君 편지가 오다.

1월 23일. 안방 벽壁 도배塗褙.

1월 24일. 안ㅅ방 벽壁 도배塗褙.

1월 25일. 안ㅅ방 벽壁 도배.

1월 26일. 갑신甲申 원일元日. 차례茶禮, 성묘省墓. 모샛골 종조부從祖父 영연靈筵에 곡哭. 일기日氣 명랑明朗. 조趙 군수郡守 형兄이 김옥배金玉培 다리고 오셨다. 정태락鄭泰洛 군君이 설상을 냈다 — 조 형趙兄, 김수한金秀漢, 박봉규朴鳳圭, 정鄭 소숙小叔과 함께 먹었다.

1월 27일. 조 형趙兄과 김옥배金玉培 군君이 8시 반 차車로 떠났다. 도배塗褙.

1월 28일. 초草도배는 다 하였다.

1월 29일. 면서기面書記 조성호趙聖鎬 군君이 문예文藝에 일즉 뜻을 두었다고 하여 더불고 문화文話를 하였다. 종석鍾錫이게 편지한다.

1월 30일. 송원식宋元植 군君을 데리고 천정天井 테두리를 왕대로 하였다. 왕전리旺田里 누의가 온양溫陽 재당숙모再堂叔母와 왔다. 서울서 소포小包가 왔다.

1월 31일. 천정天井에 칙반자를 하였다. 박봉규朴鳳圭 군君이 왔다.

2월

2월 1일. 환煥, 병주秉胄로 더불어 신문지新聞紙로 천정天井 초初도배塗褙. 계동桂洞 동희東熙 편지 보다. 저녁에 모샛골 종자從姊의 집에 불이 뒷간서 일어나 약約 4시간 연소延燒, 허청ㅅ간虛廳ㅅ間과 방 한 간間이 다 탔다. 신막新幕 사람까지 거의 다 뫼고 여산리礪山里 경방단警防團도 왔었다. 다행히 바람이 없어서 안채는 괜찮었다. 나도 오후 10시十時 되어 돌아왔다.

2월 2일. 눈이 오다. 건너방 벽壁을 수리修理.

2월 3일. 큰방 천정天井 도배塗褙. 외운巍雲이 왔다. 모샛골 종자從姊를 가 보다.

2월 4일. 장판裝板 수선修繕. 심신心神 불쾌不快. 밤새도록 잠을 못 잤다.

2월 5일. 대방大房 장판裝板 장지壯紙 도배塗褙는 다 하고 선지線紙를 두르고 콩 포수泡水에 들기름을 타서 발렀다.

2월 6일. 윤시종尹侍從 시병時炳 씨氏가 윤尹 주사主事 임중任重 군君의 따님 혼처婚處 부탁付託인 편지를 가지고 왔다. 바로 회답回答. 음산陰散. 태락泰洛 군君이 오다. 신문지新聞紙와 초석草席를 잤다.

2월 7일. 조곰 눈 오다 개었다. 육제陸弟가 이리裡里 재목회사材木會

社에 갔다. 칠팔 년 전에 집을 새로 지어 볼라고 연재椽材를 내 두었다가 형편形便에 따라 방매放賣한 것을 누가 회사會社에 무고誣告하여 회사會社에서 그 사실事實을 조사調査코저 오라는 것이다. 병남秉南이가 오다.

2월 8일. 노성魯城 고모부姑母夫 편지가 오다. 혼사婚事는 적년適年 관계關係로 말을 못 하였다고. 행랑行廊 최명원崔明元 상출喪出. 윤호중尹浩重, 박봉규朴鳳圭 군君이 와 술을 함께 하였다. 모샛골서 또 하였다.

2월 9일. 흐리다. 상원上元, 차례茶禮. 윤호중尹浩重, 태락泰洛 군君과 가치 대부 댁大父宅에서 주식酒食.

2월 10일. 온난溫暖. 큰방 신문지新聞紙를 다 걷었다. 병섭秉燮 군君이 오다. 석유石油 한 병을 준다. 망월望月하였다. 오반午飯은 대부 댁大父宅에서.

2월 11일. 소풍小風. 왕전旺田 매妹가 발행發行. 맹석孟錫이가 준시蹲柿 한 접을 보냈다. 태락泰洛, 대부大父가 저녁에 와 놀다.

2월 12일. 비. 해토解土. 찹방 벽壁과 천정天井 도배塗褙. 처妻를 더불고.

2월 13일. 찹방 장판裝板 도배. 얼었다.

2월 14일. 금조金組, 면서기面書記가 오다. 야채野菜를 캐었다.

2월 15일. 서적書籍을 정리整理. 『통속세계전사通俗世界全史』 2책册, 『프루다크영웅전英雄傳』 4책四册, 『세계사담世界史譚』(제31권第三十一卷 『야안달극惹安達克』, 제32권第三十二卷 『갑비단굴극甲比丹屈克』은 유실遺失) 34책을 관희觀熙 책상册床에서 찾어왔다.

2월 16일. 장에서 갈꽃비 두 자루를 사다 자루를 노로 얽어 하나는 사랑방, 하나는 큰방에 두었다. 송환식宋瓛植 군君이 오다. 서모庶母께서 이리裡里 가는데 준시蹲柿 백 개를 군수郡守 형兄께 보냈다. 용龍, 철徹

두 아우가 오다.

2월 17일. 정鄭 대숙大叔, 소숙小叔, 김봉수金奉水 군君이 와 이야기하였다. 종희宗熙게 찹쌀가루를 보냈다. 배급미配給米 먹고는 배가 고파 못 견디겠다고. 자정子正에 동희東熙가 이리裡里서 걸어왔다. 서울서 이리裡里에 와 고모 댁姑母宅에서 저녁 먹고 나섰다고.

2월 18일. 음산陰散. 저녁 눈. 고산高山 당숙堂叔, 임응순林應淳 군君이 왔다. 사랑부리를 캤다.

2월 19일. 북풍北風. 밤엔 눈. 태락泰洛 군君의 생일生日. 그 집에서 아침 먹다. 진수당鎭壽堂 장서藏書를 정리整理.

2월 20일. 북풍北風. 흐리다. 새술막 용제龍弟게 갔다가 정삼섭鄭三燮 군君을 맞나고 마산馬山 아주머니를 보고 정산鄭山으로 무른들을 돌아오다. 밤엔 눈.

2월 21일. 태락泰洛, 대부大父, 임숙任叔과 밤에 이야기 하였다. 육제陸第가 감기感氣로 누웠다. 밤엔 눈.

2월 22일. 나의 생일生日. 가족家族과 태락泰洛, 대부大父를 모여 조반朝飯. 여산리礪山里에 가, 면사무소面事務所, 우편국郵便局을 찾고 박봉규朴鳳圭 군君게서 취하여 자정子正에 오다.

2월 23일. 따뜻하다. 종일終日 신기神氣가 좋지 못 하다. 밤ㅅ눈이 새였다.

2월 24일. 병관秉寬이를 함께 이리裡里를 갔다. 북풍北風 눈ㅅ발도 날린다. 철제徹弟와 창환昌煥이도 오다. 관사官舍에서 몇 잔盞을 하고 나는 하처방下處房인 이리여관裡里旅館에 송석구宋錫九와 그 큰아들 태영呔永 군君을 영접迎接하였다. 저녁에 게서 소진문蘇鎭文 군君도 맞나, 함께 놀다. 조 형趙兄과 관사官舍에 와 잤다.

2월 25일. 자동차自動車 2대二臺에 나누어 자형姊兄 내외內外 분, 신랑新郞, 신부新婦(생질녀甥姪女 병순炳珣) 또는 여러 손님과 나도 타고 전주고녀교全州高女校 강당講堂으로 가, 신혼식新婚式을 거행擧行코 동뢰연同牢宴도 하고 오후 3시경頃에 회환回還. 송석구宋錫九 군君 일행一行은 저녁차車로 선발先發. 나는 조 형趙兄과 이리여관裡里旅館서 잤다.

2월 26일. 조인원趙仁元을 더불고 송병태宋秉泰 군君을 찾고 점심點心코 인원 댁仁元宅에서 술 먹다. 저녁차車에 나는 조 형趙兄과 신랑新郞 신부新婦, 조부인趙夫人, 조관구趙觀九와 가치 서울을 갔다. 차車ㅅ속이 퍽 혼잡混雜하다. 대전太田까지 서서 가다 겨오 한 자리를 얻어 앉었다. 동행同行도 어느 간間에 있는지 찾을 수가 없다.

2월 27일. 오전 6시 반, 경성역京城驛 착着. 송석구宋錫九 군君 일족一族이 내영來迎. 자동차自動車로서 바로 서대문정西大門町 1정목一丁目 54 송석구宋錫九 군君ㅅ집으로 들다. 종일終日 술과 담화談話. 담당淡堂(송우용宋友用)도 맞났다. 밤에는 계동桂洞 본제本第로 와 잤다.

2월 28일. 일즉 매헌梅軒을 가보고 그 백형伯兄 한징韓澄 군君 상사喪事를 묻고 10원 부의賻儀. 송석구宋錫九 군君ㅅ집으로 가 조 형趙兄과 가치 나서 이기권李基權, 민형식閔衡植 씨氏를 찾고 다시 송宋 군君의 집으로 와 술과 밥을 먹고 역驛에까지 가 조 형趙兄을 전송餞送코 10시에 와 잤다.

2월 29일. 일즉 안국정安國町 김전가金田家를 가, 환약丸藥 1봉一封을 찾어 민호기閔虎基 집으로 전하였다. 원동苑洞 가서 서광전徐光前과 조반朝飯코 휘문교徽文校를 다녀왔다. 낙중洛中 군君이 오다.

3월

3월 1일. 10시 휘문徽文 졸업식卒業式에 가다. 김상기金庠基 군君이 와 두어 잔을 하고 우하又荷, 서민호徐珉濠, 백남운白南雲 군君을 찾었으나 못 맞났다.

3월 2일. 매헌梅軒이 일즉 왔다. 가치 우하 댁又荷宅에 가, 술 먹고 나는 종로鐘路 금조金組 서병지徐丙芝 군君을 보고 하거何居게서 또 술 먹고 원동苑洞으로 돌아 석남石南을 찾으니 그 아우 송경宋璟 군君이 죽었다. 호상護喪 — 민병도閔丙燾, 김정연金正淵, 이상백李想白과 그 외 여러 친구親舊도 맞나고 5경五更에야 돌아오다.

3월 3일. 석남石南ㅅ집에 갔다. 오후 3시 발인發靷. 나도 홍제원洪濟院 화장장火葬場에까지 갔다. 정지용鄭芝溶, 이희균李羲均, 박재륜朴載崙, 이천규李天珪 군君을 맞나, 돌아오다 그들게 끌려 본정本町으로 가 맥주麥酒와 석찬夕餐을 받었다.

3월 4일. 석남石南ㅅ집에 가, 그 담 아우도 보고 원동苑洞을 가니 순자順子가 앓고 누었다. 석반夕飯을 함께 하고 의원醫院까지 갔다 왔다.

3월 5일. 족증대부族曾大父 칭익稱翼 씨氏가 와 전고典故를 말하였다. 우설雨雪, 졸한猝寒. 눈이 쌔였다.

3월 6일. 음산陰散. 휘문徽文 교장校長 병규炳奎를 보고 하거何居ㅅ게로 와 담화談話도 하고 술도 먹었다.

3월 7일. 음한陰寒. 오후 4시 하거何居ㅅ게서 하거何居와 유기승柳驥承 군君과 가치 돈암정敦岩町 김응수 댁金應洙宅에 갔다. 성비盛備한 주효酒肴를 낸다. 그 계자부季子婦를 보았다고. 인촌仁村을 찾어 보다.

3월 8일. 음산陰散. 세무서稅務署에 가다. 100여 인이 와 떨고 섰다.

오라는 시간時間보다 한 시간時間 반을 지내서야 서원署員이 출근出勤. 원동苑洞ㅅ집에 세금貰金을 받느냐는 것이다. 순자順子게 그냥 빌린 것이다 하고 나왔다. 이상백李想白은 찾으니 없고 옥전광웅玉田光雄은 병석病席에 누었다. 청정靑汀ㅅ게서 오식午食.

3월 9일. 음산陰散. 밤눈. 우하 댁又荷宅에 가 오반주午飯酒, 석식夕食하고 오다.

3월 10일. 눈이 좀 왔다. 족숙族叔 효승孝承 씨氏가 오고 하 박사河博士가 오다. 종일終日 독서讀書.

3월 11일. 아버님 하서下書 — 계동桂洞ㅅ집을 팔고 철귀撤歸하라고 하셨다. 두계斗溪는 찾다 못 보고 만곡晩谷을 맞나고 수당壽堂 이석보李石補(석현石峴) 씨氏를 찾어 보고 오세창吳世昌 씨氏도 보고 하거何居도 보고 술 먹고 아악부雅樂部도 가 보다.

3월 12일. 휘문徽文에 가 이병규李炳奎도 보고 홍택주洪宅周 씨氏도 보고 하거何居 보고 술 먹다. 저녁에 김철영金喆泳 군君이 와 거문고를 탔다. 철귀撤歸하기로 작정作定코 집은 장태영張泰英 군君에게 팔아 달라고 부탁하였다.

3월 13일. 오전 1시 이상백李想白, 송석하宋錫夏 군君이 취醉해 와 쓰러져 자다. 아침에 일어나 갔다. 10시에 석하錫夏 군君을 가보고 이발理髮. 오정午正에 장태영張泰英 군君이 거간居間하여 송포청박松浦淸博 군君에게 계동桂洞 79-13의 가옥家屋을 9100원에 매매賣買 계약서契約書를 하고 선금先金 1000원을 받어 90원은 구문口文으로 장태영張泰英 군君과 그 동업자同業者에게 주었다. 장張 군君은 아니 받으려는 걸 억지로 맡겼다. 송포松浦 군君은 장張 군君 친구親舊의 아들인바 집을 사려고 장張 군君의 복덕방福德房을 찾어왔다. 장張 군君은 내 집을 말하고 더불고 와 뵈였다. 송포松浦 군君은 사고저 하였다. 그래서 다시 복덕방福德房으로 돌아와 이발理髮하는 나를 불렀다. 9000원만 하자는 것을 서로 타협妥協 그리 되었다. 하 박사河博士를 찾으니 없다, 중앙학교장中央學校長 현상윤玄相允, 김상기金庠基 군君을 가 보았다. 김상기金庠基 군君은 술을 사 가지고 왔다. 함께 마시고 석남石南ㅅ집으로 가 또 마시다가 자정子正에야 왔다.

3월 14일. 음陰. 여산礪山 본제本第에 편지한다. 송포청박松浦淸博 군君이 와 계동桂洞ㅅ집을 일만 이천 원으로 값을 올려 용산龍山 금조金組에 저당抵當코 오천 원 빗을 내어 갚겠다고 다시 도장圖章을 받어갔다. 노성석盧聖錫, 백양당白楊堂. 종로금조鍾路金組 서병지徐丙芝 군君을 찾어 보았다. 하거何居는 술을 준다. 유달수柳達洙 군君이 오다. 종희宗熙 다리고 병달秉達 군君ㅅ집에 가서 떡을 먹었다.

3월 15일. 우하又荷 서書를 보다. 조동早動하여 송석구宋錫九 군君을 찾으니 없다. 다만 병순炳珣이만 보고 매헌梅軒을 찾어 가치 우하 댁又荷宅으로 갔다. 소주燒酒를 마셨다. 비는 온다. 이태준李泰俊 군君을 찾었다 못 보고 두계斗溪를 보고 석반주夕飯酒. 동희東熙게 편지.

3월 16일. 조 형趙兄과 병국炳國께 편지. 여산礪山 공의公醫 송영녹랑松永錄郞(박봉규朴鳳圭)이 오다. 편지를 김상기金庠基 군君께 하여 두고 함께 나가 경성역京城驛 식당食堂서 오찬午餐. 애류崖溜를 찾었다 못 보고 최영주崔泳柱 군君을 찾어 「송강가사松江歌辭」 원고原稿를 추심推尋코 지산약국芝山藥局으로 가 의이인薏苡仁, 백출白朮, 지각只角 각各 1근一斤을 사다. 이승근李昇根, 박종옥朴宗玉께 편지. 밤새도록 잠을 이루지 못 하였다.

3월 17일. 여산礪山에 전보電報. 조동早動하여 인촌仁村을 보고 김영제金寧濟, 김철영金喆泳 군君을 맞나고 조흥은행朝興銀行 지점支店 영업부營業部로 가 정인세鄭寅世 군君을 보고 화물자동차貨物自動車를 부탁付託해 두고 하거何居께로 가 평양平壤 이학천李學泉 변호사辯護士를 맞나 술도 먹다. 송영녹랑松永錄郞, 김상기金庠基 군君이 오다. 박영준朴永俊(송본헌무松本憲武 서천舒川 수리조합이사水利組合理事)이가 동아東兒 간선코저 와 사진寫眞만 보고 준수俊秀타고 더 다시 볼 것이 없으니 4월초初 서천舒川으로 사람을 보내어 보고 합의合意하면 결혼結婚하자 한다. 마츰 우육牛肉 1근一斤을 배급配給 타와 안주 하고 두어 잔을 먹고 담화談話코 갔다. 아버지께 상서上書. 송포청박松浦淸博, 정인세鄭寅世, 임상준林相準 군君이 오다.

3월 18일. 부청府廳에 가, 인감印鑑을 내려 하매 종로구역소鍾路區役所로 옮겼다고 한다. 대서소代書所서 증명원證明願을 쓰였다. 지승紙繩 한 뭉텅이를 사 가지고 봉래정蓬萊町 1정목一丁目 27 한성택韓星澤 군君을 찾어 밥과 떡으로 점심點心코 다시 종로구역소鍾路區役所로 와 또 대서代書 서류書類를 내논 즉 호적초본戶籍抄本을 첨부添附하여 제출提出하란다. 즉시卽時 전보電報 쳐 호적초본戶籍抄本을 보내라 하였다. 집으로 오니 정인세鄭寅世 군君이 왔다 갔다. 송영녹랑松永錄郞 군君을 맞나고 수선修繕한 시계時計도 찾고 하거何居께로 와 박영준朴永俊 군君을 또 맞나 혼사婚事를 상의相議하였다. 조흥은행朝興銀行으로 가니 정인세鄭寅世, 임林, 손孫 군君이 기다리고 있다. 다시 내來 월요일月曜日 오후 5시로 맞나기로 하였다. 다시 우하 댁又荷宅으로 와 고간지古簡紙, 화전지花箋紙, 봉투封套 등等을 5원五円어치 샀다. 윤여덕尹汝德이가 노성魯城 고모부姑母夫의 편지를 가지 왔다. 바로 회답回答.

3월 19일. 비 오다. 석남石南께 『사성통해四聲通解』 원간본原刊本을 빌려다 가장본家藏本을 교준校準하다. 밤이 이슥도록 보았다. 두 눈이 아프다.

3월 20일. 송영녹랑松永錄郎이 오다. 송포청박松浦清博이 오다. 함께 나섰다. 종로금조鍾路金組에 채금債金 일천구백육십 원을 청장淸帳코 문서류文書類를 추심推尋하고 용산금조龍山金粗에 이걸 또 근저당수속根抵當手續을 송포松浦 군君이 하였다. 용산금조龍山金組에선 김영기金永起 군君 친구親舊 이종묵李鍾墨 군君을 맞났다. 다정대서소茶町代書所로 와서 두어 시간時間이나 서서 종로금조鍾路金組 근저당根抵當 말소건抹消件을 기둘러 송포松浦 군君께 주었다. 나는 또 조히ㅅ노 세 뭉치를 사 가지고 오다. 정충시鄭忠時 군君을 찾고 하거何居께서는 술도 먹고 한남서림翰南書林서 『완당집阮堂集』, 『영련서집楹聯書集』을 사다. 밤엔 또 『사성통해四聲通解』를 교준校準타. 또 전보電報로 호적초본戶籍抄本을 재촉타. 꿈에 처妻가 횃불을 들고 나와 나를 맞는다.

3월 21일. 칩다. 김병학金秉鶴 군君이 오다. 10시경에 처妻가 시골서 왔다. 백미白米, 인절미, 귤橘, 계란鷄卵을 가조다. 우하又荷를 뵈다. 상돈相敦 군君께는 엽서葉書. 옥전광웅玉田光雄께도. 김영운金穎雲 용진容鎭을 찾어 보다. 오후 6시 태화정泰華亭으로 가, 성비盛備한 석찬夕餐을 받다. — 두계斗溪, 석남石南, 손진태孫晉泰, 조윤제趙潤濟, 서원출徐元出, 방종현方鍾鉉, 민병도閔丙燾, 안호상安浩相, 이상백李想白, 김상기金庠基, 배정국裵正國, 이홍직李弘稙, 김두헌金斗憲, 구영근具永根 등等이 석별惜別함이다. 서로 취코 배 불렀다.

3월 22일. 북한공사北漢公司 김연만金鍊萬 군君을 찾었다 못 맞났다. 동아東兒 서書며 호적초본戶籍抄本도 오다. 종로구역소鍾路區役所로 가 인감증명印鑑證明을 냈다. 황금정黃金町으로 가 월탄月灘을 맞나 담화

談話. 인세寅世 군君이 오다.

3월 23일. 휘문徽文, 하거何居, 아악부雅樂部을 가 보다. 계동桂洞 막바지에서 화물자동차貨物自動車로 이삿짐 실는 것도 보고 하조인荷造人 부탁付託도 했다. 정인세鄭寅世 군君이 오다. 시조집時調集 교준본校準本을 증여贈與했다. 화물자동차貨物自動車 1대一臺를 100원 주고 예약豫約. 『사성통해四聲通解』 준準을 마쳤다. 자정子正 지나 잤다. 얼다.

3월 24일. 송포松浦 군君이 오다. 함께 가, 연합대서소聯合代書所서 위임장委任狀을 하였다. 조홍朝興 정인세鄭寅世 군君을 보고 백양당白楊堂서 샤쓰 3개三箇를 사다. 우하又荷는 찾었다 못 뵈고 성대城大 법문학부法文學部 장지태張之兌 군君을 보고 오식午食. 도배지塗褙紙 34원어치를 사다. 한홍록韓興錄 군君이 오다. 경성역京城驛에 있는 송재홍宋在弘 군君이 내 이사移舍하는데 화물자동차貨物自動車를 구한단 말을 듣고 새벽에 한홍록韓興錄 군君에게 찾어 와 말하여 한韓 군君이 뛰어 온 것이다. 한韓 군君은 경성 역전京城驛前 화물자동차통제주식회사貨物自動車統制株式會社 회계會計로 있다. 한韓 군君에게 화물자동차貨物自動車를 부탁付託하였다. 병옥秉玉, 동희東熙게 편지, 조 형趙兄 서書를 보았다. 저녁 관훈정寬勳町 주점酒店서 박종화朴鍾和, 조용만趙容萬, 이원영李元榮, 이희균李羲均, 박종수朴鍾洙, 이승만李承萬 군君이 주식酒食을 먹인다.

3월 25일. 하조인荷造人 셋이 일즉 와, 서책書册을 동인다. 이종표李種杓 군君이 와 조력助力한다. 『사성통해四聲通解』를 돌리고 석남石南을 보았다. 양단兩緞[3]을 부탁付託, 석남石南 서모庶母께서 즉시卽時 가서

3 양단(洋緞)의 오기.

양단兩緞와 왜사倭紗 한 필疋을 떠 왔다. 한홍록韓興錄 군君이 와 그 처가妻家의 화물자동차貨物自動車를 작정作定하였다기, 정인세鄭寅世 군君의 말한 화물자동차貨物自動車는 파약破約코 예약금豫約金 100원은 도로 찾기로 정鄭 군君과 전화電話. 하조인荷造人을 점심點心 먹이다. 한韓 군君께 전화電話. 하 박사河博士가 오다. 서은西隱을 보다. 처妻와 함께 가, 이상돈李相敦 군君 집에서 석식夕食.

3월 26일. 가회정嘉會町 족숙族叔 신 씨 댁信氏宅에서 조반朝飯. 하조荷造, 이종표李種杓 군君이 또 조력助力. 책장冊欌을 뜯어 싸다. 송포청박松浦淸博 군君이 차표車票를 사 주기로 30원을 가지고 갔다. 하조荷造하고 본 즉 화물자동차貨物自動車 2대二臺가 들겠다. 장태영張泰英, 한충韓冲 군君이 오다. 오후 6시 한홍록韓興錄 군君이 와, 함께 황금정黃金町 사정목四丁目 지나요리점支那料理店으로 가다. 휘문중학徽文中學 제3회第三回 졸업생卒業生 10여 인이 모여 주식酒食을 융성隆盛히 준다. 취聚코 파罷해 오다 한韓 군君과 그 처남妻娚인 김교설金敎說 군君을 찾다. 김金 군君은 마슬 가고 가인家人들은 자는데 불르고 일어켜 다과茶果도 받고 담화談話코 화물자동차貨物自動車 2대二臺의 확실確實한 승락承諾도 받었다.

3월 27일. 첫새벽에 하거何居도 가 보고 한홍록韓興錄 군君도 보고 송포청박松浦淸博 군君도 보다. 매헌梅軒이 전하는 전인篆印을 장발張勃 군君을 찾어 주고 우하又荷가 소주燒酒, 하거何居가 석식夕食과 술, 홍택주洪宅柱 씨氏가 술을 준다. 오후 6시 반 급히 돌아오다. 10시 반에 화물자동차貨物自動車가 왔다가 그냥 가며 내일來日 또 온다고 한다. 여산礪山으로 전보電報.

3월 28일. 비. 저녁에야 갠다. 한홍록韓興錄, 정인세鄭寅世 군君을 가

보고 정鄭 군君께 100원百円은 찾었다. 이완규李完珪 군君이 조반朝飯을 준다. 애류崖溜가 오다. 송포청박松浦淸博 군君이 차표車票 5매五枚를 사 오다. 장태영張泰英 군君을 가 보다. 송포松浦 군君에게 짐 값 남어지를 받어 부칠 것을 맡기다. 조흥은행朝興銀行을 가매 정인세鄭寅世 군君이 떡국을 사 준다. 오후 4시 짐들을 장태영張泰英 군君의 복덕방福德房과 그 앞 처마 밑, 길ㅅ가로 옴겨 쌓았다. 김상기金庠基, 정인세鄭寅世 군君이 오다. 정鄭 군君이 휘문徽文 교우校友에의 221원을 가지와 준다. 한韓 군君은 오후 8시에 오다. 화물자동차貨物自動車는 양수兩水를 가 아니 왔다고. 병옥秉玉 서書를 보다.

3월 29일. 비가 줄줄 온다. 첫새벽에 비를 무릅쓰고 임정林町을 가매 김교설金敎說 군君은 벌서 제남濟南ㅅ길을 떴다 한다. 그 따님을 불러 전화電話로 화물자동차貨物自動車를 동독董督해 달라 하고 바루 왕십리往十里 순흥정미소順興精米所로 가보니 운전수運轉手와 그 주인主人은 없다. 그 사무원事務員께만 단단히 부탁코 왔다. 민병각閔丙玨 군君이 그 동기同期 교우交友 8인의 80원을 가지고 준다. 김억金億 군君이 오다. 한韓 군君이 와 오날 밤 9시에 화물자동차貨物自動車가 온다고. 밤 아홉 시 차車에 한희漢熙, 종희宗熙, 순덕이順德伊, 낙중洛中 부인婦人을 먼저 보냈다. 비는 멎었다. 나는 계동桂洞ㅅ골목에 나서 세 시간時間 이상以上 기둘렀다. 11시나 해 자동차自動車 한 대臺가 온다. 소리를 쳐도 못 들은 척하고 지나가 버린다. 나는 들어와 잤다.

3월 30일. 맑었다. 첫새벽부터 골목에 나가 자동차自動車를 기둘렀다. 이발理髮. 8시 조반朝飯. 9시에 왕십리往十里 정미소精米所로 전화電話를 하려고 문門에 나니 화물자동차貨物自動車 운전수運轉手가 이른다. 즉시卽時 인부人夫들을 불러 짐을 실을 대로 실리고 남어지는 다음에 실리게 하여 처妻더러 다 창겨 가지고 오라 하고 나는 운전수運轉手 김일민金一民 조수助手 한복성韓福成 군君과 동승同乘하여 떠났다. 순자順子가 술 한 병을 너준다. 오전 10시 반. 종로鍾路에서 물 넣노라고 잠간暫間 지테코 사뭇 달었다. 오후 3시 천안天安 지나 목천면木川面 삼성리三省里 주점酒店서 가지고 간 밥과 술을 먹고 점주店主 풍천⊠川 군君과 사귔다. 술도 나눠 먹이고 농담弄談도 하고 창란젓 한 통桶을 22원二十二円에 사 실리고 공주公州로 지나, 오후 7시 신막新幕에 이르러 짐을 풀었다. 김일민金一民, 한복성韓福成 군君은 퍽 순진純眞한 청년靑年이다. 하룻 동안 동행同行에 기분氣分이 퍽 좋았다. 집에 재웠다.

3월 31일. 비가 부슬부슬 나린다. 김金, 한韓 2군二君에게 신신 부탁하여 떠나 보냈다. ― 서울 가는 길로 계동桂洞으로 들어가 짐을 먼저 실어 놓고 그 이튼날 새벽에 계동桂洞서 처妻를 태워 오라고. 오전 4시 일어나 김金, 한韓 2군二君을 깨웠다. 아직 어둡다. 5시에 밥 먹이고 7시에 떠나게 하였다. 처妻에게 편지 부쳤다. 비가 간간 온다. 큰방 벽 도배를 하였다.

4월

4월 1일. 비 좀 오다. 난蘭과 서향瑞香을 다시 분盆에 심다. 분盆 몇 개는 오다 깨졌다. 오후 3시 화물자동차貨物自動車와 처妻가 왔다. 막 온 뒤에 비가 쏟아진다. 비를 맞으며 짐을 풀고 온 동내ㅅ사람이 다 나서 져 들였다. 김金, 한韓 2군二君으로 유숙留宿하고 닭과 술을 먹였다. 비는 밤에 멎었다.

4월 2일. 조반朝飯 후後, 운전수運轉手 조수助手를 떠나보내며 계란鷄卵 10개十個, 술 한 병, 돈 40원과 점심밥도 싸주었다. 협죽도夾竹桃를 다시 등분登盆. 작은사랑舍廊ㅅ방도 도배塗褙.

4월 3일. 예전 할아버님 쓰시든 남南편 새 방을 신문지新聞紙. 잡지雜誌로 바르고 문門ㅅ지방 우에 '매화옥梅花屋', '가남柯南' 현판懸板을 달고 책冊 끄렁이를 풀르고 책장冊欌들을 마춰 들여놓고 책冊도 다 들여 쌓았다. 포도葡萄도 안 외양ㅅ간 앞에 심었다.

4월 4일. 처妻와 둘재 제수弟嫂씨가 서천舒川 박朴 규수閨秀 간선 차로 갔다. 창환昌煥, 동희東熙도 이리裡里를 갔다. 종일 서적書籍 정리整理. 저녁에 고산高山 당숙堂叔께서 오셨다. 동희東熙, 준희俊熙도 왔다.

4월 5일. 따듯하다. 수선修繕 도배塗褙. 서적書籍 정리整理. 조 형趙兄 편지 보다. 이여성李如星 군君 외간상外艱喪 부고訃告를 보다. 저녁에 신막新幕 정鄭 숙叔 댁宅에 가 화재火災를 위문慰問. 창환昌煥이가 오다.

4월 6일. 비. 저녁에 처妻와 제수弟嫂씨가 오다. 박朴규수閨秀는 출타出他하여 못 보고 딴 곳으로 정혼定婚하였다 한다. 새 방 수리修理. 그 곁에 허청虛廳도 고치고 새로 발렀다.

4월 7일. 종일終日 비. 휴지休紙와 서화書畵, 탁본拓本 등을 정리整理.

4월 8일. 맑다 흐린다. 8시 반 신막新幕 당하매 자동차自動車는 정류停留도 않고 지난다. 그냥 걸어 12시 이리裡里에 이르다. 관사官舍로 드니 조 형趙兄은 대전太田으로 출정出征 군인軍人 유골遺骨 마중을 나갔다. 오반午飯코 영정榮町 1정목一丁目 오단극남五丹克男을 찾으니 부자父子 다 공업학교工業學校에 출근出勤. 명함名銜만 던지고 나후타링 300문三百匁을 사고 병석秉錫 군君을 찾어 석반夕飯. 관사官舍서 자정子正까지 기두르다 잤다. 저녁 비.

4월 9일. 조반朝飯 후後 오단五丹을 가보고 담화談話. 또 나후타링 100문百匁를 사고 일비생방화원日比生芳花園에 가, 묘목苗木 이梨 만숙晩熟(20세기世紀) 7근七根, 조숙早熟(박다향博多香) 3근三根, 국광國光, 홍옥紅玉 각各 5근五根, 후무사 이李 3근三根, 백목련白木蓮 1근一根, 격목서格木犀 1근一根 ― 15원 94전 운임運賃 2원二円에 신막新幕 용제龍弟 집으로 명일明日 부쳐 주기로 하였다. 관사官舍서 병국炳國을 맞났다. 오후 5시 조 형趙兄이 왔다.

4월 10일. 정현상顯尙 숙鄭叔, 김진암金震岩이 왔다. 함께 조반朝飯코 종희宗熙 전학轉學 서류書類를 찾고 관사官舍를 나서 진암震岩과 보화당普和堂을 가 검인茨仁 8냥쭝八兩重을 사고 정鄭 숙叔과 역전驛前에 이르러 뻐쓰를 탔다. 여산礪山 면서기面書記 조성호趙聖鎬 군君이 차표車票를 사 준다. 뻐쓰 속에서 이, 삼二三 아는 이를 맞나 담화談話도 하다 신막新幕 와 나렸다. 오반午飯 후後 정태락鄭泰洛 군君과 여산국민학교礪山國民學校에 가 교장校長과 교무주임教務主任을 보고 종희宗熙 전입학轉入學을 시겼다. ― 6학년六學年으로. 이응구李應九 군君을 찾어 장태영張泰英 군君의 서류書留도 받고 김수한金秀漢도 맞났다.

4월 11일. 육제陸弟가 종희宗熙 다리고 여산국민학교礪山國民學校에 갔다. 기부금寄附金 20원円. 동아東兒 양화洋靴 수선修繕. 장태영張泰英, 한흥록韓興錄, 정인세鄭寅世, 김영기金永起 군君께 편지. 이여성李如星 군君 외간상外艱喪 부의賻儀 10원十円. 병국炳國께도 편지. 앞 산山ㅅ밭에 배, 임금林檎을 심고 서과西瓜도 심었다.

4월 12일. 동희東熙 보내어 우편국郵便局에 편지 부쳤다. 육제陸弟의 소개紹介로 오선혁吳善爀께 150원百五十円 꿔여 주었다. 종희宗熙가 오날부터 여산국민학교礪山國民學校 통학通學.

4월 13일. 집을 고쳐 토역土役. 남과南瓜를 심다. 우물을 치다. 육제陸弟가 혼대기를 투드려 갔다. 앞 보리논 풀을 맸다. 감나무, 매梅, 조홍시早紅柿 등의 접接을 부쳤다.

4월 14일. 도마도 씨를 심다. 태락泰洛 군君과 웃 골짜구니를 갔다. 아까시아 나무를 비어다 포도葡萄ㅅ자장을 맨들었다.

4월 15일. 최 진사崔進士 시겨 건넛방 부엌을 고치고 동아東兒가 조력助力. 앞 산山ㅅ밭에 감씨를 심고 밤나무 접接을 다섯 개 부쳤다. 춘병春炳이 오다.

4월 16일. 북北편 광의 연목椽木 두 개를 갈었다. 오후에 매붕ㅅ재 아래 가서 위유葳蕤를 캐어다 앞 못 언덕에 심었다. 밤ㅅ 뒤보는 증症이 생겼다.

4월 17일. 또 위유葳蕤를 캐다 심었다. 우右편 아금니가 아프다. 배에 조고만 욧대기를 대고 자매 밤ㅅ 뒤보는 증症이 개었다.

4월 18일. 정영철鄭泳喆께 약종藥種, 이훈李爋 군君께 서적書籍, 홍원洪原 강형구姜炯求 군君께 명태明太를 구해 달라고 편지. 이응구李應九 군君의 기별奇別을 듣고 오후 여산리礪山里 가서 서은西隱 장홍식張鴻植 노인老人을 찾어 보았다. 이응구李應九 군君과 함께 가, 술을 먹고 어두어서 왔다.

4월 19일. 병국炳國 편지 오다. 동희東熙 보내어 한희漢熙 진단서診斷書를 박봉규朴鳳圭 군君께 맡어 진술서陳述書 회답回答을 하였다. 오후 뜰 풀을 매었다. 경희京熙가 두견화杜鵑花를 따왔다.

4월 20일. 병옥秉玉 편지를 보다. 북당北堂ㅅ골 가서 요두채搖頭菜와 산약山藥을 캤다. 두견주杜鵑酒.

4월 21일. 불무통골 밭에 목화木花를 갈었다. 암석岩石 3개三介를 빼었다. 묵은 데를 다시 이루고 뜰을 내었다.

4월 22일. 처妻와 제수弟嫂가 논산論山 부엉이 간선을 갔다. 봉수 씨鳳守氏와 독담불 가서 괴석怪石을 보고 지어 보내고 나는 높은 집 당숙堂叔을 가보고 김영복金永福을 맞나 술 먹고 취醉하여 오다 석양夕陽 언덕에 누웠더니 봉수鳳守 씨氏와 영복永福 군君이 와 일으킨다. 정인세鄭寅世 군君 편지가 왔다.

4월 23일. 마당 풀을 매었다. 모샛골 누의게서 계란鷄卵 19개十九介를 갖다 안겼다.

4월 24일. 처妻와 제수弟嫂가 왔다. 최동식崔東植이가 산山에서 산노山奴(백하수오白何首烏 50년 근根)를 캐 왔다. 쌀뜨물에 당거 껍질을 불리다.

4월 25일. 비, 오후 개었다. 호마胡麻, 곽향藿香을 앞 산전山田에 심었다. 서모 댁庶母宅에서 쑥 인절미를 하여 먹인다. 깨묵을 당그다. 난蘭의 거름.

4월 26일. 강경江景이를 가다. 이한주李漢周 군君도 맞나고 진터 도기점陶器店도 보고 오전 11시 반 식산은행殖産銀行 위체계爲替係를 찾어 이영선李永善 군君을 맞나, 서울서 온 소절수小切手 4460원円을 특당예금特當預金을 하고 260원은 즉시卽時 추심推尋하였다. 강수옥江洙屋 주인主人 박종근朴鍾根 군君을 시겨 조긔(석수어石首魚) 7미七尾, 상어(사어沙魚) 1미一尾를 샀다. 아무나 사지 못하는 것이다. 박朴 군君과 탁주濁酒, 오반午飯을 함께 하였다. 조고만 톱 한 개를 샀다. 오후 6시 자동차自動車로 왔다.

4월 27일. 비. 남南쪽 광을 바르고 백하수오白何首烏를 껍질 벗겨 방에 달어매어 말리다. 증조비曾祖妣 기고忌故. 나는 남南쪽 새 방을 써 눕

일다.

4월 28일. 1시 반 행사行祀. 음복飮福코 잤다. 오후 서은西隱을 가보다.

4월 29일. 아버님께서 솝니(이리裡里)를 가셨다. 광을 바르다. 이영선李永善 군君이 와 잤다. 장태영張泰英 군君이 동희東熙 양화洋靴를 지어 보냈다. 편지도 왔다. 바루 회답回答.

4월 30일. 마당 풀을 매었다. 태락泰洛 군君과 저수지貯水池를 가 보았다. 성대어聖大魚 155마리를 샀다. 25, 25전. 석수어石首魚 다섯 마리에 2원二円 주고 샀다. 영선永善 군君이 떠났다.

일기

43권

1944. 5. 1. ~ 1946. 8. 31.

1944년(단기 4277년) 갑신甲申

5월

5월 1일. (4월四月 초9일初九日) 고조비高祖妣 강릉 김씨江陵金氏 기고忌故. 아버님께서 환차還次. 석수어石首魚 130미百三十尾. 큰 놈 20미二十尾, 홍어洪魚, 사어沙魚 각各 1미一尾, 감태甘苔, 감곽甘藿을 샀다. 마당 풀을 맸다.

5월 2일. 오전午前 1시一時 행사行祀. ○○소小[4]가 나갔다. 태락泰洛 군君과 천호산天壺山 천지天池에 오르다.

5월 3일. 순자順子, 영선永善 군君의 편지를 보다. 또 석수어石首魚 100미百尾를 샀다. 신막新幕 용제龍弟를 가 보다. 이리지국裡里支局서 매일신보每日新報가 온다.

5월 4일. 밤에 뇌우雷雨. 서모庶母와 낙중洛中 부인婦人과 용화산龍華山 용화암龍華庵에 가, 산채山菜와 약종藥種을 캐오다. 약종藥種은 심었다.

5월 5일. 태락泰洛 군君이 쑥과 호박으로 한 떡을 먹인다. 달고 상긋하다. 앞산山서 위유葳蕤를 캤다. 홍원洪原 강형구姜炯求 군君이 북어포北魚脯 80개八十個를 보냈다. 상돈相敦, 태영泰英 군君 편지가 왔다. 소낙

4 해독 불가

비. 서풍西風이 크게 불었다. 좀 차다. 강형구姜炯求 군君 편지도 보다.

5월 6일. 아버님과 작은 아버님께서 차곡此谷을 가셨다. 앞산山 밤나무 밑에 의이薏苡와 홍화紅花(율무, 이시)와 황금黃芩을 갈었다.

5월 7일. 태락泰洛 군君과 용화암龍華庵, 미륵산성彌勒山城을 가 약藥을 캐었다. 아버님, 작은 아버님이 오셨다. 동희東熙가 논산論山 가다. 10원十円을 주었다.

5월 8일. 박노철朴魯喆이 50원五十円을 꿔어 갔다. 이리裡里 누님이 오셨다. 훈증하였다. 왕전리旺田里 누의와 동희東熙가 왔다. 한희漢熙가 문환文煥이와 전주全州 도청道廳에 갔다. 10원十円을 주었다. 철제徹弟가 오다. 조 형趙兄이 문화주사文化主事 여자女子와 옥배玉培와 왔다. 김진암金震岩, 외숙外叔, 외종外從, 고산 당숙高山堂叔이 왔다. 가족家族이 모였다.

5월 9일. 아버님 생신生辰. 온 가족家族과 온 손님과 정현창鄭顯昌, 이군량李君良 씨도 함께 조반朝飯. 비 온다. 오정午正에 조 형趙兄 일행一行은 여산리礪山里로 갔다. 외종外從도 갔다. 한희漢熙, 문환文煥이는 저녁차車로 왔다.

5월 10일. 비 오다 늦게 개었다. 당숙堂叔과 진암震岩이 떠났다. 동아東兒가 체격검사體格檢查하러 이리裡里를 갔다. 누님도 오차午車로 떠났다. 이응구李應九, 장지택張之澤 군君이 와 술을 먹었다.

5월 11일. 외숙外叔도 떠났다. 앞 산전山田에 검정깨, 힌깨, 녹두綠豆를 심었다. 못자리를 하였다. 산山에 올라 채약採藥하였다. 한희漢熙가 여산국민학교礪山國民學校에 첫 출근出勤을 하였다. 순자順子 편지를 보았다.

5월 12일. 흐리다 맑었다. 순자順子, 김낙순金洛淳 군께 편지하다. 김

金에게는 용화암龍華岩을 어느 사찰寺刹 소속所屬으로 하려는 일. 여산리礪山里 가서 이응구李應九 군君을 보고 김수한金秀漢ㅅ집 상량문上樑文을 쓰고 밥과 술을 먹고 이발理髮. 서은西隱과 이응구李應九 군君을 보고 돌아오다 용제龍弟를 보고 수씨嫂氏 병도 물었다. 동아東兒가 오다. 생선 도미와 새우와 웅어를 누님이 보냈다.

5월 13일. 못자리 한편에는 올벼 씨를 뻬었다. 채약採藥.

5월 14일. 태락泰洛 군君과 대부大父와 천호산天壺山 문수봉文殊峯에 올라 채약採藥도 하고 산채山菜도 뜯었다. 장인丈人과 병철秉徹의 장인丈人 92세九十二歲 옹翁이 왔다. 두견주杜鵑酒를 내었다. 달고도 향그롭다.

5월 15일. 훈증薰蒸. 오후午後 태락泰洛 군君과 중상골 가서 채약採藥. 김상기金庠基 군君 편지가 오다. 원서정苑西町 86八六, 28二八 가옥세家屋稅 2원二圓, 20전錢 고지서告知書가 오다.

5월 16일. 박현기朴玄基게 7원七円을 주었다. 장인丈人과 철제徹弟 장인丈人이 떠나셨다. 동아東兒 시겨 여산리礪山里서 자동차自動車를 태워 들였다. 5원五円을 장인丈人께 들였다. 앞 산전山田 과수果樹 심은 데 책목柵木을 하였다. 원서정苑西町 가옥家屋 세금稅金을 종로구역소鍾路區役所로 보냈다. 오후午後 우雨.

5월 17일. 새벽에 새 방 벽에서 지네를 잡었다. 가랑비가 온다. 호과胡瓜, 옥추서玉蒭黍 모종을 하였다. 이영선李永善 편지를 보았다. 김종영金鍾瑛, 김상기金庠基, 송석하宋錫夏 군君께 편지하였다. 서과西瓜, 호과胡瓜 씨를 물에 담궈 온돌溫堗에 두었다. 싹이 나기 재촉함이다.

5월 18일. 세우細雨. 새 방 천정天井 도배塗褙를 처妻와 함께. 호과胡瓜를 모종하였다 앞 산전山田에. 또 못자리 하였다.

5월 19일. 올벼를 말리다. 참외 시믈아홉 구덩이, 수박 열다섯 구덩이를 앞 산전山田에 노았다. 마령서馬鈴薯를 북돋았다. 순자順子가 원동苑洞ㅅ집 수선修繕과 그 경계境界 분쟁紛爭을 편지하였다. 새 방에 잤다. 퍽 상쾌爽快하다.

5월 20일. 흐리다. 오전午前 7시七時 반半. 신막新幕서 서모庶母와 소진걸蘇鎭傑과 자동차自動車 기다리다 안 와서 걸었다. 산채山菜 말린 것 한 끄러미와 술 한 병을 가지고 숫고개 넘어서 섭燮과 정삼섭鄭三燮 군君을 맞나 그 자전거自轉車에 실려 보내고 팔봉면八峰面 토현兎峴서 소蘇 군君이 술 두 잔을 사 주자 화물자동차貨物自動車를 맞나 함께 타고 11시十一時 이리裡里 관사官舍에 이르러 점심點心코 매신每新 지국支局을 찾어 선금先金 2개월분二箇月分 주고 대매大每 지국支局도 찾고 송병태宋秉泰 군君도 찾었으나 출타出他하였다. 병국炳國이를 보고 김종남金鍾南, 조인원趙仁源도 보았다. 조 형趙兄이 밤에 오단극남五丹克男 군君을 더불고 돌아와 주반酒飯을 하였다. 오단五丹 군君은 나를 옛날 여산학교礪山學校 때 스승이라고 퍽 경의敬意를 표表한다. 예전 이야기도 하였다.

5월 21일. 서남풍西南風. 구舊 이리裡里 시장市場에 가 마른 새우 1승一升을 1원一円 95전九十五錢에 샀다. 오날은 누님 생일生日. 병만秉滿이도 왔다. 오후午後 3시三時 나서 걸어오다 방죽골 술집에 소진걸蘇鎭傑, 정명승鄭命乘, 김택金澤 등等을 맞나 끌려 들어가 마시다 저믈어 왔다. 김종영金鍾瑛, 순자順子 편지가 왔다.

5월 22일. 동아東兒를 강경江景 보내어 100원円을 찾어오다. 채약採藥하러 다니는 노인老人이 복령茯苓 캐는 창鎗을 준다. 참외, 수박 어리를 하여 주었다. 홍원洪原서 진 칠절七絶을 써 강형구姜炯求 군君께.

5월 23일. 강형구姜炯求 군君께 북어北魚 갑 15원十五円과 서書, 칠절

시七絶詩 1폭一幅을 부쳤다. 순자順子께 회답回答. 한아漢兒가 첫 월급月給 30원三十円을 타 왔다.

5월 24일. 조명祖明 씨氏, 정태락鄭泰洛 군君과 함께 웃절 병수秉秀를 찾고 배진환裵鎭煥을 찾으매 오반午飯과 백주白酒를 주고, 또 한 병을 사 들고, 백운암白雲庵 은행銀杏나무 밑에 와 쉬고, 계곡溪谷으로 나리며 가재 사냥을 하고 여산礪山 송씨宋氏 재실齋室서 김영복金永福, 송병석宋秉錫, 박택규朴宅圭 부자父子를 맞나 술도 더 사 오고 가재도 더 잡어 지지고, 마시고 박택규朴宅圭 군君ㅅ집으로 들어 석식夕食코 오다. 백목白木 10척十尺에 22원二十二円을 주고 떴다.

5월 25일. 우雨. 오후午後 4시四時. 두견주杜鵑酒 한 병을 들고 육제陸弟와 여산리礪山里 가서 장서은張西隱을 찾다. 박봉규朴鳳圭 군君 댁宅 낙성연落成宴에 참석參席. 8시八時에 오다.

5월 26일. 당삼이堂三伊 숙모叔母가 도어刀魚 5미五尾를 가지고 오다. 김종영金鍾瑛 군君 편지가 오다.

5월 27일. 북당北堂ㅅ골 가서 산약山藥 캤다.

5월 28일. 태락泰洛 군君과 북당北堂ㅅ골 가서 산약山藥 6, 7근六七根을 캤다. 관희觀熙 장인丈人 정동화鄭東和 군君이 오다.

5월 29일. 운곡雲谷, 백용희白庸熙 씨氏 왔다. 정동화鄭東和 군君과 상곡上谷 저수지貯水池를 가보고 모샛골로 와서 술을 먹다. 송환식宋瓛植, 김영기金永起 군君 편지를 보았다.

5월 30일. 운곡雲谷, 동화東和 군君이 떠났다. 북당北堂ㅅ골서 하수오何首烏 5, 6근五六根을 캤다. 동희東熙를 능지울 보내어 제지주총회堤地主總會에 참석參席케 하였다. 여산 면사무소礪山面事務所서 부인회婦人會를 한다고 처妻와 제수弟嫂들이 갔다.

5월 31일. 동희東熙가 치통齒痛. 10원十円 주고 작촌 치과의원鵲村齒科醫院에 보냈다. 주사注射 맞고 왔다. 백련白蓮을 상곡上谷 저수지貯水池에 심었다. 처妻와 제수弟嫂들이 용화산龍華山 한증막汗蒸幕에 갔다.

6월

6월 1일. 아버님께서 서은西隱을 보러 여산리礪山里 행차行次. 못자리판 잡초雜草를 없였다. 석감수石鹼水에 제충약除蟲藥을 타, 외밭에 주었다. 방종현方鍾鉉 군君께 편지하였다.

6월 2일. 마당 풀을 맸다. 촌상村上 순사巡査가 청결검사淸潔檢査를 나왔다. 정태락鄭泰洛 군君과 장군봉將軍峯으로 가 위유葳蕤를 캤다. 만회晩悔가 오다.

6월 3일. 금마면金馬面 이은영李殷永, 이겸태李謙泰 군君이 오다. 뒤ㅅ산山에 올라 상복령上茯苓 두어 뿌리를 캤다. 뜰 앞에 심었다. 삼밭에 버레를 구제驅除. 석감수石鹼水와 강꼬를 타서 뿌렸다.

6월 4일. 앞 산전山田 제초除艸. 수희壽熙의 연길涓吉과 편지를 쓰다. 동희東熙가 훈련訓練하러 여산리礪山里 국민학교國民學校에 갔다. 정인세鄭寅世 군君 편지를 보았다.

6월 5일. 여산리礪山里 가서 이발理髮. 김충진金忠鎭을 보고 서은西隱을 보고 외운巍雲, 만취晩翠도 맞났다. 저믈어 오다. 석남石南 편지를 보았다. 시계時計 태엽胎葉이 끊어졌다.

6월 6일. 앞 산전山田 제초除艸. 두시杜詩를 읽다.

6월 7일. 오후午後 우雨. 두시杜詩를 보다. 순자順子, 이영선李永善 편지가 오다. 동희東熙가 저녁에 돌아왔다.

6월 8일. 사우乍雨. 앞 산전山田을 매고 현삼玄蔘, 백편두白扁豆, 흑두黑豆, 목향木香을 심다.

6월 9일. 외밭에 해충害蟲 5, 60五六十마리 잡었다. 갈치 60六十마리 사다. 7원七円 30전三十錢. 송만회宋晩悔가 오다. 세무서稅務署 측량기수測量技手 정찬모鄭贊謨가 와 잤다. 상곡上谷 저수지貯水池 분할측량分割測量을 하였다. 둥그레 무릇을 찌다. 김영기金永起, 관희觀熙, 송석하宋錫夏께 편지하였다.

6월 10일. 외 버레 잡다. 용제龍弟에게 가고 당삼이堂三伊, 높은 집에서 정삼섭鄭三燮 군君과 소주燒酒를 먹다. 신보영申補永 군君도 보다. 이리裡里서 병순炳珣 형제兄弟가 왔다.

6월 11일. 외 버레 잡다. 전주全州 병옥秉玉이가 오다. 박노철朴魯喆과 현기玄基를 보았다.

6월 12일. 한충韓冲, 권덕규權悳奎, 송석하宋錫夏, 이병도李丙燾 군君께 편지.

6월 13일. 비. 도마도를 안 뒤ㅅ겯에 심고 앞 산전山田에 수박 모종을 하였다. 신막新幕 용제龍弟에게 갔다. 갑작이 폭우暴雨가 오고 선듯 개었다. 논산論山 울듸서 박유종朴有鍾 군君이 그 조카 배행陪行으로 왔다. 수희壽熙와 박 랑朴郞과 결혼식結婚式을 하였다. 나는 취醉하여 돌아왔다.

6월 14일. 「그 뜻」 시조時調 1편一篇을 써 병순炳珣이 남편 송태영宋吠永에게 주다. 병순炳珣의 소청所請. 완희完姬, 병순炳珣이가 떠났다. 고초苦艸 모종. 병철秉徹 시겨 시계時計 수선修繕케 하였다.

6월 15일. 신막新幕으로 방죽골을 가 송 주사宋主事와 그 큰 자제 순용

淳聳을 찾고 오반午飯코 하양리下陽里 정현창鄭顯昌 씨를 찾다. 고초苦艸 모종을 소정이小亭伊 밭과 불무통ㅅ골 밭에 하였다.

6월 16일. 못자리판에 홰나락 피사리. 완희完姬, 병순炳珣이가 자동차自動車가 안 와서 용제龍弟ㅅ집에서 묵는다. 박 랑朴郎이 재행再行 왔다.

6월 17일. 놉 12인十二人 얻어 보리를 다 베어 타작打作. 탁주濁酒 1두一斗 2원二円 50전五十錢에 사다 먹였다. 박 랑朴郎이 오다. 두계斗溪, 매헌梅軒 편지 오다.

6월 18일. 순자順子, 정충시鄭忠時, 김낙순金洛淳 군君께 편지. 여산리礪山里 가, 이응구李應九, 서은西隱, 외운巍雲을 보았다. 한석봉韓石峯『천자千字』,『삼국유사三國遺事』소포小包를 받다.

6월 19일. 시율詩律 12장十二張을 종일終日 쓰다. 강형구姜炯求, 금문당金文堂 서점書店서 편지 오다.

6월 20일. 금문당金文堂 서점書店에 9원九円 보내다. 시율詩律을 종일終日 쓰다.

6월 21일. 시율詩律 전편全篇 서역書役을 마쳤다. 34장三十四張. 하지夏至.

6월 22일. 여산리礪山里 서은西隱께 시율詩律을 반환返還. 대맥大麥 타작打作. 산양山陽 사율四律 1수一首를 짓다.

6월 23일. 무덥다. 앞산山 외밭을 맸다. 조성호趙聖鎬 군君이 와 조력助力.

6월 24일. 동희東熙를 강경江景 식은殖銀에 보내어 300원三百円 추심推尋. 사우乍雨. 이겸태李謙泰 군君이 오다.

6월 25일. 비. 가지ㅅ모를 앞산 밭에 옮겼다.

6월 26일. 참깨ㅅ모를 불무통골 밭에 옮겼다.

6월 27일. 첫모 심다. 소정이, 댓들, 소끌 7두락七斗落. 놉 13명十三名. 정충시鄭忠時 군君 편지 오다.

6월 28일. 모심다 — 소끌 7두락七斗落. 놉 9명九名. 저수지貯水池를 다 터서 겨오 청재 논 3두락三斗落까지 심었다.

6월 29일. 오전午前 사우乍雨. 마령서馬鈴薯를 다 캐니 댓 가마니 된다. 종일終日 종야終夜 남풍南風이 분다. 조성호趙聖鎬 군君이 오다.

6월 30일. 새벽부터 비가 쏟아진다. 비를 무릅쓰고 소끌 나가 논ㅅ두렁 5, 6처五六處 무너진 곳을 막었다. 비 갠 뒤 경희京熙 다리고 청재 논두렁을 부쳤다. 이겸태李謙泰 군君 편지 오다. 수박이 맺었다.

7월

7월 1일. 청재 논두렁 부치고 완희完熙네 집에서 점심밥 먹다. 갑동甲童 모母 데리고 모를 심었다. 아버지께 50원五十円 들이다. 도야지를 사려든 바 오날 장에 아니 났다. 음陰 5월 11일 고조비高祖妣 진천鎭川 송씨宋氏 기고忌故. 달을 띠고 모를 심고 외를 따오다.

7월 2일. 청재논 쓰레질을 하려고 문희文熙네 소를 얻어다 노았더니 병륙秉陸이가 와 끌어갔다. 나는 꾸미고 서모庶母, 병옥秉玉, 동희東熙, 경희京熙는 모를 심었다. 창환昌煥이가 제 소로 쓰레질하여 주고, 여산국민학교礪山國民學校 6학년六學年 여자女子 40명四十名이 와 다 심었다. 2두락二斗落 가량假量. 장수長水 최 서방崔書房이 머슴으로 들왔다. 조 형趙兄 편지 보다.

7월 3일. 비. 고무신 깃다. 밤새도록 지절통肢節痛.

7월 4일. 앞 논 못자리판 두 바미 심다.

7월 5일. 병옥秉玉이 떠났다. 동희東熙, 문환文煥와 동행同行. 최 서방崔書房이 진일盡日 복통腹痛. 자운영紫雲英ㅅ바미 파고 심다. 유중환柳重桓 형兄 편지가 오다. 병철秉徹이 시계時計 고쳐 왔다.

7월 6일. 왕굴을 심다. 논산국민학교論山國民學校 박영철朴永哲 군君이 그 아우 영호永昊와 내방來訪. 소작所作 시조時調를 보인다. 별別 의미意味가 없다. 유진홍兪鎭洪 군君이 와 그 아들 기남杞南 동준東濬을 면서기面書記로 채용採用케 부탁해 달라고. 동아東兒, 문환文煥이가 오다. 김영록金永琭 부고訃告가 오다. 박朴 군君 형제兄弟는 떠나 논산論山으로 갔다.

7월 7일. 태락泰洛 군君과 화평花坪을 가다. 용추龍湫내에 이르러 딸기를 따 실컷 먹었다. 대치大峙 정윤진鄭允鎭 군君을 찾어 오식午食코 용복리龍伏里 박봉석朴鳳錫(박영철朴永哲 부父)을 찾다. 감자를 쪄 낸다. 저믈어 유중환柳重桓 형兄께 가 맹석孟錫 종형제從兄弟들도 보고 술도 먹고 자정子正에야 잤다.

7월 8일. 큰누님 회갑回甲 날. 아침에 전奠, 헌작獻酌, 배拜를 하였다. 유柳 형兄은 축문祝文 낭독朗讀. 당숙주堂叔主가 오시고 유柳, 이李 2인二人도 왔다. 윤우병尹祐炳 군君을 찾고 오후午後 떠나오다 외종外從 사중士重 군君을 찾고 낙수洛水ㅅ재를 넘어 왔다. 화종火種은 끝내고 최崔 서방書房은 어제 도망갔다.

7월 9일. 비가 오려고 퍽 무덥다. 삼을 하였다. 최동식崔東植이 저녁때 와 똥을 앞 산전山田에 퍼냈다. 참외와 가지에 주었다.

7월 10일. 무덥다. 앞 산전山田 매다. 하수오何首烏를 캐다 심다.

노ㅅ쌈을 엮어 달다. 유진홍兪鎭洪 군君 편지가 오다. 도야지 새끼를 사오다.

7월 12일. 비 좀 오다. 오른 팔뚝에 습종濕腫이 나는 걸 왜비루ㅅ물로 발렀다.

7월 13일. 무덥다. 조고약趙膏藥를 부쳤다. 오율五律 「가색稼穡」을 읊다. 새우젓을 4원四円어치 샀다.

7월 14일. 옛 행랑行廊 조기호趙起浩의 차자次子 떼매가 머슴으로 들왔다. 떼쇠께 저육猪肉 2근二斤을 7원七円에 샀다.

7월 15일. 초복初伏. 여산리礪山里 가서 취충약臭蟲藥 상크 3갑三匣, 게라꽁 2갑二匣을 김충진金忠鎭에게 샀다. 박봉규朴鳳圭를 보고 서은西隱께 가니 장지태張之兌, 이응구李應九 군君이 금방 나를 찾으러 갔다기 바로 돌아와 그 두 친구를 보고 술과 담소談笑를 하였다. 박영철朴永哲 편지 오다.

7월 16일. 경성京城서 아악부雅樂部 김철영金喆泳 군君이 와 잤다.

7월 17일. 김金 군君이 떠났다. 소정이小亭伊, 댓들 논 첫 기심을 매다.

7월 18일. 앞산山 깨ㅅ모를 소끄다.

7월 19일. 앞산山 깨밭에 거름 주다. 밤은 서늘하다. 처妻가 와 이야기하다.

7월 20일. 음陰 6월 1일. 처妻와 동희東熙가 은동隱洞 간다고 자동차自動車로 떠났다가 강경江景 못 밎어서 폭우暴雨를 맞나 길이 무너져 도로 왔다. 돈은 30원三十円을 주었다. 9시九時로부터 16시十六時까지 쏟아진 비. 앞 산전山田 호마胡麻는 솟귀 주었다.

7월 21일. 처妻와 동아東兒가 떠나 이리裡里로 하여 은동隱洞을 갔다. 관희觀熙가 생녀生女. 못자리 모도 다 심었다. 경복중학교景福中學校서 동창同窓 명부名簿가 오다.

7월 22일. 신막新幕 진상득陳相得을 놉으로 얻었다. 왕골 논 언덕이 무너졌다. 밤에 소낙비. 홍이 나 잠이 안 온다.

7월 23일. 신막新幕 정숙鄭叔이 미농지美濃紙 두어 장을 얻어 갔다. 만송晩松과 담화談話. 청재논 언덕이 무너져 경아京兒 데리고 반半나잘 쌓았다. 검정 참깨와 참깨가 만히 죽었다. 울안에 심은 번가蕃茄며 찬샘 옆 밭 가자茄子며 고초苦椒도 퍽 죽었다. 가믈다 갑작이 비가 쏟아지매 무솔아 죽은 것이다. 동아東兒와 처妻가 왔다. 불무통ㅅ골 밭ㅅ길이 무너졌다. 송환식宋瓛植 편지가 오다.

7월 24일. 불무통ㅅ골 목화木花밭, 앞산 참외, 가지밭에 거름을 주었다.

7월 25일. 첫 기슴을 매었다. 10명十名이 소끌과 앞 논 13두락十三斗落. 중복中伏. 종로구역소鍾路區役所서 계동桂洞 79七九, 13一三의 호별세戶別稅 28원二八円, 90전錢 통지서通知書를 보냈다. 애류崖溜 엽서葉書를 보다. 소진걸蘇鎭傑 군君이 생양동生陽洞 수리조합水利組合 가입加入 동의同意를 얻으러 왔다. 밤에 소낙비.

7월 26일. 비가 좀 오다. 소끌, 청재논 모를 추었다.

7월 27일. 소끌논 잡초를 뽑다. 안호삼安鎬三 군君이 『한계서법통해漢谿書法通解』를 찾어 놓았다고 편지하였다.

7월 28일. 잡초雜艸 사리. 밤에 소낙비. 재종숙모再從叔母 기제忌祭 참배參拜. 밤ㅅ비에 난분蘭盆을 들여 놓았다.

7월 29일. 소낙비. 한충韓沖 군君이 동아東兒 도장圖章을 파 보내고 편지하였다. 안호삼安鎬三 군君, 박영철朴永哲 군君께 편지. 역터 산직山直이가 참외 수박을 가졌다. 두렛군 시겨 모자리바미 기슴을 매었다. 동추샘을 깨끗이 쳤다. 자지紫芝 한 개를 뒷 산록山麓 찬샘 옆에서 얻었다.

7월 30일. 소끌 잡초雜艸 사리. 자지紫芝 등분登盆. 참외 순 집다. 「영지靈芝」 오율五律를 짓다.

7월 31일. 동희東熙가 강경江景을 가려다 자동차自動車 사고事故로 여산礪山까지 갔다 왔다. 경희京熙, 산증疝症이 더하여 누었다. 모긔가 꾀여 잠 못 잤다.

8월

8월 1일. 동희東熙 보내어 강경江景 식은殖銀서 500원五百円 추심推尋해 왔다. 경희京熙의 산증疝症 난 오른편 부랄께가 종기腫氣가 되어 절로 파종破腫이 되었다. 밤에 촉燭불을 켜 들고 짰다. 고름이 만히 나왔다.

8월 2일. 잠시 비가 나렸다. 경희京熙 데리고 여산리礪山里 가니 박봉규朴鳳圭는 없다. 조고약趙膏藥 3매三枚, 게라공 1타一打를 샀다. 참외 여섯 개를 사 가지고 서은西隱께 갔다. 외운巍雲도 맞났다. 점심을 국수, 참외로 함께 하였다. 이응구李應九 군君도 보고 신막新幕 용제龍弟께로 돌아와 청주淸酒, 맥주麥酒 두어 잔 마셨다. 앞 산전山田 김매다. 놉 아홉 얻어 두벌 기슴을 매었다. 남풍南風 밤새도록 분다.

8월 3일. 남풍南風, 비. 종로구장鍾路區長 흑목의수규黑木儀壽圭에게 호별세戶別稅 고지서告知書를 도로 보내고 그 착오錯誤를 말하였다. 민형식閔衡植 씨氏와 한충韓冲 군君께 편지 썼다. 비를 맞고 논을 가보았다. 새우젓 반 독을 용제龍弟게서 나누어 왔다. 6월 15일. 유두流頭.

8월 4일. 한희漢熙가 이리裡里를 갔다. 20원二十円을 주었다. 왕묘王墓 병남秉南 처상妻喪에 동희東熙 보내어 위문慰問. 10원十円 부의賻儀.

경희京熙 데리고 박봉규朴鳳圭게 갔다. 오른편 부랄 파종破腫된 곳을 주사注射코 고름을 짜 냈다. 백근白根이 박였다. 소독消毒하고 붕대繃帶하였다. 여러 날 가겠다. 이응구李應九 군君도 보고 한충韓冲께 20원二十円 보내고 편지도 하였다. 우하又荷께도 편지 부쳤다. 태락泰洛 군君이 보리술로 나렸다는 소주燒酒 5, 6五六 배盃를 준다. 또 점심點心도 먹다. 일전日前 바람에 자빠진 왕골을 일으키다. 앞 논 김맸다. 앞 산전山田 외와 가지를 따 왔다. 관희觀熙 서書를 보다. 석양夕陽에 소낙비.

8월 5일. 대부大父 댁宅에서 고순도시 껍질을 얻어다 천산갑穿山甲과 소존성燒存性 하여 각各 2돈戔, 육두구肉荳蔻 1돈一戔 을 합合하여 1돈一戔씩 5첩五貼을 지어 한 첩貼씩 매일每日 먹다. 치질약痔疾藥. 앞 산전山田 참외 맺은 놈 170개百七十介를 세어 연목椽木을 꾸았다. 경희京熙를 박봉규朴鳳圭게 날마다 보내어 진찰診察케 하였다.

8월 6일. 수박도 93개九十三介를 세어 연목椽木을 세웠다. 순자順子게 편지. 오차午車에 한희漢熙가 오다. 복숭아, 소주燒酒, 갈비 두어 대를 가죴다. 아버님께서 여산礪山장에 가셨다. 350원三百五十円을 들였다. 소는 못 사셨다. 사곡沙谷 종자從姉의 시모媤母 소상小祥. 술 두어 잔 먹다. 태락泰洛 군君과 앞 내ㅅ가 모래에 앉어 이야기하다. 늦은 달이 솟은 뒤에 왔다. 잠이 안 와 혼자 술을 마셨다.

8월 7일. 사곡沙谷 종자從姉가 또 나를 청請하여 술을 먹인다. 불무통골 목화木花밭에 처妻와 풀을 맸다.

8월 8일. 두계豆溪 이교술李敎術 군君이 술 한 병, 닭 한 마리를 가죴다. 태락泰洛 군君과 마셨다. 어롱魚籠을 고쳤다.

8월 9일. 태락泰洛 군君과 조동早動하여 용화리龍華里 저수지貯水池로 가, 붕어 다섯 마리, 똘게미 네 마리를 낚었다. 낙수질은 처음이다. 역터 산직山直이가 큰 수박 한 개를 준다. 김만기金萬基를 맞났다. 숫고개 넘어서 참외를 사 먹었다.

8월 10일. 또 낙수질을 갔다. 비를 맞나 그 위 빈 집으로 가, 수박 네 개를 사 먹다. 괴ㅅ골 앞 주점酒店 송갑식宋甲植 군君을 맞나 백주白酒 2배二盃씩 먹고 왔다. 앞 산전山田 수박, 참외, 외, 가지를 따 오다.

8월 11일. 소낙비 삼형제三兄弟가 지냈다. 우하又荷, 매헌梅軒, 일광一光의 편지 보다.

8월 12일. 놉 넷이 소정이小亭伊 만두레 하였다. 청올치 하였다.

8월 13일. 오전午前 2시二時 기침起寢, 저수지貯水池에 가, 물을 터 소끌 위아래ㅅ바미에 대며 한 시간時間ㅅ동안이나 오르고 나렸다. 경희京熙가 공의公醫게 갔다 오더니 두통頭痛, 신열身熱 38도三十八度. 삼소음蔘蘇飮 2첩二貼을 먹였다. 철희喆熙가 순진자淳塵子 조사調査.

8월 14일. 경희京熙가 낫다. 석유石油와 구충약驅蟲藥을 30원三十円으로 문환文煥이가 여산礪山 면사무소面事務所서 사 왔다. 음陰 6월六月 26일 말복末伏. 청올치 하다.

8월 15일. 놉 넷이 소끌 만두레. 오전午前 태락泰洛 군君과 뒷산山 가 길경吉更 캐고 오후午後는 외꽃버섯 땄다. 뒤ㅅ산山 참나무 등걸에서 영지靈芝 5, 6개五六介를 얻었다. 외꽃버섯 넣어 호박 나물을 볶으매 육미肉味 지잖다. 저녁을 포식飽食. 문門틈으로 모긔가 들와 괴롭게 군다.

8월 16일. 아침에 용제龍弟에게 가 소주燒酒 수배數盃. 송원식宋元植, 진상득陳相得을 찾었다 못 보다. 앞 산전山田에서 참외 5, 6개五六介를 따 오다. 아버지께서 여산리礪山里 갔다 오시다 낙상落傷하여 면부面部와 무릎을 슬렸다. 경희京熙게 인삼人參 1냥쭝一兩重을 다려 먹였다.

8월 17일. 경희京熙 데리고 박봉규朴鳳圭게 가 진찰診察한 바, 늑막염

肋膜炎 시초始初라 한다. 서은西隱을 찾다. 놉 셋이 청재논 만두레 끝냈다. 참외, 수박을 따오다. 고조고高祖考 기제忌祭. 오후午後 여섯 시時에 경희京熙가 여산의원礪山醫院 입원入院. 처妻는 갔다 오고 동희東熙가 가서 동숙同宿.

8월 18일. 조홍시早紅柿, 동매冬梅를 아접芽椄. 밤ㅅ비가 폭주暴注.

8월 19일. 새벽에 논을 가보니 소정이는 세 군대가 두둑이 터졌다. 떼매를 일으켜 연장을 가지고 가 방천防川을 하였다. 청재논은 한 군대가 세 칸 통, 소끌 논은 한 칸 통이나 터졌다. 내 혼자 막었다. 대뜰, 집 앞 논도. 청재논은 만두레를 반半 두락斗落쯤 하다가 피곤疲困하여 말었다. 불무통골 가서 녹두綠豆와 고초苦椒를 따오다. 뒷산에서 외버섯을 따오다. 한희漢熙가 우편국郵便局에서 안호삼安鎬三 군君이 보낸『한계서법통해漢谿書法通解』와『서법정전書法正傳』을 찾어오다. 저녁부터 생량生涼한다.

8월 20일. 음陰 7월 3일. 조모祖母 기고忌故. 네 사람을 얻어 만두레 하였다. 개산서 길경吉更을 캤다. 김낙중金洛中 부인婦人이 경희京熙게 가서 유숙留宿. 새벽에 종희宗熙 다리고 외, 수박을 따오다.

8월 21일. 2시二時 행사行祀. 장군봉將軍峯, 매봉을 돌아오다.

8월 22일. 피사리. 오후午後 여산리礪山里 가다. 박춘남朴春南, 주원식朱元植, 이한주李漢周, 최민정崔玟晶, 이재정李在晶, 박봉규朴鳳圭를 맞났다. 경희京熙 보다. 김충진金忠鎭께 백채白菜 씨를 사다. 이형화李馨和 군君 맞나 그 집까지 갔다 저물어 오다가 비를 맞났다. 경성京城서 소득세所得稅 고지서告知書가 왔다.

8월 23일. 비.『동의보감東醫寶鑑』,『향약집성鄕藥集成』,『제중신편濟衆新編』등等을 조사調査하여 약초藥草의 명칭名稱, 형상形狀, 성질性質,

효용效用, 소재지所在地, 채취기採取期 등等을 적다. 처妻와 일환一煥이 가 여산의원礪山醫院 가서 경아京兒 늑막염肋膜炎 수술手術을 보았는데 고름이 두 종기나 났다. 소끌논 가보고 수파水破한 곳을 막다. 경성京城 소득세所得稅 고지서告知書를 도로 보냈다.

8월 24일. 길경吉更, 외버섯을 캐고 땄다. 정운상鄭雲祥이 내숙來宿.

8월 25일. 칠석七夕. 완초莞草를 베어 정鄭 군君과 쪼갰다. 동내洞內 두레 먹이가 있다.

8월 26일. 운상雲祥, 태락泰洛 군君과 왕골을 쪼개고 말리다. 오후午後엔 태락泰洛 군君과 낙수질을 하려고 나가니 한 순사韓巡査가 신막新幕 와서 부른다. 가보니 함흥咸興 지방법원地方法院서 조선어학회朝鮮語學會 사건事件 증인證人으로 명일明日 8시八時까지 김천지청金泉支廳으로 출두出頭하라는 호출장呼出狀을 왔다. 즉시卽時 돌아와 150원百五十円을 가지고 나서 여산의원礪山醫院 가서 경아京兒를 보고 주재소駐在所서 여행증명서旅行證明書를 얻어 강경江景 이르니 오후午後 6시六時. 강수여관江洙旅館서 석식夕食 하고 8시八時 역驛에 가서 기다리다 교섭交涉하여 간신히 차표車票를 사, 9시九時 45분四十五分 발發, 대전太田 14시十四時 착着.

8월 27일. 3시三時 30분三十分 대구행大邱行, 8시八時 50분五十分 김천金泉 착着. 바로 김천지청金泉支廳을 가보니 예심豫審 판사判事가 안 왔다. 나서 조반朝飯을 사 먹으려 10여十餘 군대를 들렀으나 모다 밥이 없다 한다. 또 벤또 파는 집을 찾으니 아니 판다 한다. 도로 지청支廳으로 와 서기書記 서정순徐廷舜(대산진평大山眞平, 휘문 졸업생卒業生)을 맞나 지청支廳 소사小使 시겨 벤또 세 개를 1원一円 20전二十錢에 사다 한 개를 먹다. 대구大邱 박완朴浣을 맞났다. 12시十二時나 해 오라고 하여 박

朴 군君과 그 처제妻弟가 운영運營하는 대동여관大同旅館으로 국수 점심點心. 다시 지청支廳으로 가니 이강래李康來 군君 외外 다섯 사람이 와 있다. 다른 이들 먼저 묻고 나와 박朴은 좀 복잡複雜하다고 맨 뒤로 미룬다. 기다리고 있으매 수행隨行한 서기書記 송천松川이 판사判事가 오날 밤차車로 부산釜山을 갈 터니 동행同行하여 게 가서 심문審問하겠다고. 박朴이 불긍不肯하니 내게 또 말한다. 나는 가아家兒가 중병重病으로 입원入院 중中이라고 속速히 가야겠다고 거절拒絶하였다. 김천金泉 지청支廳 판검사判檢事가 석반夕飯 초대招待한다고 또 오후午後 9시九時 환금여관丸金旅館으로 오라 한다. 9시九時 환금여관丸金旅館으로 가 강수江守 판사判事를 맞나다. 홍원洪原 경찰서警察署 취조서取調書와 검사檢事 취조서取調書 등等을 참고參考하여 타당妥當치 못한, 또는 날조揑造한 곳을 정정訂正하는 바 조리條理를 보다 더 밝힌다. 12시十二時 마치고 대동여관大同旅館으로 돌아와 이강래李康來 군君과 동숙同宿. 남정南汀 박완朴浣 군君이 늦게 와 이야기하다 곤히 잤다.

8월 28일. 여관旅館 주인主人 홍소근악洪小斤岳이 차표車票를 사 주어 9시九時 발發. 이강래李康來 군君과 동행同行타 하여 대전太田서 김용창金容昌을 찾어보고 파릉초菠薐草, 총葱의 종자種子를 사고 이창구李昶求 군君을 찾다 못 보고 돈바늘 8개八介 사고 이강래李康來, 김학영金學永 군君을 맞나 시장市場에서 면麵을 사 먹고 20시二十時 15분十五分 이리裡里서 이李 군君은 작별作別하고 나는 관사官舍로 들다. 조 형趙兄은 취醉해 왔다. 동희東熙가 나남羅南으로 입영入營한다는 통지서通知書가 왔다 한다.

8월 29일. 조인원趙仁元, 소진문蘇鎭文 군君을 찾었다 못 보고 시장市場으로 가 백채白菜, 무우 종자種子를 사고 11시十一時 역전驛前으로 가니 차표車票는 다 팔었다 한다. 그냥 걸어오다 왕묘王墓 중희仲熙, 병원秉元 씨, 병남秉南, 석교石橋 숙모叔母를 찾어보고 병원秉元 씨를 더불고 원촌原村 와 이겸태李謙泰 군君 집에서 이은영李殷永, 소진호蘇鎭浩 군君을 맞나 함께 두어 병 거우르고 나 진호鎭浩 군君과 나와 자동차自動車 표票를 사고 기다리다 소병식蘇秉寔, 이재정李載正 군君을 맞나고 차車가 아니 오므로 걸어 왔다. 철희喆熙가 신막新幕서 수행隨行하였다.

8월 30일. 여산의원礪山醫院 가서 경아京兒와 박봉규朴鳳圭를 보다. 술과 닭고기를 준다. 서은西隱도 보다.

8월 31일. 떼매 다리고 앞 산전山田를 갈다. 왕궁면王宮面 동양리東陽里 백명기白命基가 그 선비先妣 비문碑文을 써 달라고 계鷄 1수一首 가조다. 한참 서역書役을 하였다. 동아東兒를 강경江景이 보내어 800원八百円을 찾어 오다. 야우夜雨. 처妻가 두통頭痛 신열身熱로 위석委席.

9월

9월 1일. 아버지께서 여산礪山 장으로 소를 사러 가신다기 530원五百三十円을 들였다. 간간間間 소낙비가 지낸다. 태락泰洛 군君과 가치 비암보에 고기 낚어 붕어 네 마리 잡었다. 처妻에게 이향산二香散 두 첩貼 썼다.

9월 2일. 윗 골짜기 가서 홍시紅柿를 땄다. 서과西瓜, 첨과甜瓜, 가자茄子를 땄다. 낙중洛中 부인婦人이 오다. 소낙비 두 줄금 지냈다. 처妻가 낫었다. 신기神氣가 불쾌不快타. 일환一煥이가 주면酒麵을 권해 먹었다.

9월 3일. 앞 논에 새 줄을 맸다. 여산의원礪山醫院을 가서 약藥 값을 청장淸帳. 충진忠鎭 군君에 채종菜種을 사다. 돌아오다 사직社稷재 앞에서 비. 모정茅亭으로 올라 한 시간時間ㅅ동안 지체하였다. 이중각李重珏 자당慈堂이 왔다.

9월 4일. 태락泰洛 군君과 윗 골짜기에 가 갈비 한 짝, 내장內腸 등等을 50여 원五十餘円어치 샀다. 비 오다.

9월 5일. 세대世大 숙叔, 떼매 더불고 왕골논을 꾸미고 미나리를 심고 갑동甲童이 더불고 앞 산전山田에 무우, 배채를 심었다. 수박을 따오다. 윤석진尹錫瑨 군君이 와 잤다.

9월 6일. 새벽에 윗골 저수지貯水池를 가보니 물이 넘어 폭포瀑布를 이뤘다. 동아東兒의 현역병現役兵 증서證書가 오다. 조선군朝鮮軍 제12부대第十二部隊, 치중병輜重兵, 나남羅南 10일 입영入營. 오후午後 2시二時, 동아東兒가 출발出發. 처妻, 제수씨弟嫂氏 등等, 일환一煥, 창환昌煥, 문환文煥, 경환京煥, 병주秉冑, 병륙秉陸, 병룡秉龍, 고실高室 당숙堂叔, 경삼이庚三伊 숙모叔母와 함께 여산리礪山里에 가 경희京熙를 보고 이응구李應九 군君도 보고 면사무소面事務所로 가 정자亭子에 올라 기다리다 4시四時 신사神社 봉고제奉告祭를 마치고 5시五時 자동차自動車로 떠나다. 여산礪山서는 동희東熙와 이수만李壽萬 두 사람이 입영入營하러 간다. 처妻, 한희漢熙, 수희壽熙, 병주秉冑, 문환文煥, 창환昌煥, 경환京煥, 병철秉徹과 동승同乘, 6시六時 반半 관사官舍로 들다. 인희仁熙도 왔다.

9월 7일. 이리裡里 역전驛前에서 기다리다 보냈다. 12시十二時 40분四十分 차車로 떠난다고 하기에 다시 관사官舍로 가 점심點心 먹고 오후午後 5시五時 또 역驛으로 기다리다, 환산丸山, 소병식蘇秉寔, 송정식宋廷植, 조인원趙仁元, 조승호趙承鎬, 김종남金鍾南, 윤상보尹相普 씨氏 등等을 맞났다. 6시六時나 되어 떠났다. 수백 명數百名을 모아 행오行伍를 정하여 간다. 우리는 6시六時 반半 자동차自動車로 돌아오다. 용제龍弟와 병주秉胄가 두 병을 거울러 먹인다.

9월 8일. 일환一煥, 떼매를 여산의원礪山醫院으로 경희京熙를 데리러 보냈더니 공의公醫가 이리裡里 가고 없어 도로 왔다. 떼매 더불고 감 두 접을 따 팔었다. 이상돈李相敦, 경산삼호景山三鎬 군君께 편지 하였다.

9월 9일. 여산의원礪山醫院서 사람이 와 공의公醫 말이 닷새 더 있으면 다 낫어 퇴원退院켔다고. 떼매 시겨 쌀과 장적과 나물을 경희京熙게 보냈다. 뒷산山에 제미薺蘼를 캤다. 용제龍弟에게 가 술을 먹었다.

9월 10일. 떼쇠가 황시黃柿 세 접 반을 따 갔다. 북당北堂ㅅ골 가서 마고蘑菰(표고) 한 망태를 땄다. 이한李漢, 병원秉元, 김자영金子榮, 필佖이와 면麵과 술로 점심點心. 용제龍弟가 오다. 병주秉胄가 갈비와 술 한 병을 가좌 함께 거울렀다.

9월 11일. 비. 수멍과 보와 물코를 가 보다. 동풍東風 비는 그쳤다. 종희宗熙가 저물도록 안 와 북덕물 난 앞내를 건너 기다렸다. 신막新幕서 병주秉胄와 일환一煥과 함께 온다.

9월 12일. 병주秉胄가 백미白米 두 말을 할아버님 기제忌祭에 술 해 쓰라고 가졌다. 도야기 새끼가 죽었다. 서모庶母ㅅ집 뒤에 표고 한 망태를 땄다.

9월 13일. 비. 무우를 아래ㅅ밭에 두 두둑 갈다. 태락泰洛 군君과 비악보에 고기 낚다 돌아와 앞 못에 붕어 다섯 마리 얻었다. 유달수柳達洙, 윤석진尹錫瑨, 문환文煥이가 경희京熙를 다리고 왔다. 처妻와 갑동甲童이가 여산의원礪山醫院에 가 행구行具를 챙겨 왔다. 간호부看護婦, 사용인使用人에게 약간若干 행하行下를 하였다.

9월 14일. 조 형趙兄께 편지. 뒤ㅅ산山에 싸리버섯을 땄다. 춘보春甫

네가 이리裡里서 굴비 열 마리를 가졌다. 앞 산전山田 백채白菜에 버레 약藥을 뿌렸다.

9월 15일. 태락泰洛 군君과 용화산龍華山 싸리버섯을 땄다. 도신사道新寺 구지舊址를 밟었다. 꽤 큰 절이었다. 계체석階砌石이 남었다.

9월 16일. 백채白菜를 불무통골 다 심다. 아버님이 여산礪山 장에서 능열버섯 30개三十介를 5원五円에 사 오셨다.

9월 17일. 음陰 8월八月 1일一日, 선산先山 벌초伐艸를 했다. 경·종京宗 양아兩兒 다리고 도토리 땄다. 이리裡里 오단五丹 군君이 차茶ㅅ감을 베러 왔다.

9월 18일. 갑동甲童이와 앞 산전山田 참꽤를 베고 파고 지부부사종芝罘富士種 백채白菜 씨를 삐였다.

9월 19일. 새벽에 떼매 더불고 감 100여개百餘介 땄다. 여산리礪山里 가서 박봉규朴鳳圭게 의약가醫藥價를 청장淸帳. 서은西隱을 보고 담화談話. 이발理髮. 할아버님 기제忌祭. 동희東熙의 의류衣類 소포小包가 왔다. 조 형趙兄이 무형武衡이 죽었다고 부고訃告. 병국炳國, 조 형趙兄과 누의게 위장慰狀.

9월 20일. 한 시에 행사行祀. 김영복金永福 군君이 와 수리조합水利組合 서기書記를 시켜달라고 청請한다. 조 형趙兄께 편지하여 주었다. 앞산山의 알밤을 주었다. 이응구李應九, 박봉규朴鳳圭, 장지택張之澤 군君이 와 술을 먹었다.

9월 21일. 갑동甲童이 더불고 도토리 땄다.

9월 22일. 앞산山 밭맸다. 벌이 나와 분산分散. 따가운 볕이 비쳐 들이 벌의 집이 나려지고 꿀이 흐른다. 대강 받어 나눠 두었다. 조 형趙兄이 오고 관희觀熙가 왔다. 밤에 박봉규朴鳳圭가 왔다.

9월 23일. 조 형趙兄과 함께 금마金馬 고도리古都里를 이겸태李謙泰 군君을 찾어 술을 거우르니 오후午後 조 형趙兄이 소병식蘇秉寔, 조인원趙仁元, 소진호蘇鎭浩, 이은영李殷永 군君과 왔다. 또 술을 마시다가 나와 자동차自動車를 기다리다 나는 걸어왔다.

9월 24일. 도토리, 산초山椒 따다. 곰ㅅ거리 엿 근斤 사서 경아京兒를 먹이다. 벌은 도로 그 전 있든 통桶에 합合쳤다. 이 벌은 8월 27일 떠돌아다니는 것을 세대世大 숙叔이 받어왔다. 집으로 우주지를 엮어 통桶에 씨웠다.

9월 25일. 비. 망태를 맨드다. 태락泰洛 군君과 게살 엮고 겟막을 지었다. 동희東熙게서 처음 편지가 왔다. 광도시廣島市 서부西部 10부대十部隊 도방대渡邦隊 제3반第三班에 있다.

9월 26일. 용제龍弟게서 도야지 두 마리 사 오다. 최동식崔東植 시겨 도야지 집을 고쳤다. 태락泰洛 군君과 도토리 따고 밤에는 게를 잡었다. 여달 마리 가졌다. 동희東熙게 답장答狀. 조 형趙兄 편지 보다. 겟막에 갔다. 대조大棗를 땄다.

9월 27일. 관희觀熙가 출발出發. 앞산山 백채白菜를 소꾸고 붓돋고 게라공을 물에 타고 비누를 풀고 하여 뿌렸다.

9월 28일. 올밤을 털었다. 석우夕雨. 망태를 다 맨들었다.

9월 29일. 비. 비 오기 전에 안모니아, 곤 겨를 초목회草木灰에 타고 오좀으로 버무려 앞산山 무우ㅅ밭에 덧거름 했다. 게 두 마리를 잡고 밤이윽하여 왔다.

9월 30일. 게라공, 구보이드를 섞어 아래 밭 무우 버레를 구제驅除하였다. 철제徹弟가 정육正肉, 가리를 사 오다. 왕골로 새끼 꼬았다.

10월

10월 1일. 추석秋夕. 차례茶禮 지내고 성묘省墓. 용제龍弟와 대작對酌.

10월 2일. 만송晩松 대부大父와 나를 박택규朴宅圭 군君이 와 불러 가치 나서 학동鶴洞서 백인伯仁, 봉수奉水를 찾고 유점리鍮店里 박朴 군君 집으로 가 만회晩悔와 마시고 시詩 2수二首 읊고 또 밥을 먹고 돌아오다 만회晩悔게 들어 또 마셨다. 만송晩松ㅅ집에서 또 술, 그 처남妻娚 용재庸齋와 마셨다.

10월 3일. 만송晩松ㅅ집에서 종일終日 마시고 두 수首 읊었다.

10월 4일. 만송晩松, 용재庸齋, 병주秉冑와 함께 기촌綺村이를 가 갑중甲重 군君ㅅ집에서 술 먹고 둣재 외당숙外堂叔께서 반주飯酒. 병주秉冑, 용재庸齋, 만송晩松은 육곡六谷을 저물어 돌아왔다. 진둥서 용재庸齋를 작별作別코 밤에 왔다. 청정靑汀 편지 보았다.

10월 5일. 논산論山 왕전리旺田里 매가妹家에 가다. 고故 김응수金應洙 군君 소기小朞. 음陰 8월 19일. 송순춘宋淳春 형제兄弟, 윤상돈尹相敦 부자父子, 김영달金永達과 그 자질子姪들을 맞났다.

10월 6일. 5시五時 행사行祀. 9시九時 발환發還. 외숙주外叔主 내숙來宿. 동식東植이를 얻어 퇴비堆肥ㅅ풀을 쓸다.

10월 7일. 도야지 새끼 숩놈이 죽었다. 월림이가 아침ㅅ밥을 주러 가 본즉 누어 일어나지 않는다. 바로 끌어내어 들기름, 무우집을 먹여 좀 깨났다가 도로 죽는다. 떼쇠 시겨 잡었다. 외숙주外叔主와 방죽골 송순용宋淳聳 군君의 외간상外艱喪을 조문弔問. 돌아오다 용제龍弟에게 술 두 병을 구하라 하고 함께 먹었다.

10월 8일. 외숙주外叔主가 떠났다. 앞 산전山田을 소꾸고 매었다.

10월 9일. 만송晩松과 도토리 땄다. 유종석柳鍾錫이가 와 잤다. 용제龍弟가 강경江景 식은殖銀에 가 1500원一千五百円을 찾어다 차용借用.

10월 10일. 만회晩悔, 호은壺隱이 와 함께 한 수首를 읊다.

10월 11일. 아랫밭에 물을 댔다. 무삼 벗기고 왕골 새끼를 꼬았다.

10월 12일. 아랫밭에 물을 뿌렸다. 북당北堂ㅅ골 가서 초오두草烏頭를 캐고 산초山椒도 땄다. 저녁엔 몹시 칩다.

10월 13일. 상강霜降. 육제陸弟와 함께 학현鶴峴 송환식宋瓛植 군君을 가 찾으니 능지울 병한炳漢네 집에 갔다. 그리 가서 보고 봉상면鳳翔面 제내리堤內里 논을 간평看坪하고 병한炳漢 가家에서 점심點心 먹고 학현鶴峴 앞으로 와 간평看坪하였다. 대단 잘못 지었다. 도조賭租 40석四十石 가량假量 매었다. 돌아오다 엄나무실 백증조고伯曾祖考 산소山所 성묘省墓하고 산직山直이도 찾어보았다. 삼거리三巨里 송순용宋淳聳 군君이 짓는 논은 잘 되었다. 동희東熙 편지를 보았다. 여산礪山 문묘文廟의 종헌관終獻官을 지정指定.

10월 14일. 당堂ㅅ골서 독활獨活, 초오草烏, 산초山椒 등을 채취採取.

10월 15일. 여산礪山 문묘文廟에 가서 대제大祭를 지내고 주식酒食 먹고 유생儒生 연성식練成式에 강화講話를 해 주었다. 종래從來 유림儒林의 폐단弊端을 말했다. 이리裡里 경찰서警察署 사법계司法係 주임主任도 참석參席. 김영진金英振 노인老人을 찾었다. 만주滿洲 갔다.

10월 16일. 대부大父와 역기驛基 가다 숫고개 넘어서 여산礪山장 보러 끌고 오는 10여十餘 마리 소ㅅ가운대 가장 묘妙한 암소를 한 마리를 맞낫다. 왕궁리王宮里 청년靑年 김형만金炯滿의 것이고 나히 3세三歲. 김청년金靑年과 홍성興成하고 더불고 역기驛基 산직山直이 집까지 가 박춘실朴春實에게 감정鑑定코 520원五百二十円에 결가決價하고 송태식宋

泰植 군君을 맞나 닭고기와 술, 밥을 먹고 산직답山直畓 간평看坪. 13석十三石을 정定하고 산직山直이 아들게 소를 끌리고 함께 왔다.

10월 17일. 용제龍弟게서 200원二百円을 변통變通해 두고 소진걸蘇鎭傑 군君을 맞나 술을 먹었다.

10월 18일. 김형만金炯滿의 부친父親이 와 소ㅅ값을 다 찾어갔다. 문환文煥이를 식은殖銀에 보내어 600원六百円을 찾어왔다. 만송晩松에게 차용借用한 150원百五十円을 반환返還. 박택규朴宅圭 군君이 와 호산시회壺山詩會 일자日字를 알린다.

10월 19일. 21원二十一円. 별세別稅, 5원五円 50전五十錢. 삼종소득세三種所得稅를 치뤘다. 솔가지 쳐오다. 술을 사 주었다. 남샛밭에 버레약藥을 뿌렸다. 망태를 맨드다. 관희觀熙 엽서葉書 보았다.

10월 20일. 소우小雨. 동아東兒, 청정靑汀, 송정식宋廷植 군君에게 편지.

10월 21일. 호산시사壺山詩社 운韻 2수二首를 짓다.

10월 22일. 배급미配給米 2두二斗 8승八升(대두大斗) 15원十五円 30전三十錢. 고산高山 당숙堂叔이 오셨다. 증조고曾祖考 기고忌故. 동아東兒에게 엿과 산자를 보냈다.

10월 23일. 정동화鄭東和 군君 회갑回甲에 축하祝賀 시조時調 2수二首를 써 육제陸弟 편便에 보냈다. 학현鶴峴 작인作人이 와 도조賭租를 감減해 달라고 조른다. 다만 4석四石 반半으로 결정決定.

10월 24일. 소정이小亭伊 논 쌀보리 2두二斗(소두小斗), 못 아래 한 바미 밀 1두一斗, 두 바미 쌀보리 2두二斗, 불무통골 밀 2두二斗를 갈다. 일군 열에 최동식崔東植 아우는 각병脚病으로 오후午後 갔다. 반半은 솔가지를 져 내렸다.

10월 25일. 이응구李應九 군君을 찾어 술 먹다. 이발理髮코 방아다리

선외조고비先外祖考妣 산소山所 행사行祀코 인희仁熙와 돌아왔다.

10월 26일. 만송晩松과 나서 유점리鍮店里 박택규朴宅圭 군君을 찾고 학동鶴洞 김봉수金奉水 군君 가家로 갔다. 호산시사회壺山詩社會. 성재誠齋 김영진金英振, 만취晩翠 이한주李漢周도 왔다. 기외其外 10여 인十餘人 모였다. 술 먹고 시詩 쓰고 박택규朴宅圭 군君의 권勸으로 입회入會. 비가 온다. 저물어 만송晩松과 병관秉寬이게서 저녁과 술 먹고 잤다.

10월 27일. 새벽에 오다. 이李 주사主事 노인老人과 자리를 쳤다.

10월 28일. 송환식宋瓛植 군君이 와 도조賭租를 타협妥協. 자리를 끝내고 오후午後, 이李 노老는 갔다. 숩니서 감자甘藷, 배, 임금林檎을 가조고 육제陸弟가 오며 우육牛肉 등 안주를 가졌다.

10월 29일. 여산 면사무소礪山面事務所에 가다. 한 시간時間 기다려 지주地主 총대회總代會를 열고 생양지수리조합生陽洞池利組合 평의원評議員 7인七人과 보완원補完員 7인七人을 뽑는데 면장面長 김수한金秀漢이가 천정薦定. 나도 평의원評議員에 참여參與.

10월 30일. 강경江景 과상果商 부처夫妻가 오다. 운韻을 불러 짓다. 여산국민학교礪山國民學校 아동兒童을 데려 청재논을 베고 떼매와 성원聖元이는 대뜰 소끌 찰벼를 베었다.

10월 31일. 용제龍弟를 가 보다. 새 방 청결淸潔코 책자冊子 정돈整頓. 수어秀魚 8미八尾에 5원五円을 주었다.

11월

11월 1일. 갑동甲童이 데리고 여산礪山 장에 가 홍시紅柿 10개十介, 감곽甘藿 다섯 가닥, 솔 한 개를 샀다. 홍시紅柿는 2원二円 70전七十錢, 감곽甘藿은 3원三円 50전五十錢, 솔은 1원一円 30전三十錢. 왕전리旺田里 누의가 두 아들 데리고 왔다. 어머님 기제忌祭.

11월 2일. 소우小雨. 대뜰 소끌에 보리 갈려고 놉 일곱을 얻었다 비 때문에 작파作罷. 서모庶母 생일生日 오반주午飯酒를 먹었다. 이력서履歷書 3매三枚를 면사무소面事務所에 냈다.

11월 3일. 놉 여달 얻어 대뜰 두 바미, 소끌 너 마지기에 보리를 가는데 소끌 큰 바미에 파종播種과 시비施肥만 하고 꾸미지는 못하였다. 일변 벼를 베고 병주秉胄가 와 갈고 나도 뒤엄을 헐였다.

11월 4일. 망태를 다 맨들었다. 왕골로 가느다라케 새끼를 꼬아 종래從來의 것보다 좀 달리 하였다. 소끌논을 꾸몄다.

11월 5일. 망태 끈 달다. 음랭陰冷. 고산高山 당숙堂叔이 오셨다.

11월 6일. 놉 둘을 얻어 밀 심고 벼를 묶었다. 왕전리旺田里 누의가 숩니차車로 떠나려다가 차車가 안 와 못 가고 용제龍弟게 있다.

11월 7일. 만송晩松과 신막新幕에 가서 송원식宋元植 군君을 보고 채약창採藥鎗을 쳐 달라고 하였다. 입동立冬. 동아東兒에게 편지.

11월 8일. 만송晩松과 석교石橋 다리 우에서 이응구李應九 군君을 맞나 호월壺月 후록後麓을 타 올라 횟긋바기 머리에 앉어 가존 병을 기우려 두어 잔씩 하고 천지天池로 향向하다 소낙비를 맞나 노송老松 아래서 낙엽落葉을 모아 불을 피고 술을 데고 담화談話하며 오찬午餐을 마치고 돌아오다 석교石橋 높은 집에서 또 마시다 서로 나뉘었다.

11월 9일. 동아東兒 편지 보다. 목화木花를 땄다.

11월 10일. 동아東兒게 답장答狀. 이상돈李相敦, 김상기金庠基, 김영완金永完, 이청정李靑汀, 흑목의黑木儀 수당壽堂께 편지하였다. 청경대淸

景臺 산직山直이가 오다.

11월 11일. 음한陰寒. 난분蘭盆을 방房으로 옮기고 간독책簡牘册 장황粧績을 했다.

11월 12일. 만송晩松 더불고 숍니 가다. 걸어서 가다 용지리龍池里에서 술과 홍시紅柿를 사 먹고 오후午後 2시二時쯤 관사官舍로 드니 조 형趙兄은 군청郡廳에서 아직 안 나왔다. 다시 나서 만송晩松과 대매일보大每日報, 매신每新 지국支局 등을 찾어 그 대금代金을 주고 조인원趙仁元 소진문蘇鎭文 군君을 찾으니 없고 조승호趙承鎬 군君을 찾고 나는 관사官舍로 왔다. 저녁에 승호承鎬 군君이 왔다. 이야기하다 자정子正에 파하였다. 비가 온다.

11월 13일. 조발早發. 가랏(葛田) 이용극李容克 군君을 찾어 중각重珏이 집에서 질녀姪女를 보고 오반午飯 먹고 그 사촌四寸ㅅ집 문상問喪을 하고 병원秉元, 규배圭培, 진암震岩, 후촌後村을 맞나 함께 병을 거우르고 용극容克 군君을 끌고 장목재에 와 병원 형秉元兄의 생남生男 한 턱으로 술에 저육猪肉에 배를 불리고 저물어 왕묘王墓 병원秉元 형兄 댁宅에 이르러 유갑근柳甲根 군君의 이사移舍한 집에 가 술과 노래로 몇 시간時間을 보내고 병원秉元 형兄 댁宅으로 도로 와 「괴석恠石」의 시축詩軸을 읽고 잤다. 비는 온다.

11월 14일. 떠나 두내斗內 갈산葛山을 지나 기산리箕山里 양정희楊定熙 군君을 찾어 문상問喪하고 술과 오반午飯을 먹고 오다 조철원趙喆元 군君을 찾어 또 술 먹고 죽림竹林 이은영李殷永은 찾으니 없고 원촌原村 이겸태李謙泰 군君께 이르러 잤다. 유맹석柳孟錫이가 그 누의 배행陪行을 와, 와 본다. 그 누의는 이겸직李謙直 군君의 둣째 자부子婦가 되었다.

11월 15일. 이겸직李謙直 군君을 찾고 떠나왔다. 소풍小風. 맹석孟錫

이가 와 잤다.

11월 16일. 10월 1일, 백증조고伯曾祖考 기제忌祭. 조조早朝에 떼매 시켜 소를 끌고 남산南山메 신헌영申憲永 군君에게 가, 4원四円을 주고 암을 부쳤다. 보영輔永 군君을 찾어 시화詩話를 하였다.

11월 17일. 동희東熙 편지. 김영완金永完 씨氏 편지가 왔다. 여산리礪山里 이수훈李洙壎 군君을 찾으니 이미 작고作故 하였다. 우편국郵便局에 가 이응구李應九 군君을 찾어 고故 이수훈李洙壎 군君의 둣재 아들 교식敎植 군君도 보았다. 김영기金英起 군君을 찾고 왔다.

11월 18일. 우雨. 병원秉元 형兄「괴석恠石」시詩 칠절七絕을 지었다.

> 聞說曾遊皆骨山, 案頭留得水精寒
>
> 爲形非恠非非恠, 可與元章一拜還[5]

만송晩松ㅅ집에서 이응구李應九, 조명祖明 씨氏와 대작對酌. 역기驛基 산직山直이가 토란土卵 두어 말을 가졌다.

11월 19일. 이상돈李相敦 군君 편지 보고 동희東熙게 답장答狀.

11월 20일. 야우夜雨. 목화木花를 땄다.「산거山居」시詩 칠율七律을 짓다.

11월 21일. 조성호趙聖鎬 군君이 오다. 동희東熙 편지를 보았다. 박종화朴鍾和, 조용만趙容萬 군君께 편지 하였다.

---

5 일찍이 개골산 유람했다 들었더니, 책상머리 차가운 수정 하나 남겼구려.
그 모습 괴이한 듯 괴이하지 않은 듯, 원장(元章)을 한번 만나고 돌아온들 어떠리.
* '개골산'은 겨울의 금강산을 뜻하는 말이다. '원장(元章)'은 송나라의 서화가인 미불(米芾, 1051~1107)의 자(字)이다.

11월 22일. 대판이 간 씨侃氏와 그 처남妻娚 김규현金珪鉉 군君이 왔다. 병철秉徹이게 부탁해 달라고, 밀주密酒 발견發見되었다.

11월 23일. 동희東熙 편지 보았다. 갑동甲童이 데리고 세천동洗川洞가 고故 이수훈李洙壎 군君 궤연几筵 일곡一哭하고 그 장자長子 우석愚錫 군君을 보고 그 무화과無花果 두어 가지를 얻어 갑동甲童이게 보내고 병관秉寬이를 맞나 함께 병택秉宅 군君ㅅ집으로 갔다. 그 딸 혼일婚日이다. 유진관兪鎭寬 군君의 그 4종질四從姪을 데리고 왔다. 더불어 잔을 주고받고 또 이응구李應九, 장지택張之澤 군君과도 마시다가 달을 띠고 돌아왔다.

11월 24일. 연일連日 남풍南風이 불고 첫 여름처럼 덥다. 목화木花 땄다. 무화과無花果를 뜰 앞에 심었다. 짐장을 시작했다. 음陰 10월 9일.

11월 25일. 떼매 혼일婚日. 대부大父ㅅ집에서 그 술을 먹었다.

11월 26일. 야우夜雨. 황각동黃角洞 이병혁李秉赫, 정현상鄭顯尙 씨氏가 왔다. 짐장을 끝냈다.

11월 27일. 비. 병국炳國, 순자順子 편지를 보았다. 박아지 꿰맸다.

11월 28일. 비. 순자順子가 충화리忠化里에서 편지하였다. 동희東熙에게 편지하였다. 거문고를 탔다.

11월 29일. 비. 월탄月灘의 편지를 보았다. 일기日記 정리整理.

11월 30일. 비. 일기日記 정리整理.

12월

12월 1일. 밤에 눈이 만히 왔다. 아침은 경년庚年 숙叔 댁宅에서 먹었다. 대부大父 생일生日. 저녁에 대부大父와 역터를 가, 산직山直이 집에서 잤다. 노성魯城 사월리沙月里 운 씨僡氏도 왔다.

12월 2일. 9대九代 조비祖妣 남원南原 양씨梁氏의 묘제墓祭, 동족同族 15인十五人이 모였다. 저녁에 돌아왔다.

12월 3일. 운僡, 병천秉天과 함께 장성골을 가다. 길은 수랑이다. 쑥쑥 빠지는 발을 옮겨 기촌箕村이 앞으로 왕바위, 여수울(육곡六谷)을 지나 성삼문成三問ㅅ고개를 넘어 매죽헌선생지묘梅竹軒先生之墓를 찾아 배례拜禮하고 저잣거리에서 탁주濁酒 두어 잔을 받어 먹고 임화리林花里 김영태金永泰ㅅ집으로 갔다. 병운秉運, 병춘秉春은 먼저 와 있다. 산직山直이 말이 백미白米를 간신히 구하여 제수祭需를 작만하였다 한다. 공출供出 때문에 미곡米穀 변통變通이 극란極難하다. 한석문韓石文은 불러 소작小作을 분부吩咐했다.

12월 4일. 병선秉善이가 왔다. 청경대淸景臺 8대八代 조고비祖考妣 산소山所에 향사享祀하고 전석동磚石洞 방傍 5대五代 조비祖妣 3위三位 산소山所에 향사享祀코 돌아오니 필佖, 병무秉武가 왔다. 운僡, 병무秉武, 병천秉天이는 호성동岵成洞 그 5대五代 조고祖考 묘제墓祭 지내러 가고 나는 필佖, 병선秉善, 병춘秉春, 병운秉運과 함께 신기리新基里 강성서姜性西 집으로 갔다. 뒤에 병무秉武 일행一行도 왔다. 밤에 비 왔다.

12월 5일. 풍설風雪을 무릅쓰고 늘마루 6대六代 조고비祖考妣 동추공同樞公 묘제墓祭를 지냈다. 산직山直 가家에서 밥 먹고 떠나 다시 임화리林花里 김영태金永泰ㅅ집으로 와 강순희姜順熙 소작小作 도조賭租 8두八斗와 필佖 소작小作 6두六斗를 영태永泰에게 주라 하고 나는 병춘秉春, 병무秉武, 병천秉天과 풍설風雪을 사뭇 무릅쓰고 떠나, 더운당잇재, 범머릿재를 넘어 무武, 천天 2군二君은 그 당고모堂姑母ㅅ집으로 가고 나와 병춘秉春은 컴컴한 속으로 시역목재를 넘어 간신히 길을 분간하여 가뿌내 앞에서 병춘秉春 군君과 나뉘어 돌아왔다. 오후午後 7시七時가 지났다.

12월 6일. 대부大父를 보고 종사宗事를 말하고 봉송물封送物을 주고 술을 먹었다. 지난밤에 대부大父의 조비제祖妣祭를 지냈다. 무武, 천天 2군二君도 왔다. 순자順子, 김상기金庠基 군君 편지가 왔다.

12월 7일. 일기日記 정리整理. 소설小說을 보았다.

12월 8일. 일기日記 정리整理. 소설小說을 보았다.

12월 9일. 일기日記 정리整理. 칠율七律 1수一首를 지었다. 소설小說을 보았다.

12월 10일. 주지周紙를 부치고 소설小說을 보았다.

12월 11일.(10월 26일) 고故 계부주季父主 회갑回甲. 축시祝詩 3장三章 낭독朗讀, 헌작獻酌. 조반朝飯. 외숙주外叔主가 오셨다. 밤에 이한주李漢周 군君이 왔다. 홍택주洪宅柱 씨氏 부고訃告, 일광一光 편지가 왔다.

12월 12일. 눈이 왔다. 문곡文谷 편지를 보고 답장答狀. 병국炳國, 병도丙燾, 장태영張泰英, 일광一光께 편지 하였다.

12월 13일. 조운曺雲, 송석하宋錫夏 군君께 편지.

12월 14일. 외숙주外叔主가 떠났다.

12월 15일. 성호聖鎬 군君이 와 담화談話, 이리裡里 관사官舍서 가리 한 짝 가졌다.

12월 16일. 신막新幕 용제龍弟 집에서 술 먹고 송순성宋順成 진상득陳相得의 볏누리를 보았다.

12월 17일. 제남리濟南里로 이사移舍온 유진홍兪鎭洪 군君이 불러 가 보았다. 그 형兄, 진관鎭寬과 도燾, 철돈鐵頓, 서호석徐灝錫, 김수한金秀

漢 형제兄弟, 조용운趙龍雲 군君이 이형화李馨和 사랑斜廊에 모였다. 촉燭를 켜고 음식상飮食床을 들여온다. 만두饅頭, 주효酒肴가 소담하다. 담화談話, 대작對酌타가 밤이 깊어 왔다.

12월 18일. 축우畜牛 매도증명서賣渡證明書가 왔다. 금촌형제金村炯濟에게 부쳐 주었다. 용제龍弟 생일生日, 가서 주반酒飯을 함께 하였다.

12월 19일. 눈이 두어 치나 쌔였다. 김수한金秀漢과 수석首席 순사巡査가 와 공출供出 벼를 독촉督促. 병도丙燾, 일광一光, 동아東兒 편지 봄.

12월 20일. 눈 온다. 병옥秉玉이 더불어 시조時調와 그 작법作法을 담론談論하였다.

12월 21일. 고산高山 당숙堂叔이 오셨다. 동희東熙에게 편지하였다.

12월 22일. 동지冬至. 두죽豆粥을 새벽에 쑤어 아침 차례茶禮를 지냈다. 우편국郵便局 이응구李應九, 이우민李愚玟 군君이 저녁에 왔다. 우민愚玟 군君이 정종正宗 한 병을 가졌다. 함께 모샛골 육제陸弟 집으로 가 팥죽과 술을 먹고 담화談話타가 자정子正에 파罷하였다. 달은 이미 장군봉將軍峯 머리에 걸쳤다. 처妻를 일어켜 이야기하였다. 매헌梅軒, 상돈相敦 군君께 엽서葉書.

12월 23일. 만송晩松과 이야기하고 잤다. 타작打作 21석二十一石 반半. 문곡文谷이 50원五十円과 편지를 보냈다. 문곡文谷께 답장答狀. 시조時調를 지었다.

12월 24일. 이응구李應九, 우민愚玟 군君께 시조時調를 보내고 「처妻」 시조時調 4수四首를 개작改作.

12월 25일. 관희觀熙 처妻가 와 본다. 「수우재守愚齋」 시詩 3장三章을 짓다.

12월 26일. 풍風. 칩다. 진상득陳相得 소작小作한 석교石橋 논벼를 타작

打作. 가 보았다. 만희萬熙와 밥 먹고 저물어 5석五石 9두九斗를 얻어 용제龍弟ㅅ집에 임치任置. 일광一光 엽서葉書를 보았다.

12월 27일. 일광一光께 회답回答.

12월 28일. 한아漢兒 시겨 우편국郵便局에서 50원五十円 찾어 10원十円은 종희宗熙 졸업용卒業用으로 주었다. 「산촌山村」 시詩 칠율七律을 지었다.

12월 29일. 20원二十円으로 배급미配給米를 샀다. 오후午後 조 형趙兄과 농업주사農業主事 손 씨孫氏가 왔다. 전북全北 지사知事의 2남二男 김광연金光演이 중앙중학中央中學을 졸업卒業코 세전世專에 응시應試코저 하는데 중앙중학中央中學 그 담임擔任 김상기金庠基 군君께 그 성적成績과 소견표所見表를 잘해 달라는 청촉請囑을 한다. 반주飯酒 후後 바루 떠났다. 암도야지 새끼가 죽었다.

12월 30일. 김상기金庠基 군君께 편지하였다. 일환一煥이 댁이 친정親庭에 갔다오며 주병酒餠을 가지고 와 먹인다.

12월 31일. 여산리礪山里 가서 이응구李應九, 우민愚玟 군君을 보고 이한주李漢周 군君을 찾어 탁주濁酒 3배三盃 하고 함께 오다. 만회晩悔를 찾어 이야기하였다. 문곡文谷, 매헌梅軒 편지를 보았다. 야설夜雪.

1945년(단기 4278년)

1945년(단기 4278년)

1월

1월 1일. 역터를 가서 박춘실朴春實을 보고 도순리都巡里 송정식宋廷植 군君을 찾으니 없고 그 형兄 태식泰植과 아우 우식祐植 군君을 맞나 사방沙防 부담負担, 수리水利 세금稅金 부당不當함을 말하고 그 납입고지서納入告知書를 맡기고 우식祐植 군君과 용남리龍南里로 오다 송병채宋炳寀 형제兄弟를 맞나고 송병태宋炳泰 군君을 찾으매 감기感氣로 누었다. 오식午食코 왔다.

1월 2일. 신막新幕 가서 진상득陳相得을 보고 소작小作 공출供出 소득금所得金 회계會計를 하고 병관秉寬과 용제龍弟ㅅ집에서 탁주濁酒를 마시고 왔다. 신기神氣가 불쾌不快. 처妻는 앓는다. 윤익중尹翊重 군君이 오다.

1월 3일. 광도廣島 금곡용권金谷容權, 동아東兒의 편지를 보았다. 장태영張泰英, 이상돈李相敦 군君 편지가 왔다. 김용문金容文이가 왔다.

1월 4일. 병완秉玩이가 이리裡里로서 왔다. 우육牛肉과 술을 가졌다. 조 형趙兄 서書를 보았다. 병구秉龜, 김경한金京漢, 서호석徐灝錫 군君이 왔다. 처妻는 상긔 누었다.

1월 5일. 금곡용권金谷容權 처處로 동아東兒의 식용품食用品 소포小包

와 편지를 부쳤다.

1월 6일. 만송晩松과 조발早發, 도보徒步로 이리裡里를 가다. 탄현炭峴서 신달영申達永 군君을 맞나 동행同行 오후午後 1시一時 군청郡廳서 조형趙兄 보고 양화洋靴 수선修繕하고 관사官舍로 들어 병철秉徹이도 불러 보고 조승호趙承鎬, 김종남金鍾南 군君을 찾고 함께 관사官舍로 와 술을 마셨다.

1월 7일. 도보徒步로 오다 왕묘王墓서 자동차自動車를 타고 신막新幕서 나려 용제龍弟ㅅ집에서 술 먹으며 공출供出 야료惹鬧 소문所聞을 들었다. 육제陸弟를 가 보았다. 병으로 누었다. 김영관金永琯 군君이 왔다. 동아東兒 서書를 보았다.

1월 8일. 음랭陰冷. 영관永琯 군君이 떠났다. 정충시鄭忠時 군君 편지를 보았다. 아버님께서 감환感患으로 누셨다.

1월 9일. 머슴방 옆의 광에 둔 협죽도夾竹桃가 얼고 말렀기 큰방으로 옮겼다. 인동忍冬 넝쿨을 뜯어다 오과차五果茶를 맨들어 아버님께 들였다. 공출供出은 또 3석三石 총계總計 20석二十石.

1월 10일. 송환식宋瓛植 군君께 편지.

1월 11일. 오철호吳徹浩 군君께 편지하였다. 아버님께서 평복平復되셨다. 봉희鳳熙가 와 본다.

1월 12일. 이응구李應九 군君을 가보고 송환식宋瓛植 군君께 또 편지. 서호석徐灝錫 군君을 찾으매 진사동眞絲洞 갔다 하여 즉시卽時 돌아왔다. 서徐 군君과 김봉수金奉水 군君을 더불어 소작小酌, 두죽豆粥 먹고 담화談話.

1월 13일. 밤에 눈이 온다.

1월 14일. 관寬, 용龍 양제兩弟가 왔다. 고산高山 유 형柳兄이 그 족손

族孫을 데리고 와 잤다. 이응구李應九 군君이 오리 한 마리를 가졌다. 바루 지져 함께 먹었다. 일광一光, 조 형趙兄 서書를 보았다.

1월 15일. 밤에 눈이 좀 왔다.

1월 16일. 조성호趙聖鎬가 와서 이리裡里 경찰서警察署 사법주임司法主任이 여산면礪山面 사무소事務所에 와 공출잔부락供出殘部落 타협회妥協會를 연다고 흔감을 떤다. 나는 오후午後 떠나 숫고개 넘어서며 눈을 맞고 원촌原村 겸태謙泰 군君ㅅ 집으로 가 잤다. 소진호蘇鎭浩 군君도 맞나 담화談話.

1월 17일. 눈ㅅ길로 걸어 이리裡里 관사官舍를 갔다. 조 형趙兄은 늦게야 왔다. 가치 잤다.

1월 18일 오단五丹 군君을 공업학교工業學校로 찾어 보았다. 동희東熙게 엽서葉書. 관사官舍서 석식夕食. — 조 형趙兄이 김동열金東悅을 데리고 왔다. 두어 잔을 가치 하고 나는 오후午後 7시七時 40분四十分 차車로 경성京城을 가다. 차표車票도 조 형趙兄이 사 주고 노비路費도 100원百円을 준다. 서서 가다 대전太田서 자리를 얻어 앉었다.

1월 19일 오전午前 6시六時, 경성역京城驛 착着. 아직 어둡다. 대합실待合室에 기다리다 밝은 후에 나섰다. 되우 칩다. 전차電車로 안국정安國町까지 가, 화간정花間町 문곡文谷을 찾었다. 자는 이를 일어켜 조반早飯 먹고 문곡文谷과 가치 나서 다방茶房ㅅ골로 와 여관旅館을 몇 군데 찾었더니 다 방이 없다고 거절拒絶한다. 정동貞洞 동아東亞호텔로 가 이완희李完熙 군君을 맞나 방 하나를 얻었다. 완희完熙는 나의 족질族姪이고 휘문徽文 있을 때 가르친 인데 이 호텔 사무원事務員으로 있다. 이 호텔 주인主人도 휘문徽文 졸업생卒業生 조옥현趙玉顯 군君이다. 6, 7일 전前에 예약豫約을 안으면 들 수가 없다고 한다. 식당食堂에서 오식午食.

계동桂洞으로 가 이발理髮하고 장태영張泰英 군君을 찾으니 시골로 갔고 원동苑洞 순자順子를 찾어보고 돌아오다 안국정安國町 정류장停留場에서 김상기金庠基 군君을 맞나 호텔로 갔다. 문곡文谷도 왔다. 함께 석반夕飯코 24호실二十四號室로 들어 이야기하다가, 서徐, 김金 양군兩君은 가고 나는 잤다. 남향南向 방房이고 스팀을 노아 다숩다. 문곡文谷이와 금침衾枕을 노아 준다.

1월 20일. 9시九時에 밥 먹고 매헌梅軒을 찾으니 공주公州를 갔다. 안암정安岩町 가서 이상돈李相敦 군君을 찾으니 그 부인夫人만 있다. 길에서 유연수柳季秀 군君을 맞나고 김낙순金洛淳 군君을 찾다 그 부인夫人만 보고 성북정城北町 131 이병도李丙燾 군君을 찾어보고 오반午飯코 가치 나서 우하又荷를 찾으니 광주廣州 가셨고 장현식張鉉植 군君을 찾으매 없고 서은西隱을 찾어보고 나오다 장지태張之兌 군君과 장현식張鉉植 군君을 도로 장張 군君ㅅ집으로 와 담화談話타가 나서 조윤제趙潤濟 군君을 찾은 즉 조趙 군君 생일生日이라고 석남石南, 남창南倉, 천뢰天籟, 박은종朴殷鍾 군君이 모였다. 취醉하여 8시八時나 넘어 호텔로 오니 문곡文谷, 동빈東濱이 와 두어 시간時間이나 기다리다 가는 길이다. 서로 맞나 보고 나는 24호실二十四號室로 들어 잤다.

1월 21일. 일즉 하거何居를 찾어보고 조반朝飯하고 술도 먹고 고故 홍택주洪宅柱 씨氏 가권家眷이 금촌金村으로 반이搬移하였다는 말을 듯고 정충시鄭忠時 군君을 찾으니 춘천春川 갔고 그 부인夫人만 보고 대강 말하고 아악부雅樂部를 방문訪問하고 휘문중학교徽文中學校를 들레고 계동桂洞으로 가다 종석鍾錫이 처妻를 맞나 그 집으로 들어 종석鍾錫이도 보고 이일李一, 정구철鄭求喆, 안安, 오吳 여러 집을 찾고 가회정嘉會町 병달秉達네 집으로 가 그 아버지 내외內外분을 보고, 하 박사河博士 태성泰成 군君을 찾어 소담한 석찬夕餐을 받고 달을 보며 돌아오다 이완규李完珪, 김성수金性洙 군君을 찾으니 없고 호텔로 가니 이상돈李相敦 군君이 전화電話를 5, 6차五六次 했다고 한다. 밤에 눈이 온다.

1월 22일. 일즉 상돈相敦 군君에게 전화電話하고 안암정安岩町 상돈相敦 군君 집으로 가 조반朝飯 먹고 장현식張鉉植 군君을 찾어 24일 동행同行하자고 언약言約하고 안호준安鎬俊, 월탄月灘을 찾고 매신每新 조용만趙容萬 군君을 찾으니 없고 이승만李承萬 군君을 보고 호텔로 오니 서문곡徐文谷이 그 상도相道 군君과 와 기다린다. 오식午食, 동빈東濱이 와 함께 『역도力道』 재료材料를 토론討論. 두계斗溪와 작반作伴하여 동빈東濱께 가 반주飯酒하고 달을 보며 돌아왔다. 완희完熙 군君께 차표車票사 달라고 부탁付託.

1월 23일. 일즉 이종대李鍾大 군君을 찾으니 없고 이성의李聖儀를 보고 책자冊子를 부탁付託코 순자順子를 찾어 그 부친父親과 서광전徐光前을 보고 한 잔 하고 석남石南 보고 한중록恨中錄을 말하고 홍순응洪淳應 군君께 문상問喪하고 월탄月灘께 가 조반朝飯하고 금화장金華莊으로 가다 전차電車에서 김일민金一民 군君을 보고 장지영張志暎 군君을 찾어 보고 옥인정玉仁町 청정淸汀을 보고 호텔로 왔다. 장지태張之兌 군君이 찾어왔다.

1월 24일. 일즉 순자順子에게 가 조반朝飯 먹다가 경보警報가 났다. 나는 그냥 밥을 먹었다. 순자順子와 가치 나서 오다 찬燦 군君 부인夫人을 맛나고 행림서원杏林書院서 『향약집성방鄕藥集成方』 1책一冊과 『약초재배법藥草栽培法』 1책一冊을 사고 아악부雅樂部 김철영金喆泳 군君을 찾고 하거何居, 위창葦滄, 노성석盧聖錫, 최직崔織, 김상용金尙鎔 군君을 찾고 돌아와 호텔 지배인支配人에게 여행목적旅行目的 증명서證明書와 24

일 지정指定 차표車票(경성京城 — 이리裡里 세공稅共 18원十八円 이등二等)를 받었다. 완희完熙 군君이 사다 두고 병病으로 조퇴早退했다. 오후午後 1시一時 오식午食은 이미 절핍絶乏했다고. 동빈東濱, 문곡文谷, 두계斗溪가 왔다. 하거何居, 삼화三華도 왔다. 석남石南도 왔다. 가치들 나섰다. 경성역京城驛 식당食堂, 기외其外 수처數處를 찾었으나 술은 없다. 김철영金喆泳, 장지태張之兌, 이상돈李相敦 군君이 왔다. 다 작별作別코 10시十時에 경주競走하여 이등차二等車로 들어가니 일송一松 장현식張鉉植 군君이 자리를 잡어 놓고 문門에 나와 기다린다. 그 맞따님도 동행同行. 점점 사람들이 들어민다. 퍽 혼잡混雜하다.

1월 25일. 오전午前 7시七時 이리裡里 착着. 일송一松과 작별作別하고 나는 나려 관사官舍로 갔다. 문門이 다쳤다. 자꾸 부르니 영근永根이 나와 문門을 연다. 누님과 형兄님과 조반朝飯하고 군청郡廳 이근영李根榮 군君을 찾고 걸어 금마金馬에 이르러 겸태謙泰 군君을 찾고 술 먹고 이은영李殷永, 소진호蘇鎭浩 군君도 찾어 술 먹고 빈 창자에 이취泥醉되어 겸태謙泰 군君께로 다시 와 잤다. 금마金馬서 병호秉浩를 맞나 책자冊子는 먼저 보냈다.

1월 26일. 진호鎭浩 군君이 일즉 왔다. 가치 병식秉寔 군君을 찾고 우정藕丁 임규林圭 씨氏를 찾으매 이불을 재치고 일어나 대단 반가워한다. 붙들려 오반午飯 먹고 떠나 왔다. 집의 공출供出은 35석三十五石을 다 쓸어냈다. 동아東兒 서書를 보았다.

1월 27일. 종희宗熙가 어제 학교學校 갔다 오다가 황새를 팔매질하여 잡았다. 내가 해부解剖하였다. 고기는 지지고 껍질은 벳겨 두었다. 마츰 논산論山 윤상범尹相範 군君이 와 안주 삼어 먹었다. 육제陸弟ㅅ집으로 가 또 술 먹고 밤에도 가 담화談話.

1월 28일. 인천仁川 김복만金福萬이가 와 시사비時祀費와 종답宗畓 도조금賭租金을 회계會計. 동아東兒게 엽서葉書. 오선혁吳善赫 군君이 차금借金을 반환返還.

1월 29일. 문곡文谷께 편지. 이리裡里 오단치랑일五丹治郞一 편지를 보았다. 종희宗熙 공업학교工業學校 지원서志願書를 속速히 제출提出하라고 하였다. 문환文煥이를 여산국민학교礪山國民學校에 보내어 독촉督促하였다. 인천仁川 신기리新基里 강성서姜性西 큰아들이 임야세林野稅를 받으러 왔다. 20여 원二十餘円을 주었다. 배급미配給米를 사오다. 20원二十円. 난蘭을 볕을 쬐었다.

1월 30일. 박노철朴魯喆 군君이 차금借金 반환返還. 조승호趙承鎬, 정태락鄭泰洛 군君이 왔다. 함께 술을 했다.

1월 31일. 김상기金庠基, 김존일金存一 씨氏, 송석하宋錫夏, 이병도李丙燾 군君께 엽서葉書. 김영기金永起, 순자順子의 편지를 보았다. 오단치랑일五丹治郞一께 답장答狀. 신막新幕 용제龍弟ㅅ집에서 이응구李應九, 병택秉宅을 술 먹었다.

2월

2월 1일. 순자順子, 김영기金永起께 회답回答, 난蘭을 볕 쬐었다.

2월 2일. 오전午前 3시三時에 깨었다. 한희漢熙가 이리裡里로서 전주全州를 가는데 문환文煥이가 동행同行. 조 형趙兄, 병국炳國, 병옥秉玉에게 편지. 병옥秉玉께는 시조時調 4수四首 개정改正. 대부大父ㅅ집에서 태락泰洛 군君과 담화談話. 도야지를 200원二百円에 팔었다.

2월 3일. 군산群山 박랑朴郎이 왔다. 진수陳壽 『삼국지三國誌』를 읽었다. 호맥胡麥과 백미白米 좀 배급配給 받었다.

2월 4일. 입춘立春. 두통頭痛. 고산高山 당숙堂叔이 오셨다.

2월 5일. 『위서魏書』를 읽었다. 오전午前 11시十一時 미국米國 비행기飛行機가 지냈다. 하얀한 선線을 그으며.

2월 6일. 이응구李應九 군君을 찾고 병택秉宅을 위문慰問코 형화炯和를 보고 서호석徐灝錫 군君을 찾어 서동진徐東鎭, 김도한金道漢 군君도 보고 오식午食. 한희漢熙, 문환文煥이가 왔다.

2월 7일. 밤눈. 『오서吳書』를 읽었다.

2월 8일. 왕망王莽, 광무사光武史를 보았다. 한충韓冲, 홍순응洪淳應의 편지를 보았다.

2월 9일. 동봉리東鳳里 백명기白命基 군君이 그 아들 시겨 우육牛肉 2근二斤을 보냈다.

2월 10일. 한희漢熙가 감기感氣로 위석委席. 두계斗溪 편지 보았다. 한 광무사漢 光武史를 읽었다.

2월 11일. 종희宗熙가 황화정皇華亭이 가서 두부豆腐 열두 모를 12원十二円에 사 왔다. 조고비祖考妣, 선비先妣 산소山所 성묘省墓.

2월 12일. 제석除夕. 한아漢兒가 낫었다.

2월 13일. 을유乙酉 원조元朝. 동희東熙 편지 보고 답장答狀. 차례茶禮.

2월 14일. 매화분梅花盆을 뜰에 내놓고 난蘭을 볕 쬐었다. 일환一煥네 집에서 육陸, 용龍 양제兩弟와 가치 떡국에 술을 먹었다. 갑동甲童이가 뒷산山 양달에서 춘란春蘭 한 떨기를 캐다 등분登盆. 김수金秀, 도한道漢, 서호석徐灝錫 군君이 왔다.

2월 15일. 병춘秉春 군君이 왔다. 떡국과 술을 함께 하고 여산리礪山里

가서 이응구李應九 군君 보고 면사무소面事務所로 갔다. 회의실會議室에서 제2第二여산수리조합礪山水利組合 용지매수用地買收 급及 보상報償 내규內規 협의協議. 김수한金秀漢, 금광성진金光成眞 외外 5인五人이 모였다. 정운시鄭雲時 군君ㅅ집으로 들어 술을 먹었다. 문곡文谷 편지를 보았다.

2월 16일. 새술막 큰 당숙모堂叔母를 가 뵈었다. 학동鶴洞 병섭秉燮 군君을 찾었더니 없다. 돌아와 뒷산山 양달 바위 밑에서 춘란春蘭 두 떨기를 얻어 그 흙을 파다 등분登盆하였다.

2월 17일. 학동鶴洞 필용畢容 씨氏가 오다. 용안龍安 석동石洞 병복秉福(판선判先)이가 와 일을 해 준다.

2월 18일. 매헌梅軒 엽서葉書 보았다. 한고조사漢高祖史를 읽었다. 옥촉서玉蜀黍 배급配給 1원一円 60전六十錢.

2월 19일. 박춘보朴春甫와 역기驛基 산직山直이가 왔다. 옹곳을 캤다. 얼음이 아직 녹지 아녀서 캐기 어렵다.

2월 20일. 일기日記 개서改書. 뒷산山 양달을 올라 거닐었다.

2월 21일. 역기驛基를 가니 산직山直이 부자父子는 고산高山을 갔다. 송태식宋泰植 군君을 찾으니 없다. 본 면本面 면서기面書記가 와 권勸하여 아버지 명의名義로 50원五十円 저금貯金. 대관이 간 씨侃氏와 고산高山 당숙堂叔이 왔다. 일광一光 편지 보았다.

2월 22일. 순달順達이와 인 씨仁氏가 새 방과 외양ㅅ간 채를 이었다. 오전午前 10시十時 반半 B29호號 두 대가 지내간다. 북北에서 남南으로 하얀 선線을 그으며.

2월 23일. 순자順子게 회답回答. 「상원上元」 시詩 사율四律을 짓다. 용제龍弟가 와 차금借金 1500원千五百円 중中 500원五百円은 제除하고

1000원千円만 받었다. 수희壽熙가 닭의 고기와 술을 가졌다. 이응구李應九, 전봉철全奉哲 군이 왔다. 두어 잔을 하였다.

2월 24일. 『자치통감資治通鑑』「위기魏紀」를 읽고 손과정孫過庭『서보書譜』를 임臨하였다.

2월 25일. 아침을 안 먹고 생청生淸 한 술과 소곰을 좀 먹었다. 체기滯氣가 있고 새벽이면 아랫배가 아프고 대변大便을 한다. 때매가 고흥高興 진선재陳善在(52세五十二歲)를 데리고 왔다. 머슴으로 들였다. 재작년再昨年엔 방죽골 송宋 주사主事 가家에 있었고 작년昨年엔 독절골 천일봉千日奉 가家에 있었든 바 송宋 주사主事ㅅ 집에서 우리집으로 가 보라 하여 왔다. 점심은 다만 상수리묵과 술 두 잔을 먹었다. 식후食後에 석창포石菖蒲를 좀 씹어 먹으매 신기神氣가 편코 밤ㅅ 뒤도 아니 보았다. 오후午後 머슴방 부엌을 고쳤다. 그리고 머슴방을 소제掃除 청결淸潔하였다.

2월 26일. 사랑부리를 캤다. 송태식宋泰植 군君이 왔다. 20원二十円은 배급미配給米 팔어왔다.

2월 27일. 정월正月 보름, 찰밥 차례茶禮. 뒷산山 수조고首祖考, 조고비祖考妣, 선비先妣 산소山所 성묘省墓.

2월 28일. 난蘭을 별 쬐었다. 병복秉福이가 갔다. 양정희楊定熙 군君이 왔다. 오후午後 2시二時 개짓골로 하여 옥금동玉琴洞 가, 정명채鄭明采 군君을 찾어보고 김용기金容驥(금광무휘金光武輝) 군君께로 갔다. 명채明采 군君도 왔다. 김영복金永福, 정육섭鄭六燮, 김동현金東玹 김동기金東沂 군君과 동석同席하여 술을 먹었다. 용기容驥 군君의 뉘 결혼結婚을 하고 청請한 것이다. 저물어 정鄭 군君과 정鄭 군君의 집으로 와 밥을 먹고 돌아왔다. 오후午後 10시十時 남산리南山里 앞에서 비를 맞났다. 비는 가랑비다.

3월

3월 1일. 종일終日 비. 말러 죽은 보리가 다시 살어난다.

3월 2일. 종일終日 비. 매화梅花, 서향瑞香을 마당에 내노아 적셨다.

3월 3일. 종희宗熙가 이리공업학교裡里工業學校 입학시험入學試驗 보러 한희漢熙와 동행同行하여 갔다. 10원十円을 주었다. 세대世大 숙叔과 사기점ㅅ골 가 옹곳을 캤다. 고산高山 당숙堂叔이 오다. 문곡文谷 편지를 보았다.

3월 4일. 음陰. 쇠ㅅ도막을 가지고 새술막을 가다 용제龍弟를 맞나 쌀 세 가마니를 사기로 하고 또 한 가마니는 아버지 술 해 들일 쌀로 보내라 하고 송원식宋元植을 찾으니 없고 학동鶴洞 가 병섭秉燮, 필용畢龍 씨氏를 보고 김봉수金奉水 군君은 찾었다 못 보고 유점리鍮店里 박택규朴宅圭 군君께서 오반午飯하고 「상원上元」 시詩를 쓰고 즛절 송주보宋柱甫 씨氏와 신申 주사主事 부자父子를 보고 높은 집에서 석반夕飯하고 오다 원식元植, 진걸鎭傑 군君을 맞났다.

3월 5일. 눈이 두 치나 쌔였다. 만송晩松이 생지황生地黃 주酒를 준다. 양산洋傘을 고쳤다.

3월 6일. 한희漢熙가 왔다. 처妻에게 600원六百円 주어 용제龍弟게 보냈다. 양미糧米 두 가마니 값이다.

3월 7일. 신막新幕 가서 만희晩熙를 보았다. 신열身熱이 38도三十八度 6분六分. 송원식宋元植, 진상득陳相得, 노병준盧丙俊을 보고 각기各基 소관사所關事를 말했다. 동희東熙의 편지가 금곡용권金谷容權에게서 왔다. 바루 회답回答했다. 용권容權에게도.

3월 8일. 엿, 미싯가루 소포小包를 한희漢熙 시겨 동희東熙게 보냈다. 또 50원五十円 위체爲替를 보냈다. 종희宗熙가 오정午正에 돌아왔다. 박노철朴魯喆이가 100원百円을 꿔어 갔다.

3월 9일. 눈이 오다. 오후午後에 그쳤다. 새끼를 꼬았다.

3월 10일. 망태를 시작했다. 이한주李漢周 군君이 오다.

3월 11일. 한희漢熙가 과자菓子를 맨들어 먹인다.

3월 12일. 음陰 정월正月 28일二十八日. 나의 생일生日이란다. 병관秉寬, 오선혁吳善赫이가 오다. 망태를 맨들다가 쓰든 주머니칼을 도적 맞었다. 최崔가 부자父子의 짓이나 찾을 수 없다.

3월 13일. 병관秉寬이와 지동芝洞 도燾의 집을 갔다. 작焯의 내외內外도 찾어보았다. 비 온다. 영사계永思契다. 모인 이가 고내곡高內谷 엽燁, 왕묘王墓 창희昶熙, 지동芝洞 도燾, 욱彧, 작焯이다. 유회流會하고 선조先祖의 업적業蹟 등을 이날 강화講話키로 하고 잡담雜談과 주식酒食. 비에 막혀 잤다.

3월 14일. 조반朝飯 후後 오다가 이응구李應九 군君을 보고 종희宗熙가 공업학교工業學校 합격合格하였다는 말을 들었다. 김두헌金斗憲 군君이 대동상업大東商業, 대동여자상업학교장大東女子商業學校長 되었다는 편지가 왔다. 용안龍安 병복秉福이 오다. 어젯밤에 쪽제비가 닭 세 마리를 물어 죽였다.

3월 15일. 명랑明朗. 난蘭을 볕에 쬐었다. 쪽제비가 또 닭 한 마리를 죽였다.

3월 16일. 김두헌金斗憲 군君께 회답回答. 종희宗熙가 제 동무와 감자

甘藷를 사 먹는다고 15원十五円을 가져갔다. 쪽제비 돗을 놓았다.

3월 17일. 야설夜雪. 최대식崔大植 노인老人이 와 잤다. 한희漢熙가 입학지원자入學志願者 고사考査로 오전午前 3시三時 문환文煥과 가치 왔다. 송환식宋瓛植 군君이 봉동면鳳東面 제내리堤內里 방축防築 일로 와 말한다. 문곡文谷 편지를 보았다.

3월 18일. 만송晩松과 금마金馬에 가 겸태謙泰 군君 보고 감자甘藷를 부탁하고 용순리龍脣里 가, 소병문蘇秉文 조상弔喪을 하였다. 병원秉元은 없다. 소시영蘇始永 군君ㅅ집에서 점심點心 먹고 돌아오다. 생양동生陽洞 이형구李亨九를 보고 독적골 이동산李東山을 보았다. 동희東熙 편지를 보았다.

3월 19일. 동희東熙게 답장答狀. 문곡文谷게 회답回答. 최동식崔東植을 원촌原村 겸태謙泰 군君께 보내어 감자甘藷 10관十貫을 가졌다. 100원百円을 보냈더니 37원三十七円 50전五十錢은 도로 보냈다. 돗에 쪽제비가 치었다. 낮엔 작은 놈 한 마리, 밤엔 큰 놈 한 마리.

3월 20일. 진陳 서방書房으로 더불어 감자甘藷 온상溫床ㅅ자리 2평二坪을 2척二尺 깊이로 파고 짚여물, 뒤엄, 왕겨, 나무닢을 케케이 펴고 물두 지게를 질어다 혼합混合케 하고 짓밟고 다시 짚을 펴 두었다. 종희宗熙는 여산국민학교礪山國民學校 졸업식卒業式에 갔다. 외숙外叔이 오셨다. 망태를 다 맨들었다. 병국炳國이 편지가 왔다. 병개秉凱가 닭 두 마리를 보냈다.

3월 21일. 비바람이 친다. 온상溫床에 죽목竹木과 나랫장을 펴어 비를 막었다.

3월 22일. 만송晩松이 엊그제 기고忌故를 지냈다고 술을 먹인다.

3월 23일. 서풍西風. 토우土雨. 외숙外叔께서는 이리裡里로 가셨다. 학현鶴峴 송환식宋瓛植 군君께 가서 이은승李殷承을 맞나고 술도 먹고 송宋 군君과 작반作伴하여 나섰다. 왕궁王宮 면사무소面事務所에서 송정식宋廷植 군君을 보고 정식廷植 군君이 사 주는 술도 먹고 나서 몹시 부는 하늬바람을 무릅쓰고 삼례參禮 이엽사二葉社로 가, 주임主任 교본橋本을 보고 봉동면鳳東面 제내리堤內里 방축防築 일을 말한 즉 도청道廳, 세무서稅務署, 봉동鳳東 면장面長과 타협妥協하여 증축增築키로 결정決定하였다 한다. 서류書類를 찾어 가지고 오다 고故 신우영申宇永 씨氏 영연靈筵 일곡一哭을 하고 병창秉昌을 찾으니 없고 다시 왕궁王宮 면사무소面事務所 근처近處에 이르러 송우식宋祐植 군君을 찾어 정식廷植 군君을 맞나 또 술 먹고 나는 정식廷植 군君ㅅ집으로 가 잤다.

3월 24일. 조반朝飯 후後 돌아와 보니 감자甘藷 온상溫床에 물이 가득하다.

3월 25일. 최동식崔東植, 진陳 서방書房이 불무통꼴 고추ㅅ밭에 똥을 펴내고 오후午後에는 감자甘藷 온상溫床을 다시 팠다. 온상溫床ㅅ자리가 우리 집 울안엔 적당한 곳이 없어 서모庶母ㅅ집 북北편 대밭 밑을 얻었든 것이 좀 반반한 데는 물이 나므로 비탈 높은 데로 하였다. 외숙外叔이 오셨다. 정명채鄭明采 군君이 왔다. 중숙모주仲叔母主 기고忌故 참사參祀.

3월 26일. 진陳 서방書房과 온상溫床을 팠다. 외숙外叔은 떠나셨다. 엿, 산자 소포小包를 금곡용권金谷容權에게 보내어 동희東熙게 전하게 하였다. 16원十六円은 정종正宗을 사 오단五丹이 집으로 보내라고 병철秉徹을 주었다.

3월 27일. 온상溫床에 발열發熱할 것을 넣어 짓밟었다. 신임新任 면장面長 김익환金翊煥 군君이 인사하러 왔다. 예전 여산보통학교礪山普通學

校서 내에게 배웠다. 동희東熙게 편지했다.

3월 28일. 난蘭 5, 6분五六盆을 개식改植. 뒷산 흙과 썩은 돌 모래와 앞내ㅅ모래와 섞어서 심었다.

3월 29일. 걸어서 숍니를 가다 — 공업학교工業學校를. 오단五丹 부자父子는 없다. 그 집으로 가 오단극남五丹克男을 보고 사법대서사司法代書士 조합組合 이병석李秉錫, 김현승金顯昇을 보고 말소건抹消件을 부탁하고 관사官舍로 가 사자舍姊와 기봉機鳳, 필봉弼鳳이도 보고 엿과 술을 먹고 또 나서 조승호趙承鎬 형제兄弟와 홍순태洪淳太 군君을 보고 돌아와 석반夕飯. 김현승金顯昇, 조승호趙承鎬 군君이 왔다. 조 형趙兄은 취醉하여 늦게 돌아왔다.

3월 30일. 안개가 늦게 개었다. 소사小使 더불고 계외숙季外叔을 찾어보고 소진문蘇鎭文은 찾었다 못 보고 집으로 돌아왔다. 우하又荷의 편지를 보았다.

3월 31일. 문곡文谷의 엽서葉書 봉함封函을 보았다. 청재논을 갈고 두둑을 지었다. 온상溫床은 비로소 발열發熱. 36원三十六円에 쇠머리와 정육正肉 1근一斤을 샀다.

4월

4월 1일. 청재논에 마령서馬鈴薯를 심었다. 마자반을 5원五円어치 샀다.

4월 2일. 9시九時 전前 여산礪山 면사무소面事務所에서 면장面長을 기다려 보고 특별特別 배급配給에 대하여 말하였다. 이응구李應九 군君을 맞나 보았다. 국민학교國民學校에서 이리경찰서裡里警察署 고등계高等係 주임主任이 와 전쟁戰爭 필승必勝 신념信念을 고취鼓吹함을 끌려가 들었다. 이응구李應九 군君 중씨仲氏와 담화談話. 박봉규朴鳳圭 군君ㅅ집에서 병섭秉燮 군君과 담화談話타 돌아왔다. 온상溫床에 흙을 넣었다.

4월 3일. 새벽부터 진陳 서방書房과 비를 맞으며 온상溫床 어리를 만들고 나래를 덮었다. 동희東熙에게 편지 부쳤다. 우하又荷, 하거何居에게도 편지하였다. 관희觀熙께도. 7원七円은 생명보험生命保險 2개월분二個月分. 오후午後에 비 개었다. 4시四時 국민학교國民學校 직원職員 7인七人, 백 순사白巡査, 김동현金東玄 군君 왔다. 술을 먹여 어두워 갔다.

4월 4일. 음陰. 북풍北風. 백도화白桃花를 이식移植. 맥문동麥門冬을 캐고 백길경白吉更을 심고 미나리논 풀매고 신막新幕 용제龍弟에게 가니 없다.

4월 5일. 여산리礪山里을 가다 장지태張之兌 군君과 그 담 아들을 맞나 도로 가 장지택張之澤 군君ㅅ집으로 들어 술과 담화談話. 종희宗熙를 문환文煥과 함께 숍니를 보냈다. 학비學費로 30원三十円. 학교學校 드리는 돈 200원二百円, 기부금寄附金 500원五百円을 주었다.

4월 6일. 한식寒食. 육제陸弟와 가치 우편국郵便局을 갔다. 장지태張之兌 군君과 그 맛아들의 이응구李應九 군君 따님과의 결혼식結婚式을 보고 그 후 잔치에 취하였다. 오다 내를 건느다 자빠져 옷을 적셨다.

4월 7일. 감자甘藷 온상溫床에 심었다. 서모庶母도 좀 심었다. 정학자鄭學者 기성基成이가 오다. 육제陸弟가 어제ㅅ저녁에 하혈下血하고 박봉규朴鳳圭 군君께서 잤다. 저녁에 가마에 태워 왔다. 유종석柳鍾錫이가 왔다. 문환文煥이가 왔다. 종희宗熙, 병철秉徹이가 왔다. 머리 후부後部에 두 군데 종기腫氣가 낫다. 잠을 못 잤다.

4월 8일. 안채를 이었다. 새벽에 육제陸弟를 가 보았다. 종석鍾錫이가 떠났다. 오후午後 네 시 여산리礪山里 장지택張之澤 군君을 찾어 술 먹고 밤에 돌아왔다. 경희京熙가 마중 나왔다. 문환文煥, 양근良根이도 독담불까지 와 기다린다.

4월 9일. 두종頭腫으로 발열發熱 38도三十八度 5분五分. 비루, 꿀, 반하半夏ㅅ가루를 섞어 발렀다. 먹지도 자지도 못 하였다.

4월 10일. 열熱이 38도三十八度 8분八分. 미나리를 찌어 붙였다. 비 온다. 뇌후腦後로부터 두 줄기가 붓어 목아지까지 닿았으며 퍽 아프다.

4월 11일. 열熱이 39도三十九度 1분一分. 산약山藥를 찌어 붙이고 해열환解熱丸 먹고 연교패독산連翹敗毒散 두 첩을 먹었다. 37도三十七度 3분三分. 복례福禮란이 게집애가 들왔다.

4월 12일. 산약山藥 찌어 붙였다. 잠을 못 잤다. 두 눈퉁이와 빰까지 부었다. 37도三十七度 3분三分.

4월 13일. 노루목 산소山所 삼위三位의 축문祝文과 산신축山神祝을 쓰다. 신기神氣가 피로疲勞하여 경희京熙 시겨 대서代書. 37도三十七度 8분八分. 청풍약淸風藥 한 첩 먹다.

4월 14일. 36도三十六度 6분六分. 다만 두 이부耳部와 그 언저리 소부분小部分만 부어 붉다. 크림을 발렀다. 점심點心 때 숩니서 누님 내외內外분이 왔다. 폐했던 방을 불을 때고 유숙留宿케 하였다. 현상顯尙 씨도 와 잤다. 일환一煥이를 노루목 보내어 시사時祀를 지내게 하였다. 자다 가위 눌렀다.

4월 15일. 조 형趙兄은 여산礪山 향교鄕校 문묘제文廟祭에 갔다. 오후午後에 왔다. 저녁때 떠나 신막新幕으로 갔다. 자동차自動車가 안 와 용제龍弟께서 유숙留宿했다. 35도三十五度. 자다 지늬를 쳤다. 일광一光

편지 보았다.

4월 16일. 조 형趙兄 내외內外분은 논산論山 자동차自動車로 돌아서 갔다. 문곡文谷, 일광一光께 회답回答.

4월 17일. 상돈相敦 군君께 편지 했다. 아옥과 시금치를 못 아래ㅅ바미에 심었다. 볏그루 시믈 세 개에 외씨를 심었다. 미나리논 풀매고 앞산 과수果樹에 거름을 주었다. 10원十円을 동식東植이게 선급先給.

4월 18일. 조무朝霧 오우午雨. 한아漢兒가 학교學校서 벚나무 묘목苗木 일곱을 얻어 왔다. 내가 상진곡上眞谷 저수지貯水池 위 비탈에 심었다.

4월 19일. 토우土雨. 뇌후腦後에 또 종기腫氣가 나다 슬어졌다.

4월 20일. 우편국郵便局에 가 이응구李應九 군君을 보고 조 형趙兄에게 전화電話를 하였다. 토우土雨. 인감印鑑을 내어 수리조합水利組合에 맡겼다. 벌에게 쐬어 이마가 부었다.

4월 21일. 용제龍弟에게 400원四百円을 꿔어 가지고 아홉 시에 나서 사뭇 걸어 12시十二時 반半에 솝니에 이르러 공업학교工業學校에 가 오단五丹을 보고 오백장五百藏에게 입회금入會金 500원五百円을 주고 종희宗熙를 보고 병석秉錫 군君을 찾으니 없고, 정환晶煥 군君만 맞나 종아宗兒 기숙寄宿을 부탁코 김현승金顯昇에게 가 용제龍弟가 산 전답田畓 대장등본臺帳謄本을 찾고 관사官舍에 가 누님과 병순炳珣을 보았다. 조 형趙兄은 전주全州 갔다 저녁에 왔다. 함께 소진문蘇鎭文 조인원趙仁元을 찾아 더불고 와서 술을 먹었다. 북일면장北一面長이 보낸 민어民魚로 안주를 했다. 종희宗熙는 자전거自轉車로 여산礪山 갔다. 병철秉徹이 와 본다.

4월 22일. 양정희楊定熙 군君이 일찍 왔다. 가치 조반朝飯을 하였다. 더불어 조승호趙承鎬, 홍순태洪淳太 군君을 찾고 돌아오다 금마金馬에서 준배俊培를 맞나고 우정藕丁을 찾고 왔다. 한희漢熙는 전주全州 강습講習하러 가고 종희宗熙는 숍니로 갔다.

4월 23일. 진陳 서방書房과 앞 산전山田을 개간開墾. 일광一光 엽서葉書를 보다. 김영기金永起 군君께 회답回答. 김갑희金甲姬 군君이 딸과 어머니와 석진錫瑨 군君 모친母親과 가치 왔다. 앞 산전山田을 이루다. 소끌 보리논의 잡초雜草을 맸다.

4월 24일. 최동식崔東植, 진陳 서방書房과 앞 산전山田을 이루고 외, 참깨, 토련土蓮, 호박을 심었다. 소끌 풀맸다. 송원식宋元植 군君과 함께 10원十円 부의賻儀.

4월 25일. 아버님과 대부大父가 조철원趙喆元 군君ㅅ집으로 간선하러 가시었다. 진陳 서방書房, 갑동甲童과 상진곡上眞谷, 소정이小亭伊 밭에 백白, 황黃 면화棉花를 갈고 검정깨, 힌깨도 심었다. 고약膏藥를 개조改造하였다. 두종처頭腫處에 붙였다.

4월 26일. 아버님이 오경午頃에 환차還次. 대부大父가 어제 취하여 간신히 역驛터 산직山直 집에 와 자고 그냥 누었으므로 데리러 가 저녁때 왔다. 앞 산전山田에 참외, 수박을 심었다. 두종頭腫에서 진물이 흐른다. 고약膏藥을 갈었다. 일광一光 서書를 보았다.

4월 27일. 갑동甲童이와 아옥을 심다. 왕골 모를 부었다. 은방주銀坊主 5승五升 씻나락을 담겄다. 무명 나이(85척八十五尺) 60원六十円, 양조장釀造場 술(5승五升) 18원十八円 40전四十錢. 한희漢熙가 오다. 남자男子로 알고 불렀다 한다. 앙판秧板 정리整理. 감자甘藷 눈이 튼다.

4월 28일. 갑동甲童과 대뜰 보리논 풀맸다. 1800원一千八百円에 대를 방매放賣했다. 진陳 서방書房이 공출미供出米 한 가마니 지고 강경江景이 갔다 왔다.

4월 29일. 처妻와 진陳 서방書房과 소끌 큰 바미 풀맸다. 일광一光 서書를 보았다.

4월 30일. 북당北堂골에서 독활獨活을 캐다 심었다. 박택규朴宅圭 군君이 오다. 비가 왔다.

5월

5월 1일. 음陰. 향교鄕校에 갔다. 장 유사張有司가 초임初任했다고 술을 먹인다. 이응구李應九 군君을 찾고 신보영申輔永 군君을 찾어 고약膏藥을 사다 발렀다. 감자甘藷 온상溫床 19도十九度.

5월 2일. 갑동甲童, 진陳 서방書房과 목화木花, 백흑白黑 호마胡麻를 불무통ㅅ골 밭에 갈었다. 쑥을 뜯었다.

5월 3일. 흐리고 바람 분다. 만송晩松과 산채山菜와 약초藥艸를 캤다. 조早 은방주銀坊主를 모자리판에 삐었다. 장인丈人께서 오셨다. 음陰 3월 22일.

5월 4일. 만송晩松과 가치 박택규朴宅圭 군君ㅅ집 호산시사壺山詩社에 갔다. 송병석宋秉錫 군君을 찾고 도로 와 운韻을 쓰고 반주飯酒. 20명二十名. 또 마시고 밤에 오다. 이 회會는 춘삼추구春三秋九이 한 번씩. 송석구宋錫九 군君이 편지 했다. 그 질녀姪女 혼인婚姻에 오라고.

5월 5일. 장인丈人께서 떠나셨다. 삼씨가 아니 난 곳에 또 심었다. 낙화생落花生을 앞 산전山田에 심었다. 동희東熙 봉서封書를 보았다. 4월 26일에 부친 것.

5월 6일. 만송晩松 더불고 일찍 나섰다. 수박재서 이응구李應九 군君

을 맞나 함께 시여목 고개에 가서 떡과 술을 마시고 시여목 선찬근宣讚根 약포藥圃를 찾고, 주점酒店에서 쉬고 점심點心 먹고 천호산天壺山ㅅ등으로 문수봉文殊峯에 올라 회침을 뜯고 학동鶴洞 김봉수金奉水 형제兄弟를 맞나고 저물어 왔다.

5월 7일. 메은방주銀坊主 6두六斗, 찰은방주銀坊主 4두四斗 반半(소두小斗)을 담겄다. 모자리판을 했다. 들깻모를 부었다. 동희東熙게 답장答狀. 새벽에 서리 오고 낮에는 훈훈하고 밤엔 비 왔다.

5월 8일. 송석구宋錫九 군君에 회답回答. 위유葳蕤, 노고초老姑艸, 초오艸烏, 독활獨活, 승하초勝夏艸를 캤다. 닭 한 마리가 죽었다. 병무秉武 군君이 와 잤다.

5월 9일. 감자甘藷 온상溫床을 열고 볕 쪼이었다. 움이 약간若干 났다. 일광一光 서書를 보았다. 김현승金顯昇께 편지했다. 송환식宋瓛植 군君께 비료肥料 위임장委任狀을 보내고 일광一光께 회답回答.

5월 10일. 어젯밤에 왼 귀 뒷목의 합종合腫한 곳이 아프고 고름이 난다. 부싯깃을 붙였다. 신기神氣가 좋지 못하다. 못 아랫 바미 아옥, 시금치에 오좀을 주었다. 협죽도夾竹桃, 무화과無花果의 근부根部를 갈고 모래로 덮었다. 만송晩松께서 천궁川芎 10여十餘 뿌리를 얻어다 심었다. 곽향藿香을 뻬었다. 월안月案 박朴ㅅ집이 왔다.

5월 11일. 산약山藥, 초오艸烏, 노고초老姑草를 캤다.

5월 12일. 학현鶴峴 김영만金永萬이가 오고 종희宗熙가 왔다. 용제龍弟에게서 숩 도야지 새기를 150원百五十円에 가조다.

5월 13일. 모자리판 준비準備, 머리 뒤 왼편에 또 종기腫氣가 생겨 아프다.

5월 14일. 종희宗熙 편에 누님께 편지와 노고초老姑艸 뿌리를 보냈다.

마령서馬鈴薯밭 매었다. 양회洋灰로 벽壁을 바르다. 발수拔穗한 은방주銀坊主 1두一斗 반半과 보통 은방주銀坊主 3두三斗와 메은방주銀坊主 6두六斗를 파종播種. 뇌우雷雨. 송정식宋廷植 군君이 오다. 종처腫處에 비누, 꿀, 반하半夏 말沫을 이겨 발렀더니 좀 낫다.

5월 15일. 비. 삼모종을 했다.

5월 16일. 흐리고 비 오고 바람도 불었다. 증조비曾祖妣 기제忌祭. 병주秉胄게서 보리 두 말, 쌀 한 말을 꿔어 오다. 쌀은 아버지 생신生辰에 쓸 숩쌀. 참외를 때워 심고 마령서馬鈴薯밭 매었다.

5월 17일. 약藥을 캐러 용화암龍華庵까지 갔다.

5월 18일. 마령서馬鈴薯밭에 인분뇨人糞尿를 주었다. 상곡上谷 목화木花밭 매고 백흑白黑 호마胡麻를 때웠다. 70원七十円을 진陳 서방書房 주었다.

5월 19일. 윤호중尹昊重 씨가 오다. 비 오다 개다. 조기 250미二百五十尾에 225원二百二十五円을 주고 샀다.

5월 20일. 영서鈴薯밭 매고 북돋았다. 고조비高祖妣 강릉江陵 김씨金氏 기고忌故.

5월 21일. 마령서馬鈴薯 매고 북돋았다. 위유葳蕤, 초오草烏, 승하초勝夏艸, 세신細辛을 캐었다. 송병태宋炳泰, 정운학鄭雲鶴 군君이 오다. 매헌梅軒 편지 보니 오철호吳徹浩 군君이 작년昨年 10월 23일 객사客死했다고. 홍원洪原 강형구姜炯求 군君 외간상外艱喪 부고訃告가 왔다.

5월 22일. 비가 좀 오다. 최동식崔東植, 시始 대숙大叔과 소끌, 청재논 방천防川과 가래질. 기촌箕村 외당숙外堂叔이 왔다. 오후午後 3시경三時頃 한희漢熙가 학교學校서 나와 종희宗熙가 손을 상해 군산병원群山病院으로 갔다고 이리裡里 관사官舍서 전화電話. 다시 문환文煥이를 시겨 탐지探知하고 마음이 좀 놓인다.

5월 23일. 문환文煥이 시겨 차표車票 사고 채소菜蔬 묶음 들고 신막新幕서 자동차自動車 타고 문희文熙이 데리고 이리裡里 가 누님과 종희宗熙를 보았다. 학교學校서 작업作業하다 씨름하다 왼쪽 팔ㅅ공이를 삐었다. 군산群山 가서 유도柔道 치료治療 수술手術을 받아 바루 맞추고 아프지도 않다 한다. 병철秉徹, 옥배玉培, 정환晶煥를 보고 정환晶煥이게는 종희宗熙 기숙寄宿을 부탁. 김현승金顯昇을 찾으니 없고 보화당普和堂 약방藥房서 약藥을 사고 돌아와 관사官舍서 점심點心 먹었다. 오후午後 5시五時 군수郡守가 전주全州를 가려다 도로 왔다. 여러 손님이 왔다. 생양동生陽洞 정 숙鄭叔 형제兄弟가 그 자질子姪이 남을 대리고 경찰서警察署에 잡혀왔다고 관사官舍에 와서 말한다. 누님께 종아宗兒가 쓴 돈을 치뤘다. 25원二十五円.

5월 24일. 종아宗兒 데리고 군산群山 가려고 이리역裡里驛에 나가 차표車票 사 주겠다는 김옥배金玉培 군君을 기다렸다. 10시十時 반半 차車는 떠났다. 종희宗熙 데리고 또 군청郡廳에 가 옥배玉培 군君을 찾아보매 그 시각時刻이 지난 줄 모른다. 다시 소사小使 데리고 역驛에 이르러 역장驛長 증명證明을 얻어 차표車票 두 장을 사 가지고 오후午後 1시一時 반半에 떠났다. 영근英根 시겨 오식午食을 보냈다. 한 시간時間만에 군산群山에 내려 바로 천정골료소泉整骨療所를 찾아 보이고 약藥물 바르고 사정事情 말을 하고 스프약藥 한 병을 사고 집으로 가 치료治療켔다고 나왔다. 역驛에 이르니 사람들이 열列 지어 거리까지 뻗쳐 섰다. 2시간二時間 이상以上 퍽 혼잡混雜히 차표車票를 팔더니 아니 판다고 한다. 발차發車 시각時刻은 8분八分 전前. 다시 파는 차표車票를 겨우 사, 올랐다. 군인軍人이 자리를 얻어준다. 관사官舍에 들어 조양원趙良元 군

君을 보고 그 앞집 이근영李根榮 군君을 찾아 석반주夕飯酒를 하였다. 중앙의원中央醫院 종아宗兒 약藥값 20원二十円을 주었다. 조 형趙兄, 정숙鄭叔과 가치 잤다.

5월 25일. 이전李烇, 김성규金性圭, 정가본鄭可本, 조인원趙仁元 군君이 와 이야기 하다. 종아宗兒 행구行具를 정환晶煥이게 옮겼다. 오후午後 3시三時 조 형趙兄, 정가본鄭可本, 권 농업주사權農業主事, 종희宗熙와 경찰서警察署 차車를 타고 여산礪山으로 돌아왔다. 술 두어 잔 하고 조 형趙兄 일행一行은 떠났다. 일광一光 편지를 보았다.

5월 26일. 18원十八円 상어 세 마리, 16원十六円 홍어 한 마리, 45원四十五円 소시랑 한 개, 8원八円 못짐 쉰 장.

5월 27일. 외숙外叔께서 오셨다. 백채白菜밭 매다. 병관秉寬, 만회晩悔, 신申 주사主事가 오다. 용제龍弟가 쌀 세말 가조다. 두견주杜鵑酒를 먹기 시작했다. 철제徹弟가 홍어洪魚 한 마리 가조다. 병주秉胄게 쌀 세말 사 왔다. 일환一煥이게 200원二百円 갚었다. 월임月妊 모母게 선급先給 10원十円.

5월 28일. 부주父主 생신生辰. 친척親戚, 지구知舊가 보여 밥을 먹었다. 만송晩松, 만회晩悔, 신申 주사主事, 정 대숙鄭大叔, 신보영申輔永 군君이 왔다. 도어刀魚 20미二十尾 100원百円.

5월 29일. 소우小雨. 만송晩松이 양자養子 얻은 잔치를 하여 점심點心 먹고 또 오후午後는 이응구李應九 군君과 마셨다.

5월 30일. 한충韓冲 군君께 답장. 강형구姜炯求 군君께 조장弔狀 와 부의賻儀. 외숙外叔께서 떠났다.

5월 31일. 역驛터 산직山直이가 왔다. 수해방축비水害防築費를 치루게 했다.

6월

6월 1일. 소낙비. 여산礪山장을 가 보고 김충진金忠鎭, 이응구李應九, 병택秉宅, 이수한李洙漢, 병개秉凱를 보고 용제龍弟ㅅ집에서 술 먹었다. 임화林和, 이종화李鍾和 외간상外艱喪 부고訃告가 왔다.

6월 2일. 박아지를 꿰어맸다.

6월 3일. 생명보험료生命保險料 3개월분三個月分을 주었다. 배급미配給米 1두一斗 1승一升을 사 오다. 대부大父 댁宅에 그 선비先妣 기고忌故를 지냈다고 술을 준다. 병원秉元, 섭燮 군君이 왔다. 만송晩松ㅅ집에서 지황주地黃酒를 먹었다. 일광一光 편지 보았다.

6월 4일. 일광一光 답장을 충화忠化로 보냈다. 일광一光이 의류衣類 소포小包를 보냈다. 외밭을 매다. 경희京熙 부랄의 종기가 다 낫었다.

6월 5일. 외밭 매고 덧걸음 똥 오좀을 주었다. 뇌우雷雨. 밤에도 ―.

6월 6일. 비가 종일 오다. 한희漢熙 시겨 등산登山 가방을 만들었다. 일광一光 편지가 왔다.

6월 7일. 비가 들다. 진陳書 서방房 더불고 감자甘藷ㅅ순을 끊어다 불무통ㅅ골 밭에 놓았다.

6월 8일. 파랑콩, 불경콩, 검정콩, 남빛콩을 앞산 참외밭에 심었다. 한희漢熙가 전주全州를 갔다. 서모庶母께 100원百円 꿔어 주었다.

6월 9일. 정삼섭鄭三燮 군君, 이현주李顯周 군君을 찾고 수리조합水利組合 평의원회評議員會를 하고 나서 삼섭三燮 군君과 함께 오다 미곡米穀을 꿔어 달라고 말한바 다만 방콩 두 말(소두小斗)을 50원五十円에 주겠다 한다. 평생 처음이다. 이런 말 하기는. 삼섭三燮 군君도 천만千萬 뜻밖인 듯하여 값을 말하지 않는 걸 내가 억지로 청한 것이다. 높은 집과 용제龍弟ㅅ집에서 서모庶母와 가치 취하였다. 여산礪山 장터 연장ㅅ집에서 호미, 광이를 맞후었다. 아버님께서는 석교石橋 정가본鄭可本 씨게 보리 한 말을 꿔으셨다. 가본可本 씨는 두 말 주겠다는 걸 그 아들 운시雲時가 못하겠다 하여 겨우 그러케 되었다고

6월 10일. 새벽에 진陳 서방書房을 보내어 정삼섭鄭三燮 군君에게서 방콩 둘 말을 가조다. 쌀 네 되를 보냈다. 콩 값은 50원五十円. 참외, 외, 수박의 노랑벌레를 잡았다.

6월 11일. 새벽에 재와 오좀과 겨와 안모니아와를 섞어 이걸 외, 참외에 덧걸음 주었다. 가지를 옮겨 심었다. 양순자梁順子, 재연在連 군君이 여산리礪山里서 자고 식전食前에 찾어왔다. 한희漢熙가 비 맞고 왔다.

6월 12일. 조은방주早銀坊主 모를 앞 논에 심었다. 양재연梁在連 군君 시겨 우산雨傘를 발렀다. 소정이小亭伊 보리를 베었다.

6월 13일. 양재연梁在連 군君 시겨 지紙삿갓을 만들었다. 길돈吉敦 군君이 왔다.

6월 14일. 단오端午 창포菖蒲를 삶어 머리를 감었다. 양순자梁順子 남매娚妹를 뒷말까지 전송餞送했다. 50원五十円을 주었다. 대정ㅅ간을 가연장을 부탁하였다. 이응구李應九 군君을 찾고 찬燦, 유진홍兪鎭洪, 서호석徐灝錫 군君을 맞나 담화談話타가 오후午後 돌아왔다. 만송晩松과 중상골 가서 약藥쑥을 뜯었다. 우하又荷, 한재곤韓在坤 편지를 보았다.

6월 15일. 또 감자ㅅ순을 끊어다 심었다. 종의로 갓을 만들었다.

6월 16일. 만송晩松과 금은화金銀花, 수루치를 채취採取코 오후午後엔 갓을 만들었다. 이우석李愚錫 군君이 육제陸弟의 차금借金 장기帳記를 조사調査해 보냈다. 배급미配給米를 좀 타 왔다.

6월 17일. 반하半夏를 캐었다. 외, 참외밭의 노랑벌레를 잡었다.

6월 18일. 환煥네 지紙삿갓을 만들고 삼베로 또 갓을 만들었다.

6월 19일. 서모庶母네 지삿갓을 만들었다.

6월 20일. 고조비高祖妣 송씨宋氏 기고忌故. 순자順子 편지를 보았다. 조은방주早銀坊主를 소정이小亭伊 논에 옮겨 심었다.

6월 21일. 외밭에 걸음하였다. 강형구姜炯求 군君께 회답回答.

6월 22일. 외밭을 북돋았다. 감자ㅅ순를 세 번째 끊어다 심었다. 비를 맞으며 심었다. 광주光州 보호관찰원保護觀察院서 편지가 왔다.

6월 23일. 순자順子에게 회답回答. 낮부터 오는 비가 밤까지 이었다. 서모庶母가 꿔어간 100원百円을 가조다. 지삿갓을 만들었다.

6월 24일. 수박을 북돋아주고 생지황生地黃 밭을 매었다.

6월 25일. 일년감ㅅ자장을 만들어 주고 소끌 보리를 베고 갈었다. 아버님께서 자동차自動車로 전주全州 가셨다.

6월 26일. 못자리판의 피를 뽑았다. 이우민李愚玟 군君이 왔다. 저믈어 비 왔다.

6월 27일. 오전午前 8시八時에 걸어 나섰다. 토끼재에 술 두 잔에 6원六円을 주고 먹었다. 점심 때 솝니를 이르렀다. 송림松林ㅅ속으로 들어 쉬며 가지고 갔든 밥을 먹었다. 세탁洗濯하라고 맡긴 모자帽子를 찾으려고 군청郡廳을 가 보니 황목荒木은 없다. 군수郡守 관사官舍도 가 황목荒木이를 찾어 보고 가치 시장市場에 가다 이겸욱李謙昱 군君을 맞나 담화談話하였다. 황목荒木이는 모자帽子를 찾어왔다. 게다 두고 김현승金顯昇 군君을 보고 경찰서警察署 고등계高等係로 갔다. 광주光州 보호관찰소保護觀察所 서청치西淸治 외外 1명一名이 와 있다. 호출장呼出狀을 내보이고 신분身分, 이력履歷, 취미趣味, 지향志向, 가족家族 상황狀況의 조사調査를 당하고 오후午後 4시四時에 나왔다. 겸욱謙昱 군君께서 모자帽

子를 찾고 우무와 술을 사 먹고 다섯 시에 떠났다. 용못에서 소진문蘇鎭文 군君을 맞나 또 술을 먹고 금마金馬에서 송갑식宋甲植 군君을 맞나 신막新幕 소진걸蘇鎭傑께 그 말을 전하고 또 정鄭 대숙大叔께도 말을 전하고 앞내에 이르니 달이 솟았다. 10시十時다. 집에 들었다.

6월 28일. 밤ㅅ비. 못자리ㅅ피를 뽑았다. 하지감자를 좀 캐었다. 마늘을 다 캤다. 시믈석 접. 백미白米 5두五斗 5승五升과 옥촉서玉蜀黍 5두五斗 5승五升을 배급配給 받었다. 출정出征 군인軍人ㅅ집이라고 이달부터 12월十二月까지의 특별特別 지정指定 배급통장配給通帳을 준다. 배급配給은 30원三十円어치다.

6월 29일. 종일 비 왔다. 동희東熙게 편지 부쳤다. 도롱이를 엮었다. 짚으로. 오전午前 중中 전답田畓을 둘러보았다. 진陳 서방書房이 비 맞고 청재논 쓰레질을 다 했다. 아버님께서 저녁에 자동차自動車로 오셔 신막新幕 용제龍弟ㅅ집에 주무셨다. 또 감잣순을 끊어 심었다. 비를 철철 맞었다.

6월 30일. 또 비가 온다. 모심을 준비準備를 했다. 아버님께서 오셨다. 물외 10여 개十餘介를 따 왔다.

7월

7월 1일. 우雨 오후午後 지止. 감자甘藷 묘苗 4백본四百本을 40원四十円에 사 우선 50본五十本을 보식補植하다. 오후午後 여산국민학교礪山國民學校 제6학년第六學年 남녀男女 40명四十名이 한아漢兒와 가치 와 소끌, 청재, 대뜰, 집 앞 논 15두락十五斗落을 심었다. 18시十八時 필료畢

了. 가존 쌀로 점심點心도 하고 감자도 쪄 주었다.

7월 2일. 새벽에 진陳 서방書房, 고산高山 김삼봉金三峯, 경희京熙, 갑동甲童을 더불고 일변 빌 베고 갈고 꾸미고 감자甘藷ㅅ순을 심었다. 마령서馬鈴薯를 캐어 10十 가마니를 져 들였다.

7월 3일. 마령서馬鈴薯 캔 청재논을 심었다. 일광一光 서書를 보았다.

7월 4일. 집 앞 빌을 베고 갈고 바루 태를 부쳤다. 참외밭 매었다.

7월 5일. 집 앞, 대뜰, 천변川邊 논 들을 심고 왕골도 심다. 한아漢兒가 와 조력助力.

7월 6일. 불무통골 꽤를 소꾸다. 부주父主가 이리裡里 행차行次. 소낙비가 여러 번 지냈다. 고산高山 김삼봉金三峯은 갔다. 진陳 서방書房은 쉬는데 여산礪山 장에 갔다. 10원十円을 주었다. 짚신 두 커리를 사 오다. 10원十円. 오후午後 8시八時 부주父主 환차還次.

7월 7일. 새벽 무렵은 꽤 차다. 윗 미나리 바미 왕골을 심다. 여산리礪山里 가서 이진수李珍洙를 보고 감자묘甘藷苗를 말한즉 시기時期가 늦었다 한다. 이응구李應九 군君을 보고 제남濟南 교동로橋洞路로 오다. 석교石橋 정운시鄭雲時 군君을 맞나 그 집으로 가 술을 먹다. 돌아와 한잠을 잤다. 참외밭을 맸다. 병철秉徹이가 맥고麥藁 농립農笠을 사다 준다. 동아東兒가 꿈에 행구行具를 정리整理하여 보인다.

7월 8일. 진陳 서방書房과 청재, 소끌논 모를 때워 심었다. 국민학교國民學校 아동兒童들이 심었다는 것이 한 개도 심고 두 개도 심고 간간間間 빼어 놓고 심기도 하였다. 그리고 모를 짓밟기도 하고 꺾어 심기도 하였다. 모가 워낙 너무 길어 쨍쨍치 못한 탓이다. 열 마지기를 종일終日 하여 끝냈다. 외를 한 구럭 따왔다. 하루 걸러 한 구럭씩은 딴다. 동아東兒가 온다고 기차표汽車票를 사는 꿈을 뀌었다.

7월 9일. 따뜰, 앞 논 모를 보식補植. 낙화생落花生을 붓돋아 주었다. 문곡文谷 엽서葉書 오다.

7월 10일. 점심點心 때부터 비가 시작하여 밤새도록 왔다. 앞 논 보식補植을 마쳤다. 일지日誌 정리整理. 용제龍弟가 가리 세 대를 보냈다.

7월 11일. 세우細雨. 불무통골 참꽤를 소꾸고 옴겨 심었다. 학동鶴洞 김봉수金奉水 군君이 어제 죽었다고 만송晩松께 부고訃告가 왔다.

7월 12일. 참외ㅅ순을 집었다. 넝쿨만 성하고 맺은 것 다 진다. 개구리 참외는 더욱 성코 얼마 맺지도 안했다. 고故 김봉수金奉水 군君 상여喪輿가 당사미 앞으로 지낸다. 급히 집에 들어 옷을 갈어입고 나갔다. 상여喪輿는 높은 집 옆에서 쉰다. 그 아들께 조문弔問하고 주는 술 두 사발을 마셨다. 여러 회장會葬ㅅ군과 함께 상여喪輿 뒤를 따러 유점리鍮店里 앞 공동묘지共同墓地로 가 봉분封墳하고 학동鶴洞 그 집으로 가 상인喪人들을 위로하고 또 술도 먹고 돌아오다 용제龍弟 집을 들레서 송순성宋順成 군君을 맞나 그 짓는 밭을 둘러보고 왔다. 불무통골 감자甘藷ㅅ두둑을 고치고 약간若干 풀매고 참꽤 밭을 매고 소꾸고 모종했다.

7월 13일. 삼을 벴다. 삼을 입치고 추리다가 이리공업학교裡里工業學校 오단극남五丹克男 군君이 생도生徒 1명一名 데리고 왔기 더불고 이야기 하고 오반午飯과 두견주杜鵑酒를 함께 먹고 문환文煥 시겨 그 가존 눌른 보리 2두二斗을 윤정일尹正一께 보내어 메몰을 바꿔 한 말 반半을 가조고 반半은 문환文煥네 집의 것으로 채워 주었다. 자두 몇 개 따 오단五丹과 생도生徒게 주고 함께 삼굿는 데로 가 삼굿는 것을 보고 작별作別했다. 고산高山 당숙堂叔이 오셨다. 45원四十五円은 여산국민학교礪山國民學校 모심은 15두락十五斗落 값으로 면사무소面事務所에 보냈다. 삼을 벳겼다. 20여二十餘 뭇.

7월 14일. 불무통골 참꽤 모종을 하였다. 비가 온다. 말리든 삼을 다 따루따루 묶어 걷었다. 한희漢熙가 이진수李珍洙 군君에게 얻어온 졸(韭)을 뒷 사리문 밖에 심다가 비가 너무 쏟아져 중지中止하였다.

7월 15일. 졸을 심고 모를 찌고 진陳 서방書房 시겨 삼 바미를 갈고 경·종京宗 양아兩兒 데리고 나은방주糯銀坊主를 심고 가랑 건너는 갱은방주粳銀坊主를 심었다. 모자리는 진陳 서방書房이 심었다. 이앙移秧은 오날사 다 끝냈다. 청재, 소끌 10두락十斗落은 갱은방粳銀坊, 대뜰, 집앞 10두락十斗落은 나은방주糯銀坊主, 소정이는 조은방주早銀坊主. 간간間間 세우細雨. 감자甘藷 제초除艸 한 두둑.

7월 16일. 농작農作 일람一覽을 맨들었다. 덜 익은 삼을 두어 다발 두었더니 물러 썩으려 한다. 벳겨 말렸다. 일광一光 편지 보았다. 종일終日 비 왔다. 밤엔 더 쏟아졌다.

7월 17일. 앞내에 큰물이 졌다. 한희漢熙가 학교學校를 가다가 도로 왔다. 불무통꼴 감자甘藷밭 풀을 경·종京宗 양아兩兒와 처妻와 갑동甲童 모母와 한희漢熙와 함께 맸다. 뒷산에서 외꽂버섯을 땄다.

7월 18일. 경희京熙와 함께 감자甘藷밭 풀을 맸다. 새벽에 감자甘藷밭골을 추었다. 병우秉宇네 송아지가 뛰어와 앞 산전山田 수박 넌출을 짓밟고 뜯어먹었다. 상진곡上眞谷 밭에 글을 갈었다. 촉서蜀黍(수수), 녹두綠豆, 콩나물콩.

7월 19일. 비오다 오후午後 갰다. 경희京熙, 갑동 모母, 처妻, 종희宗熙와 감자甘藷밭 풀을 다 맸다.

7월 20일. 초복初伏(을유乙酉 6월 12일). 소낙비가 지냈다. 불무통꼴 밭에 글을 가다 오정午正 되어 급히 불리어 모샛골을 가본 즉 육제陸弟가 정신精神 못 채리고 숨ㅅ결이 잦어진다. 제수弟嫂는 여산리礪山里를 갔고 무희武熙와 그 동생들과 처妻와 경희京熙와 그 곁에 앉어 급히 동변강즙童便薑汁을 풔 넣었다. 첫술은 넘겼으나 그 담부터는 못 넘기고 숨도 아니 쉰다. 박봉규朴鳳圭는 한 시간이나 후에 왔다. 의사醫師도 소용없다. 그동안 발진질부사發疹窒扶斯로 10여일十餘日 누었으나 그리 념려가 없더니 지난밤에 오좀을 싸고 오날 아침 내가 가볼 때에도 그만 하더니 별안간 오날 일어 앉어 오좀을 누고 나서 누어 불성인사不省人事하여 이러케 되었다. 이 병病으로 병문秉文의 식구食口 10여 명十餘名이 모다 앓고 나고 경년庚年 씨 따님, 문희文熙 자당慈堂이 다 앓고 일어났다. 육제陸弟 식구食口 중中에는 무희武熙가 앓고 나고 이어 육제陸弟, 관희 댁觀熙宅, 향희香熙가 누었는바 육제陸弟의 증세症勢는 다른 이보다도 경輕한 듯하였다. 올봄에 그 본병本病 위궤양증胃潰瘍症으로 위중危重한 경계를 지냈고 그 뒤 술을 먹다 수차數次 발작發作되었고 작동昨冬 공출供出 후後 누구나 식량食糧이 곤란困難한데 육제陸弟는 더욱 심하였다. 관희觀熙가 작년昨年 1월 학병學兵으로 간 뒤 관희觀熙를 생각고 항시 못 견댔다. 그래저래 심화心火만 끓고 본시本是 허약虛弱한 몸이 또 이 병에 결려 재작일再昨日에는 박봉규朴鳳圭를 불러다 보혈補血주사注射 두 대나 맞고 그 뒤 버썩 더 하였다. 각처各處 부고訃告 — 전보電報 또는 전인專人.

7월 21일. 출상出喪 준비準備. 원식元植이 시겨 관棺을 짜고 용제龍弟 시겨 1300원一千三百円 빗을 내고 마포麻布 2필二疋, 인조주人造紬 45척四十五尺 등과 식량食糧 기타其他 제반諸般 물物을 구해 마련하였다. 전주全州 순우順雨가 왔다.

7월 22일. 장지葬地는 상진곡上眞谷 양달陽達. 오전午前 입관入棺 성복成服. 오후午後 발인發靷, 성분成墳, 반혼返魂. 회장會葬 50여 명五十餘名,

장비葬費 2천여 원二千餘円. 신우영申宇永 군君 부친父親이 별세別世.

7월 23일. 육제陸弟 묘墓를 가 보았다. 신우영申宇永 군君 부친父親의 매장埋葬 조문弔問. 부의賻儀 10원十円. 외숙外叔이 오셨다. 최동식崔東植 시겨 불무통꼴 밭에 콩, 팥, 녹두綠豆, 수수, 무우를 갈었다. 진陳 서방書房은 신우영申宇永 군君 부친父親 매장埋葬에 보내 조력助力하였다. 날말 윤 서방尹書房이 왔다.

7월 24일. 외숙外叔이 떠나셨다. 고故 육제陸弟 석교石橋논 글 가는 데 가 보았다. 진 서방陳書房, 갑동甲童이 데리고 내 건너 일곱 되지기에 콩, 쉰 날이 팥, 쉰 날이 서숙, 무수, 수수 등을 갈었다. 밤은 서늘코 달은 밝다. 누어도 잠이 아니 온다. 아우를 생각다 일어나 이러케 썼다.

비록 병이 들어 앓는다고 다 이러랴
백년百年도 하잔한데 앞을 서서 가느냐
네 간 곳 내 가기 전에 이 스름을 어이리.

7월 29일. 정기성鄭基成 군君이 와 함께 신막新幕 병개秉凱를 가보고 허리 이하以下 불인不仁한 데 침鍼을 놓고 화제和劑 내고 데리고 사곡沙谷으로 와 제수弟嫂 진맥診脈을 하고 화제和劑를 냈다. 몸살이 났다. 동내洞內 두레가 나서 오후午後 소끌, 청재의 첫 깃음을 맸다. 경희京熙와 모를 추었다. 밤에 비 좀 왔다.

7월 26일. 대뜰, 집 앞 논 초벌 깃음맸다. 모 추고 오후午後는 만송晚松, 창환昌煥과 갑동甲童이 와 불무통꼴 밭머리에 감자甘藷 막幕을 지었다. 김양수金良洙 씨氏가 오다.

7월 27일. 감자甘藷밭 풀매고 붓돋아 주었다. 경희京熙, 갑동甲童이 데리고. 일광一光 편지를 보았다.

7월 28일. 경희京熙, 갑동甲童이 데리고 감자甘藷밭 매고 북돋아 주었다. 용제龍弟가 와 육제陸弟 상채喪債 중中 500원五百円을 우선 반환返還키로 가져갔다. 신막新幕을 가 원식元植 군君을 찾으니 낙수질을 갔다.

7월 29일. 감자甘藷밭을 다 매고 북돋아 주었다. 벌통에 우주지를 해 씌웠다.

7월 30일. 참외밭을 가 보았다. 넝쿨이 이울고 참외는 버레 먹고 썩었다. 병주秉胄ㅅ집에서 태락泰洛 군君과 술을 먹고 돌아와 누어 한잠을 잤다. 순자順子에게 편지하였다. 밤ㅅ비가 왔다.

7월 31일. 화산花山을 가 김학순金學純, 학성學聖 군君의 외간상外艱喪을 조문弔問. 부의賻儀 10원十円. 회장會葬하고 병관秉寬, 박택규朴宅圭, 병수秉秀, 문형文亨 군君과 가치 돌아오다. 즛절 여산礪山 송씨宋氏 제실齋室 산정山亭에서 술을 받어다 먹고 또 택규宅圭 군君 둣재 아들 집에서 먹고 비를 맞나 체류滯留하다 저물어 오다 병개秉凱를 보았다. 조성호趙聖鎬 군君도 맞났다. 병病은 가감加減이 없다. 밤에 또 비 온다.

8월

8월 1일. 종일終日 비. 논밭을 둘러보았다. 닭의 문門을 안 닫어 밤ㅅ중에 무엇이 와 묵은 암탉 한 마리를 물어 죽이고 해암탉 한 마리는 물어갔다. 김상기金庠基, 서상천徐相天, 한충韓冲 군君에게 엽서葉書. 일기日記 개서改書.

8월 2일. 오후午後 소낙비. 오후午後 2시二時 소가 암송아치를 낳았다. 암 부친 제 260일 되었다.

8월 3일. 오전午前은 약간若干 북풍北風이 불더니 오후午後부터는 폭풍暴風이 분다. 남南에서 북北에서 저녁때까지 계속繼續타가 비가 온다. 집웅들이 모다 말리고 나무들이 꺾기고 감, 대추, 은행銀杏, 목과木瓜, 호도胡桃가 다 떠러진다. 머슴과 사다리 놓고 집웅에 줄을 매고 토막나무로 눌렀다. 대판大阪 매신每申이 달포 만에 왔다. 지면紙面이 3분三分의 2二나 줄었다. 앞 논 풀을 맸다. 대사리, 고춧풀, 보풀이 퍽 깃었다. 최동식崔東植 부자父子를 청재논 큰 바미 매다가 말었다. 저녁은 콩죽을 맛있게 먹었다.

8월 4일. 앞 산전山田에 가 바람에 쓸어진 가자茄子, 참꽤, 옥촉서玉蜀黍 등을 일어키고 붓돋아 주었다. 오후午後엔 태락泰洛 군君과 상진곡上眞谷 저수지貯水池에서 붕어를 10여十餘 마리 낚었다. 야우夜雨.

8월 5일. 또 비 온다. 우중雨中에 태락泰洛이 와 낚기질 가자고 한다. 가치 가, 수십數十 마리 낚었다.

8월 6일. 간간間間 비가 지난다. 오전午前엔 잠간暫間 태락泰洛 군君과 또 낚기질 가 5, 6五六 마리 얻었다. 고조고高祖考 기고忌故. 연계健鷄 자웅雌雄, 55원五十五円에 샀다. 6월 29일.

8월 7일. 여산리礪山里 가서 면사무소面事務所에 면장面長은 못 맞나고 김영복金永福 군君만 보고 면장面長에게 할 말을 전해 달라 하고 이응구李應求 군君을 보고 육제陸弟의 생명보험금生命保險金 찾을 일을 물어보고 압押이를 찾었다 못 보고 김충진金忠鎭 군君을 찾어 담화談話타가 이계연李桂蓮ㅅ집에 술을 사주어 먹고 박봉규朴鳳圭 군君을 보고 저녁때 왔다.

8월 8일. 새벽에 윤경일尹敬一 군君ㅅ집 뒤로 가서 분죽粉竹 낚수ㅅ댓

감 세 개를 골라 쪄 왔다. 밀탑석이 불에 구어 바루 잡고 김을 빼었다.

8월 9일. 붕어를 낚었다. 10여十餘 마리 얻어 덴뿌라를 하였다. 조비祖妣 기제忌祭. 고산高山 당숙堂叔도 오셨다. 쌀이 떠러져 용제龍弟에게 한 말 꿔어 왔다. 일광一光, 한충韓冲 군君 편지 보았다.

8월 10일. 무 배추 밭을 갈었다. 국민학교國民學校 아동兒童이 나와 육제陸弟ㅅ집 논을 맸다. 가 보았다. 오후午後는 낚수질 하였다.

8월 11일. 낚수질을 갔다. 도燾, 돈燉. 병구秉龜, 병춘秉春, 박택규朴宅圭 군君이 왔다. 돌아와 담화談話타가 점심點心먹고 돈燉 군君 형제兄弟와 병춘秉春 군君은 떠나고 병구秉龜 형兄은 낚수ㅅ대를 바루 잡에 줄을 매고 함께 저수지貯水池로 가 붕어 두어 마리를 낚고 석양夕陽에 파罷했다.

8월 12일. 만송晩松ㅅ집에서 소시영蘇始榮 군君을 맞나고 참외를 먹고 나는 종일終日 낚어 붕어 30여三十餘 마리를 얻었다.

8월 13일. 생강生薑, 생지황生地黃밭을 매고 오후午後엔 앞내 피라미를 두어 마리 낚었다. 도마도를 따 먹었다. 화평花坪 맹석孟錫이가 백미白米 2두二斗 연초煙草를 보냈다.

8월 14일. 새벽에 신막新幕 송원식宋元植 군君을 가보고 광이 친 값과 묵은 광이, 낫 벼른 싹을 주었다. 15원十五円과 5원五円. 용제龍弟ㅅ집에서 아침 먹었다. 소주燒酒, 고깃국. 칠석七夕. 낚수질 하였다. 빰짜리 붕어를 잡었다. 통 30여三十餘 미尾.

8월 15일. 무덥다. 불무통꼴 고추ㅅ밭에 허시아비와 저릅대를 꽂았다. 가치가 고추를 따 좇는다. 이런 걸 하면 가치가 안 온단다. 병개秉凱를 가 보았다. 오가피五加皮, 우슬牛膝, 창출蒼朮, 벽오동피碧梧桐皮, 송절松節을 넣어 술을 빚어 먹으면 각골통脚骨痛과 불인不仁한 것이 낫을 것이다. 권勸하였다.

8월 16일. 낚수질 했다. 작일昨日 정오正午 일본日本이 항복降服하고 천황天皇이 라디오 방송放送을 하였다고 훤전喧傳한다. 일광一光 편지를 보았다. 소낙이가 지냈다.

8월 17일. 여산리礪山里에 가 이응구李應九 군君을 보고 여산민회礪山民會 발기發起를 타협妥協하고 술 주었다. 도燾과 정일화鄭一和 군君이와 시국時局과 여산민회礪山民會에 대한 상의相議를 하였다.

8월 18일. 여산리礪山里에 가니 여러 유지有志가 전前 주재소駐在所에 모였다. 나를 부르러 보냈다 한다. 100여 명百餘名이다. 학교學校 교실敎室로 옮겨 민회民會를 조직組織하였다. 우선 안녕安寧 질서秩序와 정보情報 전달傳達을 도모圖謀코저 위원장委員長, 부위원장副委員長, 위원委員을 두고 집행執行케 하고 각各 부락部落마다 위원委員과 위원회委員會를 두기로 하고 위원委員을 선정選定하여 나는 부위원장副委員長으로 피선被選되었다. 오후午後 5시五時에 폐회閉會. 이응구李應九 군君 이한주李漢周 군君과 술을 먹었다.

8월 19일. 위원장委員長 이한주李漢周 군君은 식량食糧 문제問題로 이리裡里를 갔다. 나는 종일終日 민회民會 사무事務를 보았다. 위원委員 2명二名과 자위단自衛團 4명四名과. 오식午食은 김영기金英起 군君ㅅ집에서 먹었다. 김영진金英振 노인老人과. 이응구李應九 군君허고 장지택張之澤 군君ㅅ집에 가 가양주家釀酒를 먹었다. 김용기金容驥, 이일화李一和 군君이 찾어와 시사時事를 문의問議. 일광一光, 백수白水, 동빈東濱. 천마天馬에게 편지.

8월 20일. 민회民會에 가 위원委員들을 소집召集하였다. 정명채鄭明采 군君이 점심點心과 술을 준다. 오후午後 3시三時 40분四十分 위원회委員

會를 열고 식량食糧 문제問題 기타其他를 토의討議하는 중中 별안간 무장武裝한 순사巡査와 병정兵丁 5, 6명五六名이 침입侵入하여 주재소駐在所 간판看板를 없셨다고 트집을 잡고 손찌검을 하고 설피게 굴다가 조선朝鮮 독립獨立의 신조직新組織이 되어 사무事務를 인계引繼하기 전에는 우리와 함께 질서秩序를 유지維持하겠다 하고 여산礪山 거류居留인저의 동포同胞를 잘 보호保護하였다 하고 사과謝過를 한다. 그리고 황화면皇華面으로 간다. 게서는 청년靑年들이 순사巡査를 때리고 면장面長 김수한金秀漢과 면서기面書記를 때렸다. 관리官吏와 저의 동포同胞를 옹호擁護코저 하는 것이다.

8월 21일. 민회民會에 가 보았다. 이희종李喜鍾 군君을 학교學校로 찾어 담화談話코 그 집에 가 오반午飯을 하였다.

8월 22일. 민회民會에 가 이한주李漢周 군君을 보고 회會의 존폐存廢와 나의 거취去就를 말하였다. 오후午後 학동鶴洞 병관秉寬를 가보고 유점리鍮店里 가니 박택규朴宅圭 군君은 출타出他했다. 모정茅亭에서 소낙비를 피하고 저물어 돌아왔다.

8월 23일. 만송晩松과 금마金馬에 가 임규林圭 씨氏를 보고 이겸태李謙泰 군君을 보고 주식酒食 먹고 황각동黃角洞 이병갑李秉甲 군君을 조문弔問코 달 아래 돌아왔다.

8월 24일. 만송晩松과 뒷갓 이일화李一和 군君을 찾어보고 재종고모再從姑母 영연靈筵 일곡一哭하고 오식午食, 소주燒酒를 먹고 식량食糧을 구해 달라고 부탁付託하고는 야정野井 김용재金庸齋를 찾어 김기영金基榮 군君도 보고 잤다.

8월 25일. 김헌영金憲永, 이권영李權榮을 찾어 술과 골동반骨董飯을 먹고 오후午後 돌아왔다.

8월 26일. 민회民會를 가 보다. 서울 갔다 온 이응구李應九 군君께 자세仔細한 소식消息을 듣고 오후午後 함께 오다 장지태張之兌 군君을 더불고 집으로 와 술을 먹었다. 조선어학회朝鮮語學會서 오라는 편지가 왔다.

8월 27일. 만송晩松과 고산高山 화평花坪을 가다 낙수洛水ㅅ재 넘어서 당숙堂叔ㅅ집을 찾어 들으니 당숙堂叔은 출타出他하고 윤호중尹浩重 씨氏만 있어 아이들게 한문漢文을 가르친다. 담화談話코 점심點心 먹고 나서 사중士重이를 찾고 외숙外叔을 선덕리仙德里서 보고 화평花坪으로 가 유柳 형兄 중환重桓을 보고 생질甥姪들과 생질서甥姪婿 김金 군君도 보고 시사時事를 말하다 잤다.

8월 28일. 맹석孟錫이 집에서 아침을 먹었다. 유창석柳昌錫 군君이 와 본다. 윤의병尹義炳 군君을 찾고 떠났다. 박봉석朴鳳錫 군君은 찾으니 없고 검단리黔丹里 이원호李原鎬 군君을 찾어보고 점심點心먹고 시어목선宣 서방書房도 보고 돌아왔다. 몹시 무덥다.

8월 29일. 비가 종일終日 왔다. 『이충무공전李忠武公傳』을 읽었다.

8월 30일. 비가 간간間間 온다. 여산리礪山里 가, 민회民會, 면사무소面事務所에 들어 백미白米, 잡곡雜穀 등 배급配給 가금價金을 조정調定하였다. 대행점代行店에서 부당不當한 이익利益을 첨부添附하기 때문에 불평不平이 많다. 우편국郵便局에 들어 이응구李應九 군君과 술 먹고 일광一光, 정충시鄭忠時, 이상돈李相敦 군君의 편지를 받었다. 대형大型 비행기飛行機가 지냈다.

8월 31일. 음陰. 무덥다. 김용기金容驥 군君이 서울 갔다 왔다고 와 본다. 고려청년당高麗青年黨을 조직組織했다. 고문顧問이 되라고 한다. 사양했다. 이리裡里 청년青年이 한글을 배우겠다고 한다. 바루 갔다. 『서

양西洋 현대사現代史』를 보았다. 고산高山 당숙堂叔이 오다.

9월

9월 1일. 비 온다. 이극로李克魯 군君께 편지하였다. 『훈민정음訓民正音』과 『이충무공전李忠武公傳』을 보았다.

9월 2일. 쾌청快晴. 한글 철자법綴字法을 초草했다.

9월 3일. 흐리다. 어량리漁梁里 박희선朴喜宣, 용안龍安 서정범徐廷範, 북성北城 진陣 등의 세 청년青年이 찾어와 충남교육회忠南教育會 조직組織과 그 찬동贊同을 말한다. 박朴은 북지北支 출정出征했다 도망逃亡하다 붙잡혀 12년十二年 형역刑役으로 경성형무소京城刑務所에 와 있다 일전日前에야 나왔다. 박朴은 시조時調 1수一首을 지었다고 보인다. 아직 서투르다. 여산리礪山里 위원회委員會에 갔다. 식량食糧 배급配給 문제問題를 타협妥協. 9월 1일 부산釜山에 미군기米軍機가 와 뿌린 삐라를 얻어 보았다. 각기各其 업무業務에 충실忠實하여 안녕安寧 질서秩序를 지키면 건국建國이 속速히 된다는 것이다.

9월 4일. 8시八時 반半에 나섰다. 걸어 이리裡里에 이르니 오정午正이다. 세무서稅務署에 가니 병철秉徹이는 없고 군청郡廳에 가서 김옥배金玉培 군君을 보고 이종만李鍾萬ㅅ집을 찾어 가니 청년青年들이 모여 점심點心을 먹는다. 종만鐘萬이는 경찰서장警察署長을 보러 갔다 하고 그 총무總務인 청년青年이 나를 영접迎接한다. 병철秉徹이도 있다. 오반午飯 먹고 다시 군청郡廳으로 갔다. 회의실會議室에는 사람들이 가득 모였다. 2시二時 개회開會, 임중환林仲桓이가 절로 의장議長이 되어 다시 이 군회郡會의 위원장委員長, 부위원장副委員長을 선정選定하자고 한다. 갑론을박甲論乙駁 하다가 마츰내 무기명無記名 투표投票로 다시 임중환林仲桓을 위원장委員長, 임병수林炳洙를 부위원장副委員長을 선정選定하고 4시四時 반半 파罷하였다. 이종화李鍾和 군君도 맛나고 다시 이종만李鍾萬ㅅ 집을 들리어 병철秉徹이 다리고 구舊 이리역裡里驛으로 가 아는 이 시겨 차표車票를 사 가지고 5시五時 40분四十分 차車로 전주全州를 갔다. 역驛에 나리니 비는 부실부실 나린다. 달정達町 군수郡守 관사官舍로 찾어간 즉 영근永根이만 있다. 모다 제중의원濟衆醫院에 갔다 한다. 영근永根이가 기별奇別하러 간다. 병국炳國이가 온다. 조 형趙兄의 병세病勢는 위중危重하다고. 병국炳國이와 석반夕飯을 먹자 누님도 왔다. 누님은 밥 한술 아니 뜬다. 함께들 의원醫院으로 갔다. 조 형趙兄은 병상病床에 누어 천촉喘促이 심하다. 반가워 보며 말을 한다. 간간間間 갈증渴症이 나 물을 달란다. 안정眼睛을 보매 오날 밤은 무사無事하겠기에 입원入院 후後 수일數日 달야達夜하든 그 가족家族들을 다 보내고 그 계씨季氏 충원忠元이허고 나는 남었다. 자정子正 후後는 더욱 심하여 물만 입에 대면 토사吐瀉다. 이루 수습收拾할 수 없다. 나보고 자라고 하나 눈을 붙일 수 없다. 그냥 꼽박 새웠다.

9월 5일. 새벽에 미움 두어 술을 먹었다. 누님, 병국炳國 형제兄弟, 생질부甥姪婦들이 왔다. 좀 일어키라 하여 일어켜 앉히매 숨이 막힌다. 도로 뉘니 점점 까물친다. 급히 의사醫師를 부르니 어데 가고 간호부看護婦만 둘이 와 주사注射를 준다. 좀 정신精神이 난다. 의사醫師도 왔다. 또 주사注射 주고 집으로 모시고 나가라 한다. 인력거人力車를 불러 실려 부축하고 완산정完山町 179 병국炳國이 집으로 와 안ㅅ방에 뉘였다. 10분十分 지나 숨이 끈쳤다. 발상發喪 시키고 초종初終 장사葬事를 마련

하였다. 수시收屍, 초혼招魂, 부고訃告, 관棺, 수의壽衣, 장지葬地, 일자日字를 정定하는데 3일로 하려다가 5일 출상出喪으로 했다. 날은 몹시 무덥다. 군청郡廳 직원職員들에게 호상소護喪所 사무事務를 맡겼다. 초종록初終錄, 부의록賻儀錄, 조객록弔客錄에 기록記錄케 하였다. 또 밤을 새웠다. 백용희白龍熙 씨氏가 왔다. 명정銘旌 쓰기를 의논했다.

9월 6일. 수의壽衣ㅅ감을 고산高山 화평花坪으로 가지러 보내려고 어제 도라크를 얻으려다 못하고 오날사 얻어 보냈다. 요전 소개疎開통에 화평花坪으로 보냈든 것이다. 나는 총지휘總指揮를 한다. 참 바쁘다. 생송生松을 켜 관棺을 재우다. 내가 가 보고 장광長廣을 너그럽게 하고 막상 몰라 높이는 치 5푼을 더 높였다. 화평花坪서 도라크가 저녁에야 돌아왔다. 또 밤을 샜다. 병옥秉玉이가 와 본다. 조인원趙仁元을 시켜 장사葬事 준비準備를 했다.

9월 7일. 비 온다. 관棺을 가조다. 관상棺上 명정銘旌을 내가 썼다. '완주完州 군수郡守 조공춘원지구趙公春元之柩'라고. 오후午後 대소염大小殮을 하고 입관入棺하고 함썩으로 쌌다. 시체屍體는 벌서 물었고 시수屍水가 흐르고 시취屍臭에 코를 들을 수 없다. 염장殮匠이 시겨 하였다. 관棺은 겨우 맞는다. 하마트라면 큰일이 날 번하였다. 병국炳國이가 관棺을 사랑방으로 옴긴다기에 못하게 하였다. 또 밤을 샜다. 고녀교高女校의 오상수吳祥洙가 한글강습講習 해 달라고 하기 좀 시국時局 형편形便을 보아 하자고 하였다. 여러 청년青年들이 와 본다. 병룡秉龍, 철희喆熙가 왔다.

9월 8일. 성복成服, 조전朝奠. 내일來日 발인發靷과 영결식永訣式 절차節次를 의논하여 식순式順을 정定하였다. 비는 오다 갠다. 밤에 소낙비가 지냈다.

9월 9일. 7시七時 발인發靷, 바루 완산정完山町 국민학교國民學校 운동장運動場으로 가 식장式場을 꾸몄다. 영결식永訣式은 8시八時에 시작했다. 도지사道知事 오기를 기다린다고 늦었다. 또 도라큰 두 대 중 한 대가 수선修繕하노라고 더듸 왔다. 10시十時 출발出發. 상인喪人, 복인服人, 친척親戚, 지구知舊 40여 명四十餘名이 갔다. 11시十一時 반半, 금마면金馬面 기양리箕陽里 주점酒店 앞에 이르러 정상停喪하고 주식酒食을 먹고 상여喪轝로 운구運柩하여 산山에 올라 즉시卽時 하관下棺, 성분成墳하고 성분제成墳祭 지내고 술을 먹고 서로 작별作別하였다. 오후午後 4시四時가 넘었다. 나는 회장會葬 온 집안 아이들과 대부大父와 함께 미륵산彌勒山을 넘어 중상골로 왔다. 밤은 어두웠다. 관희觀熙가 어제 왔다 한다. 일기日氣는 명랑明朗코 서풍西風이 선들선들 분다.

9월 10일. 새벽에 관희觀熙가 와 본다. 일본日本 형편形便 이야기를 들었다. 병석秉錫, 송정식宋廷植 군君 왔다. 술과 밥을 먹고 담화談話하고 모샛골 가 조문弔問케 하였다. 정가본鄭可本 씨氏가 왔다. 두계斗溪, 동빈東濵, 일광一光의 편지를 보았다. 일광一光, 정충시鄭忠時 군君께 편지하였다. 꿈에 동아東兒가 와 보인다.

9월 11일. 내 것넛밭을 가 보았다. 소주燒酒 1승一升에 초오草烏 약간若干을 북어北魚로 싸 당겼다. 여러 가지 속병에 쓰려는 약藥이다.

9월 12일. 비가 만히 왔다. 뷘도리에스『언어학言語學 개론槪論』을 읽었다.

9월 13일. 일주일간一週日間 한글 강습용講習用 원고原稿를 썼다. 비가 종일終日 폭주暴注하였다. 그러나 수파水破한 곳은 없다.

9월 14일. 여산학교礪山學校에 가 직원職員들과 이응구李應九 군君을 모아 한글 철자綴字의 대강을 말하였다. 한글 원고原稿를 썼다.

9월 15일. 한글 원고原稿를 썼다. 오후午後에 전주여고全州女高의 오상수吳祥洙 군君이 오또바이를 타고 왔다. 한글 원고原稿와 어학사류語學史類의 책자冊子 몇 권을 가지고 나섰다. 16시十六時 반半 신막新幕서 함께 오또바이를 타고 금마金馬에 이르니 전기電氣가 끈쳐 아니 간다. 강정희姜正熙ㅅ집에 들어 술을 먹었다. 여고女高의 학부형學父兄이다. 다행히 삼례參禮 가는 도라크를 맞나 끈 달아 갔다. 날은 어둡다. 역전驛前 자동차부自動車部에서 축전蓄電을 시겨 가지고 떠났다. 길ㅅ바닥이 팡겨 몹시 뛴다. 23시二十三時나 되어 전주全州 대정여관大正旅館에 드니 준비準備가 없어 오목대梧木臺 밑 오상수吳祥洙 군君ㅅ집으로 가 잤다.

9월 16일. 이종림李鍾林 군君 문상問喪을 하고 사매舍妹 병옥秉玉도 보고 임응순林應淳 군君 형제兄弟도 맞나고 오반午飯 먹고 완산정完山町 병국炳國이 집으로 누님도 보고 돌아오다 이덕가李德可 씨를 찾어보았다. 이용대李容大 군君은 시묘侍墓 살러 갔다. 오상수吳祥洙 군君허고 대정정大正町 대정여관大正旅館 동일호실東一號室에 들다. 밤에 병국炳國, 병희炳喜 기외其外 여러 청년靑年이 와 본다.

9월 17일. 장현식張鉉植 군君이 와 본다. 오후午後 병국炳國이가 왔다. 인력거人力車 타고 여고女高로 갔다. 13시十三時 반半 개강開講. 청강聽講하겠다는 이 너무 많아 주主로 교원敎員, 신문기자新聞記者, 교회인敎會人을 들이고 그 외는 제한制限하였다 하나 강당講堂으로 가득 찼다. 340명三百四十名. 진소하陳小夏 군君이 왔다. 밤에 돈燉 군君과 여산礪山 금조金組 이사理事가 와 본다. 배를 사다 술을 먹었다. 주최主催인 대책위원회對策委員會서 정종正宗 두 병을 보냈다. 김제金堤 군수郡守 임춘성林春成이가 와 한글 강습講習을 해 달란다. 윤기병尹麒炳 군君이 저녁에 와 본다.

9월 18일. 오후午後 1시一時 반半 — 4시四時 40분四十分 간間 강연講演. 최승열崔昇烈, 김용순金用淳 군君을 찾어보았다. 군산群山 이수관李洙寬, 권정식權正植이가 와 한글 강습講習을 해 달란다. 장현식張鉉植 군君이 와 본다. 오상수吳祥洙, 윤기병尹麒炳, 하태웅河泰雄, 김용순金用淳 군君이 저녁에 와 놀았다.

9월 19일. 김용순金用淳 군君이 그 집에서 소담한 오찬午餐을 준다. 강연講演 후後 대책위원회對策委員會의 초대招待로 낙원樂園에 가 석찬夕餐을 먹었다. 순창淳昌 신재휴申宰休 군君을 맞났다. 서울 소식消息을 들었다. 일광一光에게 편지하였다.

9월 20일. 한가위ㅅ날. 아침은 병국炳國이네 집에 먹었다. 우석友錫이가 와 가치 갔었다. 김정완金正琬 군君을 맞나 그 집으로 끌려가 오찬午餐을 먹었다. 이용대李鎔大 군君 문상問喪을 하였다. 오상수吳祥洙 군君과 함께 최승렬崔昇烈 군君ㅅ집에 가 석찬夕餐을 먹었다. 병옥秉玉이가 술과 떡과 안주를 갖다 놓고 두 번이나 와 못 보았다고 적어 놓았다. 송각상宋覺相 군君이 그 자제 병진炳珍이를 더불고 와 본다. 병진炳珍 군君은 내게 강습講習을 받는 중이다. 신재휴申宰休 군君과 밤이 이슥도록 이야기하며 술과 떡을 먹었다.

9월 21일. 강연講演 후後 오상수吳祥洙 군君에게 끌려 그 집으로 갔다. 술이 있어 함께 마시자는 것이다. 저녁도 먹었다. 오전午前 중中에는 비가 왔다. 남원南原 추진대推進隊가 경찰서警察署 무기武器를 빼앗었다. 전주全州 있는 일군日軍의 응원대應援隊가 두 번채나 갔다가 남원읍南原邑에는 들어서지도 못하고 무장武裝 해제解除만 당하고 그냥 돌아왔다.

9월 22일. 오전午前 10시十時 연극장演劇場에서 「과거過去의 우리 민족民族 문화文化」라는 제목題目으로 연설演說을 했다. 위 아래 층層에 가득이 모인 청중聽衆이 퍽 긴장緊張하여 듣는다. 한 시간時間 반半을 하였다. 이러케 정숙靜肅히 듣기는 전주全州서 처음 보는 바이라 한다. 강연講演 후後 휘문徽文 졸업卒業인 김한주金漢柱 군君 집으로 가 소담한 석찬夕餐을 받었다. 병국炳國이네 집을 들렀다. 서모庶母가 여산리礪山里 여인女人네와 함께 와 동아東兒를 위해 불佛에게 기도祈禱한다기 야단을 하였다. 전주全州 강습講習은 다 마쳤다. 6일ㅅ동안에 한글 쓰는 법을 거의 다 알렸다. 한 사람도 조는 이 없이 끝끝내 들었다. 매우 기쁜 일이다.

9월 23일. 여관旅館 일보는 양기열梁基烈 군君이 한시漢詩 칠절七絶 1수一首와 20원二十円을 준다. 사양하여도 기어이 맡긴다. 20원二十円은 심부름하는 여자女子를 주었다. 아홉 시에 자동차自動車로 떠나려 한 것이 완주군完州郡 추진대推進隊가 전주全州 경찰서警察署를 에워싸고 무기武器를 빼앗으려는 통에 오정午正에 겨우 경찰서警察署 자동차自動車를 얻어 타고 떠났다. 오상수吳祥洙, 강용구姜龍求 기타其他 여러 청년靑年들이 와 전송餞送한다. 서모庶母, 병옥秉玉이, 기형璣衡이, 송태영宋呔永, 윤오병尹五炳 군君 내외內外와 가치 탔다. 기형璣衡이, 송태영宋呔永은 조 형趙兄 묘墓에 간다고 금마金馬서 나렸다. 신막新幕 와서 우리는 나려 집으로 다리고 와 밥을 지어 먹었다. 병옥秉玉이와 오병五炳 내외內外는 도로 갔다. 전주全州서 여산礪山까지 70리七十里를 한 시時 20분二十分만에 왔다. 깨소링을 쓰기 때문에 속도速度가 빠르다.

9월 24일. 한글 유래由來의 교재敎材를 조사調査했다. 만송晩松이 와, 그 집으로 가자 하여 술을 먹었다. 오후午後 3시三時 이리裡里서 이진우

李鎭宇 군君이 도라크를 타고 와, 가자 한다. 병철秉徹이도 가치 탔다. 일군대日軍隊의 도라크다. 일병정日兵丁이 운전運轉한다. 바루 솝니로 와, 욱정旭町 이종만李鍾萬 군君ㅅ집으로 들었다. 여러 청년靑年이 와 본다.

9월 25일. 일출국민교日出國民校 강당講堂에서 오후午後 1시一時 반半부터 한글을 개강開講하였다. 4시四時 40분四十分에 그쳤다. 한 3백여三百餘 모였다. 군청郡廳 윗방房에 가서 임종식林宗植 군君을 보았다.

9월 26일. 서울서 온 김승태金昇泰 군君과 가치 잤다. 군청郡廳 권權 군君 종철鍾哲이 강연講演 후後 따러와 술을 사 준다. 밤에 비가 왔다. 병철秉徹이가 와 본다.

9월 27일. 김용기金容驥 군君이 왔다. 현상顯尙 씨氏가 왔다. 강연講演 후後 군청郡廳 권종철權鍾哲, 전기풍田基豊 군君이 따러와 또 술을 먹인다. 밤에 양정희楊定熙 군君, 문배文培, 익환益煥이가 와 본다.

9월 28일. 소진문蘇鎭文 군君이 와 본다. 경성京城 이병도李丙燾 군君께 편지하였다. 강연講演 후後 이진우李鎭宇 군君과 권종철權鍾哲과 함께 가 국마리ㅅ밥을 사 먹고 술도 먹었다. 점심點心이 늦어 그냥 갔었다. 병원秉元 형兄, 섭燮 군君이 와 본다. 극장劇場에 가 병자호란丙子胡亂을 말하였다. 청중聽衆은 퍽 긴장緊張한다. 자정子正에 돌아왔다. 조남령曺南嶺 군君이 왔다. 함께 잤다.

9월 29일. 오전午前 10시十時 읍사무소邑事務所 뒷 강당講堂에 가 청년대靑年隊를 모아 단군檀君 역사歷史를 말하였다. 오후午後 강연講演 후後는 또 삼례參禮ㅅ집으로 가 술을 먹었다. 점심點心을 소진문蘇鎭文 군君이 먹였다. 20시二十時부터는 극장劇場에서 군중群衆을 대하여「과거過去의 우리 민족혼民族魂」을 말하였다. 22시二十二時에 파罷하여 오다가 또 술을 먹었다. 서재권徐載權 군君을 맞나 담화談話하였다.

9월 30일. 오후午後에 상치相値되는 일이 있어 오전午前 중中으로 강연講演을 마치고 오후午後 4시四時 상은商銀 이종화李鍾和 군君이 와 그 집으로 끌려갔다. 박쾌철朴快喆 군君을 맞났다. 담화談話코 석찬夕餐을 먹었다. 인혀 게서 잤다. 이李 군君는 여산학교礪山學校서 내게 배운 이다. 고상高商을 치루고 각처各處로 근무勤務타가 작년昨年에 이곳 상은商銀 지배인支配人이 되었다. 서울 김상기金庠基 군君이 오라고 편지했다. 밤에 비가 왔다.

10월

10월 1일. 박쾌철朴快喆 군君이 새벽에 와, 자기自己 집에서 아침을 준비準備했다고 한다. 이종화李鍾和 군君과 가치 갔다. 술은 없으나 소담하게 채렸다. 이종만李鍾萬 군君ㅅ집으로 오니 윤택중尹宅重 군君 형제兄弟가 와 있다. 소진문蘇鎭文 군君도 왔다. 송정식宋廷植 군君이 찾어왔다. 오반午飯을 함께 먹고 나는 일출국민교日出國民校로 가 한글 강연講演을 다 마쳤다. 건준建準 문화부장文化部長 이종규李鐘奎 군君이 그 제씨弟氏ㅅ집으로 가자 하여 따러 갔다. 그 제씨弟氏도 이번 강습講習을 참여參與했다. 주효酒肴를 가췄다. 또 이종만李鍾萬, 이진우李鎭宇, 박육철朴六喆 군君이 왔다. 군산群山서 자동차自動車를 가지고 왔다. 함께들 이종만李鍾萬 군君ㅅ집으로 와 석찬夕餐을 먹고 나는 군산群山서 온 권정식權正植 군君과 자동차自動車를 타고 어두운 길을 달려 군산群山으로 와 일신여관日新旅館에 들었다. 김재철金在哲과 몇 분이 와 본다. 비는 구질구질 오고 빈대는 모여들어 밤을 꼬빡 새웠다.

10월 2일. 비는 그냥 종일終日 온다. 권정식權正植 군君이 왔다. 유재걸柳在傑(휘문徽文 졸업卒業), 돈燉 군君이 왔다. 돈燉 군君이 경영經營하는 명신여관明新旅館으로 옮겼다. 옥구군沃溝郡 건준회建準會 위원장委員長 양일동楊日東, 부위원장副委員長 조광호趙光浩와 또 몇 분이 와 본다. 정종正宗 한 병을 가졌다. 밤에 비는 멎고 바람이 되우 분다. 정건鄭建 군君이 찾아왔다. 권정식權正植 군君과 함께 잤다.

10월 3일. 일광一光, 두계斗溪 군君께 편지하였다. 오전午前 10시十時 희소관喜笑館에서 한글 개강開講. 400여四百餘 명名이 모였다. 오식午食은 중국요리中國料理ㅅ집에서 하고 오후午後 1시一時 반半 우리 역사歷史 강화講話를 시작했다. 4시四時 20분二十分에 그치고 또 권정식權正植에게 끌려가 술을 먹었다. 정건鄭建 군君이 왔다.

10월 4일. 오전午前 9시九時부터 11시十一時 반半까지 강연講演코 오반午飯과 술을 먹고 오후午後 1시一時 반半부터 4시四時까지 역사歷史 이야기를 하였다. 박희선朴喜宣 군君이 그 동무 둘을 다리고 와 본다. 전주全州 이정완李正琬 군君이 그 매부妹夫와 가치 왔다. 담화談話타가 곤하여 잤다. 불을 많이 땠다. 방이 꽤 덥다. 문배文培가 왔다.

10월 5일. 돈燉 군君의 생일生日. 아침은 여러 손님도 함께 먹었다. 주효酒肴도 가췄다. 청강聽講하는 이가 더 불었다. 역사歷史는 삼국三國의 흥망興亡과 화랑도花郞徒를 말하였다. 이수관李洙寬, 김정완金正琬 군君이 와 잤다. 양재근楊載根 군君이 와 보며 양말洋襪 한 커리를 준다. 유재걸柳在傑 군君이 30원三十円을 내어 고기를 사 반찬을 작만하였다.

10월 6일. 고려高麗와 이조李朝를 말하였다. 오후午後는 2시二時 반半을 이어 하였다. 군산群山 위원회委員會 여러 분이 와본다. 옥구沃溝 군

守郡守 정일채鄭壹采가 찾어왔다. 강습원講習員들이 초대招待하여 술을 먹인다. 옥구沃溝 군청郡廳에서 300원三百円을 보냈다 한다. 권정식權正植, 유재걸柳在傑 군君이 임금林檎, 배를 사 오고 양재근楊載根 군君은 오증어를 사 왔다.

10월 7일. 음陰. 군산群山 건준위원회建準委員會 윤석구尹錫龜가 아침을 먹인다. 한글 강습講習은 오전午前 중中에 끝냈다. 정식正植 군君과 심구택沈龜澤(휘문徽文 졸업卒業) 군君이 술을 사 주고 이상구李相求 군君(휘문徽文 졸업卒業)이 민어 두 마리를 사 왔다. 오후午後 3시三時 떠나기를 한 것이 자동차自動車를 못 얻어 말었다. 감기感氣가 들었다. 코가 막히고 신열身熱이 좀 난다. 밤에 비가 간간間間 온다. 유재걸柳在傑 군君이 배를 또 사 왔다. 목사牧師 이수현李守鉉 씨氏가 가끔 와 본다.

10월 8일. 권정식權正植 군君이 아홉 시에야 왔다. 자동차自動車가 아니 되면 오후午後 1시一時 차車로 떠나기로 하였다. 권權 군君이 나가더니 오정午正에야 땀을 흘리고 돌아와, 부청府廳 자동차自動車를 간신히 얻고 휘발유揮發油도 공교히 얻었다 하고 바루 가더니 또 들어와 앞의 음식점飮食店으로 점심點心 먹으러 가자 한다. 권權 군君과 김복문金福文. 정희남鄭熙南 군君(양영학교養英學校 교원敎員)과 술에 국밥을 먹었다. 양재근楊載根과 수희壽熙가 왔다. 유재걸柳在傑 군君이 인삼人蔘 한 봉을 준다. 돈燉 군君, 권權 군君, 수희壽熙와 가치 자동차自動車를 타고 떠났다. 금마金馬에 와 술을 또 사 준다. 오후午後 3시三時 반半 전前에 신막新幕에 도착到着, 용제龍弟ㅅ 집에서 술을 먹고 돈燉 군君, 수희壽熙, 권權 군君은 도로 갔다. 나는 취醉하여 집으로 왔다. 일광一光 편지를 읽었다. 내 편지는 보기 전이다.

10월 9일. 만송晩松, 호은壺隱, 만회晩悔가 찾어 왔다. 소주燒酒, 탁주濁

酒를 두어 잔 하였다. 곳불이 아니 낫는다. 인삼人蔘을 좀 다려 먹었다.

10월 10일. 박희선朴喜宣, 임준의林準宜 군君이 논산論山서 자동차自動車를 가지고 왔다. 점심點心을 재촉해 먹고 가치 타고 논산論山을 거쳐 대전太田 직물공장織物工場(영정榮町)에 이르러 짐 두 꾸러미를 맡기고 가방만 가지고 본정국민학교本町國民學校 대전학원太田學院으로 갔다. 비는 부슬부슬 나린다. 이창구李昶求 군君을 찾으니 없고 처제妻弟만 보았다. 저녁을 먹인다. 오후午後 7시七時나 되었다. 다시 학원學院으로 와 정갑수丁甲秀(훈薰) 군君을 맞났다. 학원學院 선생先生들과 나오다 술을 먹고 박희선朴喜宣, 임준의林準宜 군君은 다른 데로 가고 나는 정丁 군君과 대동정大東町 송진백宋鎭百 군君ㅅ 집으로 가 잤다. 비는 줄줄 나린다.

10월 11일. 조반朝飯 후後 대전학원太田學院으로 왔다. 마츰 국민학교國民學校 교원敎員들이 한글 강습講習을 마치고는 나더러 국사國史 강연講演을 해 달라 한다. 10시十時부터 오후午後 1시一時까지 하였다. 100여百餘 명名이 퍽 긴장緊張히 듣는다. 이조李朝 오백 년五百年을 말하였다. 오찬午餐을 준다. 지헌영池憲英 군君을 맞났다. 퍽 반가워한다. 춘일정春日町 그 집으로 가 잤다.

10월 12일. 김용창金容昌을 찾어보았다. 김준현金駿鉉 군君을 찾어 오찬午餐을 받고 이창구李昶求 군君을 찾어보고 다시 대전학원太田學院으로 갔다. 식당食堂에서 저녁을 먹고 본정국민학교本町國民學校 강당講堂에서 「과거過去의 조선문화朝鮮文化」라는 제목題目으로 강연講演을 하였다. 600여六百餘 명名이 모였다. 오후午後 7시七時로부터 9시九時까지 하였다. 청년동맹靑年同盟의 주최主催다. 자동차自動車로 식당食堂을 가 술을 먹고 다시 지헌영池憲永 군君ㅅ 집으로 가 잤다.

10월 13일. 새벽 비가 지냈다. 대전역장太田驛長 지헌모池憲模 군君이 와 본다. 정훈丁薰 군君과 대전학원太田學院으로 가 학동學童들에게 두어 말 하고는 떠났다. 대전역太田驛에 이르니 박·임朴林 양군兩君과 지헌영池憲英 군君이 짐을 갖다 놓고 있다. 지헌모池憲模 군君이 차표車票을 주며 들어가자 한다. 하물차荷物車의 우편물郵便物 칸을 탔다. 박·임朴林 양군兩군君과 함께, 변또와 오징어를 샀다. 10시十時 발發, 경성역京城驛에는 오후午後 5시五時 반半 착着. 짐을 끄내 가지고 나왔다. 지헌영池憲英 군君이 하물계荷物係에 있는 그 종질從姪을 시겨 경성역京城驛까지 배행陪行을 하였다. 짐을 리야까차車에 실리고 박·임朴林 양군兩君과 원서정苑西町 86八六, 28二八로 왔다. 오후午後 7시七時 반半이나 되었다. 서광전徐光前 노인老人이 있다. 저녁을 먹고 잤다.

10월 14일. 조반朝飯 후後 박·임朴林 양군兩君과 가치 나서 계동桂洞으로 가, 석남石南을 찾으니 없고 장태영張泰英 군君 부인夫人을 찾어보고 화동花洞 이극로李克魯 군君을 찾어보고 가치 가다 극로克魯 군君은 병원病院으로 가고 우리는 청진동淸進洞 조선어학회朝鮮語學會로 가, 정열모鄭烈模, 이희승李熙昇, 이석린李錫麟 군君을 맞나 보고 다시 극로克魯 군君을 맞나 수어數語하고 종로鐘路 문화협회文化協會로 가니 모다 없다. 배정국裵正國 군君도 못 만나고 임林·박朴 양군兩君과 나뉘어 나는 하거何居를 보고 술과 떡을 먹고 안만수安晩洙와 동행同行하여 명륜정明倫町까지 가다 나는 우하又荷을 보고 주반酒飯을 먹고 성북동城北洞 두계斗溪를 찾어 못 보고 돌아오다 면도面刀를 하고 정충시鄭忠時 군君을 찾어보고 원동苑洞으로 왔다 계동桂洞으로 가, 김성수金性洙 군君을 찾었더니 생일生日이라고 청한 손님이 많다. 인촌仁村 편 인물人物은 거의 다 모였다. 담론談論타가 헤졌다. 10시十時나 하여 돌아왔다.

10월 15일. 새벽에 계동桂洞 가 이완규李完珪 군君을 보고 장태영張泰英 군君 부인夫人을 보고 감자甘藷 가마니를 찾어가게 하였고 하태성河泰成 군君을 찾어보고 조반朝飯 먹고 간단簡單한 말만 하고 돌아와 기아 고치는 것을 보고 오후午後에 나섰다. 수송동壽松洞서 장지영張志暎, 최현배崔鉉培 군君을 맞나 어학회語學會로 갔다가 나는 이화고녀교梨花高女校를 가, 애류崖溜를 찾으니 없다. 수창동需昌洞 한충韓冲 군君을 찾어보고 데리고 나와 중화요리中華料理를 사 먹고 박종목朴鍾穆, 송석하宋錫夏 군君을 맞났고 이종진李鍾珍 남편 한 서방韓書房을 맞나, 끌려가 술을 먹었다. 박희선朴喜宣, 임林 군君은 내일 간다고 왔다 한다. 정충시鄭忠時 군君이 저녁에 왔다, 가치 계동桂洞을 가, 정열모鄭烈模 군君을 찾었다. 난희蘭姬네 집에 유숙留宿한다. 난희蘭姬 어머니도 보았다.

10월 16일. 장태영張泰英 군君을 가 보았다. 어제 그 형제兄弟가 와 나를 찾었다 한다. 석남石南은 없다. 서대문西大門 예배당禮拜堂에 가, 신갑희辛甲姬의 혼례식婚禮式에 축사祝辭를 하였다. 그 자당慈堂과 이종진李鍾珍 부인婦人과 한韓 서방書房도 보았다. 100원百円을 선사하였다. 통인정通仁町 그 집으로 가 술과 떡을 먹었다. 본집은 필운정弼雲町 124라 한다. 정동국민학교貞同國民學校로 가 이병도李丙燾 군君을 맞났다. 국사國史 강연講演을 하고 있다. 가치 육상궁毓祥宮으로 가 진단학회震檀學會서 얻어논 서적書籍을 보았다. 석남石南도 왔다. 함께 석남石南ㅅ집으로 왔다. 김상기金庠基, 조윤제趙潤濟, 김두헌金斗憲 군君도 있다. 임시회의臨時會議를 하였다. 문화협회文化協會의 아놀드 민족民族 모욕侮辱 성토문聲討文을 보고 찬동贊同 않기로 하였다. 석반夕飯을 먹었다. 편수관編修官으로 다니는 이봉수李鳳秀 군君 이야기를 들었다. 학무국學務局 근황近況을 알었다. 편수관編修官으로 나를 들오라고 강권

强勸한다. 10시十時나 되어 돌아왔다. 도배塗褙를 하다 자정子正에 잤다. 이헌구李軒求 군君이 수차數次 찾어왔다 한다.

10월 17일. 박종화朴鍾和 군君을 조문弔問. 그 외간상外艱喪. 우하又荷를 가보고 술을 주어 먹었다. 장서은張西隱을 찾어보고 지태之兌 군君도 보고 술도 먹었다. 돌아오다 정충시鄭忠時 군君을 찾어 저녁을 먹고 인촌仁村을 찾어 또 술을 먹고 어제 귀국歸國한 이승만李承晩 박사博士의 방송放送하는 말도 들었다. 합심합력合心合力하자는 간명직절簡明直切한 말이다. 경성중학교장京城中學校長 이헌구李軒求 군君이 와, 와 달라고 조른다.

10월 18일. 서상천徐相天 군君을 찾고 하경덕河敬德 박사博士를 코리아타임스사社로 찾고, 어학회語學會서 김윤경金允經, 정인승鄭寅承, 기외其外 여러 친구親舊을 보고 문화협회文化協會서 이태준李泰俊, 이원조李源朝, 박태원朴泰遠, 안회남安懷南, 배정국裵正國, 김연만金鍊萬 군君도 보고 임화林和 군君께 문상問喪도 하고 하거何居께 와 술도 먹고 장태영張泰英 군君ㅅ집에 석반夕飯과 술을 먹었다. 대전太田 청년동맹靑年同盟이 순국殉國한 선배先輩를 명념銘念코저 비碑를 세우자 하고 그 비문碑文을 지라는 부탁 받고 단가短歌 1수一首을 지어 보냈다.

10월 19일. 조용만趙容萬 군君을 찾어 담화談話하였다. 찬燦 군君이 찾어왔다. 술을 먹었다. 일광一光과 가치 나가, 이불과 요를 490원四百九十円 주고 샀다. 중국中國 요리料理를 먹었다. 하거 댁何居宅으로 와 홍명희洪命熹 군君을 맞나고 함께 술을 먹었다. 이응구李應九 군君이 왔다 한다. 정충시鄭忠時 군君은 저녁에 와 놀았다.

10월 20일. 석남石南을 가보고 합주合酒을 먹었다. 가치 해방解放 뉴스 시사試寫를 경성극장京城劇場으로 가 보았다. 이명선李明善 군君을 맞나 오다 김동규金同圭 군君ㅅ집에 들어 또 김영완金永完 씨氏를 맞나 가치 어학회語學會, 이희승李熙昇 군君을 찾어보고 나는 휘문중학교徽文中學校, 아악부雅樂部를 들어 보고 계동桂洞 장태영張泰英 군君을 보고는 왔다. 구두를 마추었다.

10월 21일. 석남石南이 새벽에 와서 어제 전형필全鎣弼을 맞나 진단학회원震檀學會員을 청請하여 『정음正音』, 『동국정운東國正韻』 원본原本을 보이겠다 하므로 오날 어학회語學會로서 가 보려든 건 중지中止했다. 고하古下를 보고 하 박사河博士를 찾고 석남石南께로 가, 석남石南과 가치 위창葦滄 오세창吳世昌 씨氏를 가보고 태극기太極旗의 유래由來를 듣고 나는 정충시鄭忠時 군君과 돈암정敦岩町으로 가, 권태희權泰禧, 이상돈李相敦, 김낙순金洛淳 군君을 찾고 오다 길에서 이상돈李相敦 군君, 이종대李鍾大 군君을 맞났다. 임준의林準宜, 박희선朴喜宣 군君의 편지를 보았다.

10월 22일. 하 박사河博士를 코리아타임스사社서 보고 백락준白樂濬 군君도 보고 어학회語學會도 가보고 중앙방송국中央放送局에 가, 김억金億, 이혜구李惠求, 기타其他 여러 친구親舊도 보고 이화고녀梨花高女로 가 권덕규權德奎 군君을 보고 가치 종로鐘路 뒤 식당食堂에 주반酒飯을 먹고 태화정泰華亭 와서 동빈東濱, 석남石南, 돈암敦岩, 두계斗溪, 천뢰天籟를 맞나 태화정泰華亭 주인主人의 소담한 대접을 받고 오후午後 9시九時 돌아왔다.

10월 23일. 정건鄭建, 동빈東濱, 정충시鄭忠時 군君이 조반朝飯 전前에 찾어왔다. 정鄭 군君은 『계년사季年史』를 달라고 하나 괄각하였다. 동빈東濱의 구두를 마추어 주었다. 동빈東濱과 함께 성북정城北町 두계斗溪를 찾어 담화談話타가 오정午正 후後 또 함께 원동苑洞ㅅ집으로 와 막걸리 한 병을 사다 먹고 태화정泰華亭으로 가, 두계斗溪, 석남石南, 돈암敦岩을 맞나 수어數語하고 나는 돌아오다 홍순응洪淳應 군君을 찾고 홍순태洪淳太 군君도 맞났다. 밤에 서리가 왔다.

10월 24일. 새벽에 하 박사河博士를 찾어 성대城大 형편形便을 듣고 조용만趙容萬 군君을 찾어 매신每新 문제問題를 듣고 매헌梅軒을 찾어 진단학회震檀學會 인장印章을 맞추고 종현鍾峴 천주교天主教 학교學校에 가, 장발張勃, 이재훈李載壎 군君을 찾으니 없다. 하거何居를 보고 아악부雅樂部를 가보고 왔다. 좀 춥다. 구두를 찾어왔다. 270원円.

10월 25일. 된서리가 왔다. 어학회語學會를 가보고 코리아타임스사社 하 박사河博士를 보고 아악부雅樂部 홍원기洪元基 군君께서 『악장가사樂章歌詞』와 『가악사歌樂史』를 빌려 왔다. 오후午後 1시一時 숙명고녀교淑明高女校에 가, 초등初等 회화교과서繪畵教科書에 대한 협의協議가 있었다. 화가畵家들과 문필가文筆家들이 모였다. 5시五時에 파罷하였다. 이봉수李鳳秀 군君을 맞나 담화談話.

10월 26일. 인촌仁村을 가보고 매헌梅軒도 가보고 고련사高蓮史도 찾어보고 중앙전신국中央電信局을 갔다. 이응구李應九 군君은 못 보고 아악부雅樂部를 거쳐 돌아와 점심點心 먹고 석남石南ㅅ집 가니 김상옥金相沃 군君이 찾어와 있고 또 두 분이 와 역사歷史 교과서教科書와 『재조번방지再造藩邦誌』를 묻는다. 대화對話하다 이희승李熙昇 군君의 전화電話도 받고 백락준白樂濬 군君이 와 하는 말도 들은 즉 편수관編修官으로 내정內定되었다는 것이다. 이인영李仁榮, 김상기金庠基, 김두헌金斗憲, 이병도李丙燾, 조윤제趙潤濟 군君도 왔다. 좋은 술을 준다. 또 여러 손님이 오기에 먼저 나왔다. 여산礪山에 편지하였다. 고하古下한테 놀다 왔다. 춘곡春谷도 있다.

10월 27일. 동빈東濱을 석남石南ㅅ집에서 맞나 함께 와 아침을 먹었다. 막걸리 한 병도 10원十円에 사다 마셨다. 가치 나서 돈암敦岩을 가보고 게서 천뢰天籟, 학산鶴山도 맞났다. 천뢰天籟, 동빈東濱과 경성운동장京城運動場에 가, 해방축복解放祝福 운동대회運動大會 개회開會의 이승만李承晩 박사博士 훈화訓話도 들었다. 오후午後 1시一時 나는 먼저 돌아와 아악부雅樂部을 들렀다 『가악사歌樂史』를 얻어가지고 왔다. 정충시鄭忠時 군君이 저녁에 와 놀았다.

10월 28일. 성북동城北洞 두계斗溪를 가 보았다. 가치 청년학원青年學院에 가 김도태金道泰 군君을 맞났다. 점심點心을 먹고 두계斗溪와 김金군君과 계동桂洞 김억金億 군君을 찾어와 술과 담화談話로 저녁나잘을 보냈다.

10월 29일. 이상돈李相敦 군君이 왔다. 익산益山 삼기면三箕面 용연龍淵 주종락朱鍾洛 군君이 왔다. 상돈相敦 군君과 가치 나서 이규봉李圭鳳 군君을 찾어보고 나는 어학회語學會에 가, 정인승鄭寅承, 이희승李熙昇 군君을 보니 장지영張志暎 군君을 보자 한다. 군정청軍政廳 학무국學務局 편수과編修課로 가, 장지영張志暎 군君을 보고 최현배崔鉉培 군君도 보고 내일부터 출근出勤키로 하고 편수관編修官 자리 하나를 얻고 돌아왔다. 이헌구李軒求 군君이 왔다. 한글, 국사國史 교원敎員을 구해 달란다.

10월 30일. 김상기金庠基, 김형배金亨培 군君이 왔다. 아침 먹고 학무국學務局 편수과編修課로 출근出勤. 김형배金亨培 군君은 전주사범全州師範 교장校長으로 국어國語 교사敎師를 구하러 왔다. 학무국學務局 편수과編修課에 가 과장課長 웰취와 인사하고 점심點心때엔 박물관장博物館長을 찾어보았다. 오후午後 5시五時 나왔다. 7시七時 20분卄分 중대重大 방송放送 — 군정軍政 방해妨害하는 이는 처벌處罰켔다는 것이다. 염운念雲을 맞나 그 영시咏詩도 듣고 나는 김억金億 군君을 가보고 술도 먹고 담화談話도 했다. 새벽에 비가 듯다.

10월 31일. 비가 온다. 석남石南ㅅ집의 이봉수李鳳秀 군君과 가치 가므로 오전午前 9시九時 출근出勤. 경복중학교景福中學校를 가 보았다. 이력서履歷書를 써 두 장을 냈다.

11월

11월 1일. 비가 왔다. 집에 편지 부쳤다. 지난 10월 26일부터 써논 편지를 오날사 부친 것이다. 그동안 몇 번 갔으나 우편국郵便局 문門이 열리지 아녔다. 퇴청退廳하다 하 박사河博士를 찾어보고 저녁을 먹었다.

11월 2일. 국어國語 교과서敎科書 중학교中學校의 것은 내가 편수編修의 주임主任을 맡었다. 초등初等, 중등中等 기타其他 국어교과서國語敎科書 편수編修에 대한 토의討議를 문예文藝, 학술學術, 교육敎育 단체團體를 망라網羅하여 하자 하고 나는 문화건설협회文化建設協會에 가 이원조李源朝 군君을 보고 상의相議하니 게서 여러 문화文化 단체團體와 이미 이 문제問題를 의논하고 건의문建議文을 지었다 하며 그 건의문建議文을 낭독朗讀하여 들린다. 그 취지趣志가 편수과編修課의 생각과 부합符合하였다. 서로 좋다 하고 나는 게서 위원委員 다섯만 추천推薦해 달라고 부탁하였다. 오후午後 3시三時 배재중학교培材中學校 한글 강습회講習會에 가서 시詩와 문文의 발달發達를 역대歷代로 들어 강화講話했다. 5시五時에 그쳤다. 족제族弟 병교秉矯 군君를 맞났다. 옥천정玉川町 임영규林靈圭가 징병徵兵으로 광도廣島 갔다 왔다기에 병교秉橋 군君

시겨 동희東熙 소식消息을 물었다. 중앙전신국장中央電信局長 이응구李應九 군君을 찾어보매 그가 어제 여산礪山서 왔다며 집 소식과 임영규林靈圭 군君 주소住所를 적어 가지고 왔다. 매헌梅軒을 찾어보았다. 「한글 첫걸음」 제목題目을 새겨 달라 하였다.

11월 3일. 신무문神武門 앞의 7호七號 관사官舍를 가 보았다. 만주滿洲서 왔다 이재민罹災民의 세 가족家族이 들어 있다. 방은 다섯이고 다다미는 일인日人이 그 껍질을 베겨 짐을 싸 가지고 갔다. 집이 퍽 허술하다. 오후午後 배재培材에 가 시간時間을 보고 군산群山서 온 정희남鄭熙南 군君허고 오다 정鄭 군君이 사 주는 술을 먹었다. 「나오라」는 시조時調 3수三首를 지었다. 동희東熙는 지난 8월 전前에 중국中國 지방地方 출정出征했다고 병교秉嶠 군君이 전한다.

11월 4일. 석남石南께 가서 청정青汀도 보고 술도 먹었다. 동빈東濱이 와 술도 사고 점심點心을 먹었다. 배재培材에 가서 시간時間을 보고 오다 중앙전신국中央電信局에서 이응구李應九 군君, 변예관卞禮寬 군君을 맞나 보고 나는 태화정泰華亭으로 가서 진단학회震檀學會서 조선어학회朝鮮語學會를 초대招待하는 회석會席을 참여參與하였다. 8시八時에 동빈東濱과 왔다.

11월 5일. 오후午後 1시一時 이화여고梨花女高에 가서 한글 강습회講習會에 시詩와 문文의 발달發達을 강화講話. 하거何居를 찾으니 출타出他했다. 원동苑洞에 오니 하거何居가 다녀갔다.

11월 6일. 이화梨花에 갔다 애류崖溜를 맞났다. 변예관卞禮寬 군君이 왔다. 가치 나오다 문화건설중앙협의회文化建設中央協議會에 들려 임화林和 군君을 보고 이원조李源朝 군君에게 부탁한 말을 하고 변卞 군君과 식당食堂에 가서 술을 먹고 하거何居를 찾어 석반夕飯을 먹었다. 「이순

신장군李舜臣將軍」, 「독립만세獨立萬歲」 창가唱歌를 지었다. 소학교小學校 3, 4학년三四學年 용用이다.

11월 7일. 개천절開天節. 구舊 10월 3일과 해당該當한 날이다. 배재培材에 가 강화講話를 다 마쳤다. 매헌梅軒을 찾으니 없다. 퇴청退廳하다 어학회語學會를 들렀다. 사금謝金 한 봉을 준다. 관희觀熙가 왔다. 한약기漢藥記만 두고 갔다. 사 보내는 것이다. 「백두산가白頭山歌」를 지었다.

11월 8일. 오후午後 1시一時 퇴청退廳하여 교동국민학교校洞國民學校 강당講堂에서 시詩와 문文에 대한 강화講話 하였다. 한글문화보급회文化普及會 주최主催인 강습회講習會다. 교원教員들이 많다. 수백數百 명名이다.

11월 9일. 오전午前 9시九時 내지乃至 12시十二時까지 시문詩文 강화講話를 하였다. 이李 군君 봉수鳳秀와 퇴청退廳하다 석남石南을 찾고 그 서모庶母에게 이李 군君이 토주討酒하여 함께 먹었다. 지난밤에 이런 꿈을 꾸었다. 오랫만에 동희東熙를 보았다. 동희東熙는 군복軍服 입고 모자帽子를 썼다. 매우 피로疲勞했다. 나는 동희東熙를 업고 분잡紛雜한 시가市街와 외딴 골목을 지내 오다가 동희東熙가 졸다 모자帽子를 떠러트렸다. 동희東熙가 그 모자帽子를 줏으러 달음질하여 갔다. 돌아오기를 기다리다 나는 깨었다. 라디오에서 중국中國 지방地方에 있는 조선 군인軍人(징병徵兵, 학병學兵, 지원병志願兵)은 모다 광복군光復軍으로 편입編入되어 때를 따러 환국還國하겠다고 전한다. 서광전徐光前 노인老人에게 부탁하여 약종藥種을 샀다 — 황기黃芪, 천궁川芎, 당귀當歸 각各 반 근半斤. 감초甘草 오량五兩, 숙지황熟地黃 1봉一封, 전호前胡 3냥三兩, 초과草果, 사인砂仁 각各 2냥二兩에 137원一百三十七円이다. 종일 흐리고 비도 좀 뿌렸다.

11월 10일. 종일 비가 오다 마다 한다. 한글문화보급회文化普及會서 사금謝金 일봉一封을 가졌다. 임준의林準宜, 박희선朴喜宣 군君이 감과 밤을 가지고 왔다. 저녁을 가치 먹었다. 밤ㅅ비가 왔다.

11월 11일. 썩 맑다. 이극로李克魯 군君이 그 조카를 데리고 왔다. 그 고향故鄕 서당書堂인 두남재斗南齋의 액額과 주련柱聯와 기記를 짓고 써 달라고 종이를 갖다 맡긴다. 서徐 노인老人과 가치 가 이발理髮했다. 오후午後 장서은張西隱을 가보고 우하又荷를 보고 저녁과 소주燒酒도 먹었다. 김상기金庠基 군君이 명함名銜을 놓고 갔다. 송삼松蔘 40편四十片 1근一斤에 260원二百六十円을 하여 사 왔다. 서광전徐光前 노인老人이 250원二百五十円이면 된다고 하더니 10원十円을 더 주었다고 한다. 새벽에 된서리 왔다.

11월 12일. 편수과원編修課員에게 한글 문법文法 강화講話를 했다. 찬燦 군君을 맞났다. 저녁에 두남재斗南齋의 액額과 주련柱聯를 썼다. 새벽은 매우 찼다.

11월 13일. 「두남재기斗南齋記」를 지었다. 한글 강습회원講習會員의 초대회招待會가 있다. 오후午後 9시九時에 왔다.

11월 14일. 김용창金容昌이가 찾어왔다. 대전太田 방송국放送局에 다시 취직就職을 하겠다 하여 이혜구李惠求 군君에게 소개紹介하는 편지를 써 주었다.

11월 15일. 함화진咸和鎭 군君이 와 본다. 오후午後 여섯 시時 대학大學 식당食堂에서 진단학회震檀學會의 예회例會를 연다고 하여 갔다가 아무도 없어 도로 왔다.

11월 16일. 오후午後 네 시 반 휘문중학교徽文中學校에 가, 음악대音樂隊를 교섭交涉을 하였다. 다섯 시 반 조선관朝鮮館에 갔었다. 국악원國

樂院 협찬위원회協贊委員會가 있다. 국악國樂 연주회演奏會의 융자금融資金 13만원十三萬円 변통變通 문제問題를 토의討議하고 주반酒飯을 냈다. 일광一光 제부弟夫가 와 잤다.

11월 17일. 편수원編修員 한글 강화講話를 마쳤다. 오후午後 5시五時 반半 최영해崔暎海 군君이 아동루亞東樓로 초대招待를 한다. 김병룡金秉龍 군君을 찾어보았다. 지난 10월十月의 이틀 분分, 월급月給 23원二十三円 72전七十二錢을 준다.

11월 18일. 하 박사河博士를 찾어보고 하태흥河泰興 군君도 보고 성북동城北洞으로 가, 두계斗溪를 찾었더니 경주慶州를 가고 없다. 오다가 안호삼安鎬三 군君을 찾어보고 오정午正에 원동苑洞으로 오니 관희觀熙가 왔다. 한약漢藥 꾸러미를 내주고 집에 전할 말을 일렀다. 점심도 먹이다. 교동국민학교校洞國民學校 강당講堂에 가서 국문학國文學 강화講話를 세 시간時間을 하였다. 일광一光 부친父親이 와 잤다.

11월 19일. 음산하다. 몸이 으슬으슬 하다. 함화진咸和鎭 군君이 찾어왔다. 민병성閔丙成, 정희남鄭熙南 군君도 왔다. 민閔 군君에게는 소개紹介 편지를 써 주어 대전太田, 정훈丁薰 군君에게 전하게 하였다.

11월 20일. 오후午後 두 시 군정청軍政廳에서 군정장관軍政長官 아놀드가 『초등국어初等國語 독본讀本』과 『한글 첫걸음』의 첫 출판수여식出版授與式을 하였다. 국민학교國民學校 남자男子 여자女子 두 아이가 하나는 답사答辭를 읽고 하나는 꽃다발을 드렸다. 아놀드는 식式을 마치고 두 아이를 안고 기자記者들에게 촬영撮影을 시겼다. 나는 이걸 보고 나와서 황금정黃金町 조선피혁회사朝鮮皮革會社에 가서 함화진咸和鎭 군君과 맞나 김연만金鍊萬 군君게 국악연주회國樂演奏會 융자금融資金 변통變通하기를 부탁하였다. 김진우金振宇, 홍재호洪在皡 노인老人을 맞나 끌려가 술을 먹었다.

11월 21일. 북지北枝 이일화李一和 군君이 찾어왔다. 이리위원회裡里委員會 소식消息을 들었다. 각처各處에서 독립촉성회獨立促成會을 조직組織을 하였다 한다. 인촌仁村과 가치 퇴청退廳하였다.

11월 22일. 추수감사제秋收感謝祭라고 군정청軍政廳이 논다. 새벽에 일광一光 부친父親이 떠났다. 나는 옥천정玉川町 126, 119 임영규林靈圭 군君을 찾어보았다. 임林 군君은 보전普專을 다닌다. 동희東熙의 얼굴을 안다고 한다. 8월 6일 오전午前 8시八時 광도廣島 원자폭탄原子爆彈이 떨어졌는데 군사령부軍司令部에 한 개가 떨어져 제2부대第二部隊는 전멸全滅되고 그와 가까이 있는 임林 군君 있던 제7부대第七部隊는 80명八十名 중中 15명十五名이 죽고 제10부대第十部隊(동희東熙 있던 곳)는 그보다 좀 멀리 있으나 죽은 이가 더러 있고 6월 중中에 다른 곳으로 출정出征하기도 하고 부상負傷한 이는 다른 곳의 여러 병원病院으로 보내어 치료治療하기도 하며 비록 중상重傷하더라도 낫기도 하고 병원病院에서는 완전完全히 낫기 전에는 내보내지 않는다. 동희東熙 소식消息을 더 알어보겠다 한다. 이병도李丙燾 군君을 가보고 혼합주混合酒를 먹었다. 그 큰 자제가 의화학醫化學 전문專門으로 대학大學 교수敎授인 바 알꼴을 넣어 만들었다. 독하다. 가치 나서 김상기金庠基, 조윤제趙潤濟 군君을 찾었다. 김환수金煥洙 군君을 맞나 보았다.

11월 23일. 국어교과서國語敎科書 편찬위원회編纂委員會의 추천推薦된 분들을 교섭交涉하러 문예건설중앙협의회文藝建設中央協議會를 가, 임화林和, 이태준李泰俊, 김남천金南天 군君을 보고 보전普專 손진태孫晋泰 군君을 보고 휘문徽文 박노갑朴魯甲 군君을 보았다. 퇴청退廳하다. 장지영張志暎 군君과 최현배崔鉉培 과장課長 관사官舍로 가, 석찬夕餐을 받었다. 어학회語學會서도 많이 왔다. 김구金九 씨氏 일행一行이 오후午後 4시四時 20분二十分 환국還國했다고 호외號外가 돈다.

11월 24일. 오전午前 10시十時 중방中放에 가서 새로 모집募集된 아나운서 일동一同에게 국어國語의 존중尊重과 미화美化할 걸 말하였다. 오정午正 후後 왔다. 이규봉李圭鳳 군君을 찾으니 없다.「내 고장」 3수三首를 지었다.

11월 25일. 청운정淸雲町 관사官舍 이봉수李鳳秀 군君을 보고 28호二十八號 관사官舍도 보다. 바루 경기상업학교京畿商業學校 뒤, 높은 언덕이다. 도적盜賊이 전기電氣ㅅ줄은 다 띄어 갔다. 군정청軍政廳 기획부企劃部 있는 미인米人이 통역通譯을 데리고 이 집을 와 본다. 전前 학무국장學務局長 엄창섭嚴昌燮 아들 엄익장嚴翼璋이가 문패門牌를 붙였다. 나는 봉수鳳秀 군君ㅅ집으로 도로 와 막걸리를 먹고 함께 나서 이종구李宗求 군君을 찾어보고 데리고 나와 선술집에 들어 몇 잔을 마시고 종구宗求 군君께 관사官舍 부탁을 하였다. 생양동生陽洞 정현상鄭顯尙 씨氏가 와 잤다.

11월 26일. 경기고녀京畿高女 교장실校長室에 가, 진단학회震檀學會 예회例會를 보고 중림정中林町 천주교당天主敎堂에 가, 정지용鄭芝溶 군君을 찾다 못 보고 중앙방송국中央放送局에 와 김상기金庠基 군君을 맞나 가치 그 관사官舍로 가, 저녁을 술을 먹었다. 이정희李政熙 군君이 왔다.

11월 27일. 아침에 정충시鄭忠時 군君이 와 가치 군정청軍政廳까지 갔다. 이전梨專 정지용鄭芝溶 군君을 찾었다. 김활란金活蘭 교장校長도 보고 이태준李泰俊 군君도 맞났다. 국문학國文學을 가르쳐 달라고 말한다. 교장校長ㅅ집에서 점심點心 먹고 김활란金活蘭, 이태준李泰俊 군君과 함께 왔다. 하거何居를 찾어 저녁을 먹었다.

11월 28일. 퇴청退廳하다 김동규金同圭 군君ㅅ집에서 고서古書를 보았다.

11월 29일. 추수감사일秋收感謝日이라고 논다. 조용만趙容萬 군君을 보았다. 이봉규李鳳圭 군君을 찾다. 이상돈李相敦 군君을 맞나고 하거何居를 찾어 40원四十円을 내어 안주按酒를 사고 그 가양주家釀酒을 먹었다. 도로 원동苑洞으로 와 조용만趙容萬 군君과 이승만李承萬 군君을 맞나서 가치 박종화朴鍾和 군君을 찾으니 없다. 김환수金煥洙 군君이 왔다.

11월 30일. 졸한猝寒. 월급月給을 준다. 1077원千七十七円 58전五十八錢. 20원二十円으로 약주藥酒 한 병을 사 오다. 10원十円은 원고지原稿紙 100장百張. 석남石南을 보았다. 꿈에 동희東熙가 감자ㅅ막을 지키고 있다는데 처妻가 밤 지낼 차비 ─ 음식飮食을 해 가지고 간다. 나는 음식飮食 너무 먹이지 말라 하였다. 오랫동안 주리든 창자에 탈이 나기 쉬움을 념려함이다. 물이 꽁꽁 얼었다. 석남石南을 보았다. 그 아들 대영大永이가 병이 위중危重하다. 밤에 이 세상을 떠났다. 수월數月ㅅ동안 앓었다. 복막염腹膜炎이다.

12월

12월 1일. 눈 오다. 한충韓冲 군君이 아침에 왔다. 얼굴이 붓고 기침이 심하다. 100원百円을 주며 고기나 사 먹으라 하였다. 퇴청退廳하여 서울신문사社에 가서 하 박사河博士, 김무삼金武森, 이관구李寬求, 홍기문

洪起文 군君을 보았다. 석남石南ㅅ집에서 밤이 깊어서야 왔다.

12월 2일. 석남石南ㅅ집에서 오후午後 네 시까지 있었다. 100원百円 부의賻儀. 돈암敦岩 조윤제趙潤濟 군君과 국립도서관國立圖書館에 가서 조중문화협회朝中文化協會 발기發起 준비회準備會를 보았다. 최진순崔瑨淳 군君이 주최主催하였다.

12월 3일. 퇴청退廳하여 석남石南ㅅ집에서 자정子正에 돌아왔다. 간간 빗눈까비가 왔다. 「내 고장」 3장三章을 서울신문에 냈다.

12월 4일. 석남石南을 보았다. 고故 대영大永 군君 출상出喪. 박창해朴昌海, 미米 음악박사音樂博士 포끄너와 함께 아악부雅樂部, 국악원國樂院을 찾고 함화진咸和鎭 군君과 또 가치 기생妓生 교습소敎習所도 가 보았다. 족제族弟 병두秉斗, 병익秉翼이가 찾어왔다. 퇴청退廳하여 병두秉斗 군君께로 가 반주飯酒를 먹었다. 한희漢熙 편지를 보았다. 지난달 25일 부친 것이다. 석남石南을 찾으니 새벽에 고故 대영大永 묘墓에 갔다.

12월 5일. 석남石南을 보았다. 이효異曉 군君이 역사歷史 강연講演을 청請하러 왔다. 안명길安命吉 군君 조모祖母 상喪에 부의賻儀 10원十円, 정태진丁泰鎭 군君 처상妻喪에 부의賻儀 5원五円. 퇴청退廳하여 바루 어학회語學會로 가서 고故 이윤재李允宰 군君 장사葬事를 의논議論하였다. 이리裡里 병석秉錫 군君이 와 잤다.

12월 6일. 정남희鄭南熙 군君이 왔다. 오후午後 5시五時 퇴청退廳하여 남대문南大門 밖 조선영화협회朝鮮映畵協會에 가 역사歷史 강화講話를 한 시간 하였다. 밤에 비가 퍽 쏟아졌다.

12월 7일. 영화협회映畵協會 강화講話를 하고 오다가 종로鐘路 이인여관里仁旅館서 이리裡里 이종만李鍾萬 군君을 맞나, 가치 술을 먹었다.

12월 8일. 병두秉斗 군君을 찾어 저녁을 먹었다. 병천秉天 군君도 있다. 이발理髮 5원五円 50전五十錢을 받는다.

12월 9일. 아침에 한충韓冲 군君이 왔다. 그 형수兄嫂 회갑回甲 날이 어제였다 한다. 가치 그 집으로 갔다. 소담한 음식상飮食床을 내왔다. 술에 밥에 배가 불렀다. 황주사黃主事가 왔다. 우하又荷가 청請한다. 모다 우하又荷 댁宅으로 갔다. 고사告祀를 한다. 100원百円을 내어 고기를 샀다. 저녁에 상床이 나왔다. 술, 떡, 고기. 매헌梅軒과 우하 장又荷丈은 허천난 이처럼 먹는다. 어두워서 돌아왔다.

12월 10일. 군정청軍政廳 202실二百二號室서 국어교본國語敎本 편찬위원회編纂委員會를 하였다. 모인 이가 30명三十名. 한자漢字 폐지廢止 문제問題로 토의討議타가 네 시간만인 오후午後 여섯 시 반에 파罷하였다. 다시 다음 회會로 밀었다.

12월 11일. 박희선朴喜宣 군君 편지가 왔다. 트럭 두 대를 말해 놓았다고. 시조時調 한 수首를 보냈다. 평評하여 회답回答했다. 매헌梅軒이 왔다. 칩다. 영화협회映畵協會 강화講話를 하였다.

12월 12일. 눈이 좀 온다. 오후午後 2시二時 영화협회映畵協會 강화講話를 하였다. 국립도서관國立圖書館에 가서 이동욱李東旭 군君을 보고 국어교재國語敎材를 뽑고저 잡지雜誌 몇 종種을 얻기로 약속約束했다.

12월 13일. 비가 종일終日 왔다. 오후午後 5시五時 반半 박종목朴鍾穆 군君ㅅ집으로 갔다. 비는 갰다. 박종화朴鍾和, 이승만李承萬, 조용만趙容萬 군君이 와 있으며 술상을 대했다. 두어 잔을 받었다. 그리고 넷이 가치 나서 명월관明月館에 갔다. 대건사大建社 김희재金熙在, 정원섭鄭元燮, 김석하金錫夏 들이 초대招待함이다. 기생妓生들도 왔다. 담화談話와 술과 노래와 춤으로 한 동안 잊었든 풍류風流를 다시 계속繼續했다.

열 시까지 통행通行케 한다고 하여 아홉 시에 파하였다. 지척도 분간할 수 없고 눈이 아프게 끼었든 안개는 다 거쳤다.

12월 14일. 전주全州 권정식權正植 군君께 편지 회답回答. 박금용朴今用, 이봉수李鳳秀 군君과 가치 퇴청退廳하여 오다 술 먹고 석남石南ㅅ집에 또 먹었다. 박한영朴漢永 스님 편지를 보았다. 불경佛經을 번역하겠다고 오라는 것이다. 신문新聞을 보니 어제 문화건설중앙협회文化建設中央協會에서는 집행위원執行委員을 두고 나를 고전문학위원장古典文學委員長으로 했다. 나더러는 한 말도 아니했다. 이하윤異何潤, 양재하梁在厦 군君을 맞나 보았다. 이여성李如星, 이상백李相伯, 김기림金起林 군君도 보았다. 회會가 있어 늦게 퇴청退廳.

12월 15일. 김환수金煥洙 군君이 왔다. 내장사內藏寺 주지住持 정매곡鄭梅谷, 석전石顚 상좌上佐 이운성李雲惺이 찾어왔다. 이화여고梨花女高로 가치 가니 애류崖溜가 없다. 회會가 있어 늦게 퇴청退廳.

12월 16일. 이운성李雲惺이 조반早飯 전前에 왔다. 밥을 재촉해 먹고 더불고 걸어서 이화여고梨花女高로 갔다. 애류崖溜는 조반朝飯을 식당食堂에서 먹는다. 기다려 그 처소處所인 이층二層ㅅ방으로 갔다. 습자習字, 기타其他 시험지試驗紙가 새였다. 불경佛經 번역에 대하여 의논하고 나는 오다 이규봉李圭鳳 군君을 찾으니 없고 하거何居를 보고 놀다가 부슬부슬 나리는 비를 맞으며 나서 종로鐘路서 기다려 전차電車를 타고 경성역전京城驛前에 내렸다. 세전世專에 이르니 양재모梁在謨 군君이 기다리고 있다. 바로 들어가니 교장校長 최동崔棟이 비 맞고 섰다. 김구金九 선생先生이 예배禮拜 보러 왔다 한다. 자동차自動車가 여러 대 놓였다. 강당講堂에 들어 국문학國文學 강화講話를 했다. 오후午後 1시一時 — 4시四時 반半. 세전世專 학생學生이 자리에 찼다. 파罷하고 오다 병두

秉斗 군君ㅅ집에 우산雨傘을 얻어 가지고 명륜정明倫町 김환수金煥洙 군君ㅅ집으로 갔다. 비는 갰다. 정구충鄭求忠, 손진태孫晉泰, 김두헌金斗憲 군君이 와 있다. 영관永琯 군君이 반긴다. 술과 밥을 먹고 담화談話하다 왔다. 달은 어슴프러 하다.

12월 17일. 서북풍西北風. 퍽 칩다. 고두동高斗東 군君이 왔다. 시조고時調稿를 보인다. 평評하였다. 서북풍西北風이 매우 분다. 전훈田壎과 선술집에 들었다. 두 사발 10원十円. 고두동高斗東 군君이 우육牛肉을 사 들고 왔다. 술과 담화談話타 잤다. 위원회委員會 한ㅅ자漢ㅅ字 폐지문제廢止問題 토의討議. 미결未決.

12월 18일. 밤에 하거何居가 찾어오셨다.

12월 19일. 위원회委員會 한ㅅ자漢ㅅ字 폐지문제廢止問題 미결未決. 하거何居를 찾다. 석반夕飯, 술은 향그롭다. 조선영화동맹朝鮮映畵同盟과 세전世專서 사금謝金을 보냈다. 아니 받으려도 던지고 간다.

12월 20일. 경운동慶雲洞 종로구청鐘路區廳 내內 좌左편 관사官舍 3호三號를 가 보았다. 온돌溫堗 하나, 다다미 방 셋, 목욕통沐浴桶, 광, 수도水道 등이 있고 남南쪽으론 터전이 수십 평數十坪이다. 박노갑朴魯甲 군君을 보고 종로鐘路로 가 김상용金尙鎔 군君을 찾고 문학동맹文學同盟 이태준李泰俊 군君을 보고 서울신문 홍기문洪起文을 찾었다. 이주환李珠煥 군君이 찾어왔다.

12월 21일. 방종현方鍾鉉 군君을 맞났다. 이주환李珠煥, 성경린成慶麟 군君을 맞나 술을 먹고 시조강습회時調講習會 할 일을 의논하였다. 대전太田 정훈丁薰 군君이 소주燒酒 한 병을 사 가지고 왔다. 술과 담화談話를 하다 가치 잤다. 경운동慶雲洞 관사官舍를 얻었다.

12월 22일. 약현藥峴 천주교당天主敎堂 정지용鄭芝溶 군君과 고시정

古市町 김상용金尙鎔 군君을 찾다 못하였다. 다리만 아프다. 함화진咸和鎭, 박헌석朴憲炻, 성경린成慶麟, 이주환李珠煥 군君이 왔다. 주인主人이 음식상飮食床을 냈다. 18일 밤 달이 뜨자 흩였다. 오날이 동지冬至. 팥죽 한 그릇 먹었다.

12월 23일. 조반朝飯 후後 순자順子와 함께 경운동慶雲洞 종로구청鐘路區廳 안으로 가 관사官舍 3호三號에 문패門牌를 붙이매 구청區廳 당직원當直員과 순검巡檢들이 나와 증명서證明書를 내 보이라 한다. 들어 다시 보니 수도水道가 결단났다. 고치자면 천여 원千餘円 들겠다. 문패門牌를 도로 가지고 왔다. 동빈東濱, 도남陶南을 찾으니 없다. 석남石南ㅅ집으로 와 동빈東濱. 학산鶴山도 맞났다. 점심點心 먹고 동빈東濱과 가치 두계斗溪를 찾었다 못 보고 도남陶南을 찾어보고 술 몇 잔을 하고 왔다.

12월 24일. 오정午正에 퇴청退廳. 이발理髮 8원八円 50전五十錢. 14시十四時 경기여고京畿女高 강당講堂으로 갔다. 학무국學務局 근무勤務 미美 사관士官 위안慰安 급及 성탄축하회聖誕祝賀會를 하였다. 몇 여고女高 학도學徒들이 가무歌舞를 하였다. 여성해방女性解放이다. 오다 김영관金永寬 씨를 찾었다. 병국炳國이가 왔다.

12월 29일. 오전午前에는 집에 있었다. 병국炳國이가 왔다. 약간若干 이야기하고 점심點心을 먹고 바루 하거何居에게 갔다. 오후午後 2시二時 동빈東濱이 정종 병正宗甁 셋을 가지고 왔다. 하거何居에게 술을 얻어 두 병을 채워 가지고 가치 가다 의과대학醫科大學께서 놓져 깨틀었다. 그냥 그 관사官舍에 갔다. 두계斗溪, 천뢰天籟, 도남陶南, 석남石南과 함께 술과 밥을 먹고 어두어 흩였다.

12월 26일. 네 번째 국어國語 위원회委員會에서도 한ㅅ자漢字 문제問

題로 분운紛紜. 오다 하거何居에게서 주반酒飯을 먹고 『수호지水滸誌』 상반부上半部를 빌어 왔다. 서徐 노인老人 청請으로.

12월 27일. 『중등국어교본中等國語教本』 임시교재臨時教材를 정정訂正. 밤눈.

12월 28일. 신문新聞 호외號外. 우리나라를 미美, 영英, 지支, 소蘇 사국四國이 신탁위임통치信託委任統治를 막사과莫斯科서 의결議決했다고. 어젯밤 꿈에 미국군美國軍이 우리 사촌四寸 집에 폭탄爆彈을 내려트렸는데 다행히 폭발爆發은 아녀 치었었다. 문곡文谷 집에서 석반夕飯과 술을 하였다.

12월 29일. 학무국장學務局長 유억겸兪億兼 씨가 학무국學務局 직원職員을 다 모아 놓고 신탁통치信託統治에 대하여 설명說明하고 애국愛國하는 마음으로 직장職場을 지키고 반대反對 성명서聲明書를 하자고 했다.

12월 30일. 새벽엔 퍽 칩다. 장지태張之兌 군君을 찾어 갔다. 지태之兌, 지택之澤, 병택秉宅 군君을 맞나 남산南山 노인정老人亭 밑 관사官舍 이응구李應九 군君을 찾어보고 고하古下가 오전午前 6시六時 피살被殺했다는 말을 들었다. 지태之兌 군君과 나는 두계斗溪를 찾어가다 맞나 가치 또 남산南山 밑 이기영李基寧 군君 관사官舍로 가 술을 먹었다. 김억金億도 왔다.

12월 31일. 청廳에 갔다 바루 왔다. 탁치託治 반대反對로 휴업休業. 중앙방송국中央放送局에 가 오날 나도 방송放送을 못하겠다고 말했다. 어학회語學會를 들여다 보았다. 고기 75원七十五円어치를 사 왔다.

1946년(단기 4279년)

1946년(단기 4279년)

1월

1월 1일. 석남石南을 보고 술을 먹다. 구성회具聲會 군君ㅅ집에서 서노인徐老人, 염운念雲, 소운素芸, 구 주사具主事 댁과 술을 먹었다. 밤에 눈 오다 비 오다 하였다.

1월 2일. 낙숫물 소리에 잠을 못 잤다. 새벽에 아농啞聾이 왔다. 청탑靑塔 결성회結成會에 가자고. 열 시다. 아농啞聾과 가치 나섰다. 고하古下 조상弔喪ㅅ군 한 패가 나려온다. 고하古下ㅅ집 문들은 다 열렸고 그 산정山亭 사랑은 몹시도 적막寂寞하다. 춘곡春谷을 찾었다. 그 화실畵室에 들어 몇 말 하고 돌아섰다. 교동校洞으로 가다 위창葦滄을 보고 박종목朴鍾穆 군君을 찾고 눈을 맞으면서 서대문西大門 밧 청탑사靑塔社로 갔다. 여러 회원會員을 맞나고 난로暖爐 옆에 앉어 담화談話 하였다. 창窓 밖에는 눈이 분분紛紛히 날린다. 일동一同은 나섰다. 눈은 더 분분紛紛하다. 무학재를 넘어 김석하金錫夏 산정山亭으로 갔다. 탑塔들이 많이 놓였다. 눈ㅅ속이라 운치韻致가 한결 더하다. 김석하金錫夏 대표代表의 개회사開會辭와 그 담 내가 축사祝辭가 있고는 술을 먹었다. 술은 좀 독하다. 월탄月灘, 향린香隣은 나종에 왔다. 여흥餘興으로 가무歌舞가 있다. 나도 처용무處容舞와 시조음時調吟을 하였다. 저물어 돌아왔다.

1월 3일. 청廳에 갔다 오후午後에 왔다. 눈얼음이 꽁꽁 얼어 다니기가 퍽 곤난하다. 부산釜山 윤병호尹丙浩 군君이 와서 최현배崔鉉培, 장지영張志暎 군君과 점심點心을 먹었다. 병두秉斗 군君을 찾으니 딸아기 생일生日이 어제라고 술을 먹인다. 소완규蘇完奎 군君을 찾어 놀았다.

1월 4일. 영근英根이가 앓는다. 염운念雲이 왔다. 꿈에 여산礪山 본제本弟 정원庭園을 가 보매, 나무마다 탐스런 꽃들이 가득 피었다.

1월 5일. 처妻의 생일生日. 동아東兒 소식消息이나 들었는지, 오후午後 3시三時에 나오다가 삼청동三淸洞 전훈田壎 군君을 찾었다. 가양家釀인 술을 준다. 하거何居를 찾으니 없다. 소운素芸 생일生日이 내일來日. 우육牛肉 105원百五円 3근三斤을 샀다.

1월 6일. 열시나 되어 아침을 먹었다. 구성회具聲會 군君 내외內外도 왔다. 날은 흐리고 저물어 눈이 온다. 오정午正에 두계斗溪ㅅ 집에 가니 두계斗溪는 교수회敎授會에 가 곧 돌아온다고 들앉어 기다리라 한다. 혼자 빈 방만 지키고 있었다. 술을 내온다. 4, 5四五잔 연거피 마시고 네 시 반 지나 돌아왔다.

1월 7일. 꽁꽁 언다. 김형배金亨培 군君을 데리고 우하又荷를 가보고 술을 먹었다. 매헌梅軒 와 청請한다는 말을 전한다.

1월 8일. 초등학교용初等學校用 역사책歷史冊 300부三百部나 갑자기 등사謄寫하여 책冊을 매노라고 오후午後 9시九時까지 붙잡혀 일하였다.

1월 9일. 칩다. 시청市廳 학무과學務課 김종민金鍾珉 군君이 와서 가치 남산국민학교南山國民學校로 가 초등교원初等敎員 국어國語 강습講習을 시작하였다. 오후午後 5시五時 돌아오다 석남石南ㅅ집에 들었다. 술도 먹고 권승하權承夏와 다투기도 하였다. 나쁜 놈을 옹호擁護코 아첨阿諂한다. 참을 수 없다.

1월 10일. 퍽 칩다. 강당講堂에서 떨면서 강습講習을 했다. 하거何居 보고 주반酒飯을 했다. 중로中路에 남산리南山里 신헌영申憲永 군君을 맞나 집 소식消息을 들었다.

1월 11일. 칩다. 외약 엄지발꼬락이 얼어 아프다. 강습講習은 내일來日까지였으나 내일來日은 탁치託治 반대反對 시민대회市民大會가 있기 때문에 오날 끝냈다.

1월 12일. 나오다 신동엽辛東燁, 최근학崔根學 군君과 가치 청진동淸進洞 한일식당韓一食堂에 가 술을 먹다 또 경남慶南 학무과學務課 축을 맞나 흠뻑 먹었다.

1월 13일. 음랭陰冷. 하거何居를 가보고 술과 밥을 먹고 오후午後 5시五時 국제극장國際劇場을 가서 춘향전春香傳 극劇을 보았다. 하거何居와 가치. 아홉 시에 왔다. 밤에 눈이 다섯 치나 왔다.

1월 14일. 나오다 장태영張泰英 군君을 찾어보고 석반夕飯, 담화談話. 고무신 한 커리 45원四十五円에 가조다. 소운素雲을 주었다. 국기國旗 게양식揭揚式을 하다.

1월 15일. 맑다. 이발理髮. 소비조회消費組會 예금預金 200원二百円을 냈다.

1월 16일. 천정天井 수리修理키에 놀게 되었다. 이봉수李鳳秀 군君을 찾어갔다. 동료同僚 6, 7인六七人과 가치 화로火爐을 끼고 종일終日 담화談話. 술도 먹고 나는 오후午後 9시九時 돌아왔다. 이李 군君의 선비先妣 소상小祥이다.

1월 17일. 서정조徐廷肇 군君 엽서葉書가 왔다.

1월 18일. 염운捻雲이 왔다. 여자女子 7천여七千餘 명名이 반탁시위反託示威 행렬行列을 했다.

1월 19일. 눅인다. 이봉수李鳳秀, 신동엽辛東燁 군君허고 나오다 선술집에 들어 두어 잔 하고 신辛 군君ㅅ집에 저녁을 먹었다.

1월 20일. 흐리다. 하거何居께 가서 하루를 보냈다. 술을 준다. 향미香味가 다 좋다.

1월 21일. 일기日氣가 눅었다.

1월 22일. 퍽 눅었다.

1월 23일. 풍문고녀豊文高女 교가校歌를 지었다.

1월 24일. 풍문고녀교豊文高女校를 가보고 퇴청退廳하여 김성달金性達 군君과 함께 그 집으로 가 술을 먹었다. 풍문고녀豊文高女 교원敎員도 몇 분이 왔다. 오후午後 9시九時 돌아왔다.

1월 29일. 아주 봄날이다.

1월 26일. 오는 28일, 여산礪山을 가기로 안대손安大孫과 작정했다. 신동엽辛東燁, 장사훈張師勛 군君과 선술을 먹고 신辛 군君ㅅ집에서 석반夕飯.

1월 27일. 맑다. 장태영張泰英, 송석하宋錫夏 군君을 보고 김환수金煥洙 군君ㅅ집에 가서 김영관金永琯 군君을 보았다. 환수煥洙 군君은 감기感氣로 앓는다. 어제 환수煥洙 군君 생일生日이라 나를 청請하려다 환수煥洙 군君이 앓아서 못 하였다고. 술을 준다. 영관永琯 군君과 가치 두계斗溪를 찾었다. 석남石南, 동빈東濱이 왔다. 석반夕飯을 함께 하고 왔다.

1월 28일. 군정청軍政廳에 갔다. 12시十二時 반半 떠나기로 했다. 이발理髮. 이레 저레 오후午後 3시三時 지나 떠났다. 앤디슨, 회드 양인兩人과 동승同乘. 7시七時 온양溫陽에 이르렀다. 회드, 앤디슨은 우층層 22호二十二號, 나는 밑층層 12호실十二號室에 유숙留宿. 나는 혼탕混湯에 목욕沐浴했다. 물은 덥고 정하다. 다다미 방房에 이불, 요가 두꺼워 칩지 않다. 밤ㅅ중에 순사巡査 와 조사調査한다. 호신용護身用 무기武器를 찾는다. 미안未安타고 사례謝禮.

1월 29일. 9시九時 발發, 12시十二時 공주公州 착着. 군정청軍政廳(재판소裁判所)서 한 시간時間 쉬었다. 나는 거리서 술을 사 먹었다. 오후午後 1시一時 발發 대전太田 도청道廳에 이르러 학무과學務課 주병건朱炳乾 군君을 보았다. 교과서教科書 분배分配에 대하여 말하였다. 4시四時 발發 버드내 냇바닥으로 가다 도라크가 모래텁에 빠졌다. 회드가 미군美軍 진주進駐한 곳으로 가 딴 도라크와 자동차自動車를 데리고 왔다. 두어 시간時間이 지났다. 날은 어둡다. 겨우 줄을 달고 끄냈다. 짐을 조사調査한 즉 세 끄러미가 없어졌다. 모여 들어 구경하고 두어 시간 가치 있던 국민학교國民學校 아이들 말을 들은 즉 아까 언덕에서 물을 건느려고 천천히 나려올 때 웬 장정壯丁이 어깨에다 메어 갔다 한다. 앤디손은 성이 나서 총을 메고 그 아이들을 데리고 자동차自動車를 타고 엄피한테 갔다. 그 뒤에 한 장정壯丁이 와 말하되 철모르는 아이들이 그 짐을 가져왔기에 도로 저 건너 한데막에 갖다 놓았다 한다. 나는 회드더러 잘 지키라고 하고 그를 따라갔다. 과연 한데막 속에 두었다. 그 끄러미를 나누어 메고 순사巡査 주재소駐在所를 찾어갔다. 주재소駐在所는 불도 안 켰다. 순사巡査에게 앤드손이 왔더냐고 물은 즉 아니 왔다고. 엄피를 찾어가려다 그냥 돌아와 회드를 보이며 검사檢査케 하였다. 문건은 다 있다. 회드는 가뻐하고 그 장정壯丁에게 과자菓子ㅅ봉지 서넛 주었다. 장정壯丁은 갔다. 앤드손도 왔다. 아이들도 다 왔다. 우리는 도로 대전太田 도청道廳으로 갔다. 나는 김용창金容昌 집으로 가 잤다.

1월 30일. 9시九時 발發 도로 공주公州로 갔다. 공주고녀公州高女 교장校長 배裵 씨 점심點心을 준다. 오후午後 1시一時 발發 논산論山에 이르러 군정청軍政廳서 40분四十分 지체遲滯코 여산礪山 신막新幕에 이르렀다. 담 토요일土曜日 신막新幕서 맞나기로 하고 도로 여산礪山을 향向하여 갔다. 나는 집으로 왔다.

1월 31일. 대부大父 뵈고 술을 먹었다. 정태락鄭泰洛 군君이 저녁에 와 놀았다.

2월

2월 1일. 새 방에서 책册을 정리整理. 호은壺隱, 만송晩松이 오다. 만송晩松과 함께 병철秉徹ㅅ집 문희文熙ㅅ집에서 술을 먹었다. 밤에 등을 켜놓고 책册을 조사調査했다.

2월 2일. 병술丙戌 정월正月 1일. 오전午前 5시五時에 일어나 책册을 찾어 싸 묶었다. 7시七時 반半 차례茶禮 지내고 9시九時에 신막新幕 가서 기다리다 당숙모堂叔母 병관秉寛 형제兄弟를 보고 술도 먹었다. 처妻, 한漢, 경·종아京宗兒며 용제龍弟며 질아姪兒들이 다 와 전송餞送한다. 세 시간時間이나 지내서 앤드손, 커비가 추럭을 타고 왔다. 배낭背囊과 책册을 실고 관희觀熙는 뒤에 타고 나는 앤드손 옆에 타고 떠났다. 거의 오정午正이다. 준시蹲柹와 증률蒸栗을 커비, 앤드손에게 주었다. 논산論山, 공주公州로 하여 천안天安서 관희觀熙는 내리고 우리는 온양溫陽으로 가 신정관神井館에 들었다. 사무원事務員들이 몹시 취하였다. 오날은 퍽 청명淸明하였으나 꽤 칩다. 온천溫泉 목욕沐浴. 신정관神井館 주인主人은 남경희南敬熙.

2월 3일. 9시九時 반半 떠났다. 천안天安 지내 성환成歡 못 밑어서 관희觀熙를 맞났다. 그 처가妻家가 바루 큰길 갓이다. 백미白米 30석三十石을 실리게 하고 정동화鄭東和 군君을 따라 그 집으로 들어 술을 먹었다. 그리고 관희觀熙와 또 부종副從하는 이가 타고 떠나 오후午後 두 시쯤 하여 노량진鷺梁津 와서 백미白米는 다 내렸다. 그중中 열 가마니는 관희觀熙 처남妻娚ㅅ집으로 가는 것이고 20二十 가마니는 학무국學務局 편수과編修課서 쓸 것이다. 한 가마니에 750원七百五十円. 나는 전동典洞 와서 배낭背囊와 책冊 끄러미를 들고 내려 바루 원동苑洞ㅅ집으로 왔다. 욱정旭町 조병옥趙炳玉 군君ㅅ집으로 가보니 아무도 없다. 예서 기다리기로 한 것이 이러타. 돌아오다 장태영張泰英 군君을 찾어 술과 밥을 먹었다. 시골서 가졌다는 갈비를 준다. 연하고 맛있다.

2월 4일. 흐리고 눈낱이 날렸다. 관희觀熙가 왔다. 퇴청退廳하다 하거댁何居宅에 들려 입춘立春 축祝을 쓰고 주반酒飯을 함께 하였다.

2월 5일. 나오다 신동엽辛東燁 군君과 가치 청운정淸雲町 이종덕李鍾德 군君을 찾어 권형중權亨重 군君도 맞나 융숭한 대접을 받었다. 관희觀熙가 왔다. 오날 점심때 광공과원鑛工課員 한글 강습講習을 시작하였다. 백미白米 한 가마니 가조다.

2월 6일. 청명淸明. 오후午後 2시二時 보성중학교普成中學校에 가서 채태성蔡台星 군君을 보고 전형필全鎣弼 군君께 전화電話하여 정음正音 원본原本 촬영撮影하기로 언약言約했다. 우하又荷께 가 병륙탕餠肉湯와 술을 먹고 그 생신生辰이 내일來日이래기 백 원百円을 그 안으로 들여보냈다. 동빈東濱을 찾어 또 술을 먹었다.

2월 7일. 좀 칩다. 밤에 눈 오다. 영광靈光 조운曺雲, 조남령曺南嶺 군君 형제兄弟가 찾어왔다. 오후午後 네 시 반半 다시 화신和信 앞에서 맞나 월탄月灘을 찾으니 없다. 선술집을 들었다가 대륙극장大陸劇場으로 와 민족民族의 제전祭典, 손기정孫基禎의 마라손 경주競走 일착一着을 보았다.

2월 8일. 오후午後 두 시 사진사寫眞師와 윤건로尹健老 군君과 자동차自動車 타고 보중普中 가서 이마동李馬銅 군君 데리고 성북동城北洞 전형필全鎣弼 군君 집으로 가 『훈민정음訓民正音』 원본原本 촬영撮影을 하고 『동국정운東國正韻』 제16권第一六卷 2책二册도 보았다. 목활자木活字요 자체字體는 『용감수경龍龕水鏡』 그것과 같다. 네 시나 해서 돌아왔다.

2월 9일. 오후午後 2시二時 경성음악학교京城音樂學校 창립식創立式에 참석參席. 교향악交響樂과 국가國歌. 교장校長의 식사式辭, 내빈來賓 축사祝辭가 있고 4시四時 반半 끝나고 나는 바루 나와 종로鐘路 청년회관靑年會館으로 갔다. 전국 문학자대회全國文學者大會 제2일第二日이다. 조운曺雲, 남령南嶺 군君을 맞나고 기타其他 여러 친구親舊들을 보았다. 5시五時 반半 파罷하여 국일관國一館으로 갔다. 인민보人民報, 중앙신문中央新聞 기타其他 세 신문사新聞社의 연합聯合으로 초대招待함이다. 7시七時 반半 돌아왔다. 여흥餘興으로 노래와 춤이 있었다. 지난 밤 꿈에 동희東熙가 온다는데 집안사람이 마중을 나가 가치 왔다. 머리 한 쪽에 단독丹毒 같은 것이 생겼다. 처妻와 나는 그걸 치료治療하였다.

2월 10일. 청명淸明. 아침에 조용만趙容萬 군君을 찾고 하경덕何敬德 박사博士며 송석하宋錫夏 군君을 찾다. 남한산성南漢山城ㅅ길을 떠난다. 가치 가자는 걸 상치相値되는 일이 있어 못 갔다. 원동苑洞ㅅ집으로 돌아왔다. 동빈東濱이 오고 조운曺雲 군君이 왔다. 술을 사다 먹고 나섰다. 운雲 군君과 나는 월탄月灘ㅅ집으로 갔다. 조용만趙容萬, 이승만李承萬 군君이 있다. 술을 먹고 담화談話하다 8시八時에 왔다.

2월 11일. 흐리다 눈이 온다. 퇴청退廳하여 병두秉斗 군君을 찾으니 안 나왔다. 선술 두어 잔 하고 오 씨吳氏를 찾고 왔다. 영광靈光 손님이 왔다 갔다 한다.

2월 12일. 흐렸다. 신기神氣가 좋지 못하다.

2월 13일. 퇴청退廳하다 조운曺雲 군君을 맞나, 함께 오다 선술을 먹고 원동苑洞ㅅ집으로 와 함께 잤다.

2월 14일. 나오다가 이인영李仁榮 군君을 맞나고 태화정泰華亭으로 가서 동빈東濱, 돈암敦岩, 석남石南과 그 주인主人 내외內外와 마셨다. 진단학회震檀學會에서는 정당전선政黨戰線에는 휩쓸려 들지 않기로 의결議決했다.

2월 15일. 저녁때엔 맑었다. 탑塔골 원각사탑圓覺社塔에 대하여 군정청軍政廳 미술과美術科 주임主任 라이언 군君이 와 묻는다. 약간若干 설명說明하고 또 서적書籍을 상고하였다. 또 정월正月 보름 풍속風俗의 제웅과 약밥의 유래由來를 썼다. 자정子正 지나서 잤다.

2월 16일. 좀 칩다. 퇴청退廳하여 신동엽辛東燁, 이봉수李鳳秀 군君과 함께 이종덕李鍾德 군君을 찾아 매동국민교梅洞國民校 교원敎員들과 술을 먹었다. 오후午後 9시九時 왔다. 달은 밝다.

2월 17일. 오전午前 10시十時 석남石南 집, 태화정泰和亭을 가, 석남石南, 돈암敦岩, 태화정泰和亭 주인主人과 가치 탑塔골 공원公園에 갔다. 오전午前 중中에는 기중기起重機로서 탑塔 서측西側에 첩첩疊疊히 쌓여있는 삼층三層을 옥개屋蓋, 동대胴臺, 기대基臺 등을 따로 띄어 놓았다. 제11층第十一層 옥개屋蓋 상면上面에는 '성화成化 3년三年 2월일二月日 김석동金石同 년年 18十八 각刻'과 또 '백림白林, 김석동金石同'이라는 각자刻字가 나란히 있고 제12층第十二層 기대基臺 상면上面에는 '정축丁丑 9월九月 22일二十二日 화주인化主人 임무林茂'라는 각자刻字와 이 각자

刻字 우에는  말고누판이 새겨 있고 제12층第十二層 동대胴臺 상면上面에는 '壽' '' 낙서落書가 새겨 있다. 오후午後 1시一時 반半부터 여섯 시時까지 그 층층層層이 상하면上下面 양측兩側에 구녁이 있고 중앙中央에도 큰 구녁이 뚫렸는데 그 양측兩側 구녁엔 자굿자루 만한 쇠못을 끊어 박고 세멘트로 메우고 그리고 이걸 옥개屋蓋와 기대基臺와 맞추기도 하고 동대胴臺만으로도 하고 또는 옥개屋蓋, 기대基臺, 동대胴臺를 다 맞추기도 하여 차례차례 기중기起重機로 들어 올려 채곡채곡 맞추고 꼭대기 옥개屋蓋만 내일來日 올리기로 하였다. 제13층第十三層 기대基臺 상면上面에는 미군美軍 라이언 기외其外 미군美軍 역군役軍들이 싸인을 하고 우리는 내가 '이날 모인 이 이병기李秉岐'이라고 먹으로 모필毛筆로 쓰고 다음엔 송석하宋錫夏, 조윤제趙潤濟, 김재원金載元, 윤세구尹世九라 각기各其 자필自筆하고 나는 또 '檀紀 四二七九, 二, 一七'이라 쓰고 한편에는 기술技術이라 쓰고 윤건로尹健老, 기외其外 군정청軍政廳 토목과土木課 종사원從事員들이 각기各其 자필自筆하였다. 내가 자필自筆한 위에는 학술學術이라 썼다. 종일終日 북서풍北西風 불고 흰구름이 둥둥 떴다. 퍽 추웠다.

2월 18일. 등청登廳했다가 과장課長께 말하고 장지영張志映, 윤건로尹健老 군君과 가치 탑塔골 공원公園을 갔다. 망원경望遠鏡으로 측정測定해본 즉 탑塔의 높이는 45척四十五尺 6촌六寸(일본척日本尺) 가량인데 탑신塔身 중간中間부터 동북東北으로 좀 틀어지고 제13층第十三層 동대胴臺는 틀렸다. 어제 제12층第十二層 옥개屋蓋와 제13층第十三層 기대基臺와 동대胴臺와를 한꺼번에 올려놀 때 먼저 한편 구녁을 맞추고 다음에 또 한 구녁을 맞춰 내려놓았는데 탑신塔身 상부上部가 좀 요동搖動이 되었다. 그때 제13층第十三層 동대胴臺가 틀린지 모르겠다. 이 때문에 오전午前엔 꼭대기 옥개屋蓋를 못 올리고 또 오후午後로 하기로 했다. 나는 부리나케 군정청軍政廳으로 가 점심點心을 먹고 광공과鑛工課 강습講習을 마치고 또 탑塔골로 갔다. 서북풍西北風이 분다. 그려도 볕이 나서 어제보다는 덜 춥다. 오후午後 4시四時 지나 기중기起重機로서 꼭대기 옥개屋蓋를 들어올렸다. 그 하면下面에는 김금산金今山, 고오을高吾乙, 길동吉同. 최중산崔仲山, 김귀단金貴丹, 천하天下, 이전二錢 등의 각자刻字가 있었다. 또 귀중貴重한 발견發見이었다. 그리고 맞추려다가 양측兩側 구녁이 작아서 쇠못이 아니 꿰이므로 다시 나려 놓고 내일來日 또 쇠못을 작은 것으로 고쳐 가지고 하기로 하였다. 나도 또 군정청軍政廳으로 가 가방을 들고 나오다 화동花洞 황서훈黃瑞勳 군君을 찾었다. 선술집으로 함께 마셨다.

2월 19일. 윤건로尹健老 군君만 탑塔골로 보냈다. 오날 꼭대기 옥개屋蓋를 다 올렸다 한다. 저녁나잘에는 구름이 끼었다. 병두秉斗 군君을 찾었더니 없고 병두秉斗 군君은 이번 전남全南 영산포榮山浦 상업은행商業銀行 지점장支店長으로 전근轉勤되어 도라크에 가구家具를 실고 이사移舍를 내일來日 아침에 떠나 가겠다하기 가서家書를 써 부쳤다. 이태준李泰俊 군君이 찾어왔다. 『문장文章』을 재간再刊하고 또 중요重要한 문헌文獻을 출판出版키로 의논議論하였다.

2월 20일. 간밤 꿈이었다. 나의 꿈에도 가장 분명한 꿈이었다. 동희東熙가 돌아왔다는데 집에 누어서 다리를 주물리고 있다. 나와 나의 집사람들은 어찌나 기뻤던지 아무 말도 없이 보고만 있었다. 그리고 그 다음 나는 나는 동희東熙와 대면對面하여 자세히 그 얼골을 보았다. 약간 야위었으나 분명 동아東兒의 얼굴이었다. 나는 퍽 기뻤다. 그러나 깨고 보니 꿈이었다. 아침에 일어나 등청登廳하여 종일終日 별일은 없었다.

병두秉斗 군君이 찾어왔다. 조용극趙容克 군君과 가치 선술을 먹었다.

2월 21일. 신동엽辛東燁 군君과 함께 금항당金港堂, 한남서림翰南書林, 하거 댁何居宅에 가 조선사류史類, 어문서류語文書類를 구했다. 편수과編修課서 사자는 것이다. 하거何居에게 부탁하였다. 술을 준다. 경복중학景福中學 교원敎員들과 신동엽辛東燁 군君한테 갔다. 술을 먹었다. 밤 열 시나 해 왔다. 강경江景 박희선朴喜宣(임의준林宜準 가家)께로 한 편지가 도로 왔다.

2월 22일. 나오다 병두秉斗 군君을 찾었다. 오는 24일 떠난다고. 밥과 술을 준다. 장태영張泰英 군君이 왔다. 지난 4일 날 그 두째 아들 윤식潤植 군君(년年 이십二十)이 곡성曲城으로 놀러 갔다 오다 두계豆溪 지나 굴께를 다달으자 함께 탄 청년靑年들이 작란하여 휘발유揮發油 탕크 통桶을 자빠트리매 그게 굴 벽壁에 부드치며 불이 일어나 한꺼번에 그 칸에 탔던 70여七十餘 명名이 죽었는데 장윤식張潤植 군君도 색식塞息하였다. 시체屍體만은 성하다 하며 그 소문所聞 듣고 그 친족親族들이 가서 운구運柩하여다가 고향故鄕인 안성安城 선영先塋에 장사葬事했다고. 장태영張泰英 군君은 가세家勢도 불빈不貧하고 삼남삼녀三男三女를 나서 삼녀일남三女一男은 성혼成婚하고 내외內外 금슬琴瑟도 남다르게 좋은바 이런 참화慘禍를 당하니 그 어떠켔는가. 밤이 이윽도록 담화談話를 하였다.

2월 23일. 비누 다섯 개를 25원円에 샀다. 나오다 장태영張泰英 군君 찾고 비누 두 개를 주고 담화談話하였다. 안에서는 그 부인夫人의 우는 소리가 들린다.

2월 24일. 흐리고 빗낱이 듯는다. 오전午前 9시九時 나섰다. 걸어 혜화문惠化門 안에 가서 김승렬金承烈 군君을 맞나고 성북동城北洞 이병도李丙燾 군君을 찾었다. 김한호金漢浩, 홍순혁洪淳赫 군君이 왔다. 담론談論하였다. 비는 시름없이 나린다. 점심에 술을 먹었다. 오후午後 다섯 시에 나는『진단학보震檀學報』제4호第四號를 얻어 가지고 이홍李洪, 김金 군君과 가치 나섰다. 길은 퍽 질다. 마침 김선태金善泰 군君이 자동차自動車를 태워 주어 혜화문惠化門 안 십자가十字街까지 오고 게서는 마침 전차電車를 타고 종로鍾路 4정목四丁目에서도 바루 전차電車를 맞나 종로鍾路서 두계斗溪와 나는 내려 서린정瑞麟町 대한관大韓館으로 들었다. 국학전문학교國學專門學校 피로연披露宴이다. 정열모鄭烈模 군君이 교장校長이다. 정鄭 군君의 말이 있고 조재호曺在浩 군君의 말과 최진순崔瑨淳 군君의 말이 있다. 술상이 벌어지고 기생妓生이 3, 4인三四人 와서 잔을 권하다. 조재호曺在浩, 이하윤異河潤 군君의 주정酒酲이 꽤 있었다. 조윤제趙潤濟, 김상기金庠基, 송석하宋錫夏 군君이 뒤에 왔다. 노래와 춤이 벌어졌다. 아홉 시 지나서 나왔다. 비는 갰다. 5, 6인五六人이 돈화문敦化門 앞에 와서 갈렸다. 길은 번질번질하다. 가로街路의 전등電燈은 드믄드믄 비친다.

2월 25일. 이발理髮 12원十二円. 5원五円 50전五十錢이던 것이 한 달도 못 되어 이러케 올랐다. 군정軍政 장관長官 러취가 한말韓末 지사志士들의 행장行狀을 적어 달라 하여 나는 명치정明治町 흥한공사興韓公司에 가서 주요한朱耀翰 군君을 찾어보고 안도산安島山 창호昌浩 선생先生의 행적行蹟을 들었다. 구두를 다시 꿰매고 진 박고 바닥을 까는 차련을 사는데 통 55원五十五円.

2월 26일. 신동엽辛東燁 군君과 함께 나오다 내수동內需洞 안확安廓 군君을 찾어 더불고 나오다 한충韓冲 군君을 보고 그 백씨伯氏 한징韓澄 군君 대상大祥에 쓰라고 100원百円 주고 선술집에 들어 100여 원百餘円

을 쓰고 또 신辛 군君에게 끌려 또 한 집에 들었다가 왔다. 안창호安昌浩 선생先生, 안중근安重根 선생전先生傳을 지었다. 병교秉嶠 군君이 오다.

2월 27일. 전보電報를 받었다. 깜짝 놀래기도 하고 퍽 켱기기도 하였다 함은 노친老親이 병환病患이 나셨나 또는 가족家族의 무슨 탈인가, 또 동희東熙가 왔다는 건가 하고 펴보니 '낙중 씨 오일 신고타가 작야 사망' '경희'라 하였다. 김낙중金洛中 부인婦人이 죽었다. 나는 전보電報를 가지고 바루 나와 태고사太古寺에 가서 그 동생 김낙순金洛淳 군君을 찾어보고 전보電報를 보이었다. 김낙순金洛淳 군君은 못 내려가겠다 하고 그 조카를 보내겠다 하기 여산礪山 가는 노정路程과 편지를 써 주고 가치 나오다가 안국동安國洞 우편국郵便局에서 전보電報를 쳤다. '바루 安葬하라 父'. 이병도李丙燾 군君을 맞나 담화談話하며 선술집으로 들어 두어 잔 마시고 하거 댁何居宅에 가, 오가피주五加皮酒을 먹고 서적목록書籍目錄을 부탁하고 『동문선東文選』, 『고문진보古文眞寶』 등을 보인다. 나오다 과자점菓子店에 들었다 두계斗溪와 갈렸다. 서울신문에서 3·1기념三一紀念 시조時調를 지어 달라고 한다.

2월 28일. 서울신문 여현상呂玄尙 군君이 시조時調를 가져갔다. 안명길安命吉 군君이 양주洋酒 2병二甁을 사 가지고 나오다 최학근崔學根, 윤건로尹健老, 신동엽辛東燁 군君과 나를 끈다. 청진동淸進洞 중국요리中國料理ㅅ집에 안주를 시겨 다 거울렀다. 그리고 또 돈의동敦義洞 빠에 들어 맥주麥酒를 몇 병 하였다. 주인主人이 나와 나를 전부터 사모思慕했다고 한다. 게집애들이 내 옆에 와 앉어 아양을 부린다. 윤승욱尹承旭 군君이 찾어왔다.

3월

3월 1일. 나의 생일生日이라고 고기국 끄리고 술을 사 왔다. 종현鍾峴[6] 계성여학교啓星女學校를 갔다. 이재훈李載壎 군君이 교장校長이고 윤승욱尹承旭과 또 2, 3인二三人 휘문徽文에서 내게 배우던 이가 있다. 3·1일기념식三一紀念式을 그 강당講堂에서 하고 나는 교장校長의 청請으로 3·1운동三一運動에 대하여 한 시간 강화講話를 하였다. 임정臨政과 각各 정당政黨은 종로鐘路 보신각普信閣 앞에서 성대盛大한 식式을 거행擧行하고 각처各處에서 식式과 여홍餘興이 있다. 거리마다 인해人海를 이뤘다. 나는 걸어 돈암정敦岩町을 나가 찬燦 군君을 보고 더불고 이병도李丙燾 군君을 찾었다. 경동중학京東中學의 역사歷史 선생先生을 구해 달라 하고 나오다 나는 전차電車를 타고 가서 수창동需昌洞 한충韓冲 군君을 찾고 고故 한징韓澄 군君 영연靈筵 일곡一哭을 하고 저녁을 먹었다. 돌아오는데 다리가 아프다. 맑고 약간若干 높은 구름.

3월 2일. 흐렸다. 대구중학大邱中學 임길순任吉淳 군君 편지 보다. 정충시鄭忠時 군君을 가보고 담화談話. 300원三百円 순자順子 주고 170원百七十円어치인 새우, 고춧가루, 햄 등을 사 오다. 병달秉達 군君이 와 본다.

3월 3일. 담우曇雨. 오전午前 9시九時 정충시鄭忠時 군君을 더불고 돈암정敦岩町 권태희權泰禧 군君을 찾었다. 한약漢藥을 걸었다. 약藥 지러 오는 이가 연달어 섰다. 꽤 벌이가 되는 모양. 점심點心을 준다. 오후午後엔 홍영선洪永善 군君을 찾었다. 비가 온다. 저녁을 먹었다. 비는 여

---

6 명동대성당이 자리 잡은 언덕의 옛 지명.

전히 듯는다. 전차電車 타고 왔다.

3월 4일. 퇴청退廳하다 안명길安命吉, 최근학崔根學, 김철수金哲壽, 장사훈張師勛 군君과 함께 익선동益善洞 주점酒店서 방 하나를 차지하고 두어 시간時間 먹었다.

3월 5일. 종일終日 흐렸다. 통영統營 김상옥金相沃 군君이 왔다. 자기自己 시조집時調集를 출판出版켔다고 그 초고草藁를 수정修正해 달란다. 그리고 그 제목題目도 날더러 쓰라고 종이를 맡긴다.

3월 6일. 군정청軍政廳 제1호실第一號室에서 고적古蹟, 보물寶物, 명승名勝, 천연기념물天然記念物 보존회保存會 제1회第一回 위원회委員會를 오후午後 2시二時 — 4시四時 반半까지 하고 제1·2부第一·二部에 각기 분과회分科會와 그 위원委員을 정定하였다. 나오다 손진태孫晋泰, 김상기金庠基, 신동엽辛東燁 군君과 함께 익선동益善洞 주점酒店으로 가 먹고 또 종로鍾路 3정목三丁目 냉면冷麵집으로 가 먹었다. 서북풍西北風이 몹시 쌀쌀하다.

3월 7일. 원동苑洞으로 돌아오다 계단階段 빙氷판에서 미끄러져 너머졌다. 좌우左右 손ㅅ등과 옳은 눈초리 위와 입술과 코ㅅ등을 상했다. 피가 퍽 났다. 순자順子와 영근英根이 소독消毒을 해 준다. 빨래를 해 준다. 퍽 수고했다.

3월 8일. 박순양朴順陽 군君 와 본다. 아버님 하서下書를 보았다. 김낙중金洛中 부인夫人 장사葬事는 지냈다 하셨다. 김영관金永琯 군君이 왔다. 은동隱洞 동수同洙 군君 형편形便이 말 못 된다고 매월每月 몇 백 원百円씩 모여 보내자 한다. 찬동贊同했다.

3월 9일. 100원百円으로 고기 한 근斤, 낭이 등을 사다가 국을 끓여 먹었다. 상한 데는 붓었든 것이 퍽 내렸다.

3월 10일. 서북풍西北風 꽤 친다. 이병도李丙燾 군君과 김환수金煥洙 군君이 찾었다. 점심點心 먹고 이李 군君과 가치 하거何居께 갔다. 살 만한 책冊 목록目錄을 적었다. 박종화朴鍾和 군君이 찾어와 명함名銜을 두었다. 관희觀熙가 와 본다.

3월 11일. 나오다 하거何居게 가서 책冊 목록目錄과 단가單價를 고쳐 달게 하고 하거何居, 삼화三華와 함께 훈정동薰井洞 유기성柳冀聖 군君을 찾었다. 술과 밥을 먹인다. 삼화三華와 가치 원동苑洞으로 왔다. 삼화三華는 손소 불을 때고 잔다. 달은 흐리고 밤은 눅었다.

3월 12일. 나오다 하거何居를 찾어뵈었다. 국수를 준다. 순자順子는 몸살이 났다. 열熱이 높다. 밤에 비와 우박이 오다.

3월 13일. 오전午前 7시七時 하거 댁何居宅에 가 책冊을 더 뽑아 놓았다. 게서 아침 먹고 등청登廳. 점심點心 때 열운洌雲과 가치 나서 도道 후생과厚生課에 들어 발진發疹지부스 예방豫防 주사注射를 맞고 어학회語學會 가서 김병순金炳淳, 정인승鄭寅承 군君을 맞났다. 하거 댁何居宅에서 책冊을 보냈다. 4백여四百餘 책冊에 6만여 원六萬餘円. 국사國史, 지리地理, 국어國語, 경제제도經濟制度에 당한 서적書籍, 편수과編修課의 참고서參考書다. 나오다 하거何居께 들었다. 벽초碧樵도 왔다. 석찬夕餐을 함께 하였다. 대구중학교大邱中學校 임창순任昌淳 군君께 회답回答. 얼굴의 상처傷處는 다 낫었다.

3월 14일. 등청登廳했다가 서울대학大學에 갔다. 도서관圖書館 사서司書 김진섭金晉燮 군君을 맞나 가치 도서관圖書館에 가니 관장館長, 교수敎授는 하나도 아니 왔다. 열 시가 넘었다. 장지태張之兌 군君을 보고 담화談話. 김두헌金斗憲 군君 보고 이인영李仁榮 군君 보고 방종현方鍾鉉 군君, 김상기金庠基 군君, 이숭녕李崇寧 군君을 보고 손진태孫晉泰 군

君 보고 『노걸대老乞大』, 『박통사朴通事』, 『교린방지交隣芳誌』 등 영인본影印本을 얻어 가지고 왔다. 퇴청退廳타가 오날 도임到任한 김경원金景源 군君과 가치 임청林靑 군君을 찾었다. 김경원金景源 군君이 돈을 내어 술을 샀다. 조요히 마시고 달빛을 띠고 돌아왔다.

3월 15일. 오후午後 신동엽辛東燁 군君 안명길安命吉과 함께 서울대학大學에 가서 책冊을 얻어왔다. 『문헌비고文獻備考』는 편수과編修課에 기부寄附하는 것이고 나는 『백화선사어록白和禪師語錄』, 『고사촬요攷事撮要』, 『문학논문집文學論文集』을 가졌다. 진단학회震檀學會 예회例會에 참석參席. 세계사世界史 연구표硏究表와 고대古代 중국中國과의 무역물貿易物의 발표發表가 있었다. 하거何居를 찾어 죽과 술을 먹었다. 벼루ㅅ돌 한 개를 얻었다. 원동苑洞ㅅ집에 드니 누가 부란디 세 병을 갖다 놓았다.

3월 16일. 제1호실第一號室에서 술어제정위원術語製定委員 준비회準備會가 있었다. 하거 댁何居宅에 들렀다. 김용배金龍培, 홍순혁洪淳赫 군君도 맞났다. 술을 받어 왔다. 저녁도 준다. 흐렸다. 관희觀熙가 왔다고 한다.

3월 17일. 바람 불고 흐린다. 성북동城北洞 이병도李丙燾 군君을 찾어 더불고 태화정泰華亭 가서 조윤제趙潤濟, 김상기金庠基 군君과 가치 나섰다. 효자동孝子洞서 신동엽辛東燁 군君을 찾고 청운동淸雲洞 이종덕李鍾德 군君ㅅ집으로 들었다. 이종화李鐘和, 박오철朴五喆 군君도 왔다. 술상이 버려졌다. 약주藥酒, 인삼주人參酒, 노래, 춤으로 저녁까지 놀았다. 일동一同이 나섰다. 유자후柳子厚를 데리고 백운장白雲莊으로 손진태孫晋泰 군君을 찾었다. 방 하나를 차지했다. 서울신문사 간부幹部 축을 옆의 방에서 맞나 두어 잔 하고 도로 와 맥주麥酒를 마셨다. 이종덕

李鍾德 군君에게 퍽 미안未安케 되었다. 손孫과 조趙는 먼저 갔다. 나는 김상기金庠基, 이병도李丙燾 군君과 왔다.

3월 18일. 비 오다 멎었다. 관희觀熙가 왔다. 편지와 책册들을 부쳤다. 풍문여고豊文女高에 갔다. 민대식閔大植 씨도 왔다. 내가 지은 그 교가校歌를 설명說明하고 그 작곡作曲의 창唱을 들었다. 강당講堂에 가득한 여학도女學徒들은 퍽 기뻐한다. 교장校長 김성달金性達 군君이 점심點心을 사 준다. 냉면冷麵과 술. 퇴청退廳하다. 하거何居, 석남石南, 장태영張泰英 군君을 찾었다.

3월 19일. 편수실編修室 자리를 바꾸었다. 앞 창의 포장布帳을 달었다. 꽤 소란騷亂했다. 고서적古書籍 5백여 책五百餘册 가価 6만 1천7백7십 원六萬一千七百七十円을 찾어가지고 하거何居께 가 주었다. 사로謝勞로 주려고 하는 돈을 받지 아녔다. 저녁과 술만 먹었다. 편수국編修局이 되고 나는 편찬과장編撰課長이 되었다.

3월 20일. 수산과水產課를 가 보고 수산水產에 대한 술어제정위원術語製定委員 될 만한 이를 물어보고 수산사전水產辭典을 얻어 왔다. 윤건로尹健老 군君 데리고 외무과外務課에 가서 동희東熙 소식消息을 알어보아 달라고 부탁하였다. 아동문화협회兒童文化協會를 찾어 조풍연趙☒衍, 윤석중尹石重 군君과 가치 나서 다방茶坊ㅅ골에서 양식洋食을 먹었다. 「시조독본時調讀本」 원고原稿를 써 달라고 한다. 현재玄齋의 묵화墨畵 호랑이를 박물관博物館에서 보았다. 만 원萬円을 달라고 한단다. 7, 8천 원七八千円이면 사도 좋다고 하였다. 밤에 눈이 왔다. 자옥 눈은 핀다.

3월 21일. 춘분春分. 오전午前 11시十一時 반半 한홍록韓興錄 군君이 왔다. 자동차自動車 타고 진고개로 가 모자帽子를 500원五百円에 사고 점심點心을 사 준다. 원동苑洞으로 세낸 예복禮服을 갈어입고 종로鍾路

청년회관靑年會館으로 갔다. 두어 시간時間 지체遲滯했다. 혼식婚式이 다섯 번이나 있다. 오후午後 3시三時 반半 한韓 군君의 아우 한명석韓明錫 군君, 이혜경李惠卿 양孃의 혼식婚式을 거행擧行. 나는 주례主禮를 하였다. 식式 마치고 촬영撮影하고 신랑新郞 신부新婦와 가치 안암동安岩洞 한韓 군君ㅅ집으로 두어 잔 먹고 신설정新設町 신부新婦ㅅ집으로 갔다. 술을 또 먹었다. 저물어 돌아왔다.

3월 22일. 종두種痘와 발진發疹지부스 주사注射를 맞었다. 병국炳國이 짐 셋 톳을 가지고 와 본다.

3월 23일. 오후午後 2시二時 학술용어제정위원學術用語制定委員 총회總會를 제1호실第一號室에서 열었다. 나는 그 의안議案을 제출提出코 설명說明했다. 그대로 통과通過되고 분과회分科會를 했다. 수산水產, 습자習字에 나는 참여參與. 4시四時 20분二十分에 파罷했다. 김상기金庠基, 이병도李丙燾 군君과 가치 태화정泰華亭에 갔다. 조선어학회朝鮮語學會서 진단학회원震檀學會員을 초대招待함이었다. 15, 6명十五六名 모였다. 정음반포正音頒布 오백년五百年 기념회紀念會 행사行事 준비위원準備委員을 정定하였다. 7시경七時頃 돌아왔다.

3월 24일. 종일終日 흐렸다. 오전午前 11시十一時 함일화咸日華 군君이 경영經營하는 서울야간중학원夜間中學院 창립회創立會에 갔다. 김도태金道泰, 김지환金智煥, 이병도李丙燾, 김법린金法麟, 현상윤玄相允, 방응모方應謨 군君이 왔다. 그 방법方法을 토의討議하고 점심點心을 먹었다. 나는 김법린金法麟 군君과 가치 적음寂音ㅅ집으로 가 김정설金鼎卨 군君을 찾고 효자동孝子洞 고석균高碩均 군君 집으로 가 한순현韓恂鉉 군君과 담화談話와 석식夕食을 하였다. 돌아와 들으니 어제(2월二月 20일二十日) 한충韓冲 군君이 별세別世했다고. 김영관金永琯 군君도 다녀

갔다고. 밤에 잠이 아니 온다. 박희선朴喜宣 군君 편지 보다.

3월 25일. 하거何居를 찾고 석식夕食. 오전午前 9시九時 수창동需昌洞을 가보니 그 형수兄嫂, 제수弟嫂만 있다. 들어가 일곡一哭하고 200원二百円 부의賻儀하고 그 발인發靷을 보고 돌아섰다. 이강래李康來 군君을 맞났다. 대동인쇄소大東印刷所 노성석盧聖錫 군君을 보고 『인현왕후전仁顯王后傳』 준準 본 것을 주었다. 병개秉凱가 와 보았다.

3월 26일. 경복중학교가景福中學校歌를 지었다. 점심點心 때 경복중학교景福中學校에 가 이병규李炳奎, 황서훈黃瑞勳, 정충시鄭忠時, 장현삼張鉉三 군君을 보았다. 교가校歌를 교장校長을 주었다. 날은 퍽 따뜻하다. 버들이 푸른빛 난다. 오후午後 3시三時 장지영張志暎 군君과 가치 어학회語學會에 갔다. 훈민정음訓民正音 반포頒布 오백주년五百周年 기념紀念 행사行事에 대하여 진단학회震檀學會와 어학회원語學會員들이 모여 토의討議 — 기념논문記念論文, 서적전람회書籍展覽會를 어학회語學會, 진단학회震檀學會가 분담分擔했다. 그 남어지 문제問題는 이후 다시 의논議論키로 하였다.

3월 27일. 흐리다 비 오다. 국어편찬위원회國語編纂委員會를 하였다. 오후午後 2시二時 — 5시五時 반半, 초등교본初等教本 장지영張志暎 군君 제안提案에 대한 토의討議. 문구文句 논잡論雜이 많었다. 밤새도록 줄곳 비가 온다.

3월 28일. 종일終日 비가 오다. 밤에 들었다. 퇴청退廳하여 원苑ㅅ골로 왔다가 저녁을 먹고 명월관明月館으로 갔다. 6시六時 20분二十分. 국악원國樂院에서 속악무俗樂舞 연기演技를 한다. 군정청軍政廳 문교부文教部, 도청道廳 부과장部課長, 미인米人과 우리 몇몇과 국악원國樂院 사람들과 기생妓生, 광대廣大들이 모였다. 술상을 버려 놓고 보았다. 경기도

京畿道 재산과장財産課長 양기백梁基伯 군君을 맞났다. 나를 일찍 흠모欽慕했다 하며 영광靈光서도 있어 조운曺雲 군君과 친親하다 한다.

3월 29일. 안명길安命吉 군君을 더불고 남대문南大門까지 가서 전차電車 타고 노량진鷺梁津을 가 내려 다시 영등포永登浦 가는 전차電車에 올랐다. 길이 수렁이다. 전차電車가 가다가 수십 분數十分씩 쉰다. 영등포永登浦서는 사뭇 수렁ㅅ속으로 걸어갔다. 피혁皮革 주식회사株式會社를 물으매 한 청년靑年이 따러오며 가리쳐 준다. 긴 담을 돌아가 보니 그 후문後門이다. 마차馬車나 다니지 손님은 아니 들인다. 되돌아 정문正門을 찾어드니 그 전무專務 우영제禹英濟 군君은 출타出他했다. 돌아왔다. 다리만 아프다. 오후午後 유치웅兪致雄 군君과 가치 석정石丁 안종원安鍾元씨 댁으로 갔다. 김태석金台錫, 김동인金東寅, 김용하金容夏가 모였다. 내가 습자習字 용어用語를 제안提案하여 이걸 토의討議, 증보增補했다.

3월 30일. 흐렸다. 이봉수李鳳秀 군君과 나오다 선술을 먹었다. 하거何居 댁에서 석반夕飯. 원골 오니 최진순崔瑨淳 군君과 젊은 여자女子 셋이 와 밥을 먹는다. 이성환李聖煥 노인老人과 가치 잤다.

3월 31일. 김환수金煥洙 군君을 찾으니 출타出他했다. 그 아우만 보였다. 서은西隱 장丈을 찾고 장지태張之兌 군君도 보고 이종대李鍾大 군君도 맞나고 술 한 병을 사와 다 기울였다. 그리고 장張 군君과 가치 나서 이응구李應九 군君을 찾었다. 그 부인夫人은 쌀 사러 가고 집을 지킨다. 한 되에 70원七十円을 주었다 한다. 그려도 만류挽留하여 점심點心을 준다. 이근영李根英 군君을 찾으니 없다. 화재火災 난 그 집을 보고 임청林靑 군君을 찾었다. 소면小眠하였다. 주재정朱宰晶, 김경원金景源 군君이 왔다. 돈들을 내어 술을 사 왔다. 오후午後 8시八時 돌아왔다.

4월

4월 1일. 맑다. 오후午後 1시一時 추럭을 타고 군정청軍政廳에서 나가 삼선동三仙洞 여자기예학교女子技藝學校에서 해방기념解放記念 식수식植樹式을 거행擧行. 김규식金奎植, 이승만李承晩 박사博士의 축사祝辭가 있고, 식式 끝난 뒤 뒷산으로 올라 나는 이홍직李弘稙 군君과 가치 잣나무를 십여十餘 주株 심었다. 석양夕陽이다. 오다 어느 술집에 들어 먹었다. 새벽에 이중각李重珏 군君이 왔다. 전주全州 경기전慶基殿을 얻으려하기 구왕직舊王職 예식과장禮式課長 이겸성李兼聖에게 명함名銜을 보내어 소개紹介했다. 고故 환산桓山 이윤재李允宰 장례葬禮와 그 가족家族 구제救濟에 300원三百円 주었다.

4월 2일. 흐리고 비가 가끔 듣들었고 안개가 끼었다. 학파鶴坡가 성재惺齋가 쓴 습자첩習字帖을 가지러 왔다. 다 보고 평評을 해 주었다. 퇴청退廳하여 외솔, 열운洌雲과 함께 나오다 학파鶴坡의 자동차自動車 타고 명륜정明倫町 1정목一丁目 학파鶴坡ㅅ집으로 갔다. 성재惺齋 김창석金昌錫 씨氏도 왔다. 그 밖에도 두어 사람. 소담한 음식상飮食床이 벌여 있다. 술은 주인主人과 나허고 먹었다. 오후午後 8시八時 반半 돌아왔다. 거리는 훈훈하다.

4월 3일. 음陰. 이슬비. 오후午後 2시二時 국어중등교본國語中等敎本에 대한 편찬위원회編纂委員會가 있었다. 내가 나의 제안提案을 낭독朗讀코 약간若干 수정修正하였다. 파한 후 이봉수李鳳秀, 정인승鄭寅承 군君과 선술을 먹고 헤졌다. 밖에 천동과 소낙비가 왔다.

4월 4일. 이호우李豪雨 군君 남매娚妹가 와본다. 신동엽辛東燁 군君ㅅ집으로 갔다. 이봉수李鳳秀 군君과 또 두 사람이 왔다. 그 따님 돌날이다. 탁주濁酒와 인삼주人蔘酒를 낸다. 오후午後 8시八時에 돌아오다.

4월 5일. 이호우李豪雨 군君 남매娚妹가 왔다. 문학文學과 시조時調 이야기를 하고 그들의 근작近作 몇 수首를 첨삭添削, 비평批評하고 가치 나가 냉면冷麵과 술을 먹었다. 장태영張泰英 군君을 찾어 저녁 먹고 담화談話.

4월 6일. 흐리고 비 온다. 나오다 비를 피해 어느 주점酒店에 들었다. 유흥세遊興稅를 선술에도 받는다. 하거何居 보고 충무공忠武公 가승家乘을 얻어 왔다.

4월 7일. 청명晴明하다. 김병룡金秉龍 군君이 왔다. 담화談話. 종일終日 방송放送 원고原稿 — 이충무공李忠武公의 일생一生, 원각사圓覺寺와 원각사탑圓覺寺塔, 좌수영대첩비左水營大捷碑, 노량대첩비鷺梁大捷碑의 그 유래由來와 경과經過 등을 썼다. 김영관金永琯 군君이 와 담화談話. 오후午後 6시六時 중앙극장中央劇場에 순자順子와 그 친구들과 함께 가 춘향극春香劇을 보았다. 국학원國學院서 하는 것. 함화진咸和鎭 군君도 만났다. 9시九時에 파罷했다. 새로 네 시까지 원고原稿 썼다.

4월 8일. 염운念雲이 왔다. 떡을 가치 먹었다.

4월 9일. 흐렸다. 음陰 3월三月 8일八日 이충무공李忠武公 생신生辰. 오후午後 8시八時 〈충무공忠武公의 일생一生〉에 대하여 방송放送하였다.

4월 10일. 오후午後 2시二時 제1호실第一號室서 고적국보명승천연물보존회古蹟國寶名勝天然物保存會 제3회第三回 총회總會를 열었다. 각各 세분과細分科를 폐하고 제1일부第一部(고적古蹟, 국보國寶), 제2부第二部(천연물天然物), 제3부第三部(명승名勝)를 두었다. 나는 제1부第一部 위원委員 겸兼 제3부第三部 책임자責任者가 되었다. 김상기金庠基, 이병도李丙燾, 송석하宋錫夏 군君과 나오다가 송석하宋錫夏 군君ㅅ집으로 들어 술을 먹었다. 제주濟州 여행旅行 갔다 가존 당유자唐柚子 한 개를 준다. 향香이 청열淸烈.

4월 11일. 오천석吳天錫 박사博士의 일본시찰담日本視察談을 들었다. 하거何居를 찾으니 없었다. 정충시鄭忠時 군君이 와본다.

4월 12일. 최근학崔根學 군君과 가치 추럭을 타고 명륜정明倫町까지 가 나려 잠간暫間 김환수金煥洙 군君을 찾어보고 최崔 군君ㅅ집으로 가 술과 밥을 먹고 돌아왔다. 소운素雲은 앓는다. 송우식宋祐植 군君이 명함名銜을 두고 갔다.

4월 13일. 흐렸다. 하거何居 큰 자제가 군정청軍政廳으로 왔다. 함께 그 집으로 갔다. 하거何居 생신生辰. 민광식閔廣植, 이종대李鍾大 군君도 있다. 떡과 술을 준다. 술은 달고도 향기로운 술이다.

4월 14일. 송우식宋祐植 군君이 왔다. 오후午後 2시二時 왜성대倭城臺 과학박물관科學博物館에서 진단학회震檀學會 월례회月例會를 하였다. 송석하宋錫夏 군君의 간단한 보고報告가 있고 나는 그 담「여음餘音」에 대한 강연講演이 있고 질문質問이 있어 답변答辯을 하였다. 회원會員은 이병도李丙燾, 김상기金庠基, 조윤제趙潤濟, 송석하宋錫夏와 그 매씨妹氏. 도유호都宥浩, 홍순혁洪淳赫, 이인영李仁榮, 노성석盧聖錫, 전훈田壎, 경대京大 국문國文, 국사과國史科 학생學生 십여十餘 명名이다. 3시三時 반半에 파罷하여 두계斗溪, 동빈東濱과 가치 경복중학교景福中學校로 갔다. 두계斗溪, 동빈東濱에게 국사國史 강습講習을 받은 경복景福 교원敎員 이부성李富星이 술을 먹인다. 신석호申奭浩 군君도 와 있었다. 저물어 돌아왔다. 동빈東濱이 내 강연講演 끝에 조윤제趙潤濟 군君의 악의惡意인 질문質問을 퍽 분개한다.

4월 15일. 문필가협회文筆家協會에 가 이헌구李軒求, 이하윤異河潤 군

君을 보고 국어교본國語教本 재료수집위원材料蒐集委員이 되어 달라 하고 또 현대일보現代日報에 가서 김기림金起林 군君을 맞나 담화談話. 이태준李泰俊 군君은 없다. 하거 댁何居宅에서 술을 먹었다. 석진국石鎭國 군君이 와 원남동苑南洞의 가옥家屋을 말한다.

4월 16일. 이성환李聖煥 노인老人이 와 나 있는 방바닥을 발러 준다. 서광전徐光前 노인老人이 도봉道峯 만월암滿月庵을 가 사흘 만에 왔다.

4월 17일. 오늘부터 오전午前 8시八時 15분十五分 출근出勤케 되고 토요일土曜日엔 오후午後 0시零時 15분十五分 퇴청退廳케 되었다. 아악부雅樂部에 들리고 경대京大에 가 장지태張之兌 군君을 보고 『동국통감東國通鑑』, 『무예도보武藝圖譜』를 보았다. 풍우風雨. 비를 맞고 왔다.

4월 18일. 하거何居를 가 보고 저녁을 먹었다. 술을 먹었다.

4월 19일. 오전午前 10시十時 오천석吳天錫 박사博士 외간상外艱喪을 가 묻고 그 발인發靷을 보았다. 오후午後 두 시 장사훈張師勛 군君과 가치 대한관大韓館을 갔다. 아악부雅樂部 몇 부원部員과 기생妓生과의 조직組織된 금란회金蘭會의 가곡歌曲, 시조時調, 가사歌詞 등 창唱이 있었다. 이주환李珠煥 군君의 남창男唱, 김금화金錦花, 지화자池花子, 송도홍宋桃紅의 여창女唱과 가사歌詞, 시조時調. 그 다음 음식상飮食床이 나왔다. 술과 냉면冷麵. 이혜구李惠求, 송석하宋錫夏 군君도 왔다. 오후午後 5시五時 반半에 돌아왔다.

4월 20일. 오후午後 0시零時 15분十五分 탄월灘月 김경원金景源 군君과 가치 박종목朴鍾穆 군君을 찾어갔다. 과하주過夏酒를 준다. 백양당白楊堂에 들렀다. 권환權煥 군君이 〈시詩의 밤〉을 준다. 6시六時 반半 종로鐘路 청년회관靑年會館으로 갔다. 시詩의 밤이 벌어졌다. 정지용鄭芝溶 군君 사회司會로 진행進行된다. 시詩 낭송朗誦이 있다. 나는 중간中間에 나왔다. 모인 이는 강당講堂으로 하나 찼다.

4월 21일. 하 박사河博士를 가보고 성북동城北洞으로 가다 이태준李泰俊 군君을 맞나 할 말을 하고 이병도李丙燾 군君을 찾어 담화談話타가 점심點心과 술을 먹고 월탄月灘 박종화朴鐘和 군君을 찾으니 어제 그 친산親山 성묘省墓 갔다 막 왔다. 얼굴이 검었다. 의정부議政府서 15리十五里를 걸었다 한다. 산직山直이가 주었다는 술을 내오고 또 비장秘藏하였던 향료香醪를 내왔다. 박노아朴魯兒도 왔다. 그는 두어 잔밖에 못 한다. 담소談笑와 잔과 갈아 날이 저문 줄 몰랐다. 오후午後 9시九時 돌아오다.

4월 22일. 새벽에 정충시鄭忠時 군君을 찾었다. 경복교장景福校長 이병규李炳奎께 명함名銜을 보내어 내가 지은 그 교가校歌를 돌려 달라고. 내가 그 교가校歌를 지은 건 그 교무주임敎務主任 강정룡姜正龍, 교장校長 이병규李炳奎가 여러 번 청촉請囑하고 또 정鄭 군君 충시忠時도 자주 말하므로 그리고 내가 이왕 경복景福에 있었던 것이므로 부득이 지어 주었는데 그 학교學校 교원敎員 신용연申龍淵이가 월탄月灘께 5, 6차五六次 찾어와 또 그 교가校歌를 지어 달라고 졸랐다 한다. 월탄月灘도 내 말을 듣고는 분개한다. 하거何居를 보았다. 팥죽과 막걸리를 준다.

4월 23일. 오후午後 무덥고 저녁에 비. 수산술어위원회水産術語委員會를 하였다. 하거何居께 갔다. 고故 이칭익李稱翼 씨氏 문상問喪, 부의賻儀 30원三十円. 정충시鄭忠時 군君을 찾다. 신용연申龍淵은 내가 교가校歌 지은 걸 모르고 전전前前에 교장校長의 말만 듣고 월탄月灘께 부탁한 것이라 한다. 교장校長의 실수失手다. 어제사 비로소 교가校歌 완정完定된 것을 알렸다 한다. 손재형孫在馨 군君이 와 본다.

4월 24일. 오후午後 여섯 시 명월관明月館에 갔다. 지도연구원地圖硏

究院 피로연披露宴이 있다. 정문기鄭文基 군君도 왔다. 정鄭 군君이 먼저 찾아왔었다. 명월관明月館 모임을 알렸다. 기생妓生, 가무歌舞, 술잔이 번거로웠다. 10시十時에 돌아왔다. 이호우李鎬雨 군君 편지를 보았다.

4월 25일. 오후午後 2시二時 중앙문화협회中央文化協會 이하윤異河潤 군君을 보고 경대京大에 가니 이숭녕李崇寧 군君은 없다. 이희승李熙昇, 이인영李仁榮, 조윤제趙潤濟 군君을 보고 이병도李丙燾 군君을 보고 김상기金庠基 군君은 찾으니 없다. 하거何居를 가보고 홍명희洪命熹 군君도 맞나다. 저녁을 준다.

4월 26일. 흐리다 개었다. 순자順子가 도봉道峯 만월암滿月庵을 갔다. 김동수金同洙 편지를 보았다. 오후 고적古蹟 보물寶物 명승名勝 천연기념물天然記念物 책임자회責任者會를 하고 조사調査 여행비旅行費 예산豫算 청구건請求件을 토의討議 결정決定. 술 한 병을 60원六十円, 두부豆腐 두 모를 7원七円에 사 오다. 경성여고京城女高를 가 〈산중山中의 달〉 연극演劇과 미군米軍의 태평양전太平洋戰 실사實寫 영화映畫를 보았다. 오후午後 9시九時 돌아왔다.

4월 27일. 김경원金景源 군君과 함께 나와 사다 둔 술을 다 거우르고 우하又荷 댁으로 갔다. 담화談話타가 저녁을 먹었다. 김영관金永琯 군君을 찾으니 없다. 오후午後 9시九時다. 창경원昌慶苑엔 등ㅅ불이 조요하고 구경ㅅ군이 조숫물처럼 밀려 나온다. 구왕궁舊王宮에서 벗꽃을 이용利用하여 돈을 버는 것이다.

4월 28일. 흐리다 맑었다. 오정午正에 함화진咸和鎭 군君이 왔다. 담화談話타가 나가자 하여 큰 광통교廣通橋ㅅ가의 냉면冷麵ㅅ집으로 가, 점심點心을 먹었다. 사람이 자꾸 드민다. 좁은 틈에 끼어 앉었다가 바루 나왔다. 하거 댁何居宅에 들었다가 원동苑洞으로 오다. 순자順子는 와 있다.

4월 29일. 고故 김현장金顯璋 군君ㅅ집을 가, 일곡一哭하고 부의賻儀 50원五十円. 길에서 이숭녕李崇寧 군君을 맞나 교본敎本 재료材料 수집蒐集을 부탁하였다. 월탄月灘을 찾다. 저녁은 무덥다.

4월 30일. 비 온다. 김경원金景源, 신동엽辛東燁 군君과 함께 사직동社稷洞 청대문靑大門집으로 술을 먹었다. 경찰학교警察學校 국어國語를 맡었다. 지우산紙雨傘을 샀다. 150원百五十円.

5월

5월 1일. 흐리고 가랑비가 내렸다. 오전午前 오후午後 국립경찰학교國立警察學校에 가 그 교장校長 김정호金正晧과 노명우盧明愚, 주행성朱幸成, 정규봉丁奎鳳 씨를 보고 제3第三, 2부생二部生에게 국어國語를 가르쳤다. 오후午後 7시七時 아악부雅樂部에 갔다. 집회集會 허가許可가 아니 나왔다고 오는 6일부터 시조時調 개강開講키로 하였다.

5월 2일. 오전午前 9시九時 배화여고培花女高에 가서 문교부文敎部 임시중등양성소臨時中等養成所 국어과國語科 국문학사國文學史를 내려 세 시간時間 했다. 국사과생國史科生도 합습했다. 오다 이발理髮. 오후午後 4시四時 경복중학景福中學 개교開校 기념紀念 연극演劇을 보고 술을 먹고 다동茶洞 국악원國樂院으로 가 광교식당廣橋食堂으로 가서 농악農樂에 대한 좌담座談을 하고 석찬夕餐을 하였다.

5월 3일. 조선어학회朝鮮語學會에 가 『세조실록世祖實錄』을 보았다. 전훈田壎 씨가 와 있다. 가치 나왔다.

5월 4일. 탄월灘月허고 나오다. 다방茶坊ㅅ골 냉면冷麵집에 가 점심點心 먹고 충신동忠信洞 월탄月灘을 찾으니 출타出他했다. 훈정동薰井洞 김태석金台錫 노인老人을 찾으니 전자篆字를 쓰고 있다. 하거何居께 들려 송한규宋漢圭 군君을 맞나고 소주燒酒를 마셨다. 손칼을 40원四十円 주고 사고 또 송한규宋漢圭 군君께 30원三十円을 주고 두 개를 사 달라고. 군인軍人들 소용所用으로 만든 손칼을 팔더라고 하기.

5월 5일. 동빈東濱 군君ㅅ집에 가, 그 형兄 김갑기金甲基 군君도 맞나고 술을 먹고 또 이병도李丙燾 군君이 와 함께 나서 태화정泰華亭 주인主人 김봉두金鳳斗 군君 변사變死(노량鷺梁서 미군米軍 자동차自動車에 자전거自轉車와 충돌衝突되어 죽었다.)를 묻고 50원五十円 부의賻儀하고 청운동淸雲洞 이종덕李鍾德 군君ㅅ집에 가 술을 먹고 오다 태화정泰華亭을 들여다 보았다.

5월 6일. 경찰학교警察學校에 가다. 퇴청退廳타가 태화정泰華亭을 보았다.

5월 7일. 비가 종일終日 온다. 아침에는 비가 안 오기에 우산雨傘을 아니 가지고 갔다가 배화培花 임시교원양성소臨時教員養成所 가는데 찾어온 손님의 우산雨傘을 빌어 가지고 갔다. 퇴청退廳할 때는 윤건로尹健老 군君 우산雨傘을 가치 받고 왔다. 막거리를 먹었다.

5월 8일. 오전午前 11시十一時 45분四十五分 허난설헌許蘭雪軒 방송放送, 15분간十五分間. 경찰학교警察學校서 점심點心 준다. 수수 섞인 밥, 조개 넣은 시금치ㅅ국, 저냐, 짐치, 계란鷄卵 한 개. 퇴청退廳타가 월탄月灘과 콩나물 집으로 마시고 태화정泰華亭에 들렸고 하거何居께 들려 석반夕飯. 아버님 하서下書를 보았다.

5월 9일. 집에 편지 부쳤다. 오후午後 7시七時 아악부雅樂部에 가 시조강습회時調講習會을 시작했다. 나는 시조개론時調槪論, 이주완李珠完 군君은 창법唱法.

5월 10일. 김진규金鎭圭 군君 내간상內艱喪 조문弔問하고 50원五十円 부의賻儀. 하거何居 댁에 들어 여러 노인老人들과 술을 먹었다. 술은 내가 군정청軍政廳 소비조합消費組合에서 표를 얻어다 주어 사온 것이다. 한 병 52원五十二円. 아악부雅樂部 시조時調 강화講話. 8시八時나 하여 돌아와 석반夕飯. 한희漢熙 편지 보았다.

5월 11일. 오후午後 2시二時 경기여고京畿女高에 가 각과各科 교수요목敎授要目 사정위원회査定委員會에 참여參與. 각기各其 분과책임자分科責任者, 입안자立案者를 정定하고 나 유치웅兪致雄, 손재형孫在馨, 김재인金在寅 군君과 김용하金容河 군君ㅅ집으로 가 서화書畵를 보고 나는 유兪, 손孫 양군兩君과 진고개로 들어 손孫 군君이 사 주는 저녁을 먹었다. 진골, 술, 밥. 걸어왔다. 아악부雅樂部에 들렀다.

5월 12일. 계동桂洞 가서 구두를 수선修繕. 20원二十円. 솔도 샀다. 영근英根 데리고 창경원昌慶苑 농악대회農樂大會에 갔다. 인산인해人山人海다. 회장會場을 두 군데로 나눠 동물원動物園 아래와 명정전明政殿 북北편인데 나는 명정전明政殿 북北편 심사위원審査委員 걸상에 걸앉었다. 오늘 주시경周時經 선생先生의 산소山所에 가자는 것을 나는 이 회會의 심사위원審査委員이 되어 오늘(일요日曜)사 틈이 있으므로 참석參席한 것이다. 구경ㅅ군들이 밀고 들어 처음엔 회會를 못 하다가 차차 정돈整頓시겨 전남全南, 경북慶北, 전북全北 — 이 순서順序로 했다. 전북全北이 열두 절차節次로 단연 우수優秀하다. 풍장 치는 것, 몸 놀리는 것, 노래 부르는 것이 다 변화變化가 많고 연락連絡, 통일統一이 되었으며 장고長鼓잡이는 썩 용하게 친다. 어떠케 신이 나게 하던지 구경ㅅ군들도 신이 나서 쏠린다. 오후午後 5시五時 파했다.

5월 13일. 오후午後 비가 좀 왔다. 시조감상時調鑑賞 재료材料를 초鈔했다.

5월 14일. 전문학교專門學校 입학자入學者 시험試驗 검정위원檢定委員 임명任命되고 국어國語 시험문제試驗問題를 냈다. 김영관金永琯 군君이 왔다. 탁주濁酒와 석반夕飯. 책상册床 하나를 사 오다. 250원二百五十円. 시조時調 강연講演.

5월 15일. 신동엽辛東燁, 이봉수李鳳秀 군君과 나오다 콩나물집에 들었다.

5월 16일. 국어國語 교수요목敎授要目 위원회委員會를 하였다.

5월 17일. 이봉수李鳳秀 군君과 함께 최진순崔瑨淳 군君ㅅ집에 가서 석반夕飯. 구름 끼고 비가 듯다 만다.

5월 18일. 황의돈黃義敦 군君과 교화국敎化局 몇 분과 초·중등과初中等課 몇 분과 가치 안기영安基永의 이충무공극李忠武公劇 연습演習을 가 보았다. 1막一幕, 4막四幕만 했다. 용어用語와 사건事件이 부적당不適堂한 곳을 평評하였다. 국악원國樂院, 하거何居 댁에 들렀다. 시조강습회時調講習會을 끝냈다.

5월 19일. 인촌仁村을 찾으니 아직 아니 일어났다. 석남石南은 경주慶州서 아니 왔다 하고 이완규李完圭 군君을 보고 오전午前 9시九時 20분二十分 다시 인촌仁村을 찾어보고 담화談話타가 나서 사직동社稷洞 천세기千世基ㅅ집에 갔다. 손님이 많이 왔다. 이극로李克魯 군君도 왔다. 어제 세기世基 군君 결혼結婚. 음식飮食을 준다. 청주淸酒, 맥주麥酒 를 마셨다. 오다. 이규봉李圭鳳 군君을 찾다. 서승효徐承孝 군君도 왔다. 이시영李始榮 씨를 보았다. 오다가 김용진金容鎭 씨도 보았다.

5월 20일. 오후午後 4시四時 국악원國樂院에 가 농악비평회農樂批評會를 하였고, 저녁도 먹었다. 이봉수李鳳秀 군君을 맞나 또 주점酒店에 들렀다.

5월 21일. 시조時調 강습원講習員 최홍기崔泓基, 임병수林炳壽 등이 아악부雅樂部 이주환李珠煥, 성경린成慶麟, 홍원기洪元基 군君과 나를 덕흥관德興館에 초대招待하였다. 밤 열한 시나 되어 돌아왔다.

5월 22일. 이주환李珠煥 군君이 왔다. 시조時調 강습원講習員이 준 기념품대記念品代를 분배分配하고 그 남어지로는 몇 모이어 몇 잔 하자고.

5월 24일. 음陰. 오전午前 10시十時 반半 경찰학교警察學校에서 강습생講習生 졸업卒業 사진寫眞을 박이고 점심點心 먹었다. 국어國語 교수요목敎授要目 위원회委員會를 하다. 이병도李丙燾 군君과 함께 오다 그 백씨伯氏를 찾어보고 원동苑洞ㅅ집으로 왔다. 술과 저녁을 가치 하였다. 관희觀熙가 왔다. 아버님 하서下書와 의복衣服을 가졌다. 대전太田 양정묵梁正默 씨가 왔다 갔다.

5월 23일. 응후지도제작처鷹後地圖製作處 김병철金炳喆 군君을 찾다. 이봉수李鳳秀, 신동엽辛東燁 군君과 가치 김金 군君이 수십 차數十次 당국當局 미군米軍을 졸라 동경東京서 일인日人이 수십 년數十年 고심苦心하여 만든 조선지도地圖 5만분지 1五萬分之一 동판銅板 3천여 장三千餘張을 찾어 어제 남대문역南大門驛에 도착到着하였다. 퍽 기뻐서 그 장원場員끼리 술을 사다 축하연祝賀宴을 한다. 다시 통의동通義洞 백알집으로 가 먹었다. 나는 돌아오다가 또 김金 군君에게 끌려 콩나물집에 들렀다.

5월 25일. 구두 수선修繕. 하거何居께 가 그 종손從孫 혼서지婚書紙를 쓰이고 막걸리 두 잔을 하였다. 이재수李在秀 군君이 찾어왔다.

5월 26일. 이병도李丙燾 군君을 찾아가 가치 나서 신동엽辛東燁 군君을 찾고 이종덕李鍾德을 찾었다. 어제 기고忌故가 있었다고 음식상飮食床을 낸다. 인삼주人蔘酒를 먹다가 나는 방송국放送局으로 갔다. 오후午後 5시五時 반半 어린이 시간時間에 「세종대왕世宗大王의 학식學識과 한글 창제創製」를 15분十五分 말했다.

5월 27일. 김종영金鍾英 군君이 찾어왔다. 경찰학교警察學校 국어시험國語試驗 답안答案 450여 장四百五十餘張, 전문학교專門學校 입학자入學者 검정시험檢定試驗 국어國語 답안答案 140장百四十張을 가졌다. 다 끊았다.

5월 28일. 새벽녘에 악몽惡夢을 꾸었다. 김상기金庠基 군君을 찾어가 석반夕飯. 김영관金永琯 군君을 찾으니 출타出他했다.

5월 29일. 새벽녘에 또 악몽惡夢. 방송국放送局으로 가 이주환李珠煥, 이혜구李惠求 군君과 가치 장인식張寅湜 군君ㅅ집으로 가 술을 먹다. 성경린成慶麟 군君도 왔다. 이건 요전 시조강습회時調講習會에 남은 돈으로 한 것이다.

5월 30일. 청운동淸雲洞 권형중權亨重 군君이 그 아버지 생일生日이라고 청請한다. 5시五時 반半에 갔다. 두계斗溪, 동빈東濱, 남창南倉, 돈암敦岩, 신동엽辛東燁 군君 그 밖에도 몇 손님이 더 있다. 소담한 상이 벌어졌다. 역시亦是 인삼주人蔘酒다. 담뿍 취했다.

5월 31일. 오후午後 흐리고 무덥다. 오전午前 9시九時 경찰학교警察學校 졸업식卒業式을 가 보았다. 450명四百五十名 졸업卒業. 점심點心을 준비準備해 놓고 자동차自動車를 보냈다. 식당食堂에서 졸업생卒業生과 함께 먹었다. 고기ㅅ국, 팥죽, 쌀밥, 고기볶음, 문어ㅅ발. 반 그릇에 배가 불렀다. 이재수李在秀 군君이 와 시조時調를 묻고 선술집으로 갔다.

6월

6월 1일. 성인교육成人教育 국문교재國文教材를 18과十八課 편찬編撰해 성인교육국成人教育局으로 보냈다. 어제ㅅ저녁부터 오던 비가 오늘도 종일 온다. 공보국公報局 곽채옥郭採沃 군君이 동희東熙에 관關한 조사서調査書를 영문英文으로 네 벌 만들어 외무처外務處 미군米軍에게 부탁한다고 연령年齡, 신장身長, 체중體重, 용모容貌, 응소應召 전 이력前履歷 등을 적어 갔다. 장지영張志暎 군君과 가치 서대문西大門밖 이희승李熙昇 군君 내간상內艱喪을 가 묻고 부의賻儀 100원百円을 하였고, 점심點心을 먹고 돌아오다가 박문서관博文書館 노성석盧聖錫 군君을 찾어보고 『인현왕후전仁顯王后傳』 10책十册을 받고 『송강가사松江歌辭의 연구硏究』 출판出版할 일을 의논議論하고, 게서 오장환吳章煥 군君을 맞나 다점茶店으로 가 차茶을 마시고, 오吳 군君이 번역한 『에세-닌 시집詩集』을 받었다. 비가 줄줄 내린다. 우산雨傘ㅅ자루에도 물이 흐른다. 구두 속에도 척척하다. 양화洋靴을 벗어 빨고 발도 씻었다.

6월 2일. 비가 갰다. 오전午前 9시九時 문교부文教部 앞에서 문교부원文教部員 100여 명百餘名이 모여 추럭을 타고 양주군楊州郡 와부면瓦阜面 마현馬峴(마재)로 갔다. 10시十時 반半이다. 남한강南漢江, 북한강北漢江이 합수合水된 곳이다. 이른 바 양수兩水다. 배 타고 메주바위 밑으로 돌았다. 강변江邊 초원草原에 앉아 술과 점심을 먹었으며 여흥餘興으로 가무歌舞와 보물寶物찾기가 있다. 나도 불려내어 춤을 취었다. 오후午後 3시三時에 돌아오다 동대문東大門 옆에서 내렸다. 인사과人事課에 있는 김억수金億洙 군君과 가치 원동苑洞으로 왔다. 밤에 뇌우雷雨.

6월 3일. 대구大邱 이호우李鎬雨 군君께 회답回答하였다. 장지영張志

暎 군君과 가치 삼청동三淸洞 전훈田壎 군君 집으로 갔다. 화초花草 심고 벌 기르고 두어 간 모옥茅屋이라도 아취雅趣는 많다. 이중화李重華, 정인승鄭寅承 군君도 왔다. 삼해주三亥酒를 준다. 빛은 젖빛이오, 맑고 순수하다. 저녁밥까지 준다.

6월 4일. 민족박물관民族博物館을 갔다. 도상봉都相鳳 군君이 안 와서 고적古蹟에 대한 회會는 못하였다. 문학동맹文學同盟에 가 내일 시詩 강연講演 시간時間을 바꾸었다. 고故 조종주趙鍾周 군君 장자長子 남제南濟 군君이 찾아왔다. 활빈서 10여 일十餘日 전前 돌아왔다. 황병인黃炳仁 군君을 맞났다.

6월 5일. 점심 때 이화고녀梨花高女에 가서 대동한묵회大東翰墨會서 할 서화전람書畫展覽에 출품出品한 서화書畫를 심사審査하였다. 장발張勃, 이시영李始榮, 김진우金振宇도 왔다. 분량分量은 적으나 김구金九, 조완구趙琬九, 이시영李始榮 선생先生의 글씨는 품品이 높다. 종래從來 서화書畵 전람展覽에 볼 수 없던 것이다. 점심點心을 먹고 왔다. 오후午後 4시四時 반半 국립도서관國立圖書館 강당講堂으로 갔다. 이재욱李在郁, 김광균金光均, 김기림金起林, 임화林和 군君을 맞났다「시조時調와 신시新詩」에 대하여 한 시간時間 강연講演. 회원會員은 100여 명百餘名. 이는 시인詩人의 집과 문학동맹文學同盟에서 주최主催하는 현대시現代詩 강좌講座. 6시六時 대관원大觀園으로 갔다. 이병도李丙燾, 손진태孫晋泰, 이상백李相佰, 민병도閔丙燾 군君과 아동문화협회兒童文化協會의 윤석중尹石重, 조풍연趙豐衍 군君들이 모였다. 이는 을유문화사乙酉文化社에서 조선문화총서文化叢書를 하겠다고 우리 몇을 그 위원委員으로 청請한 것이다. 백알을 마셨다. 한희漢熙 편지를 보다.『중등국어中等國語』 임시교본臨時教本 제2권第二卷 편찬編撰을 마감했다.

6월 6일. 집에 편지하였다. 임의준林宜準을 맞났다.

6월 7일. 조선특산품장려가朝鮮特産品奬勵歌를 지어 서울신문 여상현呂尙玄 군君을 주었다. 이 달 15일 삼월三越서 전국全國 특산품特產品 전람회展覽會를 열겠다고. 주최主催는 금융조합연합회金融組合聯合會, 후원後援은 군정청軍政廳, 서울신문. 정희남鄭熙南 군君이 왔다. 함께 오다가 계동桂洞서 선술을 먹었다. 김영관金永琯을 찾어보고 은동隱洞으로 갈 200원二百円을 주었다.

6월 8일. 비가 온다. 국악원國樂院에 갔다. 함화진咸和鎭 군君은 없다. 7월 중中, 전국全國 민요무용대회民謠舞踊大會를 하겠다고 민요民謠, 무용舞踊에 대하여 묻기에 약간若干 말해 주었다. 비를 맞고 진고개로 가다 음식점飮食店에서 장국밥과 술 몇 잔을 먹었다. 80여 원八十餘円이다. 민족박물관民族博物館으로 갔다. 송석하宋錫夏, 도상봉都相鳳 군君이 와 있다. 고적조사古蹟調查 여비旅費를 의논議論했다. 도都 군君의 자동차自動車를 가치 타고 계동桂洞 송석하宋錫夏 군君ㅅ집으로 와 맥주麥酒 와 백일주百日酒을 먹었다. 밤새도록 비 온다.

6월 9일. 비. 종일終日 집에 있었다. 중등학교中等學校 졸업가卒業歌를 지었다.

6월 10일. 맑다. 탄월灘月허고 박종목朴鍾穆 군君을 찾다. 함께 나서 다점茶店으로 갔다. 향린香隣도 맞났다. 하거 댁何居宅으로 왔다. 여자사범대학女子師範大學 선생先生들이 와 있다. 김용배金容培 군君. 술과 밥을 준다.

6월 11일. 이리裡里 천일고무공업天一工業 사장社長 박용준朴庸俊, 동래東萊 박필희朴必熙, 신동엽辛東燁, 이윤희李允熙, 이종화李鍾和, 강정룡姜正龍 기외其外 5인五人과 함께 국일관國一館에서 놀았다. 오후午後

10시十時 돌아왔다.

6월 12일. 국악원國樂院에 갔다. 남산南山 밑으로 갔다. 김두서金斗西 ㅅ집이다. 함화진咸和鎭 기외其外 국악원國樂院 몇 분과 조윤제趙潤濟, 이혜구李惠求, 기외其外 수인數人과 함께 국악원國樂院서 주최主催하겠다는 전국全國 민요무용대회民謠舞踊大會에 대한 의논議論. 술과 장국밥을 먹었다.

6월 13일. 새벽에 배가 좀 아프고 설사를 수차數次했다. 한희漢熙 편지 보았다. 지난 8일 부친 것.

6월 14일. 하거何居께서 술 두어 잔 하고 정충시鄭忠時 군君을 찾아 담화談話코 석식夕食. 한희漢熙 편지를 또 보았다. 지난 7일 송부送付한 것인바 더 학교學校 공부工夫를 계속하겠다고.

6월 15일. 제주濟州 풍속영화風俗映畵 시사試寫를 보았다. 조선영화사朝鮮映畵社서 했다. 퍽 진보進步되었다. 국립도서관國立圖書館에 가서 한말韓末 외교문서外交文書 전람회展覽會을 보았다. 원동苑洞 와 점심點心먹고 나가 이발理髮하고 숙명여고淑明女高에 가 각各 학과學科 교수요목敎授要目 위원회委員會에 참가參加하고 신동엽辛東燁 군君과 가치 이덕전李德傳 군君께 가서 인삼주人蔘酒와 석식夕食. 한희漢熙에게 답장答狀.

6월 16일. 국악원國樂院 야유회野遊會가 있다는 언약言約대로 오전午前 9시九時 돈암정敦岩町 종점終點에 가 기다렸다. 문학동맹文學同盟 회원會員들만 우이동牛耳洞으로 간다고 모이고 국악원國樂院에서는 하나도 안 온다. 비는 온다. 대서소代書所서 비를 멎기를 기다려 이상돈李相敦 군君을 찾아보고 점심點心 먹고 찬燦 군君께로 왔다. 김수한金秀漢도 있다. 비도 또 온다. 저녁밥을 먹었다. 비가 멎었다. 걸어서 하거何居 댁으로 왔다. 저녁상에 소주燒酒를 내왔다. 비는 또 온다. 9시九時에 듯는 비를 맞으며 원동苑洞으로 왔다.

6월 17일. 빗방울이 듯다 마다 한다. 국립경찰학교國立警察學校 여자부女子部를 가르쳤다. 오후午後 7시七時 아악부雅樂部서 제2회第二回 시조강습時調講習을 시작하였다. 박순양朴順陽 군君이 와 전문專門 입학入學을 걱정한다.

6월 18일. 퇴청退廳하여 조선어학회語學會로 갔다. 정인승鄭寅承 군君이 한잔 낸다고 오라는 것이다. 권승욱權承昱 군君 시겨 아악부雅樂部 시간時間을 바꾸게 하고 나는 어학회語學會 여러분을 따라 진고개로 갔다. 정인승鄭寅承 군君이 장차 개점開店하려는 집이다. 떡과 술이 나왔다. 나는 술을 먹다가 7시七時에 돌아왔다.

6월 19일. 이봉수李鳳秀, 김경원金景源, 신동엽辛東燁 군君과 함께 주점酒店에 들었다. 두 주전자 하였다. 나는 하거何居 댁으로 와 또 소주燒酒 두어 잔을 하였다. 좀 무덥다.

6월 20일. 오전午前 9시九時부터 비가 오기 시작하여 밤새에도 그치지 않는다. 의전교장醫專校長 심호섭沈浩燮 박사博士가 와 그 학교學校 입학시험入學試驗 국어문제國語問題를 내 달라고 한다.

6월 21일. 비 온다. 오전午前 10시十時. 경기공립상업학교京畿公立商業學校에 갔다. 문교부장文教部長 피텐쟈, 도학무과장道學務課長, 연전延專 교장校長 백락준白樂濬, 동덕여고同德女高 교장校長 조동식趙東植, 진명여고進明女高 교장校長 이세정李世禎 군君도 왔다. 제20회第二十回 졸업식卒業式. 나도 축사祝辭했다. 맥주麥酒, 점심點心. 고두동高斗東 군君의 편지가 여러 장 왔다. 아침에 관희觀熙가 왔다. 집에 간다고. 홍성초洪性初 군君을 찾어 감초甘草 반 근半斤, 호초胡椒 3냥三兩을 사게 하였다. 100원百円을 주었다. 이호우李鎬雨 편지도 보았다.

6월 22일. 오전午前은 흐리다가 개었다. 이호우李鎬雨, 고두동高斗東 군君께 편지 답장答狀. 흑석리黑石里 애류崖溜를 가 보려고 노량鷺梁 가는 전차電車를 타려고 종로鐘路까지 가서 기다리다가 못 타고 말었다. 하거何居께로 와, 하거何居, 삼화三華, 이성의李聖儀 군君과 가치 내일來日 경매競賣한 골동품骨董品을 남산南山 밑으로 가 보았다. 삼화三華와 오다가 배갈白干을 사 먹었다. 아악부雅樂部서 강의講義하였다. 시조감상時調鑑賞.

6월 23일. 종일終日 비. 종일終日 집에 있었다. 이중각李重珏, 정희용鄭熙容 군君께 회답回答. 정관靜觀 노인老人은 대구大邱를 갔다.

6월 24일. 바람 불며 비 온다. 종일終日 아니 그친다. 김유신金庾信 장군將軍에 대하여 방송放送했다. 김억金億, 김도태金道泰 군君과 자동차自動車로 계동桂洞 김억金億 군君 집으로 왔다. 술 세 병을 기울렸다. 나는 원동苑洞으로 와 빗물로 목욕沐浴했다.

6월 25일. 비 갰다. 박문서관博文書館에서 「송강가사松江歌辭의 연구研究」를 박이겠다고 가져갔다.

6월 26일. 종일終日 비 온다. 밤에도 신동엽辛東燁 군君께 가서 술 먹었다. 오후午後 8시八時쯤 비를 노바기로 맞으며 돌아왔다.

6월 27일. 종일終日 비. 집이 샌다. 구두가 젖어 가죽이 물렀다. 임시중등교원臨時中等教員 강습講習에 가는데 물속이다. 길이 내가 되었다.

6월 28일. 비가 갰다. 그려도 퍽 무덥다. 퇴청退廳하여 경찰학교警察學校 가르칠 원고原稿를 썼다.

6월 29일. 강구장姜區長과 가치 창덕궁昌德宮 후원後苑에 갔다. 구왕궁직원舊王宮職員 운동회運動會가 있다. 태극정太極亭으로 가 약수藥水

를 먹고 숲속 시내에 목욕沐浴했다.

6월 30일. 김상기金庠基 군君을 찾었다. 반주飯酒를 낸다. 함께 김영관金永琯 군君을 찾고 이병도李丙燾 군君을 찾었다.

7월

7월 1일. 이봉수李鳳秀 군君과 김병철金丙哲 군君께 가 준치 안주로 소주燒酒을 먹었다. 부산釜山 고두동高斗東 군君이 왔다. 더불고 와 가치 잤다. 밤새도록 비 왔다.

7월 2일. 오후午後 5시五時 비가 갰다.

7월 3일. 권형중權亨重, 이종덕李鍾德 군君이 왔다. 대한관大韓館으로 가자고. 경복중학교景福中學校를 가니 직원職員들이 다 나갔다. 대한관大韓館으로 갔다. 이승수李承秀, 신동엽辛東燁 군君도 왔다. 10여 명十餘名. 음식飮食이 소담하다. 노래며 춤이 벌어졌다. 9시九時나 해 원동苑洞ㅅ집으로 오니 고두동高斗東 군君 와 있다. 가치 잤다.

7월 4일. 경복중학교景福中學校 이병규李炳奎, 강정룡姜正龍 군君을 찾어보았다. 아악부雅樂部 시조회時調會에 참석參席. 오후午後 9시九時 45분四十五分 — 10분간十分間 방송放送. 국학감상國學鑑賞의 가요해설歌謠解說 서언序言. 걸어 왔다. 한희漢熙 편지 보다.

7월 5일. 퇴청退廳타가 땀이 찼다. 별을 등지고 걸어 왔다.

7월 6일. 나오다 박물관장博物館長 김재원金載元 군君 집으로 갔다. 소주燒酒를 얻어 놓고 뜰 앞의 외를 따다가 안주했다.

7월 7일. 종일終日 있었다. 아동문화협회兒童文化協會 현상모집懸賞募集한 아동兒童 작문作文를 끊았다. 이발理髮도 했다. 오후午後 9시九時 반半 방송放送, 국악國樂 감상鑑賞 지도指導 — 고가요古歌謠와 여음餘音.

7월 8일. 저녁 먹고 장서은張西隱 노인老人을 가 보니 수저비로 저녁상을 받고 앉으셨다. 중국中國 고인古人의 축복시祝福詩 사율四律 1편一篇을 써 두었다가 준다. 그 아드님 지태之兌 군君은 약주藥酒를 사 가지고 와 권한다. 나오다가 장태영張泰英 군君 데리고 옛날 단골이던 중국인中國人 음식점飮食店에서 배갈白干 세 병을 먹었다. 그리고 또 이 약주藥酒 한 주전자를 마시었다. 꽤 취醉한다. 또 김영관金永琯 군君을 찾고 돌아섰다. 달은 으슴푸러하다. 원동苑洞 와 누었으나 꿈으로 온 밤을 새웠다. 가끔 벼룩이 무는 걸 감촉했다.

7월 9일. 오후午後 4시四時 영보永保 삘딩으로 왔다. 아동문화협회兒童文化協會서 모집募集한 작문作文을 심사審査했다. 1등一等 1인一人, 2등二等 3인三人, 3등三等 3인三人, 4등四等 4인四人만 내고 그 남어지는 협회協會에 맡기고 석식 상夕食床으로 자리를 옮겼다. 이태준李泰俊, 피천득皮千得, 이희승李熙昇 외 협회協會 사람들이다. 민병도閔丙燾 군君이 와 인사한다. 밖에 나서니 비가 온다. 그냥 걸어왔다. 옷과 모자帽子가 젖었다.

7월 10일. 유진핵兪鎭翮, 이종구李宗求, 이봉수李鳳秀 군君과 나오다가 사직동社稷洞 청대문靑大門 집으로 갔다. 소주燒酒, 약주藥酒 두어 병을 먹었다. 원동苑洞을 돌아오니 경의과대학京醫科大學 입학시험入學試驗 답안答案 9백여 장九百餘張이 와 쌔였다. 끊을라고 빨강 연필鉛筆을 깎다가 면도面刀날을 상했다. 4분四分 가량 떨어졌다. 비는 그치지 않는다.

7월 11일. 나오는데 폭우暴雨가 쏟아진다. 계동桂洞 중국인中國人집에 들렀다. 배갈白干 다섯 잔을 먹었다. 9시九時 45분四十五分 방송放送—강강수월래.

7월 12일. 나오다가 계동桂洞서 새로 마춘 구두를 찾었다. 650원六百五十円. 헌 구두는 고치라고 맡겼다. 서울의과대학醫科大學 국어國語 답안答案을 끊다. 밤이 이슥하도록.

7월 13일. 오정午正에 함일화咸日華 군君을 찾아 점심點心 먹고 2시二時 청년회관靑年會館서 한 시간 반 「조선 민족民族 창조성創造性에 대하여」 강연講演했다. 안종원 씨安鍾元氏를 찾고 원동苑洞으로 와 여름 양복洋服을 마추고 선금先金 1000원千円을 주고 남어지 1000원千円은 찾으러 올 때 주겠다 하였다. 국어國語 답안答案을 다 끊았다. 자정子正이 넘었다.

7월 14일. 음陰. 오후午後 하거 댁何居宅에 가서 소주燒酒 두어 잔 하고 돌아왔다. 김영관金永琯 군君이 왔다. 술 한 병 사다 거울렀다.

7월 15일. 병준秉濬이와 재당질再堂姪이 와 본다. 재당질再堂姪 태희泰熙가 중앙중학교中央中學校 입학入學되었다. 의과대학醫科大學 시지試紙는 가져갔다. 집에서 여름 양복洋服, 모시 두루막이, 와이사쓰, 고의적삼, 마늘을 보냈다. 병국炳國의 편지를 보았다. 동진강東津江 연안沿岸 김제金堤 등지等地에 호열자虎列剌가 성하다고. 8월 15일 「해방기념가解放紀念歌」를 지었다.

7월 16일. 진명여학교進明女學校에 가서 이세정李世楨 군君을 보고 나오다 이숙종李淑鍾 부인婦人을 찾아보고 술도 먹었다. 함일화咸日華 군君을 찾고 하거何居께도 다녀왔다. 병준秉濬이가 왔다.

7월 17일. 빗낱이 듣다 말았다. 탄월灘月과 우송友松을 찾다. 문門이 잠겼다. 도로 오다가 김영관金永琯, 정구영鄭求瑛 군君을 만나 그 사무소事務所로 갔다 차茶ㅅ집으로 갔다. 김金 군君과 가치 하거何居께 와서 석반夕飯을 먹었다. 조용만趙容萬 군君을 보았다.

7월 18일. 습자검정習字檢定하는 일로 장지영張志暎 군君과 가치 안종원 씨安鍾元氏를 찾었다. 나는 아악부雅樂部, 중앙학교中央學校에 갔다. 태희泰熙 입학금入學金 납입納入 기한期限을 이 달 말일末日까지 물렸다. 풍문학교豐文學校로 가니 교장校長은 없었다. 배화학교培花學校로 가서 강의講義를 마치고 오다가 김성달金性達 군君을 찾었다. 방송放送 — 창부타령.

7월 19일. 저녁에 비 온다. 새로 두 점이 되도록 국어강습國語講習 원고原稿를 썼다. 서울시청市廳 주최主催 국민학교國民學校 교원강습教員講習이다.

7월 20일. 비가 간간間間 온다. 퍽 피곤疲困하다. 오후午後 나와서 누웠다. 머릿속이 깨끗지 못하다. 김종민金鍾珉 군君이 와 국어國語 원고原稿를 가져갔다.

7월 21일. 이병도李丙燾 군君을 찾다. 만두饅頭와 소주燒酒를 먹인다. 저물어 왔다.

7월 22일. 이봉수李鳳秀, 허연許然, 신동엽辛東燁, 진주晉州 일신중학日新中學 교장校長과 가치 엽주獵酒를 하였다. 장국밥이 비위에 맞지 않아 게웠다. 인력거人力車를 타고 왔다.

7월 23일. 오전午前 9시九時 교동국민학교校洞國民學校에 갔다. 시내市內 국민학교國民學校 교원教員 국어강습회國語講習會를 시작하였다. 남녀男女 교원教員 350여 명三百五十餘名. 각各 학교學校에 4, 5명四五名 오라고 제한制限한 것이 자원自願해서 온 이가 더 많다 한다. 그 큰 강당

講堂에 가득 찼다. 소리를 높여 두 시간을 하고 오후午後엔 배화여교培花女校 중등교원양성소中等教員養成所로 갔다. 세 시간을 마치고 나서 오다 강형구姜炯求 군君을 찾으니 없고 그 부친父親만 보고 담화談話타가 오다. 이종숙李鍾淑 군君을 찾어 100원百円을 그 선대인先大人 소기小朞에 주고 나오다 박노갑朴魯甲, 이병규李炳奎, 김주천金柱天 군君을 만나고 황서훈黃瑞勳 군君을 찾아 술을 먹고 붉은 고개를 넘는데 소개疏開하느라고 헐은 터에 광정이를 심어 푸릇푸릇하고 한편엔 여학생女學生 세넷이 앉었고 광정이 밭머리엔 중노인中老人된 부인婦人 한 분이 서서 "이런 데 이런 펴런 것을 심어 아니 조아. 펴런 것이 먹는 것도 먹는 것이려니와" 한다. 나는 이 말이 하두 좋아 발을 멈추고 그들을 쳐다보았다. 그들은 눈을 이상하게 뜬다. 나는 그 부인婦人과 말을 하고 싶었으나 발을 돌이키고 말었다. 원동苑洞 와 저녁 먹고 영근英根이와 다리미를 하였다.

7월 24일. 교동국민학교校洞國民學校서 점심點心 먹고 아악부雅樂部 가서 성경린成慶麟 군君을 보고 소리 책冊을 얻고 하거何居께로 갔다 왔다.

7월 25일. 군정청軍政廳에 갔다가 교동국민학교校洞國民學校로 가, 세 시간時間 강연講演하고 오후午後엔 배화여고培花女高 중등교원양성소中等教員養成所로 가 또 세 시간時間을 하고 돌아오다가 계동桂洞 중국요리中國料理집에서 배갈白干을 먹고 맥주병麥酒甁으로 하나 가졌다. 150원百五十円. 이중각李重珏 편지가 왔다. 여름 양복洋服을 가졌다. 9시九時 45분四十五分부터 15분十五分 방송放送 — 국악國樂 감상鑑賞, 민속民俗 가요歌謠 해설解說. 중복中伏날이다. 어디 찬 샘이라도 찾아가고 싶다.

7월 26일. 오후午後 1시一時까지 4일 동안 긴장緊張하던 국어강습國語講習을 끝내고 군정청軍政廳으로 갔다. 퍽 피곤疲困하여 퇴청退廳하는 대로 원동苑洞으로 왔다.

7월 27일. 오후午後 곧 나왔다. 조용원趙鏞元(시원時元) 군君이 찾아왔다. 수십 년數十年 만이다. 한미韓美호텔서 그 중형仲兄 조소앙趙素昂과 함께 있다고. 퍽 무덥다. 윗통을 벗고 잤다. 그려도 끈적끈적하다.

7월 28일. 정충시鄭忠時 군君을 찾다. 가치 하거何居께로 가, 이재수李在秀 군君을 만났다. 재수在秀 군君은 내게 찾았다 하고 양주洋酒 한 병을 가지고 왔다 한다. 정·이鄭李 군君을 데리고 원동苑洞으로 와 술을 먹었다. 방송放送.

7월 29일. 고두동高斗東 군君이 왔다. 실로 얽은 샤쓰를 사서 순자順子, 영근英根에게도 하나씩 주었다. 고高 군君이 와 잤다.

7월 30일. 소낙비가 지냈다. 저녁에 아악부雅樂部 가서 수도水道에 목욕沐浴. 서늘바람이 분다. 중등교원中等教員 국문학國文學 시간時間을 마치다. 경희京熙 편지 보고 서울 타임스사社 신문학新文學 원고原稿 청請하는 편지가 왔다.

7월 31일. 새벽엔 생량生凉했다. 나오다 고서적점古書籍店에 들고 한남서림翰南書林에서 『대각국사문집大覺國師文集』 2책二册 사고 그 주인主人 이순황李淳璜 군君과 영보永保삘등에 가서 석식夕食. 하거何居를 보고 『주영편晝永編』 2책二册을 차래借來. 『완당척독阮堂尺牘』 2책二册은 뉘게 팔렸다고 운운云云.

8월

8월 1일. 중등교원中等教員 국문학사國文學史를 끝냈다. 도로 군정청軍政廳으로 와 초등初等 국어교본國語教本 제1권第一卷 원고原稿를 위원회委員會서 검토檢討. 오후午後 6시六時까지 했다. 장지영張志暎 군君 제안提案인 바 이의異意가 많다. 첫째 글을 이루지 못한 점에 대하여. 원동苑洞으로 와 8시八時에 나서 걸었다. 50분五十分 만에 중앙방송국中央放送局으로 갔다. 「제비가」 끝내고 돌아오니 10시十時 반半. 수원水原서 웬 손님이 7, 8인七八人이 닥친다. 소요하여 자정子正에나 잤다.

8월 2일. 오전午前 5시五時부터 떠들석하다. 밥을 지어 부처님게 공양供養한다고 8시八時가 되어도 밥을 아니 준다. 나는 아침도 아니 먹고 군정청軍政廳으로 갔다. 순자順子가 점심點心밥을 가지고 왔다. 이재수李在秀 군君과 가치 술도 먹고 밥도 먹었다. 나오다 이봉수李鳳秀, 신동엽辛東燁 군君과 가치 뒤 지도地圖 제작소製作所에 가서 소주燒酒 몇 잔하고 돌아오다 민병원閔丙元, 정용원鄭容源 만나 참외를 먹고 현상윤玄相允, 하경덕河敬德 군君을 찾으니 없다. 병유秉裕가 중앙중학中央中學으로 보낸 1330원千三百三十円을 우편국郵便局에서 찾었다.

8월 3일. 초등初等 국어교본國語教本 제1학년第一學年 상권上卷에 대하여 토의討議했다. 나오다가 중앙중학교中央中學校에 가서 태희泰熙 입학금入學金 1330원千三百三十円을 납입納入. 심형필沈亨弼, 이종우李鍾雨 군君을 보고 담화談話. 원동苑洞서 점심點心. 박종화朴鍾和 군君을 찾다. 술을 먹으며 담화談話.

8월 4일. 비가 온다. 종일 있었다. 책冊을 보다 졸다 하였다. 서광전徐光前 노인老人이 도봉道峯서 비를 무릅쓰고 왔다. 수원水原서 부인婦人

과 아이도 왔다. 와짜근 하였다. 우산雨傘 받고 방송放送 갔다.

8월 5일. 개었다. 국장회의局長會議에 참여參與. 8·15八一五 축하祝賀 준비準備다. 여러 가지 일을 맡긴다. 김남천金南天 군君이 와 문맹文盟에서 나를 부위원장副委員長으로 추천推薦하였다고. 하거何居께 와서 저녁 반주飯酒를 했다.

8월 6일. 이호우李鎬雨 군君께 편지 했다. 그 계씨季氏 형우亨雨 군君 가는 편에. 강형구姜炯求 군君이 왔다. 중등교원中等教員 국문학國文學 답안答案 고사考査. 밤 중 뇌우雷雨 시작. 「질풍뇌우필변疾風雷雨必變」으로 잠을 이루지 못 했다.

8월 7일. 비. 경찰학교警察學校에 가, 또 국어강화國語講話. 점심點心. 한남서림翰南書林에 가니 이순황李淳璜 군君은 없다. 하거何居께 가서 『퇴계집退溪集』을 보고 술도 먹었다. 밤새도록 비 온다.

8월 8일. 오정午正에 개었다. 순자順子가 현기증眩氣症으로 주사注射를 두 대나 맞았다. 오후午後 9시九時 45분四十五分 방송放送—난봉가, 서도가요西道歌謠. 창唱엔 박채선朴彩仙. 해금奚琴에는 이정업李正業, 필률觱篥에는 이충선李忠善. 이들은 이내껏 반주伴奏해 왔다.

8월 9일. 국민학교國民學校 국어교본國語教本 토의討議. 이봉수李鳳秀 군君과 가치 주점酒店에 들었다.

8월 10일. 아악부雅樂部에 가 취타吹打를 물어 보았다. 매인每人 300원三百円은 주어야 한다. 탄월灘月과 가치 월탄月灘 집에서 술 먹었다.

8월 11일. 하거何居께서 종일終日 놀았다. 순자順子하고 방송국放送局에 갔다. 나는 10시十時 후後 왔다. 백종百種. 선들 바람이 난다.

8월 12일. 흐리다 비도 뿌렸다. 또 경찰학교警察學校에 갔다가 중등교원양성소中等教員養成所로 갔다. 졸업시험卒業試驗을 치뤘으나 국문학

國文學을 더 배우겠다 하므로 오늘 내일 하기로 했다. 전부全部 출석出席했다. 세 시간時間 강화講話. 아침에 가다가 홍현 마루턱에서 애류崖溜를 만났다. 퍽 추레하다. 200원二百円을 주었다. 저녁엔 김영소金永消 군君을 만났다. 손복규孫復圭 군君과 놀았다.

8월 13일. 중등교원양성소中等教員養成所 국문학國文學 강의講義를 마쳤다. 국민학교國民學校 교본教本 토의討議. 탄월灘月 김경원金景源, 구본웅具本雄 군君과 가치 박종목朴鍾穆 군君께 가 소기小朞를 묻다. 100원百円 부조하였다. 내 선비상先妣喪 때 월탄月灘의 부의賻儀를 받고 그 뒤 그 내외간상內外艱喪엔 지방地方에 가 있노라고 나는 조문弔問도 못 했다. 소낙비가 저녁에 지냈다. 『상허문학독본尙虛文學讀本』을 기증寄贈 받었다.

8월 14일. 오후午後 이봉수李鳳秀 군君, 고석균高碩均 군君과 가치 덕성여학교德成女學校 교사教師 오준차吳駿次 군君 집으로 가 약주藥酒, 맥주麥酒 를 먹었다.

8월 15일. 오전午前 8시八時 전前 세전世專 운동장運動場으로 갔다. 아무도 없다. 나중에 들으니 남산南山으로 변경變更했다 한다. 그리 가서 문교부文教部 행렬行列에 참가參加. 몇 시간時間 중간中間에서 지체遲滯하여 남대문南大門 안으로 부청府廳 앞, 황금정黃金町, 종로鍾路, 광화문光化門 통通으로 하여 군정청軍政廳으로 들었다. 11시十一時 반半, 8·15八一五 기념회記念會가 시작되기 전에 신동엽辛東燁 군君과 가치 이정촌李貞村 군君 집으로 갔다. 이종덕李鍾德 기타其他 7, 8인七八人이 모였다. 오후午後 2시二時 음식상飮食床이 나온다. 맥주麥酒, 인삼주人蔘酒를 나누었다. 9시九時 40분四十分 방송放送 — 수심가. 창唱은 이진홍李眞紅.

8월 16일. 김상기金庠基 군君이 왔다. 문곡文谷을 찾으니 없다. 술을 먹었다. 석남石南도 찾았다 못 만났다.

8월 17일. 김상기金庠基 군君을 찾다. 이병도李丙燾 군君도 왔다. 심었다는 참외를 따오고 숙지황熟地黃 넣은 소주燒酒를 준다. 장현식張鉉植, 정구충鄭求忠 군君을 찾으니 다 전라도全羅道 갔다고.

8월 18일. 조반朝飯 후後 하 박사河博士 군君을 찾다. 밥상을 받고 탁주濁酒를 권한다. 담화談話. 경복중학교景福中學校에 갔다. 정충시鄭忠時 군君은 와 있다. 송현松峴 동창同窓들이 모인다. 21명二十一名. 기숙사寄宿舍서 점심點心, 술, 회의會議. 회명會名은 송현회松峴會라 했다. 오후午後 그 뒤 도화동천桃花洞天으로 가 나는 대은암大隱岩, 만리수萬里漱에 대하여 설명說明하고 헤졌다. 9시九時 반半 방송放送—노래가락, 아리랑. 창唱은 이진홍李眞紅. 반주伴奏는 이충선李忠善, 이정업李正業. 이걸로 나의 해설解說은 끝냈다.

8월 19일. 최근학崔根學 군君과 가치 청구청림靑丘靑林 주인主人 박상훈朴商勛 군君을 찾다. 태화정泰華亭으로 갔다. 이응구李應九, 송석하宋錫夏 군君도 만났다. 맥주麥酒, 배갈白干을 먹었다.

8월 20일. 김동선金東善, 안명길安命吉 군君과 가치 김형철金鎣喆 군君집에 가서 술을 먹었다. 게서 이규봉李圭鳳, 이집천李集千, 김경원金景源 군君을 만났다.

8월 21일. 비 왔다. 초등학교初等學校 교과목敎科目 토의討議. 경찰학교警察學校 시간時間은 못했다. 오후午後 하거何居께 기다려도 금련金聯서 안 온다. 돌아오다가 장태영張泰英 군君을 만나 담화談話코 오니 금련金聯서 자동차自動車로 데리러 왔다 갔다. 옷을 벗고 세수洗手하였다. 또 금련金聯서 왔다. 자동차自動車로 갔다. 금련金聯 본관本館은 미군美

軍이 들고 그 별관別館만을 쓴다. 송석하宋錫夏, 김재원金在元, 이원조李源朝, 신남철申南澈, 박치우朴致祐, 이희승李熙昇, 김성칠金聖七, 양주동梁柱東 군君이 와 있으며 좌담座談한다. 조선朝鮮 민족문화民族文化에 대하여다. 마치고 석찬夕餐 맥주麥酒, 배갈白干.

8월 22일. 하거何居를 보고 왔다가 배갈白干 한 병을 가지고 또 하거何居께 가서 배갈白干을 먹었다. 이재수李在秀 군君이 와이샤쓰를 가졌다.

8월 23일. 이재수李在秀 군君과 가치 대화정大和町 최재희崔載熙 군君 집을 찾다. 그 생일生日이다. 그 동기同期 졸업卒業 경대京大 학사學士들이 모였다. 술, 밥을 배부르게 먹었다. 대종교당大倧教堂에 가 국문학國文學 강연講演.

8월 24일. 비 오다 오후午後 개었다. 대종교당大倧教堂 국문학國文學 강연講演. 청강생聽講生 수백 명數百名. 하거何居께서 해를 지웠다. 처서處暑.

8월 25일. 새벽녘엔 생량生涼하였다. 곳불 들었다. 김억金億 군君을 찾고 송석하宋錫夏 군君을 보고 성북동城北洞 이병도李丙燾 군君을 가 보았다. 점심點心 먹고 오다 우하又荷를 찾으니 설사泄瀉로 위석委席하여 불성인사不省人事라고 한다. 서은西隱을 보고 시화詩話.

8월 26일. 흐리고 무덥다. 관사官舍 때문에 이종구李宗求, 유 부장兪部長을 보다. 조소앙趙素昻 편지를 보았다. 정동립鄭東立 여사女史가 와 보고 애국문화사愛國文化社의 고문顧問을 청請한다. 장지영張志暎 군君과 가치 이관구李寬求, 이혜구李惠求 군君 외간상外艱喪 문상問喪. 장충단壯忠壇 넘어다. 게서 변영로卞榮魯, 이병도李丙燾, 김상기金庠基, 김두헌金斗憲 군君을 만나고 비가 와 오후午後 8시八時 자동차自動車로 왔다. 8월八月 15일十五日 한희漢熙 편지를 보았다.

8월 27일. 하거何居께 들렀다. 관사官舍 때문에 서무과庶務課에 가보고 박물관博物館 김재원金在元 군君도 보았다. 또 이종구李宗求 군君도 보았다.

8월 28일. 아침과 저녁나잘에 소낙비 지냈다. 풍문중학교豐文中學校에 가 김성달金性達 군君을 보았다. 송우宋友 편에 부주父主 하서下書를 보고 곧 상上 답서答書, 한·경漢京 양아兩兒게도 편지하였다. 용남龍南 송우宋友가 왔다.

8월 29일. 음陰. 소낙비. 이발理髮. 음陰 8월八月 3일三日, 조고祖考 기일忌日. 국치기념일國恥記念日. 경계警戒가 심甚하다.

8월 30일. 문곡文谷을 찾었다. 함께 나서 비빔밥을 사 먹고 대관원大觀園으로 배갈白干을 또 먹인다.

8월 31일. 이종구李宗求, 이봉수李鳳秀 군君과 가치 청대문靑大門집으로 가, 소주燒酒을 먹었다. 오다 하거何居께 들려 이재수李在秀 군君을 만났다. 어제 들왔다는 술 한 병을 다 거우른다. 삼화三華, 재수在秀 군君과 두어 잔을 돌렸다.

가람 이병기 전집 ❾

일기 Ⅳ

지은이 이병기
펴낸이 김동원
펴낸곳 전북대학교출판문화원

초판 1쇄 인쇄 2021. 12. 20
초판 1쇄 발행 2021. 12. 30

전북대학교출판문화원 전라북도 전주시 완산구 어진길 32 (풍남동2가)
전화 (063) 219-5319~5322
FAX (063) 219-5323
출판등록 2012년 8월 20일 제465-2012-000021호

값 45,000원

ISBN 979-11-6372-141-3 04810
ISBN 979-11-87892-59-5(세트) 04810